Ernest Gottlieb Sihler

A Complete Lexicon of the Latinity of Caesar's Gallic War

Ernest Gottlieb Sihler

A Complete Lexicon of the Latinity of Caesar's Gallic War

ISBN/EAN: 9783337221256

Printed in Europe, USA, Canada, Australia, Japan

Cover: Foto ©Andreas Hilbeck / pixelio.de

More available books at **www.hansebooks.com**

A COMPLETE LEXICON

OF THE

LATINITY OF CAESAR'S GALLIC WAR

BY

E. G. SIHLER, Ph.D. (Johns Hopkins, 1878)

BOSTON, U.S.A.:
PUBLISHED BY GINN & CO.
1891

COPYRIGHT, 1891,
BY E. G. SIHLER.

ALL RIGHTS RESERVED.

TYPOGRAPHY BY J. S. CUSHING & CO., BOSTON, U.S.A.
PRESSWORK BY GINN & CO., BOSTON, U.S.A.

PREFACE.

In offering this book to the consideration of Latin students, the author is glad to say that he has not been unmindful of the labors of other authors in kindred fields, and that he shall feel honored if he shall be thought to have added a substantial contribution to the results of such scholars as Gildersleeve, George Long, Charlton T. Lewis, Allen, Greenough, Harkness, Moberly, Chase, Kelsey, Judson.

It is proper to say that the present work was undertaken at the suggestion of Professor Henry Drisler, for whose help and counsel during its progress the author's obligations are most gratefully acknowledged. Its preparation and elaboration have occupied all the author's available time for more than three years. The lexicon is confined to the seven commentarii of Caesar's undoubted authorship, excluding the supplement of Hirtius. It is independent of the works of Merguet and Meusel. It aims to furnish an exhaustive vocabulary and *usus loquendi*, along with the greatest possible compactness. In the matter of exhaustiveness the book is chiefly, if not entirely, indebted to the *Index* of Holder's critical edition (Freiburg, 1882), every reference of which has been verified, the bearing and association of every occurrence of each word being tested in the particular context. The selecting, condensing, and sifting of the lexical material has been the author's own. Although some three hundred and ninety slips, typographical and otherwise, in the index of Holder, above, have been corrected, the author is far from satisfied with his own efforts; and he will gratefully welcome any correction or suggestion which may tend to improve it. The most important textual changes have been noted by a ☞. They have mainly been derived from Holder's critical apparatus. Holder has also been followed to some extent in the fluctuating orthography of certain words as *volgus, vulgus; vincula, vincla; recupero, recipero*, etc. In this matter the author is open to the charge of inconsistency, but in his opinion it is very probable that such variations present but samples of the fluctuation or transition in progress during the Ciceronian age. In respect to exegesis and criticism peculiar to the writings of Caesar, the author is most happy to bear testimony, and express his obligation to the pre-eminent services of Kraner and Heller. The encouragement and kind interest which Professor Isaac Hall has bestowed upon the work will always be treasured by the author. The uniform courtesy and helpfulness of Mr. George Baker and Mr. W. G. Baker, of the Columbia College library, deserve my warmest acknowledgment.

E. G. S.

NEW YORK, Jan. 3, 1891.

GRATEFULLY INSCRIBED TO

BASIL LANNEAU GILDERSLEEVE

AND TO

AEMILIUS HÜBNER,

BY THEIR FORMER PUPIL,

E. G. S.

COMPLETE LEXICON

OF THE

LATINITY OF CAESAR'S GALLIC WAR.

A

A., the praenomen *Aulus*.

a. d., ante diem, *v.* dies.

ā, ab, *ā* before consonants only; *ab* before vowels and consonants both (abs te, V 30, 2); prep. with verbs of separation, *from:* abesse, absistere, abstinēre, abstrahere, avertere, continere, defendere, deficere, deterrēre, differre, dimittere, discedere, discludere, dissentire, excludere, intercludere, prohibere, removere, revocare, separare, temperare; — diversus; — (naves) relictae ab aestu, III 13, 9; cf. tutus, vacuus; — by attraction, *at a distance from:* occulto loco a milibus passuum circiter duobus, V 32, 1; positis castris a milibus passuum quindecim, VI 7, 3; cf. II 7, 3; IV 22, 4; ab tanto spatio, II 30, 3; — *away from:* iter avertere ab Arare, I 16, 3; a Pulione convertit se, V 44, 9; ab Allobrogibus exercitum ducere, I 10, 5; a flumine collis nascebatur, II 18, 2; Ab Ocelo... pervenire aliquo, I 10, 5; quam latissime a finibus, IV 3, 1; *ab via quoqueversus, VII 14, 5; cf. devenire, praeducere, proficisci, progredi, proficere viam, reducere, revocare; — a Suebis, IV 3, 2; ab Alesia processerant, VII 80, 9; — of distances: milia passuum octo ab castris, I 21, 1; 22, 5; 41, 5; 43, 4; 48, 1; 49, 1; II 13, 1; V 2, 3; 11, 8; VII 66, 2; — *at the hands of, from:* periculum accidit alicui ab aliquo, I 20, 4; pati aliquid ab aliquo, II 31, 6; imperia perferre ab aliquo, V 54, 5; opus est, I 34, 2; — *from:* (of source) arcessere ab aliquo, accipere, audire, cognoscere, compellere, compertum habere, convenire, capere, desiderare, discere, habere, impetrare, initium capere, oriri, sperare, sumere, venire, reperire, V 49, 2; eminebant ab ramis, VII 73, 3; existere a media fronte, VI 26, 1; petere ab impedimentis, V 33, 6; prognatum esse ab Dite patre, VI 18, 1; ab finitumis equos parare, V 55, 3; petere auxilium ab animi virtute, VII 59, 6; profectio nata ab timore, VIII 43, 5; — (starting point) ab-ad, (*from*-to) cf. pertinere; perducere, transire; venire, vergere; — a

Ab

cohortatione ad dextrum cornu profectus, II 25, 1; a prima luce ad horam octavam, V 35, 5; cf. I 26, 2; IV 15, 5; a lacu Lemanno ad montem Iuram, I 8, 1; a meridie ad solis occasum, VII 80, 6; a Gergovia despectus in castra, VII 45, 4; a palude ad ripas, VII 58, 6; ab imo, III 19, 1; infimo, VII 19, 1; initio, VI 8, 9; VII 13, 1; 28, 6; summo, VI 26, 1; — *w. verbs of requesting, of, from:* petere ab aliquo (v. peto), postulare, quaerere, repetere poenas ab aliquo, I 30, 2; implorare auxilium ad aliquo, VI 38, 2; — *prep. phrases:* a pueris, IV 1, 9; a parvulis, VI 21, 3; — *with adverbs:* longe, longius (v. l.); procul, paulum ab eo loco, VII 79, 2; — *at, on, in:* a fronte, II 23, 4; a dextro, sinistro cornu (v. cornu); ab extremo, novissimo, primo agmine (v. agmen); ab latere, aperto, dextro, utroque latere (v. latus); ab altera, ea, dextra, extrema, inferiora, sinistra, superiore parte (side) (v. pars); labris, VI 28, 6; decumana porta, III 25, 2; novissimis, II 25, 1; radicibus, VI 27, 4; septentrionibus, VII 83, 2; imo, IV 17, 3; infimo, VII 73, 2; — *from* (point of view): ab decumana porta conspexerant, II 24, 2; — *by* (with the agent, in passive): ab aliquo with accusari, adiudicari, administrari, animadverti, appellari, arcessi, audiri; certiorem fieri, circumsisti, circumveniri, coerceri, cognosci, concedi, confirmari, conici, conlaudari, conspici, consumi; dari, decerni, deseri, deferri, dici, donari, diligi; eici, enuntiari, evocari, exagitari, expectari; ferri, fieri, fit initium, I 8, 10; geri; haberi; impediri, incoli, impelli, intercludi, interfici, intermitti, instituti; laedi; mitti; muniri; observari, occupari, opponi, opprimi; parari, pelli, perfici, peti, portari, praecipi, praemitti, praeoccupari, praeparari, premi, probari, prodi, pronuntiari; recipi, referri, redigi, relinqui, remitti, renuntiari, repelli, retineri, rogari; sollicitari, sublevari, superari; tenēri, tradi, trahi; urgeri, vastari, vulnerari; — *impersonal passive:* occurrebatur ab nostris, VII 16, 3; parum diligenter ab his erat provisum, III 18, 6; a me provisum est, VII 20, 12; cum a Cotta ... acriter resisteretur, V 30, 1.

abdō, ere, didī, ditum, v. 3 (put away), *hide:* se in Menapios, VI 5, 5; se in proximas silvas, I 12, 3; cf. V 9, 4; in densissimas silvas, IV 38, 3; in artiores silvas, VII 18, 3; in occultum, VII 30, 1; in solitudinem ac silvas, IV 18, 4; in superiora loca, V 8, 6; homines in silvam Arduennam V 3, 4; vallis abdita, VI 34, 2; abditi in tabernaculis, I 30, 4; pedestres copias paulum ab eo loco abditas, VII 70, 2.

abdūcō, ere, xī, ctum, v. 3, *lead away, carry off:* liberos in servitutem, I 11, 3.

abeō, īre, iī, itum, *go away*, VII 50, 6; e conspectu, VI 43, 4.

abiciō, ere, iēcī, iectum, v. 3, *throw away:* arma, VII 37, 1; cf. IV 15, 1; 37, 4; VII 28, 2; — *hurl:* tragulam intra munitionem, V 38, 5.

abiēs, etis, f., *pine tree*, not occurring in Britain, V 12, 5.

abiectus, v. abicio.

abiunctus, v. abiungo.

abiungō, ere, nxi, nctum, v. 3 (*unyoke*), *detach:* Labienum, VII 56, 2.

abripiō, V 33, 6; — *reading for* arripio in the inferior MSS.

abs, v. a, ab.

abscīdō, ere, cīdi, cīsum (caedo), v. 3, *cut away:* funes, III 14, 17; — *cut down:* truncos, VII 73, 2.

absēns, ntis, adj. (absum), *absent:* opp. coram adesse, I 32, 5; eo absente, III 17, 7; se absente (opp. praesens), V 7, 7; absente imperatore, VII 1, 7; cf. VII 6, 3.

absum, esse, fui, futurus, v., *be lacking:* suspicio, I 4, 4; — *be absent*, V 5, 4; IV 11, 4; — *be far away:* omnia quae absunt, VII 84, 5; a periculo, II 11, 5; — *be distant:* longissime, II 4, 8; magnum spatium, II 17, 2; a cultu .. provinciae longissime, I 1, 83; paulo amplius ab iis, V 27, 9; murus ab planicie, VII 46, 1; a nostris milibus passuum quattuor et xx, I 41, 5; neque iam longe ab ... exploratoribus, II 5, 4; ab castris, I 43, 1; 22, 1; II 6, 1; 16, 1; ab Gergovia, VII 38, 1; ab hibernis, V 53, 1; 6; a quibus paucorum dierum iter, IV 7, 2; ab hoste, I 49, 3; ab eo oppido, II 13, 2; castra longe, IV 11, 1; ab oppido, VII 26, 2; Treveri ab eo non longius bidui via, VI 7, 2; hiberna ab eo, V 46, 1; ipse longius, III 9, 1; cf. V 46, 4; VII 47, 4; 63, 7; hostes non longius, II 21, 2; — *take no part in:* a bello, VI 14, 1; toto bello (*without ab*), VII 63, 7; ab hoc concilio, VII 63, 7; cf. VII 3, 5 (but *one passage* w. *ex:* oppidum non longe *ex* eo loco, V 21, 2); — *in periphrasis:* neque longius abesse (from impersonal abest) quin educat, *it could be momentarily expected that he would lead out*, III 18, 4; neque multum abesse ab eo quin (naves) paucis diebus deduci possent, V 2, 2; — *by metonymy:* longe his (dat.) fraternum nomen populi Romani afuturum, I 36, 5; *would be of precious little assistance to them*.

abundō, v. 1 (unda, to overflow), *to be amply supplied with:* equitatu, VII 4, 3; 64, 2.

ac, atque (ac before consonants, atque before the vowels and before consonants) (and *thereto*) connecting *kindred substantives:* a cultu a. humanitate, I 1, 3; belli atque fortitudinis, I 2, 5; ratibus ac lintribus, I 12, 1; hospitio a. amicitia, I 31, 7; gratiam a. amicitiam, I 35, 4; furore a. amentia, I 40, 4; beneficio ... a. liberalitate, I 43, 5; fide a. amicitia, II 14, 2; clementia a. mansuetudine, II 14, 5; scientia a. usus, II 20, 3; gens a. nomen, II 28, 1; aestuaria a. paludes, II 28, 1; cunctatione a. opinione timoris, III 24, 5; principes a. senatus, IV 11, 3; dolus a. insidiae, IV 31, 1; in solitudinem a. silvas, IV 18, 4; alacritas ac studium, IV 24, 4; celeritate a. impetu, V 18, 5; principatus a. imperium, VII 8, 9; mundi a. terrarum, VI 14, 6; vis a. potestas, VI 14, 6; viarum a. itinerum, VI 17, 1; operum a. artificiorum, VI 17, 2; magistratus a. principes, VI 22, 2; fama ac nuntius, VI 30, 2; VII 8, 4; animus a. virtus, VII 20, 4; specie a. simulatione, VII 45, 2; virtutem a. animi magnitudinem, VII 52, 4; intra oppida ac muros, VII 65, 2; pacem a. otium, VII 66, 4; — *connecting kindred verbs:* commeant a. important, I 1, 3; se fugae mandarunt a. in proximas silvas abdiderunt, I 12, 2; petit a. hortatur, I 19, 5; pulsa a. in fugam conversa, I 52, 6; increpitare a. incusare, II 15, 5; pulsis a. proturbatis, II 19, 7; irridere a. increpitare vocibus, II 30, 3; in fugam conicere a. agere, IV 12, 2; propelli ac summoveri, IV 25, 1; parare a. facere, V 42, 5; sicuti parta iam a. explorata victoria, V 43, 3; dispersi a. dissipati, V 58, 3; praecipit a. interdicit, V 58, 4; pelluntur a. in fugam coniciuntur, VII 62, 3; — *connecting adjectives and adverbs of kindred meaning:* facilius a. expeditius, I 6, 2; seditiosa a. improba, I 17, 2; barbaros a. imperitos, I 40, 8; prava a. deformia, IV 2, 2; ampla a. florens, IV 3, 3; in declivi a. praecipiti loco, IV 33, 3; ignobilem a. humilem, V 28, 1; barbari a. imperiti, VI 10, 2; incautum a. imparatum, VI 30, 2; silvestribus a. remotis locis, VII 1, 4; recentes a. integros, VII 48, 4; parato a. instructo exercitu, VII 59, 5; constanter a. non timide, VII 80, 3; — *in set phrases:* aqua a. igni interdicere, VI 44, 3; vim a. arma, VII 33, 1; cum liberis a. uxoribus, VII 78, 3; *connecting predications of independent (and often of increasing) weight:* I 3, 5; 13, 1; 3; 15, 4; 18, 6; 23, 1; 3; 27, 2; 33, 4; 36, 3; 40, 3; 44, 3; 53, 1; II 1, 2; 5, 4; 10, 1; 13, 2; 15, 1; 17, 4; 19, 5; 6; 25, 1; audacius resistere ac fortius pugnare, II 26, 2; cf. II 27, 3; 31, 5; 33, 6; III 3, 2; 4, 3; 5, 1; 2; 3; 4; 6, 1; 5, 2; 13, 2; 20, 1; 24, 5; IV 9, 3; 12, 1; 6; 14, 4; 15, 2; 17, 7; 19, 1; 2; 3; 21, 5; 23,

2 ; 3 ; 24, 4 ; 25, 1 ; 2 ; ab suis discedere a. ad eum venire, V 3, 6; 5, 2 ; 7, 6 ; 8 ; 8, 6 ; 12, 2 ; 14, 2 ; 7 ; 15, 1 ; 16, 4 ; 19, 1 ; 21, 1 ; 6 ; 22, 1 ; 4 ; 23, 6 ; 26, 3 ; 32, 2 ; V 33, 2 ; 36, 3 ; 37, 7 ; 39, 4 ; 41, 5 ; vulneraretur a. interficeretur, V 43, 5 ; 49, 7 ; 50, 5 ; 51, 5 ; 58, 2 ; 4 ; 6 ; VI 3, 2 ; 8, 3 ; 10, 1 ; 2 ; 12, 3 ; 15, 1 ; 2 ; — 16, 2 ; 19, 4 ; 23, 6 ; 7 ; — 27, 5 ; 28, 6 ; 29, 2 ; 3 ; — 36, 1 ; 37, 6 ; 38, 1 ; 43, 6 ; VII 4, 3 ; 8, 3 ; 4 ; — 10, 3 ; 11, 8 ; 9 ; 12, 1 ; 5 ; — 13, 2 ; 18, 1 ; 22, 3 ; 33, 1 ; 34, 1 ; 36, 5 ; 38, 5 ; 8 ; — 43, 5 ; 45, 6 ; 46, 3 ; 47, 7 ; 50, 2 ; 6 ; 54, 2 ; 56, 4 ; 58, 1 ; 4 ; — 59, 2 ; 61, 4 ; 62, 5 ; 66, 5 ; 67, 1 ; 73, 1 ; 2 ; — 77, 14 ; 78, 2 ; 79, 4 ; 81, 3 ; capitur atque interficitur, VII 88, 7 ; — *in emphatic passages: illorum* esse praedam atque *illis* reservari, etc., V 34, 1 ; *tanta* militum virtus atque *ea* praesentia animi fuit, V 43, 4 ; *hoc* se labore durant adulescentes atqua *hoc* genere venationis exercent, VI 28, 3 ; *omnes* vici atque *omnia* aedificia. etc., VI 43, 2 ; in eo die atque hora, VII 86, 3 ; — *connecting nouns, adj., etc., of equal or progressive weight:* Aedui a. eorum socii, I 15, 1 ; domi a. reliqua Gallia, I 20, 2 ; filia a. unus e filiis, I 26, 5 ; apud Ariovistum a. Sequanos, I 33, 2 ; de republica ac summis rebus, I 34, 1 ; sine magno commeatu atque molimento, I 34, 3 ; rex a. amicus, I 35, 2 ; incredibili virtute a. exercitatione in armis, I 39, 1 ; vocibus ac timore, I 39, 5 ; castris a. paludibus, I 40, 8 ; armatos a. victores, I 40, 6 ; pudor a. officium, I 40, 14 ; primis civitatis atque ipsius regis duobus filiis, II 13, 1 ; 24, 2 ; III 8, 2 ; raris ac prope nullis, III 12, 5 ; cf. III 13, 6 ; 19, 3 ; piscibus a. ovis avium, IV 10, 5 ; cf. IV 20, 3 ; reipublicae a. imperatori, IV 25, 3 ; equitatu a. essedis, IV 32, 5 ; V 2, 3 ; sibi ac reipublicae, V 7, 2 ; V 12, 5 ; 17, 2 ; natura a. opere, V 21, 4 ; 32, 1 ; 39, 3 ; 40, 7 ; 43, 4 ; suo a. legionis, V 57, 1 ; VI 12, 6 ; 13, 4 ; de sideribus a. eorum motu, VI 14, 6 ; 19, 3 ; 24, 5 ; Titurius a. Aurunculeius, VI 32, 4 ; cf. VII 10, 4 ; 25, 2 ; 28, 1 ; 37, 1 ; 41, 3 ; 46, 1 ; de victoria a. exitu rerum, VII 52, 3 ; 54, 1 ; 55, 3 ; pecuniam a. equos, VII 55, 5 ; 56, 2 ; brachia a. humeri, VII 56, 4 ; cratibus a. aggere, VII 58, 1 ; 59, 5 ; 65, 4 ; 5 ; — excubitoribus ac firmis praesidiis, VII 69, 7 ; Aeduis a. eorum clientibus, VII 75, 2 ; 86, 5 ; ex vallo a. omnibus munitionibus, VII 88, 2 ; cf. 88, 6 ; — *atque after a period:* II 21, 4 ; 30, 1 ; III 22, 1 ; IV 1, 10 ; V 24, 7 ; VI 24, 1 ; 43, 1 ; VII 42, 1 ; VII 77, 2 ; — *after semicolon:* III 9, 7 ; 17, 3 ; IV 17, 9 ; VII 46, 5 ; — *after terms of comparison and resemblance:* (*as*) par atque, I 28, 5 ; V 13, 2 ; similis atque, VII 38, 10 ; (*than*) aliter ac, II 19, 1 ; V 24, 1 ; alius atque, VII 33, 3 ; 59, 3 ; v. simul.

accēdō (ad- cedo), ere, cessī, cessum, v. 3, *approach:* propius, I 42, 1 ; IV, 11, 6 ; V 34, 3 ; 51, 2 ; propius tumulum, I 46, 1 ; propius Ambiorigem, V 37, 1 ; propius Romanos, VII 20, 1 ; *ad* castra, V 50, 3 ; 58, 2 ; munitiones, VII 78, 4 ; 81, 1 ; 4 ; 83, 8 ; oppidum, II 13, 3 ; vallum, III 13, 6 ; accessum est ad Britanniam, V 8, 5 ; neque ad castra hostium, I 51, 1 ; *to be added:* huc accedebant naves, IV 22, 4 ; certissimae res, I 19, 1 ; quicquid circuitus huc, VII 46, 2 ; *arise, grow:* Remis (dat.) studium propugnandi, II 7, 2 ; opp. discedere ; — aestus, III 12, 1 ; opp. minuo ; — *impersonally used:* accedebat quod . . . dolebant, III 2, 5 ; accedebat huc quod dixerat, V 6, 2 — of special fact and occurrence with ut: accedebat ut — ferrent, III 13, 9 ; (of tendency and qualification) ut . . . proeliarentur, V 16, 4.

accelerō, v. 1 (celer), *hasten* (intrans.) : accelerat Caesar ut, VII 87, 5.

acceptus (v. accipio), a, um, used as an adjective (= gratus) plebi maxime acceptus, I 3, 5 ; — *popular with.*

accerso, v. arcesso.

accīdō, ere, īdī, v. 3 (cado, fall to), *befall, happen, occur:* quod plerisque accidit ut, VI 14, 4 ; fortuna, I 41, 14 ; fortuitu, VII 20, 2 ; facultas, VII 44, 1 ; opportunissime, IV 13, 4 ; sicut, V 58, 4 ; periculum alicui ab aliquo, VI 34, 3 ; omnia contra opinionem, III 9, 6 ; *of something favorable:* ante id tempus nulli, II 35, 4 ; id ne accidat, VII 32, 5 ; cf. I 38, 2 ; VII 35, 6 ; 52, 2 ; sibi satis opportune, IV 22, 2 ; — *in an evil sense:* si quid accidat Romanis, I 18, 9 ; si quid iis per vim accidat, III 22, 2 ; si gravius quid acciderit, V 30, 2 ; siquid ei a Caesare gravius accidisset, I 20, 4 ; cf. V 39, 2 ; peius victoribus Sequanis accidisse (*had gone worse with*), I 31, 10 ; cf. I 30, 3 (in good sense) ; VI 17, 5 ; VII 3, 9 ; 25, 1 ; — *to fall, hit, strike:* tela gravius acciderent, III 14, 4 ; tela non frustra acciderunt, III 25, 1 ; — *fall out, result:* incommode, V 33, 4 ; — *accidit ut,* IV 29, 1 (neutral sense) ; IV 31, 3 ; sic accidit ut, V 23, 3 ; id acciderat ut, III 2, 2 ; quod acciderat, IV 35, 1.

accīdō, ere, cīdī, cīsum (caedo), *cut into, notch deeply:* arbores, VI 27, 4 ; cf. incīdo, II 17, 4.

accipiō, ere, cēpi, ceptum, v. 3 (capio), *accept:* excusationem, VI 4, 3 ; condicionem Ubiorum, VI 9, 8 ; cf. I 41, 4 ; ullam condicionem, II 15, 5 ; IV 13, 1 ; — *to receive:* arma, III 23, 1 ; copias, III 17, 1 ; disciplinam, I 40, 5 ; exercitum, VII 38, 1 ; libertatem, III 8, 4 ; VII 1, 8 ; litteras, V 46, 1 ; nuntium, -os, V 53, 4 ; III 3, 1 ; VII 42, 1 ; obsides, I 14, 7 ; II 13, 1 ; III 3, 1 ; 23, 1 ; V 23, 1 ; VI 6, 3 ; 12, 4 ; VII 7, 2 ; (cf. ab) — *suffer:* calamitatem, I 31, 6 ; contumeliam, V 29, 3 ; VII 10, 2 ; detrimentum, V 22, 3 ; 52, 6 ; VI 1, 3 ; ignominiam, VII 17, 5 ; incommodum, V 10, 3 ; VII 14, 1 ; 29, 4 ; 30, 1 ; iniuriam a militibus, II 33, 1 ; —ās, V 38, 2 ; vulnera, I 48, 6 ; 50, 3 ; IV 12, 6 ; 37, 10 ; V 9, 7 ; 35, 5 ; VII 50, 4 ; 81, 5 ; 82, 2 ; — *find* (upon arrival, καταλαμβάνω): quos et quam humiles, VII 54, 3 ; — *to hear* of somebody or something: Solem et Vulcanum, etc., ne famā quidem, VI 21, 2; de republica, VI 20, 1; quo ex loco oriatur, VI 25, 4.

acclīvis, e, adj. (ad-cl.), *sloping upward:* aditus leniter a., II 29, 3; locus paulatim ab imo a., III 19, 1; collis leniter ab infimo a., VII 19, 1.

acclīvitās, ātis, f., *upward slope:* pari a-e collis nascebatur, II 18, 1; cf. declivitas.

Accō, ōnis, leader of Senones; put to death by Caesar, VI 44, 2; effect of his execution on other chieftains of Gaul, VII 1, 4.

accommŏdō, v. 1 (commodum), *to fit, construct suitably:* puppes ad magnitudinem fluctuum, III 13, 1; — *to put on:* insignia, II 21, 5; accommodatus, a, um (as adj.); -tiora, III 13, 7 (*more suitable*).

accūrātius, adv. (more carefully), *too elaborately:* aedificare, VI 22, 3.

accurrō (ad-c.), ere, cucurrī and currī, *hurry up:* ad Galbam, III 5, 2; equo admisso, I 22, 3.

accūsō, v. 1 (ad-causa), *accuse, charge:* eos graviter, I 16, 6; tali modo, VII 20, 2; cf. I 19, 1.

acerbitās, ātis, f., *distress, bitter experience:* omnes perferre -es, VII 17, 7.

acerbus, a, um, adj., *harsh, painful:* haec si gravia aut acerba videantur, VII 14, 10.

acervus, i, m., *heap:* -i armorum, VII 32, 4.

aciēs, ei, f. (aciē, gen. sing., II 23, 1), *keenness* (edge): oculorum, I 39, 1; — *line of battle:* hostium, I 52, 6; VII 62, 1; inter duas acies, II 9, 1; acies instructa, II 8, 3; instruenda, II 20, 1; *v.* instruo, aciem dirigere (= instruere), VI 8, 5; acie triplici, I 49, 1; 51, 1; IV 14, 1; duplici acie instituta, III 24, 1; aciem suam raedis circumderunt, I 51, 3; tota acie, V 34, 1; inter aciem versari, I 52, 7; aciem constituere, II 19, 6; cf. constituo; — in sinistra parte acie (-ei), II 23, 1; in mediam aciem, III 24, 1; — one of the several parallel lines of battle, fronting towards the enemy: prima et secunda acies, I 25, 7; tertia ibid; duae acies, VII 67, 1; 49, 4; in primam aciem processit, II 25, 2; sub primam nostram aciem, I 24, 5; in superiore acie, I 24, 3; — (field) *pitched battle, fair contest:* in acie interfici, VII 1, 7; vincere (opp. artificio quodam et scientia oppugnationis), VII 29, 2; dimicare, VII 64, 2.

acquīrō (quaero, ere, quisīvi, quisītum (seek-to) *gain:* aliquid, VII 59, 4.

acriter, adv. (acer), *sharply, bitterly, desperately, persistently:* pugnatum est, I 26, 1; 50, 6; II 10, 1; 33, 3; III 21, 1; IV 20, 1; V 15, 3; impetum fecerunt, I 52, 3; V 17, 3; proelio conflixerunt, V 15, 1; resistere, V 30, 1; — *acrius* instare, III 5, 1; sequi, VII 70, 4; — *acerrime*, V 43, 4; 44, 3; VII 50, 1; resistere, VII 62, 4.

actuarius, a, um, adj., *swift*, (ago) *easily propelled;* — (naves) *swift galleys* (quae remis aguntur), V 1, 3.

acūtus, a, um, adj., *sharp, pointed:* sudis, V 18, 3; vallus, VII 73, 4.

ad, prep. c. acc., *to:* after accedere, accurrere, adequitare, adducere, adhibere, adire, *aditus*, adicere, advolare, agere, applicare se, cogere ad iudicium, I 4, 2; conclamare ad arma, VII 70, 6; commeare, conferre se, confluere, contendere, convenire, convocare, decurrere, deferre, deferri (drift upon, VI 42, 3), deducere, deici, desilire, destinare antemnas ad malos, III 14, 6; devenire, dimittere, ducere, evocare, fugere, importare, ire, iter facere, legationem ad civitates suscipere, I 3, 3; mittere, perducere, perferre, perfugere, pertinere, pergere, pervenire, praecurrere, praenitere, procumbere ad pedes, proficisci, progredi, proicere se ad pedes, *receptus* (retreat), se recipere, redire, reducere, referre, remittere, renuntiare, reverto, transire ad hostes, venire, ventitare, vocare; — (from) *to:* a lacu Lemanno ad montem Iuram, I 8, 1; ad vesperum, I 26, 2; cf. *ab;* — *next to:* succedere ad alteram partem, IV 3, 3; — *to* (of fixed relation): deligare, I 53, 3; adhaerēre ad turrim, V 48, 8; — *towards* (πρός): inferiorem partem fluminis, IV 17, 9; convertere se, contendere, opponere ad omnes partes, VII 65, 1; pertinere, spectare, V 13, 1; tendere manus, II 13, 2; vergere ad septentriones, I 1, 5 (cf. v.); coupled w. versus; ad Oceanum v., I 33, 1; — *by metonymy, to:* accedere, *be added to*, addere, adhibere, I 40, 1; adiuvare ad eam spem, VII 55, 10; afferre ad amicitiam, I 43, 8; allicere ad se, V 55, 3; aggregare se ad amicitiam alicuius, VI 12, 6; assuescere ad homines, VI 28, 4; deducere ad sententiam, deferre (offer), descendere (resort) ad consilium, excitare ad bellum, laetitiam; impellere ad facinus, incitare ad bellum; occurrit ad animum, VII 85, 2; perducere ad extremum, III 5, 1 (cf. v.); pertinere ad effeminandos animos, I 1, 3 (cf. pert.); pervenire ad aliquem (fall to, as his property), VI 19, 2; redigere ad internecionem, II 28, 1; 2; rescribere ad equum, I 42, 6; respondere ad haec (cf. v.) reverti ad sanitatem, I 42, 2; VII 42, 4; traducere (magnam partem clientium ab Aeduis ad se), VI 12, 4; transferre bellum ad se VII 8, 4; — *of scope* (with a view to, as regards), *for:* satis ad laudem, IV 19, 4; ad celeritatem facit humiliores, V 1, 2; adjuvat ad eam rem, V 1, 3; adsciscere aliquem ad id bellum, III 9, 10; comparare ad bellum, V 4, 1; concitare alqm. ad auxilium, VII 77, 7; contendere ad salutem, III 3, 3; confirmare aliquem ad dimicandum, V 49, 4; convenire ad auxilium, VII 80, 4 (cf. conv.); comparare subsidia ad (*against*) omnes casus, IV 31, 2; quibus ad bellum non multum confidebat, III 25, 1; comportare aliqd. ad aggerem, III 25, 1; ad Veneticum bellum, IV 21, 4; deficit ad pristinam fortunam, IV 26, 5; deesse ad felicitatem, VII 43, 5; largiri multa ad copiam, VI 24, 5; vim habere ad aliquid, VI 17, 1; ad munitionem

(= muniendum), VII 45, 6; opportunitas ad utilitatem, VII 23, 5; polliceri ad id bellum, II 4, 4; praeparare ad eruptionem, VII 82, 3; offerre se ad utramque rem, VII 80, 2; relinquere ad quietem, V 40, 7; cf. VII 41, 1; prodire ad colloquium, V 20, 4; proficere ad pacem, VII 66, 4; providere ad hos casus, VII 65, 1; uti aliqua re ad, I 20, 2; cf. utor; cf. valeo; — *cf. the use of the gerund:* pertinere ad proficiscendum, I 3, 1; sumere diem ad deliberandum, I 7, 6; facultates ad largiendum, I 18, 5; necessariam ad proficiscendum, I 39, 3; usui ad oppugnandum, II 12, 3; paratus ad dimicandum, II 21, 5; alacriores ad pugnandum, (cf. V 33, 5); III 24, 5; idoneus ad egrediendum, IV 23, 4; inutiles ad navigandum, IV 29, 3; alienum ad lacessendum, IV 34, 2; paratus ad navigandum, V 5, 2; ardebant ad ulciscendum, VI 34, 7; impelli ad dimicandum, VII 30, 5; tardabat Romanos ad insequendum, VII 26, 2; spatium ad cognoscendum relinquere, VII 42, 1; minime firmas ad dimicandum, VII 60, 2; — *to the neighborhood of:* ad Genavam pervenit, I 7, 1; — *with the gerundive* (of scope and tendency): pertinere ad effeminandos animos, I 1, 3; facultas ad ducendum bellum, I 38, 4; paratissimam ad bellum gerundum, I 41, 2; facultates ad conducendos homines, II 1, 4; loco opportuno ad aciem instruendam, II 8, 3 (tempus); ad insignia accommodanda, II 21, 5; res opportuna ad negotium conficiendum, III 15, 4; quam minimum spatii ad se colligendos armandosque, III 19, 1; alacer ad bella suscipienda — mollis ad calamitates perferendas, III 19, 6; remollescere ad laborem ferendum, IV 2, 6; spatium ad has res conficiendas, V 11, 3; nihil spatii ad consilia capienda, IV 13, 3; tempus ad bellum gerendum, IV 20, 1; idoneus ad haec cognoscenda, IV 21, 1; satis esse ad transportandas legiones, IV 22, 3; idoneam ad navigandum, IV 23, 1; usui erant ad reficiendas naves, IV 29, 4; tempus alienum ad committendum proelium, IV 34, 2; usui ad armandas naves, V 1, 4; difficultas ad consilium capiendum, VII 10, 1; aptissimum ad omnia imitanda et efficienda, VII 22, 1; palus Romanos ad insequendum tardabat, VII 26, 3; cf. ib. § 3; tempestas non inutilis ad capiendum consilium, VII 27, 1; spatium ad contrahenda castra, VII 40, 2; magno usui ad haec sustinenda, VII 41, 3; satis ad . . . ostentationem minuendam, VII 53, 3; umeri ad sustinenda arma liberi, VII 56, 4; satis ad obtinendam libertatem, VII 66, 4; clamor valet ad terrendos nostros, VII 84, 4; — *for:* with adjectives and kindred phrases (of tendency and result): ad bellum usui erant, I 38, 3; cf. II 9, 5; impedimento esse ad pugnam, II 25, 1; aptus, V 16, 1; accommodatae (puppes) ad magnitudinem fluctuum, III 13, 2; expeditior ad usum, IV 25, 1; — *of design, for, for the purpose of* (often equal to an ut-clause): ad speciem (for show), I 51, 1; — chiefly with the gerundive construction: deligitur ad eas res conficiendas, I 3, 2; quibus opibus ad minuendam gratiam uteretur, I 20, 2; venire ad oppugnandum aliquem, I 44, 3; proficisci ad conventus agendos, I 54, 3; cf. VI 44, 3; VII 1, 1; convenire ad defendendos eos, II 10, 4; decucurrit ad cohortandos milites, II 21, 1; ad quos consectandos equitatum misit, IV 14, 5; pollicebantur copiam navium ad transportandum exercitum, IV 16, 8; ad multitudinem iumentorum transportandam, V 1, 2; accuratius aedificare ad frigora atque aestus vitandos, VI 22, 3; mittere ad eam regionem depopulandam, VI 33, 2; evocare ad diripiendos Eburones, VI 34, 8; proficisci ad vexandos hostes, VI 43, 1; receptacula ad detrectandam militiam, VII 14, 9; adduci ad suscipiendum bellum, VII 37, 6; concurrere ad nos interficiendos, VII 38, 8; proficisci ad sollicitandos Aeduos, VII 54, 1; antecedere ad confirmandam civitatem, ibid; ad sollicitandas civitates nituntur, VII 63, 2; mittere aliquem ad fines depopulandos, VII 64, 6; integere aliquid ad occultandas insidias, VII 73, 7; — *up to:* ad multam noctem, I 26, 3; ad mediam noctem, V 31, 3; id tempus, I 44, 4; IV 32, 1; hoc tempus, II 17, 4; VI 24, 3; solis occasum, VII 80, 6; horam octavam, V 35, 5; nonam, IV 23, 4; usque ad vesperum, I 50, 2; ad altitudinem valli, V 42, 5; adiisse ad initium eius silvae, VI 25, 4; ad unum omnes (*to a man*), IV 15, 3; — *near, in the neighborhood of:* ad Alesiam castra fecit, VII 68, 2; Genavam, I 7, 2; impedimenta, I 26, 3; ripas Rheni, I 37, 3; Vesontionem, I 39, 1; silvas, II 19, 7; utramque ripam, IV 4, 2; cf. V 18, 2; utramque partem pontis, IV 18, 2; mare, V 9, 1; 22, 1; Cantium, V 13, 1; fines, V 26, 1; munitiones, V 44, 3; aquam, V 50, 1; portas, V 53, 1; Avaricum, VII 90, 7; Hispaniam, I 1, 7; flumen Elaver, VII 53, 4; laborare ad munitiones, VII 85, 4; consistere ad signa, II 22, 6; ad exercitum manere, V 53, 3; ad urbem remanere, VI 1, 2; ad latera disponere, VI 8, 5; agi ad avaricum, VII 10, 2; adiacēre ad Aduatocos, I 33, 2; disponere ad Rhodanum, VII 72, 4; conlocare ad fines, VI 44, 3; eminere ad commissuras, VII 72, 4; excubare ad opus, VII 24, 2; — *about* (up to, *εἰς*), with figures: ad hominum milia decem, I 4, 2; oppida ad duodecim, I 5, 2; vicos ad quadringentos, I 5, 2; ad numerum quattuor milium, I 15, 1; cf. V 20, 4; cf. I 29, 2; 31, 5; II 4, 10; 33, 5; — = *apud:* omnes nationes, III 9, 3; ultimas nationes, IV 16, 7; ad Caesarem primum pilum duxerant, VI 38, 1; ad exercitum reliquerat, VII 5, 3; — *towards* (of time): solis occasum, V 8, 2; ad extremum (*at last*), IV 4, 1; — *by* (within) of future time: ad Idus Apriles reverti, I 7, 6; ad certam diem adduci, V 1, 8; 9; cf. dies; — *agreeably to, in accordance with:* dimensa ad altitudinem fluminis, IV 17, 3; directe ad perpendiculum, IV 17, 4; ad voluntatem, I 31, 12;

alterīus praescriptum, I 36, 1; suum arbitrium, ib.; cf. VI 11, 3; ad diem (*punctually*), VI, 9; — (miscellaneous): ad hunc modum, II 31, 1; III 13, 1; cf. modus; ad certum pondus examinare, V 12, 4; ad imperatum non venire, VI 2, 3.

adactus, *v.* adigo.

adaequō, *v.* 1 (aequus), *to equal* (Aeduos): gratia apud Caesarem, VI 12, 7; altitudinem, II 32, 4; VII 22, 5; cursum equorum, I 48, 7; cursum navium, V 8, 4; — *to make equal with:* moles moenibus, III 12, 3.

adamō, *v.* 1 (amo), *become enamoured of:* agros et cultum, etc., Gallorum, I 31, 5.

adc-, *v.* acc-.

addīcō, ere, -xi, -ctum (adjudge), *abandon to:* servituti, VII 77, 9; for which after Nipperdey subicere is now read.

addo, ere, didi, ditum, v. 3 (ad-dare), *add to, join with:* summae diligentiae summam severitatem, VII 4, 9; equites his, cf. VII 70, 3; VII 45, 3; cf. 64, 4; rumoribus, VII 1, 2; — *add to, increase:* ad haec opera, VII 73, 2; — alius ordo (trabium) additur, VII 23, 3; — *put on:* pluteos vallo, VII 41, 4; — *give further information:* de morte, V 41, 4.

addūcō, ere, -xī, -ctum, *pull taut:* funes, III 14, 6; — *bring to:* obsides ad se, II 5, 1; IV 18, 6; 22, 2; 36, 1; V 1, 8; 9; 4, 2; VII 4, 7; — *bring on, bring up:* eo exercitum, III 28, 1; cf. II 1, 2; integros subsidio, VII 87, 2; legionem in Atrebatium fines, V 46, 3; — *bring along:* peditem ad colloquium, I 42, 4; cf. 43, 3; supplementum ex Italia, VII 7, 5; legiones, VI 1, 4; — *to bring:* se in eam consuetudinem, IV 1, 9; *bring to, prevail upon, determine,* *influence:* ut iuraret, I 31, 8; civitatem ad suscipiendum bellum, VII 37, 6; cupiditate regni adductus, I 9, 3; quibus rebus, I 11, 6; eorum precibus, I 16, 6; oratione Caesaris, I 17, 1; qua necessitate, VI 12, 5; cupiditate gloriae, VII 50, 4; beneficio suo et auctoritate, I 33, 1; cf. I 3, 1; 8; III 8, 3; omnium rerum inopia, I 27, 1; pudore, I 39, 3; cf. III 18, 7; IV 6, 6; 37, 1; V 3, 5; VII 5, 6; 55, 9; VI 10, 2.

ademptus, *v.* adimo.

adeō (eo-ad), īre, iī, itum, v. 4, *advance:* Caesar adit tripertito, VI 6, 1; ad quemvis numerum ephippiatorum equitum, IV 2, 5; confertos adire (*to advance in compact body*), VI 34, 5; — *attack,* VII 83, 5; — *come to, approach:* palam ad se, VI 18, 3; — *confer with:* quoscunque ex civitate, VII 4, 3; (Caesarem) per Aeduos, IV 4, 2; — *meet, visit:* Remos, III 11, 2; civitates, IV 21, 8; suam quisque civitatem, VII 71, 2; nationes, III 7, 1; — *to get at:* vicos aedificiaque, II 7, 3; (Ciceronem) V 48, 5; — *visit, go to:* eo, IV 20, 3; insulam, IV 20, 2; ad initium eius silvae, VI 25, 4.

adeō, adv. (ad-eo), *to such a degree, so:* a. imperitus, V 27, 4; a. ut, V 53, 7; *so very:* a. mirandum, V 54, 5; nihil a. arduum, VII 47, 3.

adeptus, *v.* adipiscor.

adequitō, v. 1, *ride up to:* ad nostros, I 46, 1.

adf-, *v.* aff-.

adg-, *v.* agg-.

adhaerēscō, ere, ui, v. 3 (haereo), *cling to, stick in:* (tragula) ad turrim, V 48, 8.

adhibeō (have at hand), *have present:* fratrem, I 20, 6; — *consult:* locorum peritos, VII 83, 1; — *to summon, invite:* plebem nullo consilio (concilio?), VI 13, 1; ad concilium adhibere centuriones, I 40, 1; cf. VII 77, 3; omnes, principes maioresque natu, IV 13, 4; — with impersonal object, *employ:* non mediocrem diligentiam, III 20, 1.

adhortor, v. dep. 1, *urge on:* milites ad laborem, VII 68, 3; — *exhort, encourage:* se ipsi, ne, VI 37, 10; omnes cohortes ordinesque, V 35, 8; milites ne, VII 40, 4; ad laborem milites, VII 68, 3.

adhūc (up to now), *as yet, up to the present time:* a. hominum memoria, III 22, 3.

adiaceō, ēre, v. 2, *be contiguous to;* (regio): ad Aduatucos, VI 33, 2.

Adiatunnus, i, m., an Aquitanian chief, submits to Crassus, III 22, 4.

adiectus, *v.* adicio.

adiciō, ere, iēcī, iectum, v. 3 (iac-io), — *add to:* huic loricam pinnasque, VII 72, 4; *hurl, cast:* telum, older reading for adigo, III 21, 3; cf. 13, 8; 14, 4; — *construct close by:* aggerem ad munitiones, V 9, 7; adiectus, *contiguous:* magna adiecta planicie, III 1, 5.

adigō, ere, ēgī, āctum (ago), *drive up:* pecus ex longinquioribus vicis, VII 17, 3; — *plant, drive down:* tigna fistucis, IV 17, 4; — *hurl, cast:* telum, III 13, 8; 14, 4; II 21, 3; telum in litus, IV 23, 3; — *move up:* turrim, III 43, 6; — *constrain, bind:* aliquem iure iurando, VII 67, 1.

adimō, ere, ēmi, ēmptum (emo), *take away:* omnem spem, V 6, 4; prospectum, VII 81, 5.

adipiscor, i, eptus, v. dep. 3, *achieve:* hanc victoriam, V 39, 4.

aditus, ūs, n. (adeo) (movement), *approach, advance:* exercitui, II 16, 4; pedibus, III 12, 1; tantae multitudinis, IV 4, 3; — (locality) *approach:* leniter acclivis, II 29, 3; facilis, III 25, 2; perangustus, VII 15, 5; 17, 1; ad alteram partem oppidi, VII 44, 3; -m reperire, VI 37, 4; loca portus aditus, IV 20, 2; aditus viasque, VI 9, 8; reliquos, VI 37, 5; difficiles, VII 36, 1; — *admittance:* mercatoribus, IV 2, 1; cf. II 15, 4; — *privilege, claim:* postulandi, I 43, 5; aliquem sermonis, V 41, 1; — *intercourse:* a. sermonemque defugiunt (avoid), VI 13, 7; ad uxorem, VII 66, 7.

adiūdicō, v. 1, *adjudge, decree to:* magistratum alicui, VII 37, 1.

adiungō, ere, nxi, nctum (join to), *ally with:* sibi omnes, VI 4, 6; cf. VI 2, 2; reliquas civitates, VII 31, 1; cf. 29, 6; 30, 4; 75, 2; V 29, 1; VI 2, 3; Germanos sibi,

VI 12, 2; — *annex to:* loca provincia (dat.), III 2, 5.

adiūtor, is, m., *assistant, supporter:* ad eam rem, V 38, 4; -e uti, V 41, 8.

adiuvō, -are, -iuvi, -iutum, v. 1, *help, aid, further:* quam ad rem humilitas multum adiuvabat, V 1, 3; non multum, VII 17. 2; rem, VII 42, 4; (impers.) adiuvabat . . . quod Nervii effecerant, II 17, 4; quod Liger creverat, VII 55, 10.

adl-, *v.* all-.

Admagetobrīga, *v.* Magetobriga.

admātūrō, v. 1 (ripen), *bring to maturity, hasten:* defectionem, VII 54, 2.

administer, ri, m. (ad manus), *performer, agent:* administris ad ea sacrificia druidibus utuntur, VI 16, 3.

administrō, v. 1, *execute, perform, carry out, govern, manage:* rempublicam, VI 20, 1; bellum, VII 71, 9; V 11, 8; VII 21, 1; 76, 4; — *provide for:* quae ad oppugnationem pertinebant, VII 19, 6; cf. 81, 2; II 20, 4; — *take hold, do something:* facultas administrandi, IV 29, 2; — *execute* (a task), VII 61, 2; diligenter industrieque, VII 60, 1; cf. VII 36, 4; V 50, 5; VII 82, 4; IV 31, 3; cf. 23, 5; paulo tardius, IV 23, 2; celeriter, III 9, 2; quanta cum virtute, V 52, 3; — *carry out:* communi consilio, V 6, 6; III 4, 1; reliqua, VII 12, 4; — *give out, issue:* omnia imperia, II 22, 1.

admīror, v. dep. 1, *be astonished at, admire:* institutas turres hostium, V 52, 2; eorum animi magnitudinem, VII 52, 3; — *to wonder:* se impune tulisse, II 4, 4; maxime admirandum videbatur, VI 42, 3; admiratus quaerit causam, VII 44, 2.

admittō, ere, mīsi, missum, v. 3, *let go* (drop the reins): equo admisso, I 22, 2; admittere facinus (make oneself liable to be charged with a crime), *to commit* a crime, III 9, 3; VI 13, 5; nefarium facinus, VII 38, 8; cf. 42, 2; — *bring upon oneself:* tantum dedecus, IV 25, 5.

admodum, adv. (to a degree, exceedingly), *very, very much:* erectae (prorae), III 13, 2; laudanda, V 8, 4; a. magna itinera, VII 36, 3; a. edito loco, VII 69, 1; a. firmis ramis, VII 73, 2; a. excitantur, V 40, 2; a. dedita religionibus, VI 16, 1; se a. animo demittere, VII 29, 1.

admoneō, -ēre, -ui, -itum, v. 2, *advise:* iter caute diligenterque faciat, V 49, 3.

adn-, cf. ann-.

adolescens, *v.* adulescens.

adolēscō, ere, ēvi, adultum, v. 3, *grow up, attain manhood,* VI 18, 3.

adorior, īri, ortus, v. dep. 4 (rise in the direction of), *assault:* castra de improviso, V 22, 1; legionem sub sarcinis, II 17, 2; III 24, 3; Labienum, VI 7, 1; manum, VI 8, 1; agmen nostrum, III 20, 3; dispersos, VII 16, 3; dispersos subito, I 40, 8; impeditos, IV 26, 2; VII 60, 4; ab tergo hostes, VII 87, 4; continuo in itinere, VII 42, 6; nostros disiectos, III 20, 4; novissimos, II 11, 4.

adp-, *v.* app-.

ads-, *v.* ass- and asc-.

adsp-, *v.* asp-.

adst-, *v.* ast-.

adsum, adesse, adfui, *to be present, be at hand,* I 32, 1; V 27, 8; 48, 6; VI 4, 1; 8, 4; VII 2, 3; praesentem adesse, VII 62, 2; suis ib., 5; velut si coram (in person) adesset, I 32, 4; — to be *near* at hand, VI 41, 2; and V 29, 2 (were *not far away*).

Aduatuca, ae, f., *a fortification:* (castellum) in mediis Eburonum finibus, VI 32, 4; 35, 8; 10; exact situation uncertain, probably near Limburg (Belgium); there was an Aduatuca Tungrorum also; cf. Goeler, p. 220 (2 ed.).

Aduatucī, orum, m., a tribe, originally German, in Belgian Gaul, on the left bank of the Maas, later called Tungri, II 16, 3; 29, 1; V 27, 2; 39, 3; they promise a contingent of 19,000 men for the Belgian war, II 4, 10. The situation of their chief oppidum is uncertain. Napoleon III. decides for the citadel of Namur, Goeler for Mt. Falhize, Rüstow having no choice. Kraner follows Goeler's view.

adulēscēns, ntis, m., part. as noun, *young* (growing towards manhood): P. Crassus, I 52, 7; III 7, 2; Mandubracius a Briton, V 20, 1.

adulēscentia, ae, f., *youth, immaturity,* I 20, 2.

adulēscentulus, i, m., quite a young man, *beardless youth* (Crassus), III 21, 1.

adventus, ūs, m., *arrival:* in Galliam, V 54, 2 (at the time of his arr.); adventu (*after* their arrival), III 23, 4; VII 5, 2; 65, 2; primo adventu, immediately after their a., II 30, 1; in consequence of their a., I 18, 8; II 7, 2; IV 34, 1; — *approach:* aut ipsius aut Labieni, I 22, 1; 7, 3; VI 30, 2; legionum, V 30, 3.

adversarius, i, m., *civil enemy:* -os expellit ex civitate, VII 4, 4.

adversus, a, um (adverto) (turned to), *facing, opposite:* in adversum ōs; — *in the face,* V 35, 8; naves, III 14, 2; adversis hostibus occurrebant, II 24, 1; a. collis, II 8, 3; huic, II 18, 2; adverso colle, *up hill,* II 19, 7; adverso flumine, *up stream,* VII 60, 3; 61, 3; adversa nocte in altum provehi (of ships), *into the n., in the face of the n.,* IV 28, 3; — *unfavorable, adverse:* res -ae, *reverses,* VII 30, 3; a—um proelium equestre, I 18, 10; cf. 40, 8.

adversus, prep. c. acc., *against:* a. hostem ducere, IV 14, 2.

advertō, -ere, -ti, -sum, v. 3 (turn to), animum a. aliquid, *to notice,* I 24, 1; animum advertit copias esse instructas, V 18, 2 [practically = animadvertere, which probably presents the actual pronunciation of animum advertere].

advocō, v. 1, *to call:* contionem, VII 52, 1.

advolō, v. 1, *fly to, move w. great rapidity:* ad hiberna, V 39, 1; *hasten to appear before:* de improviso aut noctu ad munitiones, VII 72, 2; — *fling oneself upon:* ad pabulatores, V 17, 2.

aedificium, ī, n. (aedes-facio), *building,* VI 30, 3; V 12, 3; vicos, reliqua privata aedificia, *villages and solitary homesteads,* I 5, 2; omnibus vicis aedificiisque, II 7, 3; III 29, 3; IV 19, 1; V 16, 1; cf. VII 14, 4.

aedificō, v. 1, *build:* naves longas, III 9, 1; V I, 1; — *indulge in building* (without expressed object), VI 22, 3.

Aedui, orum, m. (not Haedui, Glück), a powerful Celtic people between upper courses of Loire and Seine: their chief town Bibracte. Caesar supported this people against their rivals, thus securing an entering wedge in his policy of conquest. Not until 52 B.C. did the Aedui forsake Caesar; in that year they joined the general national rising under Vercingetorix, being the last of the important states to do so, VII 54 sqq. After the downfall of Vercingetorix the Aedui were treated by Caesar with distinguished clemency, VII 89, 90.

Aeduus, a, um, adj., Aeduan; civitas, II 14, 2; V 7, 1.

aeger, gra, grum, adj., *ailing, sick,* VI 36, 3; 38, 1; V 40, 5.

aegre, adv. (aeger), *barely, w. difficulty:* sustentatum est, II 6, 2; sustinere, IV 32, 3; V 37, 6; 39, 4; flumen a. transiri potest, V 18, 1; a. tuentur portas, VI 37, 5; servatur, VI 39, 4; diebus xx aegerrime confecerant, I 13, 2.

Aemilius, i, m., L., a Gallic cavalry officer (probably from the provincia), I 23, 2.

aequaliter, adv. (aequalis), *evenly:* collis ae. declivis, II 18, 1.

aequinoctium, i, n., the (autumnal) *equinox:* suberat, V 23 5; propinqua die aequinoctii, IV 36, 2.

aequitās, ātis, f., *fairness:* condicionum, I 40 3; animi, *contentment,* VI 22 4.

aequō, v. 1, *to make even, equalize:* opes, VI 22, 4; periculum, I 25, 1.

aequus, a, um, adj., *fair:* non aequum existimare, IV 16, 4; cf. VII 20, 7; aequiore imperio uti, VI 12, 6; aequo animo, *w. equanimity, calmness,* V 49, 6; VII 64, 3; aequiore animo, V 52, 6; — *even, equal:* contentio nec loco nec numero aequa, VII 48, 4; aequo Marte, VII 19, 3; aequo spatio abesse, I 43, 1; — *favorable* (opp. iniquus, alienus): locus, VII 82, 2; in aequum locum descendere, VII 53, 2; aequo loco dimicare, III 17, 7; quam aequissimo loco castra communire, V 49, 7; aequissimas regiones sequi, VII 74, 1; — *level:* dorsum iugi, VII 44, 8.

aerarius, a, um, adj. (aes), *referring to mines:* -ae secturae, *mines,* III 21, 3.

aes, aeris, n., *copper:* aere uti ad reficiendas naves, IV 31, 2; aere uti pro nummo (☞ br. by Vielhaber), V 12, 4; aere uti importato, V 12, 5; — *money:* alienum; — *debts:* aere alieno premi, VI 13, 12. aestās (heated term), ātis, f., *summer:* prope exacta -e, III 28, 1; magnam partem -is, III 12, 5; multum -is, V 22, 4; exigua parte -is reliqua, IV 20, 1; majorem -is partem, VII 35, 1; -em consumere, V 4, 1;

una -e, I 54, 2; inita aestate, II 2, 1; inita proxima -e, II 35, 2; superiore -e, IV 21, 4; V 8, 3.

aestimātiō, ōnis, f., *calculation, estimate:* facere -em, VI 19, 1.

aestimō, v. 1, *to rate, esteem:* multo gravius, VII 14, 10; salutem levi momento, VII 30, 3; litem, V 1, 9; Aquitania . . . ex' tertia parte Galliae est aestimanda, III 20, 1. (It seems difficult to find an analogy to this phrase: Dittenberger considers the passage corrupt. ☞)

aestīvus, a, um, adj. (aestas), *of summer, summerly:* tempus -um, VI 4, 3.

aestuārium, i, n., *inlet, sea-marsh:* -a ac paludes, II 28, 1; itinera concisa -is, III 9, 4 (in the Vendee).

aestus, ūs, m. (properly, seething, boiling, of air, water, etc., hence), *heat, hot season:* aestūs vitare, VI 22, 3; 30, 3; — *tide:* se incitat, III 12, 1; naves compleverat, IV 29, 2; decessus -ūs, III 13, 1; commutatio -ūs, V 8, 3; -um nancisci, IV 23, 6; -u minuente, III 12, 4; ab aestu relinqui, III 13, 9; -u deferri, V 8, 2; aestūs (plur.), III 12, 5; V 1, 2; VI 31, 3; maximi, *spring tides,* IV 29, 1.

aetās, ātis, f., *age* (time of life): omnes gravioris aetatis (*advanced age,* opp. iuventus), III 12, 1; per aetatem, II 16, 4; V 3, 4; VII 71, 2; aetate ad bellum inutiles, VII 77, 12; 78, 1; -e confectus, VI 31, 5; VII 28, 4; 57, 3; puerili -e, VI 18, 3; pari -e, VII 39, 1.

aeternus (aevum), a, um, adj., *everlasting:* servitus, VII 77, 15.

afferō (ad- f.), afferre, attulī, allātum, v. 3 (bring to), *bring along:* quod ad amicitiam populi R. attulissent (as a possession even formerly enjoyed), I 43, 9; *cite, bring forward, quote, adduce:* multas causas, VI 22, 3; fama (report) afferebatur, VI 36, 2; rumores, II 1, 1; VII 59, 3; nuntius, VI 30, 4; V 53, 7; VII 43, 1; 11, 4; litteras, V 49, 4; — *cause, produce:* quantos fortuna afferat casus, VI 35, 2; causam timoris, VI 35, 3; voluptatem, I 53, 6; V 54, 4; — *impersonally:* magnam difficultatem afferebat, si, VII 10, 1.

afficiō, ere, ēcī, ectum, v. 3 (ad-facio) (do *to* some one), *cause to, visit with:* omnes maxima laetitia, V 48, 9; — *inflict upon:* dispersos magno incommodo, VII 16, 3; — (in pass.) *suffer from, experience:* magna difficultate afficiebatur, VII 6, 2; magno dolore, I 2, 4; magna sollicitudine, VII 40, 1; supplicio affici, *be put to death,* I 27, 4; gravioribus morbis (*be afflicted w.*), VI 16, 2; omnibus cruciatibus affectus (*subjected to*), V 56, 2; summa difficultate rei frumentariae, VII 17, 3; — *be blessed with, enjoy:* beneficio, I 35, 3; nonnullo Caesaris beneficio, VII 37, 4.

affīgō, ere, xī, xum, v. 3, *fasten to:* falces longuriis, III 14, 5.

affingō (ad- f.), -inxī, -ictum fingere, *invent in addition to:* affingunt rumoribus Galli, VII 1, 2.

Affinĭtās

affinĭtās, ātis, f. (affinis), *connection by marriage:* propinquitatibus -ibusque conjuncti, II 4, 4.

affirmātĭō, ōnis, f., *assurance, pledge:* VII 30, 4.

afflictō, v. 1 (iterative of affligo, to dash against something again and again), *buffet:* naves afflictarentur (suffer) in vadis, III 12, 1; tempestas afflictabat naves, IV 29, 2.

afflīgō, ere, xī, ctum, v. 3, *press upon, bear down:* arbores pondere, VI 27, 5; pass. *to suffer:* quae gravissime afflictae erant naves, IV 31, 2; V 10, 2; *to be stricken:* quo casu, VI 27, 2.

affore, v. adsum.

Africus, ī, m. adj. as noun (ventus), s.w. *wind:* leni Africo provectus, V 8, 2.

Agedincum, ī, n., oppidum of the Senones, now (from the tribal name) *Sens*, on the Yonne River (Icauna), 70 m. s. e. of Paris in Champagne (dep't Yonne), VI 44, 3; VII 10, 4; 57, 1; 59, 4; 62, 10.

ager, grī, m., *land:* agri solum, I 11, 5; modus certus agri, VI 22, 2; agros attribuere, tenēre, IV 7, 4; colere, V 12, 2; *soil:* conferendum Gallicum cum Germanorum agro, I 31, 11; agri inopia, *poor soil*, VI 24, 1; agri fertilissima regione, VII 13, 3; bonitas agrorum, I 28, 4; feracissimi agri, II 4, 6; cf. I 31, 5; agri, *open country* (opp. oppida), populari, I 11, 4; II 5, 8; depopulari, II 7, 3; 9, 4; vexare, IV 15, 5; in agris, VII 4, 3; — *territory:* miīlia passuum sexcenta agri, IV 3, 2; pars finitimi agri, VI 12, 4; ager Helvetius, I 2, 3; Noricus, I 5, 4; agri vacant, IV 3, 1; 8, 4; — *cultivated land*, IV 4, 2.

agger, is, m. (ad-gero) (accumulation), *mound, dam*, structure of earth, lumber, carried forward and upward to reach the level of the top of the wall of the besieged city: aggerem conicere, VII 82, 6; (throw up) iacere, II 12, 5; cespites comportare ad aggerem, III 25, 1; aggeri ignem inferre, VII 22, 4; aggerem restinguere, VII 25, 4; -em apparare, VII 17, 1; cuniculis subtrahere, *undermine* (and thus remove), VII 22, 2; extruere, VII 24, 1; 72, 4; II 30, 3; ad munitiones adicere, V 9, 7; cf. III 12, 3; 21, 3; VII 32, 4; 72, 4; cotidianus agger, *the daily addition to the siege-mound*, VII 2, 4; — *rubbish, debris:* trabes (in the construction of Gallic walls) multo aggere vestiuntur, VII 32, 2; aggere paludem explere, VII 58, 1; fossam -e explet, VII 79, 4; 80, 5; — *rampart:* -es sustinent vim, VII 87, 5.

aggredior, ī, gressus, v. 3 (stride toward), *attack:* impeditos, II 9, 1; impeditos et inopinantes, I 12, 3; nostros latere aperto, I 25, 6; hostes impeditos, II 10, 2.

aggregō, v. 1 (herd to), *join:* se (signis), IV 26, 1; — *attach:* se ad eorum amicitiam, VI 12, 6.

agitō, v. 1 (intensivum of ago), *discuss earnestly* (carry on), VII 2, 1.

agmen, inis, n. (agimen, something led), *army on the march, marching column:* ag-

Alĭās

men novissimum (*rear guard*), I 15, 2; 3; 23, 3; II 11, 3; 20, 3; VI 8, 1; VII 68, 2; a primo -e, VII 67, 1; ab extremo -e, II 11, 4; agmen consistit (*halts*), VII 67, 3; iter agminis, II 17, 5; ratio ordoque -is, II 19, 1; longitudo -is, V 33, 3; longissimo agmine, V 31, 6; agmen antecedere, IV 11, 2; VII 12, 4; a. claudere, I 25, 6; II 19, 3; subsequi, IV 13, 6; se ad a. recipere, VII 13, 2; extra a. progredi, VII 66, 6; per a. perequitare, VII 66, 7; confertissimo agmine, II 84, 4; II 23, 4.

agō, ere, ēgi, āctum, v. 3 (drive, carry on, pursue, lead), *drive:* praedam ex omnibus locis, VI 43, 2; — *bring up:* vineas, II 12, 3; 5; 30, 3; III 21, 3; VII 17, 3; 58, 1; vineas turresque, III 21, 2; turres testudinesque, V 43, 3; — *take along:* impedimenta secum, II 29, 4; *construct:* cuniculos ad aggerem, III 21, 3; — *drive, pursue closely:* ita perterritos egerunt ut, IV 12, 2; praecipites hostes, V 17, 3; — *ram down, drive in:* sublicas, IV 17, 9; — *treat, discuss, confer:* inter se de condicionibus, V 37, 2; cum eo de, I 31, 1; 34, 1; 41, 3; 47, 1; ita cum Caesare, I 13, 3; quae Ambiorix cum Titurio egerat, V 41, 2; — *carry on, do:* scire quid agat, I 20, 6; cf. III 14, 3; VII 82, 4; nihil, III 8, 3; nihil temere, V 28, 3; qua ratione, IV 14, 2; VII 16, 2; 37, 7; 83, 5; de obsessione, VII 36, 1; omnia uno tempore, II 20, 1; — *to be active, to work:* nullo studio, VII 17, 2; gratias (convey), *render thanks, thank*, I 41, 2; — *bear oneself, act:* cum simulatione timoris, I 50, 5; — *hold:* conventus, I 54, 3; VI 44, 3; VII 1, 1.

agricultura, v. cultura.

alacer, cris, cre, adj., *eager, brisk, cheerful:* alacres et fiduciae pleni, VII 76, 5; alacriores ad pugnandum, III 24, 5; V 33, 5.

alacrĭtās, ātis, f., *eagerness:* summa a. et cupiditas belli gerendi, I 41, 1; 46, 4; non eadem a-e et studio utebantur, IV 24, 4.

alarius, a, um (ala), belonging to the ala (wing). Before the social war, 90 B.C., the Italian auxiliaries of Rome stood on the wing of the Roman legions; hence by tradition the term a. was maintained for auxiliaries, without any reference to their actual position; -ii (milites scil.), I 51, 1.

albus, a, um, *white:* -um plumbum, *tin*, occurs in Britain, V 12, 5.

alces, is, f., *elk:* sunt quae appellantur alces, VI 27, 1.

Alesia, ae, f., town in which the Gauls, led by Vercingetorix, made their last great stand for national independence, 52 B.C., on the plateau above the modern village Alise de St. Reine, dep't Côte d'Or, west of Dijon, between the streams Oze and Ozerain. A. quod est oppidum Mandubiorum, VII 68, 1; 75, 1; 76, 5; 77, 1; 80, 9; 84, 1.

alĭās, adv., *at another time:* alias . . . alias, *at one time . . . at another t.* (τοτὲ μὲν τοτὲ δέ) cum a. bellum inferrent, a. illatum defenderent, II 29, 5; cf. III 21, 3; V 54. 1; 57, 3.

aliēnō, v. 1 (aliēnus), *estrange:* voluntates suorum, VII 10, 2; alienari mente, *get out of mind, lose one's reason*, VI 41, 3.

aliēnus, a, um, (belonging to another), *strange, out of place:* non alienum esse videtur, proponere, VI 11, 1; — *unsuitable:* tempus, IV 34, 2; locus, I 15, 2; — *another's:* aes alienum, *debt*, VI 13, 2; salus -a, VII 84, 4; -i fines, IV 8, 2; II 10, 4; — (of another character or race) *strange:* se suaque omnia alienissimis crediderunt, VI 31, 4.

aliō, adv., *in another direction, elsewhere:* transire, VI 22, 2.

aliquamdiū (for some length of time), *for once, at last*, VII 27, 2; 77, 4.

aliquantus, a, um, adj. (of some size), *of some account, some:* -um itineris, *some distance*, V 10, 2; a-o planiores, III 13, 1.

aliqui, aliqua, aliquod, indef. adj. pronoun, *some or other:* pars aliqua, VI 40, 2; aliquod bellum, VI 15, 1; -a injuria, I 14, 2; locus, I 34, 1; aliquem sermonis aditum, V 41, 1; -em nuntium, V 53, 5; -am dimicandi facultatem, VI 7, 4; spem, VI 34, 2; suspicionem, VII 54, 2; aliquo numero atque honore, VI 13, 1; cum aliquo militum detrimento, VI 34, 7; opportunitate -a data, III 17, 7; -a noxia, VI 16, 5; -o facinore, I 40, 12.

aliquis, quid (indef. pron. substantive), *some one, something:* aliquid consilii aut dignitatis, III 16, 2; novi consilii, IV 32, 2; VII 12, 6; ut -d praetermitteretur, VI 34, 7; alicuius indicio, VII 20, 6; e suis aliquem ☞ (Kraner's reading), I 47, 2; aliquos, IV 26, 2 ; V 54, 4 ; quos tamen aliquid usus ac disciplina sublevarent, I 40, 5.

aliquot, indecl. adj. (some number or other) *some:* proelia, III 1, 4; causae, III 2, 2; dies, IV 9, 3.

aliter, adv., *otherwise, else, in another manner:* a. se habebat, II 40, 1; a. si faciat, VI 11, 4; non a. finiri potest, VI 25, 1; nec iam a. sentire quin, VII 44, 4; — *else:* a. non traducendum, IV 17, 2; cf. V 20, 2; aliter ac, *in a different manner from*, V 24, 1.

alius, a, ud, pronom. adj. *other, another, different:* una, alia, tertia, I 1, 1; alius (*further*) ordo additur, VII 23, 3; alio (*different*) ascensu, VII 45, 10; 50, 10; aliam in partem, II 24, 2; 3; ulla a. condicione, VII 77, 15; aliud (emphat.) iter haberent nullum, I 7, 3; aliud domicilium, alias sedes, I 31, 14; alia in parte, II 23, 3; III 22, 1; V 21, 5; aliud initium belli, VII 33, 5; defessi... alii integris viribus, III 4, 3; -a res (*anything else*), I 26, 6; -a ratione, in any other way, I 42, 4; quis alius (indef.), VI 20, 1;—*alii*, IV 26, 3; cf. VI 16, 4; 40, 2; VII 3, 2; 24, 4; I 18, 2; compluresque alii, VII 65, 2; cf. V 6, 4; aliae, IV 17, 10; —*emph.* neque enim naves erant aliae, IV 29, 4; Helvetii..., alii: the alii being a part of the II. in a hurried paragraph, I 8, 4; alias regiones petere, VI 43, 6; terras, VII 77, 14; in aliud tempus reservare, I 53, 7; —*others* (opp. to the subject), VI 40, 6; cf. VII 4, 10; ipsi ... alii, II 20, 3; cf. 31, 4; — rarely in 2d place: cohortes aliae, VII 88, 3; —*others, further ones*, V 11, 3; cf. VII 88, 3; — other (*foreign*), civitates, I 18, 7; —*different:* longe aliam esse navigationem; — a. *atque*, III 9, 7; longe aliud consilium sibi capiendum *atque*, VII 50, 3; longe alia ratione *ac* reliqui, III 28, 1; VII 14, 1; alio loco, alio tempore *atque* oportuerit, VII 33, 3; quid aliud (?), VII 77, 15; — Greek style: cum compluribus aliis de causis, tum maxime quod, V 54, 5; —*in correlation:* alius alia causa illata, *one alleging this and the other that pretext*, I 39, 3; cum alii aliis subsidium ferrent, II 26, 2; alius alia ex navi, IV 26, 1; alius ex alio causam quaerit, VI 37, 6; alius (ὁ μέν) alius (ὁ δέ): aliae (legiones) alia in parte, II 22, 1; alio se in hiberna consilio venisse meminerat, aliis occurrisse se rebus viderat, III 6, 4; alii in aliam partem ferebantur, II 24, 3; cum alii ... complerent, alii ... depellerent, III 25, 1; cf. IV 28, 2; V 16, 4; 51, 4; VI 14, 5; VII 24, 5; 85, 5.

allatus, v. affero.

alliciō (locken), lexī, lectum, 3 (lacio), *entice, allure:* magnis praemiis ad sc, V 55, 3; donis pollicitationibusque, VII 31, 1.

Allobroges (x), um, m., Gallic people, between Isère, Saône (Arar), Rhone, and Alps; capital Vienna; Geneva their most northerly oppidum; they had been subdued by A. Fabius Maximus in 121 B.C.; they remained faithful to Rome in the critical year, 52 B.C., VII 64, 65. Even in the beginning of the war, 58 B.C., they refused to support the Helvetii (probably because they had felt the stern arm of Rome in 60 B.C. too effectively): Greek acc. pl., Allobrogas, I 14, 3; VII 64, 7.

alō, ere, aluī, altum, v. 3, *to nourish, foster, strengthen:* vires, IV 1, 9; staturam, vires, VI 21, 4; civitatem, VII 33, 1; controversiam, VII 32, 2; —*support:* se atque illos, IV 1, 5; magnum numerum equitatus, I 18, 5; se eorum copiis, IV 4, 7; —*feed, keep:* gallinam et anserem, V 12, 6.

Alpēs, ium, f., *the Alps.* Caesar crosses them by the shortest route, I 90, 3; tribes living in the Alps, I 10, 4; III 1, 1; IV 10, 3. The main passes over the Alps had not been firmly seized nor permanently gained as late as the latter part of 57 B.C. Caesar desired to have these passes opened and the tolls levied upon traders abolished, III 1, 2.

alter, era, um (ĭus), *the other* (of two): alterae legioni, V 27, 5; ad alteram ripam, V 18, 2; in altera parte fluminis, II 5, 6; cf. VII 34, 3; —*alter ... alter, the one ... the other* (ὁ μέν ... ὁ δέ), III 1, 6; V 27, 9; 44, 14; 54, 4; 56, 1; VI 12, 1; 13, 3; VII 32, 4; 59, 5; alteri ... alteri, I 26, 1; V 54, 4; VII 17, 2; — with the correlative understood, V 3, 3; 44, 14; VII 39, 2; ne qua legio alterae legioni subsidio venire posset,

V 27, 5; cf. I 2, 3; — unum, alterum, tertium, V 13, 1-2; cf. 24, 2; unus, alter, I 6, 1-2; 35, 4; IV 3, 3; VI 9, 2; VII 5, 5; 44, 4; — *the other, the second*, V 46, 3; 56, 3; VI 15, 1; VII 25, 3; V 46, 3; in alteram partem, II 21, 4; altera ex parte, VII 64, 6; — *a second person* (another than the subject) *another*: non ad alterius praescriptum sed ad suum arbitrium, I 36, 2; de altera parte tertia (*the 2d* ¼), I 31, 10; — *next* (= sequens): altero die, VII 11, 1; 68, 2.

alternus. a, um, *alternate*: -is trabibus ac saxis, VII 23, 5.

altitūdō, inis, f., *elevation, height*: iusta (regular, proper), VII 23, 4; mons magna -e, I 38, 5; a. montis, VII 52, 3; muri, II 12, 2; muri aggerisque, II 32, 4; puppium, III 14, 4; valli, V 42, 5; II 5, 6; cf. VII 69, 4; nostrarum turrium, VII 22, 4; tantae -is machinationes, II 31, 3; in altitudinem (adverbial), II 5, 6; cf. III 13, 4; — *depth*: qua minima a. fluminis, I 8, 4; fluminis erat altitudo circiter pedum trium, II 18, 3; cf. IV 17, 2; maris, IV 25, 3; nivis, VII 8, 2; fossa sex in altitudinem pedum, VII 69, 5; scrobes tres in altitudinem pedes fodiebantur, VII 73, 5; duas fossas eadem altitudine perduxit, VII 72, 3; — *thickness*: pedalibus in altitudinem trabibus, III 13, 4.

altus, a, um, *high*: agger, VII 24, 4; mons altissimus, I 2, 3; 6, 1; III 1, 5; VII 36, 1; altiore vallo, V 50, 5; duplici altissimo muro, II 29, 3; rupes despectusque, II 29, 3; flumine altissimo, I 2, 3; — *deep*: fossae quinos pedes altae, VII 73, 2; altissima nive, VII 8, 2; — *altum*, i. (as noun), *the high seas, the deep, open sea*, IV 28, 3; III 12, 1; IV 24, 2.

aluta, ae, f., *leather* (tanned with alum) (alumen), III 13, 6.

ambactus, i, m., *attendant, retainer*, VI 15, 2; acc. to Eichert, a *Celtic* word; according to Kraner *either Celtic or Germanic*.

Ambarri, orum, m., a Gallic community between Lyon and Geneva, on the right bank of the Rhone. In I 11, 4 [Aedui] Ambarri. ☞ Aed. is bracketed by Holder, Dinter, Doberenz. — I 14, 3.

Ambiāni, orum, m., Belgian tribe in the region of modern *Amiens* (Samarobriva); promised 10,000 men for Belgian war, II 4, 9. They surrender to Caesar promptly, II 15, 2; are called upon by Vercingetorix to raise 5000 troops, VII 75, 3.

Ambibariī, orum, m., one of the numerous tribes of N.W. Gaul, on the Channel, comprised with others by the general term *Aremorica*, VII 75, 4.

Ambiliāti, orum, m., a tribe of Aremorica, supports the Veneti in their war against Caesar, III 9, 10 (56 B.C.).

Ambiorix, igis, m., chieftain of the Eburones, leads in the successful attack on the winter-quarters of Sabinus and Cotta, V 27, 1; 11; 34, 3; causes the rising to spread in Belgium, V 38, 1; Caesar's movements in 53 B.C. largely determined by his desire to crush the Eburones and capture Ambiorix, VI 9, 2; 29, 4; escape of Ambiorix, VI 43, 4.

Ambivaretī, orum, m. (older reading, Ambilareti) (Glück considers Ambilareti and Ambluareti corruptions of Ambivareti) "Clients," vassals of the Aedui, VII 75, 2; VII 90, 6.

Ambivaritī, orum, m., a Belgian tribe with habitation "trans Mosam," IV 9, 3.

ambo, ae, o (orum, arum, orum), *both*, V 44, 13.

amentia, ae, f. (a–mens), *folly, madness*: longius eius amentiam progredi, V 7, 2; furore atque amentiā impulsus, I 40, 4.

āmentum, i, n., *thong, strap*, used in hurling a kind of javelin, V 48, 5 (Holder amunentum). ☞

amfractus, ūs, m. (amb–frango?) (others anfractus), *bend* in route (opp. straight line): si nullus a. intercederet, VII 46, 1 (not *gap*, as Bohn's transl. has it).

amīcitia, ae, f., (amicus), *friendship*, 1. *personally*: cum eum locum amicitiae apud eum teneret, I 20, 4; cf. 39, 2; V 41, 2; VII 76, 2; 31, 2; — 2. *politically*: pacem atque -am petere, IV 18, 3; perpetuam gratiam atque -am petere, V 55, 4; cf. 35, 4; pacem et a. confirmare, I 3, 1; -am facere, IV 16, 5; -am populi Romani appetere, I 40, 2; cf. I 31, 7 (opinione et amicitia populi Romani, IV 16, 7); -am simulare, I 44, 10; ad amicitiam afferre, I 43, 8; -am Romanorum sequebantur, VII 63, 7; se ad amicitiam alicuius aggregare, VI 12, 6; ab amicitia populi Romani deficere, V 3, 3; VII 39, 3; sibi nullam cum his amicitiam esse posse, IV 8, 1; pacem et amicitiam conciliare, VII 55, 4; in amicitiam venire alicui, IV 5, 4; in fide atque -a alicuius esse, II 14, 2.

amīcus, a, um, 1. (adj.), *friendly*: Helvetiis erat amicus, I 9, 3; — *devoted*: praesidium quam amicissimum, I 42, 5; ab homine amicissimo, V 31, 6; 2. (noun), *friend, ally*, VII 10, 1; pro amico habere (consider as), I 44, 11; posse iis utiles esse amicos, IV 7, 3; populi Romani amicus, I 3, 4; 35, 2; 4; 43, 4; 8; IV 12, 5; VII 31, 5.

āmittō (ab, m. let go), ere, mīsi, missum, v. 3, *lose*: ancoras, IV 29, 3; centuriones, VII 51, 1; cohortes, IV 1, 4; collem, VII 44, 4; fructus, I 28, 3; rei militaris laudem, VI 40, 7; multos, VII 13, 2; naves, III 16, 3; nobilitatem, senatum, equitatum, I 31, 6; nonnullos ex suis, V 15, 1; occasionem, III 18, 5; signum, II 25, 1; impedimenta, III 20, 1; VII 14, 8; — *amissa* (losses), *lost property*, VII 15, 2.

ammentum, v. amentum.

amor, ōris, m., *love, affection*: sese amore fraterno commoveri, I 20, 3.

amplificō, v. 1 (amplus–facio), *enlarge, increase*: auctoritatem, II 14, 6; gratiam dignitatemque, VI 12, 6.

amplitūdō, inis, f., *importance, power*:

civitatis, IV 3, 4; — *size:* cornuum, VI 28, 5; — *weight, influence:* in -em deducere, VII 54, 4.

amplius, v. amplus.

amplus, a, um, adj., *large, copious, ample:* civitas, IV 3, 3; ampliores copiae, V 50, 1; 19, 1; — *considerable, splendid, high:* munera amplissime missa, I 43, 4; auctoritas, III 8, 1; in amplissimis epulis, VI 28, 6; amplissima familia nati adulescentes, VII 37, 1; amplissimo genere natus, IV 12, 2; 4; — *well supplied with, rich in:* genere copiisque amplissimus, VI 15, 2; — AMPLIUS (adv.), *more:* horis sex, III 5, 1; horis quattuor, IV 37, 3; non a. digitis quattuor, VII 73, 6; a. octingentae (naves), V 8, 6; a. xx urbes, VII 15, 1; quinis aut senis milibus, I 15, 5; milibus passuum XVIII, I 23, 1; cf. II 7, 4; IV 11, 1; VI 29, 4; ex hominum milibus a. xxx, III 6, 2; non a. milia passuum x abesse, II 16, 1; cum ipsi non a. octingentos equites haberent, IV 11, 1; spatium quod est non a. pedum sexcentorum, I 38, 5; cf. 41, 4; II 29, 3; — *further, any more:* nequam . . . multitudinem a. traduceret, I 35, 3; nequos a. Rhenum transire pateretur, I 43, 9; non esse a. fortunam temptaturos, V 55, 2; — amplius obsidum, VI 9, 7; — paulo amplius, V 27, 9; multo etiam amplius, VI 42, 2.

an (conj.), introducing an alternative in second part of disjunctive question, *or:* a. utrum (whether) . . . an in subj., I 43, 14; consultum diceret utrum necaretur . . . an . . . reservaretur, I 53, 7; -ne, an: copiasne . . . ducere, an castra defendere, an fuga salutem petere praestaret, IV 14, 2; iudicione an tempore exclusus dubium est, VI 31, 1; id cane de causa an perfidia fecerint, VII 5, 6; — *elliptic* (omitting the first part): an speculandi causa? I 37, 6; incendi placeret an defendi, VII 15, 3; an dubitamus quin, VII 38, 8 (in direct question); an dubitatis (direct), VII 77, 10 (introducing new sentence).

Anartēs, ium, m., people in Transylvania, on Theiss River (v. Kiepert), marking the eastern terminus of the Hercynia silva, VI 25, 2.

Ancalitēs, um, m., tribe in Britain; they surrender to Caesar, V 21, 1.

anceps, cipitis, adj. (ambi-ceps), *twofold, double:* ancipiti proelio, I 26, 1; VII 76, 1; in neither pass. does it mean *doubtful.*

ancora, ae, f., *anchor:* (naves) deligatas ad ancoram relinquebat, V 9, 1; cf. IV 29, 2; ancorae ferreis catenis revinctae III 13, 6; quod neque ancorae funesque subsisterent, neque, V 10, 2; in ancoris expectavit, IV 23, 4; ancoris sublatis (*heave*), IV 23, 6; iactis, IV 28, 3; amissis, IV 29, 3.

Andecumborius, i, m., a man of high rank in the country of the Remi, sent to Caesar on a political mission, II 3, 1 (Holder, Andecombogius).

Andēs, ium (also Andi, orum, VII 4, 6), tribe on lower Loire: Anjou, Angers; at the conclusion of the campaign of 57 B.C. Roman detachments were placed in their country to take winter quarters there, II 35, 3; the VIIth legion, commanded by young P. Crassus, III 7, 2; in 52 they joined the rising of Vercingetorix, VII 4, 6. In VII 75, 3, sena *Andibus* is an emendation of Em. Hoffman's, adopted by Holder.

anfractus, v. amfractus.

angulus, i, m. (eng), *angle* (corner): alter a. huius lateris, V 13, 1; 6.

anguste, v. angustus.

angustiae, arum (narrownesses), f., *defile,* (narrow passage, pass, difficult pass): propter angustias ire non poterant, I 9, 1; per angustias copias traduxerant, I 11, 1; angustiis viarum, *by narrowing the streets* (of the camp), V 49, 7; — *difficulty:* pontis atque itinerum, VII 11, 8; itineris, I 39, 6; 40, 10; — *troubles, difficulties:* quibus -iis prematur, III 18, 4.

angustius, adv. of angustus, *more sparsely:* frumentum angustius provenerat, V 24, 1; angustius milites collocavit, *in a compressed manner,* V 23, 5.

angustus, a, um, adj. (eng) (narrow, compressed), *difficult:* iter, I 6, 1; aditus, VII 17, 1; dorsus (?), VII 44, 3; locus, VI 30, 3; exitus portarum, VII 28, 3; angustiore fastigio *w. converging walls,* VII, 73, 3; montes (*rising abruptly*), IV 23, 3; — *small, contracted:* castra, IV 30, 1; portae, VII 70, 3; fines, I 2, 5; in angusto (in a tight situation) rem esse in angusto vidit, II 25, 1, *that the situation was critical.*

anima, ae, f., *soul:* non interire animas, VI 14, 5.

animadvertō, ere, ti, sum, v. 3 (vertere animum ad), *notice, observe,* with objectclause, acc. c. inf., I 32, 2; 52, 2; III 15, 2; 23, 7; IV 32, 4; VII 24, 2; 25, 1; 44, 1; 57, 4; 58, 2; — w. indirect question: quo se recipere consuerint, VI 27, 4; — w. direct object: quod, IV 25, 1; 26, 4; haec, I 40, 1; id, I 52, 7; IV 12, 6; tragulam, V 48, 8; quam rem, VII 67, 6; animadvertebantur dextris humeris exsertis, *were identified by,* VII 50, 2; ne ex oppido animadverterentur, VII 45, 7; — *to take measures against, provide for punishment:* in aliquem, I 19, 1.

animal, is, n., *animal* (-ia in ignem inferunt), VI 19, 4. In VI 17, 3, the readings vary: Kraner cum superaverunt, animalia capta immolant; others: quae superaverint animalia capta, immolant; it is uncertain whether *animals,* or *living beings* is meant.

animus, i, m. (ἄνεμος), *spirit, feeling, feelings* (emotional part of soul): aequo animo, V 49, 6; VII 64, 3; aequiore animo, V 52, 6; — *feelings:* offensio animi, I 19, 5; animum offendere, I 19, 2; bono (*loyal*) animo, I 6, 3; inimico animo, I 7, 5; V 4, 4; hoc (= tali) animo ut, V 41, 5; perturbari animo, II 21, 2; permoveri animo, VII 53, 1; animo eos confirmat *false reference: ante not in that chapter.*

Annōtīnus — Antīquus 13

(*calms them, encourages*), V 49, 4; — *spirit, courage:* a. tam paratus ad dimicandum, II 21, 5; augetur, VII 70, 3; animi magnitudo, II 27, 5; VII 52, 4; magni animi (gen.) (*ambitious*), V 6, 1; magno -o, VII 52, 4; maiore animo, VII 66, 6; quid animi, VII 36, 4; 38, 8; redintegrato -o, II 25, 3; animi relanguescunt, II 15, 4; — *mind* (*consciousness*) ad animum occurrit, VII 58, 2; animo circumspiciebat, VI 5, 3; -o providere, VII 30, 2; sic animo parati ut, VII 10, 2; 5; animo laborabat ut, VII 31, 1; in animo est alicui (*to intend*), I 7, 3; 10, 1; in animo habebat, VI 7, 5; hoc animo, ut, VII 28, 1; animo proponere, VII 47, 1; — *consciousness:* a. relinquit Sextium, VI 38, 4; — (*mind*) (*character*) mobilitate et levitate animi, II 1, 3; praesentia animi, V 43, 4; animi aequitas, VI 22, 4; mollities, VII 20, 5; virtus, VII 59, 6; mollitia (opp. virtus), VII 77, 5; imbecillitas ib, § 9; effeminari, I 1, 4; — *sympathy, interest:* totus et mente et animo in bellum Treverorum insistit, VI 5, 1; omnes et animo et opibus in id bellum incumberent. VII 76, 2; — *amusement, entertainment:* haec tamen alunt (scil. leporem et gallinam et anserem) animi et voluptatis causa, V 12, 5; cf. VII 77, 10. — ANIMI (*feelings, sympathies*): avertuntur ab aliquo, I 20, 4; ardebant, VII 34, 7; ad laetitiam excitantur, VII 79, 3; Gallorum animos verbis confirmavit, I 33, 1; omnium mentes et animos perturbaret, I 39, 1; animos timor praeoccupaverat, VII 41, 3; militum animos confirmare, VII 53, 3; cf. 80, 4; -os permulcere et confirmare, IV 6, 5; in ea re omnium nostrorum intentis animis, III 22, 1; omnium impeditis animis (*when the attention of all was engaged elsewhere*), V 7, 5.

annōtinus, a, um, adj., *of last year:* naves, V 8, 6.

annus, ī, m., qui fuit annus Cn. Pompeio M. Crasso consulibus, IV 1, 1; annus superior, IV 38, 2; V 23, 3; 24, 1; 35, 0; 42, 2; VII 65, 4; 76, 1; tempus anni, *season*, I 54, 2; III 9, 2; 27, 2; IV 20, 1; 22, 2; V 23, 5; VI 13, 1; 43, 3; VII 8, 2; 3; 14, 3; 32, 7; in tertium annum, for (*against*) two years hence, I 3, 2; tertium annum regnare, V 25, 3; intra annum vicesimum, *up to, before the completion of the 20th year*, VI 21, 5; annum, *for a year*, VII 32, 3; multos annos, I 3, 4; 31, 4; II 29, 5; complures annos, I 18, 3; IV 1, 2; 4, 1; VII 17, 5; omnes annos (*during his whole career in Spain*, viz., Sertorius, 78–72 B.C.), III 23, 5; — *inter* annos XIV (*within*), I 36, 7; — *longius* (rare for diutius) anno, IV 1, 7; eo anno, V 24, 1; anno post, IV 1, 5; VI 22, 2; paucis ante (adverbial) annis, III 20, 1; in annos singulos, V 22, 5; VI 22, 2; annos vicenos in doctrina permanent, VI 14, 3; paucis annis (of time within which), I 31, 11; omnibus annis (*in their whole career as centurions*), V 44, 2; cf. III 23, 5. — QUOTANNIS, v. q.

annuus, a, um, adj., *for a year, lasting one year* (magistratus): qui creatur annuus, I 16, 5. 𝒱. q.:

anser, is, m., *goose*, V 12, 6.

ante, before. 1. adv. ⸗ antea, *formerly*, regnum quod pater ante habuerat, I 3, 4; 31, 1; 7; 33, 4; 49, 4; II 12, 5; 33, 2; IV 36, 2; V 4, 1; 9, 4; 11, 7; 27, 1; 38, 1; VI 9, 3; 6; 40, 7; VII 1, 3; 20, 9; — *above*, in Caesar's self-quotation: ut a. dictum est, I 16, 2; ut a. demonstravimus, II 22, 1; ut a. dictum est, III 20, 1; de quo a. dictum est, IV 35, 1; de quo a. ab nobis dictum est, V 6, 1; with abl. of measure: paucis a. diebus, I 18, 10; paucis diebus a., VII 20, 9; multis a. diebus, VII 9, 4; aliquot diebus a., IV 9, 3; paucis mensibus ante, I 31, 10; paucis a. annis, III 20, 1; paulo ante, IV 12, 1; VII 4, 4; 40, 3; 48, 2. — 2. preposition c. acc. (a), (*of time:*) *before* a. autumnum, VII 35, 2; adventum, VI 15, 1; hoc tempus, I 44, 7; id tempus, II 35, 3; quod tempus, VII 4, 8; quam ante diem, VII 31, 4; horam tertiam, V 51, 3; lucem, VI 7, 9; mediam noctem, V 53, 1; VII 11, 7; exactam hiemem, VI 1, 4; ortum solis, VII 41, 5; primam confectam vigiliam, VII 3, 3; paulo a. tertiam vigiliam, VII 24, 2; in abbrev. a. d(iem), V Kal. Apr., I 6, 4; — (b), (*of place:*) a. sc, I 21, 3; oppidum, II 32, 4; VII 11, 5; oculos, VI 37, 8; in VI 24, 4 Holder reads after patientia, *qua ante.*

antea (ante ea), *hitherto*, VII 17, 1; VII 14, 2; 59, 3; — *before, some time ago*, I 42, 1; 2; fuit antea tempus cum, VI 24, 1. In VII 64, 2, Hr. reads antea (older ante).

antecēdō, ere, cessī, cessum, v. 3 (go before), *anticipate*, VII 54, 1 (mis-transl. in Bohn) Vercingetorix magnis itineribus antecessit, VII 35, 6; — *precede:* agmen, VII 12, 4; IV 11, 2; cum omni equitatu, IV 11, 6; — *surpass, outrank:* scientia . . . reliquos, III 8, 1; magnitudine paulo (scil. capras), VI 27, 1; tantum potentia (scil. Aeduos), V 29, 3; omnium temporum dignitatem et gratiam, VII 54, 4.

antecursor, is, m. (fore-runner), *scout, vanguard:* ab -ibus certior factus, V 47, 1.

anteferō, erre, tulī, lātum, v. 3 (bear before), *prefer:* controversiam habebant quinam anteferretur, V 44, 2; diiudicari . . . uter utri virtute anteferendus videretur, V 44, 14.

antemna, ae, f., *sail-yard*, III 14, 6; 7; 15, 1.

antepōnō, ere, posuī, itum, v. 3, *to rate higher, allow to take precedence of:* has tantularum rerum occupationes Britanniae, IV 22, 2.

antevertō, ere, tī, sum, v. 3, *prefer, give precedence to:* omnibus consiliis ut, VII 7; 3, *aim at.*

antīquitus, adv. (antiquus), *of old, in olden times*, I 1, 4; 17, 4; VI 4, 2; 11, 4; 12, 2; VII 32, 3.

antīquus, a, um, adj., *ancient:* antiquissimum quodque tempus, I 45, 3; antiquis-

sima familia natum, VII 32, 4; — *former:* in a-m locum gratiae restituere, I 18, 8.

Antistius, i, m., C. A. Reginus, a *legatus* under Cæsar, sent to enlist troops, VI 1, 1; in command of a legion before Alesia, VII 83, 3; sent with a legion to winter in the district of the Amblivareti, VII 90, 6.

Antōnius, i, m., Marcus (the famous; later triumvir), *legatus* under Cæsar, operating before Alesia, VII 81, 6.

Ap., Appius Claudius, consul in 54 B.C., V 1, 1.

apertē, adv. (of apertus), *openly, palpably, manifestly:* quorum a. opibus iuvantur, VI 21, 2; bellum parare, VII 59, 2.

aperiō, īre, uī, pertum, v. 4, *open.* In VII 35, 4. H. Deiter reads: ita apertis quibusdam cohortibus, for: misit captis cohortibus.

apertus, a, um; ptcp. p. pass. as adjective, *open, uncovered, unobstructed:* collis, II 18, 2; litus, IV 23, 6; -a loca, I 41, 4; II 19, 5; in aperto loco, II 18, 3; VII 18, 3; cuniculus, VII 22, 5; apertissimi campi, III 26, 6; —*uncovered:* magna pars corporis, IV 1, 10; milites (understood), VII 25, 1; -um latus, I 25, 6; II 23, 5; IV 25, 1; 26, 7; V 35, 2; VII 50, 1; 82, 2; — *unchecked, impetus:* maris, III 8, 1; vasto et aperto mari, III 12, 5; in apertissimo oceano, III 9, 7.

Apollō, inis, m., the god A.; the Gauls worshipped him, *i.e.*, a divinity corresponding to A., VI 17, 2; Apollinem morbos depellere, ibid.

apparō, v. 1, *construct:* aggerem, VII 17, 1; — *prepare:* in posterum diem similemque casum, VII 41, 4; — *get ready:* hoc facere, VII 26, 3.

appellō, v. 1, *accost, address, hail, call upon:* centuriones singillatim tribunosque militum, V 52, 4; centuriones nominatim, II 25, 2; legatos, VII 43, 4; suos, VII 40, 5; singulas legiones (*the l. severally*), VII 17, 4; in appellandis cohortandisque legionibus, V 33, 2; ille appellātus respondit, V 36, 2; cf. VII 54, 1; —*call:* quem Vergobretum appellant, I 16, 5; soldurios, III 22, 2; Orcyniam, VI 24, 2; turpissimam servitutem deditionis nomine, VII 77, 3; illius patientiam paene obsessionem, IV 36, 2; hos cippos, VII 73, 4; appellatur Verbigenus, I 27, 4; Octodurus, III 1, 5; Vacalus, IV 10, 1; Galli, I 1, 1; Tamesis, V 11, 8; Mona, V 13, 3; Bacenis, VI 10, 5; rex ab suis, VII 4, 4; uno nomine Germani appellantur, II 4, 10; Aremoricae, V 53, 6; VII 75, 4; alces, VI 27, 1; uri, VI 28, 1; Tigurinus, I 12, 4; (legio) septima, IV 32, 1; populi Romani amicus, I 3, 4; rex atque amicus, I 35, 2; amicus, I 43, 4; IV 12, 4; VII 31, 5; fratres, I 44, 0; fratres consanguineique, I 33, 2.

appellō, ere, pulī, pulsum, v. 3 (ad-p) (drive to), *land* (transitive): naves, III 12, 3; V 13, 1; VII 60, 4.

appetō, ere, īvi, ītum, v. 3 (ad-p), *strive after, try to obtain:* regnum, VII 4, 1;

populi Romani amicitiam, I 40, 2; 43, 7; — *approach:* dies appetebat, VII 4, 1; lux, VII 82, 2.

applicō, āre, uī or āvī, ātum, v. 1 (fold to), *lean against:* ad eas (arbores) se, VI 27, 3.

apportō, v. 1 (ad-p), *bring up, convey* (to the spot): ea quae sunt usui ad armandas naves, V 1, 4.

approbō, v. 1, *approve of, applaud:* orationem, VII 21, 1.

appropinquō, v. 1, *approach, advance* (v. intrans.): cohortes, VII 88, 3; Germani, VI 7, 6; adventus (*be close at hand*), VII 77, 11; meridies, VII 83, 8; — *c. dat.:* finibus, II 10, 5; moenibus, II 31, 1; VII 22, 5; Britanniae, IV 28, 2; munitionibus, VII 82, 4; Oceano, IV 10, 4; castris, VI 37, 2; hostibus, IV 25, 6; muro, VII 18, 1; muro ... portisque, VII 47, 3; — *ad hostis*, II 19, 2; of promotion: primis ordinibus, V 44, 1.

appulsus, v. appellō, 3.

Apr. = Aprilis, adj., m. (scil. mensis), *April*, I 6, 4; 7, 6.

aptus, a, um, adj., *fitted for, suitable:* reliqua aptiora, III 13, 7; minus aptus ad huius generis hostem, V 10, 1; aptissimum ad omnia imitanda, VII 22, 1.

apud, prep. w. acc., *near:* oppidum (before the town); Alesiam, VII 75, 1; generally of persons, etc.; Ciceronem, *with* C. (at the camp of); Helvetios (*amongst*), I 2, 1; Sequanos, I 9, 3; plebem, I 17, 1; 18, 3; quae apud eos gerantur, II 2, 3; 4, 7 (in their country); cf. III 21, 3; IV 1, 7; 2, 2; V 54, 2; VI 10, 3; 13, 6; VII 22, 2; 55, 4; ap. finitimas civitates, I 18. 6; apud se (in a private interview), I 19, 4; ap. eum I 20, 4; VII 37, 4; ap. se, *in his estimation*, I 20, 5; — *in his house* (occultare), VI 17, 5; ap. se morari, III 9, 5; cf. IV 8, 3; 15, 5; 18, 4; V 27, 2; ap. eos (*in their judgment and estimation*), I 40, 14; IV 13, 3; cf. VI 13, 4; ap. homines barbaros, V 54, 4; ap. Caesarem, VI 12, 7; ap. me, *in my judgment*, VII 77, 6; ap. omnes Belgas, II 14, 6; (obsides) apud eum (*at his headquarters, near him*), I 31, 15; cf. I 33, 2; (obsides) apud eos deposuerat, VII 63, 3; (legiones) ap. eum (*under him*), V 11, 4; ap. Germanos, I 50, 4; — *in the presence of*, II 47, 6; V 27, 1; ap. Caesarem, in Cæsar's army, in C. personal campaign, VII 57, 1.

aqua, ae, f., *water*, IV 24, 3; V 18, 3; 5; VII 36, 5; 72, 3; vis aquae (*current*), IV 17, 7; ad aquam (*river*), V 50, 1; — *water-clock:* certis ex aqua mensuris, V 13, 4; aqua et igni interdicere alicui, *to banish from human society, declare an outlaw*, VI 44, 3.

aquātiō, ōnis, f., *getting water*, IV 11, 4.

aquila, ae, *eagle*, chief standard of each legion: decimae legionis, IV 25, 3; 4; V 37, 5.

Aquilēia, ae, f., Roman colony at the head of the Adriatic, founded 181 B.C., I 10, 3.

aquilifer (fero), i, m., *eagle-bearer*, chief standard-bearer of legion, V 37, 5.

Aquitania, ae, f., land between Garonne and Pyrenees, I 1, 7. Crassus operating in it, III 11, 3; 20, 1; 21, 1; 23, 3; 26, 6; the greater part of it surrenders to Crassus, III 27, 1; warriors from A. join Vercingetorix, VII 31, 5.

Aquitānus, i, m., an Aquitanian, Piso, the A., IV 12, 3; the Aquitani, I, 1; 1, 2; they are experienced in mining, III 21, 3.

Arar, is (im), m., river of Gaul, tributary of Rhone (now Saone), rising in Vosges Mountains, and entering Rhone at Lyon; sluggishness of its current, I 12, 1; Helvetii cross it, Ib. § 2; Caesar crosses, I 13, 1; grain supplies transported on it, I 16, 3; Gauls cease marching along it, I 16, 3; towns on its banks, VII 90, 7.

arbiter, trī, m., *umpire, referee:* qui litem aestiment, V 1, 9.

arbitrium, ī, n., *judgment, decision:* suo nomine atque arbitrio, VII 75, 5; — *discretion:* ad suum arbitrium, I 36, 1; a. judiciumque. VI 11, 3.

arbitror, v., dep. 1 (arbiter), *hold, consider, believe* (more weighty than puto), I 4, 4; — w. object clause (acc. w. inf.), I 2, 5; 5, 2; 19, 1; 33, 2; 42, 2; II 4, 10; 28, 1; III 1, 3; 10, 2; 13, 6; 18, 1; 28, 1; IV 2, 6; 9, 3; 11, 4; 13, 1; 19, 4; 20, 2; 21, 1; 7; 22, 2; 6; 23, 4; 34, 2; V 7, 7; 29, 2; VI 3, 4; 4, 3; 16, 3; 5; 17, 1; 19, 4; 23, 3; VII 25, 1; 27, 1; 70, 6; — infinitive treated as subject of an infinitive, III 24, 2; IV 17, 1; V 4, 3.

arbor, is, f., *tree*, V 9, 5; VI 27, 3–5; tenerae arbores, II 17, 4; arborum trunci, IV 17, 10; VII 73, 2.

accessō, ere, īvī, ītum, v. 3 (accerso), *summon, invite:* auxilia ex Britannia, III 9, 10; a. Vercingetorige, VII 33, 1; inde auxilia ducesque, III 23, 3; ex continenti alios, V 11, 3; equites, V 58, 1; equites ab iis, VII 65, 4; (milites) II 20, 1; legiones in provinciam, VII 6, 3; uti Germani mercede accesserentur, I 31, 4; accessitum se a Senonibus, V 56, 4; auxilio a Belgis accessiti, III 11, 2.

ardeō, ēre, sī, rsum, v. 2, *to be aglow, to be passionately excited:* ardere Galliam, V 20, 4; animi ad ulciscendum, VI 34, 7.

Arduenna, ae, f., *silva*, a wooded range of mountains, extending from the Rhine through the country of the Treveri to the frontier of the Remi, V 3, 4; Eburones fleeing into the A. S., VI 31, 2; per Arduennam silvam quae est totius Galliae maxima atque ab ripis Rheni finibusque Treverorum ad Nervios pertinet, VI 29, 4; ad flumen Scaldem (Scheldt) extremasque Arduennae partis, VI 33, 3 (an error of Caesar's).

arduus, a, um, adj., *steep:* ascensus, II 33, 2; — *difficult:* nihil adeo arduum, VII 47, 3.

Arecomicī, orum, m., Volcae A., a tribe in the region of modern Nismes (Nemausus) in the Roman provincia, VII 7, 4; 64, 6.

argentum, ī, n., *silver, silver-plate*, VII 7, 4; 64, 6.

argilla, ae, f., *clay (potter's clay:* fusilis), V 43, 1.

āridus, a, um, adj., *dry, parched:* a. materies, VII 24, 4; aridum as subst., *dry land, beach:* in aridum subduxerat (naves), IV 29, 2; ex arido, IV 24, 3; in arido, IV 26, 5.

ariēs, ĕtis, m., *ram*, instrument for making a breach in enemy's walls: murum attingit, II 32, 1; timber offering great resistance to the ram, VII 23, 5; pro ariete, *as a ram, buttress* (of passive resistance to current of river), IV 17, 9.

Ariovistus, ī, m., German leader and conqueror, a Suebian, VI 12, 2; crossed the Rhine on summons of Sequani and Arverni and defeated the Aedui, but treated the Sequani likewise as vassals, I 31, 11; sqq.; I 40, 8; the Gauls (summer, 58 B.C.) complain of his severity and haughtiness, I 32, 4; cf. c. 33, 2; 5; Caesar's negotiations with A., I 34-36; conference of A. with Caesar c. 42–45; Caesar refuses to hold further direct conferences, but sends envoys, c. 47; decisive battle with A. in upper Alsace, c. 51–55; A. escapes across the Rhine, c. 53, 3; renown of C. in consequence of his defeat of A., IV 16, 7; the Germans grieved at the death of A., V 29, 3; Germans deterred from crossing the Rhine through recollection of the defeat of A., V 55, 2.

Aristius, i, m., M., a military tribune. The Aedui try to use him as a hostage, VII 42, 5; 43, 1.

arma, orum, 1. *implements* (ὅπλα), particularly tackle: omne genus armorum, III 14, 2. — 2. *arms:* a suppetunt, VII 85, 6; multitudo armorum, II 32, 4; grave onus -orum, IV 24, 2; gravitas armorum, V 16, 1; levitas, V 34, 4 (pass. rejected by Holder) ; acervi, II 32, 4; similitudo, VII 50, 2; quantum armorum, VII 4, 8; — arma abicere (for passages v. verbs) accipere, capere, conferre, conquirere, deponere, exuere, ferre posse, ponere, poscere, proicere, sustinere, tradere, ad arma conclamare, VII 70, 6; ad a. concurrere, II 20, 1; III 22, 4; V 39, 4; VII 4, 1; ad vim et a. descendere, VII 33, 1; armis contendere; armis congredi et superari, I 36, 3; armis concrepare, VII 21, 1; se armis defendere, VI 34, 1; ius exsequi, I 4, 3; possidēre agros, IV 7, 4; a Gallicis armis cognoscere aliquem, I 22, 2; ab armis discedere, V 41, 8; esse in armis (ἐν ὅπλοις καταμένειν), I 49, 2; different from II 3, 3 (*were up in a.*); III 28, 1; V 41, 2; VI 2, 3; VII 32, 5; parati in armis erant, II 9, 1; in armis esse, *take the field*, IV 1, 5; — *serve*, V 3, 4; in armis excubare, VII 11, 6; exercitatio in armis, I 39, 1; exercitatus in armis, I 31, 7; cum his armis, II 33, 2.

armāmenta, ōrum, n., *equipment, tackle* (navium), III 14, 7; ancoris reliquisque armamentis, IV 29, 3.

armātūra, ae, f., *armature*, only in gen.: levis -ae Numidae, II 10, 1; 1. -ae pedites, II

24, 1; VII 65, 4; sagittarii et expediti, VII 80, 3.

armō, v. 1, *to arm, equip* (ἐξοπλίζειν), cohortes, IV 32, 2; naves, V 1, 4; III 13, 1; ad se colligendos armandosque, III 19, 1; armandos (cos) curat, VII 31, 3; armatum concilium, V 56, 1; armatus hostis, V 36, 4; 41, 7; omnes puberes armati, V 56, 2; armata milia, II 4, 5; 7; armati, *armed men* (opp. inermes, II 27, 1; opp. inermi, I 40, 6); III 3, 2; IV 1, 4; VII 42, 6; copiae armatae, IV 23, 2.

Armoricae, arum, adj., sc. civitates ☞ (Holder's reading, others Aremoricae), acc. to Kiepert, Glück, and others, *on the sea, mori, muir* (moer), *sea*. Kraner defends Arem. — collective name given to many tribes of N.W. Gaul, living on the channel in what was later the coast of Normandy and Brittany, V 53, 6; many named in VII 75, 4.

arpagō, *v*. harpago.

Arpinēius, i, Gaius, a Roman knight sent to parley w. Ambiorix, V 27, 1; 28, 1.

arripiō, ere, uī, eptum, v. 3 (ad-rapio), *take up hurriedly:* quae quisque eorum carissima haberet, V 33, 6.

arroganter, adv., *in a presumptuous manner:* facere, I 40, 10.

arrogantia, ae, f., *haughtiness, presumptuous demeanor:* -am tantam sumpserat, I 33, 5; -ā uti, I 45, 4; licentiam -amque reprehendere, VII 52, 3.

ars, tis, f., *art, branch of industry:* inventorem omnium artium, VI 17, 2.

arte, *v*. artus.

articulus, i, m., *joint:* crura sine nodis articulisque, VI 27, 1 (Hr. articlis). ☞

artificium, i, n., *accomplishment, skill:* Minervam operum atque artificiorum initia tradere, VI 17, 2.

artus, a, um, adj., *dense:* in artiores silvas, VII 18, 3; — adv. artē, *compactly, in a closely fitting manner*, VII 23, 3; artius illigata, IV 17, 7.

Arvernī, ōrum, m., powerful tribe of Gaul in the region of modern Auvergne (Clermont), rivals of Aedui for leadership in Gaul, I 31, 3; news from Genabum arrives in country of Arverni, VII 3, 3; Helvii neighbors of A., VII 7, 5; Ruteni join the rising of the A., VII 7, 1; Vercingetorix was of this tribe, VII 4, 1; another chieftain named, VII 88, 4; 76, 3; 83, 6; Bituriges join the A. in the great revolt, VII 5, 7; the A. surprised by C., VII 8, 2; vassals of the A., VII 64, 6; 75, 2; prisoners of A. returned to them, VII 90, 3; swiftness of C. in anticipating news that might be carried to A., VII 9, 5; a chieftain of the Aedui gained over by the A., VII 37, 1; cf. 38, 5; 7; 66, 1; Critognatus the A., VII 77, 3; no Arvernian sold into slavery after the fall of Alesia, VII 89, 4; submission of the A., VII 90, 2.

arx, cis, f., *castle, citadel*, I 38, 6; — *fortified position:* ex arce Alesiae, VII 84, 1 (Alesia *was* the **arx**).

ascendō, ere, ndī, nsum, v. 3 (ad-scando), *mount, ascend, climb, go up:* summum ingum, I 21, 2; murum, VII 27, 2; 47, 7; 50, 3; altissimas ripas (*climb*), II 27, 5; vallum, V 26, 3; 43, 3.

ascensus, ūs, m. (ascent, scaling), *upward movement:* qui ascensum hostium tardarent, VII 72, 4; prohibere ascensu, V 32, 2; ex ascensu, VII 86, 4; here Madvig has proposed *exscensu:* ☞ qualis in circuitu ascensus, I 21, 1; a. minime arduus, II 33, 2; ab initio ascensūs, VII 76, 1; ascensum dat Gallis, VII 85, 6; alio ascensu, VII 45, 10; 50, 1.

asciscō, ere, scīvi, scītum (scisco ad-, decide-to), *join to oneself, take along:* Boios socios sibi, I 5, 4; socios sibi Osismos ... asciscunt, III 9, 10.

aspectus, ūs, m., *sight:* horridiores aspectu, V 14, 2; primo aspectu, VII 56, 4; tantae multitudinis (object), VII 76, 6.

asper, era, erum, adj. (rough), *desperate, critical:* quanto asperior oppugnatio, V 45, 1.

assiduus, a, um (ad–sideo), *incessant:* labor, VII 41, 2; consuetudo, VI 22, 3; imbres, VII 24, 1.

assistō (ad–sisto), ere, astitī, v. 3 (take position near by), *appear with:* filium in conspectu patris assistere turpe ducunt, VI 18, 3.

assuefaciō, ere, ēcī, factum, v. 3, *accustom to, train:* equos eadem remanere vestigio, IV 2, 3; nullo officio aut disciplina assuefacti, IV 1, 9; Gallicis moribus, IV 3, 3; paulatim assuefacti superari, VII 24, 6.

assuescō, ere, suēvi, suētum, v. 3, *accustom oneself, become accustomed:* ad homines, IV 28, 4.

at, conj., introducing a statement of decidedly opposite character; *but* (always leading) at the beginning of a new sentence, after period: I 52, 4; II 23, 4; 27, 3; IV 12, 1; 24, 1; 31, 1; 38, 3; V 3, 4; 7, 5; 9, 7; 32, 1; 33, 5; 34, 1; 43, 4 (in some inferior MSS.); V 54, 1; VI 40, 6; VII 9, 1; 36, 2; 62, 8; 77, 1; 78, 5; 80, 9; 81, 6; 82, 3; — after semicolon: IV 14, 5; V 7, 9; 15, 3; 28, 4; — pregnant (after conditions, in apodosis), *at least* (anyhow), I 43, 9; V 29, 7; VI 40, 2.

atque, *v*. ac.

Atrebatēs, um (sing. Atrebas, atis), a Belgian people in the region of modern *Arras;* their quota of soldiers promised for the war against Caesar in 57 B.C., II 4, 9; allied with the Nervii, II 16, 9; routed in the early part of the battle on the Sambre, II 31, 1; Commius one of their chiefs, IV 27, 2; 35, 1; 21, 6; V 22, 3; cf. V 46, 3; VI 6, 4; VII 75, 3; 76, 3.

Atrius, I, serving as sub-commander in Caesar's second expedition into Britain, V 9, 1.

attexō, ere, xuī, xtum, v. (texo) 3 (weave to), *construct upon:* pinnae loricaeque ex cratibus attexuntur (scil. vallo), V 40, 6.

attingō, ere, attigi, tactum, v. 3 (tango),

to touch: Britanniam cum navibus, IV 23, 2 ; **terram** (to land), V 23, 6 ; murum (aries), II 32, 1 ; — *border upon:* flumen Rhenum, I 1, 5 ; IV 3, 3 ; fines, VI 25, 3 ; II 15, 3 ; Oceanum, II 34, 1 ; VII 75, 4 ; — *reach:* planitiem, VII 51, 3.

attribuō, ere, uī, ūtum, v. 3, *allot, assign, put in charge of* (alicui): partem vici cohortibus, III 1, 6 ; legioni equites, VI 32, 6 ; naves singulas equitibus Romanis, VII 60, 1 ; ipsi Morinos, VII 76, 1 ; ut cuique erat locus attributus, VII 81, 4 ; naves tribunis militum centurionibusque, III 14, 3 ; — *to give as an assistant:* huic (Labieno) M. Sempronium Rutilum, VII 90, 4 ; his delecti ex civitatibus attribuuntur, VII 76, 4.

auctor, is, m. (augeo) (lit. *promoter, increaser*), *advocate, originator, designer:* profectionis, V 33, 2 ; belli, III 17, 3 ; defectionis, VI 8, 8 ; eius consilii, VI 31, 5 ; hostis auctor, V 29, 3 ; auctore hoste, *at the suggestion of an enemy*, V 28, 6 ; inimicis auctoribus, V 25, 3.

auctōritās, ātis, f., *standing, weight, influence* (cf. Cicero's discourse on Pompey's auctoritas in de Imperio Cn. Pompeii): a. apud plebum plurimum valeat, I 17, 1 ; cf. V 4, 3 ; positum in eius auctoritate, VII 32, 5 ; a. civitatis, III 8, 1 ; magnae auctoritatis (gen. of quality), V 6, 1 ; 35, 6 ; 54, 2 ; VII 77, 3 ; maxima, VII 55, 4 ; magni habebatur, IV 21, 7 ; in Aeduis, VI 12, 6 ; -em amplificare, II 14, 6 ; sibi comparare, V 55, 4 ; summam habere, VI 11, 3 ; 13, 8 ; ullam habere, VI 11, 4 ; novam et repente collectam -em timebant, VI 12, 8 ; -em consequi, IV 13, 3 ; -em minuere, VII 30, 3 ; auctoritate alicuius adduci, III 8, 3 ; magna cum -e bellum gerere, III 23, 4.

auctumnus, v. autumnus.

auctus, v. augeo.

audacia, ae, f., *boldness:* deest alicui, VI 34, 6 ; summa a., 1 18, 3 ; homo summae audaciae, VII 5, 1.

audacter (audax), adv., *boldly:* tela conicere, IV 24, 3 ; audacius subsistere, I 15, 3 ; dicere, I 18, 2 ; resistere, II 26, 2 ; consilia inire, VII 1, 3 ; audacissime transire conari, II 10, 3 ; perrumpere, V 15, 4.

audeō, ēre, ausus, v. semi-dep. 2, *dare, essay:* nihil autere per se, VI 13, 1 ; — w. complementary infinitives, adire, IV 2, 5 ; adoriri, VI 8, 1 ; accedere, III 17, 6 ; consistere, VI 23, 2 ; 38, 5 ; II 17, 4 ; committere salutem suam, I 42, 5 ; vitam, VI 43, 6 ; se barbaris, IV 21, 9 ; — dimicare, VII 20, 6 ; discedere ab signis, V 16, 1 ; egredi, VI 35, 9 ; VII 1, 7 ; facere bellum, V 28, 1 ; insequi, II 19, 5 ; mittere legatos, V 6, 2 ; occultare . . . tollere, VI 17, 5 ; progredi, VII 66, 6 ; V 43, 6 ; queri . . . auxilium implorare, I 32, 4 ; transire Rhenum, IV 16, 1 ; flumen, II 27, 5 ; VII 5, 4 ; quid nostri auderent, II 8, 2.

audiō, v. 4 (hear), *listen to:* Romanos milites, VII 20, 8 ; — *to hear:* ex captivo, VI 37, 9 ; clamor auditur, III 26, 4 ; IV 15, 1 ; VII 28, 5 ; quae gesta essent, VII 3, 3 ; quod, III 18, 5 ; res, VII 61, 4 ; 88, 6 ; pugna, III 27, 1 ; voces, III 24, 5 ; — w. acc. (act.), quae, II 12, 5 ; V 28, 1 ; quid, IV 5, 2 ; IV 21, 6 ; — *hear about, be told of:* clementiam ac mansuetudinem, II 31, 4 ; audientem esse dicto, alicui, *to obey someone's orders*, I 39, 7 ; 40, 12 ; V 54, 3 ; with an object clause, acc. c. inf., II 12, 2 ; IV 7, 1 ; V 1, 6 ; VI 33, 3 ; 36, 1 ; VII 62, 8 ; Caesar discessisse audiebatur, VII 59, 1 ; — *give audience to:* legatos, IV 13, 1.

audītiō, ōnis, f., *rumor, hearsay:* auditionibus permoveri, IV 5, 3 ; levis auditio, VII 42, 2.

augeō, ēre, xi, ctum, v. 2, *increase, strengthen, raise:* bellum, VII 63, 1 ; numerum, III 23, 7 ; VII 48, 2 ; opinionem, V 57, 4 ; rem familiarem, I 18, 4 ; spatium itineris, VII 46, 2 ; — w. passive, suspicio augetur, VII 45, 6 ; animus, VII 70, 3 ; copiae, IV 13, 2 ; VII 49, 1 ; dignitas, VII 30, 3 ; periculum, V 31, 5 ; spes auxiliorum, VI 7, 6 ; augeri, in VI 1, 3, is harshly used in a brachylogy ; ut, si quid detrimenti acceptum, non modo id brevi tempore sarciri, sed etiam maioribus augeri copiis posset (scil. the diminished forces). — **auctus**, ior, *strong, rich:* gratia, dignitate honore auctiores esse, I 43, 8.

Aulercī, orum, a tribe in Bretagne and Normandy ; A. Brannovices, vassals of the Aedui, VII 75, 2 ; Camulogenus, a chief amongst the A., VII 57, 3 ; A. Cenomani, their quota sent to the relief of Alesia, VII 75, 3 ; the A. Eburovices joining the movement of the Veneti (Evreux), III 17, 3 ; the same branch probably understood in II 3, 4 ; winter quarters in their country, III 29, 3 ; join Vercingetorix, VII 4, 6 ; Aulerci Diablintes (in Maine), III 9, 10.

aurīga, ae, m., *charioteer*, IV 32, 2.

auris, is, f., *ear*, VI 26, 1 ; aures desecare, VII 4, 10.

Aurunculēius, i, L. A. Cotta, legatus of Caesar, junior commander (with Titurius Sabinus) of winter quarters in country of Eburones, 54–53 B.C., V 24, 5 ; 28, 3 ; cf. IV 38, 3 ; VI 32, 4 ; series in 57 B.C., II 11, 3 ; cf. Cotta.

Auscī, ōrum, tribe of Eastern Aquitania (Auch) surrender to Crassus, III 27, 1.

ausus, v. audeo.

aut, conj., *or* (excluding the other), I 13, 6 and 7 ; 15, 5 ; 31, 8 ; 12 ; 39, 6 ; 40, 1 and 4 ; 48, 7 ; II 30, 4 ; 33, 2 ; III 6, 5 ; 10, 2 ; 17, 7 ; 26, 3 ; IV 1, 9 ; 2, 4 ; 5, 2 ; 16, 4 ; 17, 2 ; 20, 4 ; 30, 2 ; V 6, 2 ; 17, 4 ; 28, 6 ; 29, 1 ; 44, 3 ; 57, 3 ; 58, 1 ; VI 14, 5 (several, in mere continuation) ; 20, 1 ; 21, 5 ; 22, 2 ; 27, 2 ; 31, 5 ; 43, 6 ; VII 4, 10 ; 20, 2 ; 10 ; 24, 4 ; 33, 2 ; 45, 8 ; 52, 1 ; 55, 9 ; 64, 2 ; 67, 4 ; — *either, or* (excluding alternative), I 1, 4 ; 19, 1 ; 27, 4 ; 34, 4 ; 39, 4 ; 40, 1 ; 10 ; 53, 2 ; II 25, 1 ; III 22, 2 ; IV 24, 3 ; 29, 2 ; V 12, 4 ; 27, 9 ; 30, 3 ; VI 3, 2 ; 6, 3 ; 13, 2 (three) ; ib. 5 ; ib. 9 ; 15, 1 ; 16, 2 ; 17, 5 ; 23, 4 ; 25, 4 ; 27, 4 ; 34, 2 (three) ; VII 4, 7 ; 22, 4 ; 31, 2 ; 82, 1 ; ne aut ... aut, I 13, 5; 43, 9; VI 5, 2; ib., 5; VII 54, 2; 72, 2; neque aut ... aut, I 22, 1; V 27, 3; ut aut ... aut, I 47, 1.

autem (conjunction) (post positive) (δέ), *but, however, on the other hand* (succession rather than opposition), I 31, 12; 34, 4; II 9, 1; III 14, 4; 21, 1; IV 16, 5; 24, 2; VI 24, 5; VII 64, 8; — in continuing an argument or narrative (not only this, but ... hence =), *moreover, furthermore*, I 2, 5; 6, 1; 16, 3; 33, 3; III 10, 3; V 10, 2; 3; VII 22, 3; 59, 2; — equivalent to *and, as for*, emphasizing the addition (cf. δέ), I 37, 3; II 19, 8; IV 10, 3; VII 23, 1; 2; — *now*, V 18, 3; 21, 3; II 13, 8.

autumnus, i, m., *fall of the year, autumn:* ante ... -um, VII 35, 2.

auxiliāris, e, adj., belonging to the auxiliaries (milites, understood), III 25, 1.

auxilior, v. dep. 1 (cf. subvenire), *to give aid, to support*, VII 50, 6; IV 20, 2; adire ad auxiliandum, VII 25, 1; I 31, 14.

auxilium, i, n., *aid, support, assistance*, II 24, 4; III 18, 1; IV 16, 6; VI 11, 4; 12, 5; experiri, III 5, 2; ferre v. fero ... reperire alicui rei, III 15, 2; polliceri, IV 19, 1; VI 23, 7; petere, I 32, 1; cf. peto .. implorare, I 31, 7; 32, 4; postulare, I 31, 9; rogare, I 11, 2; expectare, VI 8, 1; ponere in aliqua re, V 48, 1; ad a. concitare, VII 77, 1, auxilio arcessere, III 11, 2; -o esse alicui, V 44, 14; -o mittere alicui aliquem, I 18, 10; IV 37, 2; -o submittere alicui aliquos, VII 81, 6; succurrere, VII 80, 3; -o venire alicui, II 20, 1; VI 8, 7.

auxilia, ōrum, n., *auxiliary forces*, I 49, 5; III 11, 3; VI 7, 6; VII 79, 3; discedunt, V 17, 5; morantur, VII 78, 2; -a arcessere v. arcesso ... collocare, I 24, 3; comparare, III 20, 2; in mediam aciem conicere, III 24, 1; detrahere, VI 5, 5; expectare (v. exp.), mittere (v. m.) subministrare, IV 20, 1; tardare, VI 29, 2; sustentare auxiliis, II 14, 6.

Avaricensis, e, adj., -ia praemia, promised at Av., VII 47, 7.

Avaricum, i, n., oppidum of the Bituriges, now Bourges, on the Avera, a tributary of the Loire, VII 13, 3; 15, 4; 16, 2; 18, 1; 29, 4; 30, 2; 31, 3; 4; 32, 1; 47, 5; 52, 2.

avāritia, ae, f., *avarice, greed:* avaritiam esse convictam, I 40, 12; impellit alios -a, VII 42, 2.

ăvĕhō, ere, xi, ctum, v. 3, *to carry off:* navibus, VII 55, 8.

aversus, a, um, part. perf. pass. of averto (turned away), *presenting the rear:* aversum hostem videre nemo potuit, I 26, 2; aversi, *in their rear*, II 26, 2.

avertō, ere, tī, sum, v. 3, *to turn away, aside:* barbaros, VI 42, 2; falces, VII 22, 2, iter ab Arare, I 16, 3; iter ab Helvetiis, I 23, 1; vaginam, V 44, 8; animi averterentur, I 20, 4.

avis, is, f., *bird:* ovis avium vivere, IV 10, 5.

avus, i, m., *grandfather*, I 12, 7; IV 12, 4.

Axona, ae, f. (Aisne), river in the country of the Belgae, flows into the Oise (a tributary of the Seine): flumen Axonam quod, II 5, 4; II 9, 3.

B

Bacēnis (silva), range of mountains separating the Suebi from the Cherusci, VI 10, 5 (probably the mountains of Thuringia, and the range separating Bavaria from Bohemia (?).

Baculus, i, m., P. Sextius B., a centurion, III 5, 2; VI 38, 1.

Baleāris, e, adj., Balearic, -es, funditores, II 7, 1.

balteus, i, m. *belt* (τελαμών), (*for suspending the sword*), V 44, 7.

Balventius, i, T., a centurion of high rank, V 35, 6.

barbarus, a, um, adj., *foreign, non-Roman*, V 54, 4; — *rude, uncultured:* -um hominem esse, I 31, 13; cf. I 44, 9; homines feri ac barbari, I 31, 5; cf. 33, 4; 40, 9; IV 10, 4; 22, 1; VI 10, 2; — *as subst.*, generally in plural: of the Aquitani, III 23, 2; Belgian tribes, V 34, 1; VI 34, 6; 37, 9; 39, 4; 42, 2; Britons, IV 21, 9; 24, 1; 25, 2; 32, 1; 34, 5; Gallic tribes, III 6, 2; German tribes, VI 35, 6; 29, 2; 39, 1; 40, 8; IV 17, 10; of Veneti, III 14, 4; 15, 2; in general, II 35, 1; III 16, 4; VI 37, 8.

Basilus, i, m., L. Minucius B., in command of the cavalry in 53 B.C., VI 20, 4; 30, 1; in command of two legions conjointly with another man, VII 90, 5.

Batavi, ōrum, m., in modern Holland, at the mouth of the Rhine; -orum insula, IV 10, 1.

Belgae, ārum, m., collective name of the tribes living in the country bounded by the Seine, Marne, Moselle, Rhine, and the ocean, I 1, 2; their bravery, I 1, 3; boundaries, I 1, 6; prepare war against Caesar, II 1, 1; 3, 4; 4, 4, Senones their neighbors, II 2, 3; Remi, a tribe of the Belgae, II 3, 1; origin of Belgae, II 4, 1; joint movements of Belgae, II 6, 1, sqq., cf. II 14, 1; 6; 15, 1; 5; 17, 2; III 7, 2; 11, 2; IV 38, 4. In V 24, 3, Thomann very properly changed "Belgis" to "Bellovacis."

Belgium, i, n., the country of the Belgae, ex Belgio, VI 12, 2; 25, 4.

bellicōsus, a, um, adj., *warlike:* homines, I 10, 4.

bellicus, a, um, adj., *referring to war, of w.:* laus bellica, VI 24, 3.

bellō, v. 1, *wage war*, only in gerund construction: bellandi cupidum esse, I 2, 4; studium -ndi, III 17, 4; -ndi causa, IV 1, 4; finem -ndi facere, VII 66, 4.

Bellovaci, orum, m., tribe of Belgae (w. Bratuspantium as chief oppidum (Breteuil), II 13, 2); north of Seine and on the r. bank of Oise and Somme; called the strongest tribe of the Belgae, II 4, 5; cf. II 5, 3; 10, 5; 13, 1; they offer submission through Diviticus, II 14, 1; 5; ☞ (in V 24, 9, Bello-

Bellum — **Bonus** — 19

vacis is suggested by Thomann. T. agrees w. V 46, 2); they join the rising of Vercingetorix in 52 B.C., VII 59, 2; 5; 75, 3; 5; the Remi protected from the B., VII 90, 5.

bellum, i, n., *war*, as subject: b. coortum est, III 7, 1; incidit, II 14, 6; VI 15, 1; intercedit alicui cum aliquo, V 11, 9; — as object of (v. verbs): administrare, augere, conficerre, defendere (*repel*), ducere (*draw out*), facere (*to organize*), inferre, parare, renovare, transferre, III 2, 2; suscipere ... bella regere; bellum Venetorum (with the V.), III 16, 1; Treverorum et Ambiorigis, VI 15, 1; Ambiorigis, VI 29, 4; Allobrogum, I 44, 9; Ariovisti, V 55, 2; Cimbrorum Teutonumque, VII 77, 12; auctores belli, III 17, 3; casus -i, *chance of w.*, V 30, 3; causa b-i, III 7, 2; V 27, 4; VII 55, 4; diuturnitas b., I 40, 8; eventus b., VI 42, 1; fortuna b., I 36, 3; II 16, 2; gloria b., I 2, 5; VII 1, 8; imperium b., II 4, 5; initium b., V 53, 4 (v. initium); eius belli, I 30, 1; 44, 2; VII 41, 1; labor b., VI 31, 5; laus b., VII 76, 2; officia b., *services in the w.*, V 54, 4; opinio b., II 35, 1; ratio atque usus b., IV 1, 6; spes b., III 18, 6; summa b., *conduct of the w.*, I 41, 3; II 4, 7; suspicio b., IV 32, 1; timor b., IV 15, 3; tempus b., VI 4, 3; virtus b. (= bellica), V 54, 5; bellum domesticum, V 9, 4; par b., VII 77, 12; Britannicum, V 4, 1; Gallicum, IV 20, 1; Germanicum, IV 16, 1; Veneticum, IV 21, 4; simile bello, VII 77, 14; inutilis bello, VII 78, 1; occurrere bello, IV 6, 1; praesse bello, VI 23, 4; bello praeficere aliquem, V 11, 9; ad bellum usui esse, I 38, 4; ad b. polliceri, II 4, 4; socios ad bellum adsciscere, III 9, 10; incitare ad b., III 10, 2; excitari ad b., III 10, 3; naves efficere ad b., IV 21, 4; mittere milites alicui ad b., VII 37, 7; evocare ad b., VII 57, 4; cogere ad b., VII 71, 2; inutilis ad b., VII 77, 12; — *bello, by* or *in the w.*, I 13, 2; 40, 13; cf. IV 20, 1; -o capere aliquid, VI 17, 3; b. contendere cum aliquo, VII 67, 7; -o lacessere aliquem, VII 5, 5; persequi -o, I 13, 4; V 1, 8; premere, IV 1, 2; poenas bello repetere, I 30, 2; superare aliquem, I 45, 2; vincere, I 34, 4; 45, 3; bello experiri aliquem, *to tackle*, IV 3, 4; potens bello, VII 77, 15; de bello cogitare, VI 2, 3; 32, 1; consultare, V 53, 4; consilia inire, VII 1, 3; 43, 3; timere, III 3, 1; a bello abesse VI 14, 1; VII 63, 7; discedere, VII 33, 1; residere, VII 64, 7; in bello, VII 29, 3; in bellis, V 25, 2; in bello latrociniisque natum esse, VI 35, 7; in bello posse, II 4, 1; VI 35, 2; versari, VI 15, 1; detrimentum in bello accipere, VI 1, 3.

bene, adv. (bonus), *well, successfully:* negotium b. gerere, III 18, 6; rem b. gerere (*strike a blow*), V 57, 1; VII 44, 1.

beneficium, i, n., *kindness, service:* offere alicui, VI 42, 3; beneficio obstringere aliquem, *to put under obligations*, I 9, 3; beneficio afficere aliquem, *to do a service to some one*, I 35, 2; in general: sortium, I 53, 7; deorum immortalium, V 52, 6; suo, I 43, 5; VII 41, 1; ipsorum, VII 20, 2; Caesaris, VII 37, 4; sua senatusque beneficia, I 43, 4; -a habere ab aliquo, VII 20, 12; sua populique Romani in eum, I 42, 3; Caesaris in se, V 27, 1; beneficiis moveri, VII 76, 2.

benevolentia, ae, *loyalty, devotion:* eius in se, V 25, 2; — *kindness, favor:* sua in Aeduos, VII 43, 4.

Bibracte, is, n., capital of the Aedui centrally located between the upper courses of the Seine, Loire, and Saone respectively, later Augustodunum (Autun), I 23, 1; — BIBRACTI (locative), VII 55, 4; 6; but also Bibracte, VII 90, 7; concilium Bibracte indicitur, VII 63, 5.

Bibrax, ctis, f., oppidum Remorum, II 6, 1; north of the Aisne (near site of modern Laon).

Bibroci, orum, m., a tribe of Britain, V 21, 1.

biduum, n. (bis-dies) (*a space of two days*), I 23, 1; 47, 1; V 27, 8; 48, 8; VII 9, 1; 11, 1; 5; bidui via, *two days' distance*, VI 6, 2; biduo post (= postero die), I 47, 1.

biennium, i, n. (bis-annus), *a space of two years, two years*, I 3, 6.

Bigerriones, um, m., tribe of Aquitania, at the foot of the Pyrenees (later, le pays de Bigorre), III 27, 1.

bini, ae, a (distrib. numeral adj.), *two each, two at a time:* -ae naves, III 15, 1; -i pedes, VII 23, 1; tigna, IV 17, 3; milia, VII 75, 4 (where bina is from some of the inferior MSS. 💢); fibulae, IV 17, 7.

bipedalis, e, adj. (bis-pes), *two feet thick:* trabes, IV 17, 6.

bipertito, adv. (bis-pars), *in two parts, corps*, I 25, 7; V 32, 1 (older, bipartito).

bis, adv. (duis), *twice*, V 55, 2; VII 66, 7; 83, 1.

Bituriges, um, a Gallic people; two tribes, the B. *Cubi* on left bank of middle Loire, neighbors of Aedui, with Avaricum (Bourges) as capital (more important than the Bituriges Vivisci at the mouth of the Garonne), I 18, 6; VII 5, 4 sqq.; 8, 5; 11, 9; 12, 2; 13, 3; 15, 1; 4; 9, 6; 21, 3; 20, 4; 75, 3; 90, 6; — **Blannovii** abandoned reading in VII 75, 2. 💢

Boduognatus, i, m., leader of the Nervii (57 B.C.), II 23, 4.

Boii, orum, m., a Celtic tribe, associated with the Helvetii in the spring of 58 B.C., I 25, 6; 20, 2; trans Rhenum incoluerant et in Noricum transierant, I 5, 4; the main branch of this tribe lived north of the Danube at this time — re-settled in Gaul in 58 B.C., by Caesar, I 28, 5; VII 9, 6; poor, VII 17, 3; vassals of Aedui untill 52, acc. to Mommsen's interpretation of I 28, 5; a small people, VII 75, 4; cf. VII 10, 3; 4; 17, 2.

bonitas, atis, f., *excellence:* agrorum, I 28, 4.

bonus, a, um, adj., *good* (v. optimus): bono animo esse, *to be loyal*, I 6, 3; meliore condicione uti, VI 12, 6; — BONUM, i, n. (as noun), *benefit, advantage:* quantum boni, I 40, 6; — BONA, orum, *property,* V 56, 3; VI 19, 1; VII 3, 1; 42, 2-3; 43, 2.

bŏs, bŏvis, *ox:* bos cervi figura, VI 26, 1; nostrorum boum, VI 28, 5.

brachium, i, n., *the* (upper) *arm:* iactare, I 25, 3; brachia atque umeri ad sustinenda arma liberi ab aqua, VII 56, 4.

Brannovicēs (v. Aulerci), VII 75, 2.

Bratuspantium, i, n., chief town of the *Bellovaci;* ruins still called Bratuspante, near Breteuil (Pauly, R. E.), II 13, 2.

brevis, e, adj., *short:* occasio, V 29, 1; spatium, III 4, 1; tempus, I 40, 1; IV 34, 2; VI 1, 3; nox, V 13, 4; traiectus, IV 21, 3; — BREVI (adverbially), *shortly* (sharply): brevi moderari equos, IV 33, 3.

breviter, adv. (brevis), *briefly:* exponere, VII 54, 3.

Britannī, ōrum, the people of Britain, IV 21, 5; V 11, 8-9; 21; what they call a town, V 21, 3.

Britannia, ae, f., Britain, II 4, 7; 14, 4; III 9, 10; 8, 1; IV 20, 3; 21, 3; 22, 2; 23, 2; 27, 2; 28, 1; 30, 1-2; 37, 1; 38, 1; V 2, 3; 6, 5; 8, 2; 5; 12, 1; 13, 2; 14, 2; 22, 4; VI 13, 11; VII 76, 1 (Paul and Holder bracket).

Britannicus, a, um, adj., -um bellum, V 4, 1.

bruma, ae, f., *time of the winter solstice:* sub brumā, V 13, 3.

Brutus, i, m., D., a legatus of Caesar's, commander of Caesar's fleet in the war with the Veneti; D. Br. adulescentem, III 11, 5; 14, 3; in the war against Vercingetorix, VII 9, 1; 87, 1.

C.

C., abbreviation of the praenomen Gaius (not Caius), I 19, 3; 47, 4; in VII 11, 3 Holder abbreviates, others write in full; cf. VII 40, 3.

Cabillōnum, i, n., town of the Aedui (Chalons sur Saône) in Burgundy; Roman merchants sojourned here, VII 42, 5; 90, 7.

Caburus, i, m. (C. Valerius C.), a Romanized Gaul of high rank, I 47, 4; VII 65, 2.

cacūmen, inis, n., *point* (ramorum), VII 73, 2.

cadāver, is, n., *dead body:* coacervare (cadavera), II 27, 4; paene in ipsis cadaveribus proelio decertare, VII 77, 8.

cadō, ere, cĕcĭdi, cāsum, v. 3, *fall:* pauci cadunt, I 15, 2; magnus numerus hostium cadebat, V 34, 2; pars aliqua, VI 40, 2; primi eorum, II 27, 3.

Cadurcī, ōrum, m., a tribe in S.W. Gaul, on the borders of Aquitania, in the region of modern *Cahors* probably, dep't *Lot* (the L. a tributary of Garonne), VII 5, 1; 7, 1; the C. join Vercingetorix, VII 4, 6; 64, 6; they were vassals of the Arverni, VII 75, 2.

caedes, is, f., *slaughter:* c. fit, VII 67, 7; magna c. fit, VII 70, 5; 88, 3; caedem facere, VI 13, 5; VII 42, 3; conspicari, VII 88, 5; caedes cohortium, V 47, 4; Clodii, VII 1, 1; equitum et principum, VII 38, 10; caede incitari, VII 28, 4; ex ipsa caede fugerunt, VII 38, 3; ex media caede fugisse, ib. § 5.

caedō, ere, cecīdī, caesum, *fell:* silvas, III 29, 1; materiam, ib.

caelestis, e, adj., as subst. (of heaven), *god:* Iovem imperium caelestium tenere, VI 17, 3.

caerimōnia, ae, f., *religious custom, ceremony of worship:* gravissima, VII 2, 2.

Caeroesī, orum, m., German tribe in Belgian Gaul, II 4, 10.

caeruleus, a, um, *blue:* color, V 14, 2.

Caesar, is, m., Gaius Iulius, his war with the Helvetii in 58 B.C., I 1-29; preparations for opening campaign against Ariovistus, I 30-33, 1; negotiations with, and campaign against, Ariovistus, I 34-54; campaign against the Belgae (in 57 B.C.), II 1-35; operations of Galba in the Alps, III 1-6; campaign of Caesar against the Veneti, III 7-16; at the same time operations of Titurius Sabinus against Viridovix, III 17 sqq.; Caesar invades the country of the Menapii, III 28, 1; -29; Caesar's operations against the Usipetes and Tencteri and first crossing of the Rhine, IV 1-19; first invasion of Britain, IV 20-38; preparations for second invasion of Britain, V 1-2; settlement of feud among the Treveri, V 3-4; arrives on the coast of the Channel, V 5; has Dumnorix put to death, V 6-7; second invasion of Britain, V 8-23; insurrection among the Carnutes, V 25; rise of the Eburones under Ambiorix, one legion and five cohorts under Sabinus and Cotta are destroyed, V 27-38; Quintus Cicero in grave danger, V 40-51; spirit of insurrection prevailing in Gaul, V 53-54; operations of Labienus against the Treveri, V 56-58; operations against the Treveri, Menapii, and Ambiorix, VI 1-9; second crossing of the Rhine, VI 9, 8 sqq.; comparison of Gauls and Germans, VI 12-29; operations against Ambiorix resumed, VI 32-44; great rising of Gauls under Vercingetorix, the Arvernian (VII book), ended by the catastrophe of the fall of Alesia; — L. *Caesar*, legatus, VII 65, 1.

caespes, itis, m. (caedo) (cespes), *piece of turf, sod:* ad aggerem comportare, III 25, 1; gladiis caespites circumcidere, V 42, 3; ordines caespitum, V 41, 4.

calamitās, ātis, f. (prop. fr. calamus, reed, injury to crops), *disaster:* -em accipere, I 31, 6; V 29, 3; VII 90, 5; -em inferre, I 12, 6; II 14, 4; VII 14, 4; -em ante oculos ponere, VII 37, 8; c. populi Romani, I 13, 7; eius, I 53, 6; civitatis, II 28, 2; calamitatibus frangi, I 31, 7.

Caletēs, um (and, ī, ōrum), one of the tribes of Aremorica, on both banks of the Sequana, near the sea (Caux), tribe of the Belgae, II 4, 9; VII 75, 4.

callidus, a, um, *cunning:* homo, III 18, 1.

cālō, ōnis, m., *groom, soldier's servant.*

ne calonem quidem quemquam extra munitionem egredi passus erat, VI 36, 1; 3; cf. II 24, 2; 14; 26, 5; 27, 1; VI 40, 1; 5.
campester, tris, tre, adj., *in the field:* munitiones, VII 81, 1; 83, 8; — *level:* loca, VII 72, 3; 86, 4.
campus, i. m., *field, level country:* apertissimis -is, III 26, 6; despectus in campum, VII 70, 3.
Camulogēnus, i, m., commander of the Aulerci in 52 B.C., VII 57, 3; 59, 5; 62, 5.
Canīnius. C. Caninius Rebilus, a legatus of Caesar, VII 83, 3; 90, 6.
canō, ere, cecinī, cantum, v. 3 (sing), *play on an instrument* (blow): receptui c., *to give the signal f. retreat*, VII 47, 1.
Cantabrī, ōrum, m., tribe on N.W. coast of Spain, allied w. the Aquitani in 56 B.C., III 26, 6.
Cantium, i, n., the S.E. part of Britain (Kent), V 13, 1; 22, 1; its inhabitants more civilized than the other Britons, V 14, 1.
capillus, i, m., *hair of head:* capillo sunt promisso (flowing, long), V 14, 3; c. passus, *dishevelled*, VII 48, 3.
capiō, ere, cēpī, captum, *to take:* c. quietem, *to rest*, VI 27, 3; coniecturam, *to conjecture*, VII 35, 5; initium, *to begin*, I 1, 5; aliud initium, VI 33, 5; fugam, VII 26, 3; — *decide upon, select, take:* consilium, III 2, 2; 24, 1; IV 5, 2; 13, 3; V 8, 1; 28, 6; 29, 2; 33, 1; 53, 4; VI 20, 2; VII 10, 1; 26, 1; 27, 1; 36, 3; 59, 3; 71, 1; 77, 1; — *to take:* arma, III 18, 7; 28, 3; IV 14, 2; 4; V 26, 3; VI 38, 2; VII 4, 4; 12, 5; stipendium, I 44, 2; — *derive:* plus doloris ex eo, I 20, 2; nomen, I 13, 7; — *occupy:* collem, VII 62, 8; locum, V 9, 1; locum superiorem, VII 51, 2; loca, III 23, 6; montem, I 25, 6; — *gain* (make), *reach* (in sailing): insulam, IV 26, 5; portus, IV 36, 4; eam partem insulae, V 8, 3; locum, V 23, 4; — *take in, deceive*, I 40, 0; VII 31, 2; — *storm:* castra, VI 37, 7; VII 46, 5; locum, V 9, 7; — *gain* (booty, etc.): bello capere aliquid, IV 12, 1; VI 3, 2; 17, 3; VII 70, 7; — *to take* (prisoner): magnus numerus capitur, I 26, 4; 53, 4; V 22, 2; VI 8, 7; VII 11, 8; 67, 7; 88, 7; consuetudine captus (overcome), VI 22, 3; compendio captus (convicted), VII 43, 3; — *catch:* animalia, VI 17, 3; feras, 28, 2; — *purloin*, VI 17, 5.
capra, ae, f., *goat*, VI 27, 1.
captīvus, a, um, adj., *captive, prisoner*, I 22, 1; 50, 4; II 16, 1; 17, 4; V 8, 6; 9, 1; 18, 4; 42, 5; 48, 2; 52, 5; VI 35, 7; 8; 37, 9; 39, 4; 43, 4; VII 18, 1; 72, 1; 89, 5; 90, 3; captivorum magnus numerus, V 23, 2; quaestione captivorum, VI 32, 2.
captus, ūs, m., *capacity, ability:* ut est c. Germanorum, IV 3, 3.
caput, itis, n., *head*, I 32, 1; V 14, 3; 18, 5; 58, 6; — *life:* sui capitis periculo, VII 1, 5; capitis poena, *capital punishment, death*, VII 71, 6; — *individual, person, soul:* summa capitum, I 29, 2; II 33, 7; IV 15,

3; VII 89, 5; — *mouth* (of river), *arm:* multis capitibus in Oceanum influit, IV 10, 5.
careō, ēre, ui, *be without, lack:* frumento, VII 17, 3; cibo, *to fast*, VI 38, 1.
carīna, ae, *keel:* -ae aliquanto planiores, III 13, 1.
Carnutēs, um, m., important tribe on both banks of the Loire, in the region of Orleans; in 54 they were in clientela Remorum; their country was considered the centre of Gaul, VI 13, 10; Cenabum (Orleans or Gien) was their chief town; cf. II 35, 3; V 25, 4; 29, 2; 56, 1; VI 3, 4; 4, 5; 13, 10; VII 2, 1; 3; 3, 1; 11, 3; 75, 3.
carō, rnis, f., *meat:* lacte et carne vivunt, V 14, 2; pars victūs . . . in carne consistit, VI 22, 1.
carpō, ere, psī, ptum, v. 3, *to pluck, pick* (a flaw), *to criticise, ridicule:* vocibus carpi, III 17, 5.
carrus, ī, m., *cart:* singuli -i, one c. *at a time*, I 6, 1; cf. 24, 4; 26, 1; 3; carrorum quam maximum numerum coemere, I 3, 1; inter carros impedimentaque, IV 14, 4; VII 18, 3; redis et carris, I 51, 2.
carus, a, um, adj., *dear:* vitam salute cariorem habere, VII 19, 5; quae quisque carissima haberet, V 33, 6.
Carvilius, i, one of the chieftains of Kent, V 22, 1.
casa, ae, f., *hut, cabin*, V 43, 1.
caseus, i, m., *cheese:* maior pars victūs in . . . caseo consistit, VI 22, 1.
Cassī, ōrum, m., tribe of Britain, V 21, 1.
Cassiānus, a, um, adj., *with, of, Cassius:* -um bellum, I 13, 2.
cassis, idis, m., *helmet*, VII 45, 2.
Cassius, ī, m., L. C. Longinus, defeated and slain by some tribes of the Helvetii near the lake of Geneva in 107 B.C., I 7, 4; 12, 5; 7.
Cassivellaunus (Casiv.), ī, m., a Britain chief whose dominions were north of the Thames; principal commander of the Britons in Caesar's second invasion (54 B.C.), V 11, 8; 18, 1; 19, 1; 20, 1; 3; 21, 2; 22, 1; 3, 5.
castellum, ī (dim. of castrum), *redoubt, fortress, stronghold*, VI 37, 18; -i nomen, VI 32, 4; descrere, II 29, 1; expugnare, II 9, 4; III 1, 5; — *redoubt*, VII 69, 7; 81, 6; 87, 4; a communire, I 8, 2, constituere, II 8, 4; crebris castellis circummunire, II 30, 2; ex proximis castellis, II 33, 3, -a facere, VII 69, 7.
Casticus, ī, a powerful Sequanian, I 3, 4.
castigatus, a, um, obsolete reading, changed ☞ by Aldus to fastigatus, II 8, 3.
castra, ōrum, n., *camp*, II 26, 1; cf. opus Caesaris, II 7, 3; Vercingetorigis, VII 26, 2; densissima, VII 46, 3; navalia, V 22, 1; propinqua, VI 40, 2; vacua, VII 45, 2; castrorum exiguitas, IV 30, 1; expugnatio, VI 41, 1; locus, III 19, 1; in omnem locum -orum, V 43, 2; magnitudo, VII 41, 2; munitio castrorum, V 9, 8; 15, 6; 48, 5;

VII 52, 3; 83, 1; pars -orum, III 4, 2; VII 28, 6; portae, IV 32, 1; V 53, 1; VI 42, 2; propinquitas, VI 7, 9; -e regione castrorum, VII 61, 5; oppugnatio, V 27, 3; situs, V 57, 3; VII 83, 1; vallum, III 17, 6; castris appropinquare (dat.), I 40, 1; idoneus locus castris, I 40, 1; cf. 18, 1; II 17, 1; V 9, 1; VI 10, 2; VII 16, 2; 35, 5; -is praeficere, VI 32, 6; praesidium castris relinquere, I 51, 1; III 23, 7; 26, 2; VII 40, 3; 40, 1; 60, 2; castra patent, II 7, 4; castra complere, capere, communire, contrahere, circumire, defendere, facere, habere, munire, nudare, movere, oppugnare, ponere, promovere (cf. these verbs); castris potiri, continere aliquem, educere, egredi, expellere; se castris tenere; totis castris trepidatur, VI 37, 6; totis castris testamenta obsignantur, I 39, 5; quintis -is, *on the fifth marching-day*, VII 36, 1; trinis -is, VII 66, 3; ad castra, II 19, 8; III 6, 2; 18, 5; 7; 8; 24, 5; IV 14, 2; 34, 5; V 22, 2; 26, 2; 29, 2; 50, 4; 58, 1; 2; VI 41, 2; 42, 3; VII 18, 2; 83, 8; usque ad c., I 51, 1; VII 80, 8; contra castra, VII 58, 6; 62, 8; intra castra, V 58, 1; quas inter et castra, VII 36, 2; in castra, I 49, 5; 50, 2-3; II 9, 2; 11, 6; 17, 2; 24, 1; III 6, 3; 26, 6; IV 13, 4; 14, 3; 15, 3; 31, 2; 32, 1; IV 31, 2; 35, 3; 37, 1; V 3, 7; 37, 4; 50, 5; 58, 6; VI 37, 1; 40, 4; 6; 8; VII 19, 6; 20, 6; 31, 4; 35, 5; 41, 5; 44, 1; 45, 3; 53, 2; 88, 4; post castra, II 9, 3; practer castra, I 48, 2; prope castra, I 22, 3; ab castris, I 22, 1; 22, 1; 5; 43, 1; 48, 1; 50, 1; II 6, 1; 10, 1; IV 32, 3; V 7, 5; 17, 1; 47, 5; VII 9, 2; 14, 7; 36, 7; 73, 3; ex castris, I 12, 2; 27, 4; 50, 1; III 5, 3; 18, 4; 26, 2; IV 15, 1; 28, 2; 30, 2; 37, 2; V 31, 6; VI 36, 2; VII 13, 1; 20, 10; 24, 5; 36, 7; 40, 1; 45, 2; 7; 49, 1; 51, 2; 53, 1; 58, 2; 68, 1; 74, 2; 79, 2; 80, 1; 81, 1; 82, 2; 83, 7; 88, 6; in castris, I 16, 5; 17, 5; 29, 1; 30, 5; 47, 6; II 8, 5; 24, 2; 26, 4; III 26, 3; IV 15, 4; 34, 4; VI 29, 5; VI 36, 1; 3; VII 28, 6; 61, 3; pro castris, I 48, 3; 51, 3; II 8, 3; 5; IV 35, 1; V 15, 5; 16, 2; 37, 5; 50, 3; VII 24, 5; 66, 6; 68, 1; 70, 2; 83, 8; 89, 4; cum castris coniungere, V 11, 5; ☞ VII 27, 2; Heller suggests *inter castra vineasque*, instead of *inter vineas*; in VII 84, 1 *cratis* is now read for *castris*.

cāsus, ūs, m. (cado), *happening, occurrence, contingency;* quarum rerum omnium, IV 13, 9;—*fate, disaster:* -um ferre, III 22, 2; casum recidere posse (*could befall*), VII 1, 4; cf. V 52, 5;—*accident*, V 44, 8; VI 27, 2;—*pass, emergency:* in cum casum deduci, II 31, 6; ad extremum casum perduci, III 5, 1;—*chance:* -um sustinere, V 30, 3; expectare, VI 36, 2; ferre, VI 40, 3; se in similem -um apparare, VII 41, 1; casui relinquere aliquid, VI 42, 1; casus afferre, VI 35, 2;—*casu, accidentally*, I 12, 6; II 21, 6; V 48, 8; VI 37, 1; VII 20, 6;—*emergency, contingency:* in eiusmodi casu, V 33, 4; ad omnes casus, IV 31, 2; VII 65, 1; 79, 4;—*stroke of fortune:* magno casu,

VI 30, 2; ☞ *minimo casu*, Kraner explains = *casui*, VI 42, 1. (?)

Catamantaloedes, is, m., chief among the Sequani in 60 B.C., I 3, 4.

catēna, ae, f., *chain:* in -as conicere, I 47, 6; trinis -is vinctus, I 53, 5; ancorae ferreis catenis revinctae, III 13, 5; in servitute et -is tenere, V 27, 2.

Caturīgēs, um, m., people in the provincia, in the mountains of Dauphiné, I 10, 4.

Catuvolcus, i, m., a chieftain of the Eburones, followed the leadership of Ambiorix, V 24, 4; 26, 1; VI 31, 5.

causa, ae, f., *cause*, II 1, 2; III 7, 2; IV 1, 2; hanc reperiebat causam, quod esset..., I 50, 4; -am afferre, VI 22, 3; 35, 3; quaerere, VI 37, 6; VII 44, 2; cum reliquis causis haec quoque ratio, II 10, 5; —*reason*, I 47, 2; III 1, 2; causa, quare abessent, VII 63, 7; cf. I 19, 1; ob eam causam, I 17, 6; VI 16, 1; 18, 2; VII 4, 1; ob hanc causam, VII 53, 1; eam c., III 23, 7; V 33, 2; cf. I 10, 3; IV 24, 2; civitati est causa, V 27, 4;—*status, condition*, VI 32, 1; in eadem causa erant, IV 4, 1;—*cause, case* (at law): causam dicere (*plead*), I 4, 1; 2; dictio causae, I 4, 2; causā indictā, *without a trial*, VII 38, 2; -am probare, VI 23, 7; iustissimam causam obtinere, VII 37, 4; causam cognoscere, *to institute trial*, I 19, 5;—*to examine into the matter*, VI 9, 8; c. iusta postulandi, I 42, 5;—*pretext:* per -am supplementi, VII 9, 1; am inferre, *to allege*, I 39, 3; interponere, I 42, 5;— in prepositional phrases, *qua, eadem* ... *de causa*, I 1, 4; II 7, 2; 11, 2; III 2, 2; 7, 1; 8, 3; 13, 8; 17, 6; IV 16, 1; 17, 1; V 4, 1; 54, 5; VI 1, 1; 9, 1; 14, 4; 23, 9; VII 4, 10; 5, 6;—*sine causa*, I 14, 2; 40, 6; IV 27, 5; V 6, 5; causam amicitiae habere cum aliquo, V 41, 1; quam iustae causae necessitudinis ipsis cum Aeduis intercederent, I 43, 6;—*causa*, used like a prep. adverb (ἕνεκα), *for the sake of*, always postpositive, I 18, 6; 30, 1; 2; 44, 6; 10; 47, 6; 48, 5; II 10, 4; 15, 1; 17, 4; 20, 1; 21, 4; 24, 2; 4; III 1, 3; 2, 3; 5; 7, 3; 18, 1; 4; IV 1, 4; 7; 0, 3; 11, 4; 12, 1; 13, 5; 16, 2; 19, 4; 22, 1; 30, 2; V 6, 2; 9, 4; 12, 2; 6; 17, 2; 19, 2; 21, 3; 27, 1; 30, 2; 40, 2; 41, 4; 43, 4; 57, 3; VI 1, 2; 4, 2; 6, 2; 9, 6; 11, 3; 12, 5; 13, 4; 12; 23, 6; 27, 2; 29, 3; 30, 3; 32, 4; 40, 7; VII 2, 1; 3, 1; 4, 4; 11, 4; 14, 5; 18, 1; 29, 7; 34, 1; 42, 5; 43, 3; 44, 1; 45, 3; 48, 1; 50, 1; 2; 55, 3; 5, 9; 73, 7; 77, 9; 10, 13; 84, 1; 89, 1; 90, 7.

cautē, adv. (cautus), *cautiously:* c. diligenterque iter facere, V 49, 3.

cautēs, is, f., *reef, sharp ledge:* saxa et cautes timerent, III 13, 9.

Cavarillus, i, m., a chieftain of the Aedui in 52 B.C., VII 67, 7.

Cavarīnus, i, m., chieftain amongst the Senones, a beneficiary of Caesar's, V 54, 2; VI 5, 2.

caveō, ēre, vī, cautum, v. 2, *guard one-*

Cēdo — **Certāmen** — 23

self, I 14, 2; — *give guarantee:* obsidibus (abl.) de pecunia, VI 2, 2; obsidibus cavere inter se, VII 2, 2.

cēdo, ere, -ssi, -ssum, v. 3, *give way, retreat:* equites cedere iubet, V 50, 5; cf. VI 23, 2; V 35, 2; cedentibus et insequentibus, V 16, 3; cedentibus auxilio succurrere, VII 80, 3; cedentes insequi, II 19, 5; V 16, 1; VII 80, 8; consulto cedere, V 16, 2; loco cedere, *quit one's post, forsake one's position*, VII 62, 7; fortunae, VII 89, 1.

cĕler (κέλης), is, e, adj., *quick, rapid:* victoria, VII 47, 3; motus, IV 23, 5.

celeritās, ātis, f., *rapidity, swiftness:* tanta erat, I 48, 7; II 31, 2; VII 20, 1; 46, 5; hostium, II 20, 12; Romanorum, II 12, 5; adventus nostri, IV 14, 2; onerandi, V 1, 2; itineris, VI 29, 4; -em imitari, VI 40, 6; incredibili celeritate, II 19, 2; III 29, 2; V 40, 2; 53, 1; -e praestare, III 13, 7; -e periculum effugere, IV 35, 1; eā celeritate ierunt, V 18, 5; in celeritate positam salutem, V 29, 6; cf. V 39, 4; 48, 1; VII 40, 2; remittere de celeritate (*relax*), V 49, 6; celeritate et copiis, VI 1, 4; -e praecurrere, VII 9, 4; -e reliquas res conficere, VII 12, 3; una celeritate posse mutari, VII 45, 9; nihil ad celeritatem sibi reliqui fecerunt, *left nothing undone in the way of speed*, II 26, 5.

celeriter, adv., *speedily, rapidly, promptly, quickly:* adducere, VII 4, 7; agere vineas, II 12, 5; administrare, III 9, 2; adfore, V 48, 6; adiungere sibi, VII 4, 6; compellere, II 23, 1; convocare consilium, III 3, 1; conficere bellum, III 28, 1; iter conficere, IV 14, 1; VI 30, 1; capere arma, IV 14, 4; V 26, 3; concurrere ad arma, V 39, 4; comprehendere ignem, V 43, 2; conficere delectum, VI 1, 4; convenire, VI 34, 9; coniungere, VII 58, 4; conferre sarcinas, VII 18, 4; cognoscere, VII 18, 2; consumere, VII 17, 2; cogere multitudinem, IV 35, 5; complere murum, VII 27, 3; dare in fugam, V 51, 5; dimittere, I 18, 1; deferre, VII 7, 5; deicere, VI 40, 1; deducere, VII 37, 6; educere, VII 49, 1; educere impedimenta, VII 68, 1; excitari mobiliter c. que, III 10, 3; efficere pontem, VI 6, 1; opus, VII 35, 5; explere, VII 31, 5; facere significationem ignibus, II 33, 3; facere certiorem, III 5, 3; imperata, V 20, 4; c. factum est ut, VII 24, 5; immittere pila, VI 8, 6; mittere, VII 34, 1; m. legatos, III 8, 3; procurrere, I 52, 3; perducere ad sententiam, III 8, 5; perturbare, IV 12, 1; proficisci, V 26, 4; perrumpere, VI 40, 2; perferre rem, VII 1, 2; famam, VII 6, 2; 8, 4; pervenire, VII 46, 4; recipere se, IV 2, 3; reciperare amissa, VII 15, 2; sanare, VII 29, 5; transmittere, VII 61, 2.

celerius, *more speedily, swiftly:* recipere se, I 48, 7; -ius omni opinione, II 3, 1; quam celerrime potuit, I 37, 5.

celō, v. 1, *hide, conceal:* arma, II 32, 4; 33, 4; recte ac turpiter factum, VII 80, 5.

Celtae, arum, m., *Celts*, name by which the Gauls proper distinguished themselves from the Aquitani and Belgae, I 1, 1.

Celtillus, ī, powerful Arvernian chieftain, father of Vercingetorix, VII 4, 1.

Cenabensis, is, inhab. of Cenabum (or Genabum), VII 11, 7.

Cenabum, ī, town on Loire (identified by most scholars with Orleans, by Nap. III w. *Gien*, further up the river), chief oppidum of the Carnutes, VII 3, 1; 3; 11, 3; 4; 6; 14, 1; 17, 7; 28, 4.

Cenimagnī, ōrum, m., a tribe of Britains, V 21, 1.

Cenomānī, ōrum, m., branch of Aulerci, between Loire and Seine, VII 75, 3.

cēnseo, ēre, uī, censum, 2 (to estimate), *hold, be of opinion* (generally dealing with practical questions), followed by gerundive: hos habendos civium loco, VII 77, 3; Biturigibus communem salutem committendam, VII 21, 3; maturandum sibi, VII 56, 1; 75, 1; primo incendendum Avaricum, post deserendum, VII 30, 2; followed by *ut* (being here verbum studii et voluntatis), I 35, 4; VI 40, 2; — *favor* (with direct object accus.): eruptionem, VII 77, 2.

cēnsus, ūs, m., *enumeration:* -um habere, I 29, 3.

centum (indeclin. num. card.), *a hundred*, I 31, 5; 37, 3; II 4, 5; IV 1, 4; V 13, 7; 24, 7; in V 40, 2; Holder r. "centum," others C., cf. VI 4, 4; cf. VII 3, 3.

centuriō, ōnis, m., non-commissioned officer in Roman legion, 6 to a cohort, 60 to a legion ... VII 12, 4; 6; the system of promotion within the legion cannot be definitely evolved from extant sources: primi pili centurio (the foremost in legion), III 5, 2; centuriones primorum ordinum, I 41, 3; V 28, 3; 37, 1; omnium ordinum (= omnes), I 40, 1; legionis, VII 47, 7; Fabius cent., VII 50, 8; eiusdem legionis, ib. § 4; they belong to those "qui magnum in castris usum habebant," I 39, 5; tertiae cohortis, V 43, 6; cius cohortis, VI 38, 3; quartae cohortis, II 25, 1; qui primis ordinibus appropinquarent, V 44, 1 (note the subj. of qualification); ex inferioribus ordinibus reliquarum legionum virtutis causa in superiores ordines huius legionis ... traducti, VI 40, 7; tribunis militum centurionibusque, quibus singulae naves erant attributae, III 14, 3; cf. VII 17, 8; V 52, 4; VI 39, 2; praemittit ... centuriones qui locum idoneum castris deligant, II 17, 1; -es nominatim appellare, II 25, 2; convocare, III 5, 3; — forty-six (46) centurions were killed in the disastrous assault on Gergovia in 52 B.C., VII 51, 1.

cernō, ere, crēvī, crētum (κρίνω, sift), *make out clearly, perceive* (realize the existence of), VI 21, 2; haec coram, VI 8, 4; Caesar generally uses it in the passive) post tergum equitatus cernitur, VII 88, 3; (collis) vix prae multitudine cerni poterat, VII 44, 1; hostium acies, VII 62, 1; haec declivia et devexa, VII 88, 1; tantae copiae, VII 76, 6.

certāmen, inis, n. (certo), *contest:* reliquum, III 14, 8; in contentione et certamine, V 44, 14.

certē, adv., *certainly, at least*, IV 25, 3; V 29, 7; VII 50, 4; — *at all events*, VI 31, 2; — *certius*, cognoscere, *to get quite precise information*, V 52, 5.

certus, a, um, adj. (*certain, reliable, actually going on*), certi quid esset, VII 45, 3; exploratores, VII 10, 2; — *sure:* pro ·o proponere, VII 5, 6; (of a future event) certissimam victoriam detinēre, VII 37, 3; — *definite:* manus, VI 34, 1; ordo, II 11, 1; sine certa re (cause), V 29, 5; — *certain, fixed:* certum in locum, V 1, 6; certum diem, V 57, 2; agri modum, VI 22, 2; numerum, VII 4, 7; 31, 4; 75, 1; in diem certam, I 30, 4; ad certam diem, V 1, 8; pondus, V 12, 4; -o amni tempore, VI 13, 10; -a subsidia, II 22, 1; -ae mensurae, V 13, 4; certiorem facere, *to inform* (generally followed by an object clause, acc. c. inf.), I 7, 3; 11, 4; 12, 2; 21, 1; 41, 5; II 1, 1; 2, 3; 10, 1; 34, 1; III 2, 1; 5, 3; 9, 1; 10, 5; IV 4, 6; 7; 5, 1; V 25, 5; 37, 7; 47, 1; 49, 4; 53, 6; VI 10, 1; VII 1, 1; 87, 5 (in III 9, 7 certioris facti bracketed by Aldus).

cervus, ī, m., *deer, stag*, VI 26, 1; — in siege-works: trunks of trees with bristling sharpened branches placed as an obstruction, "*antlers*," VII 72, 4.

cēterī, ōrum, pl. adj., *the others, the rest*, I 32, 1; V 6, 1; 30, 3; VI 25, 5; VII 41, 1; frumento ceterisque rebus iuvare, II 3, 3 [cf. reliqui].

Ceutrŏnĕs, um, m., 1) people in the Alpes Graiae (Savoy Alps); their chief town (not named by Caesar) was Darantasia, now Moustier en Tarentaise, (acc. t. La Rousse), I 10, 4; 2) a tribe of the Belgae, near modern Courtrai (which name, however, is derived from Cortoriacum, acc. to La Rousse), V 39, 1.

Cevenna, ae, mons (Gebenna), the Cevennes in S.E. France, boundary of the provincia, W.N.W., Mons C., qui Arvernos ab Helviis discludit, VII 8, 2; 8, 3; 56, 2.

Chĕruscī, ōrum, m., a German tribe, north of Thuringia, VI 10, 5.

Chŏrus (cōrus), ī, m. (ventus), *N.W. wind*, V 7, 3 (caurus). ☞ Hr. spells ch. w. best MSS.

cibāria, orum, n. (cibus), *provisions:* molita, I 5, 3; inopia -orum, III 18, 6; VI 10, 2.

cibus, ī, m., *food:* genus -i, IV 1, 9; cibo carere, VI 38, 1; -o iuvare aliquem, VII 78, 4.

Cicerō, ōnis, m., Q. Tullius, younger brother of the orator, *legatus* of Caesar's in command of one legion with detached winter quarters in the country of the Nervii (54–53 B.C., winter), V 24, 2; sq. cf. esp. 38–53 chapp.; in the campaign of 53 B.C., VI 36, 1; in 52 B.C., VII 90, 7.

Cimberius, i, m., a chieftain of the Suebi, I 37, 3.

Cimbrī, orum, m., a German tribe which conjointly with the Teutones invaded Gaul and the provincia in the latter part of the 2d century B.C., I 33, 4; 40, 5; terrible sufferings of Gaul in that invasion, VII 77, 12; 14.

Cingetorix, igis, 1) chieftain among the Treveri, V 3, 2; 5; 4, 3; 56, 3; 57, 2; VI 8, 9; 2) chieftain in Britain, in Kent, V 22, 1.

cingō, ere, nxī, nctum, *to surround, invest:* oppidum, I 38, 4; VII 69, 4; hiberna, V 42, 1; murum, VI 35, 9; collem, VII 19, 1; totum corpus, VII 72, 2.

cippus, ī, m., *pointed column, post*, VII 73, 4.

circinus, i, m., *pair of compasses:* ut circino circumductum, I 38, 4.

circiter, adv. (around), *about*, with figures (placed before them), I 15, 5; 25, 5; 6; 26, 5; 27, 4; 31, 5; 49, 1; 3; 53, 1; II 2, 5; 8, 3; 13, 2; 18, 2; 3; 32, 4; III 14, 2; 19, 1; IV 3, 2; 22, 3; 23, 2; 6; 35, 1; 37, 1; 2; V 2, 2; 3; 7, 2; 9, 2; 11, 2; 6; 8; 13, 2; 19, 1; 26, 1; 27, 9; 32, 1; 46, 1; 4; 47, 1; 49, 1; 5; 53, 1; VI 36, 3; 37, 3; 13, 1; 28, 5; 38, 1; 58, 4; 66, 3; 68, 2; 69, 3; 76, 3; 90, 3; — *of time:* c. meridiem, I 50, 2; media circiter nocte, V 8, 2; 49, 4.

circuĭtus, ūs, m. [circumeo] (going round), *periphery, circumference:* munitionis, V 42, 5; VII 69, 6; collis, VII 83, 2; oppidi, II 29, 3; valli, II 30, 2; insulae, V 13, 7; — *detour:* quicquid -ūs (gen.), VII 46, 2; longo -ū easdem petere regiones, VII 45, 3; in I 41, 4 Holder reads milium amplius quinquaginta circumitu, I 41, 4; ☞ *flank-movement:* qualis in -ū ascensus, I 21, 1.

circum, prep. c. acc., *in the neighborhood of, near:* c. Aquileiam hiemabant, I 10, 3; c. Samarobrivam hiemare, V 53, 2; loca c. Hercyniam silvam, VI 24, 2; Narbonem, VII 7, 4; — *around:* c. se habere aliquem (-os), I 18, 5; V 37, 1; VI 15, 2; 23, 1; 30, 2; mediocribus c. se intervallis . . . copias collocaverat, VII 36, 2.

circumcīdō, ere, cīdī, cīsum (caedo), v. 3 (cut around), *cut out:* gladiis cespites, V 42, 3; circumcisus, *isolated, abrupt* (collis), ex omni parte circumcīsus, VII 36, 5.

circumclūdō, ere, sī, sum, v. 3 (claudo), *surround, line* (cornua): a labris argento, VI 28, 6.

circumdō, dāre, dedī, datum, v. 1, *put around:* turres toto opere (*in the whole circuit of the works*), VII 72, 3; murus circumdatus (put around), I 38, 6; — *surround:* aciem redis et carris, I 51, 2; reliquos equitatu atque essedis, IV 32, 5; flumine et palude, VII 15, 5; silvā, VI 30, 3.

circumdūcō, ere, xī, ctum, v. 3, *draw around:* circino, I 38, 4; — *lead by a flank movement, detour:* cohortes longiore itinere, III 26, 2.

circumeō, īre, iī, itum, v. 4 (circueo), *move around:* exteriores munitiones, VII 87, 4; hostium castra, III 25, 2; — *outflank, surround:* ne circumirentur veriti, VII 67, 6; — *make the rounds of, inspect:* omnia hiberna, V 2, 2.

circumfundō, ere, fūdī, fūsum, v. 3 (pour around), *surround, overwhelm:* munitionum praesidia, VII 74, 1; magna multitudine circumfusā, VI 34, 8; cf. also, VI 37, 4, the pass. used akin to a deponent (Greek middle), *— flock around, swarm around:* hostes ex reliquis partibus circumfunduntur, VI 37, 4 — [*impersonal*] toto undique muro circumfundi viderunt, VII 28, 2.

circumiciō, ere, iēci, iectum (throw around), *place around:* multitudinem hominum totis moenibus (abl.), II 6, 2.

circumitus, v. circuitus.

circummittō, v. 3, mīsī, mīssum, *send around:* praecones, V 51, 2; legationes in omnes partes, VII 63, 1.

circummūniō, v. 4, *blockade, invest completely:* vallo crebrisque castellis, II 30, 2.

circumplector, i, xus, v. dep. 3 (embrace), *include:* collem opere, VII 83, 2.

circumsistō, ere, stitī, v. 3 (to take one's station around), 1. in absolute sense, *to surround, hem in:* hominem, V 7, 9 (viz., so as to cut off retreat); impedimenta, V 44, 8; plures (nom.) paucos, IV 26, 2; naves, III 15, 1; una ex parte ipsi altera Arverni se circumsisterent, VII 5, 5; non ita magno numero, IV 37, 1; ne ab omnibus civitatibus circumsisteretur, VII 43, 5; — 2. *crowd around:* quem perterriti omnes Arverni circumsistunt, VII 8, 4; mercatores in oppidis vulgus circumsistat, IV 5, 2; — 3. *rally around,* I 48, 6.

circumspiciō, ere, ēxī, spectum, v. 3, *examine carefully* (turn around): consilia animo, VI 5, 3; *— look around for:* cum sua quisque miles circumspiceret quid secum portare posset, V 31, 4; *— look for:* modo visum Ambiorigem, VI 43, 4.

circumvallō, v. 1, *to surround w. a line of fortification, blockade:* circumvallari loci natura prohibebat, VII 17, 2; id biduo circumvallavit, VII 11, 1; paene circumvallati atque omni exitu et pabulatione interclusi, VII 44, 4; — without object: -re instituit, VII 68, 3.

circumvehor, ī, vēctus, v. dep. 3, *ride around:* collibus (abl.), VII 45, 2.

circumveniō, v. 4, vēnī, ventum, *to surround, outflank, cut off:* nostros latere aperto aggressi, I 25, 6; suos, II 8, 4; aperto latere legiones, II 23, 5; ne aversi ab hoste circumvenirentur, II 26, 2; ab latere aperto, VII 82, 2; legiones circumventas teneri, II 24, 4; dispersos — ire, VI 34, 6; undique, III 26, 5; circumventus, IV 12, 6; V 37, 2; si pars aliqua -nta ceciderit, VI 40, 2; 8; -nto filio subvenit, V 35, 7; -nto fert subsidium, V 44, 13; equitatu, II 10, 3; circumvenit, III 6, 4; V 39, 3; VI 10, 4; VII 50, 3; 62, 7; 80, 7; *— to outwit:* opprimi et circumveniri, VI 11, 4; per insidias ab eo, I 42, 4; per fidem in colloquio, I 46, 3.

cis, prep. c. acc., *this side of:* c. Rhenum incolere, II 3, 4; c. Rhenum dispositis praesidiis, IV 4, 3.

cisalpīnus, a, um (adj.), *cisalpine;* a Gallia, VI 1, 2.

cisrhēnānus, a, um (adj.), *dwelling on this side of the Rh.* (left bank from Roman point of view): -i Germani, IV 2, 3.

Cita, ae, C. Fufius, a Roman knight of good standing, VII 3, 1.

citātus, a, um, part. perf. pass. of citō, 1. to speed, used as an adj., *swift:* Rhenus citatus fertur, IV 10, 3.

citerior, us, oris (more on this side), *hither:* provincia (= Lombardy), I 10, 5, Gallia, I 24, 2; 54, 3; II 1, 1; 2, 1; V 1; 5; 2, 1; Hispania (= Tarraconensis), III 23, 3.

citissimē (cito), adv., *very swiftly:* se in currus recipere, IV 33, 3.

citrā, prep. c. acc., *this side of:* flumen, I 12, 2; II 29, 4; VI 8, 2; Rhenum, IV 4, 7; vallem, V 50, 3.

citrō, *to this side* (adv.), *hither:* ultro citroque, *to and fro,* I 42, 4.

cīvis, is, m., *citizen:* c. Romanus, VII 3, 3; 17, 7; 38, 9; 42, 3; civium loco habere aliquem, *treat as c.,* VII 77, 3.

cīvitās, ātis, f. (civis), 1. *citizenship:* -e donare aliquem, I 47, 4; 2. *state, community,* I 4, 3; 10, 1; 20, 6; IV 3, 3; V 3, 1; 7; 20, 3; VI 4, 2; VII 4, 8; 20, 12; 32, 5; 37, 2; 41, 1; II 4, 1; magnus numerus civita*tium*, IV 3, 1; VII 36, 2 (Kraner reads this gen. pl. more frequently ⟨⟩ than Holder; cf. *Neue, Formenlehre*); omnis civitas Helvetia, I 12, 4 (br. by W. Paul); erat c. magna inter Belgas auctoritate, II 15, 1; -s firmissima earum regionum, V 20, 1; inprimis firma, V 54, 2; suspecta nobis, V 54, 4; exigua et infirma, VII 17, 2; tam coniuncta populo Romano, VII 33, 1; ignobilis atque humilis, V 28, 1; immunis, VII 76, 1; civitas deficit, V 25, 4; VII 39, 3; bellum defendit, VI 23, 4; convenit eo (meets there), VII 33, 3; aestimat, VII 39, 3; maximam habet opinionem virtutis, VII 59, 5; auctoritas -is, III 8, 1; calamitas, II 28, 2; coactu -is, V 27, 3; defectio, VII 54, 2; fortunae, V 3, 7; in fide, II 14, 2; fines, VI 23, 6; imperium, I 3, 6; iniussu, I 19, 1; gravitas, IV 3, 4; more, VII 33, 4; motus, VI 5, 2; primi -is, II 3, 1; 13, 1; pars, I 12, 6; VII 32, 5; principes, V 54, 1; VII 38, 2; princeps civis, VII 65, 2; regnum, V 6, 2; status, VII 55, 4; stirps ac nomen, VI 34, 8; liberae civitatis esse, V 7, 8; nobilissimi -is, I 7, 3; 31, 7; — civitati persuadere, I 2, 1; V 55, 2; consulere, V 3, 5; 27, 11; fuisse belli causam, V 27, 4; praesidio et ornamento esse, VII 15, 4; inferre calamitatem, II 14, 4; polliceri, VII 64, 8; obvenire, VII 28, 6; renuntiare, II 24, 5; subvenire, VII 32, 2; tantum tribuere, V 7, 1; civitatem iubere aliquid facere, I 19, 1; 5; conservare, II 32, 1; in officio continere, V 3, 6; obstringere (bind), I 31, 7; bello persequi, V 1, 8; coniungere, VI 3, 5; conciliare, VII 7, 1; confirmare, VII 54, 1; adducere, VII 37, 6; adire, VII 71, 2; tota civitate (*in the whole st.*) dimittere,

VII 38, 10; ab civitate, II 24, 4; VII 4, 1; de -e, VII 43, 4; ex -e, I 9, 3; 31, 8; 9; V 3, 5; V 25, 3 (probably a corrupt ☞ passage); VI 8, 8; 9, 0; VII 4, 3; 4; 75, 1.

civitatēs, um (ium), II 4, 1; III 9, 3; IV 38, 4; omnes Galliae, I 44, 3; finitimae, III 20, 2; maritimas, II 34; propinquae, II 35, 3; — as subject of: administrare rem publicam, VI 20, 1; conspirare, III 10, 3; consultare, V 53, 4; se dedere, III 19, 5; dissentire, VII 29, 0; omnes -es in partes divisae sunt duas, VII 11, 5; — civitatum copiae, V 53, 6; VII 30, 2; coniuratio, III 10, 2; defectio, V 22, 3; equites, V 58, 1; nomina, V 12, 2; numerus, IV 3, 1; VII 83, 4; obsides, V 47, 2; VII 55, 6; principes, I 30, 1; VII 28, 6; summa imperi, III 17, 2; — civitatibus imperare: milites, V 1, 6; VII 75, 4; certum numerum militum, VII 31, 4; equites, VI 4, 6; obsides, VII 4, 7; 64, 1; maxima laus est, VI 23, 1; — civitates adiungere, VII 31, 1; 30, 3; adire, IV 21, 8; commendare, IV 27, 7; stipendiarias habere, I 30, 3; invenire, VI 2, 2; obstrictas habere, I 9, 3; reciperare, VII 89, 5; in dicionem redigere, II 34; sollicitare, III 8, 3; V 55, 1; VII 43, 3; 63, 2; *ad civitates*, I 3, 3; III 23, 3; V 57, 2; VI 34, 8; VII 3, 2; 65, 4; *apud* -es, I 18, 6; *in* -es, I 18, 7; III 7, 3; V 24, 1; VII 88, 7 (VII 19, 2, br. by Holder) ☞; *inter* -es, V 1, 9; *ab civ* -bus, II 5, 5; IV 6, 3; 18, 3; 21, 5; V 11, 8; 56, 4; VII 43, 5; *cum* -ibus, I 3, 1; V 11, 9; VI 2, 3; *ex* -ibus, V 5, 3; 12, 2; VI 43, 1; VII 57, 2; 76, 4; in -bus, III 20, 3; VI 11, 2; 17, 4; VII 15, 1; 77, 15.

clam, adv., *secretly*, III 18, 4; IV 4, 4; 30, 2; VII 20, 10; 33, 3; 43, 3.

clamītō (intens. of clamo), v. 1, *scream, shout:* saepe, V 7, 8; cf. V 20, 1.

clāmor, is, m., *shouting:* cl. fremitusque, II 24, 3; excipit, VII 88, 2; oritur, V 53, 1; VII 47, 4; exstitit, VII 84, 4; *-em* tollere, III 22, 4; VI 8, 6; VII 12, 5; 24, 3; 81, 2; 88, 2; audire, III 20, 4; IV 15, 1; VII 28, 5; 81, 3; exaudire, II 11, 5; VII 48, 1; *ad clamorem*, IV 37, 2; *clamore* omnia complentur, V 33, 6; significationem facere, V 53, 1; significare, VII 3, 2; animos confirmare, VII 80, 4; maximo clamore, V 43, 3.

clandestīnus, a, um, adj., *secret:* -a consilia, VII 1, 6; -is nuntiis, VII 64, 7.

clārus, a, um, adj. (clear, distinct), *loud:* clariore voce, V 30, 1.

classis, is, f., -i praeficere aliquem, III 11, 5; -i praeesse, III 14, 3; -i congressus erat, III 13, 7; -em iubet convenire, IV 21, 5; expectare, III 14, 1.

Claudius, ī, Appius, consul 54 B.C., V 1, 1.

claudō, ere, sī, sum, v. 3, *close, shut:* portas, II 33, 1; III 17, 3; VII 12, 5; VII 70, 7; — *close, bring up:* agmen, I 25, 6; totum agmen, II 19, 3.

clāvus, ī, m., *nail, bolt:* confixa -is ferreis, III 13, 4.

clēmentia, ae, f. (clemens), *gentleness, mildness:* clementia et mansuetudine uti, II 14, 5; pro sua -a ac mansuetudine, II 31, 4.

cliens, ntis, m. (κλύω), *vassal*, member of dependent state, = qui sub imperio alicuius esse consuerit, VII 75, 2; Eburones and Condrusi were *clientes* of the Treveri, IV 6, 4; Eburones Nervii Aduatuci atque horum omnium socii et clientes, V 39, 3; the Sequani attached to themselves a great part of the cl. of the Aedui, VI 12, 4; cl. of the Aedui named, VII 75, 2; aiding the Aedui in war, I 31, 6; more Gallorum nefas est etiam in extrema fortuna deserere patronos, VII 40, 7; — *feudal followers, retainers of a man:* ut quisque est genere copiisque amplissimus ita plurimos circum se ambactos clientesque habet, VI 15, 2; servi et -es, VI 19, 4; omnes -es obaeratosque suos, I 4, 2; Vercing. summons his -es, VII 4, 1; Litaviccus cum suis -ibus, VII 40, 7.

clientēla, ae, f., the relation of vassal or retainer, *dependency:* se Remis in -am dicabant, VI 12, 7; in -a alicuius esse, VI 4, 5; -ae magnae, VI 12, 2; veteres -as restituere, VI 12, 6; — *the body of retainers or vassals:* suas cuiusque eorum -as, VII 32, 5.

clīvus, i, m, *slope, ascent:* mollire -um, VII 46, 2; clivom nactus (notable emendation by ☞ Heller), VII 47, 1, for *contionatus*.

Clōdius, I, m., P. (originally Claudius) Pulcher, rabid demagogue of Rome, killed by Milo's retainers, January, 52 B.C., VII 1, 1.

Cn., abbreviation of *Gneius*, VII 6, 1; praenomen of Pompey.

coacervō, 1 (acervus), *to heap up:* cadavera, II 27, 4; -ari, *to be crowded together* (get into a crush), VII 70, 3.

coactus, ūs, m. (cogo), *compulsion:* -u civitatis (opp. iudicio et voluntate sua), V 27, 3.

coagmentō, v. 1, *brace together, join together*, stones and beams, VII 23, 3.

Cocosātēs, um, m., a tribe of Aquitania, III 27, 1.

coemō (emo), ere, ēmī, emptum, v. 3, *buy up:* carrorum quam maximum numerum, I 3, 1; magnum numerum equorum, VII 55, 3.

coëō, ire, ii, itum, v., *meet, join:* una, VI 22, 2.

coepī, isse (v. def.), *to have begun* (I began) (perfect of incipio), w. complementary infinitive: obsecrare, I 20, 1; cf. 26, 6; 15, 3; 23, 3; 25, 5; 6; 32, 1; 54, 1; II 5, 3; 6, 1; 13, 2; 19, 5; 23, 5; 26, 2; III 3, 5; 1; 12, 3; 13, 9; 23, 2; 24, 3; 21, 2; 26, 4; 28, 1; IV 7, 1; 14, 5; 25, 4; 27, 7; 30, 2; V 3, 5; 6, 4; 7, 5; 8; 9, 3; 12, 2; 17, 1; 23, 5; 32, 2; 42, 6; 43, 1; 3; 6; 55, 3; VII 11, 7; 12, 5; 17, 1; 26, 4; 34, 3; 35, 5; 48, 3; 55, 9; 58, 5; 59, 2; 67, 1; 68, 1; 83, 8; II 10, 4; 12, 3; w. inf. understood, alteri se, ut coeperant, in montem recceperunt, I 26, 1; in passive, w. personal construction: pons institui coeptus est, IV

18, 4; materia coepta erat comportari, IV 18, 1; lapides iaci coepti sunt, II 6, 2; de rebus quae inter eos coeptae, neque perfectae essent, I 47, 1.

coerceō (arceo εἴργω) v. 2, *to restrain, check:* hos, I 17, 5; Dumnorigem, V 7, 1.

cōgitō, v. 1 (co-agito), *reflect, entertain ideas (thoughts):* eādem de profectione, VII 53, 1; nihil de bello, VI 32, 1; maturius de bello, VI 2, 3; adoriri, III 24, 3; haec posse accidere, V 33, 1; — *ruminate, reflect upon:* haec, VII 44, 1; ne occasionem ... dimitteret, V 37, 1; ut incolumen exercitum reduceret, VII 59, 4; quam in partem ducerentur, I 40, 1; — *entertain:* eam rem, I 33, 2.

cōgnātiō, ōnis, f. (cog-nascor) (with common origin), *body of kinsmen, clan:* gentibus -ibusque hominum, VI 22, 2; homo summae potentiae et magnae ... -onis, VII 32, 4.

cōgnōscō, v. 3 (nosco), ere, ōvi, cognitum, *understand, grasp, perceive, learn,* followed by object clause, acc. c. inf., I 22, 4; II 5, 4; 10, 5; III 14, 4; 23, 2; IV 6, 2; 9, 2; V 1, 2; 3, 5, 2; 6, 1; 3; 8, 3; 19, 1; 21, 2; 24, 8; 25, 4; 52, 2; 4; VI 5, 4; 7, 2; 20, 2; 35, 7; 39, 4; VII 5, 5; 18, 2; 19, 3; 44, 3; 77, 15; 82, 4; followed by indirect question: ex captivis cognoscit quae gerantur, V 48, 2; cf. VII 58, 1; I 21, 1; 47, 5; II 2, 3; 4, 4; 26, 5; III 6, 1; 26, 3; IV 5, 2; V 8, 1; 9, 1; VI 10, 3; 35, 2; 39, 1; VII 16, 2; — *find out, learn, get information:* de casu Sabini ex captivis, V 52, 5; de Clodii caede, VII 1, 1; de suo adventu, VII 81, 2; de eorum postulatis, VI 11, 5; de Caesaris adventu, VII 12, 1; de statu civitatis, VII 55, 4; de communi re, I 35, 2; de adventu, V 3, 3; — *ascertain, make oneself familiar with* (w. direct accus.): situs munitionesque, VII 83, 1; haec ab ipsis, VII 38, 2; regiones, III 7, 1; diligentius eam rem, VI 13, 12; paucitatem eorum ex loco superiore, VII 20, 6; omnia eius consilia, V 7, 3; situm castrorum, V 57, 3; paucitatem militum ex castrorum exiguitate, IV 30, 1; haec, IV 19, 1; quas res, IV 5, 2; id, I 22, 2; cf. IV 21, 1; II 11, 2; V 7, 1; rem per exploratores, V 49, 1; cf. V 58, 7; VII 9, 6; 34, 3; 35, 6; 45, 1; 58, 6; IV 6, 5; 23, 5; VI 35, 10; quae ex nuntiis, V 11, 2; voluntatem, I 19, 2; eorum consilia, IV 31, 1; haec ab nobis, V 42, 2; multitudinem, V 42, 4; consuetudinem, VI 6, 1; infirmitatem, IV 13, 3; interitum et caedem, V 47, 4; orationem, V 57, 2; consilium, IV 21, 5; 24, 1; VI 7, 4; VII 4, 1; 39, 3; defectionem, VII 59, 2; 63, 1; adventum, VII 88, 1; rēs, I 19, 1; 33, 1; II 17, 1; IV 30, 1; V 11, 1; 18, 3; VI 2, 3; 10, 2; VII 18, 2; 41, 5; 56, 1; 72, 1; 86, 1; postulata, I 40, 3; 42, 3; cf. VII 40, 6; 90, 8; litteris bracketed in VII 90, 8 (by Dittenberger) 🖙 ; — *to examine, reconnoitre:* iter, I 21, 2; loca, portus, aditus, IV 20, 2; nullum (ad cognoscendum) spatium relinquunt, VII 42, 1; regiones per exploratores, VII 8, 3; causam (by law), *try*, I 19, 5; VI 9, 8; — COGNITUS, *known, noted, notorious:* egregia virtute erant cogniti, I 28, 5; adventus, I 22, 1; cf. 42, 1; III 9, 3; 20, 2; VI 4, 1; VII 18, 3; 57, 2; 88, 1; — cognovi, as perf. absol. (ἔγνωκα), *I have come to know,* hence, *I know* (= scio), II 4, 4; I 22, 5; VII 5, 5; and so also cognoveram (sciebam), *I knew, was acquainted with*, I 19, 2; II 10, 5; III 14, 4; IV 6, 9; 9, 2; V 1, 2; 6, 1; 25, 4; 52, 4; VI 5, 4; cognitum est, *it is known*, VI 20, 2.

cōgō, ere, coēgī, coāctum, v. 3 (co-ago) (bring together, cf. conduco, I 4, 2; II 2, 4), absolutely, *to be pressing:* si res cogat, VII 78, 2; — *to force, constrain.* (w. direct object): dubitantes, VII 4, 10; omnes ad bellum, VII 71, 2; coactus, I 17, 6; VII 59, 1; — *to gather, rally:* omnes in unum locum, VII 9, 5; naves, IV 22, 3; naves in Venetiam, III 9, 9; equitatum peditatumque, V 3, 4; copias, V 55, 3; VI 10, 1; 4; 7, 1; II 5, 4; III 17, 2; 20, 3; V 22, 1; 40, 3; VII 4, 4; 55, 9; 56, 3; manum, VI 5, 7; VII 4, 3; 7, 2; manus, II 2, 4; V 39, 1; VII 59, 2; familiam, I 4, 2; multitudinem hominum, I 4, 3; magnum numerum, VI 43, 1; VII 66, 2; equitum duo milia, VI 35, 5; cf. III 16, 2; exercitum, III 17, 2; VII 5, 1; navium quod ubique fuerat, in unum locum, III 16, 2; magnum multitudinem peditatus equitatusque, IV 34, 5; equitatum, I 15, 1; VII 9, 1; quattuor legiones, VI 3, 1; praesidia, VII 65, 1; una XL cohortes, VII 87, 5; equitum VIII milia, VII 76, 3; — *to compel:* aliquem (os) transire, VI 22, 2; idem facere, VII 42, 5; favēre, VI 7, 7; publice iurare, VI 12, 4; obsides dare, I 31, 7; VI 3, 2; imperium deponere, VII 33, 4; consilium capere, V 33, 1; aliter exercitum collocare, V 24, 1; congredi cum Transrhenanis, VI 5, 5; aestatem consumere, V 4, 1; circumcidere, exhaurire, V 42, 3; causam dicere, I 4, 1; paene in ipsis cadaveribus proelio decertare, VII 77, 8; contra suam voluntatem dimicare, VII 35, 6; egredi, VII 74, 2; exire, VII 78, 3; sibi parcere, V 40, 7; relinquere, V 31, 4; urbem succendere, VII 15, 4; — *with ut* (Allobroges) vi ut ... paterentur, I 6, 3; in V 42, 3; 🖙 MSS. T. U. (Holder) read, cogebantur, Vulg. nitebantur; in VII 65, 2; MSS. Ā. B., ex ipsa *coactā* provincia (scil. praesidia), Vulg. omits quibus rebus coacti, VI 6, 2.

cohors, tis, f., *cohort,* the tactical unit of troops in Caesar's time, there being ten cohorts in each legion, containing from 300 to 360 (400) men each. (Rüstow, Hw.[2] p. 4), II 5, 6; 25, 1; III 1, 4: as subject of ex orbe excedere, V 35, 1; procurrere, V 34, 2; in statione impetum sustinere, VI 37, 3; in stationem succedere, IV 32, 2; quae in statione erat, IV 32, 2; VI 38, 3; excipere, VII 51, 2; appropinquare, VII 88, 3; tertia c. V 43, 6; quarta, II 25, 1; c. praetoria, *body-guard*, I 40, 15; 42, 6; legionaria, III 11, 3; *cohortium* numerum duplicare, VI 1,.

4; caedes, V 47, 4; duarum -ium damno, VI 44, 1; -ium inpedimenta, VI 7, 4; praesidium, VI 29, 3; cf. VII 65, 1; -es adhortari, V 35, 8; cogere, VII 87, 5; collocare, III 1, 5; constituere, VII 49, 1; deducere, VII 86, 2; 87, 4; detrahere (de legione), III 2, 3; -es x relinquere, V 9, 1; castris praesidio relinquere, VII 60, 2; disponere, V 33, 1; mittere, V 24, 4; frumentatum mittere, VI 36, 2; subsidio mittere, V 15, 4; submittere, V 15, 5; 58, 5; educere, III 20, 2; videre, VII 88, 1; cum viginti quinque cohortibus proficiscitur, VI 7, 4; cf. VII 86, 1; mittit Brutum adulescentem cum cohortibus, VII 87, 1; on VII 35, 4; cf. aperio. ☞

cohortātiō (f.) ōnis, *cheering on, urging on, appeal to:* decimae legionis, II 25, 1.

cohortor, v. 1, dep., *cheer on, urge, call upon,* II 21, 4; V 54, 1 (opp. territare); suos, V 36, 1; milites, II 20, 2; 21, 1; 25, 2; V 33, 2; I 25, 1; III 24, 5; VII 62, 5; Remos, II 5, 1; Divitiacum magnopere, II 5, 2; Aeduos de supportando commeatu, VII 10, 3; inter se, VI 40, 4; followed by *ne,* VII 29, 1; 86, 3; inter se, ne, IV 25, 5; VI 8, 1; followed by *ut:* non longiore oratione quam uti, II 21, 2; III 26, 1; VII 27, 2; 34, 1; 60, 1; 62, 2.

coicio, v. conicio.

collaudō, v. 1, *praise strongly, commend highly,* VI 23, 7; milites, V 2, 3; Ciceronem legionemque, V 52, 4; Carnutes, VII 2, 3.

colligō, v. 1 (con-l), *bind together, pin together:* plura scuta uno ictu pilorum, I 25, 3.

colligō, ere, lēgī, lēctum, v. 3 (con-lego), *gather:* sarmenta virgultaque, III 18, 8; — *collect:* equites ex hibernis, V 46, 4; — *acquire:* auctoritatem repente, VII 12, 8; — se, *to recover one's wits, self-control,* III 6, 1; 19, 3; V 17, 4; VII 80, 9; ☞ in II 28, 3 *coniectos* is now read for the MSS. *collectos.*

collis, is, m., *hill, ridge* (cel-sus), VII 19, 2; 69, 4; omnes -es ac loca superiora, III 14, 9; -is paululum ex planicie editus, II 8, 3; adversus, II 19, 8; leniter ab infimo acclivis, VII 19, 1; ab summo aequaliter declivis, II 18, 1; circumcisus, VII 36, 5; medius, I 24, 2; VII 46, 3; -is nascebatur (*rose*), II 18, 2; intererat, VI 36, 2; -es iugi, VII 36, 2; ab utroque latere eius collis, II 8, 3; *deiectus* (ūs) collis (gen.), II 22, 1; ☞ Hr. reads with the MSS. *delectus;* summum iugum collis, II 24, 2; superior pars -is, VI 46, 3; pars -is, VII 69, 5; radices -is, VII 51, 4; 69, 2; collem circumplecti, VII 83, 2; animadvertere, VII 44, 1; capere, VII 62, 8; occupare, VII 44, 4; 79, 1; in summo colle, II 26, 3; VII 69, 1 (*top of the hill*); in silvas -esque compellere, V 15, 1; in omnibus collibus expositas copias . . . conspexit, IV 23, 3; in -ibus consistere, V 17, 1; collibus circumvehi, VII 45, 2; planicies collibus intermissa (*broken by*), VII 70, 1.

collocō, v. 1 (τάττω) (locus), *to place:* copias, III 20, 4; VII 36, 2; 68, 1; 71, 8; currus, IV 33, 2; cohortes duas in Nantuatibus, III 1, 4; exercitum in hibernis, V 24, 1; cf. III 29, 3; inpedimenta, II 19, 3; VI 8, 3; legatum cum legionibus, VII 90, 5; 7; tres (legiones) in Belgis, V 24, 3; sex in Senonum finibus, VI 44, 3; cf. V 24, 8; legionem in his locis, III 1, 3; materiam, III 29, 1; in summo iugo duas legiones et omnia auxilia, I 24, 2; duas ibi legiones, VII 36, 7; praesidium (in oppido), I 38, 7; saxa et trabes, VII 23, 3; trabes in solo, VII 23, 1; saxa et trabes in muro, II 29, 3; turrim in muro ☞ (moturos sese Kraner) collocare, II 20, 4; certa subsidia, II 22, 1; tormenta ibi, II 8, 4; — *place on board:* angustius milites, V 23, 5; — *to settle:* Boios in finibus suis, I 28, 5; Boios ibi, VII 9, 6; res, III 4, 1; in statione collocari, V 15, 3; — *to give in marriage:* matrem in Biturigibus homini nobilissimo, I 18, 6; sororem et propinquas in alias civitates, I 18, 7; — *to arrange:* insidias, V 32, 1.

colloquium, v. conloquium.

colloquor, v. conloquor.

colō, ere, coluī, cultum, v. 3, *to till, cultivate:* agros, V 12, 2; — *worship:* Mercurium, VI 17, 1.

colōnia, ae, *colony, settlement:* colonias mittere (cognate accus.) — *to make new settlements,* VI 24, 1.

color, is, *color, dye:* caeruleum efficit colorem, V 14, 2; color tauri, VI 28, 2; vestitus, VII 88, 1.

combūrō (con-b-uro), ere, ussī, ūstum, *burn up:* frumentum omne, I 5, 2.

comes, itis (com-eo), m., *companion, attendant:* -es familiaresque, VI 30, 3.

cominus, v. comminus.

comitia, orum, n., *assembly* (convention) (of electors), *election:* proximis -iis, VII 67, 7.

comitor, v. dep. 1, *accompany:* eos, VI 8, 8.

commeātus, ūs, m. (meo) (movement to and fro), *train of supplies, transportation, line of supplies:* copia -ūs, VII 19; -ūs causa morari, I 39, 1; copia frumenti et reliqui -ūs, VII 32, 1; cf. III 3, 3; inopia -ūs, III 6, 4; magnus c., I 34, 3; magnum numerum frumenti commeatusque diripit, VII 38, 9; de commeatu providere, III 3, 3; -um petere, III 2, 3; portare, II 5, 5; supportare, I 48, 2; III 3, 2; 23, 7; VII 10, 3; commeatu aliquem intercludere, I 48, 2; III 23, 6; 24, 2; -u prohibere, I 49, 1; II 9, 5; IV 30, 2; VII 14, 2; — *transportation, voyage across:* duobus commeatibus exercitum reportare, V 23, 2; c. prior, V 23, 4.

commemorō, v. 1, *mention, speak of, state, relate:* beneficia, I 43, 4; calamitatem, II 28, 2; eas res, I 14, 1; eadem, V 41, 2; supra commemoravi, IV 16, 2; cf. 17, 1.

commendō, v. 1, *recommend, to desire the good will of:* se civitatesque suas Caesari, VII 27, 1.

commeō, v. 1 (go to and fro), *visit* (regularly, φοιτᾶν): mercatores ad eos commeant,

Comminus   **Complector**   29

1 1, 3; ut etiam singuli commeare possent, VII 36, 7.

comminus, adv. (con-manus?), *at close quarters, in hand to hand conflict:* cum gladiis pugnatum est, I 52, 3; gladio c. rem gerere, V 44, 11; acerrime c. pugnare, VII 50, 1.

commissūra, ae, *junction, point of contact:* pluteorum atque aggeris, VII 72, 4.

committō, ere, misi, missum, *join together:* malos (masts), VII 22, 5; — *proelium* (with or without cum aliquo), I 23, 3; I 22, 3; 25, 1; 50, 4; 52, 2; 15, 2; II 19, 4; 6; IV 13, 5; 14, 4; 34, 2; 35, 2; V 9, 3; 32, 2; 50, 4; VI 8, 1; VII 62, 8; 88, 1; proelium equestre, III 20, 3; VII 13, 1; — *to entrust:* aliquid alicui, se barbaris, IV 21, 9; vitam suam (quibus solis), VI 43, 6; salutem suam his, VII 6, 4; nihil his, IV 5, 1; communem salutem solis Biturigibus, VII 21, 3; — *perform, allow to come to pass, commit:* nihil quod ipsis esset indignum, V 35, 5; quare timēret, I 14, 2; delictum, VII 4, 10; ne committeret ut, I 13, 7; neque commissurum ut, VII 47, 7; neque committendum ... ut dici posset, I 46, 3.

Commius, i, m., a chief of the Atrebates, appointed by Caesar, IV 21, 6; 27, 2; 35, 1; VII 79, 1; 76, 1; 3; V 22, 3; VI 6, 4; VII 75, 5.

commodum, i, n., *advantage, interest, convenience:* res familiaris commoda, VII 14, 5; naves, quas sui quisque commodi fecerat, V 8, 6; praetermittere, VII 55, 4; incommodum maioribus commodis sanare, VII 29, 5; commodis frui, III 22, 2; commodo rei publicae, I 35, 4; V 46, 4; VI 33, 5.

commodus, a, um, adj. (agreeable to measure), *suitable, fitting, good, effective:* res commodiorem in statum pervenit, VII 6, 1; commodissimum visum est, I 47, 4; commodissimum esse statuit, I 42, 5; V 11, 5; issimus traiectus, V 2, 3.

commodē, adv., *easily, effectively, comfortably:* satis c. pugnare, I 25, 3; satis c. rem frumentariam supportare, I 30, 6; III 23, 7; c. sibi praescribere, II 20, 3; naves regere velis, III 13, 6; copulis continere naves, III 13, 8; tela adigere, III 14, 4; navigare, IV 31, 3; vallem transire, V 49, 8.

commonefaciō, ere, fēci, factum, v. 3, *call the attention of some one to* (eum): quae sint dicta, I 19, 4.

commoror (con-m), v. dep. 1, *to tarry:* dies circiter xxv in eo loco, V 7, 3; Avarici complures dies, VII 32, 1.

commoveō (con-m), ēre, -vi, -tum, v. 2 (move strongly) *startle, stir, alarm, render anxious,* I 40, 8; vehementer commotus, I 37, 4; his nuntiis literisque commotus, II 2, 1; repentino eius adventu, I 13, 2; nova atque insitata specie, II 31, 1; cf. III 23, 2; — *impress, influence,* I 20, 3; 40, 12; — *move:* se ex loco, III 15, 3.

commūnicō, v. 1 (communis) (make common), *communicate with, exchange communication with:* cum Cotta saucio, V 36, 3; cum quo alio, VI 20, 1; object: rationes belli gerendi, VII 63, 4; consilia, VI 2, 3; quid, VII 36, 3; consilium, VI 33, 5; consilium cum legatis et quaestore, IV 13, 4; — *to share with:* cum his praemium, VII 37, 2; ullum honorem, VI 13, 7; victum, VI 23, 9; — *join to, unite with:* pecunias cum dotibus, VI 19, 1.

commūniō, v. 4 (moenia munio), *strongly fortify* and (per acc. cognate) *to construct:* castella, I 8, 2; quam aequissimo loco potest castra communit, VI 7, 4; mille passuum intermisso spatio castra c., VI 7, 4.

commūnis (having tasks together) *common, general:* c. belli casus, V 30, 3; Belgarum commune concilium, II 4, 4; cf. VII 15, 3; consensus, I 30, 4; consilium, I 30, 5; III 8, 3; V 6, 6; 11, 8; 27, 5; fortuna, VII 1, 5; lex, V 56, 2; liberi, VII 20, 3; libertas, V 27, 6; VII 4, 4; 37, 4; 71, 3; 80, 1; magistratus, VI 23, 5; odium, VI 9, 7; periculum, I 30, 4; res, I 35, 2 (matter of mutual importance); V 56, 2; salus, II 5, 2; V 33, 2; 48, 1; VII 2, 1; 21, 3; 20, 7; uxores (in common), V 14, 2; — *joint:* legatio, III 8, 5.

commūtātiō, onis, f., *change:* aestus, V 8, 3; aestuum, V 1, 2; rerum, I 14, 5; II 27, 1; VI 12, 6; VII 59, 3.

commūtō (con-m), v. 1, *change:* fortunam, III 6, 2; consilium, I 23, 3; VII 56, 2; ius et leges, VII 77, 16; — *exchange for:* studium belli gerendi agricultura, VI 22, 3.

comparō, v. 1 (put together), *compare:* hanc consuetudinem victūs cum illa, I 31, 11; se ipsi cum illis virtute, VI 24, 6; — *get ready, provide* (κατασκευάζομαι πορίζομαι), *prepare, procure:* auctoritatem sibi, V 55, 4; auxilia equitatumque, III 20, 2; facultates ad largiendum, I 18, 4; fugam, IV 18, 4; nautas gubernatoresque, III 9, 1; praesidium, VII 11, 4; quae ad proficiscendum pertinent, I 3, 1; quae ad oppugnandum usui erant, I 12, 3; quaecumque ad oppugnationem opus sunt, V 40, 6; rem frumentariam, I 37, 5; II 2, 5; IV 7, 1; has res, VII 8, 1; omnes res ad profectionem, I 6, 4; omnes ad Britannicum bellum res, V 4, 1; se ad eruptionem, VII 79, 4; subsidia ad omnes casus, IV 31, 2; novas clientelas, VI 12, 6.

compellō, ere, puli, pulsum, v. 3, *drive, gather* (mass), *pecora atque homines ex agris in silvas,* V 19, 2; pecus, VII 71, 7; (drive) (rout) Atrebates in flumen, II 23, 1; eos in silvas collesque, V 15, 1; intra oppida ac muros, VII 65, 2; in oppida, VII 77, 12; 54, 4.

compendium, i, n. (pendo, pay), *gain, profit:* ex direptis bonis, VII 43, 3.

comperiō, ire, peri, pertum, v. 4, *ascertain, learn:* quod, IV 19, 4; facinus, I 40, 12; per exploratores, Suebos se recepisse, VI 29, 1; ab ipsis per nuntios compertum habere, I 44, 12; levem auditionem habere pro re comperta, VII 42, 2.

complector, I, xus, v. dep. 3, *to embrace:* Caesarem, I 20, 1; — *surround, encompass:*

tantum spatium, VII 72, 2 ; xiiii milia passuum, VII 74, 1.

compleō, ēre, ēvi, ētum, v. 2, *to fill*: fossam, III 5, 1; 18, 8; 25, 1; V 40, 3; 51, 4; fossam aquā, VII 72, 3; (aestus) naves compleverat, IV 20, 2; (naves) (obj.) fluctibus, IV 28, 3; contexta viminibus membra hominibus, VI 16, 4; murum, VII 12, 5; 27, 3; suum numerum, VII 75, 5; partem collis densissimis castris, VII 46, 3; omnia superiora loca multitudine armatorum, III 3, 2; copiae hunc omnem locum, VII 69, 5; castra, II 24, 4; totum montem hominibus complevit; ☞ Holder with MSS. compleri et, I 24, 3; — *to man* (πληρόω): speculatoria navigia militibus, IV 26, 4.

complūrēs, a, ia, ium, *quite a number*: annos, I 18, 3; IV 1, 2; VII 17, 5; civitates, IV 18, 3; 21, 5; V 56, 4; equi, VII 70, 7; castella, III 1, 4; causae, V 54, 5; dies, VII 17, 3; 32, 1; dies hibernorum, III 2, 1; continuos complures dies, IV 34, 4; insulae, V 13, 3; naves, III 15, 2; IV 20, 3; nostri milites, I 52, 5; nostri, IV 12, 2; oppida, III 14, 1; proelia, I 10, 5; VI 12, 3; rates, I 8, 4; tela, VII 81, 5; tribuni militum, III 7, 3; V 28, 3; turmae, VII 45, 1; vulnera, III 5, 2; — *milites* or *homines* or *hostes* understood, III 2, 3; 28, 3; V 6, 6; 15, 2; 44, 13; VI 8, 7; 36, 3; VII 67, 5; 80, 3; ex Belgis, II 17, 2; ex iis, IV 35, 3; ex his, IV 37, 3.

comportō, v. 1, *bring together, gather, collect*: frumentum (convey to common centres), I 16, 4; III 2, 2; frumenta in oppida, III 9, 8; in hiberna, V 26, 2; cf. III 2, 2; caespites ad aggerem, III 25, 1; materiam, IV 18, 1; V 40, 2; quae usui erant, IV 31, 2.

comprehendō, ere, ndī, nsum, v. 3, *grasp, seize*: funes, III 14, 6; (by the hand) utrumque, V 31, 1; — *to hurriedly take*: redas et equos, VI 30, 2; — *catch*: ignem, V 43, 2; — *to catch, arrest, take*: hunc, IV 27, 3; cf. V 25, 4; VII 13, 2; fratres Litavici, VII 40, 3; multos in fuga, V 21, 6; Vercassivellaunum vivum, VII 88, 4; in furto aut in latrocinio, VI 16, 5.

comprobō, v. 1, *approve of*: comprobat hominis consilium fortuna, V 58, 6 (smiles upon).

cōnātum, v. conor.

cōnātus, ūs, *undertaking, attempt*: hoc -u destiterunt, I 8, 4.

concēdō, ere, cessī, cessum, v. 3, *to grant*: his impunitatem, I 14, 5; partem vici Gallis, III 1, 6; 2, 3; his libertatem, IV 15, 5; eam rem, III 18, 8; praedam, VI 3, 2; sedes, I 44, 2; — *permit*: Aeduis ut collocarent, I 28, 5; ut, III 18, 7; concedendum non putabat, I 7, 4; non conceditur (impers.), VI 20, 3; cf. I 44, 8; — *yield to* (acknowledge superiority of), unis Suebis, IV 7, 5; — *give in to*, VII 15, 6.

concertō, v. 1, *fight, contend*: proelio, VI 5, 3.

concessus, ūs, n., *permission*: Caesaris, VII 20, 2.

concīdō, ere, cīdī, v. 3 (cado), *fall down, break down, tumble*: of men, V 44, 12; VII 50, 6; exanimatus concidit, VII 25, 2; fortissime pugnantes conciderunt, VII 40, 7; cum primi ordines hostium transfixi telis concidissent, VII 62, 4; of animals, VI 27, 2; 5; of inanimate objects: antemnae, III 14, 7.

concīdō, ere, cīdī, cīsum, v. 3 (caedo), *cut to pieces* (κατακόπτω): magnam partem eorum, I 12, 3; magnam multitudinem, II 11, 4; — concisus, *cut up, broken, cut short*: pedestria esse itinera concisa aestuariis, III 9, 4.

conciliō, v. 1 (bring together, cieo), *win over, gain for*: principes Treverorum Cingetorigi, V 4, 3; eam civitatem Arvernis, VII 7, 1; — *gain*: illis regna, I 3, 7; pacem et amicitiam, VII 55, 4.

concilium, ī, n., *meeting, assembly* (for deliberation): convocare, VII 29, 1; cogere, VII 77, 1; dimittere, I 18, 1; 33, 2; 31, 1; habere, IV 19, 2; V 53, 4; c. principum indicere, VII 75, 1; cf. VII 1, 4; armatum indicere, V 56, 1; totius Galliae indicitur, VII 63, 5; cf. I 30, 4; VI 3, 4; 44, 1; peragere, V 24, 1; V 4, 3; diem concilio constituere, I 30, 5; per concilium loqui, VI 20, 3; ad c. convocare, VII 14, 1; 66, 3; ab -o discedere, VII 2, 3; in concilio, I 19, 4; V 6, 2; 56, 3; 4; 57, 2; in communi Belgarum concilio, II 4, 4; VII 15, 3; ad concilium adhibere, VII 77, 3 (☞ older vulg. consilium); cf. III 18, 7; a concilio abesse, VII 63, 7; ad concilia venire, V 2, 4.

concitō, v. 1 (cieo), *rouse, arouse, cause to rise*: maiorem multitudinem armatorum, VII 42, 6; Aduatucos, V 38, 2; Galliam, VII 77, 7; plebem, VII 13, 2; suos, V 26, 2.

conclāmō, v. 1, *cry out aloud* (ἀναβοάω) with subjects: Aedui, VII 38, 6; Ariovistus, I 47, 6; (Eburones) V 26, 4; matres familiae, VII 26, 4; omnis multitudo, VII 21, 1; victoriam (cognate accus.), V 37, 3; with object clause, acc. c. inf., occasionem ... amittendam non esse, III 18, 5; confirmari oportere, VII 66, 7; ad arma, VII 70, 6.

conclūdō (v. 3), ere, clūsī, clūsum (claudo), *lock up, shut in*: mare conclusum "landlocked," III 9, 7.

Conconnetodumnus, i, m., one of the leaders of the Carnutes in 52 B.C., VII 3, 1.

concrepō, v. 1, uī, itum, *to clatter, rattle, make a noise*: multitudo suo more armis concrepat, VII 21, 1.

concurrō, v. 3, curri, cursum, *gather, attend upon*: ad eos disciplinae causa, VI 13, 4; — *run together, hurry, rally*: ad arma, II 20, 1; III 22, 4; V 39, 3; VII 4, 1; ad Aristium, VII 43, 1; Cenabum, VII 3, 1; ad nos interficiendos, VII 38, 8; ad restinguendum, VII 24, 5; si quid erat durius, concurrebant, I 48, 6; ut legationes undique ad eum concurrerent, V 55, 4; huc concurritur, VII 84, 2; ex proximis castellis eo, II 33, 3.

concursō (iter. of concurro), 1, *to run to and fro:* concursare et trepidare, V 33, 1; c. et cum simulatione timoris agere, V 50, 5.

concursus, ūs, m., *running together, rally:* fremitus et c., IV 14, 3; militum -u ac vocibus, V 40, 7; nequa ex eorum -u seditio oreretur, VII 28, 6; magno -u eo contenderunt, VII 48, 1; — *charge, attack:* militum, I 8, 4; primo -u, VII 8, 6; 62, 3; — *collision:* navium, V 10, 3.

condemnō, v. 1 (damno), *to declare guilty* (aliquem): summae iniquitatis, VII 19, 5.

condiciō, ōnis, f., 1, *agreement, proposal, terms:* -em accipere; ferre, recipere; -e uti, III 22, 4; IV 11, 3; VI 12, 6; -o deditionis, II 32, 2; de -ibus agere, IV 37, 2; aliā condicione, VII 77, 15; aequitas -num, I 40, 3; 2) *status, condition:* of the "soldurii," III 22, 2; c. iuris libertatisque, I 28, 5; servitutis, III 10, 3; iniquitas -is, VII 19, 3; condicio iniqua pugnandi, VI 10, 2; condicionem subire, VII 78, 2.

condōnō, v. 1 (donum), *remit for the sake of:* iniuriam et dolorem voluntati ac precibus, I 20, 5; praeterita fratri, I 20, 6.

Condrūsī, ōrum, m. (name preserved in the village of *Condroz*, between Huy and Lieges), tribe on right bank of Maas, of Belgo-German stock; II 4, 10; VI 32, 1; vassals of Treveri, IV 6, 4.

condūcō, ere, xī, ctum, 1, *gather, mass:* omnes clientes eodem, I 4, 2; copias, VI 31, 1; (equites) ex Aquitania, VII 31, 5; exercitum in unum locum, II 2, 4; 2) *to hire:* homines, II 1, 4; magnam manum Germanorum, V 27, 8.

conferō, erre, tulī, lātum, v. 3, *bring together, gather, collect:* arma, II 15, 2; VII 11, 2; 12, 3; frumentum, I 16, 4; 17, 2; IV 31, 2; impedimenta in unum locum, I 24, 4; sarcinas in unum locum, I 24, 3; cf. VII 18, 4; militaria signa, VII 2, 2; signa in unum locum, II 25, 1; res in unum locum, VI 17, 3; ea, I 27, 4; — *transport, convey:* sua eodem, VI 5, 7; sua ex agris in oppida, VI 10, 2; cf. II 29, 2; impedimenta Aduatucam, VI 32, 3; cf. VII 55, 2; omnes fortunas, VI 35, 8; — *shift, put upon:* timorem in simulationem, I 40, 10; — *postpone:* in longiorem diem, I 40, 14; — se conferre, *betake oneself,* I 26, 1; se suaque omnia eo, III 28, 2; — *compare:* Gallicum cum Germanorum agro, I 31, 11.

cōnfertus, a, um, ptc. perf. pass. of confercio, v. 4, si -rtum (stuff together, pack closely together), *compact, in close array, crowded:* legio, IV 32, 4; -i milites, II 25, 1; numquam conferti sed rari, V 16, 4; confertos adire, *to advance in close array,* VI 34, 4; confertis turmis, VII 80, 6; -issima vis hostium, V 44, 4; -issimo agmine, II 23, 4; -issima acie, I 24, 5.

cōnfestim, *promptly, w. all haste,* IV 32, 2; V 18, 4; 39, 1; 40, 1; 44, 10; VI 29, 5; VII 70, 6.

cōnficiō, ere, fēcī, fectum, v. 3 (make together), *accomplish, finish, bring to completion, carry out:* bella, I 44, 13; 54, 2; bellum, I 30, 1; III 16, 1; 28, 1; IV 16, 1; ea, VII 11, 3; eas res, I 3, 2; 3; has res, IV 11, 3; delectum, VI 1, 4; iusta funera, VI 19, 4; frumentationem, VI 39, 1; negotium, III 15, 4; VI 3, 3; 34, 5; VII 62, 10; iter, IV 5, 4; 14, 1; VI 30, 1; VII 56, 3; 83, 7; omnes res, IV 19, 4; V 2, 1; 56, 4; VII 13, 3; 90, 1; reliquas res, VII 12, 3; aegerrime, I 13, 2; magnum spatium, III 29, 2; — *raise, put into the field:* armata milia centum, II 4, 5; — (of time) *finish, complete:* ante primam confectam vigiliam, VII 3, 3; hieme confecta, VI 3, 1; VII 32, 2; prima confecta vigilia, VII 60, 1; — *work out, elaborate:* tabulae litteris Graecis confectae, I 29, 1; alutae tenuiter confectae, III 13, 6; rationem conficere, I 29, 1; — *exhaust, wear out:* aetate iam confectus, VI 31, 5; cf. VII 28, 4; prope c. aet., VII 57, 3; vulneribus, III 5, 2; II 25, 1; V 45, 1; II 27, 1; III 21, 1; II 23, 1; in II 12, 7; magno itinere confecto (☞ Nipperdey brackets confecto; Holder restores it; Nipperdey seems to be right).

cōnfīdō, ere, sus, v. 3, semi-dep. (firmly trust), *rely, trust,* followed by acc. c. inf., I 23, 3; II 30, 4; III 9, 5; IV 30, 2; V 27, 4; 39, 4; VI 40, 2; VII 15, 2; 66, 5; 80, 7; — *with persons, dat.:* auxiliaribus, III 25, 1; legioni, I 40, 15; sibi, VII 33, 1; aliqua re, *to rely on:* anni tempore, III 27, 2; litteris, IV 14, 4; loco, numero, virtute, VII 50, 1; qua parte exercitus, VII 68, 2; natura loci, III 9, 3; subsidio, V 17, 3; viribus, I 53, 2.

cōnfīgō, ere, xī, xum, v. 3 (to firmly hold in place), *brace:* transtra confixa clavis ferreis, III 13, 4.

cōnfīnis, e, adj., *neighboring, contiguous:* Parisii Senonibus, VI 3, 5 (c. dat.).

cōnfīnium, i, n., *neighborhood, contiguous territory:* in confinio Treverorum hiemare, V 24, 2.

cōnfiō (= confici, conficio), *to be accomplished:* difficilius confieri, VII 58, 2.

cōnfīrmātiō, onis, f., *assurance:* perfugae, III 18, 6.

cōnfīrmō, v. 1 (firmus), *give assurance, state positively, pledge oneself,* followed by object clause, acc. c. inf., I 3, 7; 41, 2; II 15, 6; V 3, 3; 27, 10; VI 6, 3; 33, 4; VII 59, 1; 77, 11; aliquem, *to encourage, reassure:* eos animo ad dimicandum, V 49, 4; milites consolatur et confirmat, V 52, 5; cf. VII 53, 1; militum animos, VII 53, 3; eorum animos, IV 6, 5; Gallorum animos verbis, I 33, 1; suorum animos, VII 80, 4; sese, VI 38, 5; ipsi sese, II 19, 6; timentes, VII 7, 4; — *keep safe, make sure of:* civitatem, VII 54, 1; — *set down positively, fix:* profectionem in tertium annum lege, I 3, 2; — *establish:* pacem et amicitiam, I 3, 1; pacem, IV 28, 1; — *guarantee:* iureiurando inter se, VI 2, 2; sanctissimo iureiurando, ne, VII 66, 7; — *to plant firmly:* stipites, VII 72, 7; — *strengthen, establish firmly:*

opinionem, III 18, 1; VI 37, 0; nervos, VI 21, 4; — *confirm*: rem, II 11, 3; VI 6, 4.

cōnfīsus, *v.* confido.

cōnfĭteor, ēri, fessus, v. dep. 2 (fateor), *confess, admit*: plurimum ei debere, V 27, 2.

cōnflăgrō (φλέγω), v. 1, *be in flames*: impedimenta atque omnes fortunas, V 43, 4.

cōnflīctō, v. 1 (confligo) "strike together," *harass*: tot incommodis conflictati, V 35, 5.

cōnflīgō, ere, xī, ctum, v. 3 (strike together), *contend with, have a combat*: pars cum parte ciuitatis, VII 32, 5; equitatus cum eis, V 19, 2; proelio cum equitatu, V 15, 1; cum tanta multitudine, II 5, 2.

cōnflŭens, *v.* confluo.

cōnflŭō, ere, xī, v. 3 (flow together), *be gathered*: magnus numerus (perfugarum) ad eum cotidie confluebat, VII 44, 2; confluens (part. as subst.), m., ntis, *juncture*: Mosae et Rheni, IV 15, 2.

cōnfŭgĭō, ere, fūgī, v. 3, *to seek refuge* (καταφεύγω): in silvas paludesque, VI 5, 7.

cōnfundō, ere, fūdī, fūsum, v. 3 (pour together), confundi, *to be gathered, massed together*: tanta multitudine confusa, VII 75, 1.

congredior, ī, gressus, v. dep. 3, *come together with, meet*: in itinere, IV 11, 1; — *have an engagement with, fight*, I 36, 7; armis (abl.), I 30, 3; cum finitimis proelio, VII 05, 2; cum his, I 39, 1; quibuscum, I 40, 7; II 23, 3; cum Transrhenanis, VI 5, 5.

congressus, ūs, m., *meeting, engagement*: cum his navibus nostrae classi eiusmodi congressus erat, III 13, 7.

conĭcĭō, ere, iēcī, iectum, *hurl*: tela, I 20, 3; I 47, 2; II 27, 4; III 2, 4; 25, 1; IV 24, 3; 26, 3; 32, 4; 33, 1; V 34, 3; 35, 4; 44, 6; 51, 2; 57, 3; 58, 2; VII 72, 2; 85, 5; lapides telaque, I 46, 1; cf. II 6, 3; tela tormentis, VII 81, 5; lapides, V 43, 7; lapides gaesaque in vallum, III 4, 1; pila in hostes, I 52, 3; — *drive*: aliquem in fugam, II 23, 2; III 6, 2; IV 12, 2; V 58, 4; VI 8, 6; VII 13, 2; 62, 3; 70, 3; 80, 7; — *se, fling one's self*, VI 40, 1; aliquem in catenas; — *put in irons*: in vincula, III 9, 3; — *put, place* (hurriedly): mulieres in eum locum, II 16, 4; maiores natu in aestuaria ac paludes, II 28, 1; auxilia in mediam aciem, III 24, 1; culpam in multitudinem, IV 27, 4; — *direct, construct*: aggerem in munitionem, VII 85, 6.

coniectūra, ae, f., *supposition, conjecture*: ex diei tempore -am capere, VII 35, 5.

coniūnctim (adv.) (coniungo), *jointly*: pecuniae rationem habere, VI 19, 2.

coniungō, ere, nxī, nctum, v. 3, *join together, join*: montem cum oppido, I 38, 6; naves cum castris una munitione, V 11, 5; naves, VII 58, 4; ordines coniuncti inter se, VII 73, 4; (sublicae) cum omni opere coniunctae, IV 17, 9; legiones sese, II 20, 1; — *in war, politics*, etc.: tantas nationes coniungi, III 11, 3; nosmet cum Arvernis, VII 38, 7; se cum Viridovice, III 17, 3; se cum his, II 3, 4; se cum iis, IV 16, 2; se cum hostibus, VII 39, 3; se cum veteribus copiis, I 37, 4; cum Aeduis, VI 12, 7; — civitatem coniungere, *consolidate into one state, form one state*, VI 3, 5; — CONIUNCTUS, a, um, part. as adj., *joined, related*: tam coniuncta populo Romano civitas, VII 33, 1; propinquitatibus affinitatibusque, II 4, 4; cum proximis hibernis, V 30, 3; ☞ coniunctam, I 40, 12, obsolete reading; now *convictam*.

coniunx, coniūgis, f., *spouse, wife*: liberos, coniuges in servitutem abstrahi, VII 14, 10.

coniūrātĭō, ōnis, f. (swearing together), *conspiracy*: Senonum et Carnutum, VI 44, 1; tot civitatum, III 10, 2; repentina c. Gallorum, V 27, 4; -em facere, IV 30, 2; -em nobilitatis fecit, I 2, 1.

coniūrō, v. 1 (swear together), *to take the military oath*: ut omnes iuniores Italiae coniurarent, VII 1, 1; — *make a sworn agreement, conspire*: inter se, followed by acc. c. iuf., III 8, 3; cf. III 23, 2; contra populum Romanum, II 1, 1; 3, 2; causae -ndi, II 1, 2.

conlŏquĭum (colloquium) (con-loquor), i, n., *parley, conference*: locum conloquio deligere, I 34, 1; in conloquium venire invitatus, I 35, 2; diem -o (dat.) dicere, I 42, 3; diem -o constituere, I 47, 1; ad conloquium adducere, I 42, 4; 43, 3; ad c. venire, I 43, 1; c. dirimere, I 46, 4; tollere, I 42, 5; cf. I 46, 1; 4; — *conversation, talk*, VII 50, 1.

conlŏquor (colloquor), i, locūtus, v. dep. 3, *have a conference, converse*, V 27, 1; 41, 1; 57, 3; inter se, IV 30, 1; cum Arvernis, VII 38, 5; per C. Valerium Procillum cum eo, I 19, 3; cum Ambiorige, V 36, 3; cum quibusdam adulescentibus, VII 37, 1.

cōnor, v. dep. 1, *to attempt, try, undertake*: auxiliari, VII 50, 6; agere vineas, VII 58, 1; gladium educere, V 44, 8; ius suum exequi, I 4, 3; facere, I 5, 1; eruptionem facere summa vi c., VII 73, 1; cf. III 22, 4; iter per provinciam facere, I 7, 1; dicere, I 47, 6; portas excidere, VII 50, 4; interficere publico consilio, V 54, 2; in castra irrumpere, VI 37, 1; subvenire, VII 50, 6; prohibere, I 10, 4; fossam transire, VII 70, 5; per vim navibus flumen transire, III 11, 2; culmina Alpium occupare, III 2, 5; transire, I 8, 2; II 10, 3; 23, 1; Rhenum transire, I 37, 4; oppugnare, II 12, 1; paludem perrumpere, VII 19, 2; se in castra recipere, VI 40, 6; traducere, II 9, 4; in I 8 3; ☞ Holder w. MSS. *conentur;* vulg. *conarentur;* — with inf. understood, *to make the effort*, VI 4, 1; — with accus., *attempt*: id, VII 26, 3; idem, I 3, 5; quicquam, I 19, 3; si perrumpere possent, I 8, 4; — CONATUM, as subst., n., *undertaking, endeavor*: -a perficere, I 3, 6.

conquĭēsco (quies), ere, quiēvī, quiētum, *rest, take a rest*: meridie, VII 46, 5.

conquīrō, ere, quīsīvī, quīsītum, v. 3 (quaero), *look up, gather, collect*: arma iumentaque, VII 12, 4; haec (cornua) studiose, VI 28, 6; lintres, VII 60, 4; obsides, arma, servos, I 27, 4; sagittarios, VII 31. 4; w. object understood, I 28, 1.

conr, v. corr.

cōnsanguineus, a, um, adj. (of same blood), *kindred:* necessarii et -i Aeduorum, I 11. 4; propinqui c. -ique, VII 77, 8; fratres -osque, I 33, 2; II 3, 5.

cōnscendō, ere, ndī, nsum, v. 3 (scando), *mount, climb up:* vallum, V 30, 3; — *go on board of:* naves, IV 23, 1; in naves, V 7, 4.

cōnscientia, ae, f., *consciousness, knowledge:* -ā facinoris instigari, V 56, 1.

cōnscīscō, ere, scīvī, scītum, *to inflict* (deliberately, consciously): sibi mortem, I 4, 4; III 22. 2.

cōnscius, a, um, *conscious:* si alicuius iniuri ae sibi c. fuisset, I 14, 1.

cōnscrībō, ere, psī, ptum, v. 3, *to enlist, enroll:* duas legiones, I 10, 3; cf. I 24, 2; duas legiones novas, II 2, 1; cf. II 8, 5; 19, 3; VI 32, 5; unam legionem quam proxime trans Padum conscripserat, V 24, 4; modo conscripti, VI 30, 2; — *to write, compose:* epistolam Graecis litteris, V 48, 4.

cōnsecrō, v. 1 (sacer), *consecrate:* in loco consecrato, VI 13, 10; locis consecratis, VI 17, 4.

cōnsector, v. dep. 1 (sequor), *pursue, go in pursuit of:* quos possunt, V 58, 6; ad quos consectandos, IV 14, 5; cf. III 26, 6; quos equitatu, VI 8. 7; reliquos, III 19, 4; singulas (naves), III 15, 6.

cōnsēnsiō, ōnis, f., *unanimity, unanimous resolve:* libertatis vindicandae, VII 76, 2.

cōnsēnsus, ūs, m., *harmony, agreement, coalition:* totius Galliae, VII 29, 6; omnium, II 28, 2; eorum omnium, II 29, 5; cf. VII 4, 6; 15, 1; omnium vestrum, VII 77, 4; ex communi consensu, I 30, 4.

cōnsentiō, īre, nsī, nsum, v. 4, *to agree, be in agreement with:* Gallia omnis cum Germanis, V 29, 6; cum Belgis reliquis, II 3, 2; — *make a coalition with, join hands with:* cum his, II 3, 5.

cōnsequor, ī, secūtus, v. dep. 3, *follow* (the lead of): hunc, VI 38, 3; suis omnibus consecutis, IV 26, 5; — *overtake:* novissimum agmen, VII 88, 7; reliquas copias Helvetiorum, I 13, 1; (Ambiorigem) VI 43, 5; reliquos omnes equitatu, I 53, 3; quos impeditos, III 19, 4; — *attain, realize:* minus facile eam rem, II 1, 4; virtute, VII 47, 3; perpetuum imperium libertatemque, VII 64, 3; pleraque, VII 12, 3; quantum auctoritatis, IV 13, 3; id quod animo proposuerat, VII 47, 1; ea praemia, I 43, 5; — *succeed* (intrans.): unam tranquillitas, V 23, 5; ciusmodi tempestates (nom.), III 29, 2.

cōnservō, v. 1, *preserve, save, spare:* Aduatucos, II 31, 4; eos, II 15, 1; quos diligentissime, II 28, 3; eorum civitatem, II 32, 1; singulos milites, VI 34, 1; suo beneficio, VII 41, 1; ius legatorum, III 16, 4; the Suessiones at Noviodunum, II 12, 5.

Considius, i, P., a soldier of Caesar's (probably centurio or evocatus), I 21, 4; 22, 2; 4.

cōnsīdō, ere, sēdī, sessum, v. 3 (sedeo), *settle,* VI 34, 2; in Ubiorum finibus, IV 8, 3; — *take position:* contra castra, VII 58, 6; consedit et castra communit, V 49, 6; non longius mille passibus ab nostris munitionibus, VII 79, 1; in agris civitatibusque, VII 77, 15; sub monte, I 48, 1; VI 24, 2; II 4, 1; hic, VII 57, 4; in munitione pro castris, VII 80, 4; circiter milia passuum decem a Romanis, VII 66, 3; ad ripas Rheni, I 37, 3; sub monte, I 21, 1; trans id flumen, II 16, 2; tria milia passuum longe ab suis castris, V 47, 5; ad flumen, VII 67, 5; quo in loco, I 49, 1; in mediis Eburonum finibus, VII 32, 4; cf. I 31, 10; contra eum duum milium spatio, III 17, 5; quo in loco, V 9, 1; — *hold a session;* in loco consecrato, VI 12, 10.

cōnsilium. ī, n. (consulo), *deliberation:* res est consilii, VII 38, 7; — *deliberative assembly, council,* III 3, 2; consilium habere, IV 14, 2; convocare (cf. conv.) habere, IV 14, 2; transferre aliquo, VI 3, 4; unum c. totius Galliae efficere, VII 29, 6; consilio adhiberi, VII 13, 1; ad c. adhiberi, I 40, 1; ad c. rem deferre, III 23, 8; — *design, plan of action, resolve:* barbaris c. non defuit, V 34, 1; quid sui consilii sit ostendit, I 21, 2; eius consilii principes, II 14, 4; cf. VI 4, 1; 44, 2; VII 37, 6; followed by velintne, V 27, 9; consilium capere (cf. capio) comprobare, V 58, 6; commutare, I 23, 3; VII 56, 2; communicare c. aliquo (cf. comm.) cognoscere, inire (v. inco) probare, proponere, VI 7, 8; reservare ad extremum, III 4, 3; suum cons. ab reliquis separare, VII 63, 8; consilio uti, I 5, 4; VII 78, 2; auctor consilii, VI 31, 5; commune consilium, I 30, 5; III 8, 3; V 6, 6; 11, 8; 27, 5; publico consilio, V 1, 7; VII 43, 1; consilium est alicui, VII 55, 5; followed by *ut*, I 30, 3; 48, 2; II 9, 4; V 6, 5; VI 42, 3; — *ne,* VII 72, 2; ad c. descendere (*resort*), V 29, 5; consilio uti, I 5, 4; VII 78, 2; quo -o, I 40, 1; alio -o, III 6, 4; sive casu sive consilio, I 12, 6; fortuito aut sine -o, VII 20, 2; se excusare de -o, IV 22, 1; ab instituto -o deterrēre, V 4, 1; -o desistere, VII 26, 5; consilia subita et repentina, III 8, 3; -a clandestina efferre, VII 1, 6; -a cuiusquemodi, VII 22, 1; -a enuntiare, I 17, 5; -a eius animo circumspiciebat, VI 5, 3; omnibus -iis antevertere, VII 7 3; summa omnium -orum, VII 11, 3; — *prudence, resource* (as personal quality), *discretion:* vir consilii magni, III 5, 2; in quibus aliquid consilii fuit, III 16, 2; magis ratione et -o quam virtute, I 40, 8; cuius consilium probabat, IV 21, 7; — *advice, suggestion:* quid inci consilii est? VII 77, 2; II 17, 4; dare, V 31, 6; omittere, II 17, 5; de -o, *in consequence of the advice,* VII 5, 3; VI 3, 4 ☞ editors vary betw. concilium and consilium; cf. II 10, 4; VII 89, 1; in VI 7, 6 Holder follows Paul in bracketing *in consilio*.

cōnsimilis, e, adj., *altogether like, quite*

similar: profectio c. fugae, II 1, 1; figura c. capris, VI 27, 1; aedificia Gallicis -ia, V 12, 3.

cōnsistō, ere, stitī, v. 3, *take position, range oneself* (στῆναι): ad signa, II 21, 6; in porta, VI 38, 2; in muro, II 6, 3; sub muro, VII 48, 2; in arido, IV 26, 5; in iugo, VI 40, 3; 6; in *orbem*, V 33, 3; in castris, III 26, 3; iuxta, II 26, 1; ubi, I 13, 7; III 4, 4; VII 49, 3; 62, 3; in foro ac locis patentioribus cuneatim, VII 28, 1; infestis contra hostes signis, VII 51, 3; aequiore loco, VII 51, 1; in superiore acie, I 24, 3; perexiguo intermisso spatio, V 15, 4; in sinistra parte acie (= aciei), II 23, 1; in dextro cornu ... non magno intervallo, II 23, 4; — *to maintain an upright position* (naves) in vadis, III 13, 9; — *to make a stand*, II 11, 4; 17, 4; V 17, 4; VII 37, 3; — *come to a halt, stop:* agmen, VII 67, 4; in locis superioribus, III 6, 2; viatores etiam invitos consistere cogere, IV 5, 2; cf. IV 25, 2; 34, 1; VII; — *to settle, take residence:* ibi (at Cenabum), VII 3, 3; (at Cabillonum), VII 42, 5; — *consist of:* vita omnis in venationibus atque in studiis rei militaris, VI 21, 3; victus in lacte, caseo, carne, VI 22, 1; — *to depend upon, be based upon:* fructus in eo die atque hora, VII 86, 3; omnis spes salutis in virtute, II 33, 4; omnis spes in velis armamentisque, III 14, 7.

cōnsobrīnus, ī, *cousin*, VII 76, 3.

cōnsōlor, v. dep. 1, *speak kindly to, console:* milites, V 52, 5; VII 19, 6; (Diviliacum) I 20, 5; Indutiomarum, V 4, 2; consolari cohortarique, VII 29, 1.

cōnspectus, ūs, m., *view* (conspicio), *sight* (presence): -um fugere, VII 30, 1; perferre, VII 19, 4; in -um venire, IV 12, 2; 37, 4; in -um perferre aliquem, VII 48, 3; — *in conspectu* Caesaris atque omnis exercitus, III 14, 8; cf. I 11, 3; Galliae, V 6, 5; hostium, I 51, 1; imperatoris, II 25, 3; nostrorum militum, V 45, 2; multitudinis, V 56, 2; omnium, VII 80, 5; patris, VI 18, 3; — *ex conspectu* abire, VI 43, 5; removere, I 25, 1; — *within range of sight* (eyeshot), VII 35, 1.

cōnspiciō, ere, xī, ctum, v. 3 (species), *espy* (καθορᾶν), *behold, make out (lay eyes on,* IV 47, 6): hostium copias, IV 23, 2; equites, IV 12, 1; cf. VII 12, 5; hos, IV 25, 6; incendia, VII 15, 2; feram, VI 28, 2; signa, IV 12, 1; tragulam, V 48, 8; vicos atque aedificia, VI 03, 2; — *with participial object. clause* (analogous to Greek): aliquos navi egredientes, IV 26, 2; Ambiorigem suos cohortantem, V 30, 1; Britanniam relictam, V 8, 2; quos laborantes, VII 26, 4; superiora loca multitudine armorum completa, III 3, 2; — *ex* hostium castris conspici, III 26, 2; — w. acc. c. inf.: nostros flumen transisse, II 24, 2.

cōnspicor, v. 1, dep., *espy, observe, see:* trans vallem et rivum multitudinem hostium, V 49, 5; tumulos, VI 17, 4; ex arce Alesiae suos, VII 84, 1; hostium copias, V 9, 2; agmen Aeduorum, VII 40, 4; id, I 25, 6; signa procul, VI 39, 4; ex oppido caedem, VII 88, 5; — quae res ... gererentur, II 26, 4; — *with predicate after object:* vacua castra hostium, VII 45, 7; perterritos hostes, II 27, 1.

cōnspīrō, v. 1, *act in harmony, co-operate:* priusquam plures civitates conspirarent, III 10, 3.

cōnstanter, adv. (consto), *uniformly*, II 2, 4; — *bravely, gallantly:* c. ac non timide pugnare, III 25, 1.

cōnstantia, ae, f., *steadfastness, firmness:* quantum boni in se haberet constantia, I 40, 6; de fide et constantia dubitare, VII 77, 10.

cōnsternō, ere, strāvī, strātum, v. 3, *cover* (tigna): longuriis cratibusque, IV 17, 8.

cōnsternō, v. 1, *to make a profound impression:* sic animo consternati sunt, VII 30, 4.

cōnstīpō (στῖφος), v. 1 (press together compactly), *crowd together:* se sub ipso vallo, V 43, 5.

cōnstituō, ere, uī, ūtum, v. 3 (statuo), *establish, appoint, fix:* diem huic rei, VII 64, 1; diem colloquio, I 47, 1; diem consilio, I 30, 5; I 4, 2; diem pugnae (dat.), III 23, 8; diem cum legatis I 8, 3; posterum diem pugnae, III 23, 8; poenam, V 1, 9; capitis poenam eis, VII 71, 6; praemia poenasque, VI 13, 5; gravissimum ei rei supplicium, VI 17, 5; res, III 4, 1; IV 13, 4; 23, 1; V 5, 1; VI 5, 3; 9, 3; VII 9, 3; eam rem, II 11, 1; in Belgis omnium legionum hiberna, IV 38, 4; quid Britannia penderet, V 22, 4; quantum quaeque civitas efficiat, VII 4, 8; quid agi placeat, VII 83, 5; qua ratione agi placeat, VII 37, 7; Commium regem ibi, IV 21, 6; Cavarinum apud eos regem, V 45, 2; praefectos, VII 67, 3; — *put up, place:* turrim in extremo ponte, VI 29, 3; turres, II 12, 5; VII 17, 1; turrim, II 30, 3; — *station:* aciem iniquo loco, V 51, 1; aciem idoneo loco, VII, 53, 1; aciem, VII 67, 4; alarios in conspectu hostium, I 51, 1; intra silvam aciem ordinesque, II 19, 6; ad extremas fossas castella, II 8, 4; copias in locis superioribus, VII 79, 2; c. generatim, I 51, 2; legionem inferiore loco, VII 45, 5; l. pro vallo, VII 70, 5; legiones, VI 1, 4; l. pro castris, VII 70, 2; cf. II 8, 5; IV 35, 1; naves, IV 24, 2; 25, 1; plano litore naves, IV 23, 6; praesidia in Rutenis, VII 7, 4; signa legionis *to make the legion halt,* VII 47, 1; ubi eos, I 13, 1; — *to determine, decide:* a) collocare, III 1, 4; comparare, I 3, 1; decertare, IV 19, 3; dimicare, IV 17, 3; expectare, VI 7, 3; 10, 5; bellum gerere, IV 6, 5; hiemare, V 22, 4; 53, 3; VII 90, 7; ire, VI 33, 3; morari, V 24, 8; hunc secum habere, V 6, 1; proficisci, VII 32, 2; non progredi longius, VI 29, 1; traducere exercitum, IV 19, 4; Rhenum transire, VI 9, 1; reverti, VI 35, 1; — b) followed by *ut,* VII 78, 1 (where a new subject is introduced); c) followed by ge-

Cōnstō rundive: agendum, VII 36, 1; eos retinendos, VII 54, 2; d) without direct complement: ut ante constituerat, I 40, 4; cf. IV 11, 1; VII 1, 1; — *decide*, acc. c. inf.: optimum esse, II 10, 4; — *decide upon:* de controversiis, VI 13, 5.

cōnstō, v. 1, stitī, statūrus, *stand, be in regular condition:* ut numerus legionum constare videretur, VII 35, 4; — *constat* (impers.), *it is established, certain* (an accepted fact), *that* 1) w. acc. c. inf., III 6, 2; 9, 9; 26, 6; IV 20, 4; VI 19, 4; 25, 5; VII 47, 7; inter omnes, VII 44, 3; nihil nobis constat, VII 5, 6; — *to amount to, cost* (with price in abl.): victoria quanto detrimento et quot virorum fortium morte, VII 19, 4; — *to be based upon:* summa victoriae in eo, VII 21, 3; suum periculum in aliena salute, VII 84, 4.

cōnstrātuō, *v.* consterno.

cōnsuēscō, ere, suēvī, suetum, v. 3, BECOME *accustomed*, hence the perf. is = to be accustomed (solēre): consuevit (= solet) a bello abesse, VI 14, 1; plerumque accidere, III 26, 4; V 33, 1; obsides accipere, non dare, I 14, 7; secundiores res concedere, I 14, 5; convenire, V 21, 3; 56, 2; aestus maximos efficere, IV 29, 1; insulas efficere, VI 31, 3; esse sub imperio Arvernorum, VII 75, 3; stipendium imponere, I 44, 2; victis imperare, I 36, 1; (ventus) in his locis flare, V 7, 3; in Britanniam navigare, III 8, 1; se recipere, IV 33, 3; VI 27, 4; res tribui, I 43, 4; (navibus) uti, V 1, 1; eo mari, III 8, 1; quo genere in proeliis uti, IV 24, 1; consueverat (consuerat) = solebat, VII 35, 4; quo c. intervallo hostes sequitur, I 22, 5; maturius quam c., IV 6, 1; quotannis facere, V 1, 1; inter equites proeliari, VII 18, 1; cf. VII 65, 4; quod insigne pacatum esse c., VII 50, 2; antiquitus creari, VII 32, 1; magno cum periculo ire, III 1, 2; quanta ex dissensionibus incommoda oriri, VII 33, 1; in plpf. sense, qui iam ante... ventitare consuerat, V 27, 1; cf. II 31, 6; ☞ VII 88, 1 (quo insigni, etc.), br. by Holder (Paul).

cōnsuētūdō, inis, f., *custom, habit:* neque sua neque populi Romani, I 45, 1; ea c. ut, I 50, 4; cf. I 43, 8; IV 1, 10; est Gallicae -inis ut, IV 5, 2; resistere, IV 7, 3; accipere, V 41, 7; c. victūs, I 31, 11; itineris, II 17, 2; c. fert, IV 32, 1; (*has it*) populi Romani c. fert, VI 7, 8; c. postulat, VI 34, 6; inveterascit, V 41, 5; imperitus -inis, IV 22, 1; se in consuetudinem aliquam adducere, IV 1, 10; praeter consuetudinem (*contrary to*), VII 61, 3; ex -ine (in accord. w.), I 52, 4; IV 32, 1; V 58, 2; consuetudine, II 19, 2; 32, 1; III 23, 6; IV 12, 2; VI 27, 5; VII 24, 2; 75, 4; c. longinqua, I 47, 4; cotidiana, V 58 2; Gallica, V 14, 1; superiorum annorum, V 42, 1; assidua, VI 22, 3; -inem cognoscere, IV 6, 1.

cōnsul, is, m., one of the two chief executive officers of the Roman republic, with one year's term of office; years are generally given by quoting the consuls; consulis sacramentum: *military oath*, VI 1, 2; L.

Contendō

Cassius c., I 7, 4; 12, 5; sc consule, I 40, 1 (59 B.C.); M. Messala et M. Pupio Pisone consulibus, I 2, 2 (61 B.C.); L. Pisone Aulo Gabinio consulibus, I 6, 4 (58 B.C.); M. Messala M. Pisone consulibus, I 35, 4; qui fuit Annus Gneo Pompeis Marco Crasso consulibus, IV 1, 1 (55 B.C.).

cōnsulātus, ūs, m., *consulate:* in consulatu suo, I 35, 2.

cōnsulō, ere, uī, sultum, v. 3, *deliberate:* quid agant, VII 83, 1; occasio consulendi, V 29, 1; de aliquo, I 53, 7; — *to look out for* (alicui rei): suae ac militum saluti, V 27, 7; suis fortunis, VII 8, 4; suae saluti, VII 66, 5; civitati, V 3, 5; 27, 11; suae vitae, VII 12, 3; sibi, VI 31, 2; VII 38, 6; vobis, VII 50, 6.

cōnsultō, v. 1 (iterat. of consulo), *to deliberate repeatedly:* de bello, V 53, 4; de exitu fortunarum, VII 77, 1.

cōnsultō (abl. as adv.) (*deliberately*), *on purpose*, V 16, 2; 37, 2; 56, 5; VII 20, 5.

cōnsultum, ī, n., *decree:* senatūs, I 43, 7; VII 1, 1.

cōnsūmō, ere, mpsī, mptum, v. 3 (to take altogether, use up), *spend:* in his rebus dies X, V 11, 6; magnam partem diei, V 35, 5; 9, 8; 58, 2; dies decem et octo, IV 19, 4; aestatem in Treveris, V 4, 1; reliquam partem noctis, V 31, 4; VII 25, 1; — *use up, consume* (frumentum): quod habuerunt, VII 17, 2; 77, 1; frumenta, VI 43, 3; omnes fortunas, I 11, 6; pabulum, VII 18, 1; exercitum fame consumptum videtis, VII 20, 12.

cōnsurgō, ere, surrēxī, surrēctum, v. 3, *rise together*, VI 23, 7; consurgitur ex consilio, *the council is adjourned*, V 31, 1.

contabulō, v. 1, *to construct by stories, to erect* (by carpentry): turres, V 40, 6; — *equip with:* murum turribus, VII 22, 3.

contāgiō, ōnis, f. (tango), *contact, association:* nequid ex -one incommodi, VII 13, 7.

contāminō, v. 1 (tango, pollute by contact), *defile, mark, brand:* contaminati facinore, VII 43, 3.

contegō, ere, mpsī, mptum, v. 3, *cover up:* agger contegit quae in terra occultaverant Romani, VII 85, 6.

contemnō, ere, mpsī, mptum, v. 3, *to think meanly of, despise:* nostros, V 51, 4.

contemptiō, ōnis, f., *contempt:* nostri (gen. of nos), V 29, 2; maiore -ne, V 58, 1; hostibus in contemptionem venire, III 17, 5; in summam -em venire, V 49, 7.

contemptus, ūs, m., *contempt:* Gallis brevitas nostra contemptui est, II 30, 4.

contendō, ere, ndi, ntum (strain hard), 1) *to march, push on: ad:* eos, I 21, 3; II 10, 1; flumen Axonam, II 9; Rhenum, I 27, 4; Ambiorigem, VI 30, 1; Ariovistum, I 37, 5; salutem, III 3, 3; hostes, V 9, 1; exercitum, III 19, 2; VII 6, 4; castra, II 7, 3; 19, 8; III 18, 7; 24, 5; VII 83, 8; cum locum, II 23, 4; oppidum Noviodunum, II 12, 1; Caesarem, V 49, 1; occupandum Vesontionem, I 38, 1; — *in:* Italiam magnis itineribus, I 10, 3; cf. I 33, 4; Lingones,

VII 9, 4; provinciam, VII 59, 1; castra, IV 37, 1; fines Sugambrorum, IV 18, 2;— *without prep.*: eo, III 11, 5; VII 48, 1; 87, 3; huc, I 38, 7; III 19, 1; domum, II 24, 4; Aduatucam, VI 35, 10; Gergoviam, VII 38, 7;—2) *make a strong effort, exert oneself*: ire, I 10, 3; 23, 1; vi, IV 4, 4; summa vi transcendere in naves, III 15, 1; oppugnare, V 21, 4; fuga salutem petere, III 15, 2; eruptionem facere, VII 7, 2; tranare, I 53, 2; in provinciam reverti, III 6, 4; in Britanniam proficisci, IV 20, 1; omnibus precibus petere, V 6, 3;—w. *ut (ne)*: ut, V 8, 3; id, ne, I 31, 2; id, IV 17, 2;—3) *insist*, followed by acc. c. inf., barbaros venisse, VI 37, 7; cf. VI 41, 3; 43, 5; followed by *ut*, ipsis summa imperii tradatur, VII 63, 5;—4) *to struggle, fight, contend*: de potentatu inter se, I 31, 4; de principatu inter se, V 3, 2; cf. VI 13, 9; de locis summis simultatibus, V 44, 2; *armis*, IV 7, 3; armis contra populum Romanum, II 13, 2; armis cum his, I 31, 6; secum, I 36, 0; proelio, I 48, 3; 50, 5; III 28, 2; V 50, 3; dispari proelio, V 10, 2; equestri proelio, I 48, 6; V 9, 2; parvulis procliis cum nostris, II 30, 1; cum Sequanis bello, VII 67, 7; summa vi ab utrisque contenditur, VII 70, 2.

contentiō, ōnis, f. (strain), *struggle, contest*: aequa c., VII 48, 4; c. et certamen, V 44, 14; c. de principatu, VII 39, 2; spem -onis dimittere, V 19, 1; detrimentum in -one accidit, VII 52, 2; -onem habere cum aliquo, I 44, 9; sine -one oppido potiri, VII 58, 4.

contentus, a, um, adj., *content, satisfied*: peditatu, VII 64, 2.

contestor, v. dep. 1 (call to witness), *invoke*: deos, ut ea res feliciter legioni eveniret, IV 25, 3.

contexō, ere, uī, xtum, v. 3 (weave together), *construct*: omne opus, VII 23, 4;— *join*: tigna directā materiā, IV 17, 8;— *plait* (of wickerwork): membra viminibus contexta, VI 16, 4.

continens, v. contineo.

continenter (contineo), *uninterruptedly, continually*, I 1, 4; 26, 5; III 5, 1.

continentia, ae, *self-control*: militum modestia et c., VII 52, 4.

contineō, ēre, uī, tentum, v. 2 (hold together), *bind together, connect*: trabes, VII 23, 3;—*contain, hold*: reliquum spatium, I 38, 5; hiberna milibus passuum centum continebantur, V 24, 7; quo more gravissima caerimonia continetur, VII 2, 2;— *bound, surround*: pars continetur Garumna flumine, I 1, 5; vicus altissimis montibus, III 1, 5; mare angustis montibus, IV 23, 3; —*hem in*: undique loci natura Helvetii continentur, I 2, 3;—*restrain*: milites ne, VII 45, 8; aliquem necessitate vel imperio, II 11, 5; suos a proelio, I 15, 4; omnes suos custodiis intra castra, V 58, 1; reliquas (civitates) auctoritate, VII 37, 3; aliquem munitionibus, VII 80, 4;—*to keep*: sese vallo, V 44, 5; sese his sedibus, VI 24, 3; sese suo loco, V 50, 1; oppido, II 30, 2; in occulto, II 28, 3; hoc se colle, VII 19, 2; suo se loco, IV 34, 2; Belgas in officio, III 11, 2; civitatem in officio, V 3, 6; in officio Dumnorigem, V 7, 3; plebem (*keep quiet*), VI 22, 4; uno in loco legiones, VII 10, 1; manipulos ad signa, VI 34, 6; suos intra munitionem, V 57, 4; nostros in castris, IV 34, 4; exercitum castris, I 48, 4; exercitum equitatumque castris, II 11, 2; milites in castris, VI 36, 1; sub pellibus milites, III 29, 2;—*hold fast*: naves copulis, III 13, 8; *participle*, **continens**, ntis, 1) (as adj.), *incessant*: labor, VII 24, 1; bella, V 11, 9; impetus, VII 28, 2; *unbroken*: silvae ac paludes, III 28, 2; paludes, VI 31, 2;—2) *the continent, mainland*: in -em legatos mittere, IV 27, 5; in -em adducere aliquem, IV 36, 2; ad -em pervenire, IV 36, 2; in continentem Galliam venire, V 20, 1; continentem petere, IV 28, 3; ex continenti comportare, IV 31, 2; milium passuum XXX a continenti, V 2, 3; in continenti remanere, V 6, 4; in -enti relinquere, V 8, 2; cf. 8, 1; cf. V 13, 4; hiemare in continenti, V 22, 4; ex-nti accessere, V 11, 3; ex-nti remittere, V 23, 4; in continen*te*, V 8, 1.

contingō, ere, tigī, tactum (tango), v. 3, 1) *touch, be contiguous to*: fines Arvernorum, VII 7, 5; radices montis, I 38, 5; ripas Ubiorum, VI 29, 2; pons oppidum, VII 11, 6; (agger) murum hostium, VII 24, 2; trabes inter se, VII 23, 2; (turris) vallum, V 43, 6;—2) (intrans.) *happen to, fall to the lot of*: paucis (dat.), I 43, 4.

continuātiō, ōnis, *uninterrupted occurrence*: imbrium, III 29, 2.

continuō, adv. (contineo), *at once, without a pause*, VII 42, 6. VII 35 VII 47

continuus, a, um, adj. (contineo), *unbroken, going on without intermission*: dies continuos quinque, I 48, 3; -os complures dies, IV 34, 4; dies -os XXX, V 13, 3; -a incommoda, VII 14, 1.

cōntiō, onis, f. (coventio), *general meeting, assembly*: -em advocare, VII 52, 1; habere, V 52, 5; VII 53, 1.

cōntiōnor, v. dep. 1, *make an address to a general assembly*, probably corrupt pass. in VII 47, 1; where Heller reads *clivom nactus* for *contionatus* of the MSS.

contrā, 1) adv., *against, on the other hand*: liceri (bid), I 18, 3; consistere, II 17, 4; obviam c. venire, VII 28, 1;—*c. ac, atque, in the opposite manner from, quite otherwise than*, IV 13, 5;—2) *prep. c. acc., over against, opposite*: (Britannia) c. eas regiones posita est, III 19, 10; considere c. aliquem, III 17, 5; regiones quae sunt c. Gallias, IV 20, 3; unum latus est c. Galliam, V 13, 1; tertium (latus) est c. septentriones, V 13, 6; considere contra castra, VII 58, 6; praesidio c. castra relictum esse, VII 62, 8; —*against*: c. homines barbaros, I 40, 9; coniurare c. populum Romanum, II 1, 1; 3, 2; castra habere c. aliquem, I 44, 3; c. populum Rom. armis contendere, II 13, 2; c. voluntatem facere aliquid, IV 1, 9; cf.

Contrahō Cōpia 37

VII 35, 6; conversa c. vim atque impetum fluminis, IV 17, 5; pugnare c. aliquem, II 33, 4; c. opinionem accidere, III 9, 6; c. omnium opinionem, VI 30, 1; VII 56, 3; clamitare c. (verba), V 29, 1; c. hostem proficisci, VI 7, 4; ire, VII 67, 2; auxilia mittere c. aliquem, VI 9, 2; auxilii c. potentiorem egēre, VI 11, 4; consilium inire c. aliquem, VI 12, 4; infestis c. hostes signis consistere, VII 51, 3; copias ducere c. aliquem, VII 61, 5; munitiones c. hostem perficere, VII 74, 1.

contrahō, -ere, -xī, -ctum, v. 3 (draw together), *contract, render small:* castra, V 49, 1; — *reduce:* castra, VII 40, 2; — *mass, concentrate:* omnem exercitum, VII 43, 5; exercitum in unum locum, I 34, 3. ☞ In IV 22, 3, some editors have adopted Koch's reading (Rhein. Mus., 1857), *constratis* (navibus) for the MSS. *contractis.*

contrārius, a, um, adj., *opposite, situated over against:* collis nascebatur c. huic, II 18, 2; (tigna) -a his, IV 17, 5; in -am partem revinciri, IV 17, 7; — ex -o (adv. phrase), *on the contrary*, VII 30, 3.

controversia, ae (turning in opp. directions), *dispute, quarrel, feud:* magistratuum, VII 39, 2; c. inter eos exsistit, V 28, 2; inter quos c. esset, VII 33, 2; -am alere, VII 32, 5; -am habere cum aliquo, VII 67, 7; perpetuas inter se -as habebant, V 44, 2; cf. VI 13, 10; rem in -am de ducere, VII 63, 5; -arum ac dissensionis obliviscī, VII 34, 2; de -iis publicis privatisque constituunt, VI 13, 5.

contumēlia, ae, *disgrace, insult:* vetus, I 14, 3; obsides summa cum c. extorquēre, VII 54, 4; -am accipere, V 29, 4; VII 10, 2; perferre, II 14, 3; magna cum -ā verborum, V 58, 2; — *buffeting, hard usage* (of storms): -am perferre, III 13, 3.

convalēscō (grow strong), ere, uī, v. 3, *regain health*, VI 36, 3.

convallis, is, f., *valley* (surrounded on all sides): se in -em demittere, V 32, 2; copias in -e in insidiis collocare, III 20, 4.

convehō, ere, xī, ctum, v. 3, *gather, collect:* pabulum frumentumque, VII 74, 2.

conveniō, ire, vēnī, ventum, v. 4, *come together, meet:* huc quam frequentissimi, IV 11, 5; magnus numerus undique, VI 34, 9; omnes undique huc, VI 30, 10; principes undique, IV 27, 7; magna multitudo undique, III 17, 4; cf. II 10, 4; eodem undique frequentes, VII 63, 5; omnis senatus ad se, II 5, 1; principes cotidie ad se, VII 36, 3; ad signa, VI 1, 2; omnes ad portum Itium, V 2, 3; ad Caesarem, I 30, 1; IV 30, 1; magna pars senatus ad eum, VII 55, 4; ad alteram partem oppidi, VII 48, 1, ad eos, VI 32, 2; multi in disciplinam, VI 14, 2; unum in locum, IV 19, 2; in Helvios, VII 7, 5; milites in certum locum, V 1, 6; multitudo in oppida, VI 4, 1; cf. II 12, 4; naves et classis huc, IV 21, 4; eo, III 16, 2; VII 33, 3; 55, 5; reliquae naves eo, IV 23, 4; cf. III 14, 2; omnes puberes, V 56, 2; omnes equites, VII 64, 1; quo, V 21, 3; quo satis magnus numerus hominum pecorisque, V 21, 2; magnae copiae, V 53, 6; VII 57, 2; cf. V 50, 2; 58, 7; magna multitudo, VII 48, 2; magnae manus eo, V 8, 6; maiores manus, V 29, 1; milites, I 7, 6; m. ex provincia, I 8, 1 (opp. profugere, VI 3, 2); — *come to meeting:* qui novissimus convenit, V 56, 2; — *join one's comrades, rally:* neque quam in partem quisque conveniat provident, VII 37, 6; — *come along* (w. the rest), VII 39, 1; — *meet:* aliquem in itinere, I 27, 2; — CONVENIT, 1) *it is fitting* (πρέπει) (— decet) contendi, VII 85, 2; — 2) *it is agreed upon* (συγκεῖται): quod tempus inter eos convenerat, II 19, 6; si in eo manerent quod convenisset, I 36, 5.

conventus, ūs, m., *meeting, conference:* in -u dicere, I 18, 2; in -u militum recitare, V 48, 9; — *circuit court, assizes:* conventūs agere, I 54, 3; VI 44, 3; VII 1, 1; peragere, V 1, 5; 2, 1.

convertō, ere, tī, sum, v. 3, *turn around, turn, direct:* aciem in fugam, I 52, 6; iter, I 23, 3; iter in provinciam, VII 56, 2; materiam ad hostem, III 29, 1; multitudinem ad eum, V 49, 3; ora ad tribunum militum centurionesque, VI 39, 2; signa, I 25, 7; II 26, 1; se ad hostem, *to face about against the enemy*, VI 8, 5; se convertere ad hunc, V 44, 10; in eam partem, III 15, 3; contra vim atque impetum fluminis, IV 17, 5; — *change:* mentes, I 41, 1.

Convictolitavis, is, m., a young Aeduan of rank, VII 32, 4; 33, 4; 37, 1; 42, 4; -im, VII 55, 4; abl. on -i, VII 39, 2; 67, 7.

convincō, ere, vīcī, victum, v. 3, *to prove:* avaritiam, *to prove, bring home*, VI 40, 12.

convocō, v. 1, *call together, summon, call out* (in military sense): consilium, I 40, 1; III 3, 1; VII 60, 1; concilium, II 10, 4; VII 29, 1; 89, 1; suos ad concilium, VII 14, 1; praefectos equitum ad concilium, VII 66, 3; suos clientes, VII 4, 1; centuriones, III 5, 3; legatos tribunosque militum, IV 23, 5; tribunos militum primosque ordines, VI 7, 8; milites, VII 38, 1; omnes qui arma ferre possent, VII 75, 1; paucos clam, VII 33, 3; principes, I 16, 5; principes ad se, V 4, 3.

coorior, īrī, ortus, v. dep. 4, *to rise* (suddenly), *start up, break forth:* magnus imber, VII 27, 1; subitum bellum, III 7, 1; tempestas, IV 28, 2; maxima t., V 10, 2; magna subito tempestas, VII 61, 1; maximus ventus, V 43, 1.

cōpia, ae, f. (co-opes), *ample supply, supply:* c. suppetit, VII 14, 6; exigua (ferri), VII 12, 5; commeatūs, VII 14, 9; eius generis, VI 16, 5; ferramentorum, V 42, 3; frumenti, I 3, 1; frumenti et reliqui commeatus, VII 32, 1; navium, IV 16, 8; pabuli, I 16, 2; II 2, 2; pecoris, VII 56, 5; cf. VII 71, 7; principum, I 16, 5; (taxi) VI 31, 5; largiri ad -am, VI 24, 5; deligere ex magna -a, I 30, 3; ex omni copia, I 48, 6; — COPIAE, arum, 1) *forces, troops*, I 49, 3; ipsius, I 22, 3; hostium, VII 66, 1; 88, 6; voluntariorum, V 56, 1; Gallorum, V 53,

Cōpiōsus — Crassus

6; VII 69, 5; pedestres, II 17, 4; III 11, 5; 20, 4; VII 67, 5; 7; maiores, V 11, 8; magnae, V 57, 2; absunt, I 41, 5; considunt, V 9, 1; 47, 5; summae, V 17, 5; VII 41, 2; omnes, V 47, 4; 58, 7; reliquae, VII 83, 8; veteres, I 37, 4; tantae c. equitatus peditatusque, V 47, 5; VII 5, 3; 7, 1; 76, 6; deminutas copias redintegrare, VII 31, 4; pars -arum, I 50, 2; II 9, 4; VII 5, 1; 7, 5; copiis praeficere aliquem (cf. praeficio) praeesse, VII 67, 7; -as augere (cf. augeo) consequi, I 13, 1; conspicere, IV 23, 2; conspicari, V 9, 2; collocare, constituere, (v. colloco) ducere adversus hostem, IV 14, 2; contra Labienum, VII 61, 5; diducere, III 23, 7; dimittere (cf. dimitto) distribuere (cf. distribuo) deminuere, VII 73, 1; delere (cf. deleo), eripere, VII 54, 4; educere (cf. educo), expectare (v. expecto), cogere (cf. cogo), conducere, VI 31, 1; habere pro castris, VII 66, 6; cf. V 3, 1; instruere (cf. instruo) fundere, III 6, 3; mittere, VII 35, 4; introducere in fines, II 5, 3; pellere ac superare, I 44, 3; parare, III 23, 2; partiri, VI 6, 1; relinquere, VII 20, 1; praesidio navibus r., V 11, 7; revocare, VII 35, 5; recipere, VII 71, 8; reducere (v. reduco), sustinēre (v. sustineo), subducere (v. subduco), subsidio mittere alicui, VII 5, 3; traducere (v. traduco), proelio vincere, I 31, 12; cum copiis contendere (cf. contendo), exire, I 2, 1; pervenire (cf. pervenio) proficisci, IV 21, 3; se recipere, VI 10, 4; sequi, I 26, 6; subsequi, II 19, 1; copiis (abl.) regna conciliare, I 3, 7; reliquis copiis subsequi, IV 24, 1; omnibus copiis provolare, II 19, 6; copiis auxilio venire alicui, II 29, 1; emptionem facere, II 33, 2; superare aliquem, V 27, 4; adoriri aliquem, VI 8, 1; maioribus -iis augere, VI 1, 3; -iis docere, VI 1, 4; tantulis copiis dimicare, V 49, 6; -iis incolumibus, V 52, 1; ex omnibus -iis deligere, VII 71, 2; —2) *wealth, resources, supplies:* -as Gallorum adamare, I 31, 5; se eorum -iis aluerunt, IV 4, 7; domesticis -iis rei frumentariae uti, II 10, 4; genere copiisque amplissimus, VI 15, 2.

cōpiōsus, a, um, *well supplied:* a Bibracte, oppido copiosissimo, I 23, 10.

cōpula, ae, *grappling-hook:* continēre -is, III 13, 8.

cor, dis, n., *heart* (καρδία): cordi esse alicui, *to have at heart, cherish*; omnia quae vivis cordi fuisse arbitrantur, VI 19, 4.

coram, adv. (prep.) (co–os, oris) (face to face) *in person:* velut si c. adesset, I 32, 4; illum adesse et haec c. cernere existimate, VI 8, 4.

Coriosolites, v. *Curiosolites*.

corium, i, n., *skin, piece of leather:* turres -iis intexerant, VII 22, 3.

cornū, ūs, n. (κέρας), 1) *horn:* inter aures unum c. exsistit, VI 26, 1; -ua in publicum referre, VI 28, 3; forma magnitudoque cornuum, VI 26, 3; amplitudo -uum et figura et species, VI 28, 5; -a quae nobis nota, VI 26, 1; (alces) mutilae sunt cornibus, VI 21, 1; —2) *wing of an army:* dextrum, I 52, 2;

6; II 23, 4; 25, 1; VII 62, 3; sinistrum, I 52, 6; VII 62, 3.

corōna, ae, *wreath:* sub coronū vertere (because prisoners of war were crowned with a w. like victims), *to sell into slavery*, III 16, 4; *circle, unbroken line:* totum corpus corona militum cingere, VII 72, 2.

corpus, oris, n., *body, person:* magna corporis pars aperta, IV 1, 10; omni parte corporis rasā, V 14, 3; magna -is parte undā, VI 21, 5; superiore -is corporis parte nudata, VII 46, 5; cultus -is, VI 24, 4; ingens magnitudo -um, I 39, 1; cf. II 30, 4; nudo -e, I 25, 4; immanis magnitudo corporum, IV 1, 9;—*corpse:* per corpora transire, II 10, 3; ex -ibus pugnare, II 27, 3; -ibus vitam tolerare, VII 77, 12; —abstractly: *system, body:* totum c. (of fortifications), VII 72, 2.

corrumpō, ere, rūpī, ruptum, v. 3, *destroy, ruin:* frumenta, VII 64, 3; frumenti reliquum flumine atque incendio, VII 55, 8.

cortex, icis, m., *bark:* scuta ex -ice facere, II 33, 2.

corus, caurus, v. *chorus*.

cotīdiānus, a, um, *daily, regular, incessant:* c. agger, the daily addition to the siege mound, VII 22, 4; labor, III 17, 4; usus, IV 33, 3; -a exercitatio, IV 1, 9; 2, 2; V 34, 4; consuetudo, V 58, 2; -i interpretes, I 19, 3; proelia, I 1, 4; ☞ MSS. spell *cottidianus* and *cotidianus*.

cotīdiē, adv. (COTTIDIE), *daily* (adv.) (quotus dies), I 16, 1; 48, 4; II 8, 2; III 17, 5; IV 31, 2; VI 7, 6; VII 14, 4; 36, 3; 44, 2; 77, 10; prope cotidie, V 57, 3.

Cotta, ae, m., L. Aurunculeius C., a *legatus* of Caesar's, serves as one of the two commanders of cavalry, II 11, 3; operates in the country of the Menapii (55 B.C.), IV 22, 5; 38, 3; in winter 55–54 is associated with Q. Titurius Sabinus in command of the disastrous winter quarters established in the country of the Eburones, V 24, 5; 26, 2; his colleague dissents from his views in the council of war, V 29, 7; 30, 1; superior bearing of Cotta, V 33, 2; he is wounded, V 35, 8; maintains dissent from his colleague, V 36, 3, 4; is killed while fighting, V 37, 4.

Cottus, i, (MSS. tt, vulg. Cotus), an Aeduan of high rank, aspiring to leadership 52 B.C., VII 32, 4; 33, 4; 39, 2; cf. VII 67, 7.

☞ **Cotuatus**, an abandoned reading, VII 3, 1, for Conconnetodumnus.

crassitūdō, inis, f. (crassus), *thickness:* digiti pollicis, III 13, 4; feminis, VII 73, 5.

Crassus, i, M. Licinius Cr., triumvir with Caesar (60 B.C.) and Pompey; perished in the campaign w. the Parthians, I 21, 4; consul w. Pompey in 55 B.C., IV 1, 1.

Crassus, i, m., P. Licinius Cr., son of the preceding, *legatus* of Caesar's (58–56 B.C.); his action in the battle w. Ariovistus, I 52, 7; despatched into Armorica, II 34; his management of affairs in Aremorica affords the Veneti an opportunity of making a ris-

Crassus — **Cum** — 39

ing, III 7, 2; 8, 2, 8; 9, 1; operates in Aquitania, III 11, 3; 21, 2, 3; 22, 4; 23, 1, 7; 24, 5; 25, 1, 2; 26, 1; 27, 1; was younger and probably abler than his brother Marcus; perished in the battle of Carrhae 53 n.c.; Drumann, IV 116.

Crassus, ī, m., M. Licinius C. (the younger), son of the triumvir, quaestor of Caesar, V 46, 1; 47, 1; 24, 3; VI 6, 1; older than Publius.

crātēs or cratis, is, f., *hurdle, fascines, wickerwork :* magnum numerum cratium efficere, VII 81, 1; proicere crat*is* (MSS.), VII 81, 2; -es proferre ☞ (emendation by Ursinus for *castris*, VII 84, 1; (tigna) cratibus consternebantur, IV 17, 8; loricae ex -ibus attexuntur, V 40, 6; -ibus atque aggere paludem explere, VII 58, 1; cf. VII 86, 5; fossam cratibus integunt, VII 79, 4.

crēber, bra, brum, adj., *frequently, recurring, numerous:* aedificia, V 12, 3; castella, II 30, 2; commutationes aestuum, V 1, 2; eruptiones, VII 22, 4; excursiones, II 30, 1; exploratores, VI 10, 3; legationes, VI 2, 3; litterae nuntiique, V 45, 1; nuntii, VII 48, 1; praesidia, VII 65, 3; rumores, II 1, 1; subsidia, VII 88, 6; ☞ rami (crebrisque ramis enatis), II 17, 4; bracketed by Kraner, 1859, but restored in recent editions of his Caesar; cf. crebris arboribus succisis, V 9, 5.

crēbrō, adv., *frequently, at fr. intervals,* VII 41, 2.

crēdō, ere, didī, ditum, v. 3, *entrust:* se suaque omnia alienissimis, VI 31, 3; — *believe:* homines id quod volunt, credunt, III 18, 6; followed by acc. c. inf., II 33, 2; V 28, 1; VI 8, 6; 31, 1; 30, 4.

cremō, v. 1, *to burn* (of persons): ut igni cremaretur (*be burned at the stake*), I 4, 1; cf. VI 19, 4.

creō, v. 1, *elect, choose:* (magistratum) qui creatur annuus, I 16, 5; cum singuli magistratus antiquitus creari consuessent, VII 32, 3; creari legibus, VII 32, 3; duo ex una familia magistratus creari, VII 33, 3; per sacerdotes, VII 33, 4.

crēscō, ere, crēvī, crētum, v. 3, *to grow* (of political advancement): per se, I 20, 2; (physically) Liger ex nivibus creverat, VII 55, 10.

Crēs, tis, m., *a Cretan,* Greek acc. pl. Cret*as:* Cretas sagittarios mittit, II 7, 1.

Critognātus, ī, an Aeduan of rank, who advocated desperate measures in besieged Alesia, VII 77, 2; 78, 1.

cruciātus, ūs, m. (crux cruciare), *torture:* omnes -ūs perferre, I 32, 5; -ūs vereri, IV 15, 5; in eos omnia exempla -usque edere, I 31, 12; in summum cruciatum venire, I 31, 2; alicui aliquem in cruciatum dedere, VII 71, 3; per -um interfici, II 31, 6; cum -ū necari, V 45, 1; gravissimum supplicium cum -ū constituere, VI 17, 5.

crūdēlitās, ātis, f., *cruelty:* -em horrere, I 32, 4; singularis et nefaria -as, VII 77, 2.

crūdēliter, adv., *cruelly:* superbe et c. imperare, I 31, 12; c. excruciare, VII 38, 9.

crūs, ūris, n., *leg, thigh:* crura sine nodis articulisque habent, VI 27, 1.

cubīle, is, n. *couch* (cubare), *resting-place:* his sunt arbores pro cubilibus, VI 27, 3.

culmen, inis (collis), n., *peak, height:* culmina Alpium occupare, III 2, 5.

culpa, ae, f., *guilt, fault:* eius rei culpam in multitudinem coniecerunt, IV 27, 4; detrimentum culpa alicuius accipere, V 52, 6.

cultūra, ae (colo), *cultivation:* agri c. intermittitur, IV 1, 6; agriculturae studere, VI 22, 1; 29, 1; studium belli gerendi agriculturā commutare, VI 22, 3; ab agricultura revocare, III 17, 4; agriculturā prohibere aliquem, IV 1, 2.

cultus, ūs, m. (colo), *refinement, civilization:* Gallorum, I 31, 5; VI 19, 4; a cultu provinciae abesse, I 1, 3; — *diet, habit:* eodem victu cultuque corporis utuntur, VI 24, 4.

cum, prep. c. abl., *with, in company w.* (attendance): c. copiis (v. c.) c. omnibus carris, I 24, 4; cohortibus (v. cohors) clientibus, VII 40, 7; devotis, III 22, 1, 4; equitatu (v. e.); exercitu, II 13, 2; incolumi exercitu, VI 41, 2; exploratoribus, I 21, 4; familiaribus, I 30, 4; funditoribus sagittariisque, II 19, 4; c. his versabantur, I 48, 5; legionibus (v. l.); liberis atque uxoribus, VII 78, 3; c. mandatis mittere aliquem, I 35, 1; magno equitum numero, VII 31, 5; paucis equitibus, VI 30, 1; 33, 3; praesidio, VI 38, 1; suis, IV 14, 5; equitibus, V 7, 5; obsidibus, V 4, 1; praesidio, IV 22, 6; nullis c. impedimentis, V 49, 7; ad urbem cum imperio remanere (of Pompey), VI 1, 2; cum his ex civitate excesserunt, VI, 8, 8; agere cum aliquo (v. ago) aequare, VI 22, 4; contendere cum aliquo (v. c.) constituere c. aliquo (v. c.) confirmare pacem c. a., I 3, 1; committere proelium c. a.; conferre aliquid cum aliqua re; comparare aliquid c. aliqua re; coniungere, consentire, confligere (see these verbs), congressus erat cum navibus, III 13, 7; communicare aliquid cum aliquo; congredi, colloqui; dimicare c. aliquo, III 17, 7; est hospitium alicui cum aliquo, VI 5, 4; est res alicui cum aliquo, VII 77, 4; facere pacem c. aliquo (v. pax), proelium c. aliquo fore, I 46, 3; gerere bellum c. a.; amicitia est alicui cum aliquo, IV 8, 1; habere causam amicitiae c. a., V 41, 1; habere contentiones c. a, I 44, 9; habere controversiam c. a., VII 67, 7; iungere, VII 5, 7; intercedunt causae necessitudinis alicui cum aliquo, I 43, 6; intercedunt bella alicui cum aliquo, V 11, 9; permixti c. fugientibus, VII 62, 9; pugnare c. a., IV 24, 2; partiri aliquid c. a., VI 6, 1; 33, 1; Quintus Velanius c. Tito Silio, III 7, 4; equitatum c. Gaio Trebonio legato mittit ("*under*"), V 17, 2; cf. 24, 2; 38, 3; VII 1, 4; VII 51, 2; — *jointly with:* uxores habere c. fratribus, V 14, 4; (unus) "unum magistratum cum ipsis haberent," II 3, 5; *una eum* (ἅμα), *at the same time w., in company w.,* I 5, 4; 17, 4; II 16, 2; 24, 1; 28, 1; III 22,

2; 23, 5; IV 21, 6; 27, 2; V 6, 1; VI 14, 1;

c. (*of manner*) w. noun and adjective, THE LATTER IN EMPHATIC POSITION: magno cum periculo, I 10, 2; 47, 3; III 1, 2; IV 28, 2; V 16, 2; 19, 2; minore c. periculo, V 50, 3; magna c. contumelia verborum, V 58, 2; magno c. strepitu, II 11, 1; magna c. auctoritate, III 23, 4; magno c. detrimento, VII 83, 1; quanto c. periculo, I 17, 6; V 47, 5; 52, 3; multis c. lacrimis, I 20, 1; summa c. contumelia, VII 54, 4; quanta c. virtute, V 52, 3; magno c. dolore, VII 15, 2; summa c. laude, V 44, 13; magna c. multitudine, III 23, 4; IV 1, 1; aliquo c. militum detrimento, VI 34, 8; — *with the adjective not so strongly emphasized* (BUT ONE PASSAGE): cum summa diligentia, VI 36, 1; — *with a noun only:* cum cruciatu, V 45, 1; VI 17, 5 — *together with (at the same time w.):* c. spe defensionis, II 7, 2; c. reliquis causis, II 5, 1; c. annotinis privatisque (navibus) amplius octingentae, V 8, 6; c. maxima parte militum, V 37, 4; c. fructibus superiorum temporum, VI 19, 2; tragulam c. epistola abicere, V 48, 5; c. nuntio exit; *immediately after the message*, V 40, 3; *with* (= *being supplied w.*), *of inanimate things:* c. impedimentis venire, II 24, 3; c. armis eruptionem facere, II 33, 2; c. navi longa praemittere aliquem, IV 21, 1; c. primis navibus, IV 23, 2; c. praeda sese recipere, VI 41, 1; magnis c. portoriis ire, III 1, 2; c. omnibus impedimentis, VII 35, 3; 60, 3; cum cassidibus equitum specie circumvehi, VII 45, 2; — in enclitic position, w. pronouns: *secum* colloqui, V 36, 2; contendere, I 36, 6; contentiones habere, I 44, 9; portare, I 5, 3; cf. II 29, 4; V 31, 4; ducere, I 53, 4; V 5, 4; habere, I 8, 1; III 18, 1; V 6, 1; VII 13, 1; proficisci, IV 32, 2; VI 5, 2; transportare, IV 35, 1; cf. I 44, 9; cf. VII 71, 3; *nobiscum* contendere, V 17, 5; me una *vobiscum* servare non possum, VII 50, 4; *quacum* (legione) erat, VII 47, 1; *quibuscum* bellum gerunt, I 1, 4; congressi, I 40, 7; II 23, 3; loquatur, I 20, 6.

cum, conj. *when*, (1) **temporal** . . . c. ind. *pres.* of repeated action (= ὅταν): c. prohibent, — bellum gerunt, I 1, 5; ad quos se celeriter, cum usus est, recipiunt, IV 2, 3; plerique, cum aut aere alieno aut magnitudine tributorum, etc., premuntur, sese in servitutem dicant nobilibus, VI 13, 2; hi cum est usus, etc., omnes in bello versantur, VI 15, 1; cum bellum civitas aut inlatum defendit aut infert, magistratus . . . deliguntur, VI 23, 4; — *c. ind. perf., of repeated action* (preceding that of the main verb), c. se . . . *insinuaverunt*, ex essedis desiliunt et pedibus proeliantur, IV 33, 1; oppidum autem Britanni vocant, cum silvas . . . *munierunt*, V 21, 3; cum eius generis copia *defecit*, etiam ad innocentium supplicia descendunt, VI 16, 5; huic, cum proelio dimicare *constituerunt*, ea quae bello ceperint, plerumque devovent, VI 17, 3; suos liberos, nisi cum *adoleverunt* . . . palam ad se adire non patiuntur, VI 18, 3; cum pater . . . *decessit*, eius propinqui conveniunt et, VI 19, 3; cum est *animadversum* a venatoribus . . . subruunt, VI 27, 4; — *cum c. ind. plpf.* (of repeated action in the past), cum funes *comprehensi, adductique erant*. . . praerumpebantur, III 14, 6; cum singulas binae ac ternae naves *circumsteterant* milites summa vi transcendere in hostium naves contendebant, III 15, 1; cum equitatus noster se in agros *eiecerat*, emittebat . . . confligebat . . . prohibebat, V 19, 2; cum quaepiam cohors ex orbe *excesserat* atque impetum *fecerat*, hostes velocissime refugiebant, V 35, 1; cum . . . *coeperant*, circumveniebantur, VI 35, 3; quas, cum *destinaverant*, tormentis introrsus relucebant, VII 22, 2; — *cum c. ind. plpf.* of single act, VII 35, 5; — *c. ind. imperf. at the time when* (at which time) (ὅτε), c. ind. perf., VI 12, 1; (of parallel actions or situations) *cum primum c. ind. perf.* (*as soon as, the moment that*), III 9, 2; cum in oratio obl. (c. subj.), I 20, 4; 33, 4; 36, 7; 39, 7; II 8, 4; 17, 2; cum primum, III 11, 5; V 5, 4; 27, 11; 29, 1; VI 22, 4; 25, 4; VII 55, 2; 26, 5; 83, 5; — (2) *cum,* **historical:** *c. subj. imperf.,* I 4, 3; 13, 2; 13, 5 (obl.); 16, 6 (obl.); 20, 5; 22, 1; 23, 1; 26, 1; 31, 4; 32, 3; 41, 5; 42, 2, 4, 6; 50, 4; 53, 5; II 1, 1; 4, 1; 6, 3; 15, 3; 17, 2; 19, 5; 20, 1; 24, 1; 26, 2; 29, 1; 4; 33, 6; III 1, 1; 3, 2; 5, 1; 7, 1; 15, 5; 20, 1; 24, 5; 25, 1; 26, 2; IV 4, 4; 7, 2; 11, 1; 12, 5; 15, 1; 16, 1 (obl.); 27, 3; 28, 2; 30, 1; 31, 3; 37, 2; V 10, 2; 16, 1; 17, 4; 30, 1; 35, 5; 37, 5; 44, 3; 54, 1; 58, 1; VI 2, 3; 24, 1; 26, 4; VII 12, 4; 16, 3; 17, 4; 24, 2; 25, 1; 32, 2; 35, 1; 37, 6; 38, 1; 49, 1; 50, 1; 51, 1; 53, 2; 66, 2; 80, 6; 82, 2; 83, 8; ☞ II 20, 1; br. by Holder; cum primum, II 2, 2; — *c. plpf.* subj., I 7, 1; 12, 5; 25, 3; 26, 4; 27, 2; 38, 1; 40, 1; 8 (obl.); 47, 6; 52, 6, 7; II 3, 1; 6, 4; 13, 2, 9; 16, 1; 24, 2; 4; 26, 1, 5; 27, 3; III 2, 1; 3, 1; 2; 12, 1; 13, 9; 20, 1; 22, 4; 24, 5; 28, 3; IV 6, 2; 11, 2; 12, 6; 15, 2; 16, 3; 25, 4, 6; 26, 4; 32, 3; 37, 1; V 1, 6; 2, 2; 8, 6; 11, 8; 15, 4; 16, 2; 17, 2, 18, 2; 22, 2; 23, 3, 6; 26, 2, 3; 32, 3; 36, 1; 37, 1; 44, 4; 47, 4; 54, 2, 3; VI 1, 4; 3, 4; 41, 2; 44, 3; VII 5, 4; 6, 2; 7, 4; 9, 5; 11, 1; 12, 3; 12, 6; 18, 1; 20, 1; 40, 3; 44, 1; 48, 3; 50, 4; 53, 3; 55, 4; 57, 4; 61, 1; 62, 6; 78, 4; c. subj. perf. (3) **causal:** (*as, since*) c. subj. imperf., I 2, 2; 9, 2; 11, 2; 19, 1; 33, 4; 35, 2 (obl.); 40, 10 (obl.); II 11, 1, 4; 17, 4; 5; 22, 1; 25, 3; 28, 1; 29, 4; 33, 4; III 1, 6; 2, 4; 10, 3; 14, 7; 15, 2; 21, 1; IV 5, 3; 14, 3; 29, 3; 32, 1; 38, 2; V 22, 4; 27, 6 (obl.); 31, 4; 33, 3; 55, 2; 57, 1; 58, 6; VI 12, 2; 31, 1, 5; VII 6, 1; 8, 4 (obl.); 11, 4; 28, 3; 41, 2 (obl.); 47, 4; 80, 4; — *c. subj.* plpf., I 26, 5; — *c. subj. pres.*, I 14, 6 (obl. c.); — *c. subj. pref.*, I 16, 6; — (4) (**adversative, and concessive**) *whereas, although, while* (c. subj.), I 20, 2

Cunctātiō **Dē** 41

(obl.); 26, 2; 43, 5 (obl.); II 29, 3; III 17, 5; IV 12, 1; 16, 1; 23, 2; 24, 3; 27, 5 (or. obl.); 32, 3 (obl.); cum ... tamen, IV 3, 4; VII 24, 1; 62, 4; — (5) **(adverbially)** cum ... tum *(both, and)*, II 4, 7; III 16, 2; V 4, 3; 54, 5; VI 30, 2; 32, 5; VII 23, 5; cum ... tum maxime, VII 56, 2.

cunctātiō, ōnis, f., *hesitation:* Sabini, III 18, 6; sua, III 24, 5.

cunctor, v. 1, dep., *hesitate*, IV 25, 3; non cunctandum quin, III 23, 7.

cūnctus, a, um, adj. (co-iunctus), *all, entire:* castella, II 29, 2; Gallia, VII 10, 1; quin cuncti caperentur, VII 11, 8.

cuneātim (cuneus), adv. (wedge-wise), *in compact masses:* consistere, III 28, 1.

cunīculus, i, m. (burrowing rabbit), *mine, subterranean gallery:* cuniculos agere, III 21, 3; aggerem -is subtrahere (*undermine*), VII 22, 2; -o aggerem succendere, VII 24, 2; -us apertus, VII 22, 5; omne genus -orum, VII 22, 2.

cupidē, v. cupidus.

cupiditās, atis, f., *eagerness, eager desire:* belli gerendi, I 41, 1; laudis, VII 80, 5; gloriae, VII 50, 4; militum (gen. subjective), VII 52, 1.

cupidus, a, um, adj. (cupio), *eager for, impatiently desirous of:* rerum novarum, I 18, 3; V 6, 1; imperii, V 6, 1; bellandi, I 2, 4; (pecoris) VI 35, 6; cupidissimis omnibus progressis, VII 40, 4; — cupidē, adv., cupidius insequi, I 15, 2; V 15, 2; instare, V 44, 12; cupidissime appetere, I 40, 2.

cupiō, ere, īvī, ītum, v. 3, *to desire eagerly, be eager:* favēre et cupere Helvetiis, I 18, 8; cupientibus magnam partem signum dare, III 10, 2; omnibus cupientibus, III 24, 5; operam navare, II 25, 3; III 21, 1.

cūr, adv. (quoi-rei, quor) *why?* (all the foll. pass. occur in oratio obl.), I 40, 2, 4; 44, 8; IV 10, 4; VII 37, 5.

cūra, ae, f., *care, concern:* aliquid est curae (dat.) alicui (something is an object of concern to some one), sibi eam rem curae futuram, I 33, 1; haec sibi esse curae, I 40, 11; magna cum cura, VII 65, 3.

Curiosolitēs, um, pl. m. (acc. es, as), a tribe of Aremorica (Corseult, or Corseul, in Bretagne near St. Malo), II 34; III, 7, 4; 11, 4; VII 75, 4.

cūrō, v. 1, *provide for:* pontem faciendum, I 13, 1; qui refugerant, armandos vestiendosque, VII 31, 1; eam manum distinendam, III 11, 4; disparandos deducendosque ad suos, VII 28, 6; ea ducenda, VII 37, 7; naves aedificandas veteresque reficiendas, V 1, 1; obsides deducendos, VII 55, 6; exercitum transportandum, IV 29, 2; quas faciendas, V 23, 4; quos accessendos, V 58, 1; quos (pontes scil.) rescindendos, VII 35, 3; obsides dandos, I 19, 1.

currō, ere, cucurrī, cursum, v. 3, *to run:* quo primum curreretur, VII 24, 4.

currus, ūs, m., *chariot:* -ūs collocare, IV 33, 2; se in -ūs recipere, IV 33, 3.

cursus, ūs, m., 1) *running:* -m adaequare, I 48, 7; magno -ū, *on a hard run*, III 19, 1;

cursu incitato, *on the double quick*, II 26, 3; eodem illo quo venerant cursu, VI 37, 1; cursu et viribus efficere, IV 35, 3; — 2) *course, direction* (of ships): -um tenere, IV 26, 5; 28, 2; V 5, 2; 8, 2; — *advance, course, rate of progression:* -m adaequare, V 8, 4; — (route) *voyage, course:* in hoc medio -u, V 13, 3.

custōdia, ae, f., *guard, protection:* -am ac praesidium relinquere, II 29, 4; — *post of observation, observing body of troops:* propter -as Menapiorum, IV 4, 4; — *garrison, picket* (φρουρά): -as disponere in muro, VII 27, 1; praesidia -asque ad ripas disponere, VII 55, 9; omnes suas -as intra castra continuit, V 58, 1.

custōdiō, v. 4, *to guard:* hos, VI 4, 4.

custōs, ōdis, m., *observer, picket:* -is loco (*as* an observer), VII 6, 4; -es disponere in vallo, VII 78, 5; — *guard:* cum a -ibus traheretur, I 53, 5; — *spy, observer:* -es Dumnorigi ponit (*places him under surveillance*), I 20, 6; -es *garrison*, Novioduni, VII 55, 5.

D:

D. = Decimus. (also = 500).
d. = diem, I 4, 4; 6, 4 (A.D.).

Dacī, ōrum, a Thracian tribe, n. of Danube and east of the Theiss River, VI 25, 2.

damnō, v. 1, *declare guilty*, I 4, 2; damnatus, m., *a convict, felon, outlaw*, V 55, 3.

damnum, ī, n., *loss:* duarum cohortium damno, VI 44, 1.

Danuvius, ī, m., the *Danube* River, VI 25, 2.

dē, prep. c. abl., *of, from, away from* (removal): exire de finibus, I 2, 1; decedere de altera parte tertiā, II 31, 10; de oppidis demigrare, IV 19, 2; d. vallo decedere, V 43, 4; deducere, V 51, 2; d. v. proturbare, VII 81, 2; deque his stramenta detrahi (reading of Davis), VII 45, 2; — *down from* (κατὰ c. gen.): d. muro, II 32, 4; VII 24, 4; 47, 5, 6; 48, 3; d. navibus desilire, IV 24, 2; — *from* (point of view); d. locis superioribus cornere, VII 88, 1; — (*pursuant to*) *on account of:* qua de causa, I 1, 4; III 11, 2; V 4, 1; eadem de causa, II 7, 2; III 8, 3; 13, 8; aliquot de causis, III 7, 1; multis de causis, IV 16, 1; VI 1, 1; ea de causa, III 17, 7; VII 5, 6; his de causis, IV 31, 1; compluribus aliis de causis, V 54, 5; duabus de causis, VI 9, 1; 14, 4; quaque de causa, VI 23, 9; leviore de causa, VII 4, 10; de consilio (*in consequence of, in accord. w.*): legatorum copias mittunt, VII 5, 3; — *of* (partitive, like *ex*): pauci de nostris, I 15, 2; captivos de exercitu habere, V 42, 2; de his duobus generibus alterum est druidum, alterum equitum, VI 13, 3; — (*in subtraction*) *of, from:* deminuere de, I 53, 6; VII 33, 2; 43, 4; remittere de celeritate, V 49, 6; duo de, xx, II 5, 6; — *about, concerning* (περί c. gen.): agere de aliqua re, I 31, 1; 34, 1; 47, 1; V 37, 2; VII 36, 1; adhortari, VII 17, 2; afferre nuntium, V

53, 7; VII 11, 4; accipere nuntium, V 53, 5; addere, V 41, 4; accipere (hear), VI 20, 1; audire, IV 5, 2; certiorem facere (fieri) de aliqua re, I 7, 3; II 2, 3; III 19, 1; 19, 5; IV 4, 6; 5, 1; V 37, 7; 47, 1; VII 1, 2 (☞ reading of Aldus); cognoscere, I 35, 2; IV 5, 2; 11, 5; V 3, 3; 45, 5; 52, 4; VII 1, 1; 12, 1; 55, 4; 81, 2; controversia est, VI 13, 5; contendere, I 31, 4; V 3, 2; 44, 2; VI 13, 9; contentio est, VI 30, 2; cavere de pecunia, VI 2, 2; consulere, I 53, 7; cogitare, VI 2, 3; 32, 1; constituere, VI 13, 5; consultare, V 53, 4; VII 77, 1; consilia inire, IV 5, 3; V 27, 6; VII 1, 3; 9, 4; 43, 3; consilium capere, V 28, 6; VI 7, 2; dicere de aliquo, I 19, 4; IV 35, 1; V 6, 1; d. aliqua re, I 35, 2; V 26, 4; VII 58, 5; 77, 3; demonstrare, IV 28, 1; docere, VII 10, 3; desperare, I 19, 9; 40, 4, 8, 10; VII 36, 1; 85, 3; dubitare, I 40, 15; VII 21, 1; 66, 6; 77, 10; disputare, VI 14, 6; decernere quaestionem, VII 43, 2; deliberare, VII 15, 3; exploratum habere, II 4, 4; excusare se, IV 22, 1; id quod fecerit de oppugnatione castrorum, V 27, 3; fama de aliqua re perfertur, V 30, 1; 53, 1; fidem servare, VI 36, 1; impetrare, IV 13, 5; V 36, 3; iudicium facere, I 41, 2; iudicare, V 44, 3; VII 43, 4; iudicium est alicuius de aliqua re, I 41, 3; legatos mittere de aliqua re, I 27, 1; II 6, 4; 12, 5; 31, 1; III 28, 1; IV 27, 1; 30, 1; V 22, 3; VI 5, 4; VII 11, 2; 55, 4; 89, 3; mereri de aliquo, I 11, 3; de aliqua re, VII 71, 3; nuntiare, VII 9, 5; nuntii veniunt, VI 10, 4; opinionem habere, VI 17, 2; praescribere, I 40, 10; petere, V 3, 5; postulare, I 41, 1; praedicare, I 44, 1; proponere, VII 11, 1; providere, III 3, 1; quaerere, II 15, 3; quaestionem habere, VI 44, 1; queri, IV 8, 3; VII 1, 4; reperire, V 13, 4; recusare, I 44, 4; rumor adfertur, VI 30, 1; VII 59, 1; scribere, II 29, 1; V 13, 3; satisfacere alicui de aliqua re, I 14, 6; V 1, 7; supplicium sumere de aliquo, I 31, 15; VI 44, 2; statuere de aliquo, I 19, 5; spes fallit aliquem, II 10, 4; significare, VII 26, 4; sentire, VII 52, 3; 53, 1; res in suspicionem venit, VI 19, 3; fidem servare, VI 36, 1; tradere (*teach*), VI 14, 6; usu venit de aliquo, VII 9, 1; venire ad disceptatorem, VII 37, 5; in spem venire, VII 30, 4; mendacium, VII 38, 10; — *adverbial phrase:* de improviso (*suddenly*) v. improvisus.

dēbĕō, ēre, debui, itum, v. 2 (de- hibeo), (have from, hence) *owe to:* frumentum legioni, VI 33, 4;—*be obliged to, have to* (I must): praestare, I 17, 2; dubitare, VII 66, 6;—*could not help:* suspicari, I 44, 10; confiteri, V 27, 2;—*in impersonal construction:* ut indicari deberet, II 27, 5; pugnari, II 33, 4; condemnari, VII 19, 5; locum relinqui, VI 42, 1; Galliam debere liberam esse, I 43, 5; equitum operam desiderari, VII 20, 4; ut oppida expugnari non debuerint, I 11, 3.

dēcēdō, ere cessi, cessum, v. 3, *go out of the way:* alicui, his omnes decedunt, VI 13, 7;—*to depart, move away*, I 44, 11; de altera parte tertia, I 31, 10; de vallo, V 43, 4; — *to depart this life, die*, VI 19, 3.

decem, (numeral cardinal) *ten:* milia decem, I 4, 2; decem novem, I 8, 1; decem et novem, II 4, 9; decem milia, II 4, 9; VII 64, 4; decem et octo, IV 19, 4; decem illis milibus, VII, 37, 7; cf. IV 18, 1; ☞ Holder, I 29, 3: c et decem, others c et x, cf. also V 9, 1; VII 75, 3.

decernō, ere, crevi, crētum, v. 3, *decide:* si controversia est, VI 13, 5;—*decide upon, decree:* quaestionem, VII 43, 2; supplicationem, II 35, 3; IV 38, 5;— *w. inf.:* ipse ad exercitum manere, V 53, 3; Rhenum transire, IV 17, 1; relinquere ducere, V 5, 4; castra oppugnare, V 53, 2.

dēcertō, v. 1 (certo), *fight a decisive battle:* se paratum esse decertare, I 44, 4; pugna decertare, III 23, 7; proelio d., I 50, 4; VII 77, 8; ibi, IV 19, 3; potius in suis quam in alienis finibus, II 10, 4.

dēcessus, ūs, *departure* (*withdrawal*): d. aestus (*ebb tide*), III 13, 1.

Decetia, ae, f., town of the Aedui on the r. bank of the upper Loire (Decize), VII 33, 2.

dēcĭdō (κατα-πίπτω), ere, decidi (cado), *fall from:* equo, I 48, 6.

decimus, a, um, adj., *tenth:* -a legio, I 40, 15; cf. legio; legio tertia decima, quarta decima (v. l.), decimus quisque, *every tenth man, one in ten*, V 52, 2; ☞ II 21, 1; Holder: decuma.

Decimus, i, m., Praenomen, D. Brutus, III 11, 5.

dēcĭpĭō, ere, cēpī, ceptum, v. 3 (capio), *deceive*, I 14, 2.

dēclārō, v. 1 (clarus), *set forth, proclaim:* sortibus et vaticinationibus, I 50, 4.

dēclīvis, e, adj., *sloping downward:* collis ab summo aequaliter declivis, II 18, 1; in -i ac praecipiti loco, IV 33, 3; loco leniter declivi, VII 83, 2; haec declivia ac devexa, VII 88, 1.

declīvĭtās, f. n., *downward slope:* iniquum loci ad -em fastigium, VII 85, 4.

dēcrētum, ī, n., *decree, decision:* decreto alicuius stare (abide by), VI 13, 6; decretis parēre, VI 13, 10; -um interponere, VII 34, 1.

decumānus, a, um, adj., porta -a: the main rear gate of a Roman camp, opposite the p. praetoria. The etymology is uncertain: some (Eichert) derive it from the limes decumanus, laid out by the camp-surveyor (metator), on which limes (line) the via praetoria was mapped out; others (Charlton T. Lewis) derive it from the 10th cohort of the legion which was there encamped, II 24, 2; III 25, 2; VI 37, 1.

decurio, ōnis, m., *decurion*, commander of cavalry (sub-commander scil.), I 23, 2.

dēcurrō, ere, cucurri, cursum, *run down*, III 4, 1; ex montibus in vallem, III 2, 4; ad flumen, II 19, 7; ☞ quam *in* partem fors obtulit, II 21, 1; (Holder);—some read: quam partem.

dēdecus, oris, n., *disgrace:* admittere, IV 25, 5.

dēdĭtīcĭus, a, um, *one who has surrendered, subject:* in tanta multitudine -orum, I 27, 4; subtrahere -os, I 44, 5; iniuriam inferre dediticiis populi Romani, II 32, 2; dediticii Belgae, II 17, 2.

dēdĭtĭō, onis, f., *submission, surrender* (without terms?) (*capitulation*) (dedo): rebellio facta post -em, III 10, 2; condicio -onis, II 32, 2; III 22, 4; VII 78, 2; servitutem -onis nomine appellare, VII 77, 3; -onem censere, VII 77, 2; facere, II 33, 2; III 3, 3; in -onem accipere aliquem, *to accept the surrender* of some one, I 28, 2; II 13, 1; III 21, 3; in -onem venire, VI 3, 2; 9, 6; ☞ deditionem significare, VII 40, 6; br. by Paul and Holder; legatos de -one mittere, I 27, 1; II 12, 5; V 22, 3; VII 11, 2; in -onem redigere aliquem, II 34, 1.

dēdō, ere, dēdĭdī, dēdĭtum, v. 3, *surrender:* se, II 32, 1; se Caesari, V 21, 1; Crasso, III 27, 1; Titurio, III 19, 5; populo Romano, II 15, 5; ci, II 28, 2; V 20, 2; VII 13, 2; aliquem alicui in cruciatum, VII 71, 3; eos sibi, IV 16, 3; se suaque omnia, II 15, 2; III 16, 4; ad supplicium aliquem alicui, VII 26, 3; Vercingetorix deditur, VII 89, 4; — *give up, devote:* quorum se amicitiae dediderint, III 22, 2; natio... dedita religionibus, VI 16, 1.

dēdūcō, ere, duxi, ctum, *bring off, lead away* (cohortes): ex proximis praesidiis, VII 87, 5; cohortes ex castello, VII 87, 4; ex ulterioribus castellis, VII 81, 0; exercitum ex his regionibus, I 44, 11; suos clam ex agris, IV 30, 11; ad suos, VII 28, 6; nostros de vallo, V 51, 2; impedimenta in proximum collem, VII 68, 2; milites ad Ciceronem, V 27, 9; obsides ad magistratum, VII 55, 7; exercitum, VI 43, 3; VII 20, 11; cohortes, VII 86, 2; in hiberna in Sequanos, I 54, 2; legiones in interiorem Galliam, II 2, 1; in hibernacula, II 35, 3; naves Meloduno, VII 60, 1; quo virgo primum deducta est, V 14, 5; pecora, VI 10, 2; — *launch:* naves, V 2, 2; 23, 2; — *lead into, bring:* rem in summum periculum, V 31, 1; quos in periculum, VII 50, 4; ad eam sententiam, II 10, 5; ad iniquam condicionem, VI 10, 2; quam in fortunam quamque in amplitudinem, VII 54, 4; in eum casum, II 31, 6; rem in controversiam, VII 63, 5; ☞ III 23, 7; deduci MSS.; corrected by ed. Florence 1514 to diduci; — *lead astray:* adulescentes ratione et praemio, VII 37, 6.

dēfătīgātĭō, ōnis, f., (-fet-), *exhaustion*, III 19, 3.

dēfătīgō, v. 1, *tire out, exhaust:* nostros assiduo labore, VII 41, 2; et cursu et spatio pugnae defatigati, VII 48, 4; diuturnitate belli, I 40, 8; defatigatus, opp. integer (fresh), VII 41, 2; VII 85, 6.

dēfectĭō, onis, f., *defection, revolt* (deficio): Aeduorum, VII 59, 1; 2; 61, 4; 63, 1; civitatum, V 22, 3; Litavicci, VII 67, 7; defectio datis obsidibus, III 10, 2; initium

repentini tumultus et defectionis, V 26, 1; belli ac defectionis, VI 3, 4; auctores -onis, VI 8, 8; timor -onis, VII 43, 5; admaturare -onem, VII 54, 2.

dēfendō, ere, ndī, nsum, v. 3 (thrust away, parry), *repel:* bellum (opp. inferre), I 44, 6; II 29, 5; VI 23, 4; — *defend, protect:* Avaricum, VII 29, 4; Aeduos, I 35, 4; aditus, VI 37, 5; Galliam ab iniuria Ariovisti, I 31, 16; castra, III 3, 4; IV 14, 2; ad defendendum, VII 81, 6; ad eos defendendos, II 10, 4; Mandubracium ab iniuria Cassivellauni, V 20, 3; munitiones, VII 73, 2; oppida, III 16, 3; se manu, V 7, 8; sese, IV 37, 2; se armis, VI 34, 1; se ipse, VII 20, 3; se loci natura, VII 15, 5; se isdem opportunitatibus loci, III 12, 4; se suaque ab iis, I 11, 2; a quibus se, II 31, 6; paucis defendentibus, II 12, 2; cum iam defenderet nemo, II 33, 6; ☞ V 21, 1; Holder Trinovantibus defensis; others Trinobantibus.

dēfēnsĭō, ōnis, f., *defence, protection:* spes defensionis, II 7, 2; urbium, VII 23, 5.

dēfēnsor, oris, m., *defender:* -ores idonei deliguntur, VII 15, 6; paucitas -orum, V 45, 1; (oppidum) vacuum ab defensoribus, II 12, 2; speciem defensorum praebere, VI 38, 5; defensores vallo depellere, III 25, 1; murum defensoribus nudare, II 6, 2; cf. III 4, 2; his defensoribus abl. abs., IV 17, 7.

dēfĕrō, erre, tulī, lātum, v. 3, *carry* (the function in this and similar compounds of *de* seems to be to denote complete motion to a terminus; cf. κατά in Greek, *hin* in German): litteras ad Caesarem, V 45, 3; 49, 2; epistolam ad Ciceronem, V 48, 3; (tragulam) ad Ciceronem, V 48, 8; Caesaris mandata ad eos, IV 27, 3; — in pass. *to drift, be borne:* longius delatus, V 8, 2; naves paulo infra delatae sunt (*carried to port*), IV 36, 4; Germani ad castra Romanorum delati, VI 42, 3; in scrobes delati, VII 82, 1; ☞ in V 44, 12; Holder adopts fr. Paul *delatus* for MSS. deiectus: in locum delatus inferiorem concidit; — *report:* rem ad Caesarem, VII 39, 3; V 25, 4; quae audierant, ad legatos, V 28, 1; rem ad consilium, III 23, 8; V 28, 2; ad magistratum, VI 20, 1; ad Nervios, II 19, 1; rem, II 17, 4; ad Caesarem, VII 17, 8; — *give to, bestow upon, proffer:* imperium ad eius propinquos, VI 2, 1; imperium ad eum, VII 4, 6; summam belli ad hunc, II 4, 7; sibi regnum civitatis, V 6, 2.

dēfēssus, a, um, ptcpl. (defetiscor), as adj., *worn out, exhausted*, III 4, 4; opp. *recens*, VII 25, 1; (and) integer, VII 41, 2; vulneribus, I 25, 5; diuturnitate pugnae, III 4, 3; crebris subsidiis ac totius diei labore, VII 88, 6.

dēfĕtīgātĭō, v. defatigatio.

dēfĭcĭō, ere, fēcī, fectum, v. 3 (de-facio, make away from), *fecl, give out:* quem iam sanguis viresque deficiunt, VII 50, 6; ipsos res frumentaria deficere coepit, II 10, 4; ut eum omnia deficere viderentur, V 33, 1; vires... tela, nostros, III 5, 1; cum eius generis copia defecit, VI 16, 5; tempus anni

ad bellum gerendum, IV 20, 1; ipse animo non defecerat, VII 30, 1; — *revolt from, forsake, desert*: ab amicitia populi Romani, V 3, 3; VII 39, 3; ne civitas eorum impulsu deficeret, VII 10, 1; ab Aeduis, II 14, 3; civitatum quae defecerant, III 17, 2.

dēfīgō, ere, fīxī, fīxum, v. 3, *set down firmly, plant firmly, fix* (tigna), IV 17, 4; verutum in balteo, V 44, 7; sub aqua defixae sudes, V 18, 3.

dēfīniō, v. 4 (limit), *establish, set down*: tempus adeundi, VII 83, 5.

dēfluō, ere, flūxī, fluxum, v. 3, Rhenus in plures partes (☞ perhaps DIFfluit), IV 10, 4.

dēfōrmis, e (misshapen), *scrubby, scrawny* (of horses): parva atque deformia iumenta, IV 2, 2; — *unattractive*: opus non deforme in speciem varietatemque, VII 23, 5.

dēfugiō, ere, fūgī, v. 3 (flee from), *avoid, shun*: aditum sermonemque, VI 13, 7.

dēiciō (de-iacio), ere, iēcī, iectum, v. 3, *throw down from*: se per munitiones, III 26, 5; equo vulnerato deiectus, IV 12, 5; subfossis equis compluribusque nostris deiectis, IV 12, 2; opinione (*disappointed* in expectation), V 48, 1; ea spe, I 8, 4; principatu, VII 63, 8; — *drive*: nostri deiecti sunt loco, VII 51, 1; hinc, VI 40, 1; deiecto praesidio, VII 36, 7; his deiectis, II 27, 4; muro turribusque deiecti, VII 28, 1; — *overthrow*: opus, IV 17, 10; — (pass.) *to be driven ashore* (of ships): ad inferiorem partem insulae, IV 28, 2; ☞ in V 44, 12, Holder (after Paul) reads delatus f. deiectus.

dēiectus, ūs, m., *slope, abrupt flank*, II 8, 3; ☞ in II 22, 1 Nipperdey reads deiectus collis (gen.) inst. of MSS. delectus collis.

deinceps (taking thereupon), *one after another, in turn, in succession*: reliquis deinceps diebus, III 29, 1; V 40, 4; ut alii alios exciperent, V 16, 4; cf. VII 3, 2; sic d. omne opus contexitur, VII 23, 4.

deinde, *thereupon, then*, I 25, 1; 41, 3; 43, 9; IV 35, 3; — *in the next place, furthermore* (ἔπειτα), I 35, 3; II 1, 3; III 20, 4.

dēlectō, v. 1, *delight, pass. be delighted with, take pleasure in* (ἥδομαι): iumentis, IV 2, 2.

dēlēctus, us, *levy, conscription*: -m habere, VI 1, 1; VII 1, 1; 4, 3; -m conficere, VI 1, 4; Hr. spells dilectus.

dēleō, ēre, ēvī, ētum, v. 2, *destroy, wipe out*: hos omnes (scil. dispersos hostes), VII 14, 4; cf. VI 36, 2; exercitum atque imperatorem, VII 37, 7; copias, VI 41, 3; VII 88, 6; turpitudinem fugae virtute, II 27, 2.

dēlīberō, v. 1 (weigh; libra, scales), *consider, deliberate*: diem ad deliberandum sumere, I 8, 1; re deliberata, IV 9, 1; deliberatur de Avarico in communi concilio, VII 15, 3.

dēlībrō, v. 1, *to strip the bark* (liber) *off*: cacumina, VII 73, 2.

dēlīctum, i, n. (omission, delinquo), *fault*: committere, VII 4, 10.

dēligō, v. 1 (bind from), *tie fast, tie to*: navicula deligata ad ripam, I 53, 3; (naves onerariae) ad ancoras deligatae, IV 29, 2; cf. V 9, 1; epistola ad amentum deligata, V 48, 5.

dēligō, ere, lēgī, lēctum, v. 3, *pick out, choose, select*: ex legionibus fabros, V 11, 3; equites, IV 7, 1; LX milia ex omni numero, VII 83, 4; decem milia hominum delecta ex omnibus copiis, VII 21, 2; milia hominum delecta LXXX, VII 71, 3; locum, IV 19, 3; locum domicilio ex magna copia, I 30, 3; hunc sibi domicilio locum, II 29, 5; castris idoneum locum, VI 10, 2; cf. I 49, 1; II 17, 1; 18, 1; VII 16, 1; 35, 5; locum colloquio, I 34, 1; huic rei idoneos homines, VII 31, 2; defensores oppido idonei deliguntur, VII 15, 6; idoneum quendam hominem, III 18, 1; (principes) quos sibi ad consilium capiendum, VII 36, 3; quos ex omni copia singuli singulos, I 48, 5; ad eas res conficiendas Orgetorix deligitur, I 3, 3; duces, III 23, 5; magistratus, VI 23, 4; legio delecta, I 46, 3; delecti ex civitatibus, VII 76, 4; ☞ cf. deicio.

dēlitēsco, ere, lituī, v. 3 (lateo), *conceal oneself*: in silvis, IV 32, 5.

dēmentia, ae, (off-mindedness), *folly*: summae -ae, IV 13, 2.

dēmetō, ere, messuī, messum, v. 3 (mow off), *cut, harvest*: frumentum, IV 32, 4.

dēmigrō, v. 1, *move away*: ex oppidis, IV 19, 2; ex aedificiis, IV 4, 3; — *abandon a position*, V 43, 4.

dēminuō, ere, uī, ūtum, *diminish, take away from*: nihil de benevolentia, VII 43, 4; quid de iure aut de legibus eorum, VII 33, 2; de tanta voluptate et gratulatione quicquam, I 53, 6; potentiam, I 18, 8; copias (opp. redintegrare), VII 31, 4; 73, 1.

dēmittō (καθίημι), ere, mīsī, missum, v. 3, *let down*: sese (*get into*) in aequum locum, VII 28, 2; iniquum in locum, VI 40, 6; se in magnam convallem, V 32, 2 (MSS. dimisisset ☞); capite demisso, I 32, 2; se de muris per manus, VII 47, 6; se animo, *to become disheartened*, VII 29, 1; loci demissi, *depressed region, lowlands*, VII 72, 3; — *put down, insert*: huc stipites, VII 73, 3; 6.

dēmō, ere, dēmpsī, dēmptum, v. 3 (de-emo), *take down, off*, V 48, 8 (tragulam).

dēmōnstrō, v. 1, *point out, explain, mention* (navium) modum formamque, V 1, 1; rem, V 38, 2; in references made by the author to his own writing; ante, II 22, 1; VI 8, 9; (generally demonstravimus), VII 73, 2; 79, 2; 85, 4; antea, VII 76, 1; supra, II 1, 1; IV 27, 2; 28, 1; V 2, 2; 3, 1; 19, 1; 22, 1; 40, 2; 56, 3; VI 25, 1; 29, 1; 34, 1; VII 48, 1; 70, 1; 83, 8; demonstratum est, II 9, 3; demonstraveram, IV 27, 2; followed by acc. c. inf., I 11, 5; II 17, 2; V 1, 8; 38, 3; 50, 3; VI 8, 9; VII 1, 4; 37, 2; 41, 2; 43, 1; 66, 3; 70, 1; 71, 3; 79, 2; 85, 4; 89, 1.

dēmoror, v. 1, *delay, retard*: iter, III 6, 5.

dēmum, *at last* (only); tum d. (and not before), I 17, 1; 50, 2; 51, 2; V 33, 1.

dēnegō, v. 1, *deny, refuse:* quod petenti, I 42, 2.
dēnī, ae, a, *ten each, ten at a time,* I 43, 3; V 14, 3.
dēnique, adv., *at length, finally,* VII 28, 5; multo d. die, I 22, 4; finally (in adducing proofs), I 40, 7; *at least,* II 33, 2; ☞ in VII 64, 1 Hotmann substituted *diemque.*
dēnsus, a, um, adj., *dense, close:* densiores silvas, III 29, 2; in densissimas silvas, IV 38, 3; sepes -issimae, II 22, 1; castra -issima, VII 46, 3.
dēnūntiō, v. 1, *send word to, give warning to, threaten:* alicui, followed by acc. c. inf., I 36, 6; V 54, 1; followed by ut, VI 10, 1.
dēpellō, ere, pulī, pulsum, v. 3, *drive off:* defensores vallo munitionibusque, III 25, 1; hostes loco, VII 67, 5; nostros loco, VII 40, 2; morbos, VI 17, 2.
dēperdō, ere, didī, ditum, v. 3, *lose:* sui nihil, I 43, 8; tantum eius opinionis, V 54, 5; paucos ex suis, III 28, 3.
dēpereō, ēre, iī, ītum, *perish, be lost:* quod Avarici deperierat, VII 31, 4; naves tempestate, V 23, 2.
dēpōnō, ere, posuī, positum, v. 3, *put off, lay aside:* memoriam, I 14, 3; imperium, VII 33, 3; arma, IV 32, 5; spem contentionis, V 19, 1; — (put away), *place in safety:* liberos uxores suaque omnia in silvis, IV 19, 2; obsides apud eos, VII 63, 3; — *store* (praedam): in silvis, VI 41, 1; impedimenta citra flumen Rhenum, II 29, 4.
dēpopulor, v. dep. 1, *ravage, lay waste, overrun* (passive: depopulata Gallia, VII 77, 4): agros, I 11, 4; regionem, VI 33, 2; fines, VI 42, 3; passive: ad depopulandos fines, VI 42, 3.
dēportō, v. 1, *carry off:* sua omnia, III 12, 3.
dēposcō, ere, poposcī, v. 3, *demand, urgently call for:* viros qui belli initium faciant, VII 1, 5.
dēprecātor, is, m. (preces), *advocate, intercessor:* ut eo -e impetrarent, I 9, 2; usi -ibus Remis, VI 4, 5.
dēprecor, v. dep. 1 (prec-es) (beg off), *request* (not to) (παραιτέομαι), *petition against,* V 6, 2; VI 4, 2; unum petere ac deprecari . . . ne, II 31, 4; mortem, VII 40, 6; resistere neque deprecari, IV 7, 3.
dēprehendō, v. 3, ere, ndī, nsum, *surprise, seize, descend upon:* naves, VII 58, 4; multos inopinantes, VI 30, 1; hostes sine duce et sine equitatu, VII 52, 2; Indutiomarus deprehensus in ipso fluminis vado, V 58, 6; pars deprehensa, V 45, 1.
dēpūgnō, v. 1, *defend oneself, fight for life and death,* VII 28, 1.
dērēctus, *v.* dīrēctus.
dērīvō, v. 1 (rivus), *conduct, draw:* aquam ex flumine, VII 72, 3.
dērogō, v. 1, *withdraw* (cancel): fides omnium rerum his derogatur, VI 23, 8.
dēscendō, ere, ndī, nsum, v. 3, *come down, descend* (scando): in aequum locum,

VII 53, 2; — *resort to:* etiam ad innocentium supplicia, VI 10, 5; ad Critognati sententiam, VII 78, 1; ad vim atque arma, VII 33, 1; ad eius modi consilium, V 29, 5.
dēsecō, are, cuī, sectum, v. 1, *cut off:* omnes, VII 4, 10.
dēserō, ere, uī, sertum, v. 3 (detach), *abandon:* Avaricum, VII 30, 2; oppida castellaque, II 29, 2; patronos, VII 40, 7; optime merentes socios, I 45, 1; deseri ab reliquis, VII 2, 2; ab omnibus, V 3, 5; ab duce et a fortuna, V 34, 2; ☞ in II 26, 1, after deserto proelio *acie* is inserted before excedere by Holder after *P. Geyer.*
dēsertor, ōris, m., in desertorum ac proditorum numero, VI 23, 8.
dēsertus, a, um (desero), ptcple. as adj., *wild, deserted:* in locis desertis concilia habere, V 53, 4.
dēsīderō, v. 1, *desire, yearn for, want:* imperium ab Caesare, VII 20, 7; ab milite modestiam, VII 52, 4; equitum operam, VII 20, 4; ullam rem importari, IV 2, 1; — *miss:* navem, V 23, 3; milites paulo minus septingenti desiderati sunt, VII 51, 4; perpaucis ex hostium numero desideratis quin cuncti caperentur, VII 11, 8.
dēsidia, ae (deses), *inaction, dawdling:* -m minuere, VI 23, 6.
dēsīgnō (signum), v. 1, *mark out, aim at:* hac oratione Dumnorigem, I 17, 18.
dēsiliō, īre, uī, sultum, v. 4 (salio), *leap down:* ex equis, IV 2, 3; ad pedes, IV 12, 2; ex essedis, IV 33, 1; V 17, 4; 16, 2; de navibus, IV 24, 2; cf. 25, 3; ex navi, IV 25, 5.
dēsistō, ere, stitī, v. 3, *to stop* (absolutely), II 11, 6; (without complement) VII 4, 3; — *to cease:* sollicitare et polliceri, VI 2, 1; adhortari, VII 17, 2; fugere, I 53, 1; — *desist from:* sententia, VI 4, 2; fugā, IV 12, 3; oppugnatione, VI 39, 4; VII 12, 1; pertinaciā, I 42, 3; negotio, I 45, 1; hoc conatu, I 8, 4; consilio, VII 26, 5.
dēspectus, ūs, m., *view downward:* d. propinquus in mare, III 14, 9; a Gergovia in castra, VII 45, 3; ex oppido Alesia in campum, VII 79, 3; ex omnibus castris, VII 80, 1; *opportunity for distant views,* II 29, 3.
dēsperātiō, onis, f., *abandoning hope,* V 33, 5.
dēspērō, v. 1, *to give up hope, to despair:* de regno, gratia, I 18, 9; de pugna, I 40, 8; de sua virtute aut de ipsius diligentia, I 40, 4; de expugnatione, VII 36, 1; de omni salute, VII 85, 3; officio imperatoris, I 40, 10; sibi, VII 50, 3; suis fortunis, III 12, 3; favorite turn, in passive: desperata salute, III 3, 3; V 37, 6; VI 5, 5; VII 88, 5; reliqua fuga, IV, 15, 2; re, V 26, 3; expugnatione, VI 41, 1; victoria, VII 89, 4; desperatis nostris rebus, II 24, 4; omnibus rebus, III 26, 5; campestribus locis, VII 86, 4.
desperatus, a, um, *desperate:* homines, VII 3, 1.
dēspiciō, ere, xī, ctum, v. 3, *look down upon, despise:* virtutem, VII 20, 6; legionem

propter paucitatem, III 2, 3 ; ipsos, I 13, 5 ; paucitatem, VI 39, 4 ; — *look down:* qua despici poterat, VII 36, 2 (*have a wide view*) (☞ Holder DISPICI).

dēspoliō (spolia), v. 1, *deprive:* se armis, II 31, 4.

dēstinō, v. 1, *attach, hold to, bind fast:* antemnas ad malos, III 14, 6 ; falces, VII 2, 2 ; — *occupy, engage:* nostros operi destinatos, VII 72, 2 (bind up with).

dēstituō, ere, uī, ūtum, v. 3, *abandon, leave in the lurch:* quod sit destitutus, queritur, I 16, 6.

dēstringō, ere, nxī, ictum, v. 3, *draw:* gladios, I 25, 2 ; VII 12, 6.

dēsum, esse, fuī, *to be lacking, missing*, generally w. dat. of person affected : copiae voluntariorum sibi, V 56, 1 ; fortuna alicui, I 40, 12 ; audacia singulis, VI 34, 6 ; potestas ci, I 48, 3 ; barbaris consilium, V 34, 1 ; equites et naves et frumentum Romanis, IV 30, 1 ; hoc ad pristinam fortunam Caesari, IV 26, 5 ; tempus ad galeas induendas, II 21, 5 ; paulum ad summam felicitatem, VI 43, 5 ; — *be lacking* (scil. to completeness) : operi, V 40, 2 ; omnia quae ad reficiendas naves erant usui, IV 29, 4.

dēsuper, adv., *from above:* vulnerare ☞ (the passage very doubtful), I 52, 5.

dēterior, us (oris), adj. compar., *inferior, less valuable:* vectigalia -ora facere, *impair the tribute*, I 36, 4.

dēterreō, ēre, uī, itum, v. 2 (frighten from), *deter:* eum ab instituto consilio, V 4, 1 ; multitudinem, ne- conferant, I 17, 2 ; ne maior multitudo traducatur, I 31, 16 ; ne Suessiones quidem, quin consentirent, II 3, 5.

dētestor, v. dep. 1 (call the gods to witness down upon), *curse:* Ambiorigem omnibus precibus, VI 31, 5.

dētineō, ēre, uī, tentum, v. 3, *detain:* naves tempestatibus, III 12, 5 ; — *hold back, put off, delay:* certissimam victoriam, VII 37, 3.

dētractō, v. dētrectō.

dētrahō, ere, xī, ctum, v. 3, *draw from, remove:* stramenta de his (mulis), VII 45, 2 ; cohortes (scil. legioni), III 2, 3 ; scutum uni militum, II 25, 1 ; equos equitibus, I 42, 5 ; auxilia illi, VI 5, 5.

dētrectō, v. 1 (tracto, traho) (try to draw away from), *withdraw from, avoid:* militiam, VII 14, 9.

dētrīmentōsus, a, um, adj., *fraught w. loss, disadvantageous*, VII 33, 1.

dētrīmentum, ī, n. (rubbing off, detero), *loss:* d. accidit, VII 52, 2 ; d. accipere, V 22, 3 ; 52, 6 ; quid detrimenti accipere, VI 1, 3 ; quanto -o constat (*costs*), VII 19, 4 ; etiam parvulo -o illorum, V 52, 1 ; cum aliquo militum -o, VI 34, 7 ; magno cum -o, VII 83, 1 ; -o (dat.) esse alicui, I 44, 5.

dētrūdō, ere, sī, sum, v. 3 (*push off*), *remove:* tegumenta scutis, II 21, 5.

dēturbō, v. 1 (crowd off), *drive off:* propugnantes ex turribus, VII 86, 5 ; aliquem lapidibus, V 43, 7.

deūrō, ere, ussī, ustum, *burn up, consume:* pluteos turrium, VII 25, 1.

deus, ī, m., *god:* dei immortales, I 14, 5 ; IV 7, 5 ; ☞ some MSS. *di*, others *dii*; *dis* immortalibus, better MSS. VI 16, 5 ; dii immortales, IV 7, 5 ; numen deorum immortalium, I 12, 6 ; sivi casu sivi consilio deorum immortalium, I 12, 6 ; beneficium deorum immortalium, V 52, 6 ; deorum i. vis ac potestas, VI 14, 6 ; deorum numero ducere, VI 21, 2 ; -os colere, VI 17, 1 ; -os contestari, IV 25, 3.

dēvehō, ere, xī, ctum (carry off), *transport:* frumentum eo, V 47, 2 ; devexus: *sloping down, abrupt*, VII 88, 1.

dēveniō, īre, vēnī, ventum, v. 4, *come to, reach:* ad legionem decimam, II 21, 1 ; quam in partem casu, II 21, 6.

dēvincō, ere, vīcī, victum, v. 3, *to defeat completely:* Galliam, VII 34, 1.

dēvocō, v. 1 (call away to), *bring into:* suas exercitusque fortunas in dubium, VII 7, 6.

dēvoveō, ēre, vī, tum, v. 2, *consecrate:* se amicitiae aliculus devovēre, III 22, 3 ; alicui (deo) devovēre aliquid, VI 17, 3 ; *devotus, one who is sworn to a certain purpose, an oath-bound man*, III 22 1.

dexter (δέξιος), tra, trum, adj., *right, on right hand* (opp. sinister) : dextrum cornu, I 25, 2 ; 6 ; II 23, 4 ; 25, 1 ; VII 62, 3 ; dextram (scil. manum) prehendere, I 20, 5 ; dextram manum morari, V 44, 8 ; ab dextra parte, VII 45, 10 ; 50, 1 ; ab dextro latere, VII 49, 1 ; 67, 5 ; dextri humeri, VII 50, 2.

Diablintrēs (-blintes), III 9, 10, *v.* Aulerci.

diciō, ōnis, f., *sway, control:* sub illorum dicione atque imperio, I 31, 7 ; in servitute atque in dicione Germanorum, I 33, 2.

dīcō, v. 1, *to consecrate* (utter a solemn formula of words), *assign, give over:* se Remis in clientelam, VI 12, 7 ; se nobilibus in servitutem, VI 13, 2.

dīcō, ere, xī, ctum, v. 3, *say, state, mention*, III 15, 1 ; IV 13, 5 ; I 43, 1 ; 49, 3 ; — *w. object accusative:* hoc, IV 25, 3 ; ea quae, I 31, 2 ; quae (intervalla), VII 32, 2 ; quos, IV 4, 1 ; quos (munitiones), III 26, 3 ; ea, V 4, 1 ; 28, 1 ; multa, I 45, 1 ; sententias, III 3, 3 ; VII 77, 2 ; 78, 1 ; de communi re, I 35, 2 ; de eo apud se, I 19, 4 ; de Lutetia, VII 58, 3 ; de sententia, VII 77, 3 ; — *to speak:* conari dicere, I 47, 6 ; — w. adverbs and adverbial phrases (*speak, make one's statements*) : liberius atque audacius, I 18, 2 ; ita, I 50, 5 ; non inridicule, I 42, 6 ; supra, VII 17, 1 ; ante, I 16, 2 ; III 20, 1 ; IV 35, 1 ; V 6, 1 ; voce magna, IV 25, 4 ; in eam sententiam, I 45, 1 ; — *w. object clause* (acc. c. inf.), I 1, 5 ; I 7, 3 ; 16, 4 ; 42, 6 ; 39, 1 ; 6, 44, 9 ; 46, 3 ; 50, 5 ; 53, 7 ; II 3, 2 ; 1 ; II 4, 4 ; 14, 3 ; 15, 1 ; 24, 1 ; 28, 1, 2 ; 31, 3 ; 32, 3 ; — *facere* (where *facturos esse* would be expected), III 5, 2 ; IV 7, 4 ; 9, 1 ; 2, 11, 4 ; 15, 5 ; 27, 5, 6 ; V 6, 2, 3 ; 55, 1 ; 12, 1 ; VI 18, 1 ; 23, 7 ; 25, 4 ; 29, 5 ; 41, 3 ; VII 1, 6 ; 17, 4 ; 20, 10 ; 32,

3; 47, 7; 64, 2; 75, 1; 15, 5; in passive cstr. nomin. c. inf.: non fore dicto audientes dicantur, I 40, 12; ab Belgis arcessiti dicebantur, III 11, 2; centum pagos habere dicuntur, IV 1, 4; cf. IV 3, 2; 30, 1; V 2, 4; VI 7, 6; 14, 3; VII 38, 5; — *appoint:* his certum diem, V 57, 2; diem, I 6, 4; V 27, 5; diem colloquio, I 42, 3; — *pronounce, speak:* ius inter suos, VI 23, 5; causam (*plead*), I 4, 1; 2.

dictiō, ōnis, f., *pleading:* causae, I 4, 2.

dictum, i, n., *word, orders:* non dicto esse audientem alicui, *to obey orders,* I 30, 7; 40, 12; V 54, 3.

dīdūcō, ere, xī, ctum, v. 3 (draw apart), *spread out, deploy:* copias, III 23, 7; milites, VI 34, 5.

diēs, ēi, masc. and fem. (pl. excl. masc.), *day:* luna plena qui dies, IV 29, 1; is dies erat a. d. V Kal. April, I 6, 4; gravis, V 43, 5; pristinus, IV 14, 3; posterus, III 23, 8; natalis, VI 18, 2; (terminus fixed), ea dies *quam* constituerat, I 8, 3; dies praeterit qua, VII 77, 1; ubi ea dies venit, VII 3, 1; *quam* ante diem, VII 31, 4; ad certam diem, V 1, 8; *quam* ad diem ei legioni ... deberi frumentum sciebat, VI 33, 4; in diem certam aliquid indicere, I 30, 4; propinqua die aequinoctii, IV 36, 2; dies instat, I 16, 5; appetit, VI 35, 1; noctem subsequitur, VI 18, 2; spatium diei, II 11, 6; tempus diei, VII 11, 5; 68, 2; totius diei labor, VII 88, 6; hora diei, IV 23, 2; V 46, 1; magna pars diei, V 9, 8; 35, 5; 53, 1; 58, 2; (s. verbs) diem constituere, ducere (*put off*), consumere, intermittere, petere, sumere, dies sustentatur (prae constr.), V 39, 4; (cf. sust.) diem noctemque, VII 42, 6; 77, 11; diem quintum cibo caruerat, VI 38, 1; ad diem (*promptly*), II 5, 1; V 1, 0; VII 77, 10; ad diem septimum reverti, V 35, 1; ad certam diem (*by, up to, a certain day*), V 1, 8; VI 33, 4, 5; in diem certam aliquid indicere, I 30, 4; in diem longiorem conferre aliquid, I 40, 14; in posterum diem, VII 41, 4; post diem tertium, IV 9, 2; quartum, IV 28, 1; septimum, VI 33, 4; postero die (v. posterus), proximo die, I 50, 1; postridie eius diei (v. postridie) pridie eius diei, I 47, 2; perendino die, *day after to-morrow,* V 30, 3; die altero, VII 11, 1; 68, 4; tertio, V 48, 8; VII 11, 2; VII 53, 4; ☞ Holder tertia die (?); die III Holder, VII 62, 10; quarto, I 26, 5; quinto, IV 21, 9; septimo (v. sept.) uno, I 13, 2; VII 15, 1; eodem die, I 21, 1; 48, 1; IV 36, 1; V 52, 1; VI 33, 6; VII 10, 6; eo die, I 22, 5; II 6, 2; 32, 4; IV 11, 4; V 15, 5; 43, 5; 47, 1; 50, 1; VII 36, 1; 47, 7; 51, 4; in eo die atque hora consistit fructus omnium dimicationum, VII 80, 3; multo die, *late in the day,* I 12, 4; ex eo die, I 42, 3; 48, 3; — *plural:* dies hibernorum transeunt, III 2, 1; spatium dierum, VI 30, 3; numerus dierum, VI 18, 2; 36, 1; dierum xxx pabulum, VII 74, 2; dierum xxx frumentum, VII 71, 4; dierum iter LX, VI 25, 4; eorum dierum consuetudo itineris, II 17, 2; superiorum dierum cunctatio, III 18, 6; paucorum dierum iter, IV 7, 2; novem dierum iter, VI 52, 1; dierum viginti supplicatio, IV 38, 5; dierum xx supplicatio, VII 90, 8; ☞ dies quindecim supplicatio decreta est ☞ (Wesenberg dierum), II 35, 4; cf. IV 38, 5; — *accusat.:* dies circiter quindecim, I 15, 6; paucos dies, I 39, 1; IV 19, 1; VII 5, 4; dies continuos quinque, I 48, 3; continuos xxx, V 13, 3; complures, VII 17, 3; 32, 1; omnes superiores, VI 36, 1; — adverbial: in dies, *day by day, daily,* III 23, 7; V 45, 1; 58, 1; VII 30, 3; — *abl.:* his omnibus diebus, I 48, 4; d. decem quibus, IV 8, 1; his paucis d., III 17, 3; paucis d. quibus eo ventum erat, III 23, 2; cf. III 29, 2; IV 27, 6; V 2, 2; VI 9, 4; 10, 4; d. circiter quindecim, II 2, 6; V 26, 1; aliquot d. ante, IV 9, 3; reliquis deniceps d., III 29, 1; V 40, 4; reliquis d., V 42, 5; paucis post diebus, VI 8, 7; 10, 1; paucis ante diebus, VII 20, 9; multis ante diebus, VII 9, 4; superioribus d., IV 35, 1; VII 44, 1; 58, 5; 81, 4; diebus xxv, VII 24, 1.

differō, ferre, distulī, dīlātum, v. 3 (bear apart), *to differ, be different:* amplitudo cornuum a nostrorum boum cornibus, VI 28, 4; hi omnes inter se differunt, I 1, 2; quo inter sese, VI 11, 1; maxime ab ceteris, VI 25, 5; a Gallica consuetudine, V 14, 1; ab hac consuetudine, VI 21, 1; ab reliquis, VI 18, 3; — *put off, postpone:* oppugnationem in posterum, VII 11, 5; — *cause to spread:* ignem in omnem locum castrorum, V 43, 2.

difficilis, e (dis-facilis), *difficult:* palus (*hard to cross*), VII 19, 1; iter angustum et difficile, I 6, 2; transitus, VI 7, 5; aditus, VII 36, 1; difficile est facere aliquid, I 14, 2; facilia ex difficillimis redigere, II 27, 5; — *adv.:* difficilius, VII 58, 2 (of positive: difficulter).

difficultās, ātis, f. (changed to facultas by ed. 1473, in I 38, 3 ☞); summa d. navigandi, III 12, 5; cf. IV 24, 2; d. faciendi pontis, IV 17, 2; belli gerendi, III 10, 1; viarum, VII 56, 2; -em afferre alicui, VII 10, 1; perpeti, VII 10, 2; -es obicere, VII 59, 6; difficultate affici, *to experience d.,* VII 6, 2; 17, 3; difficultatibus (dat.) subsidio esse, II 20, 3; in eiusmodi -ibus, VI 34, 7.

diffīdō (dis-fido), ere, fīsus sum, v. 3, semi-dep., *distrust, have no faith in:* suis rebus (dat.), VI 38, 2; suae atque omnium saluti, VI 38, 2; Caesarem fidem servaturum, VII 36, 1.

diffluō, reading of some editions for defluo, IV 10, 4 ☞.

diffundō, ere, fūdī, fūsum, v. 3, *spread out:* cornua late diffunduntur, VI 26, 2.

digitus, ī, m., *finger* (δάκτυλος): d. pollex (*thumb*), III 13, 4; ut non amplius digitis quattuor ex terra eminerent, VII 73, 6.

dignitās, ātis, f. (worthiness), *rank, esteem, reputation:* dignitas potest tantum, VII 77, 6; dignitas patitur ut, VI 8, 1; -em augere, VII 30, 3; amplificare, VI 12, 6; in quibus aliquid -is fuit, III 16, 2; est dignitatis, *it is becoming to the rank*, IV 17, 1; tantum -is civitati tribuere, V 7, 1; ad summam -em perducere aliquem, VII 39, 1; -em antecedere, VII 54, 4; dignitate auctiorem esse, *to rise in rank*, I 43, 8; secundum locum -is obtinere, VI 12, 9; excellere dignitate, VI 13, 9; -e spoliari, VII 66, 5.

dignus, a, um, adj., *worthy:* memoriā, VII 25, 1.

dīiūdicō, v. 1 (dis-i.) (judge apart), *decide:* uter utri anteferendus videretur, V 44, 14.

dīlēctus, *v.* delectus.

dīligenter, adv. (diligens), *accurately, scrupulously, in a painstaking manner:* facere, II 5, 1; providere, III 18, 6; iter facere, V 49, 2; tueri aliquem, VI 12, 8; d. industrieque administrare, VII 60, 1; diligentius ius legatorum conservare, III 10, 4; eam rem cognoscere, VI 13, 12; diligentissime conservare, II 28, 3; praeceptum observare, V 35, 1.

dīligentia, ae, f., *painstaking care, scrupulousness, accuracy:* nostrorum, III 21, 3; -ae (dat.) severitatem addere, VII 4, 9; -am adhibere, III 20, 1; remittere, VII 14, 4; requirere, VI 34, 3; de -a desperare, I 40, 4; eadem -a, III 25, 2; tantā -ā, V 58, 1; suā -ā, VII 29, 6; providere -ā, VI 34, 7; cum summā -ā, VI 36, 1; magna cum cura et -a, VII 65, 3; positum in eius -a, VII 32, 5.

dīligō, ere, lēxī, lēctum, v. 3 (distinguish), *love, cherish:* (στέργω) quos ab eis dilectos esse constabat, VI 19, 4.

dīmētior, īri, mēnsus, v. dep. 4, *measure out, stake off, survey:* opus, II 19, 5; tigna dimensa (pass.) ad altitudinem fluminis, IV 17, 3.

dīmicātiō, n, ōnis, f., *contest, struggle:* superiorum -num fructus, VII 86, 3.

dīmicō, v. 1, *fight, struggle*, VII 56, 1; in acie, VII 64, 2; proelio, V 16, 2; VI 17, 3; 31, 1; VII 6, 3; tuto, III 24, 2; tantulis copiis iniquo loco, V 49, 6; aequo loco, III 17, 7; non audere dimicare, VII 20, 6; contra suam voluntatem dimicare cogi, VII 35, 6; facultas dimicandi, VI 7, 4; paratus ad dimicandum, II 21, 5; VII 19, 3; impelli ad dimicandum, VII 20, 5; firmus ad dimicandum, VII 60, 2; ad dimicandum animo confirmare, V 49, 4; cum sub oculis omnium ac pro castris dimicaretur, V 16, 1.

dīmidius (dis-medius), a, um, adj., *half:* rex dimidiae partis, VI 31, 5; dimidio minor (*fifty per cent smaller*), V 13, 2.

dīmittō, ere, mīsī, mīssum, *send in all directions, despatch:* nuntios ad finitimas civitates, VI 34, 8; nuntios tota civitate, VII 38, 10; cf. V 39, 1; VI 31, 2; in omnes partes, IV 19, 2; 34, 5; V 49, 8; VI 43, 1; quoqueversus legationes, VII 4, 5; legatos quoqueversus, III 23, 2; legationes in omnes partes, V 53, 4; praefectos tribunosque in finitimas civitates, III 7, 3; plures manus, VI 34, 5; ☞ in VII 28, 2 MSS. *dimittere* is changed to *demittere*;

also in V 32, 2; VII 72, 3; —*dismiss, send away, adjourn:* consilium, I 18, 1; concilium, I 31, 1; 33, 2; copias, II 14, 1; V 19, 1; hos, IV 23, 6; eum ab se, II 5, 3; eos ab se, VII 54, 4; equitatum ab se, VII 71, 1; duces ex consilio, III 18, 7; (sent away) paucos turmas ad impedimenta, VI 8, 5; —*lose, let slip:* occasionem, V 38, 2; quam occasionem, V 57, 1; tantam fortunam ex manibus, VI 37, 10; speratam praedam ex manibus, VI 8, 1; tempus, II 21, 6; —*forsake, give up:* ripas, V 18, 5; principatum, VI 12, 6; victoriam, VII 52, 2; oppugnationem, VII 17, 4.

dīrēctē, adv., *in a straight line*, d. ad perpendiculum, *vertically*, IV 17, 4.

dīrēctus, a, um, adj., *straight:* cornu magis -um, VI 26, 1; -ae trabes, VII 23, 1; fossa directis lateribus, VII 72, 1.

dīrigō (rego), ere, rēxī, rēctum, v. 3, *to straighten, make straight:* opera, VII 27, 1; —*form in straight line:* aciem, VI 8, 5.

dīrimō, ere, rēmī, rēmptum, v. 3 (disemo) (take apart), *break up:* colloquium, I 46, 4.

dīripiō (dis-rapio), ere, uī, reptum, v. 3, *to sack, plunder:* oppidum, VII 11, 9; Eburones, VI 35, 4; (Arvernos), VII 8, 4; magnum numerum frumenti comineatusque, VII 38, 9; bona, VII 3, 1; 42, 3; 43, 2, 3; impedimenta, II 17, 4; ☞ Holder (after Paul) brackets ad diripiendos Eburones, VI 34, 8.

Dīs, *Ditis*, m., the god of the nether world, *Pluto:* Galli se omnes a Dīte patre prognatos praedicant, VI 18, 1.

discēdō, ere, cessī, cessum, v. 3, *to go away, depart, quit:* Ambiorix, V 27, 11; ab eo (*abandon, desert*), V 56, 3; legati a Caesare, IV 12, 1; a litore, V 8, 6; ab exercitu, VII 9, 1; ab suis, V 3, 6; ex ea parte vici, III 2, 1; a castris domum, V 7, 5; unde Helvetii, I 28, 4; ab hibernis, V 1, 1; ab Rheno, IV 6, 3; (*of troops*) dispersi ac dissipati discedunt, V 58, 3; copiae, V 58, 7; a se, I 23, 3; V 49, 3; omnis exercitus, VI 35, 7; ex castris, IV 30, 2; legiones longius, VI 39, 4; longius ab agmine, V 19, 3; ab loco, V 34, 1; ab signis, V 16, 1; 33, 6; infecta re, VII 17, 5; ex hibernis, V 28, 3; 41, 2; ab armis (*abandon hostilities*), V 41, 8; (of strategic movements of a general), a quibus, I 16, 3; ab opere singulisque legionibus, II 20, 3; a bello atque hoste, VII 33, 1; ab Gergovia, VII 43, 5; 59, 1; cum omni equitatu, VII 20, 1; —(*absolutely*), *depart, leave*, I 14, 7; 39, 3; 44, 13; II 11, 2; IV 15, 4; 34, 3; VI 33, 4; VII 20, 5; 54, 3; 71, 2; 82, 4; —*break up, be scattered:* ex fuga in civitates, VII 88, 7; in silvas, V 39, 2; oppos. convenire, V 53, 7; ab consilio disceditur, VII 2, 3; — of impersonal subjects: hostibus (dat.) spes discessit, II 7, 2.

disceptātor, is, m., *umpire:* ad Caesarem -em venire, VII 37, 5.

discernō, ere, crēvī, crētum, v. 3, *distinguish*, VII 75, 1.

discessus, ūs, m. (discedo), *departure, withdrawal:* fugae similis, V 53, 7; Belgarum, II 14, 1; Germanorum, IV 4, 6; suorum, IV 14, 2; eorum, IV 5, 7; 41, 4; omnis nobilitatis, V 2, 6; eius, VII 20, 1; hostium, VI 41, 2; ☞ eius discessu, VII 74, 1; bracketed since Oudendorp; — *defection, desertion,* VII 54, 2.

disciplīna, ae (discipulus, disco), f., *training:* usus ac d., I 40, 5; d. atque opes, VI 1, 4; nullo officio aut disciplina assuefacti, IV 1, 9; — *doctrine:* in Britannia reperta, IV 13, 11; in vulgum disciplinam efferre, IV 14, 4; — *instruction:* in -am conveniunt, VI 14, 2; annos nonnulli vicenos in -a permanent, VI 14, 3.

disclūdō, ere, sī, sum, v. 3, *hold apart, preserve the distance of* (tigna), IV 17, 7; — *separate* (εἴργω): mons Cevenna qui Arvernos ab Helviis discludit, VII 8, 2.

discō, ere, didicī, v. 3, *learn, be instructed*, VI 14, 4; 13, 12; a patribus maioribusque, I 13, 6; — *learn, be informed:* w. acc. c. inf., VII 54, 1.

discrīmen, inis, n. (discerno), *crisis, danger, critical point:* res est in summo discrimine, VI 38, 2.

discutiō, ere, cussī, cussum, v. 3 (knock apart), *remove:* nivem, VII 8, 2.

disiciō, ere, iēcī, iectum, v. 3, *break:* phalangem, I 52, 2; disiecti (*w. broken ranks*): nostros disiectos adorti, III 20, 4; — *throw into disorder:* antemnas, III 15, 1; ☞ but Paul's suggestion *deicio* seems very much better.

dispār, is, adj., *uneven, not evenly matched:* proelium, V 16, 2; genus, VII 39, 1.

dispārō, v. 1 (διασκευάζομαι) (put apart), *separate:* quos, VII 28, 6.

dīspergō, ere, sī, sum (spargo), *scatter* (σπείρω): in omnis partes dispersa multitudo, VI 34, 1; dispersi ac dissipati, V 58, 3; cf. VII 16, 3; circumvenire, VI 34, 6; multos ex fuga dispersos excipiunt, VI 35, 6; necessario dispersos hostes, VII 14, 4; dispersis in opere nostris, III 28, 3; dispersis ac paene deletis hostibus, VI 30, 2; ab perterritis ac dispersis, VI 34, 3.

☞ **dispiciō**, f., despicio, read by Holder after Paul in VI 39, 4, and VII 36, 2.

dispōnō, ere, posuī, positum, v. 3, *place at intervals:* praesidia, I 8, 2; crebra ad Rhodanum praesidia, VII 65, 3; fundas, sudes, in opere, VII 81, 4; praesidia custodiasque ad ripas Ligeris, VII 55, 9; familiares in via, VII 28, 6; (pedites) in praesidiis, VII 34, 1; custodias in muro, VII 27, 1; custodes in vallo, VII 78, 5; praesidia cis Rhenum, IV 4, 4; — *place* (tactically) (διατάττω): cohortes, V 33, 1; exploratores omni fluminis parte, VII 61, 1; cf. VII 35, 1; omnem exercitum ad utramque partem munitionum, VII 80, 1; equitatum, VII 56, 4; reliquos equites ad latera, VI 8, 5; stationes, V 16, 4; scrobes obliquis ordinibus in quincuncem (·.·.·.·.·.·.·.·.·.), VII 73, 5.

disputātiō, onis, f., *debate, discussion:* -em in utramque partem habere, V 30, 1; rem -one perducere, V 31, 3.

disputō, v. 1, *discuss, expatiate:* multa de sideribus, etc., VI 14, 6.

dissēnsiō, onis, f., *dissension, disharmony:* controversiarum et -onis oblivisci, VII 34, 1; -one rem in periculum deducere, V 31, 1; in -one nullam salutem perspicere, V 31, 2; factiones -onesque, VI 22, 3; in tantis -onibus, VII 1, 2; quanta ex -onibus inconmoda oriri consuessent, VII 33, 1.

dissentiō, īre, nsī, nsum, v. 4, *disagree, dissent,* V 29, 7; civitates ab reliquis Gallis, VII 29, 6.

disserō, ere, ēvi, situm, v. 3 (sow apart), *put down* [*at intervals*]: taleas mediocribus intermissis spatiis, VII 73, 9.

dissimulō, v. 1 (render unlike), *disguise:* ea quae cognoverat, IV 6, 5.

dissipō, v. 1, *scatter, break up:* dispersi ac dissipati discedunt, V 58, 3; d-is ac perterritis hostibus, VI 35, 3; Numidas diversos dissipatosque, II 24, 4.

dissuādeō, ēre, sī, sum, v. 2, *advise against, oppose,* VII 15, 6.

distineō, ēre, uī, tentum, v. 2 (teneo) (hold or keep apart), *prevent union of, separate:* flumen legiones -ebat, VII 59, 5; Romanorum manus munitionibus, VII 84, 3; manus hostium, II 5, 2; manum, VII 50, 1; eam manum, III 11, 4; (tigna) fibulis (*brace*), IV 17, 6.

distō, āre, v. 1 (stand apart), *be apart:* trabes paribus intervallis distantis, VII 23, 1; quantum iunctura tignorum distabat, IV 17, 6; quantum summae fossae labra distabant, VII 72, 1; ternos inter se pedes, VII 73, 8; turres pedes LXXX inter se, VII 72, 4.

distrahō, ere, xī, ctum, v. 3 (draw apart), *tear apart:* materiam, VII 23, 5.

distribuō, ere, uī, ūtum, v. 3, *allot to, distribute amongst:* equos Germanis, VII 65, 5; toto (☞ thus all MSS.) exercitui capita singula, VII 89, 5; pecus viritim, VII 71, 7; legiones in plures civitates, V 24, 1; — *assign* [*to*]: naves equitibus, IV 22, 3, 4; legiones ad hunc modum, V 24, 6; — *divide:* suas copias in tres partes, VII 61, 4; cf. VI 32, 3; exercitum latius, III 10, 3; equitatum in tres partes, VII 67, 1; ☞ Galli generatim distributi [in civitates] br. by Paul.

ditissimus, v. dives.

diū, adv. (dies), *for a long time, long,* I 25, 4; 26, 1, 4; III 21, 1; — *diutius,* I 16, 5; 26, 1; 31, 13; 49, 1; II 1, 3; 6, 4; 10, 5; III 9, 5; 24, 5; 29, 2; IV 35, 2; VII 20, 5; 32, 5; 42, 4; diutissime, VI 21, 4; quam diu, as long as, I 17, 6.

diurnus, a, um, adj., *during the day:* iter, VII 9, 4; 38, 7; 56, 3 (opp. nocturnum iter).

diūtinus, a, um, adj., *long, long-continued:* a laetatio, V 52, 6.

diuturnitās, ātis, f., *long duration:* belli, I 40, 8; pugnae, III 4, 3.

diuturnus, a, um, adj., *enduring, lasting:* diuturnior impunitas, I 13, 5.

dīversus, a, um (diverto), *turned away from, extending away from:* regiones diversae a flumine; *facing in different directions:* -ae legiones, II 23, 3; cf. II 22, 1; munitiones, VII 74, 1; — *separated:* Numidae, II 24, 4; — *different:* itinera, VII 16, 3.

dīves (**dis**), itis, adj., *rich:* longe ditissimus, I 2, 1.

Divicō, ōnis, m., a chieftain of the Helvetii, I 13, 2; 14, 7.

dīvidō, ere, divīsī, vīsum (viduus), *divide, separate:* Gallos Garumna flumen ab Aquitanis, a Belgis Matrona et Sequana, I 1, 2; (Rhenus) agrum Helvetium a Germanis, I 2, 3; flumen finis a maritimis civitatibus, V 11, 8; (Liger) Bituriges ab Aeduis, VII 5, 4; (Rhodanus) provinciam nostram ab Helvetiis, I 2, 3; Rhodanus Sequanos a provincia nostra, I 33, 4; exercitum in duas partes, VII 34, 1; equitatum tripertito, VII 67, 2; (vicum) in duas partes, III 1, 6; Gallia in partes tres divisa est, I 1, 1; civitates in partes duas VI 11, 5; civitas Helvetia in quattuor pagos, br. by Paul ⚓; — *pregnant, to break up and send:* equitatum in omnes partes, VI 43, 4; — *divisus, split up:* senatus, populus, clientelae, VII 32, 5; cf. VI 11, 5.

dīvīnus, a, um, *divine:* sine ope divina, II 31, 2; res divinae, *public worship,* VI 13, 4.

Divitiacus, i, m., 1) (MSS. often spell Diviciacus and Deviciacus), a Druid and leading politician in the commonwealth of the Aedui, I 3, 5; 16, 5; 18, 1; older brother and political opponent of Dumnorix, I 18, 8; entreats Caesar to spare the life of Dumnorix, I 20, 1, 6; Caesar's regard for him, I 19, 2; VII 39, 1; spokesman of Gallic congress, calling upon Caesar to check Ariovistus, I 31, 3; 32, 1, 3; selects a route for Caesar's army, I 41, 3; C. asks of him co-operation of the Aedui in the campaign against the Belgae, II 5, 2; 10, 5; intercedes for Bellovaci, II 14, 1; 15, 1; his political mission to Rome, VI 12, 5; — 2) chieftain of Suessiones, II 4, 7.

dō, dăre, dedi, datum, v. 1, *to give:* agros, I 28, 5; IV 8, 2; responsum, I 14, 7; V 58, 3; mandata, VII 54, 4; 71, 5; legatis in mandatis aliquid, I 43, 9; tempus datur alicui rei faciendae (gen.), III 4, 1; tribus horis exercitui ad quietem datis, VII 41, 1; sibi tridui spatium, IV 11, 3; nihil spatii, IV 13, 3; spatium conicienti, I 52, 3; cf. III 19, 1; IV 14, 2; facultatem regrediendi, V 44, 6; cf. V 17, 4; VII 80, 8; III 4, 4; IV 20, 2; 34, 5; I 7, 5; facultatem quietis, V 40, 5; cf. IV 21, 9; cf. V 40, 2; VII 50, 5; facultatem fugae, I 32, 5; recessum primis ultimi, V 43, 5; Aeduis veniam, VI 4, 3; petentibus veniam, VII 15, 6; consilium, V 31, 6; manus, V 31, 3; fidem, VII 42, 5; iusiurandum, VII 2, 3; opportunitatem, III 17, 7; signum, I 52, 3; III 4, 1; 19, 2; 5, 3; IV 23, 6; VII 27, 2; 45, 10; signum tubā, II 20, 1; signum recipiendi, VII 52, 1; proelii committendi signum, II 21, 3; cf. also VII 3, 1; 46, 4; obsides, I 14, 6, 7; 31, 8; 44, 2; 37, 2; II 3, 3; 35, 1; III 1, 4; 8, 2; 10, 2; IV 16, 5; 21, 5; 31, 1; VI 3, 2; 9, 6, 7; VII 11, 2; 12, 3; partem (obsidum), IV 27, 6; exercitum alicui ducendum, IV 22, 5; legionem alicui ducendam, V 24, 2, 7; VII 34, 2; filiam in matrimonium ei, I 3, 5; arbitros inter civitates, V 1, 9; — *inter se, to exchange:* obsides, I 9, 4; 19, 1; II 1, 1; III 23, 2; hostes in fugam (*put to flight*), IV 26, 5; V 51, 5; — *afford:* ascensum Gallis, VII 85, 6; dubitationem alicui, I 14, 1; magnam facultatem, I 38, 4; — *concede, grant:* ulli iter, I 8, 3; tutum iter, V 27, 10; — *cause, present:* hostibus suspicionem timoris, VI 7, 8; aliquam suspicionem timoris, VII 54, 2; cf. VII 62, 4; — *yield:* se vento (*send before the wind*), III 13, 9; operam dare (*to take pains*), V 7, 3; ne, VII 9, 2.

doceō, ēre, uī, ctum, v. 2, *teach, explain:* ut docuimus, VI 2, 1; — *w. direct material object:* quas (falces), V 42, 5; cf. haec ab his docebantur, V 42, 2; — *aliquem:* Divitiacum, quantopere reipublicae intersit, II 5, 2; quam veteres causae intercederent, I 43, 6; quid fieri oporteret, II 20, 3; quibus angustiis Caesar prematur, III 18, 4; — *give information, explain:* followed by acc. w. inf., I 43, 4; III 5, 2; V 1, 7; 28, 4; 47, 5; VI 9, 6; 40, 4; VII 33, 3; 41, 1; 86, 3; supra, VI 35, 5; *de suo adventu,* VII 10, 3; — *w. gerundive:* hoc acquirere animo ferendum, V 52, 6; longe alia ratione esse bellum gerendum, VII 14, 2.

documentum, ī, n. (means of teaching), *proof:* -o (dat.) esse alicui, VII 4, 10.

doleō, ēre, uī, v. 2, *experience grief, be pained:* ex commutatione rerum, I 14, 5; — w. acc. w. inf.: liberos abstractos, III 2, 5; tantum se eius opinionis deperdidisse, V 54, 5; se imperio subiectos, VII 1, 3.

dolor, is, m., *grief, pain, disappointment:* longior, V 52, 6; plus doloris capere, I 20, 1; -em condonare, I 20, 5; patienter ferre, VII 77, 5; dolori est alicui aliquid, *causes grief,* V 29, 3; dolore affici, *to experience pain, be pained,* I 2, 4; multo gravius hoc dolore exarsit, V 4, 4; magno cum dolore ferre, VII 15, 2; magno dolore, VII 63, 8; dolore prohiberi, VII 38, 3.

dolus, ī, m., *cunning, trickery:* per dolum atque insidias, IV 13, 1; magis virtute quam dolo, I 13, 6.

domesticus, a, um, adj. (of the house), *native, of home* (opp. alienus): domesticis copiis uti, II 10, 4; bellum -um, V 9, 4.

domicilium, ī, n., *dwelling-place, residence:* locum -o deligere, I 30, 3; II 29, 5; aliud d. petere, I 31, 14; domicilia Gallorum, VI 30, 3.

dominor, v. dep. 1, *lord it, be master:* inter quos, II 31, 6.

dominus, i, m., *master* (domus) (opp. servus), VII 13, 3.

Domitius, i, m., L. D. Ahenobarbus, count in 54 B.C., V 1, 1.

domus, ūs, f., abl. *domo*, acc. pl. *ōs*, locative *domī*.

domī, adv., *at home* (opp. apud finitimas civitates): largiter posse, I 18, 5; d. atque in reliqua Gallia, I 20, 2; nihil domi erat, I 28, 3; d. manere, IV 1, 5; arma d. efficere, VII 4, 8; adulescens summae domi potentiae, VII 39, 1.

domum (terminal acc. οἴκαδε), *home*, *homeward:* contendere, II 24, 4; discedere, V 7, 5; pervenire, II 10, 1; sese recipere, VI 8, 7; redire, I 29, 3; remittere aliquem, I 43, 9; IV 21, 6; VII 4, 10; reverti, I 54, 1; II 10, 4; 29, 1; VII 5, 4; domum relinquere, I 44, 2; domos relinquere, I 30, 3.

domō, *from home:* uxorem secum ducere, I 53, 4; cibaria efferre, I 5, 3; eicere, IV 7, 3; excedere, IV 14, 5; exire, I 6, 1; 12, 5; 29, 1; expellere, V 54, 3; domūs omnium patent his, VI 23, 9; in singulis domibus factiones sunt, VI 11, 2.

Donnotaurus, i, m., Q. Valerius D., a Romanized Gaul of the province, leading man among the Helvetii, VII 65, 2.

dōnō, v. 1, *present, give as gift:* praedam militibus; — *endow, present with:* aliquem civitate, I 47, 4.

dōnum, ī, n., *gift, present:* -is allicere aliquem, VII 31, 1.

dorsus, i, m. (commonly dorsum), *back, ridge:* dorsum esse eius iugi prope aequum, sed hunc silvestrem, VII 44, 3 (☞ the change of *hunc* to *hac* is a very plausible one).

dōs, tis. f., *dowry:* pecunias dotis nomine accipere, VI 19, 1; pecunias cum dotibus communicare, VI 19, 1.

druidēs, um, m., priests of Gauls; their position and functions described, VI 13, 3; 13, 8; 14, 1; 16, 2; 18, 1; difference of the Germans in this respect, VI 21, 1.

Dūbis, is, m., a river (*Doubs*) tributary of the Arar (Saône), laves the town of Vesontio, I 38, 4.

dubitātiō, ōnis, f., *doubt, hesitation:* datur alicui, I 14, 1; -onem interponere, VII 40, 1; omnem -onem adventus legionum expulit (*as to the arrival of the l.*), V 48, 10.

dubitō, v. 1, *hesitate:* quid dubitas?, V 44, 3; dubitantes cogere, VII 4, 9; territare, VII 63, 3; flumen transire, proelium committere, VI 8, 1; non dubitandum ... quin proficisceretur, II 2, 4; — *doubt* (non dubitare *quin* ...): an dubitamus quin Romani concurrant (?) (here the question involves a denial), VII 38, 8; neque dubitare quin libertatem sint erepturi, I 17, 4; quin supplicium sumat, I 31, 15; quin nemo ... audeat, VII 66, 6; — *entertain doubts:* de eorum fide constantiaque, VII 77, 10; de eius fide, VII 21, 1; de legione, I 40, 15; — *absolutely:* se neque umquam dubitasse, I 41, 3.

dubius, a, um, adj., *doubtful:* dubium est, -ne, an, VI 31, 1; non esse dubium quin, I 3, 7; — *uncertain:* victoria, VII 80, 6; in dubium devocare (*to risk*) suas exercitusque fortunas, VI 7, 6.

ducentī, ae, a, *two hundred:* equites, VI 32, 6; passūs, I 43, 2; II 18, 2; pedes, II 29, 3; VI 29, 2; obsides, V 4, 1; ☞ ducentae xx naves, III 14, 2; others cxx.

dūcō, ere, xī, ctum, v. 3, *lead:* copias adversus hostem, IV 14, 2; c. contra Labienum, VII 61, 5; ea (milia), VII 37, 7; exercitum in Segusiavos, I 10, 5; in Menapios, IV 22, 5; in Bellovacos, II 13, 1; in fines Suessionum, II 12, 1; Cassivellauni, V 18, 1; circuitu, I 41, 4; legiones in Arvernos, VII 34, 2; in Senones Parisiosque, VII 34, 2; in Morinos, V 24, 2; in Menapiorum fines, IV 38, 3; legiones subsidio, II 8, 5; legiones expeditas, II 19, 2; primum pilum, V 35, 6; VI 38, 1; filiam in matrimonium, I 9, 3; — *to marry, take:* (secum) uxorem domo, I 53, 4; reliquos, V 5, 4; — *move, convey:* carrum, I 6, 1; — *construct:* fossam, VII 72, 1; 73, 2; ordines, VII 73, 8; cf. I 8, 1; — *put off:* aliquem, I 16, 4, 5; longius eam rem, VII 11, 4; — *draw out, prolong:* bellum, I 38, 4; — *consider, hold, esteem* (cf. ἡγέομαι): turpe ducere, filium assistere, VI 18, 3; cf. I 3, 2; IV 30, 2; deorum numero eos solum, VI 21, 1; se in hostium numero, VI 32, 1; in desertorum ac proditorum numero, VI 23, 8.

ductus, ūs, m., *command, leadership:* cuius ductu, VII 62, 2 (br. by Paul ☞).

dum, conj., *while:* c. ind. present, I 27, 4; 39, 1; 40, 1; III 17, 1; IV 22, 1; 32, 1; 34, 3; V 22, 1; 35, 7; 37, 2; 44, 12; VI 7, 1; VII 37, 1; 42, 1; 57, 1; 66, 1; 75, 1; VII 82, 3 (at bottom the tense is correct because relatively present); *while, as long as*, VII 50, 6; 82, 1; (in oratio obliqua), VII 77, 2; — *until:* w. subj. (involving purpose), I 7, 6; 11, 6; IV 13, 2; 23, 4; VII 23, 4.

Dumnorīx, īgis, m., brother of Divitiacus, I 18, 1; leader of the patriotic faction among the Aedui; enters into a private alliance with Orgetorix the Helvetian in 60 B.C., I 3, 5; interposes his good offices with the Sequani on behalf of the Helvetii, I 9, 3; his political aims, I 18, 3 sqq.; his anxiety to have Caesar fail, I 18, 10; Caesar's conference with Divitiacus about Dumnorix, I 19, 4; Caesar pardons the latter for his brother's sake, and places him under surveillance, I 20, 6; Dumn. attempts to cut loose from Caesar at the time when the latter was about to cross over into Britain for the second time, V 6, 1, 2; 7, 1 sqq.; is pursued and put to death, V 7, 9.

duo, duae, duo, *two* (duorum, duarum, duorum), gen. pl. duum in III 17, 5; acc. pl. masc. duo, VII 33, 3; duo contendebant, ind. et cing., V 3, 2; duo magistratum gerunt, VII 32, 3; d. commeatūs, V 23, 2; filii, II 13, 1; (hostes) VII 50, 5; pedes, IV 17, 3; duae acies, I 49, 4; VI 8, 2; VII 67, 1; cohortes, III 1, 4; 2, 3; IV 32, 2; V 15, 4; VI 44, 1; VII 65, 1; causae, VI 9, 1; VI 14, 4; factiones duae, I 31, 3; fossae, VII 72, 3; filiae, I 53, 4; legiones,

I 10, 3; 21, 2; 24, 2; 49, 5; II 2, 1; 8, 5; 19, 3; 23, 3; IV 22, 3; V 15, 4; 48, 1; VI 5, 6; 44, 3; VII 9, 4; 10, 4; 11, 6; 24, 5; 26, 3; 35, 3; 40, 3; 68, 2; 83, 3; 90, 4, 5; onerariae (naves), IV 36, 4; portae, III 19, 2; V 58, 4; VII 24, 3; 41, 4; res, II 20, 3; turres, VII 17, 1; uxores, I 53, 4; duae omnino civitates, IV 38, 4; duo bella, I 54, 2; flumina, VII 69, 1; genera, VI 13, 1, 3; itinera, I 6, 1; milia, I 48, 2; II 7, 3; III 17, 5; V 8, 1; 32, 1; VI 35, 5; latera, VII 67, 1; tigna, IV 17, 5; duodeviginti (eighteen), II 5, 6; ☞ Holder duo de xx, milia nonaginta duo, I 29, 2; legatos duos, V 38, 3; ☞ Hr. duo.

duodecim, *twelve:* numero ad d., I 5, 2; cohortes, VI 29, 3.

duodecimus, a, um, *twelfth:* -a legio, II 23, 4; VII 62, 3; ☞ in II 25, 1, Hr. duodecima legio.

duodēni, ae, a, *twelve each, twelve at a time:* d-i inter se communes uxores habent, V 14, 4; fossam duplicem duodenum pedum, VII 36, 7; -a milia imperat Sequanis, Senonibus, etc., VII 75, 3.

duplex, icis, adj. (plico), *twofold, double:* acies, III 24, 1; fossa, VII 36, 7; murus, II 29, 3.

duplicō, v. 1, *to double:* numerum obsidum, IV 36, 2; cohortium, IV 1, 4.

duritia, ae, f., *hardness, endurance:* labori ac -ae student, VI 21, 3.

durō, v. 1, *to harden:* se hoc labore, VI 28, 3.

Durocortorum, i, n., town of the Remi (later Rheims), VI 44, 1.

durus, a, um, adj., *hard, difficult:* subvectio, VII 10, 1; *inclement:* durissimo tempore anni, VII 8, 2; durius, *of exceptional difficulty*, I 48, 6; V 29, 6.

Durus, i, m, Q. Laberius D., tribunus militum, V 15, 5.

dux, cis, m., 1) *leader:* Helvetiorum, I 13, 2; hostium, VII 62, 5; -es iusserunt pronuntiare, V 34, 1; deligunt, VII 83, 4; dux et princeps Lemovicum, VII 88, 4; d. viarum atque itinerum, VI 17, 1; duce Boduognato, II 23, 4; adulescentulo, III 21, 1; Gaio Trebonio, VI 40, 4; quo, VII 67, 7; Gutruato et Conconnetodumno ducibus, VII 3, 1; duce uti, VI 35, 10; dux summus, VII 21, 1; nobilis, V 22, 2; -em sequi, VI 23, 7; accessere, III 23, 3; deligere, III 23, 5; unum ex quattuor ducibus, VII 83, 6; sine duce deprehendere hostes, VII 52, 2; -es ex concilio dimittere, III 18, 7; duces quibus summa imperii permissa erat, VII 79, 1; deseri ab ducibus, V 34, 2; consilium probatur ab ducibus, III 24, 4; praestate nobis ducibus, eandem virtutem, VI 8, 4; —2) *guide:* -es qui iter cognoverant, I 21, 2; cf. II 7, 1 (ἡγεμών).

E.

e, *v.* ex.

eā (fem. abl. of is), scil. parte, *there;* cf. is (ταύτῃ).

Eburōnēs, um, Belgian people, of German origin, II 4, 10; vassals of the Treveri, IV 6, 4; their geographical position (mostly between Meuse and Rhine), VI 32, 1; their chieftains in 55–54 B.C. Ambiorix and Catuvolcus, V 24, 4; VI 31, 5; fifteen cohorts under Sabinus and Cotta take winter quarters in their country, V 24, 4; cf. V 47, 5; they approach the winter quarters, V 29, 2; they join in an attack on Cicero's winter quarters, V 39, 3; cf. V 58, 7; the Menapii their kinsmen, VI 5, 4; Caesar operates against them, VI 32, 2, 4; 34, 8; 35, 1 sqq.; ☞ in VII 75, 3 *Eburovicibus* has been substituted by Henri de Valois (Valesius, † 1675) for Eburonibus.

Eburovicēs, um (Évreux in Normandy), a tribe of the Aulerci, III 17, 3; VII 75, 3.

ēdiscō, ere, didicī, v. 3, *learn by heart:* magnum numerum versuum, VI 14, 3.

ēditus, a, um (participle as adj.) (edo) (put up), *elevated, rising:* collis paululum ex planicie e., II 8, 3; locus castrorum e. erat, III 19, 1; locus, VII 18, 3; locus admodum e., VII 69, 1.

ēdō, ere, didi, ditum (give forth), *to state, indulge in:* omnia exempla cruciatusque, I 31, 12.

ēdoceō, ēre, uī, ctum, *explain precisely, in detail:* quid fieri velit, III 18, 2; quanto detrimento ... necesse sit constare victoriam, VII 19, 4; quos ille edocuerat quae dici vellet, VII 38, 4; quae interrogati pronuntiarent, VII 20, 10.

ēdūcō, ere, xī, ctum, v. 3, *lead out, lead forth:* legionem (es) ex hibernis, I 10, 3; V 47, 5; ex castris, VII 53, 1; copias castris, I 51, 2; IV 13, 6; (suos) ex oppido, VII 81, 3; copias ex castris, I 50, 1; II 8, 5; singula milia armatorum ex finibus, IV, 1, 4; equitatum ex castris, VII 13, 1; 79, 2; 80, 2; Marcum Aristium ex oppido Cabillono, VII 42, 5; exercitum ex castris, III 18, 4; cohortes, III 26, 2; impedimenta ex castris, VII 68, 1; cohortes ex castris, VII 49, 1; 51, 2; milites ex hibernis, V 27, 9; absolutely = *move:* ex hibernis, VII 10, 1; —*draw:* gladium, V 44, 8.

effarciō, īre, rsī, rtum, v. 4 (stuff utterly), *fill compactly:* intervalla saxis, VII 23, 2.

effēminō, v. 1 (render womanish), *render soft, make effeminate:* animos, I 1, 3; homines remollescere atque effeminari arbitrantur, IV 2, 6.

efferō, efferre, extuli, elatum, *bear away, take away:* litteras, V 45, 4; —*disclose:* rem, VII 2, 2; clandestina consilia, VII 1, 6; disciplinam in vulgum, VI 14, 4; in volgus, qua arrogantia Ariovistus usus interdixisset, I 46, 4; —*take along:* cibaria sibi domo, 5, 3; —*lift up:* hos in murum, VII 47, 7; (meton., lift up, mentally) *make elated:* recenti victoria efferri, V 47, 4; elati spe, VII 47, 3.

efficiō, ere, fēcī, fectum (make utterly), 1) *bring about, effect, realize:* quid, III 21, 1; id, V 50, 3; VI 14, 1; VII 26, 2; 20, 6; omnia, VII 22, 1; quantum (spatii) cursu et viribus (*cover*), IV 35, 3; quantum labore atque itinere, V 19, 3; — *render:* hunc murus arcem, I 38, 6; hostes alacriores, V 33, 5; nostros milites alacriores, III 24, 5; — *form, create, produce:* homines inmani corporum magnitudine, IV 1, 9; insulam Batavorum, IV 10, 1; insulas, IV 10, 4; VI 31, 3; caeruleum colorem, V 14, 2; unum consilium totius Galliae, VII 29, 6; — *cause:* maritimos aestus maximos, IV 20, 1; — *furnish:* quantum armorum, VII 4, 8; — *construct, complete:* classem, IV 21, 4; opus, VI 9, 4; omne opus, IV 18, 1; VII 35, 5; pontem, VI 6, 1; VII 35, 1; magnum numerum cratium scalarum, etc., VII 81, 1; ☞ profectionem fugae similem br. by Hr. after Paul, VI 7, 8; — *2) bring about, have the effect,* followed by ut c. subj., II 5, 5; 17, 4; IV 2, 2; 31, 3; 33, 3.

effodiō, ere, fōdī, fossum, v. 3 (dig out), *mutilate:* oculos, VII 4, 10.

effugiō, ere, fūgī, *escape,* V 58, 4; — *escape from:* mortem, VI 30, 2; periculum, IV 35, 1.

egeō, ēre, uī, v. 2, *to be destitute, lack, need:* auxilii contra potentiorem, VI 11, 4; — EGĒNS, *needy, beggarly:* delectum habet egentium ac perditorum, VII 4, 3.

egestās, ātis (egeo), f., *destitution, poverty:* in eadem inopia egestate patientia Germani permanent, VI 24, 4.

ego, pron., *I:* ego certe, IV 25, 3; cf. VII 38, 3; 77, 6; mihi, VI 14, 4; VII 77, 4; apud me, VII 77, 6; a me, VII 20, 8, 12; me una vobiscum servare, VII 50, 4.

ēgredior, i., gressus, v. dep. 3 (gradior, stride out), *sally forth,* II 24, 2; — *depart from, move from, disembark, go away:* quam longissime, VII 35, 5; silentio, VII 60, 4; ex oppido, VII 84, 1; VII 11, 7; II 13, 2; ex suis finibus, VI 31, 3; navi, IV 21, 9; 26, 2; navibus, IV 24, 1; e navi, IV 27, 3; unde, V 35, 3; 37, 4; portis, VII 28, 3; ex castris, I 27, 4; VI 36, 2; VII 36, 7; 58, 2; 74, 2; 81, 1; 83, 7; castris, II 11, 1; ex hibernis, VII 1, 7; finibus provinciae, I 44, 7; locus idoneus ad egrediendum (disembarking), IV 23, 4.

ēgregiē, v. egregius.

ēgregius, a, um (out of the flock), *distinguished, uncommon:* fides, I 19, 2; virtus, I 28, 5; V 52, 4; voluntas, V 4, 3; — EGREGIĒ, adv., *excellently:* munitum, II 29, 2; V 9, 4; 11, 7; 21, 4; VII 36, 5.

ēgressus, ūs, m., *landing,* V 8, 3.

ēiciō, ere, iēcī, iectum, v. 3 (iacio), *throw out, fling out:* se ex castris, IV 15, 1; ex silvis, V 15, 3; alia ex parte oppidi, V 21, 5; ex oppido, VII 28, 5; 47, 4; in agros, V 19, 2; — *banish, drive forth,* VII 4, 4; domo, IV 7, 3; — *cast out:* naves in litore, V 10, 2.

ēiusmodī (= talis), *such, of such character:* c. situs oppidorum, III 12, 1; e. congressus ut, III 13, 7; tempestates uti, III 29, 2; imperia ut, V 27, 3; consilium, V 29, 5; in eiusmodi casu, V 33, 4; in e. difficultatibus, VI 34, 7; nullum e. casum expectans, VI 36, 2.

ēlābor, i, lapsus, v. 3 dep. (slip away), *escape from:* ex proelio, V 37, 7.

Elaver, is, n., the Allier River, a tributary of the upper Loire, on left bank: secundum flumen Elaver, VII 34, 2; ad flumen Elaver, VII 53, 4; E. transiri solet, VII 35, 2.

elephantus, ī, m., *elephant:* magnitudine paulo infra elephantos, VI 28, 1; Hr. after leading MSS. elefantos ☞.

Eleuteti, orum, m. (vulgate Eleuteri ☞), vassals of Arverni, VII 75, 2.

ēliciō, ere, cuī, v. 3 (lac-io = locken, Germ.), *entice:* hostes in suum locum, V 50, 3; eum ex paludibus silvisque, VII 32, 2; omnes citra flumen, VI 8, 12.

ēligō, ere, lēgī, lēctum, v. 3, *pick out from, choose:* ex eo numero electa sexaginta, II 4, 5.

Elusātēs, ium, pl. m., a tribe of Aquitania (the town of *Eauze,* dep't Gers, preserves the name of *Elusa,* the ancient capital), III 27, 1.

ēmigrō, v. 1, *move away:* domo, I 31, 14.

ēmineō, ēre, uī, v. 2 (rise up), *project out:* cervis eminentibus ad commissuras, VII 72, 4; stipites ab ramis eminebant, VII 73, 3; ex terra, VII 73, 6.

ēminus, adv. (away from the hand), adv., *from a distance* (opp. comminus); ☞ eminus revocatus for enim revoc., a conjecture of C. Fleischer adopted by Holder, V 7, 8 (?); faces de muro in aggerem e. iaciebant, VII 24, 4.

ēmittō, ere, mīsī, missum, v. 3, *send out, send forth:* equitatum, V 51, 5; duabus portis omnem equitatum, V 58, 4; essedarios ex silvis, V 19, 2; cohortes ex statione, VI 42, 1; Hispanos equites, V 26, 3; — *let fly:* pila, II 23, 1; — *let go:* scutum manu, I 25, 4.

emō, ere, ēmī, emptum, v. 3, *buy* (frumentum), I 16, 6; (homines) II 33, 7.

ēmolumentum, ī, obsolete reading of MSS. in I 34, 3, for which Gabriel Faërno (b. at Cremona, ✝ 1561) substituted *molimentum.*

ēnāscor, ī, nātus, v. dep. 3, *grow out, sprout forth:* ramis in latitudinem enatis, II 17, 4.

enim, conj. co-ord. *for* (γάρ), placed postpositively: consuesse enim deos, etc., I 14, 5; 40, 12; III 14, 4, 9; IV 5, 2; 9, 3; VI 11, 4; 25, 1; 34, 3; VII 37, 5; 66, 4; 84, 5; neque enim (οὐδὲ γάρ), *and* (w. good reason), *for not,* I 31, 11; II 17, 4; III 13, 8; IV 20, 3; 29, 4; VII 77, 15; ☞ in V 7, 8 changed to eminus by C. Fleischer.

ēnūntiō, v. 1, *disclose:* ut ea res enuntiari posset, V 58, 1; ea quae dixissent, I 31, 2; (twice) necessariam rem, I 17, 6; nostra consilia, I 17, 5; inter se sanxerunt, ne quis enuntiaret, I 30, 5; ea res est Helvetiis per indicium enuntiata, I 4, 1; haec Ariovisto, I 31, 15.

eō, īre (īvī), iī, itum, v. 4, *go:* ad armatum hostem, V 36, 4; — *march:* per fines, I 6, 3; 9, 4; 28, 1; V 56, 5; via, qua, I 9,

1; iter, quo, III 1, 2; eodem itinere quo, I 21, 3; qua proximum iter erat, I 10, 3; huc, V 56, 5; Bibracte ire contendit, I 23, 1; cum sola decima legione, I 40, 15; (milites) ea celeritate atque eo impetu, V 18, 5; infestis signis ad se, VI 8, 6; contra hostem, VII 67, 2; ad castra, III 18, 5; 24, 5; ad flumen Scaldem, VI 33, 3; trans Mosam, IV 12, 1; adverso flumine, VII 61, 3; subsidio suis, VII 62, 8; — *move on, proceed:* tota nocte continenter, I 26, 5; in eam partem, I 13, 3; — *start:* prima luce, V 31, 3; — *make one's way:* incertis temporibus diversisque itineribus, VII 16, 3; *iri* as auxiliary w. fut. inf. pass., ductum iri, VII 11, 4; nocitum iri, V 30, 2; spoliatum iri, VII 66, 5.

eō, adv. (is), *to that point, thither:* eo se recipere, I 25, 5; imponere, I 42, 5; 51, 3; milites inicere, VII 58, 4; comportare, III 2, 1; concursum est, II 33, 3; contulerunt, III 28, 2; convenire, III 10, 2; IV 23, 4; V 8, 6; 21, 3; VII 33, 3; mittere, I 49, 3; VII 1; IV 38, 4; VII 11, 4; 90, 2; pervenire, I 27, 3; III 3, 3; V 12, 2; 53, 1; VI 3, 6; VII 9, 5; venire, I 43, 2; II 3, 1; 25, 2; III 23, 2; IV 6, 2; 21, 8; V 1, 6; 2, 2; 11, 8; 18, 2; VII 6, 2; 7, 4; 55, 4, 5; 61, 1; ventum est, I 43, 4; ☞ II 25, 2, passage br. by Hr. after Paul; copias cogere, VII 56, 1; exercitum adduxit, III 28, 1; quem praemiserat, VII 9, 4; devexerat, V 47, 2; profectum, VII 18, 1; signa inferre, VII 67, 4; duces producuntur, VII 80, 4; eo ut, IV 2, 1; usque eo ut, VI 37, 2; VII 17, 3; — *v. is.*

eōdem, adv., *to the same place, point:* conducere, I 4, 2; referri, IV 28, 2; conferre, VI 5, 7; convenire, V 5, 3; VII 63, 5; mittere, VI 4, 5; pertinere, I 14, 4; eodem illo pertinere, IV 11, 4; proficisci, V 11, 7; revertere, VI 4, 5.

ephippiātus, a, um (ἐφίππια), *equipped w. saddle-cloth:* equites -i, IV 2, 5.

ephippium, i, n., *saddle-cloth:* -iis uti, IV 2, 4.

epistola (ἐπιστολή), ae, f., *letter, despatch:* -am deferre ad aliquem, V 48, 3; intercipere, V 48, 4; deligare ad alqd., V 48, 5.

Eporedorix, ēgis, m, 1) a leading man of the Aedui in 52 B.C., VII 38, 2; 39, 1; 40, 5; 54, 1; 55, 4; 63, 9; 64, 5; 76, 3; — 2) an older leader: quo duce ante adventum Caesaris Aedui cum Sequanis bello contenderant, VII 67, 7.

epulae, ārum, f. pl., *banquet:* amplissimae, VI 28, 6.

eques, itis, m., *horseman, cavalry-man;* — 1) (Roman) *knight:* eq. Romanus, V 27, 1; honestum equitem R., VII 3, 1; Gaius Trebonius, VI 40, 4; cf. VII 61, 2; 65, 5; iniuriae retentorum equitum Romanorum, III 10, 2; (naves) equitibus distribuit, IV 22, 4; cf. VII 60, 1; *Aeduan knight*, VII 38, 5; cf. VI 13, 3; 15, 1; — 2) *equites, horsemen, cavalry*, as subject of impetum facere, I 46, 4; se recipere, I 48, 6; proelium committere, II 19, 4; confligere, V 15, 1; alicui occurrere, II 24, 2; VII 88, 3; hostes agere, V 17, 4; reverti, IV 11, 4; V 7, 9; domum contendere, II 24, 4; tela conicere, V 57, 3; 58, 2; pugnare, II 27, 2; dimicare, V 16, 2; consectari, III 19, 4; V 58, 6; intervenire, VI 37, 1; cursum tenere posse, IV 26, 5; renuntiare, III 25, 2; pervagari, VII 9, 2; venire, V 10, 2; praecurrere, VI 39, 1; servari, VI 40, 5; exponere, VII 41, 2; convenire, VII 64, 1; 66, 1; accedere, I 46, 1; fugere, II 24, 4; conscendere in naves, V 7, 4; deesse, IV 30, 1; equites ephippiati, IV 2, 5; — *equitum* multitudo, I 15, 3; numerus, IV 2, 5; V 8, 2; VI 7, 7; VII 31, 5; 39, 1; milia, I 48, 5; V 8, 1; VI 35, 5; VII 76, 3; pars, VII 87, 4; decurio, I 23, 2; proelium, II 9, 2; stationes, II 18, 3; turmae, IV 33, 1; VII 45, 1; 88, 1; praesidium, VI 43, 6; praefectus, VII 67, 7; praefecti, III 26, 1; VII 66, 3; mobilitas, IV 33, 3; impetus, V 18, 5; VII 80, 3; adventus, V 39, 2; VI 31, 1; vis, VI 30, 3; opera (ae), VII 20, 4; periculum, V 19, 2; caedes, VII 38, 10; species ac simulatio, VII 45, 2; equos detrahere equitibus, I 42, 5; imperare, VII 8, 3; subsidio mittere, V 58, 5; equites (*object*) expectare, IV 9, 3; conspicere, IV 12, 1; habere, IV 12, 1; iubere alqd. facere, IV 23, 1; V 50, 5; deligere, IV 7, 1; tollere, IV 28, 1; colligere, V 46, 1; nancisci, IV 35, 1; intromittere, V 58, 1; in expeditionem mittere, V 10, 1; evocare, V 57, 2; praemittere, VII 48, 1; emittere, V 26, 3; proelio lacessere, V 17, 1; relinquere, V 9, 1; submittere alicui, VII 13, 1; addere, VII 45, 3; 64, 4; imperare alicui, VII 4, 6; attribuere alicui, VI 32, 6; disponere, VI 8, 5; impetum facere in equites, II 19, 6; inter equites, VII 18, 1; 40, 5; 65, 4; 80, 3; per equites, VII 56, 4; ad equites praemittere, IV 11, 2; equitibus (abl.) propellere multitudinem, I 15, 3; de -bus, VII 66, 6; ab equitibus, I 18, 10; VII 14, 4; ex -bus, IV 12, 3; V 48, 3; cum -bus, V 2, 4; 7, 5; V 50, 4; VI 28, 3; 30, 1; 33, 3.

equester, tris, tre, adj., *of horsemen, referring to cavalry:* proelium -e, I 18, 10; III 20, 3; VII 13, 1; 70, 1; p. e. facere, VII 86, 1; 53, 2; parvula equestria proelia facere, V 50, 1; ☞ equestris proelii, V 16, 3 br. by Holder after Tittler; equestri proelio contendere, I 48, 4; II 9, 2; perspicere quid etc., VII 36, 4; superiorem esse, V 26, 3; -ibus proeliis periclitari, quid, etc., II 8, 2; desiliunt, IV 2, 3.

equitātus, ūs, m., *cavalry*, subject of consectari, III 26, 6; consequi, VII 88, 7; convenire, V 5, 3; reverti, IV 13, 2; accedere, V 50, 4; VII 83, 8; in conspectum venire, IV 37, 4; interire, VII 38, 2; se eicere, V 19, 2; se recipere, VI 41, 3; ire, VII 67, 2; visus est, VII 12, 4; cernitur, VII 88, 3; transmittitur, VII 61, 2; magnus numerus -ûs, I 18, 5; III 11, 3; pars, III 1, 1; IV 9, 2; 16, 2; V 7, 6; VII 34, 2; multitudo, IV 34, 5; copiae, V 47, 5; VI 7, 1; VII 5, 3; 76, 6; auxilia, VI 10, 1;

Equus   **Et**   55

equitatui praeesse, I 18, 10; 39, 5; 52, 7; studere, VII 4, 8; committere alqd., I 42, 5; equitatum cogere, III 9, 1; V 3, 4; mittere, praemittere (v.v.), ante se mittere, I 21, 3; continere, II 11, 2; educere (v.v.), emittere (v.v.), ostentare, VII 55, 9; dimittere, VII 71, 1; imperare, IV 6, 5; opponere, VI 30, 2; immittere, VII 40, 4; fugare, VII 68, 1; perterrere, I 18, 10; amittere, I 31, 6; traducere (v.v.), impedire, II 17, 4; revocare, V 11, 1; nancisci, VII 9, 4; reicere, I 24, 5; comparare, III 20, 2; pellere, III 20, 4; dividere, VI 43, 4; disponere, VII 56, 4; distribuere, VII 67, 1; cum equitatu, I 15, 2; 42. 4; 46, 3; 49, 3; II 19, 4; III 11, 1; IV 11, 6; V 15, 1; 38, 1; 57, 3; VI 5. 2; 6, 4; 7, 4; 29, 4; 41, 2; VII 18, 3; 20, 1; 54, 2; 60, 4; ab -u, V 9, 4; VII 26, 5; 62, 9; sine -u, VII 52, 2; equitatu consequi, I 53, 3; persequi, I 53, 5; nihil posse, II 17, 4; valere, III 20, 3; V 3, 1; iter facere, IV 4, 5; circumdare, IV 32, 5; progredi, V 9, 3; circumvenire, II 10, 3; consectari, VI 8, 7; abundare, VII 14, 3; 64, 2; pellere, VII 68, 3; superiores esse, VII 65, 4.

equus, i, m., *horse:* terror equorum, V 33, 1; magnus numerus -orum, VII 55, 3; iubae, I 48, 7; equum admittere (*give reins to*), I 22, 2; in equum inferre aliquem, VI 30, 4; *ad equum rescribere* is capable of twofold meaning, *to enroll in the cavalry*, or *to advance to the rank of knights*, I 42, 6; equum vulnerare, IV 12, 5; VII 46, 5; incitare, IV 12, 6; equos detrahere aliquibus, I 42, 5; assuefacere, IV 2, 3; insuefactos incitare, IV 24, 3; cf. 26, 2; partiri, VII 55, 5; incitatos sustinere, IV 33, 3; comprehendere, VI 30, 2; capere, VII 70, 7; parare, V 55, 3; removere, I 25, 1; producere, VII 12, 3; subfodere, IV 12, 2; sumere ab aliquo, VII 65, 5; relinquere, VII 70, 5.

Eratosthenes, is, m., of Cyrene, chief librarian at Alexandria; one of the most learned men of the Alexandrian era; died 196 or 194 B.C.; Caesar's quotation of E. probably refers to his Γεωγραφικά, VI 24, 2.

ergā, prep. c. accus., *to, toward:* pro vetere ac perpetua e. populum Romanum fide, V 54, 4.

ergō, adv., *then, therefore:* quid ergo, etc.? VII 78, 10, & 12.

ērigō, ere, rēxī, rectum, v. 3, *raise up:* sese, VI 27, 2; prorae admodum erectae (*straight, upright, vertical*), III 13, 2.

ēripiō, ere, uī, reptum (rapio) (snatch away), *save:* se latebris aut saltibus, VI 43, 6; se ex manibus militum, VII 46, 5; cf. I 53. 6; se per eos ne (the conjunction introducing the complement), I 4, 2; illum ex periculo, IV 12, 5; — *take away* (rudely): libertatem alicui, I 17, 4; quod attribuissent eis, I 43, 8; usum navium, III 14, 7; omne militare instrumentum, VI 30, 2; copias, VII 54, 4; vela armamentaque, III 14, 7.

errō, v. 1, *to err, be mistaken*, V 41, 5; VII 29, 3.

ērumpō, ere, rūpī, ruptum, v. 3 (*break forth, burst out*), *make a sally:* ex castris, III 5, 3.

ēruptiō, ōnis, f. (bursting out) 1) *sally:* duobus castris eruptio fiebat, VII 24, 3; -onis causa, VII 84, 1; se ad -em comparare, VII 70, 4; -em facere: ex oppido, II 33, 2; duabus portis, III 19, 2; cf. III 3, 3; 5, 2; V 22, 2; cum his, III 22, 4; omnibus portis, III 6, 1; V 51, 5; ex oppido pluribus portis, VII 73, 1; temptare, III 21, 3; — -em *censere* (move for, propose), VII 77, 2; eruptione pugnatur, VII 70, 2; cf. 86, 2; eruptione circumveniri, VII 82, 2; crebris diurnis nocturnisque -ibus, VII 22, 4; -ibus (dat.) resistere, VII 24, 5; — 2) *invasion:* in provinciam, VII 7, 2.

essedārius, ī, m., *chariot-fighter*, of Britain, IV 24, 1; -ii conflixerunt, V 15, 1; milibus circiter quattuor -orum relictis, V 19, 1; -os ex silvis emittere, V 19, 2.

essedum, ī, n., *war-chariot* (of Britons): -is circumdare aliquem, IV 32, 5; ex -is pugna, IV 33, 1; ex -is desilire, IV 33, 1; V 16, 2; 17, 4; -is ad flumen progressi, V 9, 3.

Esubii, orum, people in Normandy (south of Lexovii), III 7, 10, belonging to Armorica; ☞ in II 34 Holder reads Esubii, but prints Essuvii in his *index*; but in V 24, 2 from epigraphic considerations Essuuios.

et (co-ord. conj., *and*), connecting nouns, pronouns, numerals, prepositional phrases: I 1, 2, 5, 6, 7; 2, 1, 3, 5; 3, 1, 8; 6, 1, 2, 7, 3, 5; 8, 3; 9, 3, 4; 10, 1; 11, 1, 4; 12, 1; 13, 7; 14, 5; 15, 1, 5; 16, 5; 18, 7, 8; 19, 1; 21, 2; 22, 1; 23, 3; 25; 6, 7; 20, 1; 29, 1, 3; 31, 5; 33, 2; 34, 1; 37, 1, 3; 39, 6; 40, 5, 8; 41, 1, 3, 5; 43, 1; 44, 5, 9, 13; 45, 2; 47, 4; 48, 2; 49, 2; 50, 4; 51, 2; 52, 1; 53, 6; II 1, 4; 3, 1, 5; 4, 9; 5, 4; 6, 4; 10, 1; 11, 3; 12, 5; 10, 2; 20, 2, 4; 22, 1; 23, 1, 3, 4; 26, 5; 28, 3; 29, 3; III 1, 1; 2, 1, 3; 5, 2; 11, 3, 5; 13, 3, 7, 9; 17, 4; 19, 3; 20, 2; 21, 1; 23, 1, 4; 24, 2, 3; IV 1, 1; 4, 1; 6, 4; 12, 3; 13, 4; 14, 3; 16, 2, 7, 19, 3; 19, 4; 20, 1, 10; 23, 5; 24, 1; 25, 4; 21, 4; 22, 5; 23, 5; 24, 1; 33, 1, 3; 35, 3; 38, 3; V 2, 2, 4; 8, 1, 2; 9, 1; 14, 2, 3, 4; 24, 4; 26, 1; 27, 1, 2; 28, 1, 3; 29, 3; 30, 1; 31, 1; 33, 6; 34, 2; 37, 1; 39, 3; 42, 1; 43, 1; 44, 1, 14; 47, 4; 49, 5; 52, 3, 4, 6; 54, 4; 55, 2; 56, 4; 58, 7; VI 2, 2; 5, 1; 6, 1; 7, 8; 11, 1; 19, 4; 22, 2; 24, 3, 4, 5; 25, 2; 27, 1; 28, 2; 32, 1; 34, 6; 36, 2; 37, 1; 42, 1; 44, 1; VII 3, 1; 12, 4; 14, 2, 9; 15, 4, 5; 17, 1, 3; 19, 4; 20, 1, 10; 23, 5; 24, 1; 25, 4; 26, 3; 28, 6; 29, 2, 4; 31, 4, 5; 32, 1, 4; 33, 2; 34, 1; 37, 5; 38, 2, 10; 39, 1; 40, 5; 42, 2; 44, 4; 50, 1; 52, 2, 4; 54, 4; 55, 4; 56, 2, 5; 59, 1; 62, 1; 63, 9; 65, 1, 4; 69, 5; 72, 1; 75, 3, 4; 76, 3; 77, 3; 16; 80, 4; 81, 6; 83, 3; 86, 5; 88, 1, 4; 90, 4, 5, 7; — connecting two adjectives or attributive locutions or adverbs: I 2, 1; 6, 1; 23, 1; 31, 12; 32, 4; II 18, 2; III 8, 3; 13, 7; 18, 1; 19, 1; IV 1, 3; 22, 1; 24, 2;

V 10, 4; 24, 7; 35, 6; 54, 2; VI 19, 4; 20, 2; VII 17, 2; 22, 5; 32, 4; 33, 1; 39, 1; 44, 3; 54, 4; 71, 7; 73, 6; 77, 2, 3; 83, 2; 88, 1; — connecting two verbs or clauses: I 2, 1; 3, 4; 4, 2; 5, 4; 7, 4; 8, 3; 9, 3, 4; 11, 1, 5; 12, 5; 14, 6; 15, 2, 3; 16, 5, 10; 17, 6; 18, 5, 8; 19, 3, 4; 21, 1, 4; 22, 5; 23, 1; 25, 4, 6; 26, 3; 27, 4; 28, 1, 3, 4; 29, 1; 30, 5; 31, 2, 7, 9, 10, 12; 33, 3; 36, 3; 37, 1; 38, 6; 40, 14; 43, 1, 3; 44, 5, 6, 13; 46, 1; 47, 2, 3, 4, 5, 6; 48, 1, 2, 3; 49, 3, 5; 52, 5; 53, 8; II 2, 1; 4, 1; 5, 3, 6; 7, 3; 8, 2, 3, 4; 10, 4; 11, 1; 12, 1, 5; 13, 2; 15, 1, 4; 20, 3; 21, 3; 23, 1; 24, 2; 25, 1, 2; 26, 1, 4; 27, 4; 28, 2, 3; 31, 1; 33, 2; III 1, 4; 2, 4, 5; 3, 4; 4, 2; 5, 1; 6, 2; 7, 1; 8, 3; 9, 3; 10, 3; 11, 5; 13, 8, 9; 14, 4; 18, 2, 4, 7; 24, 3; 26, 5; 28, 3, 4; 29, 2, 3; IV 1, 2, 10; 3, 3; 4, 2, 3, 5; 5, 1, 3; 6, 4; 9, 1; 10, 1; 11, 6; 13, 2, 5; 15, 2; 20, 1, 2; 21, 7; 24, 3; 26, 4; 27, 4, 7; 28, 2; 30, 1, 2; 32, 2, 3; 33, 1; 34, 2, 5; 36, 4; 37, 3; V 3, 5; 4, 4; 8, 1; 9, 1, 3; 11, 3, 5; 12, 2; 17, 1; 19, 3; 22, 4; 27, 10; 31, 1; 32, 2; 33, 1, 3; 34, 2, 3; 35, 2, 5; 36, 3; 37, 1; 39, 1; 41, 6; 43, 2, 3; 44, 7, 8, 9; 45, 1, 4; 49, 5, 7; 50, 5; 51, 2; 52, 5; 53, 3, 4; 54, 3; 58, 2, 6; VI 1, 2, 2, 1, 3; 3, 1; 7, 4, 6, 8; 8, 1, 4, 5; 10, 4, 5; 11, 4; 13, 5, 12; 14, 6; 19, 3; — after semi-colon: 21, 2; 25, 5; 27, 1; 28, 3; 35, 2; 40, 2 (?); 43, 6; 44, 1; VII 1, 2, 5; 2, 2, 3; 2, 4, 1, 10; 8, 4; 11, 6; 14, 3; 16, 1; 17, 3, 4; 20, 4, 9; 21, 1; 23, 2; 24, 1, 2; 26, 2, 4; 27, 1; 30, 1 (elliptical); 30, 4; — after semi-colon: 31, 4; 32, 2, 3; 33, 2; 37, 2; 38, 6, 7; 39, 2; 40, 6; 41, 4; 46, 5, 10; 47, 5; 48, 3; 49, 1; 54, 4; 55, 4; 58, 5; 60, 1; 63, 5, 7; 65, 2, 4; 66, 6; 68, 1; 70, 5; 71, 9; 72, 4; 77, 9, 13; 79, 1, 4; 80, 1, 3, 4; 83, 8; 87, 4; 89, 2; — connecting participial clauses, participles, gerunds, and gerundives: I 3, 1; 12, 3; 25, 3, 6; 33, 2; 35, 2; 40, 8; 41, 4; 44, 2; II 11, 4; 17, 4; 26, 4; 27, 4; 28, 1; 32, 4; III 1, 4; 25, 1; 26, 2; IV 4, 1; 5, 1; 6, 5; 13, 4; 14, 1; 16, 7; 17, 10; 21, 5; 23, 6; 34, 2; V 9, 1, 7; 11, 7; 30, 3; 43, 6; 44, 6; VI 31, 1; 34, 6; VII 8, 1; 19, 4; 22, 1; 23, 3; 26, 1; 35, 6; 40, 6; 43, 3; 53, 1; 58, 4; 61, 5; 73, 3; 73, 7; 76, 2; — beginning a new sentence immediately after a period: I 33, 2; — connecting nouns with clause: III 18, 6; — *et ... et* (both ... and): I 2, 4; 13, 4; 18, 4; 20, 3, 5; 25, 5; 31, 7; 33, 1; 40, 15; 43, 4; 47, 4; 50, 3; II 3, 3 (four times); 4, 5 (three); 5, 5; 7, 2; 8, 1; 10, 4; 14, 3; 19, 7; 20, 5 (three); III 5, 2; 8, 1 (three); 13, 9 (three); 20, 1; 23, 2, 7 (three); IV 1, 9 (twice); 5, 2 (three); 13, 4; 14, 2; 16, 1; 17, 9, 10; 19, 4; 21, 7; 23, 5, 6; 24, 2 (three); 25, 1, 2 (three); 29, 2; — with *neque:* 29, 4; 31, 1, 2 (three); 34, 4; V 3, 5; 9, 4, 8; 23, 2, 4; 27, 2, 11; 28, 5; 33, 5; 34, 2; 35, 8; 42, 2; 57, 1; VI 1, 4 (three times); 5, 1; 12, 8; 14, 2; 18, 2; 21, 5; 23, 7; 30, 4;

VII 15, 6; 20, 6; 22, 2; 23, 5; 28, 4; 36, 5; 37, 6; 48, 4; 62, 1; 66, 5; 67, 4; 71, 3 (three); 76, 2; 80, 4, 5; 85, 6; ☞ br. by Holder, I 45, 1; 52, 5; II 19, 7; IV 3, 3; V 16, 3; 25, 3; 31, 5; 34, 4; VII 65, 5; 66, 6; in *polysyndeton*, connecting (three members) (checking off facts): I 5, 4; 7, 1; 8, 4; 9, 3; 10, 3, 4; 22, 4; 24, 3; 26, 3; 31, 5; II 7, 1; 25, 1; III 1, 1; 29, 1; IV 8, 3; 10, 3, 4; 23, 1; 25, 1; 30, 1; 33, 3 (four); V 8, 2; 12, 6; 16, 2; 19, 1, 2; 24, 3; 33, 2; VI 12, 4; 17, 2 (three); 19, 3; 20, 2; 21, 2; 25, 2; 28, 1, 5; VII 22, 4, 5; 47, 3; 61, 3; 67, 7; 75, 3 (three).

etiam (et iam), conj., *even, still,* prepositive, but cf. I 18, 10; 39, 7 (precedes whole clause); 43, 6; nostra etiam memoria, II 4, 7; looseness in position, IV 16, 2; — 1) *also, furthermore,* I 1, 5; 18, 10; 26, 3; 39, 7; 40, 5; 43, 6; II 1, 4; 4, 7; 16, 3; 17, 4; III 2, 4; 16, 2; IV 16, 2; V 22, 2, 3; 28, 4; 41, 3; VI 1, 3; 43, 4; VII 48, 1; 60, 4; num etiam? I 14, 3; — 2) *even, still,* w. comparatives: multo e. gravius, I 16, 6; prius e., 43, 7; cf. IV 30, 1; multo e. amplius, VI 42, 2; paulo e. longius, VII 71, 4; emphasizing otherwise, I 18, 8; 39, 5; II 4, 7; 25, 3; 27, 1, 2, 3; III 23, 3; IV 5, 2; 16, 7; 32, 1; V 16, 2; 51, 2; 52, 1; VI 13, 9; 16, 5; 19, 4; 40, 6; 41, 2; 43, 3; VII 9, 4; 20, 3; 36, 7; 40, 7; 62, 6; w. ipse, VI 30, 2; w. quin, *nay even,* I 17, 6; IV 2, 2; VII 17, 4; 20, 7; — 3) non solum sed etiam, *not only, but also,* I 18, 6; 40, 7; II 14, 5; III 2, 5; 5, 1; 17, 5; VI 11, 2; 43, 3; VII 33, 3; non modo sed etiam, I 18, 10; 19, 1; II 21, 10; VI 1, 3.

etsī, concessive conj., *even if, although:* c. indic. with tamen in correlative clause, I 46, 3; III 24, 2; 28, 1; IV 17, 2; 20, 1; 31, 1; 35, 1; V 4, 1; 11, 5; 28, 1; 33, 4; 48, 1; 49, 7; VII 8, 2; 15, 2; 54, 2 (καίπερ c. part., εἰ καί); — *although* (parenthetically, without correl. clause), VI 34, 7; VII 16, 3.

ēvādō, ere, sī, sum, v. 3, *escape, be saved:* ex fuga (*from the rout*), III 19, 4.

ēvellō, ere, vellī, vulsum, v. 3, *pull out, pluck out:* ferrum e. scutis, I 25, 3.

ēveniō, īre, vēnī, ventum, v. 4 (come out), *to result:* legioni feliciter, IV 25, 3.

eventus, ūs, m. (outcome), *result:* rei eventum experiri, III 3, 4; -um pugnae expectare, VII 40, 3; fortunae eventus varii sequebantur, II 22, 2; (dies) hunc habuit eventum ut, V 43, 5; — *vicissitude:* eventus belli non ignorans, VI 42, 1; — *fate, experience:* navium, IV 31, 1.

ēvocō, v. 1, *call out, summon:* quos nominatim, V 4, 2; VII 30, 1; ad bellum, VII 58, 4; ad (collem) muniendum, VII 44, 5; equites undique, V 57, 2; senatum ad se, VII 33, 2; principes Galliae, IV 6, 5; principes cuiusque civitatis ad se, V 54, 1; omnes ad praedam, VI 35, 4; — *challenge* (προκαλέω): nostros ad pugnam, V 58, 2; — *invite, entice:* praedae cupiditas multos longius evocabat, VI 34, 4; ad eum honorem, VII 57, 3.

evocatī, orum, *"those summoned,"* the *evocati*, *i.e.* veterans invited to renewed military service; cf. III 20, 2; they were given special privileges, *e.g.* a horse, VII 65, 5.

ēvolō, v. 1, *fly out, burst forth:* ex omnibus partibus silvae, III 28, 3; VII 27, 3.

5. ex, prep., c. abl. (o occurring before consonants only, and even then in few cases only): it actually is found in B. G. before *c, f, l, m, n, q, r, s*; for passages, see the various verbs; — *from,* after: abire, advolare, adducere, aggregare se, arcessere aliquid, aliquos, agere audire ex aliquo, animadvertere ex aliqua re, VI 27, 4; apportare, adicere tela, adigere, cogere, cognoscere aliquid ex aliqua re, ex aliquo; conicere tela, conducere. coniecturam capere ex aliqua re, convenire, circumvenire, contendere, communicare aliquid ex aliqua re, comperire, conferre. comportare aliquid, colligere, compellere, conspicari, concurrere, consurgitur, commovere se, dimittere, deligere, desilire, decurrere, despectus est, deturbare, dicere causam ex vinclis, deducere, ducere in matrimonium ex civitate aliqua, dimittere, demetere frumentum, discedere, derivari, demigrare, exire, excedere, educere, egredi, evolare, exponere, expellere, elicere, eligere, eruptionem facere, eruptionem conari, erumpere, eicere se, emittere, excursiones facere, fingere, fuga fit, fingere religiones, iacere tela, insidiari ex occulto, impetum facere, invenire aliquid ex aliquo, indicare ex aliqua re, intellegere, movere castra ex loco aliquo, nasci, nomen capere, oppugnare, oriri, profligare, probare aliquid ex aliqua re, producere, petere, pugnare ex corporibus, ex oppido, propugnare, profluere, progredi, prodire, profugere, proicere se, pervenire, proficisci, profectionem facere, prognatum esse ex aliquo, pellere, quaerere ex aliquo, reficere se; aliquem; removere, recedere, recipere, reducere, remittere, recipere aliquid, rogare, subire ex inferiore loco, sentire, sequi aliquem, superesse ex proelio, solvere ex portu, suspicari, supportare commeatum, transmissus est, tradere aliquid, transire, traducere, uxorem habere ex Helvetiis, venire; — 2) *in partitive relation:* unus e filiis, I 26, 1; quid ex instrumento, V 31, 4; ex his, I 29, 2; 39, 6; 54, 1; II 17, 2; IV 37, 3; V 14, 1; 44, 3; VI 23, 8; 28, 3; 32, 5; VII 39, 3; 75, 5; tribus milibus ex novissimo agmine, VII 68, 2; pauci ex tanto numero, VII 88, 4; ex militibus amplius xxx plus tertia parte interfecta, III 6, 2; cf. III 26, 6; proximi ex Belgis, II 3, 1; quidam ex suis, VI 30, 4; ulla navis ex tanto navium numero, V 23, 3; (locus) ex omni Gallia, I 30, 3; quidam ex equitibus, V 48, 3; qui ex iis, V 56, 2; uni ex Transrhenanis, IV 16, 5; quos ex Tencteris apud se habebant, IV 18, 4; unos ex omnibus, I 32, 2; magnus ex eis numerus, V 51, 5; principes ex omnibus, VII 2, 2; uni ex Gallia, VI 5, 4; complures ex legionibus aegri, VI 36, 3; ☞ unus ex *his* (Illdr.) for *eis*, II 6, 4; III 18, 1; ex proxumis unus, VII 25, 3; ex aliis ei maximam fidem habebat, I 41, 4; pauci ex hostium numero, VII 11, 8; unum ex quattuor ducibus, VII 83, 6; e quibus alter, V 3, 3; unum ex multitudine, V 44, 6; e quibus sunt qui, IV 10, 5; ex quibus unam, V 24, 2; e suis aliquem mittere, I 47, 1; e suis legatum mittere, I 47, 3; ex quibus, V 37, 5; VI 25, 5; 36, 3; perpaucae ex omni numero, III 15, 5; ex iis, V 23, 4; perpauci ex numero, VII 11, 8; ex equitibus quattuor et septuaginta, IV 12, 3; duo ex una familia, VII 33, 3; ex his Eporedorix, VII 39, 3; unus ex omni civitate, I 31, 8; nonnulli ex magno numero, VI 7, 7; ex reliquis duas cohortes, IV 32, 2; complures ex iis, IV 36, 4; unus ex captivis, VI 35, 8; complures ex Belgis, II 17, 2; quis ex principibus, VI 23, 7; duae ex iis, IV 36, 4; quidam ex militibus, I 42, 6; aliqui ex nostris, V 26, 4; siqui ex reliquis, VI 13, 9; certum numerum ex civitate imperare, VII 75, 1; quis ex plebe, VII 11, 4; paucos ex suis, III 28, 4; ex reliquis captivis singula capita, VII 89, 5; custodiam ex suis reliquerunt, II 29, 4; *in direct attributive construction w. nouns:* soror ex matre, I 18, 7; ex essedis pugna, IV 33, 1; omnes ex Gallia naves, V 13, 1; Sequi Condrusique ex gente et numero Germanorum, VI 32, 1; certis ex aqua mensuris, V 13, 4; e grandibus saxis murum, VII 46, 3; Q. T. ex Hispania quidam, V 27, 1; remiges ex provincia, III 9, 1; — *adverbial phrases:* magna ex parte, *to a great extent* (v. pars); ex utraque parte (ox *both sides*), una ex parte, ex parte, VI 34, 3; siqua ex parte, quaque ex parte, qua ex parte, ex omni parte, altera ex parte, una ex parte, ex omnibus partibus, ex reliquis partibus, duabus ex partibus, altera ex parte (v. pars); ex itinere, *from the march, turning aside from the march* (v. iter); ex usu, *in the interest of* (v. usus); e regione, *right opposite* (v. regio); ex consuetudine, *in accordance w. custom*, I 52, 4; IV 32, 1; V 58, 2; ex communi consensu, *by general agreement, by unanimous decision*, I 30, 4; ex contrario, *on the other hand*, VII 30, 3; diem ex die, *day in day out*, I 10, 4; — *from* (standpoint) (on, in): ex equis colloqui, I 43, 3; excipit ex vallo clamor, VII 88, 2; haec ex oppido videbantur, VII 45, 3; ex oppido animadverti, VII 45, 7; videri (*be seen*), IV 28, 2; conspici, III 26, 2; sublevari, VII 65, 4; conspicere, IV 20, 1; 25, 6; ex vallo ac turribus traiecti, VII 82, 1; prohibere, V 9, 3; premere, VII 19, 2; pacem petere, II 13, 3; cognoscere, VII 20, 6; irridere, II 30, 3; — *upon, after* (of immediate succession, ἐκ τούτου): ex fuga excepit eos, VII 28, 5; ex fuga discedere, V 17, 5; ex tanti belli timore, IV 15, 3; ex eo tempore fugam comparare, IV 18, 4; of dates: *after*; dies ex eo die quintus, I 42, 3; ex eo die dies continuos quinque, I 48, 3; — *away from, distant from:* ex eo loco milia passuum circa quinquaginta, I 53, 1, MSS. quinque, ☞ cf. ex eo loco ab milibus passuum octo, IV 22, 4; non longe

ex eo loco, V 21, 2; — *in consequence of:* litteris Caesaris, II 35, 3; IV 38, 5; ex iracundia aut ex odio, VI 5, 2; seditio oritur ex eorum concursu, etc., VII 28, 6; dolere ex commutatione rerum, I 14, 5; ex fuga dispersos, VI 35, 6; ex aliqua re incommodum accipere, V 10, 3; VI 13, 7; ex similitudine lilium appellabant, VII 73, 8; ex percontatione, etc., timor exercitum occupavit, I 39, 1; qua ex re futurum, I 20, 4; fieri, II 4, 3; — *belonging to, of* (attributive): nonnulli principes ex ea civitate, V 3, 5; multis ex civitate auctoribus, V 25, 3; quoscumque (adit) ex civitate, VII 43, 3; (*of material, composition*) fusili ex argilla glandes, V 43, 1; scutis ex cortice factis, II 33, 2; loricae ex cratibus, V 40, 6; turres ex materia, V 40, 3; naves totae factae ex robore, III 13, 3; compendium ex direptis bonis, VII 43, 3; — *on the part of:* has altitudo puppium ex barbaris navibus superabat, III 14, 4; — *out of* (of change): quae facilia ex difficillimis animorum magnitudo redegerat, II 27, 5; ex hominum milibus LX vix ad quingentos sese redactos esse, II 28, 2; (*of upward direction*) collis paululum ex planicie editus, II 8, 3; ex terra eminere, VII 73, 6; (= ab w. pass.) neque is sum qui gravissime ex vobis mortis periculo terrear, V 30, 2; ** most singular in the following passage; in Aquitaniam . . . quae pars . . . ex tertia parte Galliae est aestimanda, III 20, 1; cf. Kraner's note.

exagitō, v. 1 (intens. ago), *harass* (not allow to settle): multos annos a finitimis exagitati, II 29, 5; ab Suebis complures annos exagitati, IV 1, 2.

exāminō, v. 1, *to test:* ad certum pondus examinare, V 12, 4.

exanimō, v. 1 (un-soul), *kill:* taxo se, VI 31, 5; flamina, VI 16, 4; exanimatus concidit, VII 25, 2; ictu scorpionis exanimari, VII 25, 3; quo percusso et exanimato, V 44, 6; — *to make breathless:* exanimati pervenerunt, III 19, 1; cursu ac lassitudine exanimatos, II 23, 1.

exārdēscō, ere, sī, v. 3, *flare up:* multo gravius hoc dolore, V 4, 4.

exaudiō, īre, īvi, ītum, *overhear* (to have something strike one's ears): clamorem, II 11, 5; VI 30, 1; VII 48, 1; 81, 3; clariore voce, ut magna pars militum exaudiret, V 30, 1; sonitum remorum, VII 61, 3; sonum tubae, VII 47, 2.

excēdō, ere, cessī, cessum, 1) *go out of, withdraw from:* ex proelio, IV 33, 2; ex pugna, III 4, 4; ex finibus, VII 33, 2; ex civitate, VI 8, 8; ex via, V 19, 1; without ex: pugna, V 36, 3; proelio, III 4, 3; IV 12, 6; VII 80, 3; oppido, VII 78, 2; Gallia, VII 66, 4; finibus, IV 18, 4; VII 77, 14; ☞ in II 25, 1, *acie* inserted by Geyer; adopted by Holder; — 2) *advance out of:* cohors ex orbe, V 35, 1.

excellō, ere, uī, v. 3, *be eminent:* dignitate, VII 13, 9.

excelsus, a, um, adj. (collis), *lofty, high:* unum cornu exsistit excelsius, VI 26, 1.

exceptō, v. 1 (excipio), *take up, take hold of:* hos singulos, VII 47, 7.

excīdō, ere, cīdī, cīsum, *cut down:* portas, VII 50, 4.

excipiō, ere, cēpī, ceptum, v. 3, *receive from, take up:* tela missa, III 5, 3; — *receive:* quos . . . ex fuga, VII 28, 6; — *meet:* vada ac decessum aestus, III 13, 1; vim fluminis, IV 17, 9; impetus gladiorum, I 52, 4; — *relieve, alternate with, succeed to, take up, follow:* alios alii deinceps, V 16, 4; hanc rursus XIII legionis cohortes, VII 51, 2; clamore sublato excipit rursus ex vallo clamor, VII 88, 2; hunc (clamorem) alii deinceps excipiunt et proximis tradunt, VII 3, 2; — *catch accidentally, come upon:* multos ex fuga dispersos, VI 35, 6; (servos) in pabulatione, VII 20, 9; — *catch* (uri) parvuli excepti, *caught very young*, VII 28, 4.

excitō (cieo), v. 1, *incite, stir up* (utrosque): ad virtutem, VII 80, 5; VI 14, 5; magnis praemiis pollicitationibusque suos, III 26, 1; (animos) ad laetitiam, VII 79, 3; ad bellum, III 10, 3; excitari praemiis, VII 47, 7; cf. VI 14, 2; ignem, VII 24, 4; — *raise up, erect:* turres, V 40, 2; III 14, 4.

exclūdō, ere, sī, sum, v. 3 (claudo), *cut off:* Romanos ab re frumentaria, VII 55, 9; a navigatione, V 23, 5; — *prevent:* tempore exclusus (by t.), VI 31, 1; diei tempore exclusus, VII 11, 5.

excōgitō, v. 1 (think out), *contrive, think of,* ☞ bracketed by Holder after Paul, V 31, 5.

excruciō, v. 1, *torture:* fame vinculisque, VII 20, 9; crudeliter, VII 38, 9; igni atque omnibus tormentis, VI 19, 3.

excubitor, ōris, m., *night-picket, outpost:* -ibus ac firmis praesidiis tenere aliquid, VII 69, 7.

excubō, āre, cubuī, itum (lie out), v. 1, *do picket-service, pass the night under open sky:* duas legiones in armis excubare iubet, VII 11, 6; semper duae legiones pro castris excubabant, VII 24, 5; cum Caesar ad opus excubaret, VII 24, 2.

exculcō, v. 1 (calx), *trample down, ram down:* singuli pedes terra exculcabantur, VII 73, 7.

excursiō, ōnis, f., *sally:* crebras ex oppido -ones faciebant, II 30, 1.

excūsātiō, ōnis, f., *apology:* -onem accipit, VI 4, 3.

excūsō (causa), v. 1, se, *excuse oneself, apologize:* se . . . consilio, IV 22, 1.

exemplum, ī, n. (eximo) (*copy*), *precedent:* more et exemplo populi Romani, I 8, 3; cuius rei exemplum habere, VII 77, 13; — *warning example:* in eos omnia exempla cruciatusque edere, I 31, 12.

exeō, īre, iī, itum, v. 4, *go out, set out:* Crassus cum nuntio, V 40, 3; clam ex castris, VII 20, 10; — *quit, emigrate:* ex finibus, I 5, 1; ex oppido, II 33, 1; de finibus, I 2, 1; domo, I 6, 1; 12, 5; 20, 1; — *go forth:* cum liberis et uxoribus, II 78, 3; in provinciam, I 33, 4.

exerceō Expediō 59

exerceō, ēre, uī, itum, v. 2, *put to exercise, busy, train:* se hoc genere venationis, VI 28, 3; Romanos exerceri in munitionibus, VII 77, 10; iuventutis exercendae causa, VI 23, 6; —*drill:* copias, V 55, 3; genus pugnae quo se Germani exercuerant, I 48, 4.

exercitātiō, onis, f., *training:* in armis, I 39, 1; tanta erat horum exercitatione celeritas, I 48, 7; militum superiorum pugnarum exercitatione, IV 33, 3; cotidiana, IV 1, 9; 2, 2; V 34, 4; usu cotidiano et exercitatione, IV 33, 3.

exercitō, v. 1 (iter. of exerceo), *train:* superioribus proeliis, II 20, 3; Germani exercitatissimi in armis, I 36, 7.

exercitus, ūs, m. (drilled body), *army,* as subject of: laudem mereri, I 40, 5; dicto non audientem esse, I 40, 12; hiemare atque inveterascere, II 1, 3; subsequi, VI 31, 1; discedere, VI 35, 7; fortunas conferre aliquo, VI 35, 8; transire, IV 16, 1; afficitur aliqua re, VII 17, 3; exire, VII 35, 1; egredi, I 44, 7; inopia premi, VII 20, 11; fame consumi, VII 20, 12; in conspectu exercitus, I 11, 3; III 14, 8; internicio -ūs, I 13, 7; auctoritas, I 31, 16; nomen atque opinio, IV 16, 7; impedimenta, II 19, 3; V 47. 2; VI 5, 6; VII 10, 4; 55, 2; 62, 10; consuetudo itineris, II 17, 2; adventus, II 30, 1; V 3, 5; perturbatio, IV 29, 3; pars, V 38, 3; 46, 4; 55, 1; VII 68, 3; fortunae, VI 7, 6; summa -ūs, VI 34, 3; salus, VI 34, 3; consuetudo -ūs Romani, VI 34, 6; *exercitui* frumentum metiri, I 23, 1; pares esse, I 40, 7; studium inicere, I 40, 4; aditus est, II 16, 4; providere frumentum, VI 44, 3; horas dare ad quietem, VII 41, 1; distribuere alqd., VII 89, 5; frumentum -ui, *grain destined f. the army* (attrib. construction), V 20, 4; *exercitum* adducere, accipere, collocare, contrahere, cogere, conducere, continere, disponere, delere, ducere, deducere, dare ducendum, dividere, IV 22, 5; educere, exponere, habere, sub iugum mittere, instruere, introducere, timor occupavit -um I 39, 1; prohibere itinere, pellere, partiri reficere, replere aliqua re, VII 56, 5; reportare, reducere, traducere, transmittere, exercitu conciliare aliquid, I 3, 7; ad exercitum, II 2, 2; IV 6, 1; V 1, 2; 53, 3; VII 1, 2; 5, 3; 6, 2, 3; inter -um, II 9, 1; ab exercitu (intercludi), VII 1, 6; discedere, VII 9, 1; in exercitu esse, I 21, 4; sine -u, I 34, 3; cum -u, II 13, 2; IV 11, 6; VI 41, 2; de -u, V 42, 2; VI 10, 4; exercitu praesente, I 47, 6; -u incolumi, VI 41, 3.

exertus, v. exsero.

exhauriō, īre, hausī, stum, v. 4 (drain out), *remove:* terram manibus sagulisque, V 42, 3.

exigō, ere, ēgi, āctum, *spend, finish:* aestas prope exacta erat, III 28, 1; ante exactam hiemem, VI 1, 4.

exiguē, adv., *barely:* e. dierum xxx habere frumentum, VII 71, 3.

exiguitās, ātis, f., *smallness, slenderness, limited amount:* e. temporis tanta fuit, II 21, 5; cf. II 33, 2; castrorum, IV 30, 1; (copiarum), III 23, 7; (pellium) IV 1, 10.

exiguus, a, um, adj., *limited, small, slender:* copia (ferri), V 12, 5; civitas e. et infirma, VII 17, 2; manus (band), VI 8, 1; pars aestatis, IV 20, 1; -a castra, V 49, 7.

eximius, a, um, adj. (eximo), *fine, excellent, high:* -a opinio virtutis, II 8, 1.

existimātiō, ōnis, f., *opinion:* vulgi, I 20, 3; -onem omnium vereri, V 44, 5.

existimō (aestimo), v. 1, MSS. vary between -imo and -umo; *think, believe, hold:* followed by acc. c. inf., I 6, 3; 7, 5; 20, 4; 23, 3; 27, 4; 33, 4; 41, 3; 42, 1; 47, 3; II 15, 4; 31, 2; III 2, 4; 7, 1; 8, 2; 24, 2; IV 13, 6; 22, 3; V 24, 6; 34, 1; VI 1, 3; 7, 5; 8, 4; 14, 3; VII 8, 3; 11, 4; 13, 2; 33, 2; 40, 5; 47, 3, 4; 50, 2; 52, 3; 53, 3; 54, 2; 60, 2; 61, 4; 77, 8; followed by impersonal passive: veniri, VII 70, 6; with object. clause per gerundive: quid faciendum, VII 87, 5; sibi praecavendum, I 38, 2; dimicandum, III 17, 7; dandum, IV 13, 3; contendendum traducendum, IV 17, 2; faciendum, VII 56, 2; neglegenda, V 28, 1; agendum... discedendum, V 28, 3; prospiciendum, I 23, 1; maturandum, I 37, 4; dubitandum, II 2, 4; non cunctandum, III 23, 7; dissimulanda, IV 6, 5; antevertendum, VII 7, 3; praevertendum, VII 33, 2; praetereundum, VII 25, 1; dimicandum, VI 31, 1; nihil timendum, III 3, 1; navigationem subiciendam, IV 36, 2; detrahenda auxilia, VI 5, 5; temptandam fortunam, VII 4, 2; sibi patienda, VII 30, 4; committendum his nihil, IV 5, 1; omittendum consilium, II 17, 5; praetermittendum commodum, VII 55, 4; —*esteem:* hoc proprium virtutis, VI 23, 2; se transire non aequum, IV 16, 4; (Gallos) paratos ad dimicandum, VII 19, 3; —*impers.:* ut aestimatur, V 13, 2; —*nom. c. inf.:* hoc milia passuum octingenta in longitudinem esse existimatur, V 13, 6; disciplina in Britannia reperta esse, VI 13, 11; piscibus ac ovis avium vivere existimantur, IV 10, 5; complures insulae objectae existimantur, V 13, 3; quae civitates commodius rempublicam suam administrare existimantur, VI 20, 1; summam auctoritatem habere existimantur, VI 11, 3; se minus timidos existimari, I 39, 6; providere et praesentire existimabatur, VII 30, 2; summam scientiam rei militaris habere existimabantur, III 23, 5; ab hoc consilio afuisse existimabantur, VI 3, 5.

existō, v. exsisto.

exitus, ūs, m., *outlet:* angusto -u portarum, VII 28, 3; omni exitu interclusi, VII 44, 4; —*result, outcome:* eundem fortunae exitum ferre, III 8, 3; -um habet consilium, V 29, 7; rerum VII 52, 3; incerto nunc etiam exitu victoriae, VII 62, 6; suarum fortunarum, VII 77, 1; —*end, conclusion:* orationis, IV 8, 1.

expectō, v. exspecto.

expediō, v. 4 (ex pes, disentangle; opp. impedio), *place in readiness, get ready:* rem

frumentariam, VII 36, 1; **arma**, VII 18, 3; **omnibus membris expeditis** (*unhampered*), IV 24, 3; — *to place in readiness for battle:* legiones intra vineas in occulto, VII 27, 1.

expeditio, ōnis, *raid, fast march, expedition:* in -onem mittere, V 10, 1.

expedītus, a, um (part. as adj.), *one who is in light marching order, unencumbered:* latitudo novem dierum iter expedito patet, VI 25, 2; expeditior erat quam ei qui inter aciem versabantur, I 52, 7; — *easy, free:* receptus, IV 33, 2; motus (navium longarum) ad usum expeditior, IV 25, 1; (iter) multo facilius atque expeditius, I 6, 2; expeditiore re frumentaria uti, VII 11, 1; — *in fighting order, unencumbered:* expeditos levis armaturae intericere, VII 80, 3; cum equitatu expeditisque, VII 18, 1; sex legiones -as ducebat, II 19, 2; (legiones) -as esse iusserat, VII 11, 8; legiones -as quattuor, VII 40, 1; cum -ibus -is, V 2, 4; cf. VI 5, 6; sedecim milia -a, I 49, 3.

expellō, ere, pulī, pulsum, v. 3, *banish, drive out:* adversarios ex civitate, VII 4, 4; Gallos, II 4, 1; Romanos castris, IV 34, 5; Cavarinum regno domoque, V 54, 3; ex oppido Gergovia, VII 4, 2; agris expulsi, IV 4, 1; expulsos agris finitimos cedere, VI 23, 2; hos finibus, IV 3, 4; eos ex silvis, V 9, 7; — *remove:* omnem dubitationem, V 48, 10; extremum auxilium, III 5, 2; ☞ in provinciam (br. by Hldr. after Morus), VII 55, 9; expulsis Germanis, III 7, 1 (br. by Hldr. after Paul).

experior, īrī, pertus, v. dep. 3, *test, try:* fortunam, quaecumque accidat, I 31, 19; eandem belli fortunam, II 16, 2; omnia prius, VII 78, 1; cf. IV 4, 4; VII 26, 1; — *make a test* (without object): iterum, I 44, 4; — *make the attempt:* multis saepe bellis, IV 3, 4; bis, V 55, 2; — *wait for:* rei eventum, III 3, 4.

expiō, v. 1 (atone for), *repair:* incommodum virtute, V 52, 6.

expleō, ēre, ēvi, ētum, v. 2, *fill completely, fill up:* fossam aggere, VII 79, 4; aggere et cratibus fossas, VII 86, 5; cf. 82, 4; cratibus atque aggere paludem, VII 58, 1; — *repair, supplement:* id quod Avarici deperierat, expletur, VII 31, 4; — *reach:* dum iusta muri altitudo expleatur, VII 23, 4.

explōrātor, ōris, m. (exploro, acc. to Festus, originally, to shout out, then, to spy out), *scout:* -es opprimere, VII 61, 1; praemittere, II 17, 1; mittere crebros -es, VII 10, 3; disponere -es, VII 35, 1; 61, 1; *per exploratores* certiorem fieri, I 12, 2; III 2, 1; IV 4, 6; *per exploratores* cognoscere, I 22, 4; V 49, 1; VII 18, 3; 44, 3; 83, 4; comperire, IV 19, 2; VI 29, 1; res defertur per -es ad aliquem, VI 7, 9; nuntiare per -es, VII 11, 8; per certos -es, VII 10, 2; cum -ibus praemitti, I 21, 4; ab exploratoribus certior factus, I 21, 1; 41, 5; ab e. cognovit, II 5, 4; ab -ibus res confirmatur, II 11, 3.

explorātus, a, um (ptc. as adj.), *assured:* victoria, III 18, 8; V 43, 3; VII 15, 2; 20, 7; 52, 2; — pro explorato habere, *to be sure*, VI 5, 3.

explōrō, v. 1, *reconnoitre, try to find out:* itinera, V 50, 3; quo itinere vallum transiri possit, V 49, 8; quid reliqui consilii caperent, V 53, 4; — *find out:* certi quid esset, VII 45, 3; omnia explorata habere, II 4, 4; omnes res, IV 21, 2; hostium rationes, VI 33, 5; rem, VI 32, 2.

expōnō, ere, posuī, positum, v. 3, *set forth, tell:* eadem multitudini, VII 38, 4; quanto res in periculo fuerit, VII 41, 2; quid iniquitas loci posset, VII 52, 2; breviter sua in Aeduos merita, VII 54, 3; has res, VII 45, 10; — *display:* in omnibus collibus hostium copias armatas, IV 23, 2; — *disembark:* milites ex navibus, IV 37, 1; cf. V 23, 4; exercitum, V 9, 1.

exportō, v. 1, *carry away, remove:* omnia sua, IV 18, 4.

exposcō, ere, poposci, v. 3, *to urgently demand, call for:* signum proelio, VII 19, 4.

exprimō, ere, pressī, pressum, v. 3 (press out), *force from some one, extort:* ullam omnino vocem, I 33, 3; — *erect* (turres), VII 22, 4.

expūgnātiō, ōnis, f., *taking by storm:* castrorum, VI 41, 1; de -one desperavit (opp. obsessio), VII 36, 1.

expūgnō, v. 1, *take* (by storm): oppidum, II 10, 4; 12, 2; III 23, 2; castellum, II 9, 4; III 1, 3; Avaricum, VII 31, 3; (oppidum) nisi obsidione expugnari non posse videretur, VII 69, 1; — *board* (naves): singulas, III 15, 5; complures naves, III 15, 2; — *take:* stipendiarios, *i.e.* the country of the tributary people, VII 10, 1.

exquīrō, ere, quīsīvī, quīsītum, v. 3, *study and select:* iter, I 41, 4; — *find out, ask for:* sententias (*views*), III 3, 1.

☞ **exscensus**, ūs, m., *climbing up:* emendation of Madvig, VII 86, 4; loca praerupta exscensu (for ex ascensu) temptant.

exsequor, ī, secūtus, v. dep. 3, *carry out, attain:* armis ius suum, I 4, 3.

exserō, ere, uī, sertum (Hr. exertus ☞), *to bare:* dextris humeris exsertis, VII 50, 2.

exsistō, ere, stitī, v. 3 (rise out of), *protrude:* unum cornu a media fronte, VI 26, 1; — *arise:* magna inter eos controversia, V 28, 2; motus civitatis exsistat ex odio, VI 5, 2; tanti motus Galliae, V 53, 3; malacia ac tranquillitas, III 15, 3; clamor, III 15, 3.

exspectō, v. 1, *look forward to, expect:* locum probandae virtutis, V 44, 3; finem laborum omnium, VII 85, 3; omnis secundos rerum proventus, VII 29, 3; Galliae motum, VI 1, 1; VII 43, 5; eiusmodi casum, VI 36, 2; ea quae meruissent praemia, VII 34, 1; auxilia suorum, VII 77, 1; — *look out for, watch:* quid praecipiatur, VI 30, 2; quid consilii caperent, III 24, 1; — *wait for, await:* suum adventum, I 27, 2; adventum Romanorum, II 16, 2; IV 19,

3; VI 10, 5; V 32, 1; reliquam partem exercitus, V 46, 4; auxilium, VI 8, 1; auxilia Germanorum, VI 7, 3; a. Galliae, VII 71, 9; ampliores copias, V 50, 2; nostros, I 22, 3; Aduatucorum copias, II 16, 3; classem, III 14, 1; (naves) V 23, 5; eventum pugnae, VII 49, 3; pugnae proventum, VII 80, 2; nihil Caesaris imperium, II 20, 4; hos equites, IV 9, 3; se, VII 60, 1; — *impersonally:* expectari, III 24, 5; followed by *dum* c. subj.: d. copiae augerentur, IV 13, 2; d. reliquae naves eo convenirent, IV 23, 4; d. Helvetii pervenirent, I 11, 6; — w. *si:* si nostri transirent, II 9, 1.

exspoliō, *deprive utterly:* hos vestro auxilio, VII 77, 9.

exstō, āre, v. 1 (stand out), *rise above:* capite solo ex aqua, V 18, 5.

exstruō, ere, xī, ctum, v. 3, *pile up:* materiam, III 29, 1; — *build, erect, construct:* aggerem et vallum, VII 72, 4; aggerem, II 30, 3; VII 24, 1; tumulos, VI 17, 4.

exterior, us, gen. ōris, adj., *outside* (compar. of *extra*), *exterior:* collis, VII 79, 1; hostis, VII 74, 1; munitiones, VII 87, 4.

exterreō, ēre, uī, itum, *frighten utterly:* timore poenae exterriti, VII 43, 3; cuius rei timore, VII 77, 11.

extimēscō, ere, timuī, v. 3, *to dread:* casum, III 13, 9.

extinguō, ere, nxī, nctum, v. 3, *to extinguish, destroy, render obscure:* gloriam rei militaris, V 29, 4.

extorqueō, ēre, rsī, rtum (wrench, wrest from), *force from:* obsides, VII 54, 4.

extrā, prep. c. acc., *outside of, beyond:* procedere e. munitiones, V 44, 4; VI 8, 1; egredi e. munitiones, VII 35, 9; 36, 1; progredi e. agmen, VII 66, 6; (latrocinia) fiunt e. fines, VI 23, 6.

extrahō, ere, xī, ctum, v. 3 (draw out), *spend by delay:* id (= non multum aestatis), V 22, 4.

extrēmus, a, um, adj., superl. (of exter, extra), *furthest, most distant:* oppidum Allobrogum, I 6, 3; ab Ocelo, quod est citerioris provinciae extremum, I 10, 5; -a pars, IV 17, 6; -i fines, VI 10, 4; VII 66, 4; I 1, 6; II 5, 4; -ac Arduennae partes, V 33, 3; -ae fossae, II 8, 4; in -is lingulis, III 12, 1; — extremi, *those at the head of the column,* V 10, 2; — *extreme:* fames, VII 17, 3; fortuna, VII 40, 7; in -is rebus, II 25, 3; — *last:* oratio (conclusion of speech), VII 53, 1; in extremo ponte (*end of bridge*), VI 29, 3; e. auxilium experiri, III 5, 2; agmen, II 11, 4; -a impedimenta, III 29, 2; spes, II 27, 3; 33, 4; — extremum (*last emergency, crisis*): consilium reservare ad extremum, III 3, 4; rem ad e. perducere, III 5, 1; — ad e., *in the end, finally,* IV 4, 2.

extrūdō, ere, sī, sum, v. 3 (push out), *force back:* mare aggere et molibus, III 12, 3.

exul, is, m., *an exile, outlaw:* exules damnatosque allicere, V 55, 3.

exuō, ere, uī, ūtum (unrobe), *deprive, strip:* omnes armis, V 51, 5; cf. III 6, 3;

hos omnibus impedimentis, VII 42, 6; cf. VII 14, 8.

exūrō, ere, ussī, ustum, v. 3, *to lay in ashes:* oppida vicosque, I 5, 4.

F.

faber, brī, m. (*artisan*), troops who handled tools, *engineer troops:* ex legionibus fabros deligit, V 11, 3.

Fabius, ī, m., 1) C. F., legatus of Caesar from 54 B.C. on, V 24, 2; 46, 3; 47, 3; 53, 3; VI 6, 1; VII 40, 3; 41, 2, 3; 87, 1; 90, 5; — 2) Q. Fabius Maximus Allobrogicus, defeated the Arverni, Ruteni, and Allobroges at the junction of the Isère and Rhone 121 B.C., I 45, 2; — 3) L. Fabius, centurio legionis VIII, VII 47, 7; 50, 3.

facile, adv. (facilis), *easily:* prohibere, I 6, 1; 11, 4; persuadet, V 38, 4; perfringere, I 25, 2; fiebat, II 6, 3; perspici posset, II 28, 2; pellere, II 19, 7; telum adigere, III 13, 8; superare, III 14, 8; (copias) diduci, III 23, 7; impelli, IV 16, 1; extrahi, V 22, 4; probare posse, V 27, 4; negare potuisse, V 27, 6; incendit, VII 4, 1; defendere, VII 15, 5; adire, VII 25, 1; sustinēre, VII 48, 4; cingere, VII 72, 2; occurrere, VII 48, 2; minus facile bellum inferre, I 2, 4; m. f. resisti posset, I 37, 4; m. f. eam rem consequi, II 1, 4; m. f. omnia per se obire possent, V 33, 3; facilius: hōc f., *the more easily,* I 2, 3; eo f., III 12, 5; quo facilius, I 8, 2; II 17, 4; 25, 2; V 3, 6; VI 7, 8; VII 5, 2; 29, 7; 66, 2; f. tempestatem ferre, III 13, 9; reperiuntur, VII 77, 5; facillime capere, VII 31, 2; posse, V 24, 6.

facilis, e, adj. (practicable), *easy:* ascensus, I 21, 1; iter, I 6, 2; aditus, III 25, 2; res, V 31, 2; id, VII 1, 7; 14, 3; quae facilia ... redegerat, II 27, 5.

facinus, oris, n. (deed), *crime, enormity:* nefarium f. admittere, VII 38, 8; cf. VII 42, 4; VI 13, 5; admittere facinus in se, III 9, 3; conscientia facinoris, V 56, 1; pro tali facinore, VI 34, 8; contaminati facinore, VII 43, 3; -us comperire, I 40, 12; — *bold deed, feat of arms:* ad f. impelli, VI 20, 2.

faciō, ere, fēcī, factum (pass. fio), *do:* hoc idem, VII 53, 3; idem, I 15, 1; 31, 14; V 37, 1; VII 42, 5; id, I 5, 1; 7, 3; 13, 2; 17, 6; 28, 4; 30, 4; 42, 1; 44, 6; 36, 5; II 32, 2; III 17, 7; IV 16, 6; V 27, 3; VII 6, 6; 17, 5; 66, 6; 86, 2; (pass.) II 5, 3; 20, 3; III 4, 3; haec, III 12, 5; VII 26, 2; 43, 2; id ita, I 35, 4; quod, I 31, 14; II 14, 6; 32, 2; V 27, 3, 11; VII 21, 1; 77, 12; (pass.) III 15, 2; V 4, 3; 33, 6; hoc, III 27, 2; plus, I 42, 6; ea, I 19, 1; 14, 6; IV 22, 1; quid (w. pass.), III 6, 1; 18, 2; 26, 1; V 2, 3; 33, 3; VII 10, 2; 27, 1; 45, 7; 87, 5; quae (w. pass.), IV 23, 5; V 50, 5; cf. IV 27, 1; VII 70, 2; satis, VII 53, 3; (pass.) nihil, V 7, 7; imperatum facere, V 37, 1; imperata, II 3, 3; 35, 1; V 20, 2, 4;

Faciō

VI 10, 4; ut imperatum est, VI 30, 1; quae imperarentur, II 32, 3; quae imperaret, VII 90, 2; quae imperasset, IV 27, 1; quod iussi sunt, III 6, 1; nihil contra voluntatem, IV 1, 9; nihil earum rerum, I 32, 2; magnam inuriam, I 36, 4; perfacile factu, I 3, 6; VII 64, 2; optimum factu, IV 30, 2; verba facere (*to speak, be spokesman*) pro his, II 14, 1; — *act:* aliter, VI 11, 4; arroganter, I 40, 10; ita, V 1, 8; (id ita, I 35, 4) VI 32, 2; ut (*as*), I 33, 4; V 1, 1; sicut, VII 47, 5; simili ratione atque ipse fecisset, VII 38, 10; sero, V 29, 1; — *make:* initium transeundi, II 9, 1, 2; fugae, I 18, 10; belli, VII 2, 2; 1, 5; (pass.) V 53, 4; finem orandi, I 20, 5; loquendi, I 46, 2; sequendi, V 17, 3; VII 47, 3; oppugnandi, II 6, 4; bellandi, VII 66, 4; (pass.) pugnandi, VII 25, 4; iter facere, *to march*, I 7, 1, 3; 10, 1; 15, 1, 5; II 16, 1; 17, 2; 20, 4; IV 7, 1; 32, 1; V 10, 1; 46, 3; 49, 2; VII 11, 3; 34, 3; 42, 5; 56, 5; 58, 5; 66, 5; 68, 1; 66, 2; (pass.) I 7, 5; V 46, 3; bellum f., *to organize war*, III 29, 3; IV 22, 1; V 28, 1; VII 2, 1; certiorem f. aliquem (*to inform*), foll. by subj. (or. obl. of imperat.), III 5, 3; ☞ br. by Aldus, III 9, 3; — followed by acc. c. inf.: I 11, 4; (pass,) I 12, 2; 21, 1; 41, 5; II 1, 1, 34; III 2, 1; V 25, 5; 53, 6; VI 10, 1; — with object understood: V 30, 4; (pass.) IV 4, 7; cf. II 10, 1; certiorem f. de aliqua re, II 2, 3; V 37, 7; (pass.) I 7, 3; III 9, 1; 19, 5; IV 4, 6; 5, 1; V 47, 1; VII 1, 1; — followed by quid, VII 87, 5; — *in verbal periphrasis:* facere mentionem alicuius rei, VI 38, 1; finem alicui rei (*put an end to*), I 33, 1; profectionem, V 47, 4; nihil reliqui sibi, II 26, 5; rebellionem, IV 38, 1; deditionem (pass.), III 3, 1; iudicium de aliquo, I 41, 1; gratum alicui (*do a favor*), I 41, 12; fidem (*give a pledge*) alicui, IV 11, 3; eruptionem, II 33, 1; III 22, 4; VII 7, 2; 73, 1; excursionem (-es), II 30, 1; impetum, I 25, 3; 44, 8; 46, 4; 52, 3; II 19, 5, 6; III 28, 3; IV 26, 5; V 34, 3; 35, 1; VI 30, 4; VII 80, 6; orbem (p.), IV 37, 2; cuneum, VI 40, 2; (p.) phalangem, I 24, 4; (p.) 52, 4; — *construct, build:* naves, V 8, 6; naves humiliores, V 1, 2; has n. actuarias (p.), V 1, 3; quas (naves), V 5, 3; 23, 4; ad hunc modum, III 13, 1; totae ex robore, III 13, 3; falces testudinesque, V 42, 5; pontem, VI 9, 3; cf. I 13, 1; IV 17, 2; 19, 2; quae (opera), VII 27, 1; scuta ex cortice, II 33, 2; castra, I 48, 2; VII 68, 3; 83, 2; castella, VII 69, 7; munitionem, I 10, 3; cf. VII 73, 1; — *commit:* caedes (pl.), VII 42, 3; — *conclude:* pacem, I 13, 3; 14, 6; cf. II 29, 5; III 3, 4; amicitiam, IV 16, 5; — *apply, use:* vim, I 8, 3; V 7, 7; — *cause, provoke:* fidem (confidence), V 41, 4; VI 41, 2; — in special phrase: quod commodo rei publicae facere posset (*as far as compatible with the public interest*), I 35, 4; VI 33, 5; praedam (*gain*), IV 34, 5; copiam facere alicui, *furnish*, I 28, 3; potestatem facere, *furnish an opportunity*, I 50, 1; III 17, 5; — *permis-*

Facultās

sion, IV 11, 2; 15, 4; V 41, 2; VI 36, 3; potestatem sui (*chance at*), I 40, 8; periculum, *run a risk, make a dangerous attempt*, IV 21, 1; — *make a test:* eius hostis, I 40, 5; — *render* (*cause to be*): vectigalia deteriora, I 36, 4; hos vectigales sibi, IV 3, 4; Aeduos stipendiarios, I 30, 3; — *bring about:* foll. by ut, II 11, 1; (*take place*) pass. constr. *fit:* initium, III 8, 2; hoc, V 40, 4; II 8, 5; certior f., IV 10, 1; hoc idem, VII 15, 1; latrocinia, VI 23, 6; minus magni fluctus, V 1, 2; caedes, VI 13, 5; VII 67, 6; 70, 5; 88, 3; equestre proelium, I 18, 10; V 50, 1; VII 36, 1; 53, 2; 70, 1; gratulatio, V 53, 1; VII 79, 3; fuga, VII 88, 5; iactura, VII 77, 6; significatio, II 33, 3; VI 29, 5; ☞ irruptio (br. by Hr. after Paul), VII 70, 2; id, I 42, 1; id (☞ emend. by Heller), VII 56, 2; cf. I 10, 2; V 0, 3; 33, 5; VII 50, 2; eruptio, III 3, 3; 5, 2; 6, 1; 19, 2; V 22, 2; 51, 5; VII 24, 3; 69, 7; impetus, I 22, 3; IV 12, 1; V 15, 3; 17, 3; 37, 3; ignes, VI 29, 5; si qua res, I 31, 12 (subject understood: I 20, 4; VII 29, 4); ea, VI 23, 6; 6, 2; quae, II 6, 1; V 54, 1; VI 23, 6; idem, I 31, 14; quod, I 42, 6; II 6, 2; 26, 2; IV 34, 2; commutatio rerum, II 27, 1; VI 12, 6; perturbatio, IV 29, 3; nihil, VII 43, 1; nihil earum rerum, V 1, 7; aestimatio, VI 19, 1; proelium, I 13, 1; 31, 12; II 28, 1; III 1, 4; 6, 4; IV 13, 1; 16, 7; 27, 3; senatus consultum, I 43, 7; rebellio, III 10, 2; IV 30, 2; coniuratio, IV 30, 2; followed by quod (*that*) (complementary, not causal), hoc quoque factum est quod, VI 30, 3; quod castra movisset, factum, VII 20, 3; fit, factum est, with complementary *ut* (result) (*comes to pass, happens, that*), I 2, 4; 31, 4; II 4, 3; III 19, 3; V 6, 5; VII 24, 5.

factiō, ōnis, f. (acting, scil. with certain persons), *party, faction:* principes alterius -onis, V 56, 3; principes alterius ... alterius, VI 12, 1; cf. 11, 3; in omnibus civitatibus ... pagis ... partibus ... domibus, factiones sunt, VI 11, 2; -es nascuntur ex pecuniae cupiditate, VI 22, 3; Galliae totius -es esse duas, I 31, 3.

factum, ī, n. (as verbal noun), *deed, event, performance:* nullum paulo fortius factum, III 14, 8; id factum graviter tulit Indutiomarus, V 4, 4; post id factum, V 58, 7; recte ac turpiter factum celari, VII 80, 5; — abstractly, *action:* siquid opus facto esset, I 42, 5 (cf. Kraner's note) (= verbal noun).

facultās, ātis, f. (power of doing), *opportunity, chance, power:* -em fugae dare alicui, I 32, 5; quietis, V 40, 5; — (opportunity of procuring), *supply:* omnium rerum, I 38, 4; ☞ changed in edition of 1473 for difficultas; navium, III 9, 6; cf. 12, 3; -em dare, V 40, 2; VII 50, 4; — w. gerund and gerundive: loci relinquendi, III 4, 4; administrandi ... auxiliandi, IV 29, 2; praedae faciendae, IV 34, 5; facultas bene rei gerendae visa est, VII 44, 1; -em

Fāgus   **Ferō**   63

sui colligendi dare, V 17, 4; VII 80, 8; -em regrediendi dare, V 44, 6; -em itineris faciundi dare, I 7, 5; -em sui colligendi relinquere alicui, III 6, 1; -em sui recipiendi habere, VI 37, 2; belli gerendi -em habere, VI 37, 2; aliquam dimicandi -em habere, VI 7, 4; abite dum est facultas, VII 50, 6; quantum -is dari potuit, IV 21, 9; -em dare ad ducendum bellum, I 38, 4; — pl. *resources:* -es magnes comparare, I 8, 4; -es ad conducendos homines habere, II 1, 4; tantas videri Italiae facultates, VI 1, 3; non magnis -ibus, *as their resources were not large*, VII 17, 2.

fāgus, ī, f., *beech-tree:* enumerated among kinds of timber (materia), V 12, 5.

fallō, ere, fefellī, falsum, v. 3, *deceive:* fallendo impetrare alqd., IV 13, 5; -endi causa, VII 50, 2; spes fallit aliquem, II 10, 4.

falsus, a, um, adj., *false, empty:* -i rumores, VI 20, 2.

falx, cis, f., *scythe:* -es praeacutae insertae longuriis, III 14, 5; falces murales (to tear stones out of the wall), III 14, 5; avertere -es, VII 22, 2; cf. VII 84, 2; -es parare ac facere, V 42, 5; -ibus vallum rescindunt, VII 87, 5.

fāma (φήμη, fari), ae, f., *rumor, common report:* f. de victoria perfertur, V 53, 1; de reditu affertur, VI 30, 1; f. ac nuntius afferretur, VI 30, 2; perfertur ad alqm., VII 3, 2; f. pervenit, followed by acc. c. inf., VI 35, 4; haec famā ac nuntiis perferuntur ad alqm., VII 8, 4; rumore aut famā accipere alqd., VI 20, 1; solem etc. ne famā quidem acceperunt, VI 21, 2; fama de aliqua re perfertur ad alqm., V 39, 1; 53, 2; famā notum esse alicui, VI 24, 2; quos famā nobiles etc. cognoverunt, VII 77, 15.

famēs, is, f., *hunger, famine:* -em timere, V 29, 7; -em tolerare, I 28, 3; extremam -em sustentare, VII 17, 3; aut ferro aut fame interire, V 30, 3; fame excruciare aliquem, VII 20, 9; -e et inopiā adduci, VII 20, 10; exercitum fame consumptum, VII 20, 12.

familia, ae, f. (famulus) (servants as a body), *serfs and retainers:* -am suam, ad hominum milia decem, I 4, 2; —*family:* pater familiae (*head of household*), VI 19, 3; mater familiae (*matron*) matres familiae (Germanorum), I 50, 4; of Gauls, VII 26, 3; 47, 5; 48, 3; antiquissima familia natus, VII 32, 4; amplissima -a nati adulescentes, VII 37, 1; duo ex una familia, VII 33, 3.

familiāris, (οἰκεῖος) (belonging to same household), *intimate friend:* f. Quinti Tituri, V 27, 1; -em suum, I 19, 3; 53, 6; comites -esque, VI 30, 3; cum -ibus, I 39, 4; disponere -es, VII 28, 6.

familiāritās, ātis, f., *intimate friendship,* Cingetorigis, *with C.*, V 3, 5.

fās, n. (indecl.) (speakable) *right, permissible (in accordance w. divine law):* fas, Germanos superare, I 50, 5; gustare fas non putant, V 12, 6; fas, litteris mandare ea, VI 14, 3; f. hospitem violare, VI 23, 9.

fastīgātus, a, um, *sloping, inclined:* collis, II 8, 3 (☞ emend. of Aldus f. castigatus).

fastīgāte, adv., *obliquely:* prone ac f., IV 17, 4.

fastīgium, *slope, elevation, angle:* colles pari altitudinis fastigio, VII 69, 4; paulatim angustiore ad infimum fastigio, VII 73, 5; iniquum loci ad declivitatem fastigium, VII 85, 4.

fātum, i, n. (that which is spoken), *fate:* f. suum querebantur, I 39, 4.

faveō, ēre, ī, fautum, v. 2, *to favor:* Helvetiis (dat.), I 18, 8; Gallicis rebus, VI 7, 7.

fax, cis (fackel, Germ.), *torch:* iacēre, VII 24, 4.

fēlīcitās, ātis, f., *good fortune:* -em esse perspectam, I 40, 13; ad summam -em deesse, VI 43, 5.

fēlīciter, adv., *prosperously, successfully:* evenire alicui, IV 25, 3.

fēmina, ae, *woman:* -ae notitiam habere, VI 21, 5; — *the female* (of animals): eadem est -ae marisque natura, VI 26, 3.

femur, inis, n., *thigh:* -inis crassitudine, VII 73, 6; femur traicitur, V 35, 6.

fera, v. ferus.

ferāx, acis, adj. (apt to bear), *fertile, fruitful:* feracissimos agros possidere, II 4, 6.

ferē, adv., *almost* (σχεδόν): cotidianis proeliis, I 1, 4; quotannis, VI 15, 1 (☞ Hldr. quod annis); f. totus, I 30, 1; II 23, 4; f. omnis, II 25, 1; 31, 5; III 3, 2; 8, 1; 10, 3; IV 20, 1, 2; 38, 2; V 12, 2; 53, 4; VII 19, 1; f. omnes, V 13, 1; 23, 4; VI 13, 5; neque ullum f. tempus, V 53, 5; diem, VII 36, 4; nulla f. civitas, V 54, 4; —*pretty much, about:* quartam partem, I 12, 2; eodem f. tempore, III 20, 1; 28, 1; meridiano f. tempore, V 8, 5; aequo spatio, I 43, 1; e regione, VII 35, 1; hac f. forma, VII 23, 1; eadem f., V 11, 2; eandem f. opinionem, VI 17, 5; eius modi f., III 12, 1; aedificia f. consimilia, V 12, 3; hoc f., VI 18, 3; medium f., IV 19, 3; mediis f. finibus, VI 32, 4; media f. nocte, VII 30, 3; medio f. itinere, VII 41, 2; ab horā f. quartā, III 15, 5; in reliquis f. rebus, VI 14, 3; medio f. colle, VII 46, 3; tertiā f. vigiliā, IV 23, 1; uno f. tempore, VII 61, 1; —*generally* (modifying a whole clause), II 18, 6; VI 14, 4; 15, 1; 30, 3; VII 35, 2.

ferō, ferre, tulī, lātum, v. 3, *to bear, bring:* subsidium alicui, II 26, 2; V 44, 13; VII 66, 2; auxilium alicui, I 13, 5; 44, 9; II 10, 5; IV 12, 5; 10, 5; VII 66, 5; a. ferre cui rei, VII 24, 4; auxilium ferre, III 4, 2; 18, 4; IV 34, 1; — *advance, proffer:* condicionem, IV 11, 3; — *bear:* arma ferre posse, I 29, 1, 2; II 28, 2; IV 19, 2; VII 71, 2; 75, 1; aquilam in hostes, IV 25, 4; aquilam decimae legionis, IV 25, 3; signa (*to march, move*), I 39, 7; 40, 12; VI 37, 6; onera, III 19, 2; — (*bear*) *run* (drift): ut opinio illorum fert, V 13, 5; (cf. drift of opinion) consuetudo fert, VI 7, 8; IV 32, 1; — *call, regularly declare:* hunc inventorem

artium, VI 17, 1 (*quote*) ; — *to get, carry off, receive:* eadem responsa, VI 4, 5 ; maximam laudem, VI 21, 4 ; magnam laudem, VI 28, 3 ; — *bear, endure, take:* magno cum dolore aliqd., VII 15, 2 ; ferendus, *endurable* (Ariovistus), I 33, 5 ; magno dolore ferre, c. acc. c. inf., VII 63, 8 ; gravius ferre, I 14, 1 ; graviter ferebant dictum, V 6, 2 ; id factum, V 4, 4 ; moleste ferre (χαλεπαίνω), c. acc. c. inf., II 1, 3 ; laborem, VI 31, 5 ; VII 20, 5, 11 (☞ IV 2, 6 ; br. by Illdr. after Paul) ; dolorem patienter, VII 77, 5 ; hoc (detrimentum) aequiore animo, V 52, 6 ; inopiam, VII 14, 7 ; 17, 4 ; 77, 5 ; ne vultum quidem, I 39, 1 ; tempestatem, III 13, 9 ; impetum, III 19, 3 ; IV 35, 2 ; V 21, 5 ; VI 8, 6 ; — *suffer, experience:* eundum casum, III 22, 2 ; VI 40, 3 ; eandem fortunam, VII 62, 7 ; eundem omnis fortunae exitum, III 8, 3 ; — *take, accept:* hoc ignominiae loco, VII 17, 6 ; — *move, bear:* quo ventus ferebat, III 15, 3 ; (Rhenus) citatus fertur, IV 10, 3 ; — *trend, slope away:* ut natura montis ferebat, VII 46, 3 ; — *ferri* (φέρεσθαι), *to rush:* alii in aliam partem ferebantur, II 24, 3 ; * in a curious and pregnant sense: quodque tam diu se (Helvetios scil.) impune iniurias tulisse admirarentur, *that they had so long escaped punishment for their misdeeds*, I 14, 4.

ferramentum, ī, n., *iron tool:* nulla -orum copia, V 42, 3.

ferrāria, ae, f., *iron mine:* apud eos magnae -ae sunt, VII 22, 2.

ferreus, a, um, *of iron:* clavus (bolt), III 13, 4 ; catena, III 13, 5 ; talea (Hr. ☞ talia), V 12, 4 ; hamus, VII 73, 4.

ferrum, ī, n., *iron:* cum f. se inflexisset, I 25, 3 ; ferrum nascitur (*is found*) in maritimis regionibus, V 12, 5 ; — *sword:* ferro aut fame interire, V 30, 3.

fertilis, e, adj. (fero), *fertile, productive:* loca -issima Germaniae, VI 24, 2 ; -issima regio, VII 13, 3.

fertilitās, ātis, f., *fertility:* loci, II 4, 1.

ferus, a, um, adj., *wild, fierce, ferocious:* homines -i ac barbari, I 31, 5 ; 33, 4 ; qui maxime -i inter eos habeantur, II 4, 8 ; hominibus -is obicere alqm., I 47, 3 ; esse homines -os magnaeque virtutis, II 15, 5 ; a feris barbarisque nationibus, IV 10, 4.

fera, ae, f. n., *beast:* neque homini neque bestiae parcunt, VI 28, 2 ; multa genera -arum, VI 25, 6.

fervefacio, ere, fēcī, factum, v. 3, *to heat, melt:* pice fervefacta morari cuniculos, VII 22, 5 ; — *to make redhot, glowing:* fervefacta iacula iacere, V 43, 1.

ferveō, ēre, uī, v. 2, *to be glowing, redhot:* ferventes glandes, V 43, 1.

fibula, ae, f. (clasp), acc. to some commentators, *a clamp;* acc. to Heller, *a bolt:* IV 17, 6.

fidēlis, e, adj., *faithful:* alicui, IV 21, 7 ; opera -i alicuius uti, VII 76, 1.

fidēs, eī, f., *trust, faith, confidence, devotion, loyalty:* pro vetere ac perpetua erga populum Romanum fide, V 54, 4 ; f. omnium rerum derogatur alicui, IV 23, 8 ; fidem habere (*repose trust in*) alicui, I 19, 3 ; 41, 4 ; fidem facere (*create confidence*), V 41, 4 ; — *cause belief*, VI 41, 2 ; — *reliability, faithfulness, trustworthiness:* egregia, I 10, 2 ; propter -em, I 47, 4 ; quorum in se fidem, V 5, 4 ; -em praestare alicui, V 45, 2 ; f. ac constantia, VII 77, 10 ; in fide manere, VII 4, 5 ; 10, 3 ; — *protection* (properly *discretion*) : fortunas fidei eius permittere, V 7, 1 ; se suaque omnia in fidem atque in potestatem populi Romani permittere, II 3, 2 ; in eius fidem ac potestatem venire, II 13, 2 ; populi Romani fidem sequi, IV 21, 8 ; cf. V 20, 1 ; 56, 3 ; -em implorare, V 7, 8 ; recipere aliquem in fidem, II 15, 1 ; IV 22, 2 ; in fide alicuius esse, II 14, 2 ; VI 4, 2 ; VII 5, 2 ; — *pledge, word:* inter se fidem et iusiurandum dant, I 3, 8 ; fidem dare, VII 42, 5 ; per fidem circumvenire alqm., I 46, 3 ; fidem facere alicui (*give a pledge to*), IV 11, 3 ; f. interponere alicui, V 6, 6 ; suam f. interponere in eam rem, V 36, 2 ; -em laedere, VI 9, 6 ; dubitare de fide alicuius, VII 21, 1 ; -em servare de aliquae re, VI 40, 1 ; iureiurando ac fide sancire aliquid, VII 2, 2.

fidūcia, ae, f., *trust in, reliance on:* loci, VII 19, 2 ; eius praesidii, VII 38, 9 ; — *confidence:* plenus -ae, VII 76, 5.

figūra, ae, f., *outline, shape* (fingo), navium, IV 25, 2 ; bos cervi figura, VI 26, 1 ; consimilis capris figura, VI 27, 1 ; cornuum, VI 28, 5.

filia, ae, *daughter:* Orgetorigis, I 26, 4 ; -am in matrimonium dare, I 3, 5 ; -am alicuius in matrimonium ducere, I 9, 3 ; I 53, 4 ; ☞ *A. Hug* prefixes *fuerunt* and changes the pointing ; fuerunt duae filiae, harum altera occisa, altera capta est.

filius, i, m., *son*, I 3, 4 ; 47, 4 ; II 13, 1 ; V 27, 2 ; 35, 7 ; VII 4, 1 ; 31, 5 ; 65, 2 ; (*the father's name uniformly precedes*) f. puerili aetate, VI 18, 3 ; filius propinquique, V 4, 2 ; principum filios obsides accipere, VI 12, 4 ; unus e filiis, I 26, 4.

fingō, ere, nxī, fictum, v. 3 (shape), *invent:* novas sibi religiones, VI 37, 8 ; vultum, *assume an expression* (not felt), I 39, 4 ; ficta (*inventions*) ad voluntatem respondeant, IV 5, 3.

finiō, v. 4, *limit, mark the limit, bound:* p. Romani imperium Rhenum finire, IV 16, 4 ; spatia temporis numero noctium, VI 18, 2 ; — *determine:* latitudo (Hercyniae silvae) finiri potest, VI 25, 1.

finis, is, m., *end, termination:* finem facere pugnandi orandi, loquendi, oppugnandi, sequendi, bellandi, v. facio, laborum omnium, VII 85, 4 ; finem facere alicui rei, *to terminate*, I 33, 1 ; — *limit:* ad quem finem, II 19, 5.

fines, pl., *territory, land, district:* proximum finibus, I 6, 3 ; propinqui -ibus, VI 5, 4 ; appropinquare finibus, II 10, 5 ; fines angustos habere, I 2, 5 ; proprios habere, VI 22, 2 ; adire, VI 35, 6 ; populari, I 37, 2 ; depopulari, VI 42, 3 ; VII 64, 6 ; vastare, V 22, 3; VI 23, 1; contingere, VII 7, 5; attingere, II 15, 3; VI 25, 3; latissimos possidere, II 4, 6; tueri, IV 8, 2; VII 65, 3; latos f. parare, VI 22, 3; violare, VI 32, 2; dividere, I 8, 1; V 11, 8; — *inter fines* Helvetiorum et Allobrogum, I 6, 2; — *per fines* ire, I 6, 3; 9, 4; 28, 1; V 56, 5; traducere, I 11, 1; 19, 1; influere, I 12, 1; iter facere, II 16, 1; VII 66, 2; flumen fertur, IV 10, 3; iter dare, V 27, 10; pertinere, V 3, 4; contendere, VII 9, 4; — *in fines* iter facere, I 10, 1; pervenire, I 10, 5; 11, 1; 26, 5; II 15, 2; III 17, 1; IV 6, 4; VII 11, 9; adducere, V 46, 3; venire, V 48, 2; ducere, I 10, 5; II 12, 1; IV 38, 3; V 18, 1; introducere, II 5, 3; 10, 4; III 20, 2; reverti, I 28, 3; transire, I 28, 4; impetum facere, I 44, 8; se recipere, IV 16, 2; 19, 1; VI 10, 4; contendere, IV 18, 2; VI 3, 1; VII 9, 4; proficisci, III 23, 1; V 2, 4; — *ad fines* contendere, I 27, 4; pertinere, VI 25, 2; pervenire, II 2, 6; VII 8, 2; (= apud) praesto esse, V 26, 2; conlocare legiones, VI 44, 3; — *intra fines* recipere aliquem, I 32, 5; ingredi, II 4, 2; — *extra fines* latrocinia fiunt, VI 23, 6; usque ad fines (*borders*) insequi, V 54, 2; — *finibus* prohibere alqm., I 1, 4; recipere alqm., VI 6, 3; VII 20, 12; contineri, I 1, 5; egredi, I 44, 7; uti, II 28, 3; expellere, IV 3, 4; excedere, IV 19, 4; — *in finibus* bellum gerere, I 1, 4; VII 14, 6; hiemare, VI 7, 1; conlocare aliquem, I 28, 5; VII 44, 3; considere, I 31, 10; IV 8, 3; VI 13, 10; audiri, VII 3, 3; congredi cum aliquo, I 40, 7; recensere, VII 76, 3; flumen est, II 5, 4; mons est, IV 10, 1; castellum est, VI 32, 4; oppidum, VII 13, 3; decertare, II 10, 4; — *a finibus* oriri, I 1, 6; VI 25, 2; quam latissime a finibus, IV 3, 1; abesse, I 10, 1; pertinere, IV 20, 4; III 1, 1; viam proficere, I 38, 1; — *de finibus* exire, I 2, 1; controversia est, VI 13, 5; — *e finibus* exire, I 5, 1; progredi, V 56, 1; transire, I 28, 4; pellere, I 31, 11; egredi, VI 31, 4; educere, IV 1, 4; excedere, VII 33, 2; 77, 14.

finitimus, a, um, adj. (finis), *neighboring:* ager, VI 12, 4; provincia, III 2, 5; pars provinciae, V 1, 5; ad civitates, I 18, 6; III 7, 3; V 57, 2; 58, 1; VI 2, 3; 34, 8; 43, 1; VII 57, 2; Germani, VI 2, 1; Gallia, VII 77, 16; G. provincia, III 20, 2; loca, VII 7, 4; Bellovaci, VII 90, 5; regiones, IV 21, 4; VII 55, 9; f. esse alicui vel alicui rei: Galliae provinciae Allobrogibusque, I 28, 4; Belgis, II 2, 3; eius regno, V 38, 1; provinciae, VII 64, 4; Aquitaniae, III 23, 3; hostibus, VII 7, 4; aliquem finitimum habere (as n.), I 10, 2; — *finitimi* (used as noun), *neighbors*, II 4, 6; 8, 3; 16, 2; 29, 4; 31, 5; V 27, 9; 55, 3; VI 20, 1; VII 65, 2; equitatus -orum, II 17, 4; -is bellum inferre, I 2, 4; persuadere, I 5, 4; stipendium pendere, V 27, 2; -Is imperare ut, II 28, 3; ne, II 32, 2.

fiō, v. facio.

firmiter, adv. (firmus), *firmly, without slipping:* insistere, IV 26, 1.

firmō, v. 1, *to strengthen, secure:* locum munitionibus, VI 29, 3.

firmus, a, um, adj., *strong:* rami, VII 73, 2; civitas, V 54, 2; pars, VII 84, 2; I 52, 2; praesidium, IV 18, 2; VI 9, 5; VII 36, 6; 69, 7; -issima civitas, V 20, 1; tres potentissimi ac firmissimi populi, I 3, 8; — *in good condition, strong:* cohors f. ad dimicandum, VII 60, 2.

fistuca, ae, f., *pile-driver:* haec -is adegerat, IV 17, 4.

Flaccus, I, m., C. Valerius Fl., I 47, 4; propraetor of the province of Gaul in 83 B.C.

flagitō, v. 1, *demand:* frumentum quod essent publice polliciti, I 16, 1.

flamma, ae, f., *flame, fire:* undique flammā torreri, V 43, 4; circumventi flammā exanimantur homines, VII 16, 4.

flectō, ere, flexī, xum, v. 3, *bend, wind* (Hercynia silva): flectit se, VI 25, 3 (sinistrorsus); — *turn aside, guide:* equos incitatos, IV 33, 3.

fleō, ēre, ēvī, ētum, v. 2, *weep:* haec cum flens peteret, I 20, 5; flentes pacem petissent, I 27, 2; flentes petierunt, VII 26, 3; sese flentes Caesari ad pedes proiecerunt, I 31, 2; flentes orabant, VII 78, 4; flentes implorabant ne, I 51, 3.

flētus, ūs, m., *weeping, wailing:* magno -u auxilium petere, I 32, 1; ut clamore et fletu omnia complerentur, V 33, 6.

flō, v. 1, *to blow:* Corus ventus in his locis flare consuevit, V 17, 3.

flōreō, ēre, uī, v. 2, *bloom:* florens (*prosperous* as adj.) civitas ampla et fl., IV 3, 3; -em et illustrem adulescentem, VII 32, 4; florentissimis rebus, I 30, 3.

flōs, oris, m., *flower*, VII 73, 8.

fluctus, ūs, m., *flood, water, surf, sea:* magnitudo fluctuum, III 13, 2; in fluctibus consistere, IV 24, 2; naves -ibus complentur, IV 28, 3; minus magnos ibi fluctus fieri, V 1, 2.

flūmen, inis, n., Sabis flumen abest, II 16, 1; Garumna fl. dividit, I 1, 2; cf. V 11, 8; influit in Rhodanum, I 12, 1; pedibus transiri potest, V 18, 1; duo flumina subluebant radices collis, VII 69, 2; difficili transitu fl. ripisque praeruptis, VI 7, 5; fl. intermittit, I 38, 5; distinet alqm., VII 59, 4; fl. Dubis cingit, I 38, 4; ripa fluminis, I 38, 5; II 5, 5; 23, 3; IV 4, 2; V 18, 2; inferior pars fluminis Rheni, I 1, 6; cf. IV 17, 9; altitudo -inis, I 8, 4; II 18, 3; IV 17, 2, 3; altera pars (*bank*) -inis, II 5, 6; VII 34, 3; vis fluminis, IV 15, 2; 17, 10; VII 56, 4; vis atque impetus, IV 17, 5; vadum, V 58, 6; secundum naturam (*current*) -is, IV 17, 4; propinquitates fluminum, VI 30, 3; recta fluminis Danuvii regione, *parallel with the D.,* VI 25, 2; pons fluminis Ligeris, VII 11, 6; eius -inis pontes, VII 34, 3; insula fluminis Sequanae, VII 57, 1; omni -inis parte, VII 61, 1; proximi flumini Rheno, III 11, 1; flumen attingere, I 1, 5; flumen transire (v. transeo) fl. traducere aliquos (-em), I 12, 2; II 5, 4; transgredi, II 19, 4; inter montem Iuram et flumen Rhodanum, I 6, 1 ; influere in f., I 8, 1 ; in fl. compellere, II 23, 1 ; se praecipitare, IV 15, 2 ; immittere aliquid, IV 17, 4 ; *ad* fl. pervenire, I 53, 1 ; venire, VII 5, 4 ; ire, VI 33, 3 ; contendere, II 9, 3 ; vergere, II 18, 1 ; progredi, V 9, 3 ; decurrere, II 19, 7 ; ducere, V 18, 1 ; — *trans fl.* considere, II 10, 2 ; habere aliquid, IV 4, 3 ; — *secundum* fl., II 18, 3 ; VII 34, 2 ; — *usque ad fl.* persequi, VII 67, 5 ; —*flumine on* the r., I 16, 3 ; — *flumine* contineri, I 1, 5 ; 2, 3 ; corrumpere alqd., VII 55, 8 ; dividi, III 1, 6 ; tegi, V 19, 3 ; impediri, VII 35, 2 ; circumdari, VII 15, 5 ; — *a flumine* initium capit, I 1, 5 ; pertinet, I 1, 7 ; III 1, 1 ; V 3, 4 ; intermissa, VII 17, 1 ; collis nascebatur, II 18, 2 ; diversis a flumine regionibus, VI 25, 3 ; — *in flumine* pons est, II 5, 6 ; naves aedificare, III 9, 1 ; aggredi, II 10, 2 ; -ibus perluuntur, VI 21, 5 ; lavari in fluminibus, IV 1, 10 ; in flumine hostes videntur, II 19, 7 ; — *ex flumine* aquam derivare, VII 72, 3 ; — *secundo flumine* (*down stream*), VII 58, 5 ; 60, 1 ; — *adverso* -ine (*up stream*), VII 60, 3 ; 61, 3.

fluō, ere, xī, xum, v. 3, *to flow:* Rhodanus, I 6, 2 ; in utram partem fluat, I 12, 1.

fodeō, ere, fōdī, fossum, v. 3, *dig:* scrobes, VII 73, 5.

foedus, eris, *treaty:* n. -ere aliquem sibi adiungere, VI 2, 2.

foris, adv. (outdoors) *abroad, without,* VII 76, 5.

fōrma, ae, f., *shape:* feminae marisque, VI 26, 3 ; navium -am demonstrare, V 1, 1 ; non absimili forma muralium falcium, III 14 5 ; — *construction, structure:* muri Gallici hac forma, VII 23, 1.

fōrs, f. (nomin. and abl. only), *chance:* quam in partem fors obtulit, II 21, 1 ; f. obtulit (cohortes), VII 87, 5.

forte (abl. as adv., τύχῃ), *perhaps,* II 31, 4 ; III 12, 3 ; V 50, 3.

fortis, e, adj., *brave, valiant, stout of heart:* opp. perturbari, VII 30, 3 (☞ which Hldr. brackets w. Paul) ; vir f., V 35, 6 ; viri fortes, II 33, 4 ; III 20, 2 ; V 44, 1 ; VII 19, 4 ; vir fortissimus, II 25, 1 ; IV 12, 4 ; horum omnium -issimi sunt Belgae, I 1, 3 ; pedites, I 48, 5.

fortiter, adv. *bravely, gallantly:* impetum sustinere, II 11, 4 ; 21, 2 ; repugnare, III 4, 2 ; resistere, III 21, 2 ; —*fortius* pugnare, II 26, 2 ; f. factum, III 14, 8 ; — *fortissime* (resistere), IV 12, 5 ; pugnare, IV 37, 3 ; V 37, 5 ; 43, 4 ; 35, 7 ; VI 40, 7 ; impetum sustinere, V 28, 4.

fortitūdō, inis, f., *bravery:* gloria belli atque -inis, I 2, 5.

fortuītō, adv. (☞ Hldr. acc. to one MSS. fortuitu), *accidentally, by chance:* f. aut sine consilio accidere, VII 20, 2.

fortūna, ae (τύχη), *fortune* (often conceived as personification, cf. VII 20, 6) : deminuit quicquam, I 53, 6 ; versavit utrumque, V 44, 14 ; comprobat (*smiles upon*) consilium hominis, V 58, 6 ; potest multum, VI 30, 2 ; cf. VI 42, 1 ; quantum in bello possit et quantos afferat casus, VI 35, 2 ; valuit multum, VI 30, 4 ; fortunae varii eventus, II 22, 2 ; -ae commutatio, VII 63, 8 ; -ae eundem exitum ferre, III 8, 3 ; magnae (dat.) fuit -ae, VI 30, 2 ; -ae gratiam habere, VII 20, 6 ; cedere, VII 89, 2 ; — *am* experiri (*v.* exp.), temptare (*v.* tempto), quamvis -am pati, II 31, 6 ; hanc -am temptare, VII 4, 2 ; commutata -a, III 6, 2 ; — *a* fortuna (here again the sense of personification) deseri, V 34, 2 ; in extrema -a, VII 40, 7 ; — *lot:* gravior, I 32, 4 ; communem -am miserari, VII 1, 5 ; eandem -am ferre, VII 62, 8 ; exitus fortunarum, VII 77, 1 ; -as suas permittere fidei alicuius, V 3, 7 ; -as in dubium devocare, VI 7, 6 ; -is suis desperare, III 12, 3 ; consulere, VII 8, 4 ; — *good fortune:* f. deest alicui, I 40, 12 ; hoc unum ad pristinam -am defuit, IV 26, 5 ; tantam -am e manibus demittere, VI 37, 10 ; quam in -am deduxisset, VII 54, 4 ; — *property, possessions:* omnes -as conflagrare, V 43, 4 ; conferre aliquo, VI 35, 9 ; omnes -as consumere, I 11, 6.

fortūnātus, a, um, adj., *lucky, successful,* VI 35, 8.

forum, i, n., *market-place* (ἀγορά) : in foro constiterunt, VII 28, 1.

fossa, ae, f., *ditch* (fodio) : latitudo -ae, II 12, 2 ; -ae solum, VII 72, 1 ; summae -ac labra, VII 72, 1 ; -am perducere (*v.* perduco), duplicem -am perducere, VII 36, 7 ; transversam -am obducere, II 8, 3 ; ducere, VII 73, 2 ; praeducere, VII 60, 5 ; complere (*v.* compl.), explere (*v.* expleo), cratibus integere, VII 79, 4 ; transire, VII 70, 5 ; -am derectis lateribus ducere, VII 72, 1 ; vado fossaque munire (*v.* munio), cingere, V 42, 1 ; in -am iacere, II 32, 4 ; ab -a reducere, VII 72, 2 ; ad extremas fossas castella constituere, II 8, 4.

fovea, ae, f., *pit:* -eis capere (uros), VI 28, 3.

frangō, ere, frēgi, āctum, v. 3, *break, break down:* fractum esse proeliis calamitatibusque, I 31, 7 ; — *shatter:* navibus fractis, IV 29, 3.

frāter, tris, m., *brother,* I 3, 5 ; 18, 1 ; 20, 1, 5 ; 53, 4 ; IV 12, 5, 6 ; V 27, 2 ; VII 32, 4 ; 37, 1 ; 40, 3 ; 43, 2 ; 64, 5 ; Diviciacus -er, I 18, 8 ; 19, 2 ; 20, 6 ; frater Moritasgus, V 54, 2 ; Nasua et Cimberius fratres, I 37, 3 ; fratrem a fratre renuntiatum, VII 33, 3 ; fratres cum -ibus (uxores habent communes), V 14, 4 ; fratres consanguineosque appellare, I 33, 2 ; cf. 44, 9 ; Suessiones -es consanguineosque suos, II 3, 5 ; -es atque omnes propinqui, VII 38, 3.

frāternus, a, um, adj., *brotherly:* amor (= fratris), I 20, 3 ; -um nomen (= *the name of brother*), I 36, 5.

fraus, dis, f., *deception:* em perspicere, VII 40, 6.

fremitus, ūs (fremo), m., *din, noise:* clamor f. -que oriebatur, II 24, 3 ; -u et concursu, IV 14, 3 ; ex nocturno -u, V 32, 1.

frequēns, ntis, adj., *in large numbers* (occurs in pl. only in B. G.) : frequentis-

Frētus **Fugiō** 67

simi huc convenirent, IV 11, 5 ; eodem conveniunt -es, VII 63, 6 ; -es ad eum venerunt, IV 13, 4.
frētus, a, um, adj., *relying upon* (aliquā re): victoriis, III 21, 1 ; praesidio, VI 5, 7.
frīgidus (frosty), *cold:* -issimis locis, IV 1, 10.
frīgus, oris, n., *cold, frost:* frigore tardari, VII 24, 1 ; propter -a, I 16, 1 ; -a remissiora, V 12, 6 ; -a vitare, VI 22, 3.
frōns, tis, f. (forehead), *front:* in frontem leniter fastigatus, II 8, 3 (☞ IIIdr. with some MSS. *fronte*) ; a fronte, *in front*, II 23, 4 ; in -e, VII 23, 2 ; —*forehead:* a media -e inter aures, VI 26, 1.
frūctuōsus, a, um, *fertile, productive:* locus -issimus, I 30, 3.
frūctus, ūs, m., *fruit* (result) : victoriae, VII 27, 2 ; dimicationum, VII 86, 3 ; — *income from, profit:* pecuniae, VI 19, 2 ; pecuniae superiorum temporum, VI 19, 2.
frūgēs, um, pl. (only), f., *products:* omnibus -ibus amissis, I 28, 3 (☞ thus IIIdr. for the common reading *fructibus*).
frūmentārius, a, um, adj., 1) *referring to grain:* res -a (*grain supply*) deficit aliquem, II 10, 4 ; rei -ae causa, I 39, 1 ; cf. VII 34, 1 ; 90, 7 ; rei -ae simulatio, I 40, 10 ; rei f. domesticae copiae (*home supply of grain*), II 10, 4 ; rei -ae inopia, III 24, 3 ; difficultas, VII 17, 3 ; rei ae (dat.) prospicere, VII 23, 1 ; praeesse, VII 3, 1 ; providere (Hr. ☞ after Schneider), V 8, 1 ; rem -am supportare, I 39, 6 ; expedire, VII 36, 1 ; comparare (*v.* comparo) providere, VI 10, 2 ; cf. III 20, 2 ; re -a intercludere, I 23, 3 ; premi, V 28, 5 ; expeditiore uti, VII 11, 1 ; ab re -a laborare, VII 10, 1 ; de re -a adhortari alqm., VII 17, 2 ; ab re f. excludere alqm., VII 55, 9 ; inopiae frumentariae mederi, V 24, 6 ; —2) *fertile* (= fructuosus) : loci maxime -ii, I 10, 2.
frūmentātiō, ōnis, f. (*procuring grain*), *foraging:* -em conficere, VI 39, 1 ; pabulationes -esque observare, VII 16, 3 ; -ibus pabulationibusque prohibere alqm., VII 64, 2.
frūmentor, v. 1, dep., *to gather a grain supply, cut grain:* praedandi frumentandique causa, IV 9, 3 ; cf. 12, 1 ; 16, 2 ; frumentandi rationem habere, VII 75, 1 ; cohortes -tatum mittere, VI 36, 2 ; legione -tatum missa, IV 32, 1.
frūmentum, ī (frugimentum), n., *grain:* f. angustius provenerat, V 24, 1 ; deest alicui, IV 30, 1 ; debetur legioni, VI 33, 4 ; copia -i, I 3, 1 ; 28, 3 ; VII 32, 1 ; -i commeatusque inopia, III 6, 4 ; cf. III 7, 3 ; 9, 5 ; VI 29, 1 ; VII 59, 1 ; quid -i, VI 20, 10 ; quod -i, VII 55, 8 ; magnus numerus -i commeatusque, VII 38, 9 ; -um providere, IV 29, 4 ; alicui, VI 44, 3 ; demetere, IV 32, 4 ; omne f. consumere, VII 77, 1 ; naucisci, VII 56, 5 ; comburere, I 5, 3 ; flagitare fr. aliquem, I 16, 1 ; metiri militibus, I 16, 5 ; exercitui, I 23, 1 ; parce ac paulatim metiri, VII 55, 2 ; 71, 7 ; conferre, I 17, 2 ; 16, 4 ; IV 31, 2 ; subministrare, I 40, 11 ; comportare, III 2,

1 ; I 16, 4 ; V 20, 2 ; supportare, III 23, 7 ; frumentum imperare, V 20, 4 ; mittere, V 20, 4 ; relinquere in loco aliquo, V 47, 2 ; exigue dierum xxx habere, VII 71, 4 ; dierum xxx, VII 74, 2 ; referre, VII 71, 6 ; navibus subvehi, I 16, 3 ; frumento uti, I 16, 3 ; vivere, IV 1, 8 ; iuvare aliquem, I 26, 6 ; II 3, 3 ; intercludere alqm., I 48, 2 ; carere, VII 17, 3 ; prohibere, IV 30, 2 ; de -o provisum est, III 3, 1 ; pl. -a matura non sunt, I 16, 2 ; maturescere incipiunt, VI 29, 4 ; consumebantur, VI 43, 3 ; in agris matura, I 40, 11 ; imbribus procubuerant, VI 43, 3 ; in oppida comportare, III 9, 9 ; serere, V 14, 2 ; corrumpere, VII 64, 3 ; succidere, IV 19, 1 ; 38, 3.
fruor, ī, -ctus, v. dep. 3, *enjoy:* omnibus in vita commodis, III 22, 2.
frūstrā, adv., *in vain, resultlessly:* telum mittere, III 4, 2 ; tela accidunt, III 25, 1 ; tantum laborem consumere, III 14, 1 ; expectare, V 23, 5 ; conari subvenire, VII 50, 6.
Fūfius, i, m., C. F. Cita, a Roman knight, VII 3, 1.
fuga, ae, f., *flight, rout:* turpitudo -ae, II 27, 2 ; labor -ae, VI 31, 5 ; suspicio -ae, VII 62, 4 ; fuga Gallorum fit, I 40, 8 ; hostium, V 37, 3 ; profectio consimilis -ae, II 11, 1 ; V 47, 4 ; ☞ br. by IIIdr. after Paul, VI 7, 8 ; -ae similis discessus, V 53, 7 ; cf. also VII 43, 5 ; equivalent to proelium equestre adversum, I 18, 10 ; suorum, IV 16, 2 ; VII 88, 5 ; -am audire, VII 88, 5 ; -am intercludere, VII 11, 9 ; in ea -a periit, I 53, 4 ; —*in fugam* convertere aciem, I 52, 6 ; in -am conicere (*v.* conicio) in -am dare alqm., IV 26, 5 ; V 51, 5 ; —*escape:* spes -ae, I 25, 1 ; -ae facultas, I 32, 5 ; cf. VII 28, 2 ; equitum et calonum, II 26, 5 ; Treverorum, VI 8, 7 ; sese fugae mandare (*v.* mando) fugam desperare, IV 15, 2 (i.e. reliquā fugā desperatā) ; -am occultari ... ignorari posse, I 27, 4 ; -am parare, VII 61, 4 ; comparare, IV 18, 4 ; petere, II 24, 1 ; capere, VIII 26, 3 ; fugā se recipere, I 11, 5 ; ā desistere, IV 12, 2 ; perterreri, I 18, 10 ; mortem vitare, V 20, 2 ; salutem petere, III 15, 2 ; 26, 5 ; IV 14, 2 ; in -a praesidium ponere, II 11, 5 ; spes in -a relinquitur, I 51, 2 ; de -a significare, VII 26, 4 ; in fuga (*on fl.*), I 53, 5 ; V 21, 6 ; VI 43, 4 ; VII 88, 4 ; ex hac -a auxilia discesserunt, V 17, 5 ; ex -a in oppidum convenire, II 12, 4 ; cf. VI 32, 2 ; 35, 5, 6 ; VII 28, 6 ; se ex -a recipere (cf. recipio) ex -a discedere in civitates, VII 88, 7.
fugiō, ere, ī, itum, v. 3, *flee* (φεύγω) : opp. infestis signis ad se ire, VI 8, 6 ; fugere destiterunt, I 53, 1 ; in omnes partes, II 24, 4 ; passim, IV 14, 5 ; in provinciam, VII 66, 3 ; fugientem tegere, VI 30, 4 ; manum fugientem adoriri, VI 8, 1 ; multitudinem eorum frugientium conciderunt, II 11, 4 ; fugientibus occurrere, VII 88, 4 ; eos fugientes prosequi, V 9, 8 ; persequi, VII 67, 5 ; cf. V 10, 1 ; ad hostes, VII 40, 3 ; — *escape:* ex ipsa caede, VII 38, 3 ; ex media caede, VII 38, 5 ; Metiosedo (Meloduno ?),

Fugitīvus — Gallus

VII 58, 6; — *avoid:* conspectum multitudinis, VII 30, 1.

fugitīvus, i, m., *runaway slave,* I 23, 2.

fugō, v. 1, *put to flight:* equitatum, VII 68, 1.

fūmō, v. 1, *to smoke, emit smoke:* agger -at, VII 24, 1.

fūmus, i, m., *smoke:* -o atque ignibus significabatur, II 7, 4; pl:— fumi incendiorum, V 48, 10.

funda, ae, f., *sling:* -ā vulnerari, V 35, 8; fundis glandes iacere, V 43, 1; nostros perturbare, VII 81, 2; Gallos proterrere, VII 81, 4; hostes propellere, IV 25, 1.

funditor, ōris, m., *slinger:* -es Baleares, II 7, 1; -es sagittariosque traducit, II 10, 1; 19, 4; -es Numidae, II 24, 4.

fundō, ere, fūdī, fūsum, v. 3 (pour out), *scatter:* omnes copias, III 6, 3; — *pour out:* picem, VII 24, 4.

fungor, ī, fūnctus, v. dep. 3, *perform* (discharge): eodem illo munere, VII 25, 1.

fūnis, is, m., *rope, cable:* ferreis catenis pro funibus revincire, III 13, 5; antemnas ad malos destinabant, III 14, 6; -es subsistunt (*hold out*), V 10, 2; -ibus amissis, IV 29, 3.

fūnus, eris, n., *funeral, burial:* -era magnifica et sumptuosa, VI 19, 4; iusta funera conficere, VII 19, 4.

furor, ōris, m., *frenzy, fanaticism:* tantus eorum omnium, II 3, 5; -ore atque amentia impulsus, I 40, 4; ad furorem impellere aliquem, VII 42, 4.

fūrtum, ī, n. (fur), *theft:* in -o comprehendi, VI 16, 5.

fūsilis, e (fundo) (molten, cast), *baked:* argilla, or glandes; ☞ Illdr. w. C. Wagner reads fusi*l*īs (for fusili) ex argilla glandes, V 43, 1; construing the adj. with glandes, not w. argilla.

G.

Gabalī, ōrum, pl. m., a Celtic tribe, south of Arverni, on western slopes of the Cevennes, vassals of Arverni, VII 7, 2; 64, 6; 75, 2.

Gabīnius, ī, m., Aulus, consul in 58 n.c., I 6, 4.

gaesum, i, n., Gallic *spear:* -a conicere, III 4, 1.

Gaius, i, (=C.), Roman praenomen, I 53, 5; 47, 4, 10; 40, 10; 47, 4; III 5, 2; IV 2, 1; V 17, 2; 24, 2, 3; 27, 1; 46, 3; VI 1, 1; 6, 1; 29, 3; 33, 3; 40, 4; 41, 2; VII 3, 1; 11, 3; 40, 3; 65, 2; 81, 6; 83, 3; 87, 1; 90, 5, 6.

Galba, ae, m., 1) Servius G., legatus, placed in command of winter quarters in the valley of Martigny in the Alps, III 1, 1; 4, 3, 1; 5, 2; 6, 4; — 2) "king" of the Suessiones, II 4, 7; 13, 1.

galea, ae, f., *helmet:* -as inducere, II 21, 5.

Gallia, ae, f., *Gaul,* in wider sense (I 1, 1, omnis): totius -ae imperium, I 2, 2; — *colder climate of,* I 16, 2; IV 20, 1; -a ardet, V 29, 4; -a omnis in armis est, V 41, 2; si G. omnis cum Germanis consentiret, V 29, 6; ne cuncta -a deficeret, VII 10, 1; universae -ae consensio, VII 76, 2; -ae fines (*in narrower sense*), I 1, 6; cf. II 3, 1; I 44, 8; 45, 1, 3; III 11, 3; totius Galliae, I 3, 6, 8; 20, 4; 30, 1, 4; 31, 3, 10; 43, 7; II 4, 7; V 3, 1; 5, 3; VI 11, 5; 12, 4; 13, 10; 29, 4; VII 4, 1; 15, 4; 29, 6; 63, 5; -ae principatus, I 17, 3; principes, IV 6, 5; V 6, 4; VII 1, 4; to lose its nobility as Dumnorix alleges, V 6, 4; salus -ae, VII 25, 1; ex usu terrae -ae, I 30, 3; cf. V 6, 6; regnum -ae, VII 20, 2; fines, I 31, 11; obsides, VII 55, 2; mores, VI 1, 1; partes -ae, I 34, 3; victoria -ae, VII 37, 3; civitates -ae, I 44, 3; V 53, 4; 56, 4; VII 3, 2; possessio -ae, I 44, 13; auxilia -ae, VII 71, 9; pars -ae, II 1, 1; III 20, 1; V 22, 4; 54, 1; VI 5, 1; motus -ae, V 5, 4; 53, 3; VI 1, 1; VII 43, 5; 59, 1; in conspectu -ae, V 6, 5; opinio -ae, VI 1, 3; commune concilium -ae, V 27, 4; communis fortuna, VII 1, 4; concilium -ae, VI 3, 3; 44, 1; VII 63, 5; Gallia provincia, I 19, 3; 53, 6; III 20, 2; I 28, 4; finitima, in provinciam redacta, VII 77, 16; G. transalpina, VII 6, 1; cisalpina, VI 1, 2; citerior, I 24, 2; 54, 3; II 1, 1; 2, 1; V 1, 5; 2, 1; G. ulterior, I 7, 1; 10, 3 (☞ interior IIr. w. some MSS.); f. ulterior, II 2, 1; continens G., V 20, 1; Galliae bellum inferre, I 30, 3; IV 16, 3; imperare alqd., VII 66, 1; — *Galliam* impugnare, I 44, 6; defendere, I 31, 16; omnem occupare, I 33, 4; pacatam existimare, III 7, 1; quietiorem habere, V 58, 7; pacare, II 1, 2; omnem pacare, II 35, 1; III 28, 1; in libertatem vindicare, VII 1, 5; omnem Galliam respicere, VII 77, 7; omnem Galliam prosternere, VII 77, 9; devincere, VII 34, 1; depopulari, VII 77, 14; — *in -am* venire, I 33, 3; 44, 7; IV 16, 1; VI 12, 1; perferre, VII 1, 2; traducere, I 35, 3; 44, 6; transportare, I 37, 2; transferre, VI 13, 11; transire, IV 16, 4; se recipere, IV 19, 4; adventu in -am Caesaris, V 54, 2; contra -am, V 13, 1; contra Gallias, IV 20, 3; in Gallia, I 7, 1; 20, 2; 31, 5, 7; 34, 4; 44, 2, 10; 45, 3; 53, 4; II 1, 2, 4; III 7, 1; IV 8, 1, 2; 29, 4; V 5, 4; 6, 3; 8, 1; 12, 5, 6; 24, 1, 8; 55, 4; VI 1, 2; 31, 5; VII 31, 4; 37, 3; 59, 5; in omni -a, VI 13, 1; cum reliquā -a, I 17, 4; ex -a, V 13, 1, 2; ex omni -a, I 30, 3; undique ex -a, III 17, 4; uni ex -a, VI 5, 4; omni Gallia interdicere alicui, I 46, 4; tota -a allicere exules, V 55, 3; -a excedere, VII 66, 3; Gallia quieta, VII 1, 1.

Gallicus, a, um, adj., *Gallic, of Gaul:* -us ager, I 31, 11; murus, VII 23, 1; mores, IV 3, 3; lingua, I 47, 4; consuetudo, IV 5, 2; ostentatio, VII 53, 3; -ae naves, III 11, 5; 14, 7; res, VI 7, 7; -um bellum, V 54, 4; -a bella, IV 20, 1; aedificia, V 12, 3; arma, I 22, 2.

gallīna, ae, hen: -am gustare, V 12, 6.

Gallus, ī, m., a Gaul, V 18, 7; III 18, 1; Gallus inter Gallos versatus, V 45, 4; Gallos

-is negare, V 27, 6; seu quis G. seu Romanus, V 51, 3; quidam Gallus, VII 25, 2; -um reperire, V 40, 2; Galli, I 1, 1, 5; 25, 3; 31, 14; 40, 8; 44, 2, 3; II 12, 5; III 1, 6; 2, 1; 14, 4; 18, 6; IV 20, 2; V 40, 1; 50, 2; VI 8, 1; 24, 5; VII 1, 2; 13, 1; 19, 2; 26, 1, 4; 30, 1; 45, 6; 46, 3; 51, 1; 59, 1; 70, 6; 73, 1; 75, 1; 80, 3; 81, 1; 82, 1; 83, 1; 85, 3, 6; reliqui -i, II 2, 3; 17, 2; III 28, 1; VII 29, 6; nonnulli -i, II 1, 2; equites, I 23, 2; V 48, 3; se ab Dite patre prognatos praedicant, VI 18, 1; fuit antea tempus cum Germanos Galli virtute superarent, VI 24, 1; primum eo tempore Galli castra munire instituerunt, VII 30, 4; ad bellum mobiliter excitantur, III 10, 3; homines -i, II 30, 4; omnes, VII 15, 4; 20, 7; Gallorum agri et cultus et copiae, I 31, 5; animi, I 33, 1; animus, III 19, 6; concilium, I 19, 4; V 24, 1; copiae, I 31, 12; V 53, 6; VII 60, 5; subita et repentina consilia, III 8, 3; consilia ac motus, V 53, 5; consilia, VII 22, 1; cultus, VI 19, 4; coniuratio, V 27, 4; domicilia, VI 30, 3; equitatus, I 42, 5; equitum numerus, VI 7, 7; consilium, I 19, 4; V 24, 1; fuga, I 40, 8; VII 88, 5; imperia, I 17, 3; infirmitas, IV 5, 1; 13, 2; mos, V 56, 2; VI 20, 7; natio omnium, VI 16, 1; oppugnatio, II 6, 2; perfidia, VII 17, 7; vita, VI 34, 8; voces, I 39, 1; Gallos praecedere, VI 24, 1; dividit ab Aquitanis, I 1, 2; expellere, II 4, 1; proterrere, VII 81, 4; inter -os, V 6, 1; 45, 4; 54, 2; ☞ Gallos br. after nonnullos by Hldr. after some MSS., VI 7, 7; —2) *Gallus* M. Trebius G., a Roman officer, III 7, 4.

Garumna, ae, f., the *Garonne River*, I 1, 2; 5, 7.

Garumnī, ōrum, m., a tribe on the slopes of the Pyrenees, at the sources of the Garonne, III 27, 1.

Gatēs, ium, m., pl. a tribe of Aquitania on left bank of Garonne, in the latter's middle course, III 27, 1 (br. by Hldr. in *index*, though not in text ☞).

gaudeō, ēre, gāvīsus, v. 2, semi-dep. *rejoice:* quos sibi oblatos (esse scil.), IV 13, 6.

Geidumnī, ōrum, m., tribe in Belgium, subject to Nervii, V 39, 1.

☞ **Genabēnsēs**, ium, people of Genabum; Hr. now reads *Cenabenses*, VII 1, 7.

☞ **Genabum**, ī, n., town on Loire (Hr. Cenabum); Goeler and others identify the site with that of Orleans, Napoleon III with that of *Gien*, somewhat above, VII 11, 4, 6; 14, 1; 17, 7.

Genava, ae, f., town of the Allobroges (*Geneva*), I 6, 3; 7, 1, 2.

gener, erī, m., *son-in-law*, V 56, 3.

generātim, adv., *by tribes:* constituere, I 51, 2; distribuere, VII 19, 2.

Gens, ntis, f., *tribe, race:* Sueborum, IV 1, 3; Volcae Tectosages quae g., VI 24, 3; multarum gentium fines, VI 25, 3; omnibus gentibus praeferri, V 54, 5; g. ac nomen Nerviorum, II 28, 1; ex gente et numero Germanorum, VI 32, 1; reliquae gentes, VI 17, 2; — *clan:* gentibus cognationibusque hominum attribuere, VI 22, 2.

genus, eris, n., *kind:* pugnae, I 48, 4; IV 33, 1; 24, 4; V 15, 4; 16, 1; armorum, III 14, 2; hostis huius generis, V 16, 1; huius generis ordines, VII 73, 8; inusitatum genus tormentorum, IV 25, 2; omne g. cuniculorum, VII 22, 2; cibi, IV 1, 9; venationis, VI 28, 3; naves eius generis, V 2, 2; haec genera munitionis, VII 72, 1; eiusdem generis munitiones, VII 74, 1; e. g. sudes, V 18 3; e. g. sacrificia, VI 16, 3; materia cuiusque generis, V 12, 5; omnis generis tela, VII 41, 3; — *class:* equitum, VI 15, 1; genera duo, VI 13, 1, 3; (*of troops*), IV 24, 1; — *species:* eorum qui uri appellantur, VI 28, 1; multa genera ferarum, VI 25, 5; — *race:* summae sollertiae, VII 22, 1; eiusdem generis ceteri (☞ Frigell's brackets adopted by Hr., IV 3, 3); illud hominum genus, VII 42, 2; genus hominum perspicere, IV 20, 2; — *family:* amplissimo -ere natus, IV 12, 4; genere copiisque amplissimus, VI 15, 2; genere dispari, VII 39, 1.

Gergovia, ae, f., oppidum of the Arverni, near the river Elaver (Allier) and the site of later Clemont (Auvergne), VII 4, 2; 34, 2; 36, 1; 37, 1; 38, 1, 7; 40, 7; 41, 1; 42, 1; 43, 5; 45, 3; 59, 1.

Germānī, ōrum, m., the *Germans*, I 47, 2, 4; 48, 4; 49, 1; 51, 2; II 1, 3; III 11, 2; IV 4, 3; 6, 4; 7, 1, 3; 13, 4; 14, 1; 15, 1; VI 7, 6; 8, 7; 35, 0; 41, 1, 3; 42, 5; VII 67, 5; 70, 4, 6; 80, 6; qui cis Rhenum incolant, II 3, 5; qui trans Rhenum incolunt, I 1, 3; 28, 4; Belgian tribes who were called "uno nomine Germani," II 4, 10; ingenti magnitudine corporum, I 39, 1; — *subjects of:* mercede arcessi, I 31, 4; consuescere Rhenum transire, I 33, 3; celeriter ex consuetudine sua phalange facta, I 52, 4; in eadem inopia egestate patientia qua ante permanent, VI 24, 4; difference between Germans and Gauls, VI 21, 1 sqq.; Usipetes -i, IV 1, 1; -i equites, VI 37, 1; VII 13, 1 (☞ br. in IV 2, 2 by Hldr. after Hug.); minime omnes -i agriculturae student, VI 29, 1; communi odio -orum (gen. obj.), VI 9, 7; Germanorum fines, I 27, 4; rex, I 31, 10; in servitute atque in dicione Germanorum, I 33, 2; pars -orum, I 43, 9; gens et numerus -orum, VI 32, 1; omnium -orum, IV 1, 3; captus -orum, IV 3, 3; discessus, IV 4, 6; unam esse causam omnium -orum, VI 32, 1; auxilia, VI 7, 3; auxilium, VI 8, 1; multitudo, I 44, 6; copiae, V 28, 4; manus -orum conducta, V 27, 8; civitas, V 55, 2; consuetudo, IV 7, 3; cf. I 50, 4; ultimae nationes, VI 16, 7; Germanis metum inicere, IV 19, 4; magno esse -is dolorem Ariovisti mortem, V 29, 3; -is in amicitiam venisse, VI 5, 4; -is distribuere, VII 65, 5; apud Germanos, I 50, 4; non esse fas -os superare, si ante novam lunam proelio contendissent, I 50 5 (*characteristic superstition*); -os invitare, IV 6, 3; -os tam facile

**impelli, ut in Galliam venirent, IV 16, 1 ; -os Transrhenanos sollicitare, V 3, 4 ; cisrhenanos omnes -os adiungere, VI 2, 3 ; finitimos -os sollicitare, VI 2, 1, 10 ; submittere, VII 70, 2 ; sibi adjungere, VI 12, 2 ; cf. V 29, 1 ; VI 2, 3 ; fuit autem tempus cum Germanos Galli virtute superarent, VI 24, 1 ; ad -os, VI 35, 4 ; cum -is contendere, I 1, 4 ; bellum gerere, IV 6, 5 ; consentire, V 29, 6 ; a -is dividit, I 2, 3 ; sedes remotas a -is, I 31, 14 ; Belgas esse ortos a Germanis, II 4, 1 ; ab -is premi, VII 63, 7 ; expulsis -is (☞ br. by Hr. after Paul), III 7, 1.

Germānia**, ae, f., *Germany:* haec (from Caesar's point of view), *Western Germany*, VI 25, 4 ; -ae multi loci, IV 4, 1 ; -ae mores, VI 11, 1 ; fertilissima loca, VI 24, 2 ; ad -am spectat, V 13, 6 ; in -am mittere, VII 65, 4 ; taxum cuius magna in -a copia, VI 31, 5.

Germānicus, a, um, adj., *German, of Germany:* -um bellum, IV 6, 1.

gerō, ere, gessī, gestum, v. 3, *carry on* (rem), *to fight:* comminus gladio, V 44, 11 ; gladiis, VII 88, 3 ; in conspectu Caesaris, III 14, 8 ; i. c. omnium, VII 80, 5 ; rem bene gerere, *deal a successful blow, win a battle*, V 57, 1 ; VII 44, 1 ; negotium bene g., III 18, 5 ; rem male (*to suffer reverses*), I 40, 12 ; bellum g., *wage war, carry on a campaign*, II 9, 5 ; 35, 3 ; III 9, 6, 9 ; 10, 1 ; 20, 1 ; IV 20, 1 ; 22, 2 ; VI 22, 3 ; VII 14, 6, 8 ; 32, 2 ; 63, 4 ; bella, I 44, 3 ; — *to go on with the campaign*, I 41, 1, 2 ; bellum gerere cum aliquo, I 1, 3 ; IV 6, 5 ; VII 75, 5 ; sine ope divina, II 31, 2 ; magna cum hominum multitudine (*conjointly, assisted by*), III 23, 4 ; alia ratione, III 28, 1 ; VII 14, 2 ; ulla alia ratione, III 28, 1 ; VII 14, 2 ; ulla alia condicione, VII 77, 15 ; suo nomine atque arbitrio, VII 75, 5 ; — *fill, hold:* eundem magistratum, VII 32, 4 ; (passive) *to be carried on, to be going on, happen, come to pass:* quaque ex parte geritur, VII 85, 1 ; quae gesta sunt (*the events*), VII 38, 3 ; cf. V 52, 5 ; 37, 7 ; in castris hostium, I 17, 5 ; hae res, II 35, 1 ; III 7, 1 ; IV 38, 5 ; V 8, 1 ; haec geruntur, I 46, 1 ; III 17, 1 ; IV 34, 3 ; V 22, 1 ; VII 37, 1 ; 42, 1 ; ea geruntur, IV 32, 1 ; quid rei gereretur, III 26, 3 ; haec ab aliquo, VI 7, 1 ; apud aliquem, II 2, 3 ; V 48, 2 ; VI 10, 3 ; VII 57, 1 ; in sinistro cornu, VII 62, 6 ; Cenabi, VII 3, 3 ; in Eburonibus, V 47, 5 ; in longinquis nationibus, VII 77, 16 ; in castris, II 26, 4 ; in Treveris, V 3, 3 ; in Gallia, V 8, 1 ; in omnibus Eburonum partibus, VI 35, 1 ; in Aeduis, VII 77, 1.

gladius, ī, m., *sword:* -um educere, V 44, 8 ; -o comminus rem gerere, V 44, 11 ; -iis rem gerunt, VII 88, 3 ; impetus gladiorum, I 52, 4 ; reiectis pilis gladiis pugnatum est, I 52, 4 ; -iis destrictis impetum facere, I 25, 3 ; g. d. portas occupaverunt, VII 12, 6 ; interficere, II 23, 1 ; caespites circumcidere, V 42, 3 ; facilius -iis uti, II 25, 2.

glaeba (gleba), ae, f. (*clod*), *lump:* sebi ac picis, VII 25, 2.

glāns, ndis, f., *acorn, leaden bullet:* -ibus proterrere, VII 81, 4 ; — (*ball of other material*) fusilis ex argilla glandes, V 43, 1 (fusili ?).

glōria, ae, f., *glory, fame:* belli vetus, VII 1, 8 ; III 24, 2 ; cf. I 2, 5 ; cupiditas -ae, VII 50, 4 ; superiore -a rei militaris extincta, V 29, 4.

glōrior, v. dep. 1, *boast:* sua victoria tam insolenter, I 14, 10.

Gneus (Gneius) (Cn), Roman praenomen of *Pompey* (v. Pompeius), of an interpreter (v. Pompeius), of *Sabinus*, V 36, 1.

Gobannitiō, ōnis, m., an uncle of Vercingetorix, VII 4, 2.

Gorgobina, ae, f., a town of those Boii who settled between Elaver and Garonne after the Helvetian War, VII 9, 6.

Graecus, i, m., *a Greek:* -is notam esse, VI 24, 2.

Graecus, a, um, adj., *Grecian:* ae litterae, I 29, 1 ; V 48, 4 ; VI 14, 3.

Graiocelī, ōrum, m., tribe in Graian Alps, their town Ocelum variously identified (v. Ocelum), I 10, 4.

grandis, e, *large, prominent:* tumulus terrenus satis g., I 43, 1 ; -es cervi, VII 72, 4 ; -ia saxa, VII 23, 3 ; 46, 3.

grātia, ae, f., 1) *favor, goodwill, influence:* -am atque amicitiam alicuius redimere, I 44, 12 ; antiquus locus -ae atque honoris, I 18, 8 ; dignitas et g., VII 54, 4 ; g. atque amicitia est alicui cum aliquo, I 35, 4 ; -am et amicitiam petere, V 55, 4 ; -am repudiare, I 40, 3 ; velle, IV 7, 4 ; -am dignitatemque amplificare, VI 12, 6 ; -am minuere, I 20, 3 ; V 4, 4 ; gratiā auctiorem esse, I 43, 8 ; -ā adaequare aliquem apud aliquem, VI 12, 7 ; ā potentiāque, VI 15, 2 ; de -a desperare, I 18, 9 ; -a et largitione posse, I 9, 3 ; -ā plurimum posse, I 20, 2 ; -ā valere, VII 63, 2 ; magnā apud plebem -ā, I 18, 3 ; summā -ā inter suos, II 6, 4 ; — 2) *thanks, gratitude:* hanc -am referre, I 35, 2 ; pro meritis -am referre, V 27, 11 ; summam ab aliquo -am inire, VI 43, 5 ; alicui -am habere (*be grateful*), VII 20, 6 ; -as agere (formal), *render, return thanks*, I 41, 1 ; — GRATIĀ, prep. adv. = *causa;* sui purgandi gr., *for the sake of*, VII 43, 2.

grātulātiō, ōnis, f., *congratulation, expression of joy:* fit alicui ab aliquo, V 53, 1 ; fit inter eos, VII 79, 3 ; — *joy, satisfaction:* de tanta -one deminuere, I 53, 6.

grātulor, v. dep. 1, *congratulate, express, satisfaction:* gratulatum convenerunt, I 30, 1.

grātus, a, um, adj., *pleasant, agreeable:* supplicia -tiora dis immortalibus esse, VI 16, 5 ; gratum facere alicui, *as a favor to*, I 44, 12.

gravis, e, adj., *heavy:* onus, IV 24, 2 ; navigium (*vessel*), V 8, 4 ; — *severe:* gravia aut acerba, VII 14, 10 ; fortuna, I 32, 4 ; bellum, IV 6, 1 ; vulnus, II 25, 1 ; VI 38, 4 ; 48, 6 ; morbus, VI 16, 2 ; sententia, VI 44, 2 ; gravior atque asperior oppugnatio, V 45, 1 ; dies gravissimus fuit, V 43, 5 ; poena, VI 13, 7 ; supplicium, I 31, 15 ; VI 17, 5 ;

gravior aetas (*more advanced*), III 16, 2 ; — *solemn*, *impressive:* gravissima caerimonia, VII 2, 2.

graviter, adv., *severely:* accusare, I 16, 6; premi ab aliquo, IV 16, 5; VII 67, 4; dolere, I 14, 5; cf. V 54, 5; queri, I 16, 6; g. ferre, *be displeased with, take umbrage at,* V 4, 4; 6, 2; gravius ferre, I 14, 1; gravius statuere in aliquem, I 20, 1; gravius accidit, I 20, 4; cf. V 30, 2; g. vindicare, III 16, 4; exardescere, V 4, 4; iudicare, VII 43, 4; gravissime afflictus, IV 31, 2; terreri, V 30, 2; — *with telling effect:* gravius acciderent (tela), III 14, 4.

gravitās, ātis, f., *weight, strength:* civitatis, IV 3, 4; armorum, V 16, 1.

gravō, v. 1, *to load,* pass. *to* (treat as a load) *make trouble, object:* in colloquium venire invitatus, I 35, 2 (ἄχθομαι).

Grudii, orum, a tribe subject to the Nervii (in Flanders), V 39, 1.

gubernātor, is, m., *pilot, helmsman:* nautae-esque, V 10, 2; cf. III 9, 1.

gustō, v. 1, *to taste, eat of:* leporem et anserem, V 12, 6.

Gutruatus, i, a chieftain of the Carnutes, VII 3, 1.

H.

habeō, ēre, uī, itum, v. 2, *to have, possess:* aditum (with material subject), III 12, 1; 25, 2; VII 15, 5; 17, 2; aditum (with human subject), I 43, 5; V 41, 1; VII 66, 7; auctoritatem, VI 11, 3, 4; 13, 8; aedificia vicosque, IV 4, 2, 3; beneficia ab aliquo, VII 20, 12; captivos, V 42, 2; copiam magnam, I 16, 5; copias, V 3, 1; crura, VI 27, 1; delectūs, II 8, 3; druides, VI 21, 1; eventum, V 43, 5; exemplum, VII 77, 13; exitum, V 29, 7; equites, IV 12, 1; facultatem, III 12, 3; VI 8, 3; facultates, II 1, 4; frumentum, VII 17, 2; 71, 4; fines angustos, I 2, 5; gratiam, I 18, 9; aliud iter, I 7, 3; infamiam nullam, VI 23, 6; magistratum, II 3, 5; modum certum agri aut fines proprios, VI 22, 2; imperium, VII 20, 7; motum celerem, IV 23, 5; naves, III 8, 1; quod navium longarum, IV 22, 3; obsides, I 35, 3; opinionem de, VI 17, 2; opinionem (*reputation*), VI 23, 3, 4; VII 59, 5; 83, 4; opportunitatem, VII 23, 5; oppida, II 4, 7; pagos, IV 1, 4; potestatem, I 16, 5; VII 19, 3; peditatum, VII 64, 2; praesidium, I 42, 5; quid incommodi, VII 45, 9; quantum boni in se, I 40, 6; minus iuris in aliquem, V 27, 3; quicquam vestitūs, IV 1, 10; quibus vendant, IV 2, 1; quo se reciperent, IV 38, 2; quae dicere vellent, V 26, 4; quem ad modum oppida defenderent, III 16, 3; res quasdam, I 30, 4; receptum, IV 33, 2; VI 9, 2; regnum, I 3, 4; VII 20, 2; rupes despectusque, II 29, 3; pabulum, VII 74, 2; silvas ac paludes, III 28, 2; solitudines, VI 23, 1; simulacra, VI 16, 4; spem magnam, I 33, 1; sedes, I 44, 2; uxorem, I 18, 7; usum, I 39, 2; IV 20, 4 (☞ militiae vacationem, br. by Hldr. after Paul, VI 4, 1 (?)); vim, VI 17, 1; vicos possessionesque, I 11, 5; cf. IV 4, 2; — circum se habere: ambactos clientesque, VI 15, 2; tribunos militum, V 37, 1; magnum numerum equitatūs, I 18, 5; militare instrumentum, VI 30, 2; secum habere hunc, V 6, 1; equites, VII 13, 1; legionem, I 8, 1; quos auxilii causa, III 18, 1; apud se: quos ex Tencteris, etc., IV 13, 4; — in periphrastic locutions: controversias, V 44, 2; VI 13, 10; cf. VII 67, 7; notitiam feminae, VI 21, 5; rationem habere alicuius rei, V 27, 7; VII 71, 3; rationem habere ut, VII 1, 6; facultatem alicuius rei habere, III 9, 6; f. belli gerendi, IV 22, 2; summam scientiam rei militaris, III 23, 5; frumentandi rationem, VII 75, 1; recipiendi sui facultatem, VI 37, 2; omnium rerum fidem alicui, I 19, 3; cf. 41, 4; contentiones cum aliquo, I 44, 9; in animo habere (*to expect*), VI 7, 5; gratiam alicui, VII 20, 6; praecipuo honore aliquem, V 54, 4; castra contra aliquem, I 44, 3; — w. part. perf. pass. (*to mark an accomplished condition, or acquisition*): institutum habere, VI 13, 6; vectigalia redempta, I 18, 3; legibus sanctum, VI 20, 1; civitates obstrictas, I 9, 3; id effectum, VII 29, 6; compertum, I 44, 12; omnia explorata, II 4, 4; equitatum coactum, I 15, 1; perfidiam perspectum, VII 54, 2; sibi persuasum, III 2, 5; stationes dispositas, V 16, 4; — *hold, institute:* dilectum, VII 4, 3; cf. 1, 1; VI 1, 1; quaestionem, VI 9, 3; 44, 1; disputationem, V 30, 1; concilium, IV 9, 2; concilia nocturna, V 53, 4; orationem, I 32, 1; 33, 2; 41, 1; V 27, 11; 57, 2; consilium, IV 14, 2; censum, I 20, 3; — *treat, consider, regard:* magni (*rate highly*), IV 21, 7; magnae auctoritatis, VII 77 3; feminae notitiam habuisse, in turpissimis habent rebus, VI 21, 1; vitam . . . cariorem, VII 19, 5; turpius quicquam aut inertius, IV 2, 4; levem auditionem pro re comperta, VII 42, 2; pro explorato, *to be sure,* VI 5, 3; aliquem pro amico, pro hoste, I 44, 11; quae carissima, V 33, 6; civium loco, VII 77, 3; paene servorum loco, VI 13, 10; in numero hostium, I 28, 10; cf. hostium numero, VI 6, 3; eodem loco quo Helvetios, I 26, 6; legionem in cohortis praetoriae loco, I 42, 6; — with a predicative accusative after the direct object: omnes . . . vectigales, III 8, 1; uxores communes, VI 14, 4; homines bellicosos . . . finitimos, I 10, 2; cos . . . testes virtutis, I 52, 1; ipsos . . . testes, VII 20, 4; civitates stipendiarias, I 35, 3; Galliam quietiorem, V 58, 7; — *have, keep:* exercitum in Gallia, I 44, 10; copias pro castris, VII 66, 6; ratio pecuniae coniunctim habetur, VI 19, 2; haberi (*to be considered*) liberi, V 14, 5; numero impiorum ac sceleratorum, VI 13, 7; maxime feri inter ipsos, II 4, 8; peritissimus, I 21, 4; longe principes, VI 12, 9; — *to be:* se habere (cf. ἔχειν) aliter, II 19, 1.

Haedui, v. Aedui.

haesitō, v. 1 (iterat. of haereo), *to stick*

fast, move w. difficulty; haesitante premere, VII 19, 2.

hāmus, i, m., *hook:* ferreus, VII 73, 9.

harpago, ōnis, m., *hook* (for demolishing fortifications), VII 81, 1 (☞ Holder arpago).

Harudēs, um, m., a German tribe, under protection of Ariovistus, I 31, 10; 37, 2; 51, 2.

haud, adv. *not* (a milder and more cautious negative than *non*): h. scio an, V 54, 5.

Helvēticus, a, um, adj., *Helvetian* (w. the H.) : proelium, VII 9, 6.

Helvetii, orum, m., Celtic tribe between Rhine, lake of Geneva, Iura, Alps: their warlike qualities, I 1, 4; 3, 6; geographical situation, etc., I 1, 5; 2, 3; 6, 2; 8, 1; IV 10, 3; VI 25, 2; neighbors, I 5, 4; 6, 2; numbers, I 29, 1–3; quota of troops to succor Alesia, VII 75, 3; cf. I 1, 5; 2, 1, 3; 4, 1, 4; 5, 1; 6, 3; 7, 3, 4; 8, 4; 9, 3, 4; 10, 10, 1; 11, 1, 6; 12, 1, 2; 13, 1–3; 14, 1, 7; 15, 2–3; 16, 3; 17, 3; 18, 7–9; 19, 1; 22, 4; 23, 1, 3; 24, 4; 25, 6; 26, 6; 27, 1, 4; 28, 3–4; 30, 1–3; 31, 14; 40, 7, 13.

Helvētius, a, um, adj., *Helvetian:* civitas -a, I 12, 4; ☞ br. by Hldr. after Paul; I 12, 6; ager -us, I 2, 3; legati -ii, I 14, 11.

Helviī, orum, m., tribe in the *provincia* between Cevennes and Rhone, department l'Ardèche; neighbors of the Arverni, VII 7, 5; 8, 2; cf. 8, 1; 64, 6; 65, 2.

Hercynia, ae, silva, a vaguely indicated system of mountain ranges (probably from Black Forest to the Carpathians): quam illi (Graeci scil.) Orcyniam appellant, VI 24, 2; cf. 25, 1 sqq.

hērēditās, ātis, f., *inheritance:* controversia est de -e, VI 13, 5.

hibernacula, orum, n., = hiberna; legiones in -a deducere, II 35, 3.

Hibernia, ae, f., *Ireland:* dimidio minor, ut existimatur, quam Britannia, V 13, 2.

bībernus, a, um, adj., referring to winter; — hiberna (scil. castra), -orum, *winter quarters:* ab alicuius absunt, V 46, 1; -a proxima, V 28, 5; 29, 1; 30, 3; 46, 4; dies -orum complures, III 2, 1; opus -orum, *the task of constructing winter quarters*, III 3, 1; instrumentum -orum, V 31, 4; -is (dat.) praeponere aliquem, I 54, 2; -a oppugnare, V 27, 5; 41, 3; constituere, IV 38, 3; V 24, 7; munire, V 24, 8; 28, 4; recusare, V 41, 5; cingere, V 42, 1; circumire, V 2, 2; in hiberna deducere, I 54, 2; venire, III 6, 4; V 26, 1; pervenire, V 25, 5; 37, 7; mittere, VII 90, 3; remittere, V 53, 3; reducere, VI 3, 3; ad hiberna advolare, V 39, 1; hibernis levari (*to be relieved from the burden of winter quarters*), V 27, 11; ex hibernis educere, I 10, 3; V 27, 9; 47, 5; VII 10, 1; discedere, V 28, 3; 41, 6; egredi, VII 1, 7; convenire, V 28, 5; colligere, V 46, 4; profectionem facere, V 47, 4 (☞ in hibernis, II 1, 1 br. by Madvig); in -is conlocare, III 29, 3; V 24, 1; VI 44, 3; ab hibernis discedere, V 1, 1; abesse, V 53,

1, 7; locum hibernis munire (☞ h. br. by Hldr. after Vielhaber), V 25, 5; cum hibernis coniungi, V 30, 3; trinis -is hiemare, V 53, 3.

hic, haec, hoc, demonstr. pronoun; *this,* repeating noun or name (reiteration), referring to something immediately, or almost immediately, preceding, resembling *is:* hic pagus, I 12, 5; huius Commii, VII 76, 1; h. pecuniae, VI 19, 2; h. Hercyniae silvae, VI 25, 1; h. lateris, V 13, 1; hunc locum, V 23, 4; harum legionum, V 24, 7; h. rerum, VI 17, 4; hoc colle, VII 19, 2; ab h. concilio, VI 3, 12; VII 63, 7; his omnibus druidibus, VI 13, 8; ad haec rursus opera, VII 73, 2; his omnibus diebus, I 48, 4; una cum his legatis, IV 27, 1; cum his navibus, III 13, 7; ab his castris, II 6, 1; de his duobus generibus, VI 13, 3; —*without noun appended, referring to specific person or subject matter last mentioned:* (timor) I 39, 2; (vicus) III 1, 6; (cives Romani) VII 3, 1; (nonnulli milites) V 39, 3; (Menapii) V 25, 4; (Germani) VI 8, 8; (Treveri) VI 9, 5; (hostes) VII 36, 6; (vir) IV 12, 5; (locorum periti), VII 83, 1; (Nervius) V 45, 3; —*in his* (scil. nuntiis) = amongst others, V 53, 5; (P. Sextius Baculus) VI 38, 2; (Critognatus) VII 77, 3; (agger ac moles) III 12, 3; (tragula) V 48, 8; (latus) V 13, 1, 6; (castellum) VI 32, 4; (naves) III 13, 8; (colli) II 18, 2; (Gallo) III 18, 2; (Gallum) V 40, 2; (falces) III 14, 6; —*representing proper noun:* III 1, 3; 11, 2; IV 21, 2, 8; V 11, 9; 25, 2; 30, 2; 44, 13; IV 27, 3; V 6, 1; VI 17, 3; VII 90, 4; 14, 2; 4, 7; V 25, 3; VI 17, 1, 2; 32, 5; —*hi,* I 10, 5; 31, 4; II 20, 4; (equites) II 9, 7; (centuriones) II 25, 1; (proximi) II 27, 4; (Gallis) III 1, 6; (Veneti) III 8, 2; (Galli) III 18, 6; (hostes), III 26, 3; (Veneti) III 18, 3; (centuriones) VI 40, 8; (duo) VII 33, 2; (Aedui) VII 54, 2; (obsides) VII 63, 3; (Allobroges) VII 64, 8; (factiones) I 31, 3; (filiae) I 53, 4; (alces) VI 27, 1; (Sequani) I 9, 2; (Aedui) I 50, 5; (pagi pentum) I 37, 3; (Bellovaci) II 10, 5;—*his* (omnis equitatus) II 11, 3; (Nervii) II 17, 2; (Unelli) III 17, 2; (Galli) IV 5, 1; (*illi*) IV 15, 5; (hostes) IV 36, 2; (Trinobantes) V 20, 4; (equites) V 57, 2; (muli) VII 42, 2; (Bellovaci) II 4, 5; (Ubii) IV 3, 4; (alces) VI 27, 3; (nonnulli) I 17, 1, 5; (principes Treverorum) V 4, 3; (obsides) VI 4, 4; (*illi*) VI 13, 4; (uri) VI 28, 3; (veteres milites) VI 40, 5; (hostes) VII 14, 4; (stipites) VII 73, 4; (turres) III 14, 4; (naves) IV 22, 4; V 1, 3; (turres) VII 22, 4; (lintres) VII 60, 4; (tigna) IV 17, 4; (castra) V 49, 7; (cornua) VI 28, 6; (principes) I 16, 5; (Helvetii) I 30, 2; (Sequani) I 32, 4; (Germani), I 39, 1; 40, 1; (*quos*) I 54, 1; (Belgae) II 3, 5; (legati) IV 12, 1; (hostes) IV 37, 3; (quattuor et LXX) IV 12, 4; (sublicae) IV 17, 10; (obsides) V 4, 2; (Aedui) VI 12, 4; (viri) VI 19, 4; (agger ac vallum) VII 72, 4; (mons) I 38, 6;

(vela armamentaque) III 14, 7; (in Andibus) III 7, 3; (saxa) VI 23, 3; (munitiones) III 26, 3; (naves) V 23, 2; (cohortes) VII 35, 5; (locum) V 21, 4; (clamorem) VII 3, 2; (collem) VII 10, 1; (paludem) II 9, 1; (quendam Gallum) VII 25, 3; (magnam manum Germanorum) V 27, 8; (dorsum) sed hunc, *but at the same time,* VII 44. 3; (collem) VII 44, 5; (epistolam) V 48. 4; (silvam) VI 10, 5; — *hoc* (flumen) VI 7, 5; hos (litteras), V 45, 4; hoc (summo druidum) mortuo, VI 13, 9; hi (tribuni), I 39, 4; (equites delecti) I 48, 6; (legati) II 20, 4; (pedestres copiae) III 20, 4; (duces) III 23, 6; (Suebi) IV 1, 3; (Galli) IV 2, 2; (Treveri) V 2, 4; (Parisii) VI 3, 5; (Sequani) VI 12, 2; (druides) VI 13, 4, 10; (equites) VI 15, 1; (uri) VI 28, 1; (servi) VII 20, 10; (Aedui) VII 50, 2; (Mandubii cum liberis atque uxoribus) VII 78, 4; hae (casae), V 43, 2; (trabes) VII 23, 2; — *haec* (nom. pl. fem.) (duae cohortes), V 15, 4; (copiae) V 49, 2; — *haec* (tigna), IV 17, 6, 8; (castella) VII 69, 7; (milia) VII 76, 3; (tribuni) I 39, 5; horum (decima legio), II 27, 1; (Germani) I 31, 5; cf. 48, 7; — *in antithesis to:* reliqui imperatores, VII 30, 3; reliquae legiones, VI 40, 7; tertium latus, V 13, 5; fortuna, VII 20, 6; hostis, V 44, 6; Pulio, V 44, 9; illa, I 31, 11; cf. I 44, 8; reliquae legiones, II 17, 2; in perpetuum, etc., V 39, 4; reliquae nationes, III 10, 2; illa, VII 14, 10; loca superiora, VII 88, 1; finitimi, III 8, 3; Britannia, II 4, 7; socii, I 35, 3; 36, 5; ipse rursus, VII 47, 7; — *emphasized by:* quoque, V 30, 2; rursus (*in turn*) V 44, 13; VII 51, 2; hi rursus in vicem, IV 1, 4; haec rursus opera, VII 73, 2; — *in emphatic iteration:* pelles ... hae, III 13, 6; designating preceding person or subject-matter with introduction of new noun (*autonymy*): hic locus, I 43, 1; 49, 3; VII 44, 4; huius civitatis (Veneti), III 18, 1; hic casus (mors), VII 1, 4; haec consuetudo, V 41, 5; hic cursus, V 13, 3; haec tempestas, VII 27, 1; hoc spatio (uno die), VII 81, 1; hae nationes, VII 11, 1; cf. III 11, 3; hos latrones, VII 38, 8; — *of time* (*of the present, of that time, actual, current*): bellum, VII 34, 1; 55, 3; locus, II 29, 5; VII 11, 1; annus, V 23, 2; delectus (*levy*), IV 10, 3; copiae, VII 9, 2; hanc victoriam, V 30, 4; miseram praedam, VI 35, 8; fortuna, VII 4, 2; hoc spatio dierum, VI 36, 3; hae partes, VII 81, 6; harum regionum, II 4, 7; ex his nationibus (Aquitania, τῶν ἐκεῖ ἐθνῶν), III 11, 3; in his locis, VII 9, 1; una cum his, I 5, 4; cf. Kraner's note; his paucis diebus, III 17, 3; cum his (oratio obl.), IV 8, 1; cf. ab his, IV 9, 3; in his locis, IV 20, 1; 22, 1; V 7, 7; VII 9, 1; munitiones diversae ab his (*the extant*), VII 74, 1; designating preceding subject matter in a summary, collective, or comprehensive way: hic dies, V 43, 5; haec civitas, V 3, 1; hic casus, V 44, 8; haec poena, VI 13, 7; haec res, VII 10, 1; hoc opus, VII 23, 5; hic locus, VII 69, 5;

haec oratio, VII 30, 1; hoc unum, IV 26, 5; hic conatus, I 8, 4; hoc incommodum, VII 20, 4; huius potentiae causa, I 18, 6; hoc consilium, III 18, 6; hoc bellum, II 35, 1; hic labor, VI 28, 3; hoc genus pugnae, IV 24, 4; ob hanc causam, VII 53, 1; — *haec res*, V 2, 3; VII 31, 2; 33, 2; II 11, 2; III 23, 8; 24, 5; V 58, 7; VI 3, 6; VII 9, 6; 45, 1; 88, 5; — *hae res*, VII 14, 6; I 19, 2; IV 11, 3; I 2, 4; 3, 1; 18, 4; IV 28, 1; 34, 5; 38, 5; V 2, 1; 5, 1; 8, 1; 11, 1, 6; 18, 4; 36, 1; 50, 5; 55, 4; 56, 4; VI 5, 3; 6, 4; VII 56, 5; 64, 4; 74, 1; 82, 4; 86, 1; 89, 3; 90, 1; I 33, 1; II 2, 3; 17, 1, 5; 35, 1; III 7, 1; 9, 2; 18, 7; 21, 3; IV 5, 1, 3; 13, 4; 23, 1; VI 7, 8; 9, 3; 10, 2; VII 2, 1; 6, 1; 24, 1; 31, 4; 41, 5; 45, 10; hae omnes res, V 52, 3; — *hoc*, III 27, 2; IV 8, 3; 22, 2; 25, 4; VI 3, 4; 40, 4; VII 45, 9; II 8, 5; VI 14, 5; 21, 4; 23, 3; — *haec*, I 31, 15; 46, 1; III 17, 1; IV 34, 3; V 6, 7; 22, 1; VI 7, 1; 7, 9; 35, 1; VII 42, 1; 45, 4; 57, 1; 66, 1; 75, 1; cf. I 14, 1; 20, 5; 26, 1; 40, 1, 11; II 32, 1; III 12, 5; IV 8, 1; 9, 1; 21, 1; V 33, 2; 41, 7; 42, 2; 44, 4; VI 35, 10; VII 20, 2, 8; 26, 2; 38, 3; VII 41, 3; 43, 3; 44, 1; 73, 9; 83, 3; haec omnia, IV 11, 4; VII 20, 2; 24, 1; haec oratio, I 3, 8; 18, 1; 32, 1; 33, 2; 41, 1; V 27, 11; 38, 4; haec pugna, II 28, 1; 29, 1; III 27, 1; IV 3, 1; h. opinio timoris, III 18, 1; fuga, V 17, 5; disputatio, V 30, 1; manus, VII 4, 3; victoria, V 38, 1; spes, V 42, 1; 55, 3; pars Galliae, VI 5, 1; consuetudo, VI 21, 1; occasio, VII 1, 3; sententia, VII 15, 1; contio, VII 53, 1; hoc proelium, I 13, 1; 26, 2; 54, 1; II 28, 1; IV 13, 1; 16, 7; responsum, I 14, 7; consilium, III 3, 4; 24, 4; VI 5, 6; iter, IV 4, 5; spatium, VI 38, 5; VII 72, 3; decretum, VII 34, 1; negotium, VII 62, 10; hae saepes, II 17, 4; difficultates, II 20, 5; copiae, VII 9, 2; 0; omnibus his civitatibus, VII 4, 7; ad has suspiciones, I 19, 1; rationes, VII 71, 9; occupationes, IV 22, 2; loca, III 1, 3; V 22, 1; VI 34, 3; hae auditiones, II 1, 3; ob has causas, IV 24, 2; haec responsa, I 35, 1; auxilia, VI 5, 5; VII 79, 3; mandata, I 37, 1; II 5, 4; VII 54, 4; 71, 5; consilia, III 9, 8; haec (designating animate objects), V 12, 6; haec res (designating frumenta pecus, etc.), VII 56, 5; hi, II 11, 4; V 44, 1; VII 66, 2; 73, 2; cf. I 28, 3; 47, 5; II 10, 2; IV 22, 1; 9, 3; 25, 6; 23, 6; V 10, 2; 44, 3; VI 12, 7; 13, 3; 35, 7; 17, 2; 23, 8; 30, 4; 39, 2; VII 54, 3; 64, 5; 76, 4; 42, 6; 77, 3; 37, 2; 30, 3; 40, 6; 65, 4; 80, 3; 75, 5; II 14, 1; 16, 3; 17, 2; III 18, 7; 22, 4; I 28, 3; 47, 5; 29, 1; 33, 3; 6; 39, 6; 48, 5; 53, 3; hi omnes, I 1, 2, 3; II 2, 4; V 14, 1; 30, 3; hi milites, V 24, 5; hi omnes casus, VII 65, 1; hanc gratiam potentiamque, VI 16, 2; haec sententia, VII 77, 6; ad hunc modum, V 24, 6; hic nuntius, VII 40, 1; ad hunc usum, V 42, 2; — *in pregnant and condensed sense:* haec fama = f. huius rei, VII 8, 4;

V 53, 2; hic metus, V 19, 2; hic dolor (d. huius rei), V 4, 4; his nuntiis (harum rerum nuntiis), II 2, 1; III 3, 1; — 2) introducing something *new*, designating something *following* (cf. ὅδε): oppugnatio est haec (ἥδε), II 6, 2; causa belli, III 7, 2; haec ratio quod, II 10, 5; coniurandi has esse causas, II 1, 2; loci natura, II 18, 1; condicio, III 22, 2; oratio, IV 7, 2; genus hoc erat pugnae quo, I 48, 4; cf. IV 33, 1; hoc quod (*that*), III 4, 3; VI 18, 3; 30, 3; huic rei studendum ut, VII 14, 2; hunc habuit eventum ut, V 43, 5; hoc more, V 56, 2; haec consuetudo ut, I 43, 8; hanc reperiebat causam quod, I 50, 4; cf. V 27, 4; haec venisse, IV 7, 4; 19, 2; ad hunc modum loqui, II 31, 1; V 27, 1; III 13, 1; cum his (τοῖσδε) mandatis, I 35, 1; hac fere forma, VII 23, 1; rationem hanc (*position !*), IV 17, 3; hoc (w. explanatory infinitive), V 29, 5; VI 23, 2; 14, 5; hoc consilio ne, VII 72, 2; hoc si, VII 17, 6; hi (= οἵδε οἱ στρατιῶται), V 30, 2; haec (τάδε), *the following*, VI 25, 5; cf. I 35, 2; hoc solatii quod, VII 15, 2; haec res quod, V 28, 1; hoc (abl.) facilius quod, I 2, 3; hoc miseriorem quod, I 32, 4; hoc maiore spe quod, III 9, 3; hoc angustiora quod, IV 30, 2; hoc horridiores quod, V 14, 3; haec genera (*the following*) munitionis, VII 72, 1; — 3) hic referring to the *first person*, or *to the speaker*, or *to the writer:* hic dies (= hodie), V 44, 3; haec Germania (*Western Germany where Caesar is*), VI 25, 4; haec Gallia, I 44, 8; ex his regionibus, I 44, 11; hanc victoriam, V 39, 4; paulo supra hanc memoriam (*the present time*), VI 19, 4; nunquam ante hoc tempus, I 44, 7; ad hoc tempus, II 17, 4; VI 24, 3; harum regionum, II 4, 7; haec (*the present engagement*), VI 8, 4; haec beneficia, VII 20, 12; haec sunt (τάδε), VI 25, 5; cf. I 35, 2; — in connection *with relative pronoun* [Holder's readings (after the MSS.) of HI, HIS, etc., for EI, EIS, seem rather doubtful in many instances], I 40, 9; IV 17, 7; hoc spatio quo (*whether*), VII 14, 5; etiam hi qui (☞ Kr. *ii*), I 39, 5; also in I 52, 7; (Kr. ii) hi qui se... aggregaverant, VI 12, 6; hi (Hldr.) qui... nullo modo... coniungi poterant, VI 12, 7; (☞ Kr. ii) quibus ita est interdictum hi, VI 13, 7; qui proximi Oceano fuerunt hi, VI 31, 3; producumtur hi quos, etc., VII 38, 4; hi qui convenerant, VII 48, 1; (☞ Kr. ii) hi qui Alesiae obsidebantur (*in opposition*), VII 77, 1; (☞ Kr. ii) hi qui inutiles sunt, VII 78, 1; (☞ Kr. ii) hi qui ad auxilium convenerant, VII 80, 4; erant hae difficultates belli gerendi, quas supra ostendimus, III 10, 1; quos fama nobiles potentesque bello cognoverunt, horum in agris considere atque his aeternam iniungere servitutem, VII 77, 15; quorum per fines ierant... his imperavit, I 28, 1; ut qui vicissent his (☞ Kr. iis) quos vicissent imperarent, I 36, 1; his quos... retinuere, IV 15, 4; (☞ Kr. iis)... quos laborantes conspexerat, his subsidia submittebat, IV 26, 4; magna proponit his qui occiderint praemia, V 58, 5; (☞ Kr. iis) qui ex his secuti non sunt... omnium his rerum postea fides derogatur, VI 23, 8; qui ad eos venerunt, his omnium domus patent, VI 23, 9; ut siqui etiam in praesentia se occultassent, tamen his... pereundum videretur, VI 43, 3; ne his quidem, qui quieti viderentur, VII 6, 4 (☞ Kr. iis) his qui primi murum ascendissent, VII 27, 2; (☞ Kr. iis) his qui summum magistratum obtinerent, VII 33, 2; (☞ Kr. iis) qua ex parte nostros premi intellexerant... his... submittebant, VII 81, 6; his nationibus, quae sub eorum sunt imperio, VI 10, 1; (☞ Kr. iis) his quae nobis nota sunt cornibus, VI 26, 1; quos timuissent, hos superassent, I 40, 6; siquos adversum proelium... commoveret... hos... reperire posse, I 40, 8; ut quos in conspectu Galliae interficere vererentur, hos omnes... necaret, V 6, 5; quorum opera cognoverat Tasgetium interfectum, hos comprehensos ad se mittere, V 25, 4; non omnes hos qui arma ferre possent, VII 75, 1; (☞ Kr. eos) nolite hos vestro auxilio exspoliare qui, VII 77, 9; quae civitates dissentirent, has... adiuncturum, VII 29, 6; haec esse (τάδε) quae ab eo postularet, I 35, 2; quae prima signa conspexit, ad haec constitit, II 21, 6; quae (iumenta) sunt apud eos nata... haec, IV 2, 2; cum his ducibus qui, I 21, 1; (☞ Kr. iis) ab his qui... constiterant, I 24, 3; a potentioribus atque his qui... facultates habebant, II 1, 4; (☞ Kr. iis) ab his quos miserat exploratoribus, II 5, 4; (☞ Kr. iis) unus ex his qui legati venerant, II 6, 4; (☞ Kr. iis) ab his... inter quos dominari consuessent, II 31, 6; ab his qui emerant, II 33, 7; civitates propinquae his locis ubi, II 35, 3; ex his... quos... secum habebat, III 18, 1; (☞ Kr. iis) una cum his... quorum se amicitiae dediderint, III 22, 2; (☞ Kr. iis) ab his qui ultro bellum intulissent, IV 13, 1; (☞ Kr. iis) si quicquam ab his praesidii sperent, qui suis rebus diffidant, V 41, 5; cum his mihi res sit, qui eruptionem probant, VII 77, 4; in his contentionibus quos Aedui secum... habuissent, I 44, 9; de his rebus quae inter eos agi coeptae, I 47, 1; ab his nationibus, quae trans Rhenum incolerent, II 35, 1; (☞ Kr. iis) his de causis quas commemoravi, IV 17, 1; omnibus rebus his confectis quarum rerum causa, etc., IV 19, 4; (☞ Kr. iis) pro his quas acceperint iniuriis, V 38, 2; (☞ Kr. iis) unam ex his tribus quas proxime conscriptas, etc., VI 32, 5; cum his quae retinuerant et celaverant armis, II 33, 2 (☞ A. Hug sumptis); propinquae his locis ubi bellum gesserat, II 35, 3; cf. III 20, 1; ex his aedificiis, quae trans flumen habuerant, IV 4, 3; — 5) *akin to talis:* cuius loci haec erat natura, atque ita montibus augustis mare continebatur, uti c. subj., IV 23, 3; nihil hunc se absente pro sano facturum arbitratus, qui praesentis imperium neglexisset, V 7, 7; his suppliciis,

VII 5, 1; hanc gratiam referre ut, I 35, 2; hoc animo ut, V 41, 5; huius modi ut, III 3, 3; cf. modus huius generis hostis, V 16, 1; ordines, VII 73, 8; — 6) *w. idem:* haec eadem ratio, VI 11, 5 (cf. II 6, 2); hoc idem, V 40, 4; VII 15, 1; 53, 3; haec eadem, VII 17, 8; — *w. ipse:* hoc ipso tempore, VI 37, 1; haec tamen ipsa, V 33, 1; — *w. atque* (marking and limiting) (*and that too*): pedibus atque hoc aegre transiri potest, V 18, 1; ☞ Nipperdey *huc* f. *huic*, VII 46, 2; Hldr. *hunc* (acc. to "codices quattuor deteriores") f. *huic* or *hanc*, VII 3, 2; *hi* f. *his*, IV 2, 2; Hldr. after Hug in V 15, 4; Hldr. reads *haec* for *hac* w. some MSS. as nom. pl. fem.; *his* br. after Paul (w. context), V 34, 4; *his* br. by Hldr. after *Beroaldus*, VII 34, 1.

hīc, adv. (*ἐνταῦθα*), *at this point*, IV 19, 3; VI 30, 2; VII 57, 4; — *here, at this stage:* cognosci potuit, VI 35, 2.

hiemō (διαχειμάζω), v. 1 (hiems), *pass the winter, to winter*, III 1, 3; VI 32, 4; legio cum Cicerone, V 38, 4; in Remis cum Tito Labieno, V 24, 2; exercitus in Gallia, II 1, 3; cf. IV 29, 4; in vico, III 1, 4; in continenti, V 22, 4; Bibracte, VII 90, 8; in Andibus, III 7, 2; Lucium Plaucum cum legione ibi hiemare iubet, V 25, 4; circa Samarobrivam trinis hibernis, V 53, 3; circum Aquileiam, I 10, 3; in eorum finibus, VI 7, 1; in Lingones, ubi duae legiones hiemabant, VII 9, 4; cf. III 6, 5 (☞ ad hiemandum br. by Kraner, III 1, 6).

hiems (hiemps), is, f., *winter:* suberat, III 27, 2; ullum fere totius hiemis tempus, V 53, 5; totius hiemis nullum tempus, V 55, 1; reliqua pars hiemis, IV 4, 7; VII 10, 1; hiemem tolerare, V 47, 2; totam hiemem ad exercitum manere, V 53, 3; frumentum in hiemem providere, IV 29, 4; ante exactam hiemem, VI 1, 4; rem in hiemem producere, IV 30, 2; inita hieme, III 7, 1; ea hieme, IV 1, 1; hieme, V 1, 1; nondum hieme confecta, VI 3, 1; prope hieme confecta, VII 32, 2; maturae sunt hiemes, IV 20, 1; — *storm, inclement season:* hiemi navigationem subicere, IV 36, 2.

hinc, adv., *from this point on* (flumen): se flectit, VI 25, 3; — *from this point:* celeriter deiecti, VI 40, 1.

Hispania, ae, f., *Spain:* II. *citerior* (separated from II. ulterior by the Ebro), bordering on Aquitania, III 23, 3; cf. I 1, 7; V 1, 4; 13, 2; 27, 1; VII 55, 3.

Hispanus, a, um, adj., *Spanish:* -i equites, V 26, 3.

homō, inis, m., *man, person* (Ariovistus), I 31, 13; (Dumnorix) V 7, 9; (Labienus) V 58, 6; idoneos homines deligere, VII 31, 2; desperati -es, VII 3, 1; h. amicissimus, V 31, 6; nobilissimus ac potentissimus, I 18, 6; singularis, VII 8, 3; honestissimus provinciae, I 53, 6; idoneus quidam et callidus, III 18, 1; et causam et hominem probare, VI 23, 7; summae audaciae, VII 5, 1; summae potentiae et magnae cognationis, VII 32, 4 [*human being:* pro vita hominis nisi hominis vita reddatur, VI 16, 3; neque homini neque ferae parcunt, VI 28, 2; opp. to dei immortales, I 14, 5; (simulacra) vivis hominibus complent, VI 16, 4; pro victimis homines immolare, VI 16, 2; adsuescere ad homines, VI 28, 4]; homines barbari, V 54, 4; temerarii atque imperiti, VI 20, 2; homines (Helvetii), I 2, 4; -es Galli, II 30, 4; remollescunt (☞ br. by Hldr. after Paul), IV 2, 6; feri ac barbari (Germans), I 31, 5; barbari (Morini) IV 22, 1; feri (Germans), I 47, 3; tantulae statinae (Romans), II 30, 4; insueti laboris, VII 30, 4; perliti latronesque, III 17, 4; barbari atque imperiti, VI 10, 2; qui aliquo sunt numero atque honore, VI 13, 1; inimico animo, I 7, 5; bellicosi, I 10, 2; barbari etc. (opp. to Romans), I 40, 9; immani corporum magnitudine, IV 4, 9; feri magnaeque virtutis, II 15, 5; tantae virtutis, II 27, 5; magna hominum officia, I 43, 4; homines (*human race, mankind*) vehementius hominum mentes perturbant, VII 84, 5; fere libenter id quod volunt credunt, III 18, 6; hominum memoria, III 22 3; omnes homines natura libertati student, III 10, 3; — (fighting) *men, troops:* hominum milia decem, I 4, 2; 25, 6; cf. II 33, 5; III 6, 2; IV 37, 2; V 42, 4; multitudo -um (*corps, force*), I 4, 3; cf. I 35, 3; II 6, 2; magna, I 33, 3; III 23, 4; milia hominum delecta, VII 71, 3; qui arma ferre possent, II 28, 2; praesidium sex milia h. -um relinquere, II 29, 4; hominibus complere, I 24, 3; castra vix hominum milium septem, V 49, 7; cf. VII 21, 2; 39, 3; 77, 8; homines conducere, II 1, 4; collis nudatus -ibus, VII 44, 1; cf. I 49, 3; — *population, people:* multitudo -num, I 2, 5; VI 24, 1; hominum milia cxxx, I 26, 5; cf. 27, 4; Harudum milia hominum xxiv, I 31, 10; -num numero valere, II 4, 5; -um multitudine praestare, II 15, 1; cf. III 20, 1; pars -num, IV 32, 1; magna multitudo -um, IV 1, 1; infinita m., IV 12, 2; genus hominum, IV 2, 2; VII 42, 2; satis magnus -um pecorisque numerus, V 21, 2; cf. VI 3, 2; 6, 1; pecora atque homines, V 19, 1; cognatio hominum, VI 22, 2; stirps hominum sceleratorum, VI 34, 5; iumentorum atque hominum, VI 43, 3; ab hominibus videri, VI 30, 2.

honestus, a, um, adj., *honorable, of good social standing, rank:* homo -issimus provinciae, I 53, 6; loco -o natus, V 45, 2; h. equus Romanus, VII 3, 1.

honorificus, a, um, adj., *honorable, flattering:* senatus consulta quam honorifica, I 43, 7.

honōs, ōris, m., *honor, distinction;* aliquo numero atque -ore esse, VI 13, 1; antiquus locus gratiae atque honoris, I 18, 8; gratia dignitate honore auctiores esse, I 43, 8; -em tribuere alicui, VII 20, 7; magno honore esse apud aliquos, VII 13, 4; praecipuo honore habere alqm., V 54, 1; -em ullum communicare alicui, VII 13, 7; — *position, high place:* evocari ad, VII 57, 3; — *regard for:* -is Divitiaci atque Aeduorum causa, II 15, 1.

hōra, ae, f., *hour* (one-twelfth of daylight, hence varying in length with the seasons): octava, V 35, 5; tertia, V 51, 3; ad -am nonam, IV 23, 4; ab -a septima ad vesperum, I 26, 2; ab -a fere quarta ad solis occasum, III 15, 5; hora circiter diei quarta, IV 23, 2; circiter tertia, V 47, 1; circiter undecima diei, V 46, 1; in eo die atque hora, VII 86, 3; -arum xii spatio, III 12, 1; amplius -is sex, III 5, 1; amplius -is quattuor, IV 37, 3; minus -is tribus, V 42, 5; tribus horis, VI 35, 8; VII 41, 1 (☞ noctis br. after Goeler).

horreō, ēre, uī, v. 2, *shudder at:* crudelitatem alicuius, I 32, 5.

horribilis, e, adj., *awful, formidable:* -em speciem praebere, VII 36, 2.

horridus, a, um, *fear-inspiring, awful:* in pugna aspectu, V 14, 2.

hortor, v. 1, dep., *to urge, strongly advise,* followed by ut c. subj., I 19, 5; IV 21, 6, 8; V 4, 2; 6, 4; 48, 6; VII 4, 4; 10, 3; 37, 2; 38, 10; followed by *ne* c. subj., V 33, 2; by subj. without conjunction, VI 33, 5; hortari et iubere, VII 26, 1; with complement understood, IV 18, 4; VII 20, 3; — *with un-personal subject:* multae res cum hortabantur quare ... putaret, I 33, 2; multae res ad hoc concilium Gallos, III 18, 6; — *to cheer on:* suos (before battle), III 19, 1.

hospes, itis, m., *guest, guest-friend* (ξένος): ex suis hospitibus Caesar cognoverat, V 6, 3; familiaris et h. alicuius, I 53, 6; hospitem violare, I 23, 9.

hospitium, ī, *guest-friendship, hospitality:* est alicui cum aliquo, VI 5, 4; populi Romani -o atque amicitia, I 31, 7; hospitio Ariovisti utebatur, I 47, 4; pro -o orare aliquem, V 27, 7; cf. VII 75, 5.

hostis, is, m., *the enemy* (in the field) collectively = hostes: opp. to *nostri*, II 8, 1; 19, 2; III 28, 3; IV 34, 4; V 16, 1; neque hostis in eo loco visus est, V 8, 5; opp. to *suae copiae*, III 23, 7; is hostis (scil. Germans), I 40, 5; -em vereri, I 39, 6; propulsare, I 49, 4; the Helvetians, I 15, 4; cf. I 49, 3; II 26, 1, 2; IV 11, 1; V 41, 7; VII 33, 1; cf. III 29, 1; IV 14, 2; 22, 2; V 29, 3; VI 7, 4, 5; 8, 3, 5; VII 32, 2; 47, 4; 67, 2; 74, 1; — *of an individual person:* aversum hostem videre nemo potuit, I 26, 2; cf. V 36, 3; in hostem tela universi coniciunt, V 44, 6; cf. V 28, 1, 6; 31, 6; nullo hoste prohibente, III 6, 5; pro hoste habere aliquem, I 44, 11; -em iudicare alqm., *to outlaw,* V 56, 3; — hostes the enemy (in the field, οἱ πολέμιοι) as subject of adoriri, IV 26, 2; consistere, IV 34, 1; V 17, 1; VII 28, 1; considere, I 21, 1; contendere, II 9, 3; V 17, 5; circumvenire, II 8, 4; circumfundi, VI 37, 4; circumsistere, V 44, 8; committere proelium, VII 88, 1; discedere, V 49, 3; excedere proelio, III 4, 3; impetum facere, I 52, 3; i. sustinere, V 18, 5; i. ferre, V 21, 5; insequi, VII 40, 2; ire, I 21, 3; terga vertere, I 53, 1; III 21, 1; IV 37, 4; VII 88, 3; copias instruere, II 8, 5; se in occulto tenere, II 18, 3; virtutem praestare, II 27, 3; instare, III 5, 1; se recipere, II 12, 1; IV 27, 1; expectare, II 9, 1; V 32, 1; cf. II 10, 4; 19, 7; 21, 3; 25, 1; III 4, 1; 17, 6; 24, 1, 5; 26, 5; IV 13, 1; 32, 4; 35, 1; V 26, 4; 39, 4; 40, 3; 43, 3; VII 14, 4; 19, 4; 24, 2; 50, 1; 58, 6; 62, 3; 65, 4; 70, 3; — *hostium* animus, acies, agmen, adventus, ascensus, castra, copiae, celeritas, consilium, in conspectu hostium, dux, duces, equitatus, equites, exploratores, fuga, impetus, incursio, incursus, latus apertum, dextrum, inscientia ac defetigatio, manus, murus, multitudo, tria milia, numerus, in hostium numero habere, naves, novissimum agmen, primi ordines, peditatus, phalanx, pars, rationes, successus, tergum, testudines munitionesque, virtus; — *hostibus* (dat.) appropinquare, auxilia ministrare, in contemptionem venire, facultatem relinquere, finitimus, spes redintegratur, spes discessit, enuntiare, nuntiare, resistere, relinquere aliquid, terrori esse, pugnandi potestatem facere, occurrere, se offerre, prodere aliquid, nocere, suspicionem alicuius rei dare, terrorem inferre, ad supplicium dedere aliquem, in cruciatum dedere, tradere aliquem; — *hostes* adoriri, aggredi, in fugam conicere, in fugam dare, deprehendere, depellere loco, dispergere ac paene delere, elicere, lacessare proelio, praecipites agere, prohibere aliqua re, propellere ac summovere, perturbare, pellere, proterrere, perterrere, repellere, summovere, superare, sequi, persequi, tardare, vexare, cf. II 24, 2; 27, 1; V 33, 5; 43, 6; — *in hostes* impetum facere, telum reicere, aquilam ferre, pilum immittere, signa in ferre, in medios hostis irrumpere, VII 50, 5; — *ad hostes* transire, II 18, 2; fugere, VII 40, 3; contendere, V 9, 1; deferre aliquid, VI 7, 9; — *per medios hostes* perrumpere, VI 14, 4; — *contra hostes* infestis signis consistere, VII 51, 3; tam propinquis hostibus (abl. abs.), I 16, 6; — *ab hostibus,* I 22, 2; II 26, 3; 33, 4; III 14, 2; 25, 1; IV 12, 5; 32, 2; 36, 1; V 48, 4; VII 8, 4; 44, 1; VII 50, 2; 57, 2; tutus ab hostibus, II 5, 5; impeditis hostibus, III 19, 2; cum hostibus pugnare, IV 24, 2; c. hostibus se coniungere, VII 39, 3.

hūc, adv. (hic), *to this point,* 1) designating something preceding specifically: a town, I 38, 7; VI 35, 8; VII 11, 5; 55, 2, 3; (locus castrorum), III 19, 1; (una pars) IV 32, 4; (locus consecratus) VI. 13, 10 (cf. IV 21, 3, brevissimus traiectus); (arbores) reclinare, VI 27, 5; ☞ br. by IIIdr., VII 64, 1; (fossae) VII 73, 3; (loca praerupta) VII 86, 4; — 2) designating something preceding collectively, IV 11, 5; V 56, 5; — 3) with relatives: quae minime visa pars firma est, huc concurritur, VII 84, 2; — 4) with verbs of numbering, etc.: huc accedit, etc., IV 22, 4; V 6, 2; 16, 4; VII 36, 2; addere, VII 64, 4.

huiusmodi, v. modus.

hūmānitās, ātis, f., *refinement:* provin-

Hūmānus   Īdem   77

ciae, I 1, 3; adulescens summa humanitate, I 47, 4.

hūmānus, a, um, adj., *refined, civilized* (Ubii): paulo humaniores quam eiusdem generis ceteri, IV 3, 3; longe humanissimi sunt, qui Cantium incolunt, V 14, 1.

humerus, v. umerus.

humilis, e, adj. (lowly, humus), 1) *of no rank, inferior, obscure*: civitas ignobilis atque h., V 28, 1; quam -es acceperat (Aeduos), VII 54, 3; ex humili loco ad summam dignitatem perduxerat, VII 39, 1; multo humiliores infirmioresque, IV 3, 4; potentiores (nom.) humiliores (acc.) possessionibus expellunt, VII 22, 3; — 2) *low* (physically) naves, V 1. 2.

humilitās, *lowness*: navium, V 1, 3; — *weakness, inferiority*, V 27, 4.

I.

iaceō, ēre, uī, v. 2, *to lie* (have fallen) (κεῖμαι): incentem transgredi, VII 25, 3; iacentibus insistere, II 27, 3.

iaciō, ere, iēcī, iactum, v. 3, *throw*: iacula in casas, V 43, 1; lapides in murum, II 6, 2; faces in aggerem, VII 24, 4; armorum multitudinem in fossam, II 32, 4; tela ex vallo, II 33, 4, ancoras (*throw out*), IV 28, 3; — *throw up, construct*: aggerem, II 12, 5.

iactō, v. 1 (iacio) *toss, fling*: vestem argentumque, VII 47, 5; — *shake* (repeatedly): brachium diu, I 25, 4; — *vaunt, discuss publicly*, I 18, 1.

iactūra, ae (the throwing away), 1) *loss*: non magna -a suorum, VII 26, 1; rei familiaris, VII 64, 3; vitae nostrae, VII 77, 6; — 2) *concession, sacrifice*, VI 12, 2.

iaculum, ī, n., *javelin* (iacio): iacere, V 43, 1; deligare in laculo, V 45, 4.

iam, 1) *now, at this stage*, adv. (of relative presence, like ἤδη, diff. from nunc, νῦν), I 17, 3; 47, 4 (☞ II 19, 7, in pass. br. by Hr. after Paul); I 42, 2; III 3, 2; 9, 6; 17, 5; IV 13, 3; VI 7, 2; 35, 8; 41, 1; VII 13, 1; 20, 7; 25, 1; 26, 3; 38, 8; ubi iam, I 5, 2; cum iam, III 5, 1; VII 6, 1; 18, 1; 35, 5; 83, 8; desperantes iam, I 40, 8; prope iam, III 3, 3; 28, 1; VII 29, 6; 32, 2; — *actually*, III 17, 6; — 2) *already*, I 11, 1; 12, 2; III 5, 1; 15, 3; 29, 2; IV 12, 6; V 10, 2; 11, 8; 25, 3; 43, 3; 55, 4; VI 31, 5; 37, 7; 38, 1; VII 12, 4; 28, 3, 6; 44, 3; 50, 4, 6; 54, 2; 59, 1; iam ante, V 4, 4; 9, 4; 27, 1; VII 1, 3; 20, 10; — 3) w. negatives: neque iam, *and not any more, and no longer*, IV 13, 1; VII 20, 11; 44, 4; 50, 4; 85, 6; nihil iam imperium, II 20, 4; ut iam non, II 25, 1; iam nemo, II 33, 6.

ibī (adv.), *there* designating a locality mentioned before: I 10, 3, 4; 26, 5; 38, 7; 49, 5; 53, 2; II 4, 1; 5, 4, 6; 8, 4; 9, 4; 13, 3; 16, 2; III 6, 5; 12, 4; 22, 4; 25, 1; IV 5, 2; 15, 2; 21, 7, 9; 23, 2; V 1, 2; 5, 2; 12, 2, 5; 21, 6; 25, 4; 37, 4; 47, 2; 48, 2; 58, 2; VI 10, 5; 24, 2; VII

1, 1; 3, 1; 4, 1; 5, 4; 9, 4, 6; 10, 2; 28, 3; 32, 1; 36, 7; 42, 5; 54, 1; 60, 1; 66, 7; — referring to disciplina: ibi magnum numerum versuum ediscere dicuntur, VI 14, 3; ref. to hic (adv.), IV 19, 3; — with relative: ibi futuros ubi eos Caesar constituisset, I 13, 3.

Iccius, ī, a Belgian of high rank, leading man among Remi, II 3, 1; 6, 4; 7, 1.

ictus, ūs, m. (ico), *blow, stroke, hit, impact*: pilorum, I 25, 3; -u scorpionis exanimatus, VII 25, 3.

idcircō, adv. ("thereabouts"), *for that reason*: quo facilius, V 3, 6.

īdem, eadem, idem (determ. pron.), *the same*, VI 11, 5; idem (neuter), I 3, 5; 15, 1; III 10, 2; V 37, 1; VII 42, 5; hoc idem, V 40, 4; VII 15, 1; 53, 3; haec eadem, VII 17, 8; 60, 7; omnes idem sentire, III 23, 8; idem (= eidem) = *likewise*, VI 13, 5; eadem, *the same things*, I 18, 2; ref. to nonnulli, I 17, 5; — used as predicate: eadem est feminae marisque natura, VI 26, 3; — *w. noun attached*: i. Diviatiacus, I 32, 4; (often = again, likewise) idem illud intervallum, VII 23, 3; eiusdem ordinis, V 35, 7; legionis, VII 50, 4; 60, 3; generis, IV 3, 3; V 18, 3; VI 10, 3; VII 74, 1; eundem exitum ferre, III 8, 3; eundem casum una ferre, III 22, 2; cf. VI 40, 3; in e. portum, IV 22, 4; ad eundem modum, IV 17, 5; eundem magistratum gerere, VII 32, 4; eandem belli fortunam experiri, II 16, 2; virtutem praestare, VI 8, 4; eandem in partem, VII 60, 4; e. fortunam ferre, VII 62, 7 (☞ par atque idem periculum br. after Tittler, V 10, 3); eodem die, I 21, 1; 48, 1; IV 36, 1; V 52, 1; VI 3, 6; VII 19, 6; eadem de causa, II 7, 2; III 8, 3; 13, 8; eodem impetu, VI 40, 5; in eadem tristitia, I 32, 3; condicione, III 22, 4; cf. eadem celeritate, II 19, 8; diligentia, III 25, 2; in eadem causa, IV 4, 1; e. et perfidia et simulatione, IV 13, 4; nocte, IV 20, 1; simulatione, VI 8, 2; ratione, VII 25, 3; parte, VII 61, 3; altitudine, VII 72, 3; eodem consilio (uti), I 5, 4; eodem iure et isdem legibus, II 3, 5; eodem tempore (v. tempus); vestigio, IV 2, 3; castello, VI 37, 8; eodem illo munere, VII 25, 3; mendacio, VII 38, 10; iugo, VII 45, 5; captivi, V 42, 5 (cf. I 32, 4); easdem omnis iubet regiones petere, VII 45, 3; responsa, VI 4, 5; opportunitatibus loci, III 12, 4; — *followed by comparative conjunctions*: eadem atque (*the same as*), II 6, 2; eodem tempore mandata referebantur et legati veniebant, I 37, 1; cf. also II 3, 5; — *with relative*: eadem ratione, qua pridem, resistitur, V 40, 4; eandem fere quam reliquae gentes habent opinionem, VI 17, 2; idem esse faciendum quod Helvetii fecerint, I 31, 14; idem quod superioribus diebus acciderat, IV 35, 1; eodem loco, quo Helvetios habiturum, I 26, 6; ab eodem Verticone, quem supra demonstravimus repperit, V 49, 2; in eadem inopia, etc., qua ante, permanent, VI 24, 4 (Heller ☞); usi eodem duce cuius haec indicio cognoverant, VI 35, 10; eodem illo quo venerant cursu, VI 37, 1; non eadem alacritate ac studio quo in pedestribus uti proeliis uti consuerant, IV 24, 4; eodem tempore *quo* Aedui (Dinter ~~ea~~), I 11, 4; Pisonem eodem proelio, quo Cassium, interfecerant, I 12, 7; eodem itinere quo hostes ierunt, I 21, 3; eodem quo venerant itinere, VII 58, 2; idem principes qui ante fuerant, I 31, 1; eadem omnia sunt iura quae, VI 13, 3; hos esse eosdem quibuscum saepenumero Helvetii congressi, I 40, 7; duae eosdem quos reliqui portus capere non potuerunt, IV 36, 4; easdem copias, quae ante, reliquit, V 11, 7; eadem quae legatis in mandatis dederat, I 43, 9; eadem fere . . . quae perspexerat, V 11, 2; eadem quae Ambiorix cum Titurio egerat, V 41, 2; eadem quae . . . pronuntiaverat, VII 38, 4; eadem de profectione cogitans quae ante senserat, VII 53, 1; isdem ducibus usus qui nuntii . . . venerant, II 7, 1; isdem itineribus quibus eo pervenissent, III 3, 3; isdem sublicis quarum, etc., VII 35, 5; * in VII 41, 2; there is a curiously pregnant use of idem: quibus propter magnitudinem castrorum esset *iisdem* (dat. w. quibus) (*without change, or being relieved*) in vallo permanendum.

identidem, adv., *again and again*, II 19, 5.

idōneus, a, um, adj., *suitable:* locus, VII 85, 1; 53, 1; copia ad hunc usum idonea, V 42, 3; castris idoneus locus, I 49, 1; cf. II 17, 1; VI 10, 2; V 9, 1; VII 35, 6; locus i. ad egrediendum, IV 23, 4; -um quendam hominem delegit, III 18, 1; tempestas -a ad navigandum, IV 23, 1; cf. IV 36, 3; V 7, 4; (Volusenum) idoneum arbitratus, IV 21, 1; locus ad aciem instruendam natura oportunus atque i., II 8, 3; portus ad maiorem navium multitudinem -i, IV 20, 4; idoneus omnibus rebus locus, III 17, 5; defensores oppido idonei deliguntur, VII 15, 6; cf. Kraner's note; huic rei idoneos homines deligebat, VII 31, 2 (dat. probably after deligere); equi minus -i, VII 65, 5.

Īdūs, uum, pl. the " Ides," the thirteenth day of the month, excepting in March, May, July, October, when it was the fifteenth: ad idus Apriles, I 7, 6.

ignis, is, m., *fire:* -ōs fieri prohibet, VI 29, 5; -em excitare pice, VII 24, 4; comprehendere, V 43, 2; in -em inferre, VI 19, 4; proicere, VII 25, 2; ignem inferre alicui rei: aggeri, VII 22, 4; igni cremare alqm., I 4, 2; necare, 53, 7; igni atque omnibus tormentis excruciatos, VI 44, 3; ignes, *camp-fires*, II 7, 4; — *beacons, fire-signals:* ignibus significationem facere, II 33, 3.

Ignōbilis, e, adj., *obscure:* civitas ign. atque humilis Eburonum, V 28, 1.

Ignōminia, ae, f. (in- gnomen), *disgrace:* timor -ae, VII 80, 5; -ae loco ferre aliquid, VII 17, 6; -am accipere, VII 17, 5.

Ignōrō, v. 1 (not know), *be unacquainted with:* loci naturam, V 9, 8; ea quae geruntur, VII 77, 16; non ignorare (litotes), *to know very well:* eventus belli, VI 42, 1;

quanta incommoda . . . oriri consuessent, VII 33, 1.

Ignōscō, ere, nōvī, nōtum, v. 3, *forgive, pardon:* alicui: imprudentiae, VI 27, 5; sibi, VII 12, 5; quibus populus R., I 45, 2; propter imprudentiam ut ignosceretur, IV 27, 4.

Ignōtus, a, um, adj., *unknown, strange:* -i loci, IV 24, 2.

ille, a, ud, pron., *that one (ἐκεῖνος), in antithesis to: ipse ipsi,* etc., I 20, 2; 34, 2; 13, 2; IV 12, 5; 13, 6; VI 24, 6; — *to sui, sibi, se, suus,* I 44, 11, 13; 40, 7; IV 1, 5; V 41, 6; VII 34, 2; 71, 3; 89, 2; to a preceding *ille,* V 30, 3; pauci, I 43, 4; — *to hic,* I 44, 8; 31, 11; IV 1, 5; VI 12, 8; VII 77, 11; — *to aurigae* (the others), IV 33, 2; nostri, II 9, 1; nostra classis, III 13, 7; — *referring backwards, pointing across intervening persons, etc.* (*the former, he*) (Dumnorix), V 6, 3; 7, 8; (a slave) V 45, 4; (Cavarinus) V 54, 2; (Caesar) V 29, 2; (Ambiorix) V 36, 2; VI 43, 6; 5, 5; 30, 4; (Vercingetorix) VII 8, 5; 20, 2; (Litaviccus), VII 38, 4; (Vercassivellaunus) VII 83, 6; (Cicero) VI 36, 2; (Pulio) V 44, 9; (Indutiomarus) V 58, 14; illi (oppidani), II 33, 2; (Sontiates), III 21, 3; (praefecti) III 26, 2; (Britanni) IV 27, 6; (milites trecenti) IV 37, 2; (equitatus) V 7, 9; (equites essedariique) V 15, 3; (hostes) V 16, 2; (reliqui) V 37, 5; (Treveri) VI 5, 7; (Ubii) VI 10, 4; (druides) VI 13, 4; (Aedui) I 35, 3; VI 40, 5; (Sequani) I 31, 7; (barbari) V 34, 1; (hostes) V 52, 1; VII 44, 4; (Remi, Lingones), VII 63, 7; idem illud intervallum, VII 23, 3; cf. VI 37, 1; eodem illo munere, VII 25, 3; referring to persons, etc., *immediately* preceding, and placed at beginning of new sentence: *the latter (he, they),* I 3, 6; II 19, 5; III 24, 2; IV 4, 4; 15, 5; V 9, 3; 20, 4; 25, 4; 28, 1; 48, 9; VI 2, 1; 6, 3; 8, 6; 42, 1; VII 12, 2; 18, 3; 27, 2; 28, 6; 38, 7; — *in the body of the period,* I 28, 5; 35, 3; IV 24, 3; V 44, 10; VI 3, 2; 24, 2; VII 6, 1; 17, 5; 50, 4; 76, 1; referring to and iterating a preceding *ille,* V 58, 4; — *illi,* I 3, 7; V 34, 1; illa (*the matters mentioned*), I 20, 2; — *w. noun attached:* ille locus, VII 25, 4; illud hominum genus, VII 42, 2; bellum, VII 77, 13; ille omnis locus, VII 57, 4; illa magistratuum controversia, VII 39, 2; illud incommodum de Sabini morte, V 53, 4; in illo vestigio temporis, VII 25, 1; illo consilio utendum, VII 78, 1; illi stipites, VII 73, 3; in illis ulterioribus munitionibus (*visible to speaker*), VII 77, 10; — *illi (the people of that country),* III 22, 2; IV 27, 3; V 13, 5; — *pointing forward* (w. explanation attached) (causa): illa quod, IV 16, 1; illud . . . (se) tutum iter . . . daturum, V 27, 10; multo *illa* gravius aestimare, liberos, etc., abstrahi, ipsos interfici, VII 14, 10; — *w. relative:* illa pars . . . quam . . . commemoravi, IV 16, 2; unum esse illud tempus, quo maxime contendi conveniat, VII 85, 2; eodem illo, quo venerant, cursus, VI 37, 1; decem illis milibus, quae Caesari . . . mitterentur, VII 37, 7 (here the sense of *the aforesaid* is fully maintained).

illīc, adv. (*ἐκεῖ*), *there, at that point*, I 18, 6; — *w. relative:* illic ... quo sint profecti, VII 20, 4.

illĭgō, v. 1, *bind to, bind fast:* artius, IV 17, 7; literas in taculo, V 45, 4.

illō, adv., *to that point,* VII 45, 6; eodem illo pertinere, IV 11, 4; illo adire, IV 20, 3; illo proficisci, VI 13, 12.

illūstris, e (lux), *splendid, distinguished:* adulescens, VII 32, 4; maior atque illustrior res, VII 3, 2; illustriore loco natus, VI 19, 3.

Illyricum, i, n., coastland on eastern side of Upper Adriatic, attached to Gallia cisalpina in administration, part of Caesar's province, II 35, 2; III 7, 3; V 1, 5.

imbecillitās, ātis, f., *weakness, puny character:* animi, VII 77, 9.

imber, bris, m., *rain, shower, rainstorm:* -i magno coorto, VII 27, 1; continuatio -ium, III 29, 2; frumenta... imbribus procubuerant, VI 40, 3; assidui imbres, VII 24, 1.

imitor, v. dep. 1, *imitate:* vim celeritatemque, VI 40, 6; omnia, VII 22, 1.

immānis, e, adj., *enormous, vast:* magnitudo corporum, IV 1, 9; cf. VI 16, 4.

immĭneō, ēre, ui, v. 2, *be close at hand:* hostes, VI 38, 2.

immittō, ere, mīsi, missum, *send, hurl:* pilum in hostos, V 44, 6; VI 8, 6; — *send against:* equitatum, VII 40, 4; — *put in, let down* (tigna): machinationibus in flumen, IV 17, 4; — *put upon, place:* bipedales trabes insuper, IV 17, 6.

immŏlō, v. 1 (sprinkle flour upon), *sacrifice:* pro victimis homines immolant, VI 16, 2; quae superaverint animalia capta immolant, VI 17, 3.

immortālis, e, *immortal:* dei -es, I 12, 6; v. *deus.*

immūnis, e (without task), *free from taxation:* civitas, VII 76, 1.

immūnitās, ātis, f., *freedom, immunity:* omnium rerum, VI 14, 1 (☞ pass. br. by Paul).

imparātus, a, um, *unprepared*, VI 30, 2.

impedīmentum, i, n., *hindrance:* magno -o esse alicui, I 25, 3; sibi ipsos ad pugnam -o esse, II 25, 1.

impedīmenta, orum (*σκευόφορα*), *baggage, baggage-train:* prima -a exercitus nostri, II 19, 6; conflagrant, V 43, 4; extrema -a, III 29, 2; totius exercitus relicta (Agedinci), VII 62, 10; cf. VII 10, 4; (Samarobrivae), V 47, 2; inter legiones recipiuntur, VII 67, 3; inter singulas legiones, II 17, 2; ex castris produci, VII 45, 2; e castris educi iussit, VII 68, 1; huc Caesar suorum atque exercitus -orum magnam partem contulerat, VII 55, 2; impedimentis (dat.) praesidio esse, II 26, 3; VII 57, 1; relinquere praesidio, VI 7, 4; 32, 5; -a in unum locum conferre, I 24, 3; conlocare post legiones, II 19, 3; relinquere (abandon), V 33, 3; III 3, 3; VII 66, 5; -a omnium legionum Aduatucam contulit, VI 32, 3; in proximum collem deducere, VII 68, 2; praemittere et collocare in tumulo, VI 8, 3; quae sécum agere et portare non poterant, II 29, 4; amittere, III 20, 1; VII 14, 8; diripere, II 17, 3; ad -a pugnatum est, I 26, 3; inter carros -aque, IV 14, 4; cf. I 26, 1; ad -a reverti, VI 35, 1; carros -aque in silvas abdiderunt, VII 18, 3; -is potiri (cf. potior) exuere aliquem (cf. exuo) cum -is venire, II 24, 3; sine -is legiones transportare, IV 30, 2; ab -is interclusum esse, VII 59, 5; ab -is petere, V 33, 6; maximis -is proficisci, V 31, 6; nullis cum impedimentis, V 49, 7; copias cum omnibus -is misit, VII 35, 4; c. omnibus -is proficisci, VII 60, 3.

impedĭō, v. 4 (entangle feet) (cf. expedio), *hinder, encumber, embarrass*, VII 56, 2; iter moratur atque -it, VII 40, 4; se ipsi multitudine, VII 70, 3; (palus) illum omnem locum, VII 57, 4; iter, II 17, 5; VII 67, 1; iter nive, VII 8, 2; quarum rerum magnam partem, II 20, 5; navigationem, III 9, 4; V 7, 3; alqm. ad capiendam fugam, VII 26, 3; alqm. in iure eius, I 36, 2; equitatum, II 17, 4; impediri religionibus, V 6, 3; flumine, VII 35, 2; oppugnatio impediebatur, III 12, 2; cf. VII 24, 1; prospectus, II 22, 1; sinistra impedita, I 25, 3; impeditum aliquem consequi, III 19, 4; -um circumsistere, V 44, 8; magnam partem impeditam interfecerunt, II 23, 1; manum... fugientem et -am adoriri, VI 8, 1; eos -os et inopinantes aggressus, I 12, 3; cf. II 9, 1; 10, 2; impeditos in agmine et sub sarcinis (☞ infirmiore animo br. by Paul) adoriri, III 24, 3; cf. IV 26, 2; VII 66, 4; impeditis hostibus propter onera, III 19, 2; manibus, IV 24, 2; — *engaged:* omnium impeditis animis, V 7, 5.

impedītus, a, um, as adj., *difficult, impassable:* palus, VI 34, 2; p. difficilis atque imp., VII 19, 1; victoribus nihil -um, II 28, 1; locus i. atque iniquus, VII 8, 3; silvas -as munire, V 21, 3; locis -is ac silvestribus, V 19, 1; impeditioribus locis sequi, III 28, 4.

impellō, ere, puli, pulsum, v. 3, *incite, urge on, influence:* alios avaritia alios iracundia, VII 42, 2; furore atque amentia impulsus, I 40, 4; nuntiis, V 26, 2; hac occasione, VII 1, 3; ad facinus, VII 20, 2; ad dimicandum, VII 20, 5; impulsos ab suis principibus, V 14, 3; — *ut* in Galliam venirent, IV 16, 1.

impendeō, ēre, *to be overhanging, to rise abruptly close by:* mons altissimus impendebat, I 6, 1; montes, III 2, 1.

impēnsus, a, um, adj. (lit. paid upon), *generous, heavy:* pretium, IV 2, 2.

imperātor, is, m., *commander-in-chief:* opp. to exercitus, II 40, 5; statuit exercitum, deducere, VII 20, 11; et castra et legiones et imperator, II 26, 5; imperator sine praesidio, VII 1, 7; officia imperatoris et officia militis (*contrasted*), V 33, 2; cf. VII 52, 3;

iudicium de summa belli imperatoris esse, I 41, 3; in conspectu -is, II 25, 3; imperatori officium praestare, IV 25, 3; -i virtutem praestare, VI 8, 4; Vercingetorigem probant -em, VII 63, 6; quid sine imperatore ... adulescentulo duce efficere possent, III 21, 1; deleto exercitu atque imperatore, VI 37, 7; absente -e, VII 1, 7; misfortune of Vercingetorix contrasted w. reliquorum imperatorum res adversae, VII 30, 3.

imperātum, v. impero.

imperfectus, a, um, adj., *unaccomplished*: imperfecta re redierat, VI 12, 5.

imperītus, a, um, *inexperienced*: homines temerarii atque -i, VI 20, 2; adeo imp. rerum, V 27, 4; cf. I 44, 9; coupled w. barbarus, I 44, 9; cf. barbari et nostrae consuetudinis imperiti, IV 22, 1; cf. I 40, 9; VI 10, 2; imp. huius generis pugnae, IV 24, 4; modo conscripti atque usus militaris imperiti, VII 29, 2.

imperium, i, n., *command, order*: -a administrare, II 22, 1; -a alicuius sustinere, I 31, 13; Gallorum quam Romanorum imperia perferre ... I 17, 3; a populo R. imperia perferre, V 54, 5; toti bello -oque praefecerant, VII 11, 9; — *chief command*: totius belli postulare, II 4, 5; deferre ad aliquem, VI 2, 1; cf. VII 4, 6; principatum atque i. tradere alicui, VI 8, 9; summa imperii severitas, VII 4, 9; — *summa imperii* -am i. tenere, II 23, 4; III 17, 2, 7; 22, 1; -am i. bellicae administrandi permittere alicui, V 11, 8; VII 79, 1; tradere alicui, VII 20, 5; 57, 3; 63, 5; 76, 3; imperio obtemperare, VII 75, 5; nullo certo ordine neque imperio, II 11, 1; -um negligere, V 7, 7; imperio contineri, II 11, 5; ad urbem cum imperio remanere, VI 1, 2; copias sine imperio relinquere, VII 20, 1; — *power, control, command*: quicquam -i aut potestatis, IV 16, 4; i. caelestium tenere, VI 17, 2; cupidus -ii, V 6, 1; imperio populi R. obtemperare, IV 21, 5; subiectum esse, VII 1, 3; sub imperium populi R. redigere, V 20, 4; imperio (dat.) natum esse, VII 37, 2; civitatis i. obtinere, I 3, 6; i. perpetuum consequi, VII 64, 3; i. totius provinciae polliceri, VII 64, 8; -o parēre, V 2, 4; i. populi Romani iustissimum esse, I 45, 3; desiderare ab aliquo, VII 20, 7; deponere, VII 33, 3; unum i. cum aliquibus habere, II 3, 5; imperio potiri, I 2, 2; 30, 3; imperio populi R., I 18, 9; (IF *the Roman people gained control*) cf. in tanto imperio, I 33, 2; aequiore imperio uti (*of dependent states*), VI 12, 6; sub dicione atque imperio alicuius esse, I 31, 7; sub imperio alicuius esse, V 24, 4; 39, 1; VI 10, 1; VII 75, 2; — *imperia* the mode of government (in the several states), V 27, 3; novis imperiis (distrib.) studere, II 1, 3; imperium populi R. Rhenum finire, IV 16, 4.

imperō, v. 1, 1) *impose upon, levy upon*: provinciae quam maximum numerum militum, I 7, 2; iis numerum obsidum, IV 22, 2; civitatibus milites, VII 1, 6; his obsides frumentumque, V 20, 4; civitatibus equites,

VI 4, 6; obsides, VII 4, 7; 64, 1; certum numerum militum, VII 31, 4; Aeduis, etc., decem milia peditum, VII 64, 4; 75, 2; certum numerum cuique, VII 75, 1; copias equitesque toti Galliae, VII 66, 1; — *w. personal dat. understood*: obsides, V 1, 8; 22, 4; cf. VII 90, 3; IV 27, 6; 36, 2; VI 4, 4; milites, I 7, 6; equitatum, IV 6, 5; necessarias res, II 21, 1; — 2) *give orders to, command, prescribe*: militibus quae usui sint, VII 11, 5; quid fieri vellet, VII 16, 2; quae, II 32, 3; IV 22, 1; 27, 1; VII 30, 4; 60, 1; 90, 2; — *w. acc. and inf.*: has actuarias fieri, V 1, 3; reliquas cohortes proficisci, VII 60, 3; (eum) retrahi, V 7, 6; — *without conjunction*: huic adeat, IV 21, 8; pugnaret, VII 86, 2; — *w. personal dative and ut or ne*: legatis ut, V 1, 1; his uti, V 22, 1; I 28, 1; suis ut, V 37, 1; Ubiis ut, VI 10, 2; equitibus ut, VII 8, 3; cis ut, VII 45, 1; Allobrogibus ut, I 28, 3; finitumis ut, II 28, 3; Cassivellauno ne, V 22, 5; suis ne, I 46, 2; finitumis ne, II 32, 2; — *w. personal dative understood*: ut, VI 32, 2; — 3) *control, direct domineer, dictate, play the master*: superbe et crudeliter, I 31, 12; victis non ad alterius praescriptum, sed ad suum arbitrium, I 36, 1; his quos vicissent, quemadmodum vellent, I 36, 1; ut inperaverat, I 29, 3; II 11, 6; 33, 3; III 26, 1; V 1, 9; 7, 9; 47, 3; VI 30, 1; — 4) *to be commander-in-chief*: se illo inperante meruisse, VII 17, 5; imperatum (as noun) (*orders*) facere, V 37, 1; imperata facere, II 3, 3; 35, 1; V 20, 4; 22, 3; VI 10, 4; ad imperatum non venire, VI 2, 3.

impetrō (patro), v. 1, *obtain, succeed in obtaining* (correl. petere, oppos. obstinate negare, V 6, 4): a Sequanis ut, I 9, 4; ab eo de salute, V 36, 3; ab Crasso ut, III 22, 4; ab iis ut, VII 29, 7; id ab se, IV 9, 2; a multitudine, V 36, 2; cf. I 35, 4; II 12, 5; a proximis, VI 2, 2; eo deprecatore a Sequanis, I 9, 2; ea quae vellent, I 31, 2; id, IV 11, 2; quae petierint, V 41, 8; eam rem, I 31, 2; cf. III 21, 3; VII 63, 5; si quid possent de indutiis, IV 13, 5.

impetus, ūs, m. (peto in), 1) *charge, attack, onslaught* (for the real character of the word, cf. V 18, 5; VI 8, 6; VII 28, 2); impetus fit in hostes, I 22, 3; ab latere, II 29, 1; tardatus est, II 25, 3; cf. VII 46, 3; sustinere (v. sust.) facere in aliquem (v. facio) in fines, I 44, 8; ferre (cf. fero) in quam partem, V 34, 3; impetus gladiorum exceperunt, I 52, 4; magno impetu oppugnare, II 6, 2; primo impetu pelli, II 24, 1; eo impetu ierunt ut, VII 8, 5; eodem -u subsequi, VI 40, 5; continenti inpetu petere, VII 28, 2; — 2) *fury, rush*: vis ac i. fluminis, IV 17, 5; in magno -u maris, III 8, 1; impetus ventorum sustinere, III 13, 6.

impius, a, um, adj., *wicked*: impiorum ac sceleratorum numero, VI 13, 7.

implicō, āre, uī, itum (atum), *to entangle, connect indissolubly*: ordines coniuncti inter se atque implicati, VII 73, 4.

imploro, v. 1 (weep at), *entreat, beg for:* auxilium, I 32, 4; auxilium a populo Romano, I 31. 7; fidem suorum, *entreat his people not to forsake him*, V 7, 8; passis manibus flentes nc, I 51, 3.

impōnō, ere, sui, situm, v. 3, *place upon, mount:* eo milites, I 42, 5; mulieres, I 51, 3; — *levy upon:* stipendium victis, I 44, 2; cf. I 45, 2; VII 54, 4.

importō, v. 1, *to carry into, bring in:* ea (scil. merchandise) quae ad effeminandos animos pertinent, I 1, 3; ullam rem, IV 2, 1; vinum ad se importari non sinunt, IV 2, 6 (☞ br. by Hldr. after Paul); aere importato utuntur, V 11, 5; iumentis importatis uti, IV 2, 2.

imprīmis (in primis), *particularly, especially*, I 33, 2; III 10, 2; VI 14, 5; VII 1, 6; 4, 8; 45, 8; — *pre-eminently*, V 6, 1; l. firma, V 54, 2.

improbus, a, um, adj., *wicked, malicious:* seditiosa atque -a oratione, I 17, 2.

imprōvīsus, a, um, adj., *not foreseen as adv.* (abl.), IMPROVISO, *unexpectedly, without notice:* adoriri, I 13, 5; de-o eo venire, II 3, 1; adoriri, V 22, 1; contendere in fines, VI 3, 1; aut noctu advolare, VII 72, 2; advolare, V 39, 1; vulnerari, VII 80, 3.

imprūdēns (providens), ntis, adj. (unawares), *unprepared:* imprudentibus militibus (abl. absol.) impetum facere, III 29, 1; -ibus nostris, V 15, 3.

imprūdentia, ae, f., *imprudence, indiscretion:* propter -am ut ignosceretur, IV 27, 4; -ae ignoscere, IV 27, 5; propter -am labi, V 3, 6.

impūbēs, eris, adj. (not full grown), *unmarried, chaste:* opp. feminae notitiam habuisse, VI 21, 4.

impūgnō, v. 1 (fight on, fight at), *attack:* Galliae impugnandae causa, I 44, 6; — *press forward* (in battle): acrius, III 26, 4.

impulsus, ūs, m., *instigation:* ne civitas -u eorum deficeret, V 25, 4.

impūne, adv., *without penalty:* ferre iniurias impune (to escape without penalty for, etc.), I 14, 4.

impūnitās, atis, f., *impunity:* -em concedere, I 14, 5.

Imus, v. inferior.

in, prep., governing acc. and abl., 1) c. acc., *into, to* (of terminal relation): adventus in Galliam Caesaris, V 54, 2; aditus viasque in Suebos, VI 9, 8; arcessere in provinciam, adducere, adigere telum, abducere in servitutem, abdere in silvas, etc. (v. abdo), conicere in mediam aciem, convertere in fugam, convertere in partem aliquam, conicere in catenas, conferre in oppidum, in unum locum, etc., collocare, compellere, conscendo, convenire, conducere, cogere, contendere, comportare, contrahere, confugere, circummittere, dividere, dispergi in omnes partes, distribuere, deducere, decurrere, defluere (diffluere?), devenire, descendere, despectus, demittere se, dimittere, discedere, differre, fluere, fugere, eicere se, enasci, elicere, ferri, insequi usque in, immittere, introducere, inferre, influere, iter, iter facere, iter est, irrumpere, indicere concilium in cum locum Galliae, VI 44, 1; infodere, iacere aliquid, mittere, movere castra in Aeduos, VII 53, 3; navigare, nuntiare, offerre, praemittere, praecipitare, pervagari, perducere, procurrere, procedere, perferre, profugere, proicere, proficisci, progredi, provehi, petere fugam, pervenire, referre, reducere, remittere, redire, recipere se, restituere in antiquum locum, repellere, recipere copias in oppidum, reverti, reicere, remigrare, succedere, subducere, transire, traducere, transcendere, transportare, transferre, traiectus, transmissus, venire, ventitare, pervenire; — *to, towards* (looking to, bearing upon): rem producere in hiemem, IV 30, 2; despectus in mare, III 14, 9; spectare in septentrionem, I 1, 6; senatus consultum facere in aliquem, I 43, 7; insistere in bellum, VI 5, 1; properare in, II 35, 2; quorum in se fidem perspexerat, V 5, 4; beneficia in aliquem (v. benef.) redigere in potestatem, sua in Aeduos merita, VII 54, 3; cf. 71, 3; clementia uti in aliquem, I 14, 5; cf. II 28, 3; benevolentia in aliquem (v. benev.) voluntas in aliquem, I 19, 2; cf. V 4, 3; indulgentia in aliquem, VII 63, 8; studium in aliquem, I 19, 2; bono animo, hoc animo, inimico animo esse in aliquem (cf. animus); — *against, upon* (ἐπί, εἰς): animadvertere in aliquem, I 19, 1; statuere in aliquem, I 20, 1; conicere tela; edere aliquid in alqm., I 31, 12; conicere se in signa manipulosque, VI 40, 1; cf. conicere aggerem in munitionem, VII 85, 6; reicere in aliquem, iacere aliquid in murum, aggerem, etc. (v. iacio), incidere in aliquem (v. incido) signa inferre in aliquem, III 16, 4; efferre in murum, VII 47, 7; aquilam ferre (v. aquila) impetum facere (v. facio) in phalangas insilire, I 52, 5; pilum immittere in hostes (v. immitto); — *w. terms of extent:* patere in longitudinem, etc., I 2, 5; V 13, 6; VI 29, 3, 4; VII 23, 1; 46, 3; in altitudinem, I 8, 1; II 5, 6; VII 69, 5; 73, 5; in latitudinem, I 2, 5; II 7, 4; 8, 3; 29, 3; III 13, 4; in quincuncem disponere (*so as to form a q.*), VII 73, 5; — *for* (against) (of purpose, design, determination in advance, etc.) (result): profectionem in tertium annum lege confirmant, I 3, 2; in diem certam indicere aliquid, I 30, 4; in longiorem diem conferre, I 40, 14; in aliud tempus reservare, I 53, 7; in reliquum tempus (*in future, lit. for the future*), III 16, 4; VI 1, 3; in hiemem frumentum providere, IV 29, 4; in perpetuum, IV 34, 5; (cf. prep.) in annos singulos pendere, V 22, 4; attribuere, VI 22, 2; in posterum differre, VII 11, 5; se in posterum diem apparare, VII 41, 4; in singula dici tempora . . . cognoscebat . . . imperabat, VII 16, 2; sese dicare alicui in servitutem, VI 13, 2; in clientelam, VI 12, 7; in deditionem venire, VI 3, 2; 9, 6; in deditionem recipere, accipere aliquos (v. deditio) in fidem, in servitutem recipere aliquem (v. recipio) in parem condicionem eos recipere, I 28, 5; in contemptionem venire alicui, in cruciatum venire (v. venio); in provinciam, in servitutem, in deditionem redigere (v. redigo), in orbem consistere, V 33, 3; in amicitiam venire alicui, VI 5, 4; in consuetudinem se adducere, IV 1, 10; deducere in periculum in fortunam et amplitudinem; in controversiam (v. deduco); in matrimonium dare, I 3, 5; 9, 3; in libertatem vindicare, VII 1, 5; in servitutem tradere alicui; in s. abstrahere (v. servitus); in expeditionem mittere, V 10, 1; in cruciatum dedere alicui aliquem, VII 71, 3; in speciem (*for show*) (v. species) in disciplinam convenire (*for instruction*), VI 14, 2; — (*extending to*) *over:* potestatem in aliquem habere, I 16, 5; cf. VI 19, 3; ius habere in aliquem, V 27, 3; VI 13, 3; — *miscellaneous:* timorem in rei frumentariae simulationem, etc., conferre, I 40, 10; mirum in modum, I 41, 1; servilem in modum, VI 19, 3; dicere multa in eam sententiam (*to that effect*), I 45, 1; efferre in volgus, I 46, 4; VI 14, 4; se permittere in fidem alicuius, II 3, 2; venire in fidem ac potestatem alicuius, II 13, 2; facinus admittere in se, III 9, 3; in dies, day *after day*, III 23, 7; (v. dies) sententia in utramque partem tuta, V 29, 6; cf. V 30, 1; vulnerari in adversum os, V 35, 8; in eam rem fidem interponere, V 36, 2; in dubium devocare fortunas, VI 7, 6; incumbere in bellum, VII 76, 2; in vicem, VII 85, 5; —

2) w. ablative, *in*, *at*, *within*, *on* (in arido, alto): agris, acie, agmine, cornu, cursu, castris, colloquio, bello, balteo, castello, convalle, confinio, colle, collibus, conventu, continenti, Gallia, civitate, civitatibus, exercitu, fluctibus, flumine, fluminibus, foro, fronte, finibus, hibernis, iugo, insidiis, itinere, insula, litteris, litore, legione, loco, locis, lingulis promunturiisque, mari, nationibus, oppido, oppidis, Oceano, planicie, provincia, pugna, proeliis, parte, partibus, pagis, praesidio, porta, ponte, ripa, ripis, statione, silva, silvis, senatu, solo, summa, VI 11, 5; terra, terris, *in the world*, IV 7, 5; tabernaculis, tumulo, tabulis, tabernaculo, vado, vadis, valle, vico, in animo est alicui (*he intends*), I 7, 3; 10, 1; in conspectu alicuius (v. conspectus) in prospectu (*in sight*) (v. pr.); — *at*, *in* (w. gerund and gerundive): in quaerendo, I 18, 10; quaerendis suis, II 21, 6; commemoranda calamitate, II 28, 2; in consiliis capiendis, IV 5, 1; petenda pace, IV 27, 4; in metendo, IV 32, 5; in agris vastandis, V 19, 3; his administrandis rebus, V 50, 5; in perdiscendo, VI 14, 4; in summa exercitus tuenda, VI 34, 3; in singulis militibus conservandis, VI 34, 3; nocendo, VI 34, 3; castris capiendis, VII 46, 5; perficiendis pontibus, VII 56, 1; consilio capiendo, VII 77, 7 (V 50, 5 cf. with VII 82, 4); — *at*, *in* (of sphere, occasion, specification, situation, attributive connection): exerceri in munitionibus, VII 77, 10; in eo morari, VII 66, 5; omnibus in vita commodis, III 22, 2; in bello, VI 35, 2, 7; VII 29, 3; pabulatione, VII 20, 9; colloquiis, VII 50, 1; in armis exercitatum esse, I 36, 7; cf. 39, 1; quid in bello possent, II 4, 1; usus in re militari, I 39, 2; u. in castris, I 39, 4; pace, VI 23, 5; populi Romani in Gallia imperium, I 45, 3; omnibus rebus... re militari, VI 30, 2; auctoritatem in re militari sumere, II 4, 3; in opere, VII 17, 4; 22, 4; 24, 5; 27, 1; 77, 11; 81, 4; in opere occupatum esse, II 19, 8; extrema fortuna, VII 40, 7; extremis suis rebus, II 25, 3; extrema spe, II 27, 3; 33, 4; quo in loco res esset, II 26, 5; toto in genere pugnae, V 16, 1; in periculo versari, II 26, 5; in opere dispersos esse, III 28, 3; omnibus bellis, V 25, 2; *in* reliquis institutis differunt, VI 18, 3; epulis, VI 28, 6; qua in re, I 12, 7; II 3, 4; 4, 1; V 8, 4; oppugnatione, VII 20, 11; nulla re, V 33, 2; contentione, VII 52, 2; periculo, VI 39, 1; VII 26, 4; 23, 3; 41, 5; summo discrimine, VI 38, 2; difficultatibus, VII 35, 2; in armis esse, I 49, 2; II 9, 1; III 28, 1; IV 1, 5; V 3, 4; 41, 2; VI 2, 3; VII 32, 5; in manibus (☞ br. by Hldr. after Paul), II 19, 7; in armis excubare, VII 11, 6; ponere praesidium in fuga, II 11, 4; (cf. consistere) VII 10, 1; spem in virtute ponere... auxilium in celeritate, III 5, 4; cf. 14, 8; 21, 2; V 34, 2; 39, 4; 48, 1; virtutis memoria residet in eorum consilio, VII 77, 4; in eodem consilio permanere, VI 40, 6; in eadem tristitia, I 32, 3; in potestate, I 32, 5; V 3, 7; VII 43, 1; servitute, I 33, 2; V 27, 2; dicione, I 33, 2; in suo iure, I 36, 2; 44, 8; in eo manere quod, I 36, 5; contentionibus, I 44, 9; controversia, VII 39, 2; venationibus, IV 1, 8; VI 21, 3; ipso negotio, V 33, 1; in furto comprehendi; eo perseverat, V 36, 3; fide manere, VII 4, 5; 10, 3; sententia, IV 21, 6; VII 26, 3; dissensione, V 31, 2; in fide alicuius esse, I 14, 2; VI 4, 2; VII 5, 2; in clientela alicuius esse, VI 4, 5; in libertate, III 8, 4; officio, III 11, 2; V 3, 3; 6, 4, 2; 7, 3; 54, 1; VI 8, 9; in eadem causa, VI 4, 1; in animo habere, VI 7, 5; disciplina, VI 14, 3; eadem inopia egestate patientia, VI 24, 4; — *adverbial phrases:* in praesentia (v. praesentia) in occulto (☞ br. by Hldr. after Frigell), I 31, 1; 32, 4; II 18, 3 (cf. occultus); in angusto, II 25, 1; in vestigio, IV 5, 3; — *over:* pontem facere in Arare, I 13, 1; cf. II 5, 6; — *on*, *upon* (= *ἐπί* c. gen. or dat.): ipsis cadaveribus, VII 77, 8; munitione, VII 89, 4 (in? on?); cf. VI 38, 5; 41, 1; muro, II 6, 3; 29, 3; 30, 4; VII 27, 1; vallo, VII 41, 2; 78, 5; monte, VII 36, 1; insula, VII 57, 1; 58, 3; consistere (*be based upon, rest upon, etc.*) (cf. consisto) periculum constat in aliena salute, VII 84, 4; naves aedificare in flumine, III 9, 1; (positum) in via, VII 12, 2; 28, 6; intentum esse in aliqua re, III 22, 1; positum esse in (*depend upon*), V 29, 6; 34, 2; VII

Inānis   **Incolumis**   83

25, 1; 32, 5; 40, 2;—*among:* in his, I 10, 5; 53, 3; II 25, 1; IV 12, 4; V 53, 6; VII 3, 1; in iis, V 4, 2; primis (*v.* imprimis) quo in numero, III 7, 4; 27, 1; VII 75, 4; in equitum numero convenerant, VII 30, 1; in turpissimis habere rebus, VI 21, 5; in hostium numero habere, I 28, 1; in desertorum munero ducere, VI 23, 8; cf. VI 32, 1; in loco alicuius habere (cf. habeo) in mandatis (= mandatorum loco, acc. to Kraner), I 43, 9;—*in the country of:* in Aulercis, III 29, 3; Aeduis, VII 77, 1, 3; 90, 7; Belgis, IV 38, 3; Carnutibus, V 25, 1; Eburonibus, V 47, 5; Biturigibus, I 18, 6; Andibus, III 7, 2; Bellovacis, V 24, 3; Lingonibus, VI 44, 3; Meldis, V 4, 2; Menapiis, VI 6, 4; Nantuatibus, III 1, 4; Remis, V 24, 2; VII 90, 5; Rutenis, VII 7, 4; Sequanis, I 3, 4; Treveris, V 3, 3; 4, 1; VI 9, 5;—*in case of, about, in connection with:* reprehendere aliquid in aliquo, I 20, 6; peccare in aliquo, I 47, 4; quod in Nerviis fecisset, II 32, 2; in spe victoriae accidere solet, III 26, 4; consilio, V 29, 7; eiusmodi difficultatibus, VI 34, 7; eiusmodi casu, V 33, 4; reliquis fere rebus . . . rationibus, VI 14, 3; facere in eo, VII 21, 1; in repentino hostium adventu, VI 42, 1; — *considering, in view of* (going hand in hand with, often causal, or equivalent to a *causal* clause (*or concessive* clause): in tanta multitudine dediticiorum suam fugam occultari posse, I 27, 4; in tanta rerum iniquitate fortunae quoque eventus varii sequebantur, II 22, 2; in magno impetu navis atque aperto, III 8, 1; singulari militum studio in summa omnium rerum inopia, V 2, 2; haec quoque ante lucem in tanta propinquitate castrorum ad hostos deferuntur, VI 7, 9; neque in tantis dissensionibus ad exercitum venire posse, VII 7, 2; cf. the *English idiom* of "*what with*"; ascensusus *in circuitu* cf. circuitus;—*in personal or semi-personal relation:* quid auxilii est in Caesare populoque Romano, I 31, 13; in se habere, I 40, 6;—*of qualities:* tanta erat in his firmitudo, III 13, 8; in quibus aliquid consilii aut dignitatis fuit, III 10, 2; summa auctoritas in Aeduis, VI 12, 2; quid in quoque esset animi aut virtutis suorum, VII 36, 4; siquid in nobis animi est, VII 38, 8; in his rebus circiter dies x consumit, V 11, 6; in munitione castrorum occupatum esse, V 15, 3; fortuna in contentione et certamine utrumque versavit, V 44, 14;—*of time, when, within:* in consulatu suo (= se consule), I 35, 2;—*of space:* in tribus milibus passuum.

inānis, e, *empty* (naves): -es remitti, V 23, 4; simulatio, VII 19, 3.

incautus (caveo), a, um, adj., *careless, imprudent:* incidere in aliquem incautum atque imparatum, VI 30, 2.

incaute, adv., *carelessly:* paulo incautius in muro disponere, VII 27, 1.

incendium, i, n., *conflagration*, VII 15, 2; fumi -orum, V 48, 10; -a aedificiorum, VII 17, 3; -a facere, V 19, 3; -o corrum-

pere frumentum, VII 55, 8; ab -o defendere, VII 23, 5.

incendō, ere, ndī, nsum, v. 3, *set on fire* (in candor): aedificia vicosque, VI 6, 1; cf. VII 14, 5; II 7, 3; III 29, 3; IV 19, 1; oppida, vicos, privata aedificia, I 5, 2; oppidum, VII 11, 9; 55, 7; oppida, VII 14, 9; omnia eius vici aedificia, III 6, 4; omnia longe lateque aedificia, IV 35, 3; oppida vicosque, I 28, 3; cf. VI 43, 2; urbes, VII 15, 1; (Avaricum) VII 15, 3; 30, 2; Lutetiam, VII 58, 6; portas, VII 11, 8;—*inflame, arouse:* clientes, VII 4, 1.

incertus, a, um, *uncertain, indefinite:* temporibus -is ire, VII 10, 3; exitus victoriae -us, VII 62, 6; itinera, VI 34, 4; rumores, IV 5, 3; ordines, IV 32, 5;—*chosen at random:* itinera, V 37, 7.

incīdō, ere, cīdī (cado), v. 3, *fall in with, come across:* in ipsum Caesarem, I 53, 5; in ipsum incautum etiam atque imparatum, VII 30, 2;—*happen, occur:* bellum, VI 15, 1; quae (indef.) res, VII 3, 2; signa bella inciderint, II 14, 6.

incīdō, ere, cīdī, cīsum (caedo), v. 3, *cut into, notch:* teneras arbores, II 17, 4.

incipiō, ere, cēpī, ceptum, v. 3 (take hold of, "anfangen"), *begin:* cum primum pabuli copia esse inciperet, II 2, 2; cum maturescere frumenta inciperent, VI 29, 4; —*w. complem. inf.:* oppugnare, V 39, 3; consilia inire, VII 1, 3; 43, 3; mortem deprecari, VII 40, 6; fossas complere, V 51, 4; inceptam oppugnationem relinquere, VII 17, 6.

incitō (cito, to quicken), v. 1, *urge on, impel:* equos insuefactos, IV 24, 3; cf. 33, 3; multa Caesarem ad id bellum, III 10, 1; incitatis equis, IV 26, 2; equo incitato, IV 12, 6; cursu, II 20, 3;—*propel:* naves longas remis, IV 25, 1; cf. III 14, 6; lintres, VII 60, 4;—*arouse:* civitas ob eam rem incitata, I 4, 3; milites perfidia incitati, IV 14, 3; caede et labore operis incitati, VII 28, 4; crebris nuntiis, VII 48, 1; se incitare (*to rise*) aestus, III 12, 1;—*to rush upon, bear down upon:* maior vis aquae, IV 17, 7.

incognitus, a, um, adj., *not known:* quae omnia Gallis erant -a, IV 20, 2; id nostris, IV 20, 1.

incolō, ere, uī, v. 3, *inhabit:* unam partem (Galliae), I 1, 1; Alpes, IV 10, 3; Cantium, IV 14, 1; quas regiones, IV 4, 2; ea loca, II 4, 1; (Britanniam), IV 20, 4; cf. V 12, 1; (insulas), IV 10, 4;—*live:* trans Rhenum, I 1, 3; 28, 1; II 35, 1; I 5, 4; cis Rhenum, II 3, 5; proximi Rhenum, I 54, 1;—*reside, have a residence:* incolendi causa, IV 1, 7.

incolumis, e, adj., *unharmed, safe, without loss:* praeter spem -is pervenit, IV 40, 8; cf. 36, 4; VII 28, 5; sortium beneficio se esse -em, I 53, 7; -em exercitum traduxit, VII 56, 6; reducere, VII 59, 4; V 22, 2; -em legionem perducere, III 6, 5; adesse cum -i exercitu, VI 41, 2; ad unum omnes incolumes, IV 15, 3; VI 40, 4; se -es receperunt, V 15, 4; suos omnes -es receperunt, VII 12, 6; cf. VII 88, 4; licere illis incolumibus . . . discedere, V 41, 6; omnibus suis -ibus copiis (abl. abs.), V 52, 1; omnes incolumes naves perduxit, V 23, 6.

incommodē, adv., *disadvantageously*: consilium i. accidit, V 33, 4.

incommodum, ī, n., *disaster, untoward event, loss, reverses*: accipere (v. acc.) quid -i accipere, VI 13, 7; expiare, V 52, 6; magnum i., V 10, 3; illo -o de Sabini morte perlato, V 53, 4; i. vetus populi R., I 13, 4; incommodo perturbari, VII 20, 1; — *disadvantage*: quid iniquitas loci habeat incommodi, VII 45, 9; -a oriuntur, VII 33, 1; -o afficere aliquem, VII 16, 3; tot -is conflictati, V 35, 5.

incredibilis, e, adj., *incredible*: -i lenitate, I 12, 1; celeritate, II 19, 7; III 20, 2; V 40, 2; 53, 1; -i virtute esse, I 39, 1.

increpitō, v. 1 (increpo), *to upbraid violently*: reliquas Belgas, II 15, 2; — *abuse*: vocibus quod, II 30, 3.

incumbō, ere, cubuī, cubitum, v. 3 (bend forward to), *apply oneself earnestly*: et animo et opibus in id bellum, VII 73, 2.

incursiō, ōnis, f., *raid, invasion*: repentina, VI 23, 3; -em vitare, V 21, 3; -ibus vastare, V 1, 5; incursionibus (☞ br. after Paul), VI 10, 5.

incursus, ūs, m., *charge, assault*: repentinus, VII 30, 7.

incūsō, v. 1 (causa), *make charges against*: reliquas Belgas, II 15, 5; vehementer eos, I 40, 1.

inde, adv., *thence* (ἐντεῦθεν), I 10, 5; 33, 4; III 6, 5; (*in progression*) V 2, 1; 15, 4; VI 13, 11; VII 9, 6; ☞ by emendation: inde die III for in diem, by Whitte, VII 62, 10; — *from that point*: brevissimus traiectus, IV 21, 3; cf. 25, 1; 33, 3; — *then, next* (of succession in space), II 19, 3; — *from that place, source*: arcessere, III 23, 3; cf. IV 20, 1; — *then* (next) (ἔπειτα): correl. of *primo*, VII 48, 1.

indicium (indīco), ī, n., *information, indictment, act of an informer*: res est per i. enuntiata, I 4, 1; eorum indicio contendit, VI 20, 1; alicuius -o vocari, VII 20, 6; cognoscere aliquid, VI 35, 9.

indīcō, ere, xī, ctum, v. 3, *appoint, call for*: armatum concilium, V 56, 1; concilium totius Galliae, I 30, 4; VII 63, 5; cf. VI 3, 4; 44, 1; c. principum, VII 75, 1; consilia inter se, VII 1, 4.

indictus, a, um, verbal adjective (unspoken), *not pleaded*: -a causa interficere, VII 38, 2 (cf. dictio).

indignissimē, v. indignus.

indīgnitās, ātis, f., *indignity, outrage*: omnes -es contumeliasque perferre, II 14, 3; — *disgrace*: infamia atque -as rei, VII 56, 2.

indīgnor, v. dep. 1, *to be angry, indignant*: quod hostes . . . perferre possent (oratio obl.), VII 19, 4.

indīgnus, a, um, adj., *unworthy, unbecoming*: vox populi R. maiestate et superioribus victoriis indigna, VII 17, 3; nihil quod ipsis esset indignum committebant, V 35, 5; — adv. *indignissime* interire, VII 38, 8.

indīligēns, ntis, adj., *listless, careless*, VII 71, 3; — *indiligentius* (adv.) praesidia servare, VII 33, 2.

indīligentia, ae, f., *carelessness, listlessness*: Aeduorum, VII 17, 3.

indūcō, ere, xī, ctum, v. 3 (lead on), *influence*: inductus regni cupiditate, I 2, 1; spe salutis, I 27, 4; — *put on*: galeas, II 21, 5; — *cover*: scuta pellibus, III 33, 2.

indulgentia, ae, f., *indulgence, leniency*: Caesaris indulgentiam in se requirunt, VII 63, 8; I would suggest a transposition of the words: ☞ Caesaris in se indulgentiam requirunt.

indulgeō, ēre, sī, ltum, v. 2 (dulcis?), *cherish, favor*: alicui: huic legioni, I 40, 15; Aeduorum civitati praecipue, VII 40, 1.

induō (δύω), ere, uī, ūtum, v. 3: se (*entangle oneself*) acutissimis vallis, VII 73, 4; se stimulis inopinantes, VII 82, 1.

industriē, adv., *industriously, actively*: diligenter i-que administrare, VII 60, 1.

indutiae, arum (*truce*), f. pl.: diem indutiis petere, IV 12, 1; de-iis impetrare, IV 13, 5.

Indutiomarus, i, m., a chieftain of the Treveri, V 3, 1, 4 (☞ dropped by Ciacconius in § 5, same chapter); rival of Cingetorix, whom Caesar preferred, V 4, 1, 4; his flight, V 53, 2; stirs up the Germans, V 55, 1; prepares a rising, V 55, 3; Labienus operates against him, V 57, 2, 3; 58, 1, 2, 4; is slain, V 58, 6; VI 2, 1 (it was Indutiomarus who stirred up Ambiorix, V 26, 1); propinqui Indutiomari, qui defectionis auctores fuerant, VI 8, 8.

ineō, īre, iī, itum, v. 4, *to enter upon, undertake, devise*: consilia, IV 5, 3; III 9, 8; VII 1, 3; 43, 3; consilium, II 33, 1; V 27, 6; VI 5, 6; 31, 5; nihil consilii, VI 12, 4; novi aliquid consilii, IV 32, 2; VII 9, 4; 12, 6; rationem, VII 24, 4; 71, 4; numerum, VII 76, 3; — *gain, win*: gratiam ab aliquo, VI 43, 5; — *begin*: inita aestate, II 2, 1; i. proxima aestate, II 35, 2; hieme, III 7, 1; secunda inita vigilia, V 23, 6.

inermis, e, adj., *unarmed*: acc. pl. once inermos, I 40, 6; opp. armatus, II 27, 1; prodit ex tabernaculo, VI 38, 2; -ibus imprudentibusque militibus (abl. absol.), III 29, 1.

iners, tis, adj., *inactive, indolent*: inertius, IV 2, 4.

infāmia, ae, f., *disrepute, dishonor*: latrocinia nullam habent -am, VI 23, 6; -a atque indignitas rei, VII 56, 2.

infāns, ntis, m., *child, young child*: infantibus parcere, VII 28, 4; ne a mulieribus quidem atque -ibus abstinere, VII 47, 5.

infectus, a, um, adj., *not accomplished*: infecta re discedere, VII 17, 5; revertere, VII 82, 4.

Inferior, us, adj. (compar. of infra, inferus), *lower*: i. pars sublicarum, VII 35, 5; Rheni, I 1, 6; fluminis, IV 17, 9; insulae, IV 28, 2; cf. V 13, 1; -ius spatium

Infimus   **Iniungō**   85

(opp. superior pars collis), VII 46, 3; -ior locus, II 25, 1; III 14, 4; V 44, 12; VII 45, 5; -iores ordines (in centurion's rank, opp. superiores ordines), VII 40, 7.

Infimus, a, um, superl. of foregoing, *lowest:* collis (the lowest part, base of the hill) apertus, II 18, 2; sub infimo colle, VII 49, 1; collis leniter ab infimo acclivis, VII 19, 1; sub infimo colle, VII 49, 1; ad infimum, VII 73, 5; ab infimo, VII 73, 3; ab -o solo, VII 73, 7; inferior angulus (Britanniae), *designates the more westerly,* V 13, 1; — *inferior:* nostros non esse -es, II 8, 3.

Inferō, ferre, tulī, illātum, v. 3 (to bear against), bellum alicui, *to wage* (offensive) *war,* IV 23, 4 (opp. resistere, IV 7, 3) (bellum illatum defendere, II 29, 5); I 2, 4; 35, 3; 40, 4; 43, 9; 44, 6; 30, 3; 44, 7; II 14, 3; IV 16, 3; 30, 2; V 12, 2; 54, 4; VI 23, 4; VII 64, 5; bella ultro inferre (*without provocation*), VI 24, 1; IV 13, 1; bellum sine causa inferre, IV 27, 5; inuria b. inferre, I 36, 5; — *inspire with:* alicui aliquid, hostibus terrorem, VII 8, 3; militibus spem, II 25, 3; — *rouse:* spem, VI 43, 5; — *cause, inflict:* iniuriam, II 32, 2; I 14, 6; VI 15, 1; VII 54, 2; periculum (☞ passage br. by Tittler), V 16, 3; — *put into, bring upon:* omnia . . . in ignem, VI 19, 4; aggeri ignem, VII 22, 4; — *carry forward:* signa (= *advance*), II 25, 2; VII 62, 6; 67, 4; conversa signa inferre, *to wheel about and advance,* II 26, 1; I 25, 7; — *advance:* causam, I 39, 3; — *lift:* aliquem in equum, VI 30, 4; — *inflict:* calamitatem alicui, II 14, 4; I 12, 6; calamitatem, VII 77, 14; vulnera ultro, V 28, 4; cf. I 50, 3; — *import:* nihil vini, etc., II 15, 4; ☞ belli inferendi causa br. by Heller, V 12, 2.

Infestus, a, um, adj., *hostile, threatening:* infestis signis ire ad aliquem, VI 8, 6; contra aliquem consistere, VII 51, 3.

Inficiō, ere, fecī, fectum, v. 3, *stain:* Britanni se vitro, V 14, 2.

Infidēlis, e, adj., *unreliable:* Bellovaci qui ante erant per se -es, VII 59, 2.

Infīgō, ere, xī, xum, *to fasten:* hamos ferreos, VII 73, 9.

infimus, *v.* inferior.

Infīnītus, a, um, adj. (unlimited), *vast:* hominum multitudo, V 12, 3; labor, VII 43, 5; magnitudo, VI 10, 5.

Infirmitās, ātis, f., *weakness:* naturae et virium, VII 26, 3; Gallorum, IV 5, 1; 13, 2.

Infirmus, a, um, adj., *weak:* coupled w. humilis, IV 3, 4; civitas, VII 17, 2; arbor, VI 27, 5; navis, IV 36, 2; ☞ infirmiore animo br. by Hldr. after Paul, III 24, 3 (?).

Inflectō, ere, xī, xum, v. 3, *bend:* ferrum se, I 25, 3; arbores, II 17, 4.

Influō, ere, xī, xum, v. 3, *flow into, drain into:* lacu Lemanno, qui in flumen Rhodanum influit, I 8, 1; paludem quae influeret in Sequanam, VII 57, 4; (Arar) in Rhodanum, I 12, 1; (flumen Liger) in Oceanum, III 9, 1; a mari quo Rhenus influit, IV 1, 1; (Mosa) in Rhenum, IV 10, 2; ☞ in

Oceanum influit br. by Hldr., IV 10, 1; (Rhenus) multis capitibus in Oceanum, IV 10, 5; (Scaldis) in Mosam, VI 33, 3 (an error of Caesar's).

Infodiō, ere, dī, ssum, v. 3 (dig in), *bury:* taliae in terram infodiebantur, VII 73, 9.

Infrā, 1) *below* (adv.): paulo i. deferri, IV 36, 4; transportari, VII 61, 3; — 2) *below* (prep.): paulo infra elephantos, VI 28, 1; triginta milibus passuum i. eum locum, VI 35, 6.

ingēns, ntis, *vast, enormous:* magnitudo corporum, I 39, 1; i. magnitudo (silvae, etc.), V 3, 4; -es insulae, IV 10, 4.

ingrātus, a, um, adj., *displeasing, disagreeable:* oratio non ingrata Gallis, VII 30, 1.

ingredior, ī, gressus, v. dep. 3, *to enter:* intra fines, II 4, 2; intra munitiones, V 9, 7.

iniciō, ere, iēcī, iectum, v. 3 (throw into), *inspire:* Germanis (dat.) metum, IV 19, 4; timorem, VII 55, 9; alacritas studiumque pugnandi exercitui iniectum est, I 46, 4; — *place upon, lay upon:* derectam materiam, IV 17, 8; (*hurry on board*)· milites eo (scil. in naves), VII 58, 4.

inimīcitiae, arum, f. pl., *enmity, feud:* veteres, VI 12, 7.

inimīcus, a, um, adj. (unfriendly), 1) *personally hostile:* i. Vorenus, V 44, 9, 14; homines -o animo, I 7, 5; -o in aliquem animo esse, V 4, 4; sibi, II 31, 5; — 2) *w. gen.* (as noun): populi Romani (*of sentiment, not of actual hostilities*), I 10, 2; ☞ in V 25, 3 Hldr. now reads: Tertium iam hunc annum regnantem inimicissimi (after Paul) interfecerunt (MSS. inimicis).

inīquitās, ātis, f., 1) *unfavorable character, disadvantage:* loci, III 2, 4; VII 49, 9; 52, 2; 53, 1; rerum, II 22, 2; — 2) *wrong-doing, injustice:* summae -atis condemnari, VII 19, 5; -em condicionis perspicere, VII 19, 3.

inīquus, a, um, *unfavorable:* locus, II 23, 2; 33, 4; 10, 4; 27, 5; V 32, 2; 49, 6; 51, 1; VI 8, 1, 3; 40, 6; VII 49, 1; paene iniquo loco, VII 83, 2; -um loci ac declivitatem fastigium, VII 85, 4; -a condicio pugnandi, VI 10, 2; — *unfair:* -um esse recusare, I 44, 4; — *unjust:* nos esse -os, I 44, 8.

initium, i, n. (ineo), *beginning:* belli, V 56, 2; VI 3, 4; orationis, I 43, 4; ascensūs, VII 46, 1; — *w.* facere or fieri: transeundi, II 9, 1, 2; retinendi (this gen. is purely explanatory), III 8, 2; belli, V 53, 4; VII 17, 5; 2, 2; fugae, I 18, 10; repentini tumultus oritur, V 26, 1; i. capere -a flumine, I 1, 5; i. belli capere aliud, VI 33, 5; — *frontier:* Remorum, V 3, 4; — *edge:* silvarum, III 28, 2; VI 10, 5; 25, 4; ab initio, VI 8, 9; VII 13, 1; 28, 6; initia (*origin, beginning,* pl. = distrib.),operum atque artificiorum tradere, VI 17, 2; mensium et annorum observare, VI 18, 2.

initus, *v.* ineo.

iniectus, *v.* inicio.

iniungō, ere, nxī, nctum, v. 3 (yoke upon), *impose:* his aeternam servitutem, VII 77, 15.

iniūria, ae, f., *wrong, injustice:* rei publicae, I 20, 5 ; conscius alicuius -ae, I 14, 2 ; -am magnam facere, I 36, 4 ; privatas -as ulcisci, I 12, 7 ; sine -a, IV 8, 2 ; — *damage, hurt, outrage:* iniuriam inferre alicui, II 32, 2 (cf. *infero*) ; accipere ab aliquo, II 33, 1 ; V 38, 2 ; temperare ab iniuria et maleficio, I 7, 5 ; prohibere se et suos, II 28, 3 ; sine maleficio et -a, I 9, 4 ; ab Ariovisti -a defendere Galliam, I 31, 16 ; cf. V 20, 3 ; aliquem -ā lacessere, I 35, 3 ; prohibere aliquem ab -a (= *defend*), V 21, 1 ; cf. VI 23, 9 ; -ā potentiorum premuntur, VI 13, 2 ; iniuriae (*the several acts of outrage perpetrated in*) retentorum equitum Romanorum, III 10, 2 ; -ae recentes, I 14, 3 ; veteres Helvetiorum iniuriae populi R., *inflicted on the Roman people by the H.*, I 30, 2 ; finem -is facere, I 33, 1 ; impune ferre -as, I 14, 4 ; -as negligere, I 35, 4 ; 36, 6 ; persequi, VII 38, 10 ; satisfacere de -is, I 14, 6 ; V 1, 7 ; queri de -is, IV 8, 3 (☞ br. in VI 10, 5, after Paul).

iniūssū, adverbial abl., *without orders:* i. Caesaris hibernis discedere, V 28, 3 ; iniussu suo et civitatis, I 19, 1.

innāscor, ī, nātus, v. 3, *spring up in, arise:* summa alacritas, etc., I 41, 1 ; — *to be born within, inborn, ingrained:* iracundia et temeritas quae maxime illi hominum generi est innata, VII 42, 2.

innītor, ī, nīxus, v. dep. 3, *prop oneself upon, lean upon:* scutis, I 27, 1.

innocēns, ntis, adj. (harmless), *innocent:* ne -tes pro nocentibus poenam pendant, VI 9, 7 ; -ium supplicia, VI 16, 5.

innocentia, ae, f., *integrity:* -am perspicere, I 40, 13.

inopia, ae, f. (opes, lack of resources), opp. copia, *lack, want:* frumenti, III 7, 3 ; 9, 5 ; VI 29, 1 ; VII 59, 1 ; frumentaria, V 24, 6 ; cibariorum, III 18, 6 ; VI 10, 2 ; rei frumentariae, III 24, 3 ; lini, III 13, 6 ; navium, IV 4, 4 ; omnium rerum, I 27, 1 ; V 2, 2 ; VI 43, 3 ; agri, VI 24, 1 ; frumenti commeatusque, III 6, 4 ; pabuli, VII 20, 3 ; inopiam ferre (*v.* fero) ; fames et inopia, VII 20, 10 ; labor atque i., VII 32, 1 ; -a subigi, VII 77, 12 (☞ br. in VII 55, 9, by *Morus*) ; — *indigence*, VI 24, 4.

inopīnāns, ntis, adj. (not thinking), *unprepared, unaware:* -es nostri perturbantur, VI 37, 3 ; opprimuntur, VII 61, 1 ; -es so stimulis induebant, VII 82, 1 ; eos . . . -es aggressus, I 12, 3 ; inscios -esque Menapios oppresserunt, IV 4, 5 ; cf. VII 8, 3 ; multos -es deprehendit, VI 30, 1 ; suis inopinantibus (abl. abs.), VII 9, 3.

inprīmīs, *v.* imprimis.

inquam, inquit (*quoth I, quoth he*), etc., inserted into oratio recta: "desilite" inquit, IV 25, 3 ; "habetis" i., VI 8, 3 ; "vincite" i., V 30, 1 ; "quid dubitas" i., V 44, 3 ; "quid vos" . . . i., "sectamini," VI 35, 8 ; "haec ut intelligatis" i., VII 20, 8 ; "haec" inquit, "a me" Vercingetorix, "beneficia habetis" VII 20, 12 ; "quo proficiscimur" i., VII 38, 1 ; "quasi vero" i. ille, VII 38,

7 ; "quoniam" i., VII 50, 4 ; "frustra" i., VII 50, 6 ; "nihil" i., VII 77, 3.

Insciēns, ntis, adj., *not knowing:* -nte Caesare, V 7, 5 ; -ntibus ipsis, I 19, 1.

Inscientia, ae, f., *ignorance:* hostium (gen. subj.), III 19, 3 ; i. levitasque vulgi, VII 43, 4 ; — *lack of acquaintance with:* locorum, III 9, 4 ; usūs eius (scil. lini), III 13, 6.

īnscius, a, um, adj., *ignorant, not knowing:* quid gereretur, VII 77, 1 ; inscios inopinantesque Menapios oppresserunt, IV 4, 5.

Insequor, ī, secūtus, v. dep. 3, *follow up, pursue:* opp. to cedere, V 34, 4 (☞ cf. V 16, 3, br. by *Tittler*) ; eum, V 7, 6 ; insequi ac lacessere, I 23, 3 ; cedentes insequi, II 19, 5 ; cf. III 20, 3 ; V 16, 1 ; VII 80, 8 ; perterritos, I 54, 1 ; transire conantes, II 23, 1 ; cupidius, I 15, 2 ; V 15, 2 ; intolerantius, VII 51, 1 ; usque ad fines, V 54, 2 ; ad insequendum tardare aliquem, VII 26, 2 ; 67, 4 ; insequentem alqm. tardare, VII 51, 1 ; terrere, quominus aliquis libere insequatur, VII 49, 2.

Inserō, ere, ruī, sertum, v. 3, *insert, put into:* falces longuriis, III 14, 5.

Insidiae, ārum, pl. f., 1) *stratagem:* -arum causa proficisci aliquo, I 42, 4 ; per dolum atque -as, IV 13, 1 ; per -as circumveniri ab aliquo, I 42, 4 ; -as vereri, II 11, 2 ; occultare, VII 73, 7 ; — 2) *ambuscade:* copias in insidiis collocare, III 20, 4 ; -as collocare bipertito, V 32, 1.

Insidior, v. 1 dep., *to lie in wait:* ex occulto, VI 34, 6.

Insīgne, is, n., *badge, sign, emblem:* cum . . . concurri oporteret, II 20, 1 ; ☞ this pass. br. by Paul ; Hldr. takes insigne here as an adjective (?) ; ☞ insigne pacatum (pactum?) (Hldr. = pacatorum), VII 50, 2 ; insigni in proeliis uti, VII 88, 1 ; ☞ br. by Paul (?) ; — *ornament, crest:* accommodare, II 21, 5 ; tegere, VII 45, 7 ; Gallica insignia, I 22, 2.

Insīgnis, e, adj., *marked:* calamitas, I 12, 6.

insiliō, ire, uī, sultum, v. 4, *leap at* (hardly = upon) : in phalangas, I 52, 5.

Insimulō, v. 1, *charge with:* aliquem proditionis, VII 20, 1, 12 ; 38, 2.

Insinuō, v. 1 (in sinus), se, *work one's way:* inter turmas, VII 33, 1.

Insistō, ere, stitī, v. 3, 1) *enter upon:* totus et mente et animo in bellum, VI 5, 1 ; rationem pugnae, III 14, 3 ; — 2) *take a stand, put down the foot:* firmiter, IV 26, 1 ; in iugo, IV 33, 3 ; iacentibus, II 27, 3.

Insolenter, adv., *haughtily:* gloriari, I 14, 4.

Inspectō, v. 1, *look on:* inspectantibus nobis, VII 25, 1.

Instabilis, e, adj., *unstable, wavering:* motus, IV 23, 5.

Instar (image), adv. accus., *like* (cf. δίκην) : "i. muri" ; cf. Madvig's note on II 17, 4.

Instīgō, v. 1, *urge on, incite:* conscientia facinoris instigatur, V 56, 1.

Instituō — Inter 87

Instituō, ere, uī, ūtum, v. 3 (statue "set up"), *undertake, begin:* bellum parare, V 3, 4; duobus commeatibus exercitum reportare, V 23, 2; dilectum habere, VI 1, 1; Gorgobinam oppugnare, VII 9, 6; administrare reliqua, VII 19, 6; providēre, III 9, 3; frumentum parce ac paulatim metiri, VII 71, 7; cf. III 23, 6; 28, 3; 29, 1; V 4, 1; VI 9, 3; 44, 1; VII 1, 1; 12, 2; 13, 1; 27, 1; 29, 7; 30, 4; ut instituerat, *as he has set out to do (established the custom)*, VI 3, 4; 44, 3; — *establish:* instituta ratio et consuetudo, VI 34, 6; -ta ratione, VI 9, 4; sacrificia, VI 16, 3; id, VI 14, 4; exemplum, VII 77, 13; — *start, begin:* haec genera munitionis, VII 72, 1; cf. VII 69, 6; institutum ne, VI 11, 4; sermonem, V 37, 2; rationem pontis hanc, IV 17, 2; opus, VII 70, 1; turres testudines, etc., V 52, 2; — *equip, get ready, build:* naves, V 11, 4; sudes, magnum numerum pilorum muralium, V 40, 6; pontem, IV 18, 4; — *draw up:* aciem duplicem, III 24, 1; IV 14, 1; — *put on board:* remiges, III 9, 1; — *train:* a maioribus institui, I 14, 7.

Institūtum, i, n. (as noun), *custom:* instituto suo, I 50, 1; cf. I 1, 2; IV 20, 4; VI 18, 3; VII 24, 5.

Instō, āre, stitī, staturus, v. 1 (stand at, to it), *press forward:* cupidius, V 44, 12; acrius, III 6, 1; rursus -are et proelium redintegrare, I 25, 6; ab utroque latere, II 25, 1; altera ex parte, VII 59, 5; — *be close at hand:* dies, I 16, 5; bellum, VI 4, 3.

Instrūmentum, i, n., *equipment, outfit:* militare, VI 30, 2; hibernorum, V 31, 4.

Instruō, ere, xī, ctum, v. 3, *arrange, marshal, draw up:* aciem, I 22, 3; 24, 2; 48, 3; 49, 1; 50, 1; 51, 1; II 8, 3, 4; 20, 1; VII 28, 1; copias, II 8, 5; V 18, 2; VII 18, 3; exercitum, II 22, 1; VII 50, 5; — *build, set up:* machinationem, II 30, 3; — *equip:* naves, V 2, 2; 5, 2.

Insuēfactus, a, um, *trained to it:* -os equos incitare, IV 24, 3.

Insuētus, a, um, *unaccustomed to:* navigandi, V 6, 3; laboris, VII 30, 4.

Insula, ae, f., *island*, V 30, 3, 7; 8, 3; 12, 1; -a triquetra, V 30, 1; -a fluminis Sequanae, VII 57, 1; 58, 3; -ae magnitudo, IV 20, 4; civitates -ae, IV 21, 5; inferior pars, V 28, 2; -am efficere, IV 10, 1; VI 31, 3; -am capere (*make a landing on*), IV 26, 5; adire, IV 20, 2.

Insuper, adv. (*on top*), *upon:* trabes i. immittere, IV 17, 6; alius i. ordo additur, VII 23, 3.

integer, gra, grum, adj. (untouched) *fresh, uninjured, complete:* pars (sublicarum), VII 35, 5; -ae munitiones, VI 32, 5; -i ac recentes (*of men*), V 16, 4; VII 48, 4; cf. VII 87, 2; opp. to defessi, VII 41, 2; to defatigati, VII 85, 5; III 4, 3; -ae vires, III 4, 3; 19, 4.

Integō, ere, xī, ctum, v. 3, *cover over:* fossam cratibus, VII 79, 4; (reliquam partem) viminibus ac virgultis, VII 73, 7; — *cover:* turres coriis, VII 22, 3.

intellegō, ere, xī, ctum, v. 3 (pick out between), 1) *understand, be aware,* followed by acc. c. inf., I 10, 2; 14, 2, 6; 13, 2, 16; II 8, 3; 10, 4, 4; 30, 1; 33, 2; 49, 1; 50, 2; II 33, 1; III 10, 3; III 14, 1; 21, 3; 23, 8; 20, 1; 28, 2; IV 16, 1; 20, 1; 30, 1; V 4, 3; 6, 6; 16, 1; 22, 4; 43, 4; 56, 1; VI 12, 7; VII 6, 1, 3; 12, 6; 20, 8; 21, 3; 50, 3; 65, 4; 81, 6; — 2) *with direct object:* quae, I 20, 6; VII 43, 4; — 3) *w. indirect question:* quanto id cum periculo fecerit, I 17, 6; qua de causa ea dicerentur, V 4, 1; quantum facinus ... admisissent, III 9, 3; quantum calamitatem intulissent, II 14, 4; quid Germani virtute possent, I 36, 7.

intendō, ere, dī, ntum, v. 3 (*stretch upon*), *direct toward:* oculos, mentes, ad pugnam, III 26, 2; — *determine, get ready to:* se deicere, III 26, 5; milites intenti pugnae, VII 80, 2; — *intentus (occupied with)* in ea re, III 22, 1.

inter, prep. c. acc., 1) *between:* ☞ inter castra vineasque in occulto, VII 27, 1; emendation of Heller's; — *w. esse* (Germani): inter Eburones Treverosque, VI 32, 1; i. Mosam ac Rhenum, V 24, 4; i. Sequanos et Helvetios, I 2, 3; cf. iter, I 6, 1; palus, II 9, 1; flumen, VI 7, 5; — *w. interesse,* I 15, 5; quas inter et castra unus omnino collis intererat, VI 30, 2; — *w. intercedere,* I 39, 6; II 17, 2; — *intericere,* VII 80, 3; — *fluere,* I 6, 2; cornu *exsistit* inter aures, VI 26, 1; impedimenta recipiuntur i. legiones, VII 67, 3; spatio intermisso inter aliquos, V 15, 4; subicere inter carros rotasque, I 26, 3; cf. IV 14, 4; controversia exsistit i., V 28, 2; cf. 44, 2; VII 33, 2; spectare i. occasum solis et septentriones, I 1, 7; versari (i. aciem), I 52, 7; i. equites, VII 40, 5; contendebatur i. duas acies, II 9, 2; arbitros dare i. civitates, V 1, 9; ius dicunt i. suos, VI 23, 5; — 2) *amongst, amid:* constabat i. omnes, VII 44, 3; dicere i. suos, VII 47, 7; Gallus i. Gallos versatus, V 45, 4; proeliari i. equites, VII 18, 1; 65, 4; maximam i. suos ferunt laudem, VI 21, 4; insinuare inter turmas, IV 33, 1; se occultare i. multitudinem, VII 38, 5; gratiam i. suos minui, V 4, 4; auctoritas valet i. aliquos, V 4, 3; cf. 6, 1; 54, 2; VI 11, 4; 13, 8; gratulatio fit i. eos, VII 79, 3; plurimum valere i. Bellovacos, II 4, 5; maxime feros haberi i. ipsos, II 4, 8; summa nobilitate i. suos, II 6, 4; magna i. Belgas auctoritate, II 15, 1; (Treverorum) i. Gallos virtutis opinio, II 24, 4; dominari i. aliquos, II 31, 6; cf. I 42, 4; 47, 1; tempus convenerat, II 19, 6; — *inter se* is the Latin periphrasis of *reciprocity: w. one another* (= ἀλλήλων): dare, I 3, 8; 9, 4; 10, 1; II 1, 1; III 23, 2; agere, V 37, 2; coniungere, VII 73, 4; sancire, I 30, 5; partiri, VII 55, 5; consilia indicere, VII 1, 4; distare, VII 23, 1; contendere, I 31, 4; V 3, 2; cohortari, IV 25, 5; VI 8, 1; 40, 4; VII 72, 4; 73, 8; differre, I 1, 2; VII 11, 1; constituere, VII 83, 5; confirmare, VI 2, 2; contingere, VII 23, 3; coniurare, III

8, 3; colloqui, IV 30, 1; cavere, VII 2, 2; uxores habent i. se communes, V 14, 4; his erat inter se contentio, VII 39, 2; tigna inter se iungebat, IV 17, 3; — *within:* inter annos XIIII tectum non subissent, I 36, 7; (*of space*) i. aciem versari, I 52, 7.

intercēdō, ere, cessī, cessum, v. 3, *intervene:* spatium, I 7, 6; (of time) *elapse:* ullum fere hiemis tempus, V 53, 5; — *be between, move between* (of space): magnus numerus impedimentorum inter singulas legiones, II 17, 2; palus, VII 26, 2; silvae paludesque, V 52, 1; cf. I 39, 6; valles, VII 47, 2; anfractus, VII 46, 1; — *be established between* (of human relations): alicui cum aliquo: causae necessitudinis ipsis cum Aeduis, I 43, 6; continentia bella huic cum reliquis civitatibus, V 11, 9.

intercipiō, ere, cēpī, ceptum, v. 3, *intercept:* litteras, V 40, 1; epistolam, V 48, 4; pila, II 27, 4; — *cut off* (surprise): milites repentino equitum adventu, V 49, 2.

interclūdō, ere, sī, sum (claudo), *cut off:* re frumentaria alqm., I 23, 3; commeatu: nostros, III 23, 6; Caesarem, I 48, 2; reditu alqm., IV 30, 2; interclusus ab hostibus, IV 12, 5; aliquem ab exercitu, VII 1, 6; Caesarem itinere et Ligere, VII 56, 1; omni exercitu et pabulatione, VII 44, 4; legiones a praesidio et impedimentis, VII 59, 5; — *w. direct material object:* multitudinis fugam, VII 11, 8; commeatum, III 24, 2; omnia itinera, VII 65, 4; III 3, 2.

interdīcō, ere, xī, ctum, v. 3, *forbid, warn:* interdicit at quei imperat Cassivellauno, -ne noceat, V 22, 5; praecipit atque interdicit . . . peterent neu, V 58, 4; omnibus (dat.) ne . . . interficiant, VII 40, 4; alicui aliqua re: sacrificiis, VI 13, 6, 7; Romanis omni Gallia, I 46, 4; alicui aqua et igni, *banish him from all association, declare an outlaw,* VI 44, 3.

interdiū, adv. (between daytime), *in the daytime, by day:* opp. noctu, I 8, 4; VII 69, 7; 72, 2.

interdum, *sometimes,* I 14, 5; 39, 4.

intereā, *meanwhile,* I 8, 1; 24, 3; IV 9, 1; 27, 7; V 24, 8; 28, 5; VII 29, 7; 79, 1.

intereō, īre, iī, itum, v. 4, *perish:* aut ferro aut fame, V 30, 3; traiecti pilis, VII 82, 1; animas non interire, VI 14, 5; equitatus nobilitas, VII 38, 3; magna pars exercitus, V 38, 3; indignissime, VII 38, 8; una secum, VII 71, 3; perfidiā Gallorum, VII 17, 7; ☞ Illdr. w. better MSS., VII 82, 1 (*interiebant*).

interest (impersonally used), *it is the concern of:* reipublicae, manus distineri, II 5, 2; — *w. gen. of price: magni* i., eius auctoritatem valere, V 4, 3; tantas videri facultates, VI 1, 3; — *to be a matter of importance:* ipsosne interficiant, impedimentisne exuant, VII 14, 8.

interficiō, ere, fēcī, fectum (cf. intereo), *kill, put to death, slay,* III 22, 3; IV 4, 6; VII 40, 5; 14, 10; ipsos crudeliter excruciatos, VII 38, 9; cf. VI 19, 3; circumventos, III 6, 2; cf. II 10, 3; VII 50, 3; 80, 7;

complures, VII 67, 5; hominem, V 7, 9; Gaium Fufium Citam, VII 3, 1; (Tasgetium), V 25, 3, 4; cf. 29, 2; (Caesarem), I 44, 12; L. Cassium consulem, I 12, 5; L. Pisonem, I 12, 7; latrones, VII 38, 8; tantam multitudinem, quantum fuit diei spatium, II 11, 6; partem, II 23, 1; III 6, 2; quemquam, VII 40, 4; se ipsi, V 37, 6; (uros) captos, VI 28, 3; reliquos omnes, I 53, 4; ipsos (Romanos), VII 14, 8; publico consilio alqm., V 54, 2; iure belli (opp. conservare), VII 41, 1; — *synonymous w. necare,* V 6, 5; occidere, II 25, 1; — *passively:* Durus, V 15, 5; Lucanius, V 35, 7; Sabinus, V 37, 2; Cotta pugnans, V 37, 4; Indutiomarus, V 58, 4, 6; VI 2, 1; Piso, IV 12, 6; maximus numerus hostium, V 43, 5; ex equitibus quattuor et LXX, IV 12, 3; sui, IV 15, 1; (Dumnorix), V 7, 7; legio, V 38, 4; stirps hominum sceleratorum, VI 34, 5; nos, VII 38, 8; Donnotaurus, VII 65, 2; duo legati, V 38, 3; Praeconinus, III 20, 1; pars, III 6, 7; V 55, 1; VII 28, 3; signifer, II 25, 1; senatus, III 17, 3; magnus numerus, III 21, 1; IV 15, 2; V 17, 4; VI 8, 7; VII 88, 7; nobilitas, VI 12, 3; unus, V 44, 1; duo, VII 50, 5; complures, III 28, 4; V 15, 1; 44, 13; pauci, IV 32, 5; multi, V 22, 2; VII 42, 6; 70, 6; fratres atque propinqui, VII 38, 3; custodes, VII 55, 5; tria milia hostium, VII 68, 2; per cruciatum, II 31, 6; in acie, VII 1, 8; in fuga, V 21, 6 (*arma ponere* as alternative of interfici, IV 37, 1); in fuga, V 21, 6; ab equitatu, VII 62, 9; a Cassivellauno, V 20, 1; utrimque, VII 42, 6; ab civitate, VII 4, 4; uno loco, VII 77, 8.

intericiō, ere, iēcī, iectum (throw between), 1) *place between:* raros sagittarios, etc., inter equites, VII 80, 3; cf. 36, 4; breve spatium, III 4, 1; tantulum spatium, VII 19, 4; mediocre spatium, VII 69, 4; rubos sentesque, II 17, 4; interiectum esse (= interiacēre) paucis portibus interiectis (*occurring at intervals*), III 8, 1; — 2) *intervene:* saepibus densissimis interiectis, II 22, 1; singulis saxis-lectis, VII 23, 3.

interim, adv., *meanwhile* (placed at beginning of clause, w. few exceptions), I 16, 1; 24, 2; 42, 4; II 19, 1; 12, 4; 19, 5; 26, 3; III 3, 4; 9, 1; 28, 3; IV 11, 6; 18, 3; 21, 5; 23, 5; IV 33, 2; 34, 5; 37, 3; V 20, 1; 25, 5; 35, 2; 37, 2; 49, 8; 53, 1; 57, 3; 58, 2; VI 10, 1; 39, 1; VII 7, 1; 31, 5; 43, 1; 48, 1.

interior, us, adj., *inner, interior:* pars Britanniae, V 12, 1; -ior Gallia, II 2, 1; interior (duarum fossarum), VII 72, 3; — *interiores,* those living in the interior, V 14, 1; those in the town (of Alesia), VII 82, 3; 86, 4.

interitus, ūs, m. (intereo), *destruction, death:* Sabini, V 47, 4.

intermittō, ere, mīsī, missum, v. 3, *stop, halt:* neque noctem neque diem, V 38, 1; — *break, interrupt, stop, check:* iter, I 41, 5; 26, 5; VII 9, 4; proelium, III 5, 3; agri culturam, IV 1, 6; opus, III 29, 2;

Internecio — Inventor. 89

cf. VII 24, 2; profectionem, V 7, 6; magistratibus intermissis, VII 33, 3; non intermisso remigandi labore, V 8, 4; flamma paulum intermissa, V 43, 6; — *cease:* subeuntes, II 25, 1; — *separate* (trabes): paribus intermissae spatiis, VII 23, 3; — *omit, neglect:* obsides dare, IV 31, 1; — *let pass, permit to elapse:* neque ullum fere diem quin, VII 36, 4; nullum tempus quin, V 55, 1; uno die intermisso, VII 81, 1; nocte intermissa, I 27, 4; triduo intermisso, I 26, 6; spatio, V 15, 3; paucis diebus, VI 10, 4; brevi tempore-misso, IV 34, 2; nulla pars nocturni temporis ad laborem intermittitur, V 40, 5; cf. V 11, 6; nequod omnino tempus ab opere intermitteretur, VII 24, 2; — *to have a break in* (pass.): qua opus erat intermissum, VII 71, 5; — *intermissus (free from, not barred)* pars oppidi intermissa a flumine et a paludibus, VII 17, 1; planicies intermissa collibus, VII 70, 1; vento intermisso, *going down*, V 8, 2; intermissum esse (*to intervene*) uno die -misso, VII 81, 1; nocte -a, I 27, 4; perexiguo loci spatio intermisso, V 15, 4; hoc intermisso spatio, VII 72, 3; mille passuum -misso spatio, VI 7, 4; mediocribus intermissis spatiis, VII 73, 9.

internecio, onis, f., *annihilation:* gente ac nomine [Nerviorum] prope ad -em redacto, II 28, 1; internecio exercitus, I 13, 7.

interpōnō, ere, suī, situm, v. 3 (place between), *advance, offer:* fidem reliquis, V 6, 6; suam fidem in eam rem, V 36, 2; — *publish:* decretum, VII 34, 1; — *interpose:* moram, IV 9, 3; 11, 3; — *allege:* causam (a pretext), I 42, 5; suspicionem, IV 32, 1; — *interponi (intervene)* hoc spatio interposito, VI 38, 5.

interpres, etis, m., *interpreter:* -em suum mittit, V 36, 1; cotidiani -es, I 19, 3.

interpretor, v. dep. 1: religiones (*explain*), VI 13, 4.

interrogō, v. 1, *to question:* quae interrogati pronuntiarent, VII 20, 10.

interrumpō, ere, rupī, ruptum, v. 3, *to cut off, break off:* pontes, VII 19, 2; 34, 3.

interscindō, ere, scidī, scissum, v. 3, *to cut off, demolish:* aggerem, VII 24, 5; pontem, II 9, 4.

intersum, esse, fuī, v., *to be between:* inter novissimum hostium agmen non amplius, etc., intererat, I 15, 5; quos inter et castra collis erat, VI 36, 2; — *to be engaged in, concerned with:* rebus divinis, VI 13, 4; — *take part:* in proelio, IV 16, 2; VII 87, 5.

intervallum, i, n., *distance, interval:* idem i. servare, VII 23, 3; pari -o consistere, I 43, 3; II 23, 4; quo consuerat intervallo hostes sequitur, I 22, 5; tigna -o pedum duorum iungebat, IV 17, 3; -a saxis effarciuntur, VII 23, 2; paribus -is, I 51, 2; VII 23, 1; mediocribus -is, VII 36, 2; rari magnisque -is, V 16, 4.

interveniō, īre, vēnī, ventum, v. 4, *to arrive unexpectedly, come upon the scene:* casu, VI 37, 1; VII 20, 6.

interventus, ūs, m., *intervention:* noctis, III 15, 5.

intexō, ere, xuī, xtum (weave up together) (scil. into a certain form), *plait:* vimina, II 33, 2.

intolerantius, adv. (intolerans), *too recklessly*, VII 51, 2.

intrā, prep. c. accus., 1) *within:* i. fines accipere aliquem, I 32, 5; ingredi, II 4, 2; i. munitiones ingredi, V 9, 6; i. silvas sese continere, II 18, 3; cf. 19, 6; V 57, 4; 58, 1; hostem i. portas esse, VII 47, 4; aquilam i. vallum proiecit, V 37, 5; tragulam i. munitiones abicere, V 48, 5; se i. munitiones recipiunt, V 44, 13; tela i. munitionem coniciunt, V 51, 2; 57, 3; intrare i. praesidia, VII 8, 1; suos i. munitiones reduxit, VII 51, 4 (*inter* castra, etc., VII 27, 1; ☞ emendation by H. I. Heller); i. oppida ac muros compelluntur, VII 65, 2; i. munitiones esse, opp. pro vallo, VII 70, 6; — 2) *of time:* intra annum vicesimum, VI 21, 5.

intrītus, a, um (unrubbed, tero), *not hard used, fresh* (cohortes): quae intritae ab labore erant, III 26, 2.

intrō, v. 1, *enter:* intra praesidia, VII 8, 1; quo (*whither*), II 17, 4; VII 73, 4.

intrōdūcō, ere, xī, ctum, *lead in:* exercitum in fines, II 10, 4; III 20, 2; copias, II 5, 3.

intrōeō, ire, ii, itum, v. 4, *come in:* hostes vocare, si -ire vellent, V 43, 6.

introitus, ūs, m., *entrance:* omnes i. praecludere, V 9, 5.

intrōmittō, ere, mīsī, missum, v. 3, *send in:* legiones (scil. in oppidum), VII 11, 8; cf. 12, 4; II 33, 6; — *let in:* equites, V 58, 1.

intrōrsus, adv. (intro versus), *into the interior:* perspicere, II 18, 2; pertinere, VI 10, 5; — *to the inside, within:* falces i. reducere, VII 22, 2; trabes i. revinciuntur, VII 23, 2.

intrōrumpō, ere, rūpī, ruptum, v. 3, *to burst in, force an entrance:* eā, V 51, 4.

intueor, ērī, itus, v. dep. 4, *gaze upon:* terram, I 32, 2.

intus (ἔντος), *within, inside*, V 45, 2; nullum esse i. praesidium, VI 37, 9.

inūsitātus, a, um (utor), adj., *strange, unusual:* -a species, II 31, 1; species erat barbaris inusitatior, IV 25, 1; -um genus tormentorum, IV 25, 2.

inūtilis, e, *useless:* tempestas non i. (= quite available, suitable), VII 27, 1; — *incapable:* per aetatem i. ad bellum esse, VII 77, 12; ad pugnam, II 16, 4; aetate i. bello, VII 78, 1; naves ad navigandum inutiles, IV 29, 3.

inveniō, īre, nī, ntum, v. 4 (come upon), 1) *find:* naves longas instructas, V 2, 2; 5, 2; naves invenit refectas, V 23, 1; vadum per equites, VII 56, 4; nonnullas civitates, VI 2, 2; — 2) *find, learn* (= cognosco), foll. by acc. c. inf., II 10, 1.

inventor, is, m., *inventor:* omnium artium, VI 17, 1.

inveterāscō, ere, āvī, v. 3 (become old in), *gain a permanent foothold:* in Gallia, II 1, 3; consuetudo inveterascit, *becomes firmly established*, V 41, 5.

invicem, adv., *in turn* (aδ): hi rursus invicem in armis sunt, IV 1, 5; defatigatis i. integri succedunt, VII 85, 5.

invīctus, a, um, adj., *invincible:* i. Germani, I 36, 7.

invideō, ēre, vīdī, visum, *to be envious of, jealous of:* virtuti alicuius, II 31, 4.

invidia, ae, f., *envy* (not being able to bear seeing): -a adductum esse, VII 77, 15.

inviolātus, a, um, adj., *inviolable:* -um nomen (legatorum), III 9, 3.

invītō, v. 1, *to invite, induce, allure*, I 35, 2; ut ab Rheno discederent, IV 6, 3; quibus omnibus rebus invitati, V 51, 1; praedā, VI 35, 7.

invītus, a, um, adj., *unwilling:* se invito, I 8, 2; IV 16, 4; eo invito, I 14, 3; Sequanis invitis, I 9, 2; -i adulescentes parent, VII 63, 9; aliquem -um aliquid facere cogere, IV 5, 2; (se) venisse invitos, IV 7, 4.

ipse, a, um, pron., *he himself* (* stronger than *sui, sibi, se* in oblique cases; Caesar says ipsi, but not sibi ipsi, in same case); — *merely to reiterate the subject* (he, she), II 10, 4; 31, 4; III 2, 4; 8, 1; V 35, 5; VII 54, 1; cum ipse suae civitatis imperium obtenturus esset, I 3, 6; cf. 20, 2, 4; V 27, 3; VII 43, 5; cf. I 22, 3 (speaker); 40, 10; 34, 2; 44, 8; ab ipsius castris, I 21, 1; contendunt ut ipsis summa imperii traditur, VII 63, 5; qui ipsorum lingua Celtae appellantur, I 1, 1; obsides ipsorum voluntate datos, I 44, 2; ipsorum naves, III 13, 1; cf. VII 15, 6; sua ipsi frumenta corrumpant, VII 64, 3; se ipsi induebant, VII 73, 4; se ipsi adhortantur, VI 37, 10; se ipsi impediunt, VII 70, 3; sibi ipsos ad pugnam esse impedimento, II 25, 1; ipse sibi mortem conscīverit, I 4, 4; se ipsi interficiunt, V 37, 6; ipsi sese confirmaverant, II 19, 6; ipsi sibi praescribere poterant, II 20, 3; cum . . . se ipsi premerent, VII 28, 3; quod sibi ipsi indicassent, VII 52, 1; referring to subject of preceding sentence, I 40, 9; in *oratio obliqua*, representing *nos*, I 13, 5; 39, 6; 43, 6; II 3, 5; VII 14, 6; 20, 2; representing *vos*, I 40, 11; V 27, 9; VII 20, 3, 7; 28, 4; 60, 6; where *ts* would be expected, II 4, 8; — *they (the latter)*, I 10, 1; in *opposition* to another person, other persons, actions, matters, etc., I 10, 3; 19, 1, 5; 20, 2, 6; 21, 3; 22, 1; 24, 1; 26, 6; 30, 2; 51, 1; 52, 2; 54, 3; II 2, 2; 5, 2; 25, 2; 35, 3; III 9, 1, 2; 11, 5; IV 11, 6; 12, 5; 13, 6; 21, 3; 23, 2; 30, 2; V 1, 1, 2; 4, 5, 4; 8, 2; 9, 2; 11, 1; 5, 7; 20, 2; 24, 7; 27, 3; 37, 5; 53, 3; VI 5, 6; 6, 4; 7, 5; 29, 4; 33, 3; VII 5, 1; 6, 4; 11, 3; 31, 1; (he), 34, 2; 38, 10; 47, 7; 40, 3; 52, 2; 60, 4; 64, 1; 86, 3; 87, 2; 89, 4; 90, 8; cf. I 22, 1; 34, 2; 44, 8; 18, 7; 1, 4; 13, 2; 24, 4; 28, 5, 14, 6; 28, 3; 39, 6; 44, 9; II 20, 2; 29, 4; III 8, 2; IV 3, 3; 11, 6; 12, 1; 13, 5; 20, 3; V 36, 2; 9, 6;

52, 6; VII 76, 1; 5, 5; 14, 3; 25, 1; 29, 2; 55, 9; 58, 6; 1, 4; 14, 6; 8, 10; 38, 9; ipsa victoria, I 53, 6; ipsum oppidum Alesia, opp. to *situs urbis*, VII 69, 1; exercitus, opp. to ipse imperator, I 40, 4; — *personally:* ipse Ariovistus, I 33, 5; cf. III 1, 4; IV 21, 7; V 53, 3; VI 1, 2; VII 33, 1, 2; i. Caesar, III 18, 3; VII 44, 3; in ipsum Caesarem incidit, I 53, 5; -um Caesarem praesentem esse, VII 62, 2; ipse Cicero, V 40, 7; ipse dux hostium Camulogenus, VII 62, 5; locus ipse (*the very ground*) erat praesidio barbaris, VI 34, 6; locus ipse per se . . . defendit, VI 37, 5; ipso terrore . . . ordines perturbant, IV 33, 1; ex ipsa caede, VII 38, 3; ex ipsa provincia (*directly*), VII 65, 1; cf. VII 18, 1; (loci) qui se *ipsa munitione* (Hldr.) *ipse sine munitione* (☞ Bentley) *defenderet*, VII 20, 3; ipsius Galbae regis, II 13, 1; ipsum esse Dumnorigem (*and no one else*) cupidum rerum novarum, I 18, 3; ad ipsum Ambiorigem contendit, VI 30, 1, 2; ipso praesente, I 19, 4; ipsi . . . Galli, VII 1, 2; id ipsum (*that very thing*), VII 50, 2; haec ipsa, V 33, 1; in ipso negotio consilium capere, V 33, 1; sub ipsis radicibus montis, VII 36, 5; sub ipso vallo (*hard by*), V 43, 5; in ipso fluminis vado, V 58, 6; in ipsis fluminis ripis, II 23, 3; paene in ipsis cadaveribus . . . decertare, VII 77, 8; — *w. relative:* ab ipsis cognoscite, qui ex ipsa caede fugerunt, VII 38, 3; ex ipsis quaesivit, I 32, 3; sedes ab ipsis concessas, I 44, 2; cf. § 12; hoc ipso tempore et casu, VI 37, 1; paene ab ipso vallo portisque, VII 42, 1; ipso anni tempore ad bellum gerendum vocari, VII 32, 2; qui privatim plus possint quam ipsi magistratus, I 17, 1; — *atque ipse* (et ipse), *likewise* (as well) *himself; also* (καὶ αὐτός) Cotum antiquissima familia natum atque ipsum hominem summae potentiae, VII 32, 4; — *ipsi* (the natives) (reference to be gathered from context), V 12, 1.

īrācundia, ae, f., *angry frame of mind, wrathfulness*, VI 5, 2; — *hot temper, sore feeling*, VII 42, 2.

īrācundus, a, um, adj., *wrathful*, I 31, 13.

irrīdeō, ēre, sī, sum, v. 2, *laugh at, mock*, II 30, 3.

irrīdiculē, adv., *without wit:* non i. dicere, I 42, 6.

irrumpō, ere, rūpī, ruptum, v. 3, *burst into*, VI 37, 1; in castra, IV 14, 3; — *dart upon*, V 44, 4; — *rush:* in oppidum, VII 70, 6; in medios hostes, VII 50, 5.

irruptiō, onis, f., *assault:* nequa subito i. ab hostium peditatu fiat, VII 70, 2.

is, ea, id, pron. determinative, *he* (the same), referring to person *in preceding period*, I 2, 1; 3, 3; 6, 4; 13, 3; 53, 7; 5, 2; 7, 3; 13, 2; 19, 2, 5; 20, 5; 20, 4; 34, 1; 38, 1; 41, 2; 8, 3; 20, 4; 27, 2; 33, 2; 35, 1; 40, 3; 42, 2; 43, 4; 44, 12; 47, 3; 49, 1; 53, 8; 19, 5; 25, 3; II 5, 2, 5; 14, 1; 31, 7; III 7, 3; 12, 1; quod is (☞ Illg); IV 10, 7; 21, 5; 13, 4; 15, 5; 18, 3; 22, 5; V 3, 7; 4, 2; 48, 1; 57,

Is   **Is**   91

3; 1, 7; 4, 1; 7, 6; 23, 4; 45, 5; VI 4, 1; 5, 3; 6, 3; 29, 5; 30, 2; (for reflexive?) § 3; 6, 2; 9, 6; VII 24, 2; 57, 4; 4, 2; 5, 2; 30, 4; 32, 5; 88, 1; 12, 3; 31, 5; — *ii*, I 16, 5; 41, 5; 2, 3; 7, 1; 12, 3; 25, 3; 40, 14; 42, 4; 47, 1; 48, 6; 50, 2; 10, 5; 11, 2; 14, 6; II 4, 4; 11, 6; 15, 3; 16, 1; 29, 5; 32, 1; 1, 2; (reflexive?), 2, 5; 4, 5, 7; 10, 1, 5; 15, 1; III 1, 4; 20, 3; 18, 3; 28, 4; IV 6, 5; 11, 4; 19, 1; 31, 1; 1, 7; 21, 6; 22, 2; V 22, 2; 1, 8; 18, 1; 32, 1; 34, 1; 1, 2; 9, 7, 8; 17, 3; 27, 1; 41, 5; 1, 9; 21, 2; 35, 1; VI 12, 7; 13, 10; 19, 2; 28, 2; 13, 4, 7; 32, 2; VII 5, 7; 13, 2; 41, 4; 43, 1; (reflexive?), 26, 3; 54, 4; 55, 10; 78, 3; 79, 3; 72, 4; 29, 7; — *id,* I 10, 1; 2, 1; 12, 1; 24, 1; 28, 4; 35, 4; 52, 7; II 5, 3; 6, 2; 12, 2; III 17, 7; IV 9, 2; 11, 2; V 33, 5; 6, 4; 27, 4; 13, 4; VI 4, 1; 32, 4; 14, 4; VII 35, 4; 57, 2; 58, 3; 1, 7; 5, 6; 14, 3; 26, 1; 29, 5; 58, 2; 66, 4; 73, 8; — *ea* (neuter pl.), I 14, 6; 33, 2; 27, 4; (referring to obsides arma servos), IV 32, 1; V 4, 1; 28, 1; 29, 1; VI 14, 3; VII 11, 3; (is) referring to subject or subject-matter in *the same period,* I 6, 2; 7, 4; 12, 5; 32, 5; 35, 3; 30, 3; 44, 12, 13; 46, 4; 53, 6; 3, 5; 22, 3; 41, 4; 48, 3; 7, 3; 13, 2; 19, 1; 20, 4; 22, 1; 24, 3; 31, 10, 15; 34, 2; 42, 1, 2; 48, 2; 40, 5; 9, 2; 19, 3; 20, 6; 30, 4; 31, 2; 34, 1; 35, 2, 4; 42, 4; 47, 1, 4; 43, 1; 53, 3; II 13, 2; 28, 2; 1, 1; 3, 1; 5, 5; 6, 4; 23, 4; III 13, 6; 1, 4; 17, 5; 28, 1; IV 34, 1; 11, 1; 21, 5; 22, 1; V 54, 3; 4, 3; 7, 2, 3; 25, 2; 27, 2, 11; 41, 8; 52, 3; 56, 3; 57, 2; 58, 6; 12, 5; 20, 2; 27, 2; 45, 2; 3, 6; 7, 6; 1, 11, 4; 20, 1; 33, 1; 36, 1; 37, 7; 39, 1; 47, 4; 49, 3; 55, 4; 3, 5; 36, 3; 50, 3; VI 2, 1; 19, 3; 36, 1; 26, 2; 5, 6; 7, 2; 25, 5; VII 20, 1, 5; 21, 1; 37, 1, 7; 75, 5; 76, 1; 37, 3; 13, 2; 4, 6; 32, 2; 37, 4; 44, 2; 55, 4; 46, 4; 17, 5; 30, 1; 👉 eum br. by Paul. V 25, 3; — *id,* I 7, 3; 17, 6; 22, 2; 25, 6; 30, 4; 36, 5; 42, 1; 44, 5; 6, 12; 47, 1; 20, 2; IV 29, 1; 12, 6; 16, 6; 17, 2; V 1, 2; 22, 4; 30, 1; 50, 3; 56, 5; 36, 3; VI 1, 3; 18, 1; VII 32, 5; 11, 1; 17, 5; 29, 6; 50, 2; 72, 2; 86, 2; 31, 4; 66, 5; — *ii,* etc., I 1, 4; 11, 1; 12, 3; 14, 6; 15, 1; 16, 6; 18, 8, 10; 22, 5; 25, 3; 31, 6, 10; 33, 2, 3; 35, 3; 36, 5; 37, 2; 43, 9; 44, 12; 50, 4; 14, 5; 14, 6; 43, 8; 1, 3, 4; 4, 2; 6, 3; 13, 3; 16, 6; 19, 1; 21, 3; 26, 5; 27, 2, 3; 31, 12; 40, 1; 43, 7; 46, 3; 52, 1; 50, 4; II 3, 5; 5, 3; 10, 2, 3; 11, 4; 23, 1; 24, 1; 24, 5; 27, 3; 29, 5; 31, 3; 23, 1; 2, 3; 14, 5; 16, 4; 17, 4; 19, 2, 6; III 14, 2; 10, 4, 6; 14, 1; 22, 2; 8, 1; 21, 3; IV 2, 4; 4, 0, 7; 5, 2, 3; 11, 5; 12, 1; 37, 4; 38, 3; 28, 2; 7, 11; 19, 1; 20, 3; 17, 5; 2, 2; 3, 3; 5, 3; 11, 2; 13, 2; 16, 1; 26, 5; 27, 3; 36, 2; 16, 10; 19, 1; 21, 6; 23, 5; 30, 2; 35, 3; 36, 3; V 17, 4; 22, 2; 25, 4; 33, 6; 52, 6; 56, 5; 1, 8; 15, 1; 28, 2; 49, 4; 54, 2; 4, 2; 14, 5; 10, 2; 27, 0; 51, 5; 56, 2; VI 7, 1; (reflexive?) 4; 10, 1; 11, 3; 12, 2, 6; 13, 6; 14, 6; 15, 2; 22, 1; 29, 2; 30, 1; 32, 2; 27, 4; 40, 4; 45, 1; 8, 8; 9, 2; 10, 3; 12, 2; 13, 8; 23, 9; 27, 3; VII 2, 2; 3, 1; 19, 5; 20, 6; 28, 6; 32, 3, 5; 33, 2; 40, 4; 65, 4; 66, 6; 71, 2; 75, 2, 4; 77, 10; 17, 8; 21, 3; 22, 2; (reflexive?) 54, 2; 55, 4; 62, 5; 63, 3; 65, 4; 80, 6; 89, 5; 31, 1; 12, 6; 17, 3; 47, 7; 37, 7; — *ea omnia,* I 19, 1; — *ea,* VI 23, 6; VII 37, 7; — *et is, and he too* (👉 br. by Illdr.), V 25, 3; cf. atque eis, V 15, 4; — *w. noun attached:* is collis, II 8, 3; casus, II 31, 6; concursus, V 10, 3; annus, V 24, 1; dies, II 17, 2; I 22, 5; 42, 3; 48, 3; II 12, 1; 33, 6; 32, 4; IV 11, 4; V 15, 5; 43, 5; 47, 1; 50, 1; VII 36, 1; 47, 7; 51, 4; 86, 3; II 17, 2; is honos, VII 57, 3; hostis, I 40, 5; locus, I 20, 4; 49, 1; 53, 1; 15, 1; II 23, 4; 9, 3; 10, 2; 15, 2; III 1, 6; IV 23, 6; 22, 4; V 7, 3; 8, 5; 21, 2; 11, 8; VI 27, 4; 29, 3; 44, 1; VII 36, 1; 49, 3; 79, 3; 36, 6; numerus, II 4, 5; tumulus, I 43, 2; vicus, III 1, 6; 6, 4; — *ea* affinitas, I 18, 8; causa, I 17, 6; III 23, 7; V 33, 2; VI 16, 2; 18, 2; VII 43, 4, 1; civitas, I 9, 3; II 34, 1; V 3, 2, 5; VII 7, 1; ea dies, VII 3, 9; fossa, VII 72, 1; fuga, I 18, 10; legatio, I 34, 2; legio, III 1, 4; VI 32, 6; manus, III 11, 4; opinio, V 54, 5; palus, VII 19, 2; ea res, I 4, 1; 23, 6; 20, 4; 14, 7; 32, 3; 44, 6; 4, 3; 5, 2; 13, 5; 30, 3; 31, 9; 33, 1, 2; 30, 5; 31, 2; 40, 12; II 17, 4; 1, 4; 11, 1; III 15, 2; 22, 1; IV 25, 3; 9, 3; 27, 4; 2, 6; V 25, 4; 58, 1; 36, 2; 38, 4; VI 11, 4; 22, 3; 17, 5; 13, 12; VII 43, 3; 2, 3; 64, 1; 1, 4, 5; eae res, I 32, 2; 3, 2, 3; 18, 1; II 4, 3; 15, 4; 35, 4; IV 17, 10; 31, 3; V 1, 7; VII 1, 2; pars, I 52, 2; III 22, 4; IV 32, 2; III 26, 4; VI 37, 2; vallis, V 32, 2; ea de causa quod, III 17, 7; ob eas causas, I 10, 3; ea ratio, I 28, 4; praeda, VI 3, 4; nox, VI 41, 2; sententia, IV 21, 6; eae regiones, III 7, 1; 8, 1; 9, 10; V 20, 1; factiones, VI 36, 2; legiones, I 10, 3; eae civitates, VII 36, 2; copiae, I 44, 3; id bellum, II 4, 4; III 7, 2; 9, 10; 10, 1; 28, 1; VI 23, 4; VII 76, 2; 89, 1; consilium, I 40, 1; II 14, 4; VI 4, 1; 31, 5; 44, 2; VII 37, 6; oppidum, I 6, 3; 38, 6; II 13, 2; 38, 6; VII 13, 3; 21, 3; 58, 6; 69, 3; (cf. tempus tempus, I 44, 4; II 35, 4; IV 32, 1; V 17, 5; 51, 3; latus, V 13, 6; iugum, VII 36, 2; 44, 3; negotium, VI 3, 3; VII 61, 2; genus, VI 16, 5; flumen, VII 34, 3; I 12, 2; II 16, 2; praesidium, VII 38, 9; proelium, I 26, 5; IV 12, 3; mare, III 8, 1; factum, V 4, 4; 6, 3; 58, 7; iter, I 3, 4; opus, I 8, 2; flumen, II 5, 6; 18, 2; consilium, I 31, 1; V 56, 3; loca, II 4, 1; III 2, 5 (IV 24, 2?); praemia, I 43, 5; sacrificia, VI 16, 3; eo quod, I 14, 2; IV 31, 1; multum abest ab eo quin, V 2, 2; — *with relative* (* characteristic accuracy): is locus ubi, I 13, 7; is collis ubi, II 8, 3; ca dies quam constituerat, I 8, 3; quae pars ... ea, I 12, 6; ea pars Menapiorum, quae, IV 4, 7; ea pars quae ... confideret (or. obl.?), VII 33, 1; id quod Avarici deperierat, VII

31, 4; quicquid ... id, VII 46, 2; eius pagi, qui ... appellatur, I 27, 4; eius loci ubi constiterat, III 4, 3; eius cohortis quae in statione erat, VI 38, 3; eius munitionis quae ab Romanis instituebatur, VII 69, 6; eius generis cuius supra demonstravimus, V 2, 2; ei munitioni, quam fecerat, I 10, 3; ei legioni quae in praesidio relinquebatur, VI 33, 4; eum locum unde Helvetii discesserant, I 28, 4; ultra eum locum quo in loco Germani consederant, I 47, 1; supra eum locum, quo ante exercitum traduxerat, VI 9, 3; infra eum locum ubi pons erat perfectus, VI 35, 6; eum locum petit quo naves appelli iusserat, VII 60, 4; ad eam partem Oceani quae est ad Hispaniam, I 1, 7; ad eam partem pervenit quae nondum transierat, I 12, 2; uter eorum vita superarit, ad eum ... pervenit, VI 19, 2; omnem eam materiam quae erat caesa, III 29, 1; ut eam partem insulae caperet qua, V 8, 3; praeter eam (scil. legionem) quam ... dederat, V 24, 7; ad eam regionem quae ad Aduatucos adiacet, VI 33, 2; eam quam prodesse aliis vim celeritatemque viderant, imitari potuerunt, VI 40, 6; ad eam partem oppidi quae ... aditum angustum habebat, VII 17, 1; omnem eam planiciem quam demonstravimus, VII 79, 2; id quod constituerunt, I 5, 1; id quod ipsi confecerant, I 13, 2; quod postulasset, id licere, I 42, 1; id quod denegasset, I 42, 2; quod attulissent, id iis eripi quis pati posset, I 43, 8; se id quod in Nerviis fecisset facturum, II 32, 2; id quod volunt, III 18, 6; fore id quod accidit, IV 31, 1; id quod erat suspicatus, IV 32, 2; id quod fecerit de oppugnatione, V 27, 3; id quod animo proposuerat, VII 47, 1; quod iniquitas loci attulisset, id virtuti hostium tribuerent, VII 53, 1; in eo loco quo tum essent, I 27, 2; praesertim eo absente, qui, III 17, 7; eo interfecto, cuius, III 22, 3; ex eo quo stabant loco, V 43, 6; in eo cuius orationem approbant, VII 21, 1; ea legione, quam secum habebat, I 8, 1; de ea, quam habeat, gratia desperare, I 18, 9; ex ea parte vici, quam Gallis concesserat, III 2, 1; in ea libertate, quam a maioribus acceperant, permanere, III 8, 4; ea quae secuta est hieme, IV 1, 1; ea condicione, quae a Caesare ferretur, IV 11, 3; in ea parte quam in partem legio iter fecisset, IV 32, 1; quotiens quaeque cohors procurrerat, ab ea parte ... V 34, 2; cum ea praeda, quam ... deposuerant, VI 41, 1; ea de causa quam pronuntiarunt, VII 5, 6; in ea planicie, quam demonstravimus, VII 70, 1; eo frumento quod subvexerat, I 16, 3; si in eo manerent quod convenisset, I 36, 5; cum eo praesidio quod satis esse arbitrabatur, IV 22, 6; ex eo, quod meruerat, odio, VI 5, 2; in eo, quod probaverant, consilio, VI 40, 6; eo supplemento, quod venerat, VII 57, 1; ii qui flumen transiissent, I 13, 5; ii qui una cum Sertorio fuerant, III 23, 5; ii qui frumentandi causa ierant, IV 12, 1; ii qui in statione erant, IV 32, 1; ii qui in iugo constiterant, VI 40, 6; ii qui ... erant relicti, VII 62, 8; ii qui munitionibus continebantur, VII 80, 4; ii qui ab Alesia processerant, VII 80, 9; ii qui praeferebantur, V 54, 5; ea quae dixissent, I 31, 2; ea autem, quae diximus intervalla, VII 23, 2; quos ulcisci velint iis ... I 14, 5; eorum qui arma ferre possent, I 29, 1; eorum qui domum redierunt, I 29, 3; eorum qui rem deferebant, II 17, 4; eorum qui veniebant fremitus, II 24, 3; eorum habentur liberi, quo primum virgo quaeque deducta est, V 14, 5; eorum, qui dissentirent, consilium, V 29, 7; eorum hominum, qui aliquo sunt numero, VI 13, 1; supplicia eorum, qui sunt ... comprehensi, VI 16, 5; eorum qui uri appellantur, VI 28, 1; eorum permotus vocibus ... qui ... appellabant, VI 36, 2; unius eorum pontium, quos ... rescindendos curaverat, VII 35, 3; eorum mortem, qui ... interierunt, VII 37, 8; eorum animi magnitudinem, quos, VII 52, 3; de eorum sententia, qui, VII 77, 3; eorum corporibus, qui ... VII 77, 2; nihil earum rerum, quas, I 32, 2; earum omnium civitatum, quae defecerant, III 17, 2; regionum earum quas Suebi obtinerent, IV 19, 3; quae afflictae erant naves, earum ... materia utebatur, IV 31, 2; earum civitatum quae Aremoricae appellantur, V 53, 6; earum cohortium quas ... amiserat, VI 1, 4; earum civitatum, quae habebant, VII 83, 4; eorum locorum, ubi, III 9, 6; iis accidere consuevit, qui, V 33, 1; iis qui non paruerint, VII 71, 6; quorum in fines primum ... introduxissent, ad eos, II 10, 4; ad eos ... qui in opere occupati erant, II 19, 8; contra eos qui iacerent, II 33, 4; eos qui in spem ... venerant, III 6, 2; eos tenere quos armis possederint, IV 7, 4; ad eos equites qui ... antecessissent, IV 11, 2; eos qui ... bellum intulissent, IV 16, 3; eos pagos, ab quibus, IV 22, 5; eos qui fugerant, V 10, 1; in eos qui erant in statione collocati, V 15, 3; eos qui discunt, VI 14, 4; deorum numero eos solos ducunt quos ... VI 21, 2; eos quorum opera plebem concitatam existimabant, VII 13, 2; eos qui ibi constiterant, VII 42, 5; eas res quas legati commemorassent, I 14, 1; in eas partes Galliae quas Caesar possideret, I 34, 3; ea quae, I 1, 3; 3, 1; 14, 6; 18, 2; 31, 2; II 2, 3; III 9, 3; IV 6, 2, 5; 22, 1; V 1, 4; VI 17, 3 (24, 2?); VII 60, 1; 77, 16; 82, 3; 85, 6; 86, 4; ad eas civitates quae, III 23, 2; ad eas quas diximus, munitiones, III 26, 3; in ea loca, quibus in locis, IV 7, 1; eas regiones quae, IV 20, 3; in eas partes, quae ... attingunt, VI 33, 1; ad eas civitates quas pacaverat, VII 65, 4; propter ea quae ferebant onera, III 19, 2; ea quae meruissent praemia, VII 34, 1; ea castra quae supra demonstravimus, VII 83, 8; ab iis qui latebant, II 19, 6; hortantibus iis quos ... apud se habebant, IV 18, 4; iis qui negotio praefuerant, V 2, 3; iis qui in armis esse non poterant, V 3, 4; ab iis quos dicunt, V 12, 1; ab iis qui transierunt, V 12, 2; iis nominibus quibus, V 12, 2; et ab iis qui cessernnt et ab iis qui proximi steterant, V 35, 3 ; quos habebant captivos, ab iis docebantur, V 42, 2 ; ab iis qui fugerant, VII 58, 6 ; cum iis copiis quas acceperat, III 17, 1 ; iis cohortibus, quae, III 26, 2 ; iis legionibus quas, IV 38, 1 ; cf. V 11, 4 ; VII 56, 2 ; iis regionibus quibus nos iter facturos cognoverat, V 19, 1 ; ex iis quae inanes ad eum remitterentur, V 23, 4 ; iis impedimentis quae, II 29, 4 ;—*akin to talis* (followed by a clause w. subjunctive) : neque is sum qui . . . terrear, V 30, 2 ; ea consuetudo ut, I 50, 4 ; ea rerum natura, IV 17, 7 ; ea praesentia animi fuit, ut, V 43, 4 ; quantum *ei* facultatis dari potuit, qui navi egredi . . . non auderet, IV 21, 9 ; in eum locum . . . quo aditus non esset, II 16, 4 ; saepe in eum locum ventum est ut, VI 43, 4 ; in eam se consuetudinem adduxerunt ut, IV 1, 10 ; ea celeritate atque eo impetu milites ierunt, ut, V 18, 5 ; eo tum statu res erat, ut, VI 12, 9 ; eiusmodi ut, III 12, 1 ; 13, 7 ; 29, 2 ; V 27, 3 ; eiusmodi consilium, V 29, 5 ; casus, V 33, 4 ; 36, 2 ; difficultates, VI 34, 7 ; with epexegetical clause attached (characteristic precaution in statement) : cum id nuntiatum esset, eos- conari, I 7, 1 ; id accidcrat, ut subito Galli consilium caperent, III 2, 2 ; multa ab Caesare in eam sententiam dicta sunt, quare negotio desistere non posset (* so understood also by Köchly), I 45, 1 ; id quod ipsi diebus xx acgerrume confecerant, ut flumen transirent, I 13, 2 ; non minus se *id* contendere et laborare ne, I 31, 2 ; id esse consilium Caesaris, ut, V 6, 5 ; id consilii . . . ut, VII 5, 5 ; eo consilio, ut, I 30, 3 ; 48, 2 ; II 9, 4 ; V 40, 7 ; VI 42, 3 ; where the reflexive might be expected, I 18, 8 (or. obliqua) ; 31, 12 (or. obl.) ; V 38, 1 ; VII 9, 5 ; (20, 1?) (☞ VII 74, 1, br. by Oudendorp) ; V 27, 2 (III 1, 4?) ; I 14, 3 ; V 46, 1 ; VII 10, 1 ; I 11, 3 ; ☞ eorum, in II 15, 4, br. by Nipperdey (II 27, 3) ; V 39, 1 ; VII 1, 6 ; 43, 1 (?) ; I 6, 3 (?) ; II, 1, 2 (?) ; — EO (*by so much*), eo minus, I 14, 1 ; — *in emphasis* (*and that, too*) legionem neque eam plenissimam . . . propter paucitatem despiciebant, III 2, 3.

iste, a, ud, pron. dem., *that, there* (of yours) animi est ista mollitia, VII 77, 5.

ita, adv., *so, as follows*, I 14, 1 ; in correlation to consecutive *ut :* ita se meritos esse, -ut, I 11, 3 ; cf. I 13, 6 ; 14, 7 ; 15, 5 ; 52, 3 ; IV 12. 2 ; 23, 3 ; 33, 2 ; ita ut, I 12, 1 ; 38, 5 ; VII 73, 6 ; ita apertis . . . cohortibus, ut (☞ Deiter's emendation in, VII 35, 4) ; *thus*, I 12, 6 ; 26, 1 ; 53, 1 ; II 11, 6 ; III 6, 2 ; IV 29, 2 ; VII 50, 6 ; 82, 4 ; atque ita, I 13, 1 ; VI 27, 3 ; VII 8, 2 ; — *so, accordingly*, III 7, 1 ; 12, 2 ; V 13, 7 ; VI 12, 8 ; — *itaque, therefore*, VI 11, 4 ; — *so* (as indicated), I 14, 6 ; 35, 4 ; V 1, 8 ; 30, 1 ; VI 13, 7 ; 32, 2 ; si ita accidat, VII 74, 1 ; — *as follows*, I 50, 4 ; in correlative w. *comparative ut :* ita uti supra, I 24, 2 ; II 1, 1 ; 19, 6 ; ut, ita (as-so), II 1, 3 ; VI 15, 2 ; — *with adj.* (*so very*) : non ita magno . . . nu-

mero, IV 37, 1 ; non ita multum moratus, V 47, 3.

Italia, ae, f., *Italy*, VI 1, 3 ; omnes iuniores Italiae, VII 1, 1 ; ipse in -am contendit (where Gallia Cisalpina is meant), I 10, 3 ; 35, 2, 3 ; III 1, 1 ; V 1, 1 ; 29, 2 ; VI 44, 3 ; VII 1, 1 ; Italy in the wider sense (analogous to modern use), also in I 33, 4 ; II 29, 4 ; in Italia, I 40, 5 ; VII 55, 3 ; ex Italia, VI 32, 5 ; VII 7, 6 ; 57, 1 ; 65, 4.

itaque, adv. (and-so), *therefore* (at the beginning of the period), I 9, 4 ; 10, 3 ; 37, 5 ; 40, 14 ; II 7, 3 ; 22, 2 ; III 5, 3 ; 10, 3 ; 11, 1 ; 16, 3, 4 ; 20, 2 ; 29, 3 ; IV 2, 5, 3, 2 ; 17, 2 ; 20, 4 ; 30, 2 ; 31, 2, 3 ; 7, 3 ; 10, 3 ; 11, 3 ; 28, 2 ; V 39, 1 ; 57, 2 ; VI 3, 1 ; 14, 3 ; 24, 2 ; 40, 4 ; VII 10, 3 ; 30, 3 ; 35, 3 ; 55, 5 ; 56, 3 ; 73, 2 ; 79, 4 ; in the body of the period, V 3, 7 ; VII 20, 11.

item (in that way), *likewise :* itemque, I 3, 5 ; (in body of period) cf. I 14, 6 ; 36, 1 ; 44, 8 ; II 1, 1 ; 21, 5 ; 26, 1 ; III 5, 2 ; 9, 3 ; 13, 2 ; 25, 1 ; 29, 3 ; IV 17, 4, 10 ; 26, 4 ; VI 5, 4 ; et item, I 29, 1 ; IV 1, 1 ; at beginning of new period, I 11, 5 ; 43, 3 ; 53, 8 ; II 8, 5 ; 13, 3 ; 23, 3 ; IV 25, 6 ; VI 27, 1 ; VII 64, 6 ; 80, 8.

iter, ineris, n. (going, eo), *route, line of march :* proximum i. in ulteriorem Galliam, I 10, 3 ; angustiae -is, I 39, 6 ; 40, 10 ; VII 11, 8 ; neque mensuras itinerum noverant, VI 25, 1 ; itinera explorare, V 50, 3 ; exquirere, I 41, 4 ; cognoscere, 1 13, 2 ; pedestria -a esse concisa, III 9, 4 ; itinera duo quibus itineribus exire possent, I 6, 1 ; incertis itineribus, V 37, 7 ; cf. VI 34, 4 ; iudicare de -e, I 40, 11 ; longiore itinere circumducere, III 26, 2 ; quo itinere, V 49, 8 ; iter per Alpes patefieri volebat, III 1, 2 ; i. munire (build), VII 58, 1 ; iisdem itineribus, quibus eo pervenissent, III 3, 3 ; eodem itinere quo hostes ierant, I 21, 3 ; eodem quo venerat, itinere, VII 58, 2 ; itinerum causa, III 2, 5 ; — *march* (movement) : impedire i. agminis, II 17, 5 ; novem dierum iter, VI 25, 1 ; paucorum dierum i., IV 7, 2 ; i. habere, I 7, 3 ; i. triduum facere, II 16, 1 ; quam primum i. *facere*, VII 11, 3 ; cf. 34, 3 ; 42, 5 ; 66, 5 ; caute diligenterque, V 49, 2 ; — *facere :* ita, I 15, 5 ; una, II 17, 2 ; in ea loca, IV 7, 1 ; quā, V 46, 3 ; quibus regionibus, V 19, 1 ; in provinciam, II 29, 4 ; per provinciam, I 7, 3, 5 ; in quas partes, I 15, 1 ; cf. IV 32, 1 ; in Senones, VII 56, 5 ; — *dare :* alicui, I 8, 3 ; tutum i. dare, V 27, 10 ; per agrum aliquorum, I 10, 1 ; per provinciam per vim temptare, I 14, 3 ; [a flumine] avertere, I 16, 3 ; ab Helvetiis avertere, I 23, 1 ; itinera servare, V 19, 1 ; intermittere, I 41, 5 ; 26, 5 ; VII 9, 4 ; demorari, III 6, 5 ; morari, VII 40, 4 ; impedire, VII 8, 2 ; 40, 4 ; 67, 1 ; intercludere, III 3, 3 ; VII 65, 4 ; convertere aliquo, I 23, 3 ; VII 56, 2 ; — *ex itinere, i.e.* turning aside from the march, *off hand :* aggredi, I 25, 6 ; oppugnare, II 6, 1 ; 12, 2 ; III 21, 2 ; primum -is locum petere, II 11, 1 ; consuetudo -is, II 17, 2 ; simulatio -is, VI 8, 2 ; celeritas -is, VI 29, 4 ; aliquantum -is progressus esse, V 10, 2; -is, VII 40, 4 ; -is spatium, VII 46, 2 ; labore atque -e efficere aliquid, V 19, 3; itinere prohibere aliqm., I 9, 4 ; intercludere alqm., VII 59, 1 ; conficere magnum iter, II 12, 1 (here 🖙 probably confecto to be bracketed); cf. conficio; secundo flumine ad Lutetiam i. facere, VII 58, 2 ; per extremos Lingonum fines, VII 66, 2 ; Alesiam, VII 68, 1 ; — *in itinere*, I 3, 1; 10, 4 ; 27, 2 ; II 16, 3 ; III 20, 3 ; IV 11, 1 ; V 11, 1 ; 15, 1 ; 33, 2 ; 47, 3 ; VII 6, 3 ; 42, 6 ; ex itinere revertere, II 29, 1 ; medio fere -e, VII 41, 2 ; (*forced*) quam maximis potest itineribus (magnis -ibus) ; contendit, I 7, 1 ; pervenit, VII 9, 3 ; I 10, 3 ; cf. 37, 5 ; antecedere, VII 35, 7 ; magnis nocturnis diurnisque -ibus contendit, I 38, 7 ; cf. VII 56, 3 ; magnis -ibus, V 48, 2 ; cf. VI 3, 6 ; minoribus -ibus subsequi, VII 16, 1 ; diversis ire, VII 16, 3 ; — *journey, tour:* in eo -e, I 3, 4 ; viarum atque itinerum ducem, VI 17, 1.

iterum, adv., *again, for a second time*, I 35, 1 ; 44, 4 ; 47, 1 ; semel atque i., I 31, 6.

Itius, portus, name of a harbor, opposite Dover, the exact site being in controversy between Goeler and Napoleon III. ; ad portum -um, V 2, 3 ; 5, 1.

iuba, ae, f., *mane:* -is equorum sublevati, I 48, 7.

iubeō, ēre, -ssī, -ssum, v. 2, *command, order* (κελεύω): 1) aliquid fieri (acc. c. inf. pass.) pontem rescindi, I 7, 2; cf. I 19, 3 ; 24, 3 ; 39, 7 ; II 5, 1 ; 33, 1 ; III 9, 1 ; 19, 2 ; 2, 2 ; IV 18, 3 ; 31, 2 ; 13, 6 ; 25, 1 ; 26, 4 ; 32, 2 ; 36, 2 ; V 1, 4, 8 ; 7, 7 ; 11, 1 ; VI 7, 8 ; 8, 5 ; VII 4, 7 ; 11, 2 ; 12, 3 ; 13, 1 ; 31, 4 ; 64, 5 ; 70, 5, 6 ; 71, 6 ; 80, 1 ; 89, 3 ; 58, 6 ; 67, 4 ; 18, 4 ; 40, 3 ; 00, 4 ; 68, 1 ; w. impersonal infinitive ; pronuntiari, V 34, 3; 51, 3; concurrsari, V 50, 5; receptui cani, VII 47, 1 ; castra munire, IIr. II 5, 6 (The Amsterdam MS. munir*i*, 🖙); pronuntiare, V 33, 3 (where the Vatican MS., 3324, has -*ri* 🖙); also in V 34, 1 ; civitatem eius immunem esse iusserat, VII 76, 1, 2) iubeo aliquem facere alqd.: Labienum . . . ascendere, I 21, 2 ; I 5, 3 ; 19, 5 ; 19, 1 ; 31, 10 ; 28, 6 ; 40, 2, 4 ; 27, 2 ; II 11, 2 ; 25, 11 ; 28, 3 ; 33, 1 ; 35, 2 ; III 11, 3, 5 ; IV 13, 6 ; 22, 6 ; 23, 1 ; 32, 2 ; 27, 7 ; 37, 1 ; V 1, 6 ; 2, 3 ; 7, 4 ; 11, 1 ; 25, 4 ; 37, 1 ; 38, 1 ; 46, 2 ; 50, 5 ; 4, 1 ; 18, 4 ; 24, 2, 5 ; 54, 3 ; VI 4, 1 ; 5, 2, 6 ; 33, 1 ; 1, 2 ; 31, 2 ; VII 7, 5 ; 11, 6 ; 40, 5 ; 43, 2, 3 ; 60, 1 ; 64, 1 ; 67, 2 ; 74, 2 ; 87, 4 ; 00, 4 ; 36, 3 ; 27, 1 ; 33, 3 ; 68, 1 ; 83, 7 ; 11, 8 ; 88, 1 ; huc naves et classem convenire, IV 21, 4 ; cf. III 11, 5 ; hortari et iubere, VII 26, 1 ; quod iussi sunt, faciunt, III 6, 1 ; iussus arma abicere, V 37, 1 ; cf. III 21, 3 ; VII 35, 5.

iūdicium, ī, n., *trial*, I 4, 2 ; vereri, VI ; — *judgment, opinion:* facere optimum i. de aliquo, I 41, 2 ; — *decision, judgment:* de summa belli, I 41, 3 ; summa omnium rerum . . . redit ad arbitrium iudiciumque alicuius, VI 11, 3 ; iudicio alicuius parēre, VI 30, 10 ;

— -o, *deliberately, purposely*, VI 31, 1 ; -o ac voluntate facere aliquid, V 27, 3.

iūdicō, v. 1, *to judge, reckon:* quanto cum periculo sint res administratae, V 52, 3 ; quantum haberet in se boni constantia, I 40, 6 ; in utram partem fluat, I 12, 1 ; quo procedendum videretur, VII 52, 1 ; de itinere, I 40, 11 ; nihil gravius de civitate, VII 43, 4 ; expectare, etc., summae dementiae esse, IV 13, 2 ; cf. I 40, 2 ; II 27, 5 ; VI 32, 1 ; 42, 1 ; 20, 3 ; VII 55, 7 ; 77, 13 ; has occupationes Britanniae anteponendas, IV 22, 2 ; quem (locum) opportunissimum ac fructuosissimum iudicassent, I 30, 3 ; — *declare:* in eo consilio Cingetorigem hostem iudicat, V 56, 3 ; — *decide:* hic dies de nostris controversiis iudicabit, V 44, 3.

iugum, i. n. (yoke) *series of heights, ridge, chain of hills:* omnibus eius -i collibus, VII 36, 2 ; dorsum eius -i, VII 44, 3 ; in -o consistere, VI 40, 3, 6 ; — *summit, height* (ἄκρον) summum iugum montis ascendere, I 21, 2 ; nanciscor, VII 67, 5 ; castris, quae summum undique iugum tenebant, VII 80, 2 ; in summo iugo legiones . . . collocari, I 24, 3 ; legionem unam eodem iugo mittit, VII 45, 4 ; (ab) summo iugo collis, II 24, 2 ; — *yoke* (cross-piece laid over two lances — symbol of humiliation and defeat) : exercitum sub iugum mittere, I 7, 4 ; 12, 6 ; — *yoke* (of horses): in -o consistere, IV 33, 3.

iūmenta, orum, n. pl. (draught-animals), *beasts of burden* (horses, mules, oxen): -orum et Carrorum, I 3, 1 ; cf. V 1, 2 ; magna vis -orum, VI 36, 3 ; frumenta consumebantur a tanta multitudine iumentorum, VI 43, 3 ; producere (at surrender ?), VII 11, 2 ; arma -aque conquirere, VII 12, 4 ; -is (here horses are meant) Galli maxime delectantur, IV 2, 2.

iūnctūra, ae, f. (iungo), *span* (?), *connection:* quantum eorum tignorum i. distabat, IV 17, 6 ; (acc. to Heller = *tigna iuncta*).

iūnior, -is, adj., *younger:* iuniores ; in military system of Roman administration; the citizens of military age (17–46 years); ut omnes iuniores Italiae coniurarent, VII 1, 1.

Iūnius, i. m., Quintus I. ex Hispania quidam, V 27, 1 ; 28, 1.

Iūpiter, Iuppiter, Iovis m. (the deity corresponding to the Roman I.), ranking fourth in the religion of the Gauls, VI 17, 2.

Iūra, ae, m., the Iura mountains, separating the Helvetii from the Sequani, I 2, 3 ; 6, 1 ; 8, 1.

iūrō, v. 1, *swear:* nihil se . . . consilii inituros, VI 12, 4 ; — *take the oath*, I 31, 8.

iūs, iūris, n., *belli, ut*, I 36, 1 ; cf. 44, 2 ; VII 41, 1 ; — *right, rights, law:* 1. legatorum servare, III 16, 4 ; iuris libertatisque condicio, I 28, 5 ; ius et leges commutare, VII 77, 16 ; reddere, *to grant legal redress* (alicui), VI 13, 7 ; ius suum exequi (insist upon, maintain), I 4, 3 ; suo iure uti, I 36, 2 ; cf. II 3, 5 ; 1. habere *in aliquem* (have rights

Iūsiūrandum   Lacrima   95

over some one), V 27, 3 ; iura sunt alicui in aliquos, VI 13, 3 ; ius dicere (*act as judge, pronounce sentence*) inter suos, VI 23, 5 ; iura legesque reddere (give back), VII 76, 1 ; relinquere alicui, VII 77, 14 ; in suo iure impediri, I 36, 2 ; interpellare aliquem in suo iure, I 44, 8 ; de iure deminuere, VII 33, 2 ; disceptator (de iure), VII 37, 5.

iūsiūrandum, iūris-iūrandi, n., *oath :* dare inter se, 13, 8 ; cf. VII 2, 3 ; poscere, V 6, 6 ; iure iurando sancire, I 30, 5 ; VII 2, 2 ; adigere aliquem, VII 67, 1 ; civitatem obstringere, I 31, 7 ; teneri (☞ pass. br. by Paul), I 31, 9 ; fidem facere alicui, IV 11, 3 ; confirmare, V 27, 10 ; cf. VI 2, 2 ; sanctissimo iure iurando confirmare, VII 66, 7.

iussū (abl. adverbial), *by order of,* Caesaris, VII 3, 1.

iūstitia, ae, f., *love of justice, fairness :* opinio (reputation) -ae et bellicae laudis, VI 24, 3 ; Divitiaci -am cognoverat, I 19, 2 ; cf. II 4, 7 ; eius (Caesaris), V 41, 8.

iūstus, a, um, adj., *just, rightful:* -a causa postulandi, I 43, 5 ; -ae causa necessitudinis, I 43, 6 ; cf. IV 16, 1 ; VII 37, 4 ; imperium, I 45, 3 ;— *proper, regular, normal:* -a muri altitudo, VII 23, 4 ; funera, VI 19, 4.

iuventūs, utis, f., *youth* (scil. collective noun f. iuvenes), *men of fighting age :* cf. iuniores ; omnis -us, omnes etiam gravioris aetatis, III 16, 2 ; -em exercēre, VI 23, 6 ; 2) in one sense, *youth, young men:* -i tradere, VI 14, 5.

iuvō, āre, iuvī, iūtum, v. 1, *help, assist :* aliquem frumento, II 3, 3 ; I 26, 6 ; cibo aliquem, VII 78, 8 ; (deorum) opibus iuvari, VI 21, 2.

iūxtā, adv., *close by:* consistere, I 26, 1.

K.

Kalendae, ārum, f., *the first of the month:* Apriles, I 6, 4.

L.

L. = *Lucius* (praenomen), I 6, 4 ; 7, 3 ; 12, 7 ; 21, 4 ; 23, 2 ; 47, 7 (L. changed to M., I 36, 2, by Glandorp ☞).

Laberius, i, m., C. L. Durus, tribunus militum, V 15, 5.

Labiēnus, i, T., the most eminent of Caesar's legati, who served from 58-49, when he deserted to the party of the optimates ; placed in charge of the works along the Rhone, I 10, 3 ; sent to execute a movement w. two legions against the Helvetii, I 21, 2 sqq. ; 22, 1 sqq. ; in command of winter quarters, I 54, 2 ; sends despatches to Caesar concerning Belgae, II 1, 1 ; in command of three legions, II 11, 3 ; his services in the battle w. the Nervii, II 26, 4 ; commissioned to operate in eastern Gaul, III 11, 1 sqq. ; against Morini, IV 38, 1, 2 ; left in charge of Caesar's continental port with three legions, V 8, 1 ; cf. 11, 4 ; 23, 4 ; in winter quarters (54-53) in command of a legion, V 24, 3 ; cf. 27, 9 ; 37, 7 ; 46, 4 ; maintains himself against the Treveri, V 47, 4 ; 53, 1 ; 56, 5 ; 57, 1-4 ; 58, 4 ; sent into the country of the Treveri w. two legions, VI 5, 6 ; whom (scil. the Treveri) he allures into a disastrous attack upon his camp, VI 7-8 ; sent to the country near the Menapii w. three legions, VI 33, 1 ; sent into the country of the Senones and Parisii w. four legions, VII 34, 2 ; his operations between Agedincum and Lutetia, VII 58-62 ; his services before Alesia, VII 86-87 ; sent in the autumn of 52 into the country of the Sequani.

lābor, i, lapsus, v. dep. 3, *glide, slip* (become unsteady) : ne plebs . . . propter imprudentiam laberetur, V 3, 6 ;— *be deprived of :* hac spe lapsus, V 55, 3.

labor, is (*toil*), *endurance, hardiness:* ut summi -is sint, IV 2, 7 ; labori ac duritiae student, VI 21, 3 ; -e atque itinere efficere, V 19, 3 ; — *toil, hardship, pains:* res erat multae operae ac laboris, V 11, 5 ; homines insueti -is, VII 30, 4 ; -i succumbere, VII 86, 3 ; labor operis, VII 28, 4 ; laborem sumere, III 14, 1 ; ferre (☞ br. in IV 2, 6, by Paul, with the entire passage), VI 31, 5 ; VII 20, 5 ; 11 ; sublevare, VI 32, 5 ; infinitum laborem suscipere, VI 40, 5 ; intermittere tempus ad laborem, V 11, 6 ; 40, 5 ; intermittere laborem, V 8, 4 ; ad laborem milites adhortari, VII 68, 3 ; sine ullo eius labore et periculo, I 44, 13 ; se ex laboro reficere, III 5, 3 ; VII 32, 1 ; 80, 7 ; intritus ab labore, III 26, 2 ; cotidianus labor, III 17, 4 ; hoc se labore durant, VI 28, 3 ; continenti labore superare aliquid, VII 24, 1 ; itineris l., VII 40, 4 ; adsiduo labore defatigare alqm., VII 41, 2 ; defessus labore, VII 88, 6 ; finem laborum omnium expectare, VII 85, 3 ; pro tantis laboribus, VII 27, 2.

labōrō, v. 1, *toil, undergo hardship, strive, work earnestly :* id -ne, I 31, 2 ; animo -ut, VII 31, 1 ; laboranti subvenire, V 44, 9 ;— *suffer, be in a critical condition:* laborare aut gravius premi, VII 67, 4 ; quos laborantes conspexerat, IV 26, 4 ; laborantibus nostris subsidio mittere aliquos, I 52, 7 ; cf. VII 13, 1 ; 70, 2 ; 85, 1 ; 86, 1 ; ab re frumentaria laborare, VII 10, 1 ; maxime ad superiores munitiones laboratur, VII 85, 4.

labrum, i, n., *lip:* l. superius, V 14, 3 ; — *rim* (of a vessel) : haec ab labris argento circumcludunt, VI 28, 6 ; — *edge :* summae fossae labra distarent, VII 72, 1.

lac, ctis, n., *milk :* lacte . . . vivere, IV 1, 8 ; V 14, 2 ; victus in lacte consistit, VI 22, 1.

lacēssō (lic-elicere) (challenge), *provoke, harass :* proelio aliquem, *to take the offensive against :* cf. esp., IV 7, 3 ; I 15, 3 ; IV 11, 6 ; V 17, 1 ; VI 5, 5 ; VII 59, 4 ; insequi ac lacessere, I 23, 3 ; ad lacessendum et ad committendum proelium alienum esse tempus, IV 24, 2 ; Aeduos iniuria, I 35, 3.

lacrima, ae, f., *tear :* -as tenere, I 39, 4 ; multis cum -is, I 20, 1.

lacrimō, v. 1, *weep*, VII 38, 1.
lacus, ūs, m., *lake:* Lemannus, I 2, 3; 8, 1; III 1, 1.
laedō, ere, sī, sum, v. 3, *violate, break:* fidem, VI 9, 6.
laetātiō, ōnis, f., *jubilation:* diutina, V 52, 6.
laetitia, ae, f., *joy:* animi ad -am excitantur, VII 70, 4 ; -ā afficere aliquem, V 48, 0.
laetus, a, um, *joyful, glad*, III 18, 8.
languidus, a, um, adj., *weary, exhausted:* nostri, III 5, 1; adv., languidius (w. less energy) versari in opere, VII 27, 1.
languor, is, m., *exhaustion, listlessness:* militum (☞ br. by Hldr.), V 31, 6.
lapis, dis, m., *stone*, VII 23, 5 ; -es iacere, II 6, 2 ; conicere, I 46, 1 ; II 6, 3 ; III 4, 1 ; V 43, 7 ; subministrare, III 25, 1 ; lapidibus proturbare, VII 81, 2.
laqueus, i, m., *noose, snare:* -is falces avertere, VII 22, 2.
largior, v. dep. 4, *to make donations, gifts:* facultates ad largiendum, I 18, 5 ; — *afford, present:* multa ad copiam, VI 24, 5.
largiter, adv., *amply* (posse), *to be very powerful*, I 18, 5.
largītiō, ōnis, f., *spending, practice of making donations:* -e plurimum posse, I 9, 3.
lassitūdō, inis, f. (lassus), *exhaustion:* -ine exanimatum esse, II 23, 1 ; -ine oppressi perierunt, IV 15, 2.
latē, v. latus.
latebrae, arum (lateo), pl. f., *hiding place*, V 43, 6.
lateo, ēre, ui, v. 2, *to be concealed:* in silvis abditi latebant, II 19, 6 ; — *escape attention*, III 14, 8.
latitūdō, inis, f. (latus), *width, expanse, extent:* silvae patet, VI 25, 1 ; fines in -em patebant, I 2, 5 ; castra (dito), II 7, 4 ; collis adversus in -em patebat, II 8, 3 ; l. fossae, II 12, 2 ; fluminis, IV 7, 2 ; — *extent:* regionum, III 20, 1 ; in -em enasci; — *grow out in a horizontal direction*, II 17, 4 ; aditus in l-em non amplius ducentorum pedum, II 29, 3.
Latovicī, ōrum, m., a tribe associated with the Helvetii, I 29, 2 ; neighbors of the latter, I 5, 4 ; compelled to return to their homes, I 28, 3.
lātrō, ōnis, m., *robber:* perditi homines -esque, III 17, 4 ; hos -es interficiamus, VII 38, 8.
latrōcinium, i, n., *robbery:* in -o comprehendi, VI 16, 5 ; -a multam habent infamiam, VI 23, 6 ; — *robbing raids* (-a) in bello -isque natum esse, VI 35, 7.
lātus, a, um, adj., 1) *wide:* agger latus pedes cccxxx, VII 24, 1 ; fossae quindecim pedes -ae, VII 72, 3 ; palus . . . non latior pedibus quinquaginta, VII 79, 1 ; (naves) paulo latiores, V 1, 2 ; 2) (absolutely) fines -issimi, II 4, 6 ; lati fines, *extensive domain*, VI 22, 3 ; -issimum flumen, II 27, 5 ; I 2, 3 ; LATĒ, adv., *widely* (longe -eque), *far and wide*, VI 35, 3 ; l. diffundi, VI 26, 2 ; latus distribuere, III 10, 3 ; latius vagari, IV 6,

4 ; VI 9, 2 ; VII 45, 3 ; cf. 8, 3 ; pervagari, VII 9, 2 ; quam latissime agri vacant, IV 3, 1 ; cf. VI 23, 1.
latus, eris, n., *side, flank:* pro vallo ad utrumque latus, III 29, 1 ; — *of an island*, V 13, 1 ; lateris angulus alter, V 13, 1 ; cf. § 6 ; -eris longitudo, V 13, 5 ; — *of a hill*, II 8, 3 ; l. unum castrorum, II 5, 5 ; l. apertum (flank) hostium (the right fl.), IV 25, 1 ; Aedui visi sunt ab latere nostris aperto, VII 50, 1 ; latere aperto aggredi alqm., I 25, 6 ; legiones circumvenire, II 23, 4 ; cf. VII 82, 2 ; II 8, 4 ; tela conicere, IV 26, 3 ; tela recipere, V 35, 2 ; ab utroque latere : turrium, VII 24, 3 ; instare (in front and rear), I 25, 1 ; duae se acies ab duobus lateribus ostendunt, VII 67, 1 ; impetus fit ab latere, III 20, 1 ; scorpione a latere dextro traiectus, VII 25, 2 ; ab dextro -e hostium constituere, VII 49, 1 ; — *of the army:* equites ad latera disponit, VI 8, 5 ; — *side:* fossam derectis -ibus duxit, VII 72, 1.
laudō, v. 1, *to praise:* militum virtus admodum laudanda, V 8, 4.
laus, dis, f., *praise:* civitatibus maxima l. est, VI 23, 1 ; cf. IV 3, 1 ; l. bellica, VI 24, 3 ; pristina belli laus, VII 76, 2 ; -is cupiditas, VII 80, 5 ; -em mereri, I 40, 5 ; ferre, VI 21, 4 ; 28, 4 ; rei militaris -em amittere, VI 40, 7 ; satis et ad -em et ad utilitatem, IV 19, 4 ; summa cum laude, V 44, 13 ; nullum pro laude periculum recusare, VII 19, 5.
lavō, āre, lāvī, lautum, lōtum, v. 1, *wash* (lavari), *bathe:* in fluminibus, IV 1, 10 ; where Nipperdey substituted *lavarentur* f. lavantur, ▮▮▮.
laxō, v. 1, *to widen* (ease): manipulos, II 25, 2.
legātiō, ōnis, f., *mission, embassy:* -nis principem locum obtinere, I 7, 3 ; cf. I 13, 2 ; respondere -ni, I 14, 2 ; -em ad civitates suscipere, I 3, 3 ; communem -em mittere, III 8, 5 ; ut undique ad eum legationes concurrerent, V 55, 4 ; -es circummittere, VII 63, 2 ; -es reverti iubere, III 35, 2 ; mittere, IV 6, 3 ; V 21, 1 ; nuntios -esque in omnes partes dimittere, V 53, 4 ; cf. III 23, 2 ; VII 4, 5 ; 64, 7 ; -ibus sollicitare civitates, VII 43, 3 ; cf. 64, 7 ; VI 2, 3.
lēgātus, i, m., *envoy, ambassador:* legatum, -os, mittere (*v.* mitto) dimittere (*v.* dimitto) *legati*, cf. I 8, 3 ; 14, 1 ; 7, 3 ; 37, 1 ; IV 7, 2 ; 8, 3 ; 9, 1 ; 11, 1 ; 12, 1 ; 18, 3 ; 21, 5 ; VII 12, 3 ; -os audire, IV 13, 1 ; appellare, VII 43, 4 ; recipere, VI 6, 3 ; totius fere Galliae -i, I 30, 1 ; ius -orum, III 16, 4 ; 9, 3 ; unus ex iis qui legati de pace ad Caesarem venerant, II 6, 4 ; cf. VII 32, 2 ; — 2) a Roman officer, of senatorial rank, qualified to command a legion, under the direct control of the commander-in-chief alone, VII 5, 3 ; 4, 6 ; V 38, 3 ; Quintus Titurius legatus, II 9, 4 ; 5, 6 ; III 11, 4 ; V 24, 5 ; cf. V 52, 6 ; IV 38, 3 ; Lucius Cotta l., V 35, 8 ; II 11, 3 ; V 24, 5 ; Gaius Fabius l., V 24, 2 ; 46, 3 ; VI 6, 1 ; VII 40, 3 ; 87, 1 ; 90, 5 ; T. Labienus, I 10, 3 ; II 11, 3 ; III 11, 1 ; IV

38, 1; V 37, 7; Quintus Pedius, II 2, 1; 11, 3; P. Sulpicius Rufus, IV 22, 6; L. Munatius Plancus, V 24, 3; C. Trebonius, V 17, 2; 24, 3; VII 11, 3; 81, 6; M. Silanus, VI 1, 1; T. Sextius, VI 1, 1; VII 40, 1; 51, 2; L. Caesar, VII 65, 1; Gaius Antistius Reginus, VI 1, 1; VII 83, 3; M. Antonius, VII 81, 6; Gaius Caninius Rebilus, VII 83, 3; legatis, quos singulis legionibus praefecerat, quid fieri velit, ostendit, VII 45, 7; cf. I 52, 1; II 20, 3; V 28, 1; IV 13, 4; cf. V 25, 5; VII 47, 2; 52, 1.

legiō, ōnis, f. (legere): the largest unit of Roman tactics, consisting of 10 cohorts; according to *Rüstow, Heerwesen u. Kriegsführung Caesars*, 1862, p. 3, Caesar's legion was from 3000–3600 strong, all infantry, I 7, 2; II 17, 2; 34, 1; V 25, 4; 45, 5; 40, 4; 47, 3; 53, 3; 48, 1; 5, 1; 8, 1, 2; septima, II 23, 4; 26, 1; III 7, 2; V 9, 7; VII 62, 2, 3; octava, II 23, 3; VII 47, 7; nona, II 23, 1; decima, I 40, 14; 41, 2; 42, 5, 6; 40, 3; II 21, 1; 23, 1; 25, 1; 26, 4; IV 25, 3; VII 47, 1; 51, 1; undecima, II 23, 3; duodecima, II 23, 4; 25, 1; III 1, 1; VII 62, 4; tertia decima, VII 51, 2; quarta decima, VI 32, 5; impedimenta legioque, VI 35, 1; proxima, V 29, 6; legio iter facit, II 32, 1; subsidio venit, V 27, 5; tardat insequentes, VII 51, 1; l. non plenissima, III 2, 3; superiores ordines legionis, VI 40, 7; centurio eiusdem -is, VII 50, 4; cf. VI 40, 7; cohortes -is, III 1, 4; cf. VII 60, 3; V 15, 4; periculum, V 45, 5; 57, 1; aliquem legioni praeficere, VI 32, 6; legioni frumentum debetur, VI 33, 0; legionem oprimere, III 2, 2; V 38, 4; -em ostendere, VII 62, 6; -em silvis occultare, VII 45, 5; collocare, III 1, 3; producere, V 52, 2; adducere, V 46, 3; frumentatum mittere, IV 32, 1; perducere, III 6, 5; attribuere alicui, V 47, 1; conscribere, V 24, 4; educere, V 47, 6; oppugnare, V 39, 3; collaudare, V 52, 3; iubere legionem proficisci, V 46, 2; tribunus m. iter ad legionem facit, VII 42, 5; ad legionem sese recipere, VI 50, 6;—*legione* (as instrument) *murum perducit*, I 8, 1; -e conferta (abl. abs.), IV 32, 3; in legione esse (*belong to*), V 44, 1; —*legiones* cum tribunis ... egerunt, I 41, 3; singulae, II 20, 3; transeunt, VII 61, 4; reliquae -es, II 17, 2; expeditae, V 2, 4; VI 5, 6; VII 2, 6; -es quae proxime conscriptae erant, II 19, 3; castra munire cooperunt, II 19, 5; praesidio impedimentis sunt, II 26, 3; cf. VII 68, 2; sese coniungunt, II 26, 1; hiemant, VII 9, 4; excubant, VII 24, 5; signa inferunt, II 26, 1; ex hibernis egrediuntur, VII 1, 7; redeunt, VI 39, 4; et castra et -es et imperator, II 26, 5; legiones consistunt, VII 51, 3; longius discedunt, VI 39, 4; (venerunt) VI 7, 2; Caesaris legionumque, V 3, 3; legiones veteranorum, I 24, 2; legionum hiberna, IV 38, 4; V 24, 7; impetus, V 18, 6; adventus, V 48, 10; agmen, V 19, 3; impedimenta, II 17, 2; VI 32, 3; VII 10, 4; 67, 3; 68, 2; numerus (*the normal*), VII 35,

4; milites, VII 47, 2; singulis legionibus singulos legatos praeficere, I 52, 1; cf. V 1, 1; VII 45, 7; legionibus (dat.) vehementer timebat, VII 56, 2; duas legiones conscribit, I 10, 3; cf. 24, 3; -es et constituere et adducere, VI 1, 4; -es novas conscribere, II 2, 1; -es cogere, VI 3, 1; -es pro castris constituere, VII 70, 2; in hiberna mittere, VII 90, 3; cf. II 35, 3; promoveri iubet, VII 70, 5; duas legiones et omnia auxilia, I 24, 2; -es distribuere, V 24, 1, 6; arcessere, VII 6, 3; legiones (in castris) relinquere, I 49, 5; collocare, V 24, 8; VI 44, 3; VII 36, 7; in acie constituere, II 8, 5; IV 35, 1; premere, II 24, 4; traducere, VII 35, 6; continere, VII 10, 1; expeditas ducere, II 19, 2; circumvenire, II 23, 5; transportare, IV 22, 3; 30, 2; intromittere, VII 11, 8; reducere, IV 34, 2; VI 3, 3; tradere alicui, V 25, 5; ducere, IV 38, 3; revocare, V 11, 1; excubare iubet, VII 11, 6; relinquere, II 8, 5; resistere iubet, V 11, 1; subsequi iussit, V 18, 4; pabulandi causa mittere, V 17, 2; singulas -es appellare, VII 17, 4; educere, VII 53, 1; -es flumen distinebat, VII 59, 5; equites confisi subsidio, cum post se legiones viderent, V 17, 3; pervenire ad -es, VII 1, 7; mittere ad -es, VII 9, 5; * there were *ten* legions in 52 B.C., VII 34, 2; cum legionibus ire, I 10, 3; c. l. resistere, VII 35, 3; castra obtinere, VII 83, 3; cf. VII 40, 3; cum legionibus mittere, III 11, 4; IV 38, 1; c. l. proficisci, I 12, 2; V 21, 4; 48, 6; VI 3, 6; 33, 1; VII 67, 1; 90, 4, 5, 6; c. l. iugum ascendere, I 21, 2; subsequi, II 11, 3; hiemare, V 53, 3; cum -ibus egredi, VII 60, 4; diversis -ibus, *facing in different directions*, II 22, 1; sine reliquis -ibus, III 21, 1; ex -ibus fabros deligit, V 11, 3; — *naves instituere -ibus* (instrum. abl.), V 11, 4; cf. I 8, 1; removere alqm. ab legionibus, V 16, 2; ab -ibus absistere, V 17, 2.

legiōnārius, a, um, adj., *belonging to a legion, legionary:* miles (opp. to Galli), VI 34, 8; -ii milites, V 19, 3; cf. I 51, 1; VII 20, 10; opp. to equites, II 27, 1; legionis decimae, I 42, 5.

Lemannus, i, m. (lake of Geneva): lacus (v. lacus).

Lemovīcēs, um, tribe in S.W. Gaul (where later "Limousin" and "*Limoges*"), VII 4, 6; 75, 3; 88, 4; ☞ changed by Nipperdey, VII 75, 4, to Lexovii.

lēnis, e, adj., *gentle, soft:* ventus, IV 28, 1; Africus, V 8, 2.

lēniter, *gently:* fastigatus, II 8, 3; acclivis, II 29, 3; VII 19, 1; declivis, VII 83, 2; lenius lacessere, V 17, 1.

lēnitās, ātis, f., *sluggishness* (of river), I 12, 1.

Lepontiī, ōrum, m., an Alpine tribe, living near the sources of the Rhine, IV 10, 3.

lepus, oris, m., *hare*, V 12, 6.

Leucī, ōrum, m., Celtic tribe in the region of Toul on the upper Moselle, I 44, 11.

Levācī, ōrum, m., a tribe subject to Nervii, V 39, 1 (Louvain?).

lĕvis, e, adj., *light:* levis armaturae (used adjectively), II 10, 1; 24, 1; VII 65, 4; 80, 3; — *slight:* auditio, VII 42, 2; causa, VII 4, 10; equestre proelium, VII 36, 1; 53, 3; levi momento aestimare, VII 39, 3; — *thoughtless, ill-advised*, V 28, 6; ☞ *leniter* for *leviter* from the inferior MSS. in VII 19, 1.

levitās, atis, f., *thoughtlessness:* vulgi, VII 43, 4; mobilitate et -e animi, II 1, 3; — *lightness:* armorum, V 34, 4 (☞ pass. br. by Paul).

levō, v. 1, *free, relieve:* alqm. hibernis, V 27, 11.

lēx, gis, f., *law* (formal resolution of people): profectionem lege confirmant, I 3, 2; l. communis, V 56, 2; leges (*subject*) vetant, VII 33, 3; iura legesque (*autonomy*) (civitate) reddere, VII 70, 1; cf. suis legibus uti, I 45, 3; iura leges etc., relinquere alicui, VII 77, 14; -ibus differre, I 1, 2; eodem iure et isdem legibus uti, II 3, 5; ius et leges commutare, VII 77, 16; -ibus sanctum habere, VII 20, 1; legibus (*under the constitution, legally*) creatum esse, VII 32, 3; legibus Aeduorum non licet, VII 33, 2; de legibus deminuere, VII 33, 2.

Lexoviī (others -bii), ōrum, m., community of Aremorica (in Normandy), join the movement of the Veneti, III 9, 10; territory invaded by Labienus, III 11, 3; cf. 17, 3; 29, 3; their contingent for the relief of Alesia, VII 75, 4 (cf. Lemovices).

libenter (libet), adv., *willingly, gladly*, I 44, 5; III 18, 6; VI 4, 3.

līber, a, um, adj., *free, independent:* liberum se liberacque esse civitatis, V 7, 8; VII 37, 2; liberam debere esse Galliam, I 45, 3; — *unrestricted, untrammelled:* -a possessio Galliae, I 44, 13; -a pabulatio, VII 36, 5; brachia atque umeri ad sustinenda arma liberi, VII 56, 4; — *libere* (adv.), *freely, without check*, VII 49, 2; — *liberius:* dicere, 1 18, 2; praedari vastareque, V 19, 2; de bello consilia inire, VII 1, 3.

līberālitās, ātis, f., *liberality, open-handedness*, I 18, 3; beneficio ac -e, I 43, 5.

līberāliter, adv., *generously, graciously:* aliquem oratione prosequi, II 5, 1; respondere alicui, IV 18, 3; polliceri, IV 21, 6.

līberī, ōrum, m., *children* (the free) (only in pl.): abducere -os in servitutem, I 11, 3; eorum habentur -i, V 14, 5; -os obsides dare, I 13, 8, 12; cf. II 5, 1; -os abstrahere obsidum nomine, III 2, 5; VII 14, 10; -os uxores, suaque omnia, IV 19, 2; cum -is atque uxoribus, VII 78, 3; abnormal treatment of children among the Gauls, VI 18, 3; in -os habere potestatem, VI 19, 3; communes liberos, VII 26, 3; -os in conspectum proferre, VII 48, 3; ad -os aditum habere, VII 66, 7; parentes cum liberis (*sons*), V 14, 4.

līberō, v. 1, *to free:* alqm. obsidione, IV 19, 4; V 49, 6; se in perpetuum, IV 34, 5; V 38, 3; alqm. stipendio, V 27, 2.

lībertās, ātis, f., *liberty, freedom:* communis, V 27, 6; VII 71, 3; 4, 4; 37, 4; 89, 1; par iuris -isque condicio, I 28, 5; spes libertatis, V 45, 3; -em vindicare, VII 76, 2; eripere alicui, I 17, 4; concedere alicui, IV 15, 5; -is causa, VI 77, 13; 89, 1; -em recuperare, V 27, 6; VII 1, 8; -i studere, III 10, 3; Galliam in -em vindicare, regain the l. of G., VII 1, 5; perpetuum imperium -emque consequi, VII 64, 3; ad praesentem obtinendam libertatem, VII 66, 4; -em relinquere alicui, VII 77, 14; in ea -e permanere, III 8, 4; — *unrestricted character:* vitae, IV 1, 9.

lībrīlis, e (libra), *of one pound:* funda, VII 81, 4; throwing stones of such caliber (one pounder).

licentia, ae (licet), *recklessness, self-indulgence:* -am arrogantiamque reprehendere, VII 52, 3.

liceor, ōri, itus, v. dep. 2, *to bid* (at auction): illo licente contra liceri audeat nemo, I 18, 3.

licet, v. 2, impers., *it is permitted:* longius uno anno permanere uni in loco, IV 1, 7; cf. VII 33, 2; opp. non fore potestatem, V 51, 3; — *one may*, c. inf., IV 17, 4; cf. V 30, 2; 31, 1; — *alicui:* sibi idem licere, III 10, 2; quibus licet iam esse fortunatissimos (is acc. to some MSS. ☞ IV 35, 8), but cf. licere illis incolumibus . . . discedere, V 41, 6; rogare ut eius voluntate id sibi facere liceat, I 7, 3; 30, 4; 35, 3; 39, 3; si *per te* liceat (as far as you are concerned), V 30, 3; 41, 6; id *per se* fieri licere, V 42, 1; licere, si velint, IV 8, 3.

Liger, is (acc. Ligerim -em), m., the *Loire* river: ex nivibus creverat, VII 55, 10; pons fluminis Ligeris, VII 11, 6; cf. VII 55, 1, 9; Bituriges ab Aeduis dividit, VII 5, 4; exercitum Ligerem traducit, VII 11, 9; cf. 56, 4; interclusum itinere et Ligere (i?), VII 59, 1; naves aedificari in flumine Ligere (i?), III 9, 1.

lignātiō, ōnis, *procuring wood*, V 50, 2.

lignātor, is, m., *woodcutter, gatherer*, V 26, 2.

līlium, ī, n., *lily*, VII 73, 8.

līnea (lino), ae, f., *a line* (in draughting): rectis lineis ordines servare, VII 23, 5.

Lingonēs, um, Celtic tribe in the region of *Langres* (accus. Greek, -ās, I 26, 6), between the sources of Seine and Saone; Helvetii seek refuge there, I 26, 6, 6; they furnish provisions to Caesar, I 40, 11; the Vosges mts. near them, IV 10, 1; two legions there in winter quarters, VI 44, 3; cf. VII 9, 4; devoted to Rome, VII 63, 7; cf. 66, 2.

lingua, ae, f., *tongue, speech, language:* -ae Gallicae scientia, I 47, 4; linguā . . . inter se differunt, I 1, 2.

lingula, ae, f. (small tongue), *headland, narrow point of land projecting into the sea*, III 12, 1.

linter, tris, f., *canoe* (Hr. ☞ *lunter* in some pass.): -ibus iunctis transire, I 12, 1; cf. I 53, 2; -ibus inventis sibi salutem pepererunt (reppererunt ?); -es conquirere, VII 60, 4.

Linum   **Locus**   99

līnum, i, n., *flax*, III 13, 6.

līs, lītis, f. (suit at law), *damages:* -em aestimare, V 1, 9.

Liscus, ī, m., a chief magistrate (vergobret) of the Aedui in 58 n.c., I 16, 5; 17, 1; 18, 1.

Litaviccus, ī, m., an Aeduan nobleman supporting the national movement in 52 B.C., VII 37, 1, 7; 38, 1, 4, 6; 39, 3; 40, 3, 6, 7; 42, 1; 43, 2; 54, 1; 55, 4; 67, 7.

littera, ae, f., 1) *letter, written character, writing:* litterae graecae, I 29, 1; V 48, 4; litteris mandare aliquid, VI 14, 3; litteris confidere, VI 14, 1; praesidium -ārum, VI 14, 4; — 2) *letter, despatch:* -as mittere, I 26, 6; V 40, 1; accipere, V 46, 1; ex -is Caesaris, II 35, 4; IV 38, 5; -as perferre, V 40, 1; afferre, V 49, 4; deferre, V 45, 3; 49, 2; perscribere in -is, V 49, 3; crebras mittere, V 45, 1; remittere alicui, V 47, 5; certiorem fieri -is, II 1, 1; -is commoveri, II 2, 1; ex -is cognoscere, V 11, 1; — 3) *documents, records:* -ac publicae, V 47, 2 (☞ br. in VII 90, 8, by Dittenberger).

lītus, oris, n., *beach:* in litus telum adigere, IV 23, 3; aperto ac plano -e, IV 23, 6; -e molli atque aperto, V 9, 1; ex -e conspicere, IV 26, 2; a -e discedere, V 8, 6; naves in litore, eiectas, esse, V 10, 2.

locus, i, m. (pl. loca), *place, locality:* l. ubi constitissent, I 13, 7; — *space, occasion:* l. est rationi, I 40, 5; virtuti locus relinquebatur, V 35, 4; perexiguum loci spatium, V 15, 4; l. consistendi, VII 37, 3; — *region, country:* -um ac sedes parare, I 31, 10; locus vacat (= fines), I 28, 4; -um domicilio diligere, I 30, 3; II 29, 5; — *space, ground:* quantum -i occupare poterat acies, II 8, 3; — *spot, locality:* hic locus abest, I 43, 1; 49, 3; huic loco timere, VII 44, 4; l. silvestris, VI 34, 2; alio loco atque oportuerit, VII 33, 3; locus ipse erat praesidio, VI 34, 6; cf. 37, 5; summus castrorum locus, *the eminence on which the camp was*, II 23, 5; locum deligere, II 18, 1; propinquitas loci, VII 19, 3; loci fastigium, VII 85, 4; ex loco religiones fingunt, VI 37, 8; loco (= oppido) potiri, VII 36, 7; locum munire (v. munio) locum medium deligere, I 34, 1; ille omnis locus, VII 57, 4; l. consecratus, VI 13, 10; ille locus vacuus relictus, VII 25, 4; is locus, I 15, 1; II 23, 4; V 11, 8; 35, 3; VI 9, 3; 20, 3; 35, 6; 43, 4; 44, 1; VII 36, 6; 60, 4; l. certus, V 1, 6; hic locus, IV 26, 4; VI 32, 4; VII 60, 5; in unum locum conferre v. confero), in u. l. contrahere (v. contraho) uno omnino loco, V 18, 1; cf. VII 10, 1; 77, 8; in locum aliquem conicere, II 16, 4; uno in loco remanere, IV 1, 7; quodam loco, V 43, 6; quo loco (= ubi), VI 22, 2; cf. 30, 1; quo loco, IV 14, 4; cf. V 9, 1; ex loco se commovere, III 15, 3; quo ex loco oriatur, VI 25, 4; is locus, cf. I 27, 2; 49, 1; 53, 1; II 9, 3; 10, 2; 15, 2; IV 22, 4; 23, 6; V 7, 3; 8, 5; 21, 2; 43, 6; VI 27, 4; 36, 1; VII 49, 9; 79, 2; — *situation, ground:* l. castrorum editus, III 19, 1; editus atque apertus, VII 18, 3; l. natura opportunus, II

8, 3; considere in -o, I 49, 1; opportuno atque occulto loco, V 32, 1; angusto in loco, VI 30, 3; castris idoneum locum deligere (v. deligo) l. idoneus omnibus rebus, III 17, 5; cf. V 9, 1; VII 35, 6; locum nancisci, V 9, 4; idoneum-um nancisci, VII 85, 1; capere, V 9, 7; quoque loco faciendum, V 33, 3; silvestri -o, VII 35, 3; — *ground, position:* -um tenere, V 35, 4; relinquere, III 4, 3; attribuere, VII 81, 4; idoneo loco constituere aliem, VII 53, 1; in -um inferiorem deferre, V 44, 12; — *locum capere, to effect a landing*, VI 23, 4; declivis ac praeceps, IV 33, 3; cf. VII 83, 2; impeditus, VI 8, 3; natura -i, I 2, 3; 38, 4; III 9, 3; 23, 3; palustris, VII 20, 4; aequo loco, III 17, 7; cf. V 49, 7; loci natura (cf. natura) et loci natura et manu, V 57, 1; iniquitas loci, III 2, 4; VII 45, 9; 52, 2; 53, 1; fertilitas, II 4, 1; admodum edito -o, VII 69, 1; opportunitas -i, III 19, 3; VII 20, 3; opportuno -o, VII 55, 1; opportunitates -i, III 12, 4; se loco superiore defendere, IV 40, 6; loci praesidio fretus, VI 5, 7; munitione et loci natura tuta, VII 14, 9; -o (abl.) confidere, VII 50, 1; fiducia loci, VII 19, 2; alieno loco, I 15, 2; e loco superiore, I 25, 2; 26, 3; iniquo loco, V 49, 6; 51, 1; VI 8, 1, 3; VII 49, 1; in locum iniquum progredi, cf. II 33, 4; II 23, 2; cf. VI 40, 6; apertus l., II 18, 3; paene iniquo loco, VII 83, 2; locus iniquior, II 10, 4; cf. V 32, 2; subire iniquissimum -um, II 27, 5; -um relinquere, V 52, 1; VI 42, 1; -m superiorem capere, VII 51, 2; suo se loco continere, IV 34, 2; simulatione timoris hostes in suum locum elicere, V 50, 3; in aequum locum sese demittere, VII 28, 2; descendere, VII 52, 2; paulo aequiore loco consistere, VII 51, 1; ex superiore loco, II 23, 1, 3; 26, 4; III 4, 2; 25, 1; V 9, 3; VII 19, 7; 20, 6; ex inferiore loco, II 25, 1; III 14, 4; inferiore loco, VII 45, 5; — *rank, place:* principem -um obtinere, I 7, 3; in antiquum locum ... restituere, I 18, 8; eum locum amicitiae tenere, I 20, 4; primum itineris-um petere, II 11, 1; de locis summis contendere, V 44, 2; maiorum locum restituere alicui, V 25, 2; succedere in locum alicuius, VI 12, 7; secundum locum dignitatis obtinere, VI 12, 9; summo loco natus, V 25, 1; VII 39, 1; loco natus honesto, V 45, 2; illustriore loco natus, VI 19, 3; ex humili loco ad summam dignitatem perduxerat, VII 39, 1; summo in Arvernis ortus loco, VII 77, 3; — *in military tactics:* quem locum (sinistrum) duodecima legio tenebat, VII 62, 4; ut suum quisque locum teneat, VII 80, 1; loco cedere (τάξιν λείπειν), VII 62, 7; loco depellere alqm., VII 67, 5; cf. VII 49, 2; -o deici, VII 51, 1; ab loco discedere, V 34, 1; utrique se suo loco continent, V 50, 1; erat Romanis nec loco nec numero aequa contentio, VII 48, 4; — *loco* (in loco), *in place, as:* eodem l. habere alqm., I 26, 6; in cohortis praetoriae loco decimam legionem habere, I 42, 6; reliquos obsidum loco secum ducere, V 5, 4; Commium custodis loco relinquit, VI 6, 4; plebes paene servorum habetur loco, VI 13, 1; ignominiae loco ferre alqd., VII 17, 6; civium loco habere aliquos, VII 77, 3; — *opportunity*: l. probandae virtutis, V 44, 3; — *point* (in narrative): ad hunc locum perventum est, VI 11, 1; — *condition*, *situation*: quo in loco res esset, II 26, 5; — pl. LOCA, orum, n., *space*, *section*: aperta, II 19, 5; — *country*, *topography*: inscientia locorum, III 9, 4; locorum peritus, VII 83, 1; — *region*, *points*: locis apertis exercitum ducit, I 41, 4; in his locis, III 7, 3; 20, 1; IV 20, 1; 22, 1; V 7, 3; 22, 1; VII 9, 1; in his locis (Alpibus), III 1, 3; in ea -a, IV 7, 1; omnia superiora -a, III 3, 2; cf. 14, 9; V 8, 6; haec -a, VI 34, 3; -is patentibus maximeque frumentariis, I 10, 2; ea, quae fertilissima Germaniae sunt, loca, circum Hercyniam silvam, VI 24, 2; cf. VII 7, 4; campestria -a, VII 86, 4; loca impeditiora, III 28, 4; eorum locorum ubi bellum gesturi essent, III 9, 6; propinquae his locis ubi bellum gesserat, II 35, 3; ex propinquioribus locis, IV 27, 6; loca sunt temperatoria, V 12, 6; reliquis in locis (countries), VI 25, 5; ca loca incolere, II 4, 2; ea loca finitimae provinciae adiungere, III 2, 5; in ea loca iter facere, IV 7, 1; loca portus, aditus, cognoscere, IV 20, 2; ignotis locis, IV 24, 3; notissimis locis, IV 24, 3; — *point*, *locality*, *spot*: Rhodanus nonnullis locis vado transitur, I 6, 2; locis superioribus occupatis, I 10, 4; 23, 3; omnibus in locis pugnant, II 27, 2; cf. VII 25, 1; quibus in locis sit Caesar, V 35, 7; in locis superioribus consistere, III 6, 2; praeda ex omnibus -is agebatur, VI 43, 2; multis locis apud eos aerariae sunt, III 21, 3; ex locis superioribus etc., IV 23, 3; cf. VII 79, 2; multis locis Germaniae ... vagati, IV 4, 1 (*da und dort*, Koechly); his in locis, IV 29, 4; -is impeditis ac silvestribus, V 19, 1; -is consecratis, VI 17, 4; in -is desertis, V 53, 4; locis silvestribus ac remotis, VII 1, 4; in foro ac locis patentioribus, VII 28, 1; omnibus locis (*everywhere*) vagari, VII 45, 1; fit caedes, VII 67, 6; pugnabatur, VII 84, 2; equitatum ostendere, VII 55, 9; opportunis -is, VII 69, 7; de locis superioribus, VII 88, 1; tribus locis transire, VII 61, 4; pluribus locis occurrere, VII 84, 3; loca praerupta temptant, VII 86, 4.

longē, adv., *far*: l. introrsus pertinere, VI 10, 5; l. nobilissimus, I 2, 1; gravissimus, V 43, 5; maximum et copiosissimum, I 23, 1; maxima et bellicosissima, IV 1, 3; amplissima, III 8, 1; humanissimi, V 14, 1; peritissimi, III 21, 3; l. principes haberi, VI 12, 9; l. plurimum valet, V 3, 1; non longe ex, V 21, 2; non longe a, I 10, 1; IV 1, 1; l. abesse a, II 5, 4; VII 26, 2; cf. V 53, 6; tria milia passuum longe ab, V 47, 5; cf. VII 16, 1; l. abesse alicui (*leave one decidedly in the lurch*), I 36, 5; relegatus l. a, V 30, 3; l. alius -ac (atque), III 9, 7; 28, 1; VII 14, 2; 29, 3; non longius mille et quingentis passibus abesse, I 22, 1; cf. IV 10, 2; 11, 4; VI 7, 2; VII 9, 2; 79, 1; neque longius milia passuum octo afuisse, V 53, 7; non longius quam quem ad finem, II 19, 5; cf. II 21, 3; l. lateque, *far and wide*, IV 35, 3; — *longius* (*too far*): abesse, III 9, 1; sequi, III 28, 4; progredi, V 7, 3; aestu deferri, V 8, 2; longius (further than usual), I 48, 7; paulo longius, II 20, 1; IV 32, 3; V 46, 4; longius (opp. propius, VII 82, 1) progredi, IV 11, 1; VI 29, 1; 36, 1; VII 45, 8; 73, 1; procedere, VI 35, 7; VII 14, 7; discedere, V 19, 3; evocare, VI 34, 4; proficisci, VI 35, 7; rem ducere, VII 11, 4; abesse, VII 47, 4; 63, 7; 82, 1; longissime abesse a cultu, I 1, 3; cf. II 4, 8; quam -issime, VII 35, 5; — 2) *long* (of time) = diu neque longius anno, IV 1, 3; paulo -ius tolerare, VII 71, 4.

longinquus, a, um, adj., *distant*, *remote*: -ae nationes, VII 77, 16; ex longinquioribus vicis, VII 17, 3; locis arcessere, IV 27, 6; — *lasting*, *long*, *protracted*: consuetudo, I 47, 4; obsidio, V 29, 7.

longitūdō, inis, f., *length*: lateris, V 13, 5; agminis, V 33, 3; in longitudinem: pedum ducentorum, VI 29, 3; milibus amplius quingentis in l-em patet, VI 29, 4; planicies in -em patebat, VII 69, 3; 70, 1; 79, 2; trabes ... in -em (lengthwise), collocantur, VII 23, 1; in -em murum praeduxerant, VII 46, 3.

longurius, i, m., *long pole* (scantling) falces insertae affixaeque -iis, III 14, 5; -is consternere alqd., IV 7, 8; -os parare, VII 84, 1.

longus, a, um, adj., 1) *long*: circuitus, VII 45, 3; -a navis, *a war-galley*: cf. navis -um spatium, IV 10, 5; taliae pedem -ac, VII 73, 9; -ior sermo, V 37, 2; dolor, V 52, 6; oratio, II 21, 1; -ius iter, III 26, 2; -issimum agmen, V 31, 6; longum est (too long), VI 8, 1; — 2) *far*, *distant*: in -iorem diem conferre, I 40, 14,

loquor, i, cutus, v. dep. 3 (λέγω), 1) *speak* (pro aliquo), *act as spokesman*, I 31, 3; ad hunc modum, V 27, 1; II 31, 1; suppliciter, I 27, 2; palam l. se non devocaturum, VI 7, 6; finem loquendi facere, I 46, 2; de republica nisi per concilium loqui non conceditur, VI 20, 3; — 2) *hold communion w.*, *talk*: cum aliquo, I 20, 6.

lōrīca, ae, f. (properly, coat of mail), *breastworks*: pinnae -aeque ex cratibus attexuntur (vallo), V 40, 6; huic (scil. vallo) loricam adiecit, VII 72, 4; falcibus vallum et -am rescindere, VII 86, 5.

Lucānius, i, m., G., a centurion, V 35, 7.

Lūcius (L.), a praenomen, cf. Valerius Praeconinus, Mallius, Cotta, Petrosidius, Vorenus, Fabius, Roscius, Munatius Plancus, Minucius Basilus, Domitius, Caesar ☞ L. Labienus, a blunder in the MSS. for T.

Lucterius, i, m., a chieftain among the Cadurci, actively supports the rising of Vercingetorix, VII 5, 1; 7, 1; 8, 1.

Lugotorix, igis, m., a Britain chief, V 22, 2.

lūna, ae, f., *moon*: l. plena, IV 29, 1; ante novam lunam, I 50, 5; — *Luna*, the moon (Freyr?), reckoned as one of the gods by the Germans, VI 21, 2.

lunter, v. linter.

Lutētia, ae (Hldr., Lutecia), chief town of the Parisii, on the Seine, VII 57, 1; 58, 3; 5, 6.

lux, cis, f., *light, dawn, daylight*: l. appetit, VII 82, 2; ante -em, VI 7, 9; sub -em (*towards dawn*), VII 61, 3; 83, 7; prima luce, I 22, 1; II 11, 3; III 24, 1; V 23, 6; 31, 4; 50, 4; VI 7, 6; VII 36, 3; 45, 2; 62, 1; luce prima, V 49, 5; a prima luce ad, V 35, 5.

luxuria, ae, *luxury, fine living*, II 15, 4.

M.

M. abbrev. f. Marcus (v. Crassus, Messala); ☞ MSS. corrected (for L.) Piso, I 35, 4.

māceria, ae, f. (☞ some MSS. materia), *fence, hedge* (rude breastworks): -am transcendere, VII 70, 5; fossam et -am praeducere, VII 69, 5.

māchinātiō, ōnis, f., *mechanism, machine:* tantam -em instruere, II 30, 3; (a turris understood) -em promovere, II 31, 5; -ibus tigna in flumen immittere, IV 17, 4.

maestus, a, um, *sad* (maereo): -i, prope victoria desperata, VII 80, 9.

magis, adv., *more* (of degree): m. veri simile, III 13, 6; m. directum (cornu), VI 26, 1; confidere, VII 66, 5; m. quam, II 22, 1; 32, 1; VII 20, 7; eo magis, VI 40, 1; eo magis quod, I 23, 3; 47, 2; III 14, 8; V 1, 2; VII 25, 1; magis eo ut, quam quo, IV 2, 1; —*rather:* magis quam, I 13, 6; ☞ nihilo magis (not any the more) correction of *Vascosanus* for nihilo minus, VII 53, 2.

magistrātus, ūs, m., *magistracy, office, magistrate:* nullus communis m., sed principes ius dicunt, VI 23, 5; -ui praeesse, I 16, 5; -um annuum creare, I 16, 5; cf. VII 32, 3; -ūs deligere qui in bello praesint, VI 23, 4; unum imperium unumque -um habere cum aliquibus, II 3, 5; Convictolitavis -us, VII 55, 4; -ūs multitudini produnt, VI 20, 3; m. Aeduorum, I 19, 1; m. cogunt multitudinem, I 4, 3; magistratus ac principes, VI 22, 2; oratio -ūs, VII 37, 6; -uum controversia, VII 39, 2; ad -um deferre, VI 20, 1; ad -um deducere obsides, VII 55, 6; -um gerere, VII 32, 3, 4; summum -um obtinere, VII 33, 2; -um adiudicare alicui, VII 37, 1; "ipsi magistratus" opposed to persons " qui privatim plus possunt," I 17, 1.

magnificus, a, um, adj., *splendid:* funera -a et sumptuosa, VI 19, 4.

magnitūdō, inis, f., 1) (*absolutely*), *greatness, vastness:* circuitūs, VII 83, 2; silvarum, I 39, 6; corporum, I 39, 1; II 30, 4; animi, II 27, 4; VII 52, 3, 4; munitionum, VII 86, 4; operis, III 12, 3; operum, VI 12, 5; Hercyniae silvae, VI 25, 3; venti, V 43, 2; periculi, III 9, 3; tributorum, VI 13, 2; supplicii, VII 4, 10; poenae, VII 4, 10; —

2) (*relatively*) *size, extent:* insulae, IV 20, 4; cornuum, VI 26, 3; fluctuum tempestatumque, III 13, 2; (navium) IV 24, 2; castrorum, VII 41, 2; ingens m. (of Arduenna silva), V 3, 4; (silvam) infinita magnitudine, VI 10, 5; mundi ac terrarum, VI 14, 6; immani -e simulacra habent, VI 16, 4; corporum, IV 1, 9; sunt -e paulo infra elephantos, VI 28, 1.

magnoperē (magno-opere), adv., *greatly, strongly*, I 13, 5; IV 26, 1; VII 57, 4;—*earnestly*, I 38, 2; II 5, 2; IV 11, 1; 16, 5.

magnus, a, um, adj., *great:* altitudo, I 38, 5; auctoritas, II 15, 1; 4, 3; III 23, 4; V 6, 1; 35, 6; 54, 2; VII 55, 4; 77, 3; aestus, III 12, 5; IV 29, 1; animus, V 6, 1; VII 10, 3; 66, 6; agmen, VII 61, 3; alacritas, I 46, 4; bellum, I 54, 2; clientela, VI 12, 2; calamitas, I 31, 6; VII 77, 14; casus, VI 30, 2; caedes, VII 70, 9; 88, 4; castra maiora, I 49, 5; 50, 1; VII 36, 7; 45, 7; magnus concursus, VII 48, 1; copia, I 16, 2, 5; 30, 3; IV 16, 8; VI 32, 2; VII 71, 6; cura, VII 65, 3; controversia, V 28, 2; convallis, V 32, 2; -ae copiae, III 17, 3; 20, 3; V 3, 1; 18, 2; 53, 6; 11, 8; 40, 3; VI 1, 3; 7, 1; VII 4, 4; 56, 1; 57, 2; 66, 4; cognatio, VII 32, 4; commeatus, I 34, 3; contemptio, V 58, 1; consilium, III 5, 2; cursus, III 19, 1; commodum, VII 29, 5; delictum, VII 4, 10; difficultas, VII 10, 1; 6, 2; 35, 2; diligentia, VI 34, 3; detrimentum, VII 83, 1; dolor, I 2, 4; V 29, 3; I 2, 4; VII 15, 2; 63, 8; equitatus, VII 7, 4; 36, 2; fortuna, VI 30, 2; ferraria, VII 22, 2; fides, I 41, 4; fluctus, V 1, 2; facultates, I 18, 4; VII 17, 2; facultas, I 38, 4; fletus, I 32, 1; flumen, VII 59, 5; gens, IV 1, 3; gratia, I 18, 3; honos, VI 13, 4; intervallum, II 23, 4; V 16, 4; incommodum, V 10, 3; VII 16, 3; iactura VI 12, 2; VII 76, 1; imber, VII 27, 1; impedimentum, I 25, 3; -a, V 31, 6; impetus, II 6, 1; III 8, 1; iniuria, I 36, 4; iter (v. iter) laus, VI 28, 3; 23, 1; IV 3, 1; VI 21, 4; laetitia, V 48, 9; motus, VI 1, 1; VII 43, 1; manus (*band, force*) (v. manus) multitudo, I 33, 3; 31, 16; III 2, 1; 17, 4; II 11, 4; 32, 4; III 23, 4; IV 1, 1; 34, 5; V 37, 5; 43, 4; VI 36, 3; 34, 8; VII 42, 6; 48, 3; 74, 1; momentum, VII 85, 4; molinentum, I 34, 3; numerus (v. num.) munitio, VI 29, 3; negotium, V 11, 2; natio, III 28, 2; onus, IV 24, 2; -a officia, I 43, 4; oppidum, I 23, 1; 38, 1; VII 13, 3; opinio virtutis, VII 59, 5; 83, 4; portorium, III 1, 2; pollicitatio, III 18, 2; 26, 1; VI 12, 2; planicies, I 43, 1; III 1, 5; praesidium, VI 43, 6; palus non -a, VI 9, 1; pulvis, IV 32, 1; pars (v. p.) perturbatio, IV 29, 3; pondus, II 29, 3; VII 22, 5; praemium (v. pr.) periculum (v. per.) tempestas, VII 61, 1; res maior, VII 3, 2; ratio, VII 21, 1; tumultus, VI 7, 8; VII 60, 4; studium, I 46, 4; VI 9, 4; sementes, I 3, 1; spes, I 33, 1; 42, 2; 44, 4; 2; III 9, 3; spiritus, II 4, 3; silva, VI 29, 4; spatium, II 17, 2; III 29, 2; terror, VII 8, 3; sonitus, VII 60, 4; sollicitudo, VII

40, 1; strepitus, VI 7, 8; usus, I 39, 2, 5; II 9, 5; III 14, 5; IV 20, 1; 25, 1; VII 41, 3; vis, IV 17, 7; VI 17, 1; 28, 2; velocitas, VI 28, 2; valles, VII 47, 2; virtus, II 15, 5; III 5, 2; vox (*loud*), IV 25, 4.

māgnī (gen. of price), *at a high rate* (magni habere), *value highly*, IV 21, 7; magni interest, V 4, 3; VI 1, 3; — *non ita magnus* (not very large), IV 37, 1; maior natu, *older*, II 13, 2; 28, 1; IV 13, 4; maiores, *ancestors*, I 13, 6; 14, 7; III 8, 4; IV 17, 3; V 25, 1; 54, 2; 25, 2; VI 44, 2; VII 1, 8; 77, 12.

māximē, superl. of magis, *most, very:* acceptus, I 3, 5; frumentarius, I 10, 2; ferus, II 4, 8; necessarius, VII 32, 2; opportunus, III 15, 4; w. gerundive: maxime admirandum, VI 42, 3; w. verbs: *in the highest degree, especially*, I 40, 15; 42, 5 (☞ br. by Paul); IV 2, 2; V 50, 5; VI 17, 1; 25, 5; VII 42, 2; 58, 3; 85, 2; 85, 4.

māiestās, atis, f., *dignity, name:* populi Romani, VII 17, 3.

malacia, ae, f. (μαλακία), *calm* (of the sea), III 15, 3.

male, adv., *badly, unsuccessfully:* rem gerere (*to lose a battle*), I 40, 12; peius accidit, I 31, 10.

maleficium, ī, n., *outrage, hostile act:* sine ullo -o iter facere, I 7, 3; ab iniuria et -o temperare, I 7, 5; sine -o et iniuria transire, I 9, 4; cf. II 28, 3.

Mallius (☞ some MSS. Manlius), L. M. proconsul, III 20, 1.

mālō, mālle, maluī (*v. prefer*), manere quam perferre, III 8, 4.

malus, *bad* (*v. male*).

mālus, ī, m., *mast:* antemnae ad -os destinabant, III 14, 6; — *upright timber, beam:* turrium, VII 22, 5.

mandātum, i, n., *commission, order:* referre alicui, I 37, 1; legatos cum -is mittere, I 35, 1; in -is dare aliquid legatis, I 43, 9; deferre ad aliquem, IV 27, 3; his -is eum dimittit, II 5, 3; his datis -is eos dimittit, VII 51, 4; cf. 71, 5.

mandō (manus-do), v. 1, *to give orders, to commission:* huic adeat, III 11, 2; discentibus -ut, VII 71, 2; his -ut, I 47, 5; huic -ut revertatur, IV 21, 2; ut mittant, VI 10, 3; — *entrust:* se fugae, I 12, 3; II 24, 2; V 18, 5; VII 67, 6; ea litteris, VI 14, 3; haec eadem centurionibus, VII 17, 8; quibus communi consilio mandatum esset, I 30, 5.

Mandubiī, orum, m., a Celtic tribe living in the southern part of the plateau of Langres, *Alesia* being their chief town, VII 68, 1; 71, 6; 78, 3.

Mandubracius, ī, m., a chieftain among the Trinobantes in Britain, V 20, 1; 3, 4; 22, 5.

māne, adv., *early in the morning*, IV 13, 4; V 10, 1; VII 18, 2.

maneō, ēre, nsī, nsum, v. 2, *to remain, abide* (stay): opp. proficisci, V 31, 2; ad exercitum manere, V 53, 3; domi, IV 1, 5; munitiones integrae manebant, VI 32, 5; in fide, VII 4, 5; 10, 3; in officio, V 4, 2; in eo quod convenit, I 36, 5 (☞ sine periculo maneatur, V 31, 5, br. by Paul).

manipulāris, e, *belonging to a manipulus:* tres nactus suos -es (of a centurio), VII 47, 7; manipularibus suis inquit (a centurio), VII 50, 4.

manipulus, i, m., subdivision of the cohort, containing 100–120 men (cf. Rüstow Hw.,[2] p. 4): -os laxare iussit, quo facilius gladiis uti possent, II 25, 2; continere ad signa manipulos, ut instituta ratio et consuetudo exercitus Romani postulabat, VI 34, 6; se in signa manipulosque coniciunt, VI 40, 1.

mānsuēfaciō, ere, fēci, factum, v. 3, *to tame:* uri mansuefieri possunt, VI 28, 4.

mānsuētūdō, inis, f., *gentleness:* clementia ac -ine uti, II 14, 5; 31, 4.

manus, ūs, 1) *hand:* dextra, V 44, 8; scutum -u emittere, I 25, 4; — *manu, by hand* (artificially): et natura loci et -u munitum, III 23, 2; cf. V 57, 1; vallum manu scindere, V 51, 4; manus tendere, II 13, 2; VII 40, 6; 48, 3; dare, V 31, 3; passis manibus, I 51, 3; II 13, 3; VII 47, 5; — *per manus:* trahi, VI 38, 4; demitti de muris, VII 47, 6; tradere (*from hand to hand*), VII 25, 2; ex manibus se eripere, I 53, 6; VII 40, 5; impeditis -ibus, IV 24, 2; -ibus revellere alqd., I 52, 5; ex -ibus dimittere alqd., VI 8, 1; 37, 10; quibusnam manibus aut quibus viribus, II 30, 4; ☞ iam in manibus nostris, br. by Paul, II 19, 7; -ibus terram exhaurire, V 42, 3; suis -ibus succendere, VII 15, 4; se manu (*by force*) defendere; — 2) *band, force:* m. Germanorum conducta, V 27, 8; nova m. Sueborum, I 37, 4; m. certa, VI 34, 1; 35, 3; exigna, VI 8, 1; parva, VII 61, 5; magna, V 8, 6; 29, 1; 26, 6; 39, 3; — *forces:* Romanorum, VII 34, 5; VII 84, 3; manum distinere, II 5, 2; III 11, 4; VII 50, 11; cogere, II 2, 4; VI 5, 7; VII 4, 3; 7, 2; 59, 2; mittere, VII 61, 5.

Marcomanī, orum, German tribe joined w. Ariovistus, I 51, 2; Mommsen declares it to be impossible to locate the M. at this stage of history.

Marcus, ī, m., praenomen (M.); *v.* Antonius, Aristius, Metius, Trebius, Gallus, Petronius, Crassus, Silanus, Sempronius Rutilus.

mare, is, n., *the sea:* continebatur montibus, IV 23, 3; impetus -is, III 8, 1; altitudo, IV 25, 3; ad mare (*on the coast*), V 9, 1; 22, 1; ad m. reducere, V 23, 1; mare Oceanus (*the Atlantic*), III 7, 2; m. timere, V 6, 3; despectus in mare, III 14, 9; m. extrudere, III 12, 3; eo mari uti, III 8, 1; conclusum m. opp. to Oceanus, III 9, 7; nostrum m., V 1, 2; m. vastum et apertum, III 12, 5; non longe a mari quo Rhenus influit, IV 1, 1; reliqua maria (opp. to Oceanus), V 1, 2.

maritimus (-umus), a, um, adj., *on the sea, on the seacoast, maritime:* -a pars (of a country), V 12, 2; regio, V 14, 1; 12, 5;

Marius   **Mercātor**   103

ora -a, III 8, 1; 10, 1; IV 20, 3; III 8, 5; -ae civitates, II 34; V 11, 8; -i aestus, IV 20, 1; -ae res, *naval affairs, navigation,* IV 23, 5.

Marius, I, conqueror of Cimbri and Teutons, seven times consul, I 40, 5; died 86 B.C.

Mars, tis, m., 1) god of war, VI 17, 2; — 2) *war, struggle:* aequo Marte, VII 19, 3.

mās, maris, m., *the male* (opp. femina), VI 26, 3.

matara, ae, f., *pike,* I 26, 3.

māter, tris, f., *mother:* -em collocare, I 18, 6; soror ex -tre (*half-sister*), I 18, 7; -tres familiae, *matrons,* VII 26, 3; 47, 5; 48, 3; (Germanorum), I 50, 4.

māteria, ae, f., *timber, lumber, woodwork:* -am comportare, IV 18, 1; V 40, 2; ab ariete -a defendit, VII 23, 5; derecta -a, IV 17, 8; (navium) praeacuta, VII 22, 5; cuiusque generis praeter fagum et abietem, V 12, 5; -am caedere, collocare, extruere, III 20, 1.

materiēs, ei, f., *lumber, wood-work, timber:* arida, VII 24, 4.

māterior, v. dep. 1, *to procure timber,* I 23, 1.

Matiscō, ōnis, f., town (in Aeduis), VII 90, 7 (Mâcon).

mātrimōnium, i, n., *matrimony, marriage:* filiam suam in m. dat., I 3, 5; (mulierem) in m. ducere, I 9, 3.

Matrona, ae, f., the *Marne* River, I 1, 2.

mātūrēscō, ere, uī, v. 3, *to ripen:* cum maturescere frumenta inciperent, VI 29, 3.

mātūrō, v. 1, *to hasten, make haste:* proficisci, I 7, 1; cf. 37, 4; II 5, 4; VII 56, 1.

mātūrus, a, um, adj., *ripe:* frumenta in agris -a non erant, I 16, 2; cf. 40, 11; — *speedy, coming early:* -ae homines, IV 20, 1; — adv., *mature, speedily, soon:* paulo maturius, I 54, 2; maturius quam consuerat, IV 6, 1; cf. VI 2, 3; si maturius ex hibernis educeret, VII 10, 1; quam maturrime, I 33, 5.

Māximus, I, m., Q. Fabius M., I 36, 2.

medeor, ēri, v. dep. 2 (alicui), *to remedy:* inopiae frumentariae, V 24, 6.

mediocris, e, adj., *moderately large, not large, ordinary:* non m. diligentia, III 20, 1; -i spatio, IV 17, 10; V 44, 6; VII 69, 4; cf. VII 73, 9; -ia intervalla, VII 36, 2.

mediocriter, adv., *moderately, in an ordinary degree:* non m., I 39, 1.

Mediomatricēs, um, m., a tribe between Rhine and Moselle, in the region of *Metz,* IV 10, 3; furnish 8000 troops for the relief of Alesia, VII 75, 3.

mediterrāneus, a, um, adj., *of the interior:* regiones (opp. maritimae), V 12, 5.

medius, a, um, adj., *middle, central:* regio ... totius Galliae media, VI 13, 10; medium fere (locum) regionum carum, IV 10, 2; — *intermediate:* uti aliquem locum medium utriusque ... deligeret, I 34, 1; media acies, *central part of the line* (considered from front to rear?), III 24, 1; media nox (*midnight*) (v. nox) -a frons, VI 26, 1; in collo medio, *half-way up the hill,* I 24, 2; cf. VII 36, 3; in hoc medio cursu, V 13, 3; medio itinere, VII 41, 2; per medios fines, V 3, 4; per medios perrumpere, V 15, 4; per medios hostes perrumpunt, VI 40, 4; in -os hostes irumpit, VII 50, 5; in -iis Eburonum finibus, VI 32, 4.

Meldī, ōrum, m., tribe in the region of Melun (Seine et Marne), V 5, 2.

melior, v. bonus.

membrum, I, n., *limb:* omnibus membris expeditis, IV 24, 3 (of wicker-work giants), VI 16, 4.

meminī, isse, v. dep., *to recollect,* followed by acc. c. inf., III 6, 4; hortatur ut se liberos et imperio natos meminerint, VII 37, 2.

memoria, ae, f., 1) *recollection:* pristinae virtutis, VII 77, 4; -am deponere (*forget*), I 14, 3; m. earum rerum, II 4, 3; amicitiae, VII 76, 2; -am alicuius rei retinere, II 21, 2; VII 62, 2; memoria tenere, I 7, 3; 14, 1; — 2) *faculty of retention, memory:* -ae studere, VI 14, 4; -m remittere, VI 14, 4; — 3) *history, record:* memoriae prodere aliquid, VI 25, 5; neque adhuc hominum memoria repertus est quisquam, III 22, 3; -am prodere, *become historical,* I 13, 7; dignum memoria, VII 25, 1; memoriā prodere, *to hand down by tradition,* V 12, 1; — *time:* paulo supra hanc -am, *before the present time,* VI 19, 4; patrum nostrorum -ā, I 12, 5; 40, 5; II 4, 2; nostrā memoriā, II 4, 7; patrum -a, VI 3, 5.

Menapii, ōrum, m., tribe (between Scheld and Meuse) furnish 7000 troops for the national army of the Belgae, II 4, 9; support the movement of the Veneti in 56 B.C., III 9, 10; cf. III 28, 1; IV 4, 4, 5; 22, 5; 38, 3; IV 2, 3; 5, 4, 5; 6, 2, 4; 9, 1; 33, 1.

mendācium, i, n., *lie:* eodem -o de caede equitum, VII 38, 10.

mēns, ntis, f., *mind* (frame of mind): mollis ac minime resistens ad calamitates, III 19, 6; hominum mentes perturbare, I 39, 1; et mente et animo, VI 5, 1; mentes animosque perturbare, I 39, 1; alienata mente (w. his mind turned), *insane,* VI 41, 3; convertere mentem (-es), I 41, 1; quorum mentes nondum ab superiore bello resedisse sperabat, VII 64, 7; omnium oculis mentibus que ad pugnam intentis, III 26, 2.

mēnsis, is, m., *month:* trium mensum cibaria, I 5, 3; mensium initia observare (☞ Hr. mensuum), VI 18, 2; multos -es se castris tenere, I 40, 8; paucis mensibus ante, I 31, 10.

mēnsūra, ae (metior), f. (measuring): ex aqua (*water-clock*), V 13, 4; neque mensuras itinerum noverunt (*they do not know how to measure distances*), VI 25, 1.

mentiō, ōnis, f., *mention:* -em facere alicuius, VI 38, 1.

mercātor, is, m. (merx), *trader:* -es minime saepe ad eos commeant, I 1, 3; magnis cum portoriis ire consuerant, III 1, 2; multum ad eos ventitant, IV 3, 3; qui sub vallo tenderent, VI 37, 2; voces -um, I 39,

1; nullum aditum esse ad eos -ibus, II 15, 4; mercatoribus est aditus, IV 2, 1; est Gallicae consuetudinis, ut vulgus circumsistat mercatores in oppidis, IV 5, 6; neque temere praeter -es illo adit quisquam (adiit), IV 20, 3; consilio per mercatores perlato ad Britannos, IV 21, 5; cf. 20, 4.

mercātūra, ae, f., *trading:* ad quaestus pecuniae -asque, VI 17, 1.

mercēs, ēdis, f., *pay, bounty, compensation:* -e arcessere, I 31, 4.

Mercurius, i, m., Mercury (= Teutates w. the Gauls) : -um colunt, VI 17, 1.

mereō, ere, uī, itum, v. 2, and **mereor**, erī, meritus, v. dep. 2, 1) *deserve:* optime merentes socii, I 45, 1; odium merere, VI 5, 2; praemia, VII 34, 1; laudem, I 40, 5; de populo Romano, I 11 3; optime de communi libertate, VII 71, 3; — 2) *to serve* (in the field) : complures annos illo imperante, VII 17, 5.

merīdiānus, a, um, adj., *of mid-day, of noon:* -o tempore, V 8, 15.

merīdiēs, ei, m.: cum m. esse videatur, VII 83, 5; cum iam m. appropinquare videretur, VII 83, 8; a meridie prope ad occasum solis, VII 80, 6; meridie conquieverat, VII 46, 5; circiter -em, I 50, 2; ad -em spectat, V 13, 1; meridie, V 17, 2.

meritum, i (n.), *service, deserts, merit, fault:* -o populi Romani accidit, I 14, 1; magis consuetudine sua quam -o eorum, II 32, 1; -o eius, V 4, 3; pro eius -is gratiam referre, V 27, 11; cf. VII 76, 3; Ciceronem pro eius -o collaudat, V 52, 3; sua in Aeduos merita, VII 54, 3; sua in illos merita, VII 71, 3.

Messala, ae, m., consul in 61 n.c., I 2, 1; 35, 4.

met, enclitic syllable emphasizing some personal pro. (nosmet), VII 38, 7.

Metiosedum, i, n., town on Seine, above Paris, the later *Melun* (☞ some MSS. read *Melodunum*), VII 58, 2, 6; 60, 1.

metior, īrī, nsus, v. dep. 4, *measure out:* frumentum militibus, I 16, 5; frumentum parce et paulatim, VII 71, 7; exercitui, I 23, 1.

M. Metius, ī, m., a man sent by Caesar as an envoy to Ariovistus, I 47, 4; 53, 8.

metō, ere, messuī, messum, v. 3, *to mow, harvest*, IV 32, 5.

metus, ūs, m., *fear, apprehension:* -um inicere, IV 19, 4; -um mortis negligere, VI 14, 5; -um reditus tollere, VI 20, 2; sine metu, IV 4, 6; V 41, 6; metu territare, *to frighten by exciting apprehension*, V 6, 5; hoc metu (= huius rei), V 19, 2; ut ne metu quidem necessario faciundum existimabat, VII 56, 2 (☞ Scaliger, id ne tum quidem, adopted by Heller). This is one of the most difficult among the corrupt passages in Caesar.

meus, a, um, poss. pron., *my, mine:* consilium, VII 77, 11; -a vita, VII 50, 6; -i propinqui, VII 38, 3; -um officium, IV 25, 3.

mīles, itis, m., *soldier:* legionarius m. (collectively), VI 34, 8; -is officia praestare,

V 33, 2 (☞ militi br. in II 25, 2 by Hr.) ; non decimum quemque esse reliquum -em sine vulnere, V 52, 2; quidam m., V 48, 8; miles (collectively) nec minus se ab milite modestiam et continentiam quam virtutem atque animi magnitudinem desiderare, VII 52, 4; — *milites* conveniunt, I 7, 6; 8, 1; IV 24, 2; phalangem perfringunt, I 25, 2; cf. 52, 5; ad munitiones perveniunt, VII 46, 4; praesidio impedimentis sunt, II 26, 3; cunctantur, IV 25, 3; dicto non audientes sunt, I 39, 7; virtute facile superant, III 14, 8; conferti, II 25, 1; legionis nonae et decimae, II 23, 1; transcendere in hostium naves contendunt, III 15, 1; ad arma concurrunt, III 22, 4; ea celeritate . . . cunt, V 18, 5; sub pellibus continentur, III 19, 2; ex navibus exponuntur, IV 37, 1; aggerem extruunt, VII 24, 1; impetum hostium sustinent, IV 37, 3; locum capiunt, V 9, 7; lignationis munitionisque causa discedunt, V 39, 2; -es centurionesque, I 39, 5; ab tribunis militum legatisque retinebantur, VII 47, 2; vulgo ab signis discedunt, V 33, 6; in potestate alicuius tenentur, VII 43, 1; confecta frumentatione clamorem exaudiunt, VI 39, 1; frumento carent, VII 17, 3; nostri -es, II 11, 5; III 14, 8; 17, 5; 19, 4; 24, 5; IV 14, 3; 25, 3; 34, 5; 35, 2; V 33, 5; 45, 1; VI 39, 1; VII 62, 8; desiderati sunt, VII 51, 4; defessi, VII 88, 6; legionarii -es (cf. l.) Romani, VII 20, 8; veteres, VI 40, 4; opp. to hostes, VII 50, 2; praedantes, VII 40, 5; — *militum numerus*, I 7, 2; VII 73, 2; volgus (*rank and file*), I 46, 4; concursus, I 8, 4; cf. V 40, 7; vulnera, I 20, 5; tribunus m. (cf. tr.) impetus, II 11, 5; IV 35, 2; VII 62, 8; scientia atque usus, II 20, 3; virtus et exercitatio, III 19, 3; paucitas, IV 30, 1; 34, 6; studium, V 2, 2; VI 9, 4; VII 41, 5; satis militum, V 2, 3; virtus, V 8, 4; 43, 4; VI 40, 5; VII 22, 1; labor, V 11, 6; VI 32, 5; iniuria (gen. subj.), V 21, 1; salus, V 27, 7; 30, 2, 3; magna pars, V 30, 1; 45, 1; languor (☞ br. by Paul), V 31, 5; maxima pars, V 37, 4; praesentia animi, V 43, 4; conventus, V 48, 9; detrimentum, VI 34, 7; pars, VI 40, 8; numerus certus, VII 4, 7; 31, 4; multitudo (rank and file, *gros*), VII 38, 5; temeritas cupiditasque, VII 52, 1; animi, VII 53, 3; corona, VII 72, 2; sudor, VII 8, 2; milites equitesque, V 7, 4; 10, 1; — *militibus* (dat.) frumentum metiri, I 16, 5; spem inferre, II 25, 3; se praeferre, II 27, 2; praecesse, V 24, 5; parcere, V 30, 1; praedam concedere, VI 3, 2; imperare, VII 11, 6; praedam donare, VII 11, 9; signum dare, VII 27, 2; praeficere aliquem, VII 37, 7; se tradere, VII 47, 6; — *milites* conlaudare, V 2, 3; ab opere revocare, II 20, 1; confirmare, VII 53, 1; conlocare, V 23, 5; deducere, V 27, 9; cohortari (*v. coh.*) deducere, V 27, 9; consolari et confirmare, V 52, 5; VII 19, 4; iubere aliquid facere, V 25, 1; 33, 1; in castris continere, VI 36, 1; certiores facere, III 5, 3; perterrere, VI 40, 3; imperare civitatibus, V 1, 6; in expeditionem mittere,

Militāris   Minor

V 10, 1; edocere, VII 10, 4; appellare, V 33, 2; convocare, VII 38, 1; conservare, VI 34, 3; portare, V 23, 3; adoriri occupatos, VII 22, 4; exponere, V 23, 4; hortari, VII 24, 2; continere, VII 45, 8; adhortari, VII 40, 4; 68, 3; transportare, VII 61, 3; raros traducere, VII 45, 7; intromittere, II 33, 6; VII 12, 4; directly addressed, IV 25, 3; VI 8, 3; VII 38, 1; quidam ex militibus, I 42, 6; iniuriam ab -ibus accipere, II 33, 1; -ibus imprudentibus (abl. abs.), III 29, 1; -ibus navigia complere, IV 26, 4; a -ibus administratur (impers.), IV 31, 3; interfici, VII 28, 3.

militāris, e, adj., *pertaining to war:* usus, VI 39, 1; res m. (*military affairs, service*), I 21, 4; 39, 2; II 4, 3; 22, 1; III 23, 5; IV 23, 5; V 29, 4; VI 21, 3; 30, 2; 40, 6; VII 57, 3; signa militaria (*v. sig.*).

militia, ae, *service:* -ae vacatio, VI 14, 1 (☞ br. by Paul); VI 14, 1; munus -ae sustinere, VI 18, 3; -am detrectare, VII 14, 9.

mille, *one thousand*, m. et quingentis passibus, I 22, 1; mons mille passuum spatio (☞ addition by Dinter, I 25, 5); circiter passus mille, III 19, 1; mille passuum ... spatio, VI 7, 4; non longius mille passibus, VII 79, 1; m. cc passus aberat, VII 46, 1; milia passuum decem novem, I 8, 1; hominum milia circiter cxxx, I 26, 5; cf. 27, 4; IV 37, 2; capitum Helvetiorum cclxiii, I 29, 2; milia passuum octo, I 21, 1; cf. I 22, 5; horum circiter milia xv, I 31, 5; cf. I 31, 10; equitum m. erant sex, I 48, 5; tot hominum m., II 29, 4; ad hominum m. decem, I 4, 2; ad m. nonaginta duo, I 29, 2; cf. I 29, 3; sex m. hominum, II 29, 4; milia passuum ccxl, I 2, 5; multa m. passuum, II 11, 4; sedecim milia expedita, I 49, 3; milia passuum ex eo loco circiter quinque, I 53, 1; equitatum omnem. ad numerum quattuor milium, I 15, 1; numerus ... milium c et decem, I 29, 3; cf. I 31, 5; numerus relatus est milium quinquaginta trium, II 33, 7; decem milium spatio, III 17, 5; milium amplius quinquaginta circuitu, I 41, 4; vallo pedum in circuitu quindecim milium, II 30, 2; ex milium L numero, III 26, 6; octo milium iter, IV 14, 1; numerus capitum ccccxxx milium, IV 15, 3; transmissus circiter ... milium passuum, V 3, 3; equitatus ... numero milium quattuor, V 5, 3; longitudo septingentorum milium, V 13, 5; insula in circuitu vicies centum milium possuum, V 13, 7; milium pedum xx in circuitu munitio, V 42, 5; castra vix hominum milium septem, V 49, 7; spatium milium passuum circiter centum lx, VII 3, 3; (numerus) circiter milium xl, VII 28, 5; conficere armata milia centum, II 4, 5; cf. 4, 9–10; singula milia armatorum, II 4, 7; milia armata quinquaginta, II 4, 7; circiter m. passuum septem, IV 23, 6; (abesse) milia passuum octo, II 16, 1; cf. II 13, 2; 16, 1; circiter m. passuum sexcenta, IV 3, 2; cf. V 9, 2; 13, 6; cf. V 27, 9; 46, 1; 53, 1; VII 38, 1; w.

procedere, V 47, 1; tria m. p. longe, V 47, 5; cf. VII 16, 1; circiter milia p. quattuor progredi, V 49, 5; cf. VII 40, 4; 60, 1; neque longius m. p. octo abesse, V 53, 6; equitum duo milia, VI 35, 5; x m. hominum delecta, VII 21, 2; peditum m. x, VII 34, 1; cf. 64, 4; circiter m. p. x ab Romanis, VII 66, 2; circiter m. p. III in longitudinem patere, VII 69, 3; cf. 70, 1; 79, 2; circuitus xi m. passuum tenebat, VII 69, 6; milia ... delecta, VII 71, 3; xiv m. p. complecti, VII 74, 1; m. xxxv imperare, VII 75, 2 sqq.; tria m. hostium, VII 68, 2; captivorum circiter xx m., VII 90, 3; hominum m. lxxx, VII 77, 8; equitum m. duo, V 8, 1; m. circiter quattuor essedariorum, V 19, 1; amplius milibus passuum octo, II 7, 4; longius -ibus p. lxxx, IV 10, 2; non amplius quinis aut senis milibus p., I 15, 5; cf. I 23, 1; hominum milibus circiter xx agmen claudere, I 25, 6; milibus p. quattuor et xx abesse, I 41, 10; milibus p. sex a Caesaris castris consedit, I 48, 1; ... duobus ultra eum, I 48, 2; triginta milibus p. infra, VI 35, 6; milibus amplius quingentis, VI 29, 4; non amplius p. xii milibus, IV 11, 4; cf. § 4; ab milibus passuum minus duobus castra posuerunt, II 7, 3; hiberna milibus p. centum continebantur, V 24, 7; ex hominum milibus I.x, II 28, 2; cf. III 6, 2; occisis ad hominum milibus quattuor, II 33, 5; ex eo loco ab milibus passuum octo, IV 22, 4; loco a milibus passuum circiter duobus, V 32, 1; a milibus p. quindecim auxilia Germanorum expectare, VI 7, 3; in milibus passuum tribus (*for three miles around*), VI 36, 2.

Minerva, ae, *the goddess:* -am (colunt), VI 17, 2; -am operum atque artificiorum initia tradere, VI 17, 2.

mĭnĭmē, v. minor.

minor, us (ōris), compar. of parvus, *smaller:* dimidia m. quam, V 13 2; laus, I 40, 5; numerus, VII 73, 2; voluptas, I 53, 6; multo m. pars, V 55, 1; minus periculum, V 50, 3; minus dubitationis, I 14, 1; iuris, V 27, 3; minores insulae, V 13, 3; castra minora, I 50, 2; 51, 1; VII 36, 7; 44, 1; 45, 7; 49, 1; 51, 2; itinera -a, VII 16, 1; altitudo minima, I 8, 4; casus minimus, VI 42, 1; minimum posse (opp. plurimum), I 20, 2; quam minimum spatii, III 19, 1; — adv., minus, *less:* late, I 44, 3; 38, 2; facile, I 2, 4; timidus, I 39, 6; commode, III 13, 8; 23, 7; nihilo minus, I 5, 1; non minus quam, I 30, 3; 31, 2; 44, 5; II 20, 3; VII 52, 6; eo minus quod, V 9, 1; eo gravius quo minus, I 44, 1; quo minus valebat, I 51, 1; non minus, VII 70, 6; milibus passuum m. duobus, III 7, 3; m. magnos fluctus fieri, V 1, 2; m. aptos esse, V 16, 1; paulo m. septingenti, VII 51, 4; minus horis tribus, V 42, 5; nec minus quam pollicitus animo laborabat, VII 31, 1; ea pars minus confideret (*the weaker faction*), VII 36, 1; nihilo minus, *all the same*, VII 64, 7; minus idoneis equis utebantur, VII 65, 5; as a gentler equivalent for *non* (in

alternative): aut, si id minus vellet, I 47, 1; si m. potuissent, II 9, 5; — *quo minus*, conjunction after neque recusaturos, I 31, 7; (so as not to, ὥστε μή) tenebantur q. in eundem portum venire possent, IV 22, 4; terrere q. insequerentur, VII 49, 2; — *minime* saepe, I 1, 3; m. firmus, I 52, 2; VII 60, 3; 84, 2; arduus, II 33, 2; resistens, III 19, 6; m. omnes student, VI 29, 1; — *minus*, not very (litotes): valere, VI 12, 2; m. uti poterat (= non) quod, I 16, 3; ne m. facile resisti posset, I 37, 4.

Minucius, i, m., L. M. Basilus, a commander under Caesar, whose rank Caesar omits to mention, but he must have been equal to a legate, as he was entrusted at one time w. the command of the entire cavalry, VI 29, 4; at another time w. the command of two legions, VII 90, 5.

minuō, ere, uī, ūtum, v. 3, *to lessen*: controversias, V 26, 4; VI 23, 5; desidiam, VI 23, 6; ostentationem, VII 53, 3; vim, IV 17, 10; auctoritatem, VII 30, 3; spem, V 33, 5; gratiam, I 20, 2; — intrans., *to decrease*: minuente aestu, III 12, 1.

mīror, v. dep. 1, *wonder at, marvel*: id haud scio mirandumne sit, V 54, 5; cuius rei quae causa esset, I 32, 3 (☞ miratus, Paul for admiratus, VII 54, 2).

mīrus, a, um, adj., *wonderful, curious*: -um in modum, I 41, 1; mirum videtur quid, I 34, 4.

miser, a, um, adj., *wretched*: fortuna, I 32, 4; in -os misericordia uti, II 28, 3; -a ac tenuis praeda, VI 35, 8.

misericordia, ae, *pity*: -a uti in aliquem, II 28, 3; m. volgi (*for the common people*), VII 15, 6; vulgi (*felt by the common people*), VII 28, 6; timor -am non recipit, *is not susceptible of pity*, VII 26, 4.

miseror, v. dep. 1, *to bewail*: commune periculum, I 39, 4; communem Galliae fortunam, VII 1, 4.

missus, ūs, m., *sending, dispatch*: Caesaris -ū, V 27, 1; VI 7, 2.

mītis, e, *gentle*: quam mitissime potest legatos appellat, VII 43, 4.

mittō, ere, mīsī, missum, 1) *to send*: copias I 50, 2; VII 5, 3; 35, 4; auxilia, I 24, 1; III 11, 3; IV 14, 5; VI 9, 2; 6, 8; 10, 1; 32, 1; VII 34, 1; 63, 7; 88, 7; equitatum ante se, I 21, 3; cf. VII 45, 1; 71, 1; aliquem e suis, I 47, 1; Labienum in Treveros, III 11, 1; colonias, VI 24, 1; aliquem ad alqm., V 20, 4; 25, 4; 46, 3; (equos) VII 55, 3; equites, VII 41, 5; legatos cum mandatis, I 35, 1; cf. 42, 1; 47, 1; 7, 3; 9, 2; 11, 2; 13, 2; 27, 1; 34, 1; 42, 2; I 47, 3; II 12, 5; 28, 2; 31, 1; 15, 5; 35, 1; III 21, 3; 28, 1; 23, 3; 1, 4; 8, 3; IV 11, 2; 27, 1; 16, 5; 36, 1; 27, 5; V 3, 5; 1, 7; 20, 2; 6, 2; 41, 8; 55, 1; 54, 3; VI 4, 2; 5; 6, 2; 9, 6; 32, 1; VII 5, 2; 43, 2; 89, 3; 55, 4; 90, 2; 11, 2; legationem, III 8, 5; IV 6, 4; V 21, 1; exploratores, II 5, 4; VI 10, 3; exploratores, II 5, 4; VI 10, 3; nuntium, II 6, 4; cf. V 46, 1; VII 41, 1; munera, I 43, 4; nuntios ad Cantium, V 22,

1; cf. 57, 2; aliquem alicui subsidio, I 52, 7; II 7, 1; 26, 4; VII 86, 1; cohortes subsidio, V 15, 4; aliquem auxilio alicui, I 18, 10; IV 37, 2; epistolam, V 48, 4; litteras, I 26, 6; V 45, 1; nuntios, I 26, 6; IV 10, 3; V 45, 1; obsides, III 27, 1; IV 38, 4; V 20, 4; 27, 2; VI 4, 5; impedimenta ad Labienum in Treveros, VI 5, 6; legionem unam eodem iugo, VII 45, 5; Aeduos alio ascensu, VII 45, 10; ad reliquas legiones, VII 9, 5; 65, 4; ad aliquem ut, VII 49, 1; lintres in eandem partem, VII 60, 4; aliquem cum cohortibus, legationibus, etc., II 34, 1; III 1, 1; IV 38, 1; VI 41, 5; VII 87, 1; (praesidium) eo, VII 11, 4; legionem, cohortes, etc., V 24, 4; VII 56, 2; aliquem in civitatem, V 20, 3; legiones cum legato, V 17, 2; sedecim milia, I 49, 3; II milia, VII 75, 5; x milia hominum, VII 21, 2; 37, 7; legatum, qui deduceret, II 2, 1; Labienum, VII 85, 4; sagittarios, VII 31, 4; Sabinum in Unellos, III 11, 4; Lucterium in Rutenos, VII 5, 1; cf. III 7, 4; VII 7, 1; sub iugum mittere, I 7, 4; 12, 5; sub vexillo, VI 36, 3; qui nuntiarent, IV 11, 6; qui cognoscerent, I 21, 1; quo, VII 85, 4; una cum iis Commium, IV 21, 7; magnam partem equitatus *ad* eum insequendum, V 7, 6; C. Trebonium... ad eam regionem depopulandam, VI 33, 2; interpretem ad eum m. *rogatum*, V 36, 1; quinque cohortes *frumentatum* in proximas segetes, VI 36, 2; ad fines depopulandos, VII 64, 6; (milites) in expeditionem, V 10, 1; Metiosedum versus, VII 61, 5; missi intercipiuntur, V 40, 1; causa mittendi, III 1, 2; (milites, Aeduos) VII 50, 1; auxilii causa, II 24, 4; praedandi etc. causa, IV 9, 3; colloquendi causa aliquem, V 27, 1; commeatus petendi causa, III 2, 3; in disciplinam mitti, VI 14, 2; *frumentatum*, IV 32, 1; ad quos consectandos equitatum, IV 14, 5; sororem, I 53, 4; — 2) *hurl, throw*: tragulum, V 48, 7; telum ex loco superiore, III 4, 2; tela, III 14, 4; 5, 3; pila, I 25, 2; cf. III 25, 1; — 3) *let loose*: arborum truncos, IV 17, 10.

mōbilis, e, adj., *fickle, easily swayed* (Galli): in consiliis capiendis, IV 5, 1.

mōbilitās, atis, f., *nimbleness, agility* (opp. stabilitas): equitum, IV 33, 3; — *fickleness*: m. et levitas animi, II 1, 3.

mōbiliter, adv., *in a fickle manner*: ad bellum excitari, III 10, 3.

moderor, v. dep. 1, *check, control*: equos brevi, IV 33, 3; suos, VII 75, 1.

modestia, ae, f., *self-control*: -am ab milite desiderare, VII 52, 4.

modo (adv.) (modus, in a measure, in a limited manner, hence), *only, but* (merely), IV 16, 6; VI 8, 6; parvam m. causam, VI 35, 3; si modo, IV 20, 1; V 31, 2; paulum modo, V 26, 2; VI 27, 3; unum m., V 41, 7; non modo, sed ne quidem, I 16, 2; II 17, 4; III 4, 3; V 43, 4; non modo sed etiam, I 18, 9; 19, 1; 43, 8; II 21, 5; VI 1, 3; progredi m. extra agmen, VII 66, 6; aspectum m. sustinere, VII 76, 5; parvum m. detrimentum, VII 52, 2; bracchia m.,

Modus — Mōtus — 107

VI 56, 4; aequo m. animo... corrumpant, VII 64, 3; — *but recently, but now:* m. conscripti, VI 39, 2; — *a moment before:* m. visum Ambiorigem, V 43, 4.

modus, ī, m., *measure, model:* navium, V 1, 2; — *amount, allotment:* agri modus certus, VI 22, 2; — *kind:* eius modi (= talis), followed by ut, III 12, 1; 13, 7; 20, 2; V 27, 3; huius modi ut, III 3, 3; eiusmodi casus, V 33, 4; VI 36, 2; difficultates, VI 34, 7; — *manner:* mirum in -um, I 41, 1; in servilem modum, VI 19, 3; ad hunc modum, II 31, 1; III 13, 1; V 24, 6; 27, 1; ad eundem modum, IV 17, 5; sublicae modo, IV 17, 4; oratoris modo, IV 27, 3; nullo modo, VI 12, 7; tali modo, VI 44, 1; VII 20, 2; omnibus modis, VII 14, 2.

moenia, um, n. (munio), pl. *walls:* oppidi, III 12, 3; multitudinem hominum totis -ibus circumicere, II 6, 2; appropinquare -ibus, II 31, 1; VII 22, 5.

mōlēs, is, f. (vast structure), *dyke:* -ibus mare extrudere, III 12, 3.

molestē, adv. (in a troublesome manner): m. ferre, *to be annoyed, fret,* w. acc. c. inf. (scil. at the thought that), II 1, 3.

mōlīmentum, i, n., *trouble, exertion,* I 34, 3.

molō, ere, uī, itum, v. 3, *grind:* molita cibaria (*provisions of ground corn*), I 5, 3.

molliō, v. 4, *soften, render less abrupt:* clivum, VII 40, 2.

mollis, e, adj., *soft, yielding:* mens, III 19, 6; — *gentle, level* (opp. praeclivis): litus molle atque apertum, V 9, 1.

mollitia, ae, f. (softness, flabbiness), *weakness:* animi, VII 77, 5.

mollitiēs, ei, f., *weakness:* animi, VII 20, 5.

mōmentum, ī (moveo), *weight:* m. magnum habere, VII 85, 4; levi -o aestimare aliquid, VII 39, 3.

Mona, ae, f., insula, the isle of *Anglesy* in the Irish channel, V 13, 3; although the words "in hoc medio cursu" fit the Isle of Man better than Anglesea.

moneō, ēre, uī, itum, v. 2, *warn, advise:* ut, I 20, 6; V 27, 7; 48, 5; VI 20, 5; VII 45, 8; — *with a new subject:* hunc monet ut ... equites pervagentur, VII 9, 2; tribunos militum m., ut ... sese legiones coniungerent, II 26, 1; — *without ut:* omnes res ... administrarentur, IV 23, 5.

mōns, ntis, m., *mountain, mountain chain:* m. altissimus impendebat, I 6, 1; III 2, 1; summus mons (*the top of the mountain*), I 22, 1; mons suberat circiter mille passuum *spatio* (☞ Dinter) (probably an unnecessary addition), I 25, 5; mons continet reliquum spatium, I 38, 4, 5; altissimus, III 1, 5; VII 36, 1; mons Cevenna qui, VII 8, 2; 56, 2; m. Iura, I, 1; 8, 1; 2, 3; Vosegus, IV 10, 1; Pyrenaei montes, I 1, 7; montis natura, I 21, 1; VII 46, 3; summum iugum, I 21, 2; altitudo, VII 52, 3; radices, I 38, 5; VII 36, 5; montem occupare, I 22, 2, 3; tenere, I 22, 2, 4; cf. III 2, 1; capere, I 25, 6; homini-

bus complere (☞ various readings), I 24, 3; in montem sese recipere, I 25, 6; 26, 1; post -em se occultare, VII 83, 7; sub monte, *at the foot of the mountain,* I 21, 1; 48, 1; silvae montesque texerunt, VII 62, 9; montibus contineri, III 1, 5; IV 23, 3; opp. vallis, III 2, 4.

mora, ae, f., *delay:* -am interponere, IV 9, 3; tridui -am interponere, IV 11, 4; mora reliquorum, *delay caused by the others,* V 58, 4.

morbus, ī, m., *disease, sickness:* -os depellere, VI 17, 2; gravioribus -is affectum esse, V 58, 4.

Morinī, ōrum, m., tribe of Belgae, on the Channel between Antwerp and Calais, III 9, 10; 28, 1; IV 22, 1, 5; 37, 1'; their quota for the national war of 57 B.C. (2500), II 4, 9; cf. IV 38, 1; V 24, 2; their quota for raising the siege of Alesia in 52 B.C. (5000), VII 75, 3; shortest crossing to Britain, IV 21, 3; Commius placed over them, VII 76, 1.

morior, ī, mortuus, v. dep. 3, *to die,* I 4, 3; VI 13, 9; -i recusare, IV 22, 3.

Moritasgus, ī, m., a chieftain among the Senones, V 54, 2.

moror, v. dep. 1, *to delay:* paucos dies, IV 19, 1; VII 5, 4; I 39, 1; in his locis, VII 22, 1; in eo, VII 66, 5; apud se, III 9, 5; in Gallia, V 24, 8; diutius, II 10, 5; VII 82, 4; non ita multum, V 47, 3; biduum, VII 9, 1; triduum, I 26, 5; auxilia (*as subject*), VII 78, 2; paulisper, II 7, 3; V 21, 5; (*transitive*) manum, V 44, 8; iter, VII 40, 4; hos, VI 35, 7; agmen, II 11, 3; cuniculos, VII 22, 5.

mors, tis, f., *death (fate):* Sabini, V 41, 4; 53, 4; Acconis, VII 1, 4; virorum fortium, VII 19, 4; mortis periculum, V 30, 2; metus mortis, VI 14, 5; de morte si res in suspicionem venit, VI 19, 3; se -ti offerre, VII 77, 5; -em vitare, V 20, 1; effugere, VI 30, 2; deprecari, VII 14, 6; sibi -em consciscere, I 4, 2; cf. III 22, 3; post eius mortem, I 5, 1; post mortem, VI 14, 5; Ariovisti m., V 29, 3; fama de morte alicuius, V 39, 1; -em alicuius persequi (*avenge*), VII 38, 8; -e alicui satisfacere, VII 89, 2; gratiam redimere morte alicuius, I 44, 12.

mōs, ris, m., *custom, manner:* -e et exemplo populi R., I 8, 3; suo more, II 13, 3; IV 19, 2; V 26, 4; 37, 3; VII 21, 1; -e Gallico, V 43, 1; VII 48, 3; -e eorum, VII 2, 2; -e Gallorum, V 56, 2; VII 40, 7; maiorum, VI 44, 2; civitatis, VII 33, 3; pl. *mores* (character) moribus eorum, IV 2, 4; suis, I 4, 1; Gallicis -ibus assuefacti sunt, IV 3, 3; natura -esque, II 15, 3; Galliae Germaniaeque, VI 11, 1.

Mosa, ae, f., the *Meuse* River (Maas), IV 9, 3; 10, 1; 12, 1; 16, 2; confluentum -ae et Rheni, IV 15, 2; inter -am et Rhenum, V 24, 4; Scaldis quod influit in Mosam (error of C.), VI 33, 3.

mōtus, ūs, m., *movement* (action): remorum, IV 25, 2; (navium) IV 25, 1;

(siderum) VI 14, 6; celerem atque instabilem motum habere, IV 23, 5; — *commotion, rising, stir:* m. civitatis existit, VI 5, 2; oritur ab aliquo, VI 9, 5; urbanus, VII 1, 2; Galliae, V 5, 4; VI 1, 1; VII 43, 5; Gallorum, V 53, 5; secundus Galliae, VII 59, 1; motūs tanti Galliae, V 53, 3; repentini Galliae -ūs, V 22, 4.

moveō, ēre, -ī, tum, v. 2, 1) *more:* castra (to break camp), I 22, 4; 39, 7; 40, 14; II 2, 6; V 49, 5; VI 7, 6, 8; VII 20, 3; (*start*) ex Biturigibus in Arvernos versus, VII 8, 5; in Aeduos, VII 53, 3; ex eo loco, I 15, 1; ad Gergoviam, VII 41, 4; propius se, IV 9, 1; p. Avaricum, VII 18, 1; p. Romanos, VII 20, 1; (turrim) II 31, 1; — 2) *to influence:* beneficiis moveri, VII 76, 2.

mulier, is, f., *woman:* pueri senes -esque, I 29, 1; pueri -esque, II 13, 3; non mulieribus, non infantibus pepercerunt, VII 28, 4; cf. 47, 5; eo (scil. carris) mulieres imposuerunt, I 51, 3; mulieres quique per aetatem ad pugnam inutiles viderentur, II 16, 4; 28, 1.

muliō, ōnis, m., *mule-driver*, VII 45, 2.

multitūdō, inis, f., *large number, large body, body* (II 6, 2): Germanorum, I 31, 16; 44, 6; puerorum mulierumque, IV 14, 5; Suessionum, II 12, 4; hominum, I 2, 5; 4, 3; III 15, 1; 20, 1; VI 24, 1; cf. I 15, 3; 27, 4; II 11, 6; 5, 2; IV 4, 3; 8, 2; V 35, 4; VI 43, 3; VII 75, 1; 76, 5; cum tanta multitudo conicerent, II 6, 3; equitum, I 15, 3; magna m. perditorum hominum, etc., III 17, 4; magna m., VII 48, 3; I 33, 3; II 11, 4; maior, VII 42, 6; calonum, VI 36, 3; hominum infinita m., V 12, 3; hostium, II 24, 4; V 49, 5; VII 72, 2; omnis m. convertit se ad hunc, V 44, 9; quantam quisque multitudinem pollicitus sit, II 4, 4; m. in omnis partes dispersa, VI 34, 1; -is fuga, VII 11, 8; — *emph.* (a, *large numbers*, b, *superiority of numbers*): hostium, II 8, 1; cf. I 52, 6; II 8, 4; III 24, 2; nequam -em hominum amplius traduceret, I 35, 3; minus -e militum legionariorum valebat, I 51, 1; — *the common people* (opp. to the chiefs), I 17, 2; IV 27, 4; V 27, 3; 30, 2; VI 4, 1; 20, 3; 23, 7; VII 20, 5; 30, 1; 38, 4; 63, 6 — *general body:* in conspectu -is, V 56, 2; militum, VII 38, 5; — *number, amount:* cognoscere -em, V 42, 4; maxima, III 2, 1; navium, IV 20, 4; V 8, 6; iumentorum, V 1, 2; VI 43, 3; telorum, II 10, 3; V 43, 4; VII 82, 1; 86, 5; armorum, II 32, 4; sagittarum, VII 41, 3; armatorum, III 3, 2; tanta m. hostium, III 17, 7; — *magna cum hominum multitudine bellum gerere*, III 23, 4; cf. the context; cf. IV 1, 1; a -e hostium premi, IV 33, 2; V 37, 5; VII 80, 4; magna m. peditatus equitatusque, IV 34, 5; unus ex -e V 44, 6; magna, VI 34, 8; vix prae -e cerni poterat, VII 44, 1; a -e oppressus, VII 50, 4; se ipsi -e impediunt, VII 70, 3; ne magna quidem -e, VII 74, 1; — *multitudines*, VII 63, 6; ☞ changed to -*is* after 3 inferior MSS.

multō, v. 1, *to fine:* agris aliquem, VII 54, 3.

multus, a, um, adj., *much*, pl. *many:* multum aetatis, V 22, 4; res erat -ae operae ac laboris, V 11, 5; ad -am noctem, I 26, 3; -a nocte, III 26, 6; VII 28, 6; multo die (*late in the day*), I 22, 4; lingua uti -a, I 47, 4; -o aggere vestire, VII 23, 2; — *multum* (adverbially) confidere, III 9, 3; non m. confidere, III 25, 1; neque m. frumento vivunt, IV 1, 8; m. sunt in venationibus, IV 1, 8; m. ventitant, IV 3, 3; adiuvat, V 1, 3; VII 17, 2; 55, 10; differre, V 14, 1; VI 21, 1; 28, 5; posse, VI 30, 2; 42, 2; valere, VI 30, 4; VII 84, 4; — *multo* (by much) facilius, I 6, 2; gravius, I 16, 6; V 4, 4; VII 14, 10; maior alacritas, I 46, 4; cf. V 40, 3; humiliores, IV 3, 4; minor, V 55, 1; amplius, VI 42, 4; — *multi* (ref. to hostes), I 25, 4; cf. V 21, 6; VI 14, 2; 31, 4; 30, 1; 34, 4; 35, 6; VII 13, 2; 41, 3; 42, 6; 43, 3; 70, 6; ex civitate, V 25, 3; eorum, V 22, 2; nobiles, I 44, 12; multae res, I 33, 2; III 18, 6; gentes, VI 25, 3; causae, VI 22, 3; sudes, V 40, 6; multa, I 45, 1; 44, 1; III 10, 1; VI 14, 6; 24, 5; -a vulnera, I 50, 3; II 25, 1; IV 12, 0; V 28, 4; 35, 5; VII 50, 4; 81, 5; 82, 2; milia passuum, II 11, 4; genera, VI 25, 5; tela, III 25, 1; bella, IV 3, 4; capita, IV 10, 5; proelia, VI 24, 6; multos annos, I 3, 4; 31, 4; II 29, 5; -os menses, I 40, 8; -ae insulae, IV 10, 4 (☞ VII 38, 5, multos, br. by Whitte) -is ante diebus, VII 9, 4; multis cum lacrimis, I 20, 1; -is de causis, IV 10, 1; VI 1, 1; -is in civitatibus, VI 17, 4; -is iam rebus, VII 54, 2; -is locis, III 21, 3; IV 4, 1.

mūlus, ī, m., *mule*, VII 54, 1.

Mūnātius Plancus, a legatus of Caesar, V 24, 3.

mundus, ī, m., *world, universe:* i magnitudo, VI 14, 6.

mūnīmentum, ī, n., *fortification, defense:* -a praebere, II 17, 4 (☞ br. by Madvig).

mūniō, v. 4 (to do task-work), *to fortify:* silvas vallo fossaque, V 21, 3; oppida, III 9, 8; oppidum, I 38, 3; II 29, 2; III 23, 2; castra (really the acc. of the inner object) = *construct a camp*, I 49, 2, 5; II 12, ; 19, 5; 20, 3; III 23, 6; 28, 3; V 11, 7; VII 29, 7; 30, 4; castra vallo et fossa, II 5, 6; altiore vallo, V 50, 5; locum vallo fossaque, III 1, 6; muro, II 29, 3; collem, VII 36, 5; 44, 5; ripam, V 18, 3; locum, I 24, 3; V 9, 4; 21, 4; 25, 5; locus silvis paludibusque munitus, V 21, 2; VII 16, 1; hiberna, V 24, 8; 28, 4; castra munitissima, V 57, 1; oppidum maximum munitissimumque, VII 13, 3; castra non eadem diligentia munita (*defended*) ab decumana porta, III 25, 2; iter, *to construct a highway*, VII 58, 1; — *protect:* se, I 44, 6; latus unum castrorum, II 5, 5; Menapii ... paludibus, etc. muniti, VI 5, 4; se Cevenna ut muro munitos existimabant.

mūnītiō, ōnis, f., 1) *construction, fortifying:* lignationis -onisque causa, V 39, 2; cf.

40, 2; VII 48, 2; occupatum esse in munitione castrorum, V 15, 3; -one prohibere aliquem, I 40, 3; castrorum, V 9, 8; ad -em, VII 45, 6; — 2) (concretely) *fortification, works:* defendit aditus, VI 37, 5; perterritos recipiat, VI 39, 2; ab ea parte -onis, III 22, 4; haec genera -onis, VII 72, 1; -oni praeficere aliquem, I 10, 3; -em instituere, VII 69, 6; perficere, III 3, 1; V 42, 5; VII 71, 1; 74, 1; transgredi, VII 46, 4; defendere, VII 73, 2; perrumpere, VII 82, 2; intra -em abicere, V 48, 5; cf. V 51, 2; intra -em continere milites, V 57, 4; extra -em egredi, VI 36, 3; aggerem in munitionem conicere, VII 85, 6; cum castris una -one coniungi, V 11, 5; ab -e abesse, VII 82, 1; in -e consedit, VII 80, 4; pl. -es integrae manebant, VI 32, 5; -orum munitiones, VII 52, 3; -onum praesidia, VII 74, 1; utraque pars -onum, VII 80, 1; magnitudo, VII 86, 4; -ibus appropinquare, VII 82, 4; ascensus ad -es, II 33, 2; pervenire ad -es, III 26, 2; castra -esque, III 6, 3; se per -es deicere, VII 26, 5; ad -es pugnare, V 44, 3; intra -es ingredi, V 9, 6; sese recipere, V 44, 13; reducere, VII 51, 4; aggerem ad -es adicere, V 9, 7; extra -es procedere, V 44, 2; VI 8, 1; egredi, VII 35, 9; -es hostium, V 52, 2; usque ad -es, VII 70, 4; ad -es advolare, VII 72, 2; accedere, VII 78, 4; 81, 1, 4; 83, 7; intra -es esse, VII 70, 6; -es reducere, VII 72, 2; -es perfringere, VII 85, 3; tantas -es fieri, VII 73, 1; campestres -es, VII 81, 1; 83, 7; superiores, VII 85, 4; exteriores, VII 87, 4; -es cognoscere, VII 83, 1; circumire, VII 87, 4; vallo -ibusque depellere aliquim, III 25, 1; cf. VII 88, 2; locum -ibus firmare, VI 29, 3; in -ibus consistere, VI 38, 5; 41, 1; in -ibus exerceri, VII 77, 10; nostrae, VII 79, 1; -ibus contineri, VII 80, 4; distineri, VII 84, 3; — *strength:* operis munitio, I 8, 4; munitione tutum esse, VII 14, 0; (loci) qui se ipsa -one defenderet, VII 20, 3.

mūnus, eris, n., *task, service:* m. militiae sustinere, VI 18, 3; eodem illo -ere fungebatur, VII 25, 3; — *gift:* -a mittere amplissime, I 43, 4.

mūrālis, e, m., *of the wall*, mural: falx, III 14, 5; -ia pila, V 40, 6; VII 82, 1.

mūrus, ī, m., *wall:* oppidi, VII 46, 1; 52, 3; cf. VII 18, 1; 47, 3; 46, 3; murus ... arcem efficit (scil. montem), I 38, 6; -i altitudo, II 12, 2; 32, 4; VII 23, 4; iusta altitudo, VII 23, 4; instar -i, II 17, 4; -um nudare, II 6, 2; perducere, I 8, 1; cingere (*to man*), VI 35, 9; subruere, II 6, 2; attingere, II 32, 1; complere, VII 12, 5; but cf. VII 27, 3; ascendere, VII 27, 2; 47, 2; 50, 3; turribus contabulare, VII 22, 3; praeducere, VII 46, 3; in -um lapides iacere, II 6, 2; in -um efferre aliquem, VII 47, 7; muro deici, VII 28, 1; toto -o circumfundi, VII 28, 2; de -o iacere, II 32, 4; custodias in -o disponere, VII 27, 1; de -o iactare, VII 47, 5; manus tendere, VII 48, 2; in -o consistere, II 6, 3; collocare aliqd., II 29, 3; 30, 4; locum muro munire, II 29, 1; silva

pro nativo -o obiecta, VI 10, 5; cf. VII 8, 3; ex -o pacem petere, II 13, 3; irridere, II 30, 3; sub -o, VII 69, 5; s. m. consistere, VII 48, 2; muro praecipitari, VII 50, 3; muri Gallici, VII 23, 1; intra oppida ac -os compelli, VII 65, 2; de muris demitti, VII 47, 6.

mūsculus, ī, m., covered hut to protect sappers in siege-work, VII 84, 1.

mutilus, a, um, adj., *maimed, broken* (alces): -ae sunt cornibus, VI 27, 1.

mūtō, v. 1, *to change*, VII 45, 9.

N.

nam (co-ord. conjunction, prepositive), *for* (☞ in I 12, 4 in pass. br. by Paul): occurring in the body of a period, I 19, 2; III 15, 5; 33, 5; 42, 2; VII 17, 1; 38, 3; after a colon or semicolon, never after a mere comma; at the beginning of a new sentence, after a period, I 16, 2; 46, 4; 26, 2; II 6, 2; 19, 2; III 16, 2; 19, 6; 28, 2; IV 25, 2; 31, 2; 32, 4; V 34, 1; 53, 4; VI 8, 7; 13, 2, 5; 21, 1; 30, 2; 34, 4; VII 3, 2, 3; 4, 10; 6, 3; 22, 2; 29, 6, 4; 1, 56, 2; 61, 5; 66, 6; 77, 14; in a parenthesis, I 18, 10; II 14, 1; 23, 1; 30, 4; IV 14, 4; — *as an enclitic:* quinam quisnam (*which in the world, really, indeed*) controversias habebant, quinam anteferretur, V 44, 2; quibusnam manibus ... tanti oneris turrim in muro sese collocare confiderent, II 30, 4.

Nammeius, ī, a leading man among the Helvetii, I 7, 3.

Namnetēs, um, m., a tribe on the lower Loire (Nantes), III 9, 10.

namque (καὶ γάρ) (ellipt. combination, cf. etenim), *and (with good reason) for, for;* at the beginning of a new period, I 38, 3; III 13, 1; VII 59, 5; after a colon, IV 34, 1; VI 11, 5.

nancīscor, ī, nactus or nanctus, v. dep. 3, *get, come upon* (of good fortune rather than endeavor): praedam, VI 35, 9; frumentum et pecoris copiam, VII 56, 5; naviculam, I 53, 3; idoneam ad navigandum tempestatem, IV 23, 1; cf. V 7, 4; IV 36, 3; ☞ clivom nactus, emend. by Heller for concionatus, VII 47, 1; tres suos manipulares, VII 47, 7; idoneum locum, VII 85, 1; et ventum et aestum secundum, IV 23, 6; equites circiter xxx, IV 35, 1; recentem equitatum ibi, VII 9, 4; copiam frumenti ibi, VII 32, 1; spatium, V 58, 4; locum egregie ... munitum, VII 9, 4; summum iugum, VII 67, 5; obsides quos Caesar ... deposuerat, VII 63, 3.

Nantuatēs, um, m., tribe in the Alps (Celtic), in the Mt. Blanc region, III 1, 1, 4; 6, 5; in the upper course of the Rhine, IV 10, 3.

Narbō, ōnis, f., town in S.W. provincia, on the sea (Narbonne), III 20, 2; VII 7, 2, 4.

nāscor, ī, nātus, v. dep. 3, *to be born, spring from, grow; of metals: to be found:*

plumbum album, ferrum, V 12, 5; multa genera ferarum, VI 25, 5;—*arise:* factiones dissensionesque, VI 22, 3; profectio nata ab timore, VII 43, 5; collis, II 18, 2;—*of men:* antiquissima familia, VII 32, 4; ex iis (uxoribus), V 14, 5; amplissimo genere, IV 12, 4; summo loco, V 25, 1; VII 39, 1; loco honesto, V 45, 2; illustriore loco, VI 19, 3; amplissima familia, VII 37, 1;—*of animals* (iumenta): nata (*bred*) apud eos, IV 2, 2; in insula (*of creation of aborigines*), V 12, 1; in bello latrociniisque, VI 35, 7; imperio (dat.), VII 37, 2.

nātus, ūs (verbal noun), *birth:* maior -u (*elder*), II 13, 2; 28, 1; IV 13, 4.

Nasua, ae, a German leader, I 37, 3.

nātālis, e, adj., *ref. to birth:* n. dies (*birthday*) -em observare, VI 18, 2.

nātiō, ōnis, fem. (nascor), *race, people:* ad omnes -es sanctum, III 9, 3; n. omnis Gallorum, VI 16, 1; hae -es (scil. Germans and Gauls), VI 11, 1;- Sueba (nom.) natione, I 53, 4; tantae nationes, III 11, 3; maximae, III 28, 2;—*of different tribes within Gaul:* reliquae -es, III 10, 2; paucae ultimae, III 27, 2 (ultimae Germanorum -es, IV 20, 4); quae aut quantae -es, IV 20, 4; hae nationes (scil. Aquitania), III 11, 3; eos quoque -es (Illyricum), III 7, 1; -es quae sub eorum (Sueborum) sint imperio, VI 10, 1; quae trans Rhenum incolerent, II 35, 1; ferae barbaraeque, IV 10, 4; longinquae, VII 77, 16.

nātīvus, a, um, adj., *natural:* murus, VI 10, 5.

nātūra, ae, f., 1) *nature:* cogebat, VI 7, 7; paene -am studio vincere, VI 43, 5; naturā libertati studere, III 10, 3; -ā munitum (oppidum), II 29, 2; cf. V 9, 4; insula naturā triquetra, V 13, 1;—2) *character:* montis, I 21, 1; VII 26, 3; loci, I 2, 1; 38, 4; II 18, 1; 22, 1; III 9, 3; 13, 7; 23, 2; IV 23, 3; V 57, 1; 9, 8; VII 14, 9; 17, 1; 15, 5; 74, 1; rerum, IV 17, 7; VI 14, 6; feminae marisque, VI 26, 3; fluminis, IV 17, 4; n. moresque (gentis), II 15, 3.

nauta, ae, m., *sailor:* -ae gubernatoresque, V 10, 2; III 9, 1.

nauticus, a, um, *naval:* -ae res (*navigation, seamanship*), III 8, 1.

nāvālis, e, adj., *naval:* pugna, III 19, 5; castra -ia, V 22, 1.

nāvicula, ae, *a little boat, skiff:* deligata ad ripam, I 53, 3.

nāvigatiō, ōnis, f., *navigation, sailing:* impedita, III 9, 4; in concluso mari, III 9, 7; -em hiemi subicere, IV 36, 2; impedire, V 7, 3; a navigatione excludi, V 23, 5; tot navigationibus, V 23, 3.

nāvigium, ī, n., *ship, vessel:* n. remis incitare, III 14, 6; speculatoria -a, IV 26, 4; vectoria graviaque -a, V 8, 4.

nāvigō, v. 1, *to sail:* in Britanniam, III 8, 1; difficultas -andi, III 12, 5; insuetus -andi, V 6, 3; idonea ad navigandum tempestas, IV 23, 1; inutilis, IV 29, 3; parata ad, V 5, 2; (navis) commode navigare, IV 31, 3.

nāvis, is, f. (☞ abl. always *navi* in MSS.), *ship:* quae milites portaret, IV 23, 4; longa, *a war-galley,* IV 21, 1; cf. 22, 3; 26, 4; V 8, 4; 2, 2; IV 25, 1; ex navi proicere, IV 25, 4; desilire, IV 25, 5; alius ex alia navi se aggregabat, IV 26, 1; navis solvit (*puts to sea*), IV 28, 1; procedit, VII 61, 5; deperit, V 23, 1; cursum tenet, V 5, 2; es conveniunt, IV 21, 4; desunt, IV 30, 1; navi egredi, IV 21, 9; ex navi egredi, IV 26, 2; 27, 3; naves afflictare, III 12, 1; habere, III 8, 1; occupare, IV 4, 7; instituere, V 11, 4; detinere, III 12, 5; facere armareque, III 13, 1; cf. § 3; reficere, V 23, 1; IV 29, 4; deprendere, VII 58, 4; armare, V 1, 4; attribuere alicui, III 14, 3; VII 60, 1; subducere, V 11, 5, 6; 24, 1; circumstare, III 15, 1; convertere, III 15, 3; parare, IV 22, 1; mittere, IV 17, 10; expugnare, III 15, 2; aedificare, III 9, 1; V 1, 1; tenere, IV 22, 4; iungere, I 8, 4; conscendere, IV 23, 1; solvere, IV 36, 1; V 8, 2; constituere, IV 23, 6; 24, 2; amittere, IV 31, 3; V 11, 2; frangere, IV 29, 3; appellere (aliquo), *to land,* V 13, 1; cf. III 12, 3; VII 60, 4; cogere, III 16, 2; 9, 0; IV 22, 3; naves paratae atque ... ornatae, III 14, 2; onerariae, IV 22, 4; 25, 1; infirmae, IV 36, 2; adflictae, IV 31, 2; nostrae, III 13, 9; Gallicae, III 14, 7; barbarae, III 14, 4; usus navium, III 9, 3; 14, 7; facultas, III 9, 6; carinae, III 13, 1; inopia, IV 4, 4; copia, IV 16, 8; multitudo, IV 20, 4; V 8, 6; tanta onera -ium, III 13, 6; figura, IV 25, 2; eventus -ium (*misfortune of a bold brachylogy*), IV 31, 1; concursus, V 10, 3; cursus, V 8, 4; numerus, V 23, 3; navibus praeficere alqm., III 11, 5; praesidio esse, V 9, 1; 11, 7; vereri, V 9, 1; in naves transcendere, III 15, 1; conscendere, V 7, 4; naves afflictas atque in litore eiectas esse, V 10, 1; ad naves reverti, V 11, 1; navibus subvehere alqd., I 16, 3; transire, IV 17, 1; milites transportare, VII 61, 3; plurimum posse, III 9, 6; flumen transire, III 11, 2; cf. VI 35, 6; egredi, IV 24, 1; de navibus desilire, IV 24, 2; 25, 5; ex navibus exponere milites, IV 37, 1; -ibus avehere alqd., VII 55, 8.

nāvō, v. 1 (to work w. genuine effort), confined to the phrase operam navare, *to exert one's self to the utmost, do one's best,* II 20, 3.

nē, 1) *that not, in order that not,* introducing final clauses ;— *w. subj. present after historical present,* I 9, 4; II 5, 2; III 11, 3; V 22, 5; 48, 4; VI 5, 2; 20, 5; VII 45, 8 (70, 2); 70, 6; 90, 5;— *w. imperf. subj. after historical present,* IV 0, 1; VI 9, 5; 20, 2; VII 45, 7; 75, 1;— *subj. imperf. after historical tenses proper,* I 28, 4; 37, 4; 38, 2; 49, 2; 51, 2; II 8, 4; 21, 6; 33, 1; III 10, 2; 20, 2; 29, 1; IV 13, 4; 25, 5; V 3, 6; 4, 1; 23, 5; 27, 5; VI 5, 5; 40, 7; VII 33, 1; 2; 35, 3, 7; 43, 5; 52, 2; 54, 2; 55, 7; 69, 7; 73, 3;— *subj. present after principal tense* (iterat.), VI 13, 7; 22, 3; altera (causa) ne ad eos . . . receptum haberet, VI 9, 2; but cf. VI 22, 3; — 2) as introducing the *negative complement of verba studii et voluntatis:* se eripuit ne causam diceret, I 4, 2; after contendere, I 31, 2; cohortari, VI 8, 1; VII 29, 2; adhortari, VI 37, 10; VII 40, 4; confirmare aliquem, VII 53, 1; cogitare, V 57, 1; cavere inter se, VII 7, 2; orare, IV 11, 1; V 31, 1; VI 32, 1; VII 39, 3; obsecrare, I 20, 1; praecipere, I 22, 3; sancire, I 30, 5; postulare, I 35, 3; 42, 4; 43, 9; imperare, I 46, 2; II 32, 2; implorare, I 51, 3; petere, IV 9, 1; VII 2, 2; 17, 5; 26, 3; prospicere, V 7, 2; hortari, V 38, 2; VII 24, 2; providere, VII 20, 12; id ne accidat, positum in eius diligentia, etc., VII 32, 5; after certain negative verbs and phrases, introducing the complement: deterrere, I 17, 2; 31, 16; vereri, I 19, 2; 42, 4; II 1, 2; V 3, 5; 26, 4; 47, 4; VII 11, 6; 28, 2, 6; 67, 7; 82, 2; perterritum esse, I 27, 4; VII 26, 5; timere, II 26, 2; interdicere, VII 40, 4; difficultatem afferre, VII 10, 1; in difficultatibus esse, VII 35, 2; — 3) w. the subj. representing in oratio obl. the imperative of oratio recta; ne . . . aut suae magnopere virtuti tribueret aut ipsos despiceret, I 13, 5; ne committeret ut, I 13, 7; cf. I 26, 6; II 31, 4; IV 11, 6; V 34, 1; cf. VII 66, 7; 86, 2.

nē, -quidem (*not even*) ne in occulto quidem, I 32, 4; ne obsidibus q. datis, I 37, 2; cf. I 39, 1; 40, 9; 50, 2; II 3, 5; III 2, 4; 19, 3; IV 9, 2; ne in locis q. superioribus, III 6, 2: ne di quidem immortales, IV 7, 5; cf. V 11, 6; 40, 7; 43, 4; 44, 5; VI 21, 2; 24, 6; 28, 4; 35, 9; 36, 1; 42, 1; VII 6, 4; 8, 3; 29, 0; 53, 4; 56, 2; 62, 7; 74, 1; non modo non sed ne- quidem, I 16, 2; cf. II 17, 4; non modo, sed ne- quidem, III 4, 3.

nē, interrogative, enclitic particle, ipsorum esse consilium, velintne . . . deducere, V 27, 9; haud scio mirandumne sit, V 54, 5; — *in direct question:* Romanos . . . animine causa exerceri putatis (?), VII 77, 10; — *in disjunctive dependent questions:* declararent *utrum* proelium committi ex usu esset nec*ne,* I 50, 4; copiasne adversus hostem ducere *an* castra defendere *an* fuga salutem petere praestaret, IV 14, 2; copias suas indicio*ne* non conduxerit . . . *an* tempore exclusus, etc., dubium est, VI 31, 1; id ea*ne* de causa . . . an perfidia adducti fecerint non videtur pro certo esse proponendum, VII 5, 6; neque interesse, ipsos*ne* interficiant impedimentisque exuant, VII 14, 8.

nec, v. neque.

necessārius, a, um, adj., *pressing, urgent, necessary:* -a res, I 17, 6; II 21, 1; -ae res, VII 66, 5; causa (*excuse*), I 39, 3; — *critical:* tempus, I 16, 6; VII 32, 2; 40, 4; — *as noun: close friend,* I 11, 4; cf. ἀναγκαῖος.

necessāriō, abl. as adv., *under compulsion, under stress of necessity,* I 51, 2; IV 28, 3; V 23, 5; VI 4, 2; VII 14, 4; 16, 3; VII 56, 2; 72, 2; 83, 2; 86, 2; — *unavoidably,* III 14, 7; 29, 2.

necesse, adv., est (*it is necessary*) eos . . . paenitere, IV 5, 3; quae sit necesse accidere victis, VII 14, 10; n. sit constare victoriam, VII 19, 4; id quod n. erat accidere, IV 29, 3; quod fieri n. erat, V 33, 6; eam partem nudari n. erat, V 35, 2; erat . . . et materiari et frumentari et tantas munitiones fieri necesse, VII 73, 1; n. sit nobis Gergoviam contendere, VII 38, 7; accidit, quod fuit n., V 39, 2.

necessitās, ātis, f., *necessity:* -ate contineri, II 11, 5; adductus, VI 12, 5; — *urgency:* temporis, II 22, 1; rei, VII 56, 4; — *advantage, interest:* non suarum necessitatum . . . causa, VII 89, 1.

necessitūdō, inis, f., *intimacy, close relations:* causae necessitudinis intercedunt alicui cum aliquo, I 43, 6.

necne, *or not*, cf. -nĕ (utrum necnĕ, I 50, 4).

necō, v. 1, *kill, inflict death, put to death, execute:* igne atque omnibus tormentis, VII 4, 10; omnes, V 6, 5; omnem senatum, III 16, 4; omnibus cruciatibus affectus necatur, V 56, 2; cum cruciatu necabatur, V 45, 1; igni, I 53, 7.

nēcubi (ne alicubi), conj., *in order that nowhere,* VII 35, 1.

nefārius, a, um (nefas), *wicked, accursed:* crudelitas, VII 77, 2; facinus, VII 38, 8.

neglegō, ere, ex, ectum, v. 3, 1) *neglect:* salutem, VII 39, 3; rei familiaris commoda, VII 14, 5; metum mortis, VI 14, 5; religionem, VI 17, 5; hanc partem, III 10, 2; hoc facere, III 27, 2; mittere (*understood*), IV 38, 4; — 2) *treat lightly, ignore, make nothing of:* suum periculum, VII 77, 9; imperium, V 7, 7; Aeduorum iniurias, I 35, 4; 36, 6; ea, V 28, 1.

negō, v. 1, 1) *deny:* se posse iter dare, I 8, 3; se ad armatum hostem iturum, V 36, 3; fines eorum se violaturum, VI 32, 2; — 2) *refuse:* alicui, V 27, 6; obstinate alicui, V 6, 4.

negōtior, v. dep. 1, *to do business,* VII 3, 1; 42, 5; 55, 5.

negōtium, I, n., *business:* quid negotii, I 34, 4; -o praeesse, V 2, 3; negotio praeficere aliquem, VII 61, 2; -um conficere (v. conficio) of desistere, I 45, 1; — *task:* n. alicui dare ut, II 2, 3; — *trouble:* neque esse quicquam negotii, II 17, 2; nihil esse -ii . . . legionem interfici, VII 38, 4; reficere (naves) magno negotio, V 11, 2; — *action:* in ipso -o consilium capere, V 33, 1.

Nemetēs, um, pl. m., a German tribe, I 51, 2; probably in Southern Baden and Würtemberg, VI 25, 2.

nēmō (ne- homo), inis, m., *nobody, no one,* I 18, 3; 20, 2; II 33, 6; V 43, 4, 6; 51, 5; I 20, 4; 30, 6; IV 30, 2; VII 28, 2; m. eorum, VII 66, 6; in antithesis to *se*, I 40, 16; followed by *quin* nemo est tam fortis quin rei novitate perturbetur, VI 39, 3; esse neminem quem non superare possint, IV 7, 5.

nēquāquam, *by no means,* IV 23, 4; n. pari bello, VII 77, 12.

Nec — Nisi

nec and **neque**, nec only once before vowels, I 41, 3; acc. to Holder's count; otherwise before consonants (86 per cent is neque, the rest nec); nec ... neque (*neither, nor*), I 41, 3; VII 48, 4; V 35, 4; neque ... nec, IV 1, 6; nec ... nec ... nec, VII 75, 1; nec ... nec, VII 85, 6; — NEC, *and not*, I 20, 2; VI 37, 2; 43, 4; VII 21, 1; 62, 4; 20, 11; 25, 1; 40, 2; 72, 2; 84, 3; 44, 4; 85, 6; 52, 4; 25, 4; 21, 3; 77, 9; at the beginning of a period, VII 28, 3; 31, 1; nec ... et, V 31, 5; — NEQUE, *and not* (οὐδέ), I 4, 4; 22, 1; 32, 4; 53, 6; 17, 3; 35, 2; 47, 1; 53, 1; 18, 6; 33, 4; 40, 8; II 3, 2; 10, 5; 17, 2, 4; 10, 4; 13, 2; 10, 5; III 14, 3; 2, 3; 4, 2; 22, 3; 28, 1, 3; 18, 4; 9, 5; IV 2, 4; 8, 2; 29, 2; 32, 1; 17, 3; 1, 7; 10, 2; 26, 5; 1, 8; 16, 2; V 56, 1; 55, 2; 3, 3; 8, 5; 27, 3; 30, 2; 48, 8; 52, 1; 53, 5; 17, 3; 44, 6, 14; 17, 3; 53, 6; 2, 2; 14, 1; 22, 4; 7, 7; 17, 5; 6, 2; VI 8, 1; 17, 5; 14, 1; 11, 4; 34, 6; 36, 1; 41, 3; 14, 3; 22, 2; 23, 2; 25, 4; VII 45, 4; 63, 8; 1, 2; 14, 8; 23, 3; 30, 1; 36, 4; 76, 5; 77, 15; 47, 7; 75, 5; 5, 4; 47, 3; 64, 2; 66, 4; 59, 4; 62, 8; 25, 4; 80, 5; continuing some negative, I 7, 5; 30, 5; 30, 7; 40, 12; 44, 9; II 11, 1; IV 8, 1; V 28, 4; VI 25, 1; 35, 9; VII 20, 2; 43, 4; neque ... neque, *neither, nor*, I 16, 6; 31, 7; 9, 11; 34, 3; 39, 4; 43, 5; 44, 9; 45, 2; 14, 2; 42, 5; 36, 5; 40, 3; 45, 1; 25, 3; II 11, 5; 12, 5; 15, 5; 25, 1; 3, 2; 22, 1; III 3, 1; 9, 6; 13, 8; 14, 1; 3, 2; 6, 1; 12, 1; 10, 3; IV 1, 6; 14, 2; 20, 3; 22, 2; 4, 4; 13, 1; 26, 2; 7, 3; 17, 1; 26, 1; V 2, 4; 10, 2; 16, 1; 29, 2; 52, 6; 17, 4; 38, 1; 23, 3; 38, 1; V 7, 5; 9, 6; 14, 4; 40, 6; 21, 1; 28, 2; 7, 5; 13, 7; 27, 2; 37, 6; VII 1, 7; 52, 1; 76, 2; 77, 3; 87, 5; 70, 2; 9, 4; 23, 5; 39, 3; three cases, I 45, 1; II 22, 1; IV 22, 2; 26, 1; neque ... et, III 14, 4; IV 1, 10; 29, 4; V 19, 1; 26, 2; 29, 4.

nēquīquam, adv. (for nothing), *to no purpose, in vain*, II 27, 5.

Nervicus, a, um, adj., *concern. the Nervians, of the N.*: -um proelium, III 5, 2.

Nervius, i, *Nervian* (most warlike tribe amongst Belgae), V 35, 2; -ii, orum, their character, II 15, 4; their mode of defending their open country, II 17, 4; their battle w. Caesar on the banks of Sabis, II 16, 2; 17, 2, 5; 19, 1; 23, 4; 28, 1; 29, 1; 32, 2; Q. Cicero with one legion in winter quarters in their country, V 24, 2; they lay siege to C. winter quarters, V 38, 2; 39, 3; 41, 1; 42, 1; 46, 4; 48, 2; 58, 7.

nervus, i, m., *strength*: opes ac nervi, VI 20, 2; vires nervique, VI 21, 4.

neu (= neve), *and that not* (continuing ne final), V 22, 5; VII 53, 1; continuing ut final, II 21, 2; IV 17, 10; V 34, 3; VII 8, 4; 47, 5; 71, 3; introducing second clause after praecipit atque interdicit, V 58, 4; in correlation w. another neu, VII 14, 9.

nēve (v. neu), continuing ne final, I 26, 6; in correlation w. *neve* (orat. obl. of imperative), I 35, 3; continuing ut final, VI 20, 1.

neuter, tra, um, adj., *neither*: neutri initium faciunt, II 9, 2; neutris auxilium mittere, VII 63, 7.

nex, cis, f. (violent) *death* (execution): vitae necisque potestatem habet, I 16, 5; VI 19, 3; 23, 4.

nihil, n., 1) *nothing*, II 28, 1; III 8, 3; IV 5, 1; 12, 1; V 7, 7; 13, 4; 28, 3; 29, 6; 33, 1; 36, 5; VI 13, 1; VII 43, 1, 4; 47, 3; 77, 3; nihil erat quo famem tolerarent, I 28, 3; nihil respondere, I 32, 3; n. reliqui, I 11, 5; II 26, 5; n. earum rerum, I 32, 2; sui, I 43, 8; vini, II 15, 4; V 41, 5; privati ac separati agri, IV 1, 7; spatii, IV 13, 3; negotii, V 38, 4; consilii, VI 12, 4; quarum rerum n., III 4, 3; n. carum rerum, V 1, 7; n. omnino, IV 1, 9; n. posse, II 17, 4; — 2) adverbially: *not at all*: n. commoveri ea re, I 40, 12; n. nocitum iri, V 36, 2; expectabant imperium, II 20, 4; n. his noceri posse, V 34, 4; n. de bello timendum, III 3, 1; n. saxa ... timerent, III 13, 9; n. profici posse, III 21, 3; n. timebet, V 57, 1; n. se de bello cogitavisse, VI 32, 1; quod n. nobis constat, VII 5, 6; si n. in oppugnatione oppidi profecissent, VII 20, 11; — **nonnihil** (*somewhat, considerably*) carpi, III 17, 5; nihilo magis, *not any the more*, VII 53, 2; nihilo minus (*all the same*), I 5, 1; V 55, 3; VII 64, 7; nihilo setius (-cius) (*not any differently, with all that*), I 49, 4; IV 17, 9; nihilo tamen setius, V 4, 3; 7, 4.

nimis, adv., *too much, excessively*: n. firmo (praesidio), VII 36, 5.

nimius, a, um, adj., *excessive*: -a obsequentia, VII 29, 4.

nisi, conj., 1) *if not*: quod n. ... milites essent defessi, omnes hostium copiae deleri potuissent, VII 88, 6; qui nisi decedat ... sese ... habiturum, I 44, 11; n. subsidium submittatur, sese diutius sustinere non posse, II 6, 4; n. ita fecissent, sese bello civitatem persecuturum demonstrat, V 1, 8; pro vita hominis n. hominis vita reddatur, non posse deorum immortalium numen placari arbitrantur, VI 16, 3; summae se iniquitatis condemnari debere, nisi eorum vitam sua salute habeat cariorem, VII 19, 5; Galli, nisi perfregerint munitiones, de omni salute desperant, VII 85, 3; — 2) *unless, except*: ne proelium committeret nisi, I 22, 3; ne quis enuntiaret n., I 30, 5; quod n. rogatus non venerit, I 44, 6; discedere n. munitis castris vetuerat, II 20, 3; — *nisi si* quid ... sit auxilii, I 31, 14; deditionis nullam esse condicionem n. armis traditis, II 32, 2; nihil n. communi consilio acturos, III 8, 3; n. aequo loco, etc. ... legato dimicandum non existumabat, III 17, 7; naves ... n. in alto constitui non poterant, IV 24, 2; desilite ... n. vultis aquilam ... prodere, IV 25, 3; nihil reperiebamus, n. ... videbamus, V 13, 4; quid volunt n., VII 77, 15; n. cum adoleverunt, VII 28, 3; n. per concilium loqui non conceditur, VI 20, 3; ut

Nitiobrĭgēs   **Nōn**   113

nisi obsidione expugnari non posse videretur, VII 69, 1; id n. necessario non faciat, VII 86, 2.
Nitiobrĭgēs, um, m., people in Aquitania, VII 7, 2; 31, 5; 46, 5; 75, 3.
nītor, ī, nīsus and nixus, v. dep. 3, *rely upon:* dolo aut insidiis. I 13, 6; — *strive, make a strong effort:* perrumpere, VI 37, 10; ad sollicitandas civitates, VII 63, 2.
nix, nivis, f., *snow:* altissima, VII 8, 2; Liger ex nivibus creverat, VII 55, 10.
nōbĭlis, e, adj., 1) *noble, of high birth:* longe nobilissimus, I 2, 1; nobilissimi cuiusque, I 31, 12; n. dux Lugotorix, V 22, 2; homini illic nobilissimo ac potentissimo, I 18, 6; — 2) (*as noun*) multi nobiles.principesque populi Romani, I 34, 12; sese in servitutem dicant nobilibus, VI 13, 2; legatos ad eum mittunt nobilissimos civitatis, I 7, 3; obsides dare -issimos civitatis, I 31, 7; Tres -issimi Aedui, VII 67, 7; — 2) *splendid:* quos fama nobiles ... cognoverunt, VII 77, 15.
nōbĭlĭtās, ātis, f., 1) *high birth:* Iccius Remus summa -ate, II 6, 4; — 2) *nobility* (as a class): omnis n. interiit, VII 38, 2; coniuratio -atis, I 2, 1; omnem -em amisisse, I 31, 6; omni nobilitate Aeduorum, opp. to plebs, V 3, 6; ut Gallia omni -e spoliaretur, V 6, 5.
nŏcĕō, ēre, uī, itum, v. 2, *do harm to, inflict injury upon:* alicui: Mandubracio, Trinobantibus, V 22, 5; sibi ac reipublicae, V 7, 2; his (scil. navibus), III 13, 8; ponti, IV 17, 10; neque iis (scil. oppidis) noceri posse, III 14, 1; nihil his noceri posse, V 34, 4; ipsi nihil nocitum iri, V 36, 2; rostro (abl.) noceri non posse, III 14, 4; — NOCENS, *wrongdoer:* ne innocentes pro nocentibus poenas pendant, VI 9, 7; in nocendo, VI 34, 7; noceretur, VI 34, 7.
noctū, adv., *by night* (opp. interdiu, I 8, 4; VII 72, 2), II 33, 1; III 2, 1; IV 32, 4; V 9, 2; 37, 6; 40, 2, 6; 53, 2; VI 7, 8; 43, 6; VII 11, 6; 26, 3; 69, 7; 71, 6.
nocturnus, a, um, adj., *occurring at night, nightly:* -um tempus, V 40, 5, 7; 11, 6; -us labor, VII 83, 7; -a concilia, V 53, 4; opp. diurnus, VII 9, 4; 22, 4; 56, 3; I 38, 7.
nōdus, ī, m. (knot), *joint:* crura sine -is, VI 27, 1.
nōlō, nōlle, nōluī v. (ne volo), *to be unwilling:* discedere, I 10, 3; fortunam temptare, III 6, 4; auctores belli esse, III 17, 3; hanc inveterascere consuetudinem, V 41, 5; cas res iactari, I 18, 1; illum effugere, V 58, 4; Germanos diutius in Gallia versari, II 1, 3; sese interfici, IV 37, 1; eum locum ... vacare, I 28, 4; — *as auxiliary of prohibition:* nolite exspoliare, VII 77, 9.
nōmen, inis, n., *name:* populi Romani, I 31, 16; id castelli n. est, VI 32, 4; oppidum ... nomine Bibrax, II 6, 1; Nervius nomine Vertico, V 45, 2; n. atque opinio (*reputation*) exercitus, IV 16, 7; stirps ac n. civitatis, VI 34, 8; gens ac n. Nerviorum, II 28, 1; fraternum n. populi R., I 36, 5;

nomen capere, I 13, 7; uno nomine Germani appellantur, II 4, 10; — *class, character* (properly *designation*) : legatos, quod n. ad omnes nationes sanctum inviolatumque semper fuisset, III 9, 3; — *as:* obsidum nomine, III 2, 5; pecunias dotis nomine accipere, VI 19, 1; suo nomine, *on his own account, private score,* I 18, 8; se suo nomine atque arbitrio ... bellum gesturos, VII 75, 5; servitutem deditionis nomine appellant, VII 77, 3; capita singula praedae nomine distribuit, VII 89, 5; iis nominibus appellantur, V 12, 2.
nōmĭnātim, adv., *by name* (name for name): n. ratio confecta erat, I 29, 1; n. centuriones appellare, II 25, 2; viros fortes n. eoscare, III 20, 2; cf. V 4, 2; VII 39, 1.
nōmĭnō, v. 1, *to name, mention:* flumen Sabis, II 18, 1; — *call, designate as:* quos stimulos nominabant, VII 37, 9.
nōn, adv., *not,* as negative of clause, preceding the main verb of clause, I 3, 6; 7, 4; 9, 1, 2; 11, 2, 3; 12, 1; 13, 5; 14, 2; 16, 6; 17, 3, 5; 23, 3; 26, 1, 5; 31, 8, 13, 15; 33, 5; 35, 4; 36, 2, 6, 7; 39, 7; 40, 7, 12, 15; 41, 5; 42, 2; 44, 6, 8, 9; 45, 1; 46, 3; 47, 2, 4; 48, 3; 50, 4; 52, 3; II 2, 5; 6, 4; 10, 5; 12, 2; 16, 4; 17, 3; 23, 2; 25, 1; 27, 4; 31, 2, 5; III 14, 4; 15, 3; 17, 7; 18, 5; 24, 5; 29, 2; IV 2, 6; 3, 1, 4; 8, 2; 11, 2; 21, 9; 22, 5; 24, 2; 26, 5; 29, 4; 35, 2; 36, 2, 4; 38, 2; V 3, 4, 5; 5, 2; 8, 2, 4; 12, 6; 14, 2; 17, 2; 18, 5; 21, 5; 27, 4; 28, 5; 33, 2, 4; 34, 1; 41, 7; 43, 5; 46, 4; 47, 4; 48, 5; 50, 3; 54, 3; 56, 3; VI 2, 1, 2, 3; 7, 6; 8, 1, 6; 11, 4; 13, 6; 14, 5; 16, 3; 18, 3; 20, 3; 22, 1; 23, 8, 9; 25, 5; 31, 1, 5; 36, 2; 37, 2; 40, 4; 41, 2; 42, 1; VII 2, 2; 4, 2, 3; 5, 6; 13, 2; 14, 4; 7, 8; 17, 2; 20, 5, 6; 23, 5; 25, 1; 26, 4; 30, 1; 33, 1, 2; 37, 3, 6; 47, 2; 50, 4; 54, 2; 55, 7, 10; 66, 5, 6; 69, 1; 71, 6; 75, 5; 77, 5, 10, 11; 80, 8; 83, 2; negativing particular words: *adverbs:* n. facile, I 1, 4; n. solum, etc. (*v.* solum), non modo (*v.* modo), n. amplius (οὐκέτι), I 15, 5; 23, 1; 38, 4; II 16, 1; 29, 4; IV 11, 1; 12, 1; VII 73, 6; n. longius, I 22, 1; II 21, 3; VII 7, 2; n. minus, I 30, 3; 31, 2; 44, 5; II 20, 3; V 27, 3; n. mediocriter, I 39, 1; n. irridicule, I 42, 6; (litotes) n. nequiquam, II 27, 5; n. satis commodi, III 13, 6; n. prius, III 18, 7; IV 12, 2; VII 36, 1; non enim aliter, VI 25, 1; n. facile, II 18, 2; III 23, 7; V 27, 6; VII 48, 4; n. multum, III 25, 1; VII 17, 2; n. longius, VII 79, 1; constanter ac n. timide, III 25, 1; n. frustra, III 25, 1; n. minus perturbantur Galli, VII 70, 6; n. longe, I 10, 1; IV 1, 1; V 21, 2; n. sublicae modo, IV 17, 4; n. adeo, V 27, 4; n. nimis, VII 36, 6; n. necesse sit, VII 38, 7; n. sua sponte, I 44, 2; n. sua voluntate, I 20, 4; non sine magna spe, I 44, 2; n. ad nutum, I 31, 12; n. ad alterius praescriptum, I 36, 1; n. sine causa, V 6, 5; n. sine summo timore, V 33, 5; — *n. ita magno* ... numero, IV 37, 1; n. ita multum, V 47, 3; — *v. adjectives and*

Nōn — **Noster**

pronouns, etc.: non magnum usum, I 39, 2; n. minorem ... voluptatem, I 53, 6; n. minorem laudem, I 40, 5; palus erat n. magna, II 9, 1; n. longiore oratione, II 21, 2; n. magno ... intervallo, II 23, 4; n. magna adiecta ... planicie, III 1, 5; n. absimili forma, III 14, 5; n. mediocrem, III 14, 5; n. eadem diligentia, III 25, 2; non aequum existimaret, IV 16, 4; n. neglegenda existimabant, V 28, 1; *si non* praesens periculum, at, V 29, 7; nulla fere civitas fuerit non suspecta nobis, V 54, 4; n. alienum esse videtur, VI 11, 1; n. maiore praesidio, VI 43, 6; n. magnis facultatibus, VII 17, 2; n. latior pedibus quinquaginta, VII 19, 1; n. magna iactura, VII 26, 2; oratio n. ingrata Gallis, VII 30, 1; — *in various forms of emphasis:* non expectandum sibi statuit, I 11, 6; non se tam barbarum ... esse, I 44, 9; n. esse fas, I 50, 5; nostros n. esse inferiores, II 8, 3; n. omittendum consilium Nervii existimaverunt, II 17, 5; n. cunctandum existimavit, III 23, 7; quem non superare possint, IV 7, 5; aut aliter non traducendum exercitum, IV 17, 2; n. aegris, n. vulneratis facultas quietis datur, V 40, 5; n. esse consuetudinem, V 41, 7; n. putat expectandum, V 46, 4; n. fore potestatem, V 51, 3; eā n. posse introrumpere videbantur, V 51, 4; n. decimum quemque esse reliquum militem sine vulnere, V 52, 2; n. esse amplius fortunam temptaturos, V 55, 2; Ambiorigem proelio non esse concertaturum, VI 5, 3; n. interire animas, VI 14, 5; n. posse numen placari, VI 16, 3; constituit n. progredi longius, VI 29, 1; erat n. oppidum, n. praesidium, quod, VI 34, 1; praestare interfici quam n. veterem gloriam recuperare, VII 1, 8; oppida quae n. munitione sint tuta, VII 14, 9; praestare omnis perferre acerbitates, quam n. ... parentarent, VII 17, 7; n. haec omnia fortuitu ... accidere potuisse, VII 20, 2; n. inutilem hanc ... tempestatem arbitratus est, VII 27, 1; n. virtute ... vicisse Romanos, VII 20, 2; n. fere ante autumnum Elaver ... transiri solet, VII 35, 2; quasi ... n. necesse sit, VII 38, 7; quod n. virtute consequi possent, VII 47, 3; — *in antithesis:* accipere, n. dare, I 14, 7; quod n. vidisset, pro viso renuntiasse, I 22, 4; n. se hostem vereri sed angustias, I 39, 6; n. sese Gallis, sed Gallos sibi, I 44, 3; — *si non* impetraret, I 35, 4; ornamento et praesidio, n. detrimento, I 44, 5; sui muniendi, n. Galliae impugnandae causa, I 44, 6; si id non fecissant, I 36, 5; bellum n. intulerit, sed defenderit, I 44, 6; n. pro amico sed hoste, I 44, 11; n. hostem auctorem sed rem spectare, V 29, 3; belli casum sustineant, n. reiecti ... intereant, V 29, 3; n. ab hoste sed ab homine amicissimo, V 31, 6; aestivum tempus instantis belli, n. quaestionis esse, VI 4, 3; n. numero dierum sed noctium, VI 28, 2; n. in summa exercitus tuenda sed in singulis, VI 34, 3; occasionis esse rem, n. proelii, VII 45, 9; — *in anaphora:* non hos palus ... n. silvae morantur, VI 34, 7; n.

aetate confectis n. mulieribus, n. infantibus pepercerunt, VII 28, 4; quos n. castrorum munitiones, n. altitudo montis, n. murus oppidi tardare potuisset, VII 52, 3; n. praetereunda ... videtur, VII 77, 2; n. praetermittendum tantum commodum existimaverunt, VII 55, 4; quos n. silvac montesque texerunt, VII 62, 9; qui n. bis per agmen hostium perequitasset, VII 66, 7; n. omnes hos ... convocandos statuunt sed ... VII 75, 1; — *si* exemplum *non* haberemus, VII 77, 13; — *si* sustinere *non* posset, VII 86, 2; n. suarum necessitatum, sed communis libertatis causa, VII 89, 1.

nōnāgintā, *ninety:* n. duo, I 20, 2.

nōndum, adv., *not yet,* I 6, 3; 12, 2; II 11, 2; IV 12, 1; 31, 1; V 39, 1; (emphat. pos.) VI 3, 1; (do) VII 64, 7.

nōnnihil, adv., *somewhat (considerably),* III 17, 5.

nōnnūllus, a, um, *some* (but once in singular): esse nonnullo se Caesaris beneficio affectum, VII 37, 4; — NONNULLI (as noun), *some,* I 26, 3; 39, 3, 7; V 13, 3; VI 14, 3; 44, 2; VII 70, 5; I 17, 1; II 25, 1; nonnulli principes, V 3, 5; milites, V 39, 2; ex suis, V 15, 2; (Gallorum equites), VI 7, 7; centuriones, quorum nonnulli, VI 40, 7; -ae sententiae, III 3, 3; civitates, IV 6, 3; VI 2, 2; (naves) V 23, 2; (mulieres) VII 47, 6; nonnullis locis, I 6, 2.

nōnnunquam, adv., *sometimes* (opp. saepius, I 4, 1) I 15, 3; VI 13, 9; VII 73, 1.

nōnus, a, um: legio nona, II 23, 1; -a hora, IV 23, 4; V 53, 1.

Norēia, ae, f., chief town of the Norici or Taurisci (Kiepert Alte Geographie, § 322), now *Neumarkt* in Styria, I 5, 4.

Nōricus, ī, *Norian,* Celtic race in Styria: -a (uxor), I 53, 4; ager -us, I 5, 4.

nōs, pron., *we,* referring to the author himself: nihil nobis constat, VII 5, 6; inspectantibus nobis, VII 25, 1; ante ab nobis dictum est, V 6, 1; nihil reperiebamus, V 13, 4; ref. to Romans (scil. their forces), I 44, 4; nos esse iniquos, I 44, 8; cf. V 4, 4; 10, 1; I 40, 15; 42, 2; 17, 5; contemptio nostri, V 29, 2; magno nobis usui ad bellum gerendum, II 9, 5; nulla fere civitas fuerit non suspecta nobis, V 54, 4; — *Labienus:* nobis ducibus, VI 8, 4; an Aeduan speaker referring to the *Aeduans,* VII 38, 7, 8; ref. to *Gauls* at large, VII 77, 14.

nōscō, ere, nōvi, nōtum, v. 3, *come to know,* hence the perf. = *know:* hanc unam gratiam ... noverunt, VI 15, 2; mensuras itinerum, VI 25, 1; vada, portus, insulas, III 9, 7; ut suum quisque locum teneat et noverit, VII 80, 1; — *notus (known)* neque eis quicquam n., IV 20, 3; omne genus cuniculorum notum atque usitatum est, VII 22, 7; quam Eratostheni ... fama notum esse video, VI 24, 2; nota atque instituta ratione, VI 9, 4; quae nobis nota sunt, VI 26, 1; haec loca vicinitatibus erant nota, VI 34, 3; notis omnibus vadis, IV 26, 2; notissimis locis, IV 24, 3.

noster, tra, trum, possess. pron., *our*

Nōstrī   Nullus   115

(scil. the Romans): exercitus, II 1, 2; I 40, 7; II 9, 1; 17, 2; 19, 6; 30, 1; V 3, 5; 55, 1; equitatus, I 24, 4; IV 37, 4; V 15, 1; 19, 2; VII 38, 2; brevitas nostra, II 30, 4; (opp. Galli) impetus, VII 46, 3; -um opus, VII 71, 5; adventus, IV 14, 2; V 11, 9; -a consuetudo, IV 22, 1; classis, III 13, 7; -um agmen, I 15, 5; II 17, 5; III 20, 3; IV 12, 2; -a acies, I 24, 4; 52, 6; -a provincia, I 2, 3; 6, 1; 7, 1; cf. I 44, 8; II 29, 4; I 33, 4; amicitia, I 43, 7; senatus noster, IV 12, 4; VII 31, 5; -a lingua, I 1, 1; -um imperium, II 1, 4; mare (the Mediterranean), V 1, 2; -a memoria, *present time, era*, II 4, 7; -a consilia, V 48, 4.

nōstrī, ōrum, *our troops*, I 26, 4, 5; 52, 3; 53, 4; 26, 1; 39, 1; 52, 7; 15, 3; 22, 3; 23, 3; 25, 6; 20, 3; 46, 1; 47, 2; 49, 3; 15, 2; 25, 6; II 11, 6; 18, 1; 19, 5; 27, 1; 9, 2; 26, 4; 8, 2; 9, 5; 10, 4; 19, 5, 6; 24, 2; 27, 4; 33, 2; 30, 1; III 15, 5; 26, 4; 28, 4; 19, 3; 21, 3; 22, 1; 24, 2; 5, 1; 20, 4; 23, 6; 28, 3; 4, 3; 5, 1; 14, 5; 20, 4; 28, 3; 20, 2; IV 24, 4; 25, 5; 14, 4; 25, 1; 29, 1, 2; 34, 1; 12, 1; 24, 1; 30, 2; 32, 4; 12, 2, 3; 34, 3; V 15, 1; 17, 3; 22, 2; 26, 3; 34, 2; 39, 3; 32, 2; 43, 5; 9, 3, 6; 16, 1, 2; 37, 3; 51, 4; 58, 2; 50, 4; 51, 2; 58, 3; VI 37, 3, 5; 41, 1; VII 51, 1; 67, 4; 80, 8; 81, 4; 83, 2; 88, 3; 50, 1; 70, 2, 3; 85, 6; 18, 1; 41, 2; 49, 2; 50, 2; 57, 4; 67, 4; 72, 2; 80, 4; 81, 2, 6; 84, 4; 16, 3; 61, 1; -i hostes, IV 20, 1; legati, VII 5, 5; patres, I 12, 5; 40, 5; II 4, 2; milites, I 52, 5; II 11, 5; 33, 6; III 14, 8; 19, 4; 17, 5; 24, 5; IV 14, 3; 34, 5; 35, 2; 25, 3; V 21, 5; 45, 1; 33, 5; VII 22, 1; 62, 8; equites, II 19, 4; 24, 1; IV 12, 1; V 17, 1; 58, 4; 50, 4; 10, 2; V 30, 3; VII 80, 3; -ae naves, III 12, 5; 13, 1, 8, 9; 14, 2; turres, VII 22, 4; -i boves, VI 28, 5; -a consilia, I 17, 5; -i exercitūs, IV 40, 9; III 9, 5; -i fines, I 44, 8; VII 77, 14; -ae munitiones, II 33, 2; VII 79, 1; -ae victoriae, V 29, 3; pabulationes frumentationesque, VII 16, 3; — *nostri, opp. to hostes*, II 8, 2; 9, 1; 10, 2; III 4, 1; 21, 1; IV 15, 3; 26, 1, 5; 34, 1; VI 8, 6; VII 36, 5; 50, 1; 62, 1; -ae copiae, I 41, 4; VII 73, 1; -ae res, II 24, 4; -a castra, II 9, 3; 19, 7; 24, 4, 2; 26, 4; -a itinera, V 19, 1; opera, VII 73, 1; in manibus nostris, II 19, 7 (☞ br. by Paul).

nōtitia, ae, f., *knowledge of, acquaintance with*: transmarinarum rerum, VI 24, 5; feminae, VI 21, 5.

novem, *nine*: decem novem, I 8, 1; II 4, 9; VI 25, 1; 30, 2.

Noviodūnum, ī, n., chief town of the Suessiones, II 12, 1; town of the Bituriges, VII 12, 2; 14, 1; town of the Aedui on the Liger, VII 12, 1, 5.

novitās, ātis, f., *newness, novelty*: pugnae, IV 34, 1; n. rei (☞ in a gnomic passage which is bracketed by Paul, VI 39, 3) rei novitate perterritis oppidanis, VII 58, 4.

novus, a, um, *new, fresh*: -a manus,

opp. veteres copiae, I 37, 4; -um consilium, IV 32, 2; VII 12, 6; -a luna, I 50, 5; auctoritas, VI 12, 8; -a atque inusitata species, II 31, 1; res, VI 37, 3; VII 28, 1; -um genus, V 15, 4; — *novae res* (political change, overthrow of government), I 18, 3; 9, 3; III 10, 3; IV 5, 1; -a imperia, II 1, 3; -ae legiones, II 2, 1; religiones, VI 37, 8; clientelae (opp. veteres), VI 12, 6; — *novissimus* (*last*) novissimi (*those in the rear guard*), I 25, 6; II 11, 4; V 32, 2; agmen novissimum, I 15, 3; 23, 3; 15, 1; II 11, 3; 26, 3; VI 8, 1; VII 68, 2; 88, 7; novissimum, *latest, most recent*, IV 16, 7.

nox, ctis, f., *night*, V 13, 3; IV 29, 1; VI 41, 2; n. finem oppugnandi facit, II 6, 4; pars noctis, I 26, 5; V 31, 4; VII 25, 1; noctis interventu, III 15, 10; silentio noctis, VII 26, 1; 36, 7 (☞ noctis, VII 41, 1, br. by Goeler); ad multam -em, I 26, 3; media nox, *midnight*, IV 36, 3; V 31, 3; 46, 4; 53, 1; VII 11, 7; 18, 2; 39, 3; 81, 1; ad noctem, V 37, 6; — *de media nocte* (the exact function of the preposition is not clear) (*about* midnight, Köchly), VII 45, 1; 60, 3; 88, 7; neque noctem neque diem intermittit, V 38, 1; media circiter nocte, V 8, 2; cf. 49, 4; ut noctem dies subsequatur, VI 18, 2; diem noctemque, VII 42, 6; 77, 11; nocte una, V 58, 1; una nocte, IV 4, 5; tota -e, I 26, 5; nocte intermissa, I 27, 4; prima nocte, I 27, 4; III 18, 4; proxima nocte, I 40, 1; -ae nocte, II 17, 2; multa nocte, *late in the night*, III 26, 6; multa iam nocte, VII 28, 6; adversa nocte, *in spite of the dark night*, IV 28, 3; superiore nocte, V 10, 2; spatia omnis temporis non numero dierum sed noctium finiunt, VI 18, 2; noctes breviores esse quam in continenti, V 13, 4.

noxa, ae (noceo), *guilt, transgression*: comprehendi in noxa, VI 16, 5.

nūbō, ere, psī, ptum, *to wed* (of woman): aliquam nuptum collocare aliquo, I 18, 7.

nūdō, v. 1, *to bare* (only in pass.): castra, II 23, 4; VII 70, 6; ea pars, V 35, 2; collis nudatus hominibus, VII 44, 1; corporis pars, VII 46, 5.

nūdus, a, um, adj., *bare*: magna pars corporis, VI 21, 5; pectore -o, VII 47, 5; nudo corpore, I 25, 4.

nullus, a, um, *none*, in emphatic position by one or more words distance, II 32, 2; III 6, 5; 14, 8; 15, 2; IV 8, 1; V 13, 6; 54, 4; 31, 2; 33, 2; 42, 3; 29, 6; 58, 3; 49, 7; VI 23, 5; 21, 5; 17, 3; 34, 3; 36, 2; 23, 6; 37, 9; 40, 6; 5, 7; 32, 1; VII 77, 6; 10, 1; 19, 5; 42, 1; 40, 2; — *immediately preceding*, I 26, 5; 43, 9; II 15, 4; 11, 1; III 12, 6; IV 1, 9; V 40, 5; 55, 1; VI 30, 2; VII 46, 1; 17, 5, 2, 1; 65, 4; 82, 2; 17, 2; — *immediately following*, VI 34, 1; 35, 3; VII 26, 1; — *emphatic following position*, I 7, 3; VII 20, 7; nulla carum (scil. navium), IV 28, 2; — *nullo* (dat.)* adhibetur consilio, VII 13, 1; — *nullus* used like *nemo*, dat. sing., II 6, 3; 35, 4; VII 26, 5; nullo modo, VI 12, 7; nulla ratione, V 58, 1.

num, introducing question implying negative answer (often indignant in tone) ("really," ἆρα μή), I 14, 3.

nūmen (nuo), inis, *divine power, divinity, majesty:* n. immortalium deorum placari, VI 16, 3.

numerus, ī, m., *number, amount, numbers:* et numero et virtute pugnandi pares, V 34, 2; nec loco nec numero aequa contentio, VII 48, 4; — *number:* qui numerus domo exisset, I 29, 1; eorum ... repertus est numerus milium c et decem, I 29, 3; capitum numerus ... milium quinquaginta trium, II 34, 7; quorum erat v numerus, IV 12, 1; hostium n. capitum ccccxxx milium, IV 15, 3; magnus eorum n. est occisus, IV 37, 4; cf. 15, 2; V 17, 4; VI 8, 7; pecorum magnus n., V 12, 3; 21, 6; VI 35, 6; satis magnus hominum pecorisque n., V 21, 2; cf. VI 3, 2; 6, 1; magnus n. hostium, V 34, 2; 43, 5; III 21, 2; magnus muralium pilorum, V 40, 6; m. adulescentum n. concurrit, VI 13, 4; m. n. convenit, VI 34, 9; cf. VII 44, 2; I 4, 2; II 10, 2; III 19, 4; permagnus n., VII 31, 4; ut n. legionum constare videretur, VII 35, 4; barbarorum, III 6, 2; n. minor militum, VII 73, 2; pro hostium -o, I 51, 1; impedimentorum, II 17, 2; cratium scalarum arpagonum, VII 81, 1; navium, III 12, 3; certus n., VII 4, 7; cf. 31, 4; 75, 1; dierum, noctium, VI 18, 2; 36, 1; — *numerum* inire, *to make a mustering,* VII 76, 3; cogere, VI 43, 1; 66, 2; capere, VII 88, 7; duplicare, VI 1, 4; iumentorum et carrorum quam maximum n. coemere, I 3, 1; duplicare numerum, IV 36, 2; numerum militum imperare, I 7, 2; cf. VII 75, 2; VII 31, 4; V 90, 3; par n., V 8, 2; VI 33, 2; n. equitatus, I 18, 5; III 11, 3; captivorum, V 23, 3; equitum, VII 31, 5; — *frumenti commeatusque*, VII 38, 9; ex his, I 54, 1; cf. V 51, 5; augere numerum, III 23, 7; VII 48, 2; ad quemvis numerum, IV 2, 5; civitatum, IV 3, 1; versuum, VI 14, 3; eorum, III 4, 4; ad numerum, *up to, about,* I 15, 1; 31, 5; — *with precision, exactly,* V 20, 4; impedimentorum mulorumque, VII 45, 2; equorum, VII 55, 3; complere numerum, VII 75, 5; numero, adverbially (*in number*) (often tautological to modern sense): n. ad duodecim, I 5, 2; cf. II 4, 7; V 5, 3; VII 64, 1; circiter hominum n., I 49, 3; totidem numero, I 48, 5; — (*in*) *numero* (*among*), *as:* deorum numero eos solos ducunt, VI 21, 2; in hostium numero habere, I 28, 1; VI 6, 3; numero impiorum ac sceleratorum habentur, VI 13, 7; in desertorum ac perditorum numero ducuntur, VI 23, 8; perpaucae ex omni numero, III 15, 5; cf. V 23, 3, 4; ex eo numero, II 4, 5; cf. III 26, 6; cf. VI 7, 7; in quo numero (*amongst, of*), III 7, 4; 27, 1; VII 75, 4; non ita magno suorum numero circumsteterunt, IV 37, 1; ex gente et numero Germanorum, VI 32, 1; perpaucis ex hostium numero desideratis, VII 11, 8; pauci ex tanto -o, VII 88, 4; ex omni numero, VII 28, 5; 83, 4; in equitum numero (*amongst* the h.) convenerant, VII 39, 1.

Numida, ae, m., *Numidian,* II 7, 1; 24, 4; levis armaturae, II 10, 1.

nummus, ī, m., *coin:* aureus, V 12, 4; pro nummo, V 12, 4.

numquam, adv., *never:* n. ante hoc tempus, I 44, 7; V 16, 4; VI 5, 4; VII 29, 4 (*v.* nonnumquam).

nunc, adv. (nun-ce, νῦν), *now* (absolutely), *at the present time,* I 31, 5, 10; II 4, 7; V 27, 7; VI 13, 12; opp. to fuit antea tempus cum, VI 24, 4; etiam n., VI 40, 6; VII 62, 6.

nūntĭo, v. 1, *to announce, report,* w. acc. c. inf., IV 21, 8; V 10, 2; hostibus ... tumultuari, VII 61, 3; Caesari, foll. by acc. c. inf., I 38, 1; ne hostes ... lacesserent, IV 11, 6; ea res per fugitivos hostibus nuntiatur, I 23, 2; de eius adventu Arvernis, VII 9, 5; id, followed by explanatory acc. c. inf., I 7, 1; tribunis ... quae gererentur, VII 62, 6; hanc pugnam, II 28, 1; 20, 1; ☞ re renuntiata, change by Paul, II 32, 3; but cf. re nuntiata, IV 37, 2; V 1, 7; 7, 6; VII 3, 2; 11, 8; 18, 4; 67, 2; proelium trans Rhenum, I 54, 1; proelium, II 20, 4; V 22, 3; his rebus in Italiam Caesari nuntiatis, VII 6, 1.

nūntius, ī, m., 1) *messenger:* ab aliquo venit, II 7, 4; -os ad aliquem mittere, I 26, 6; per nuntios aliquem certiorem facere, VII 87, 5; literas nuntiosque mittere, I 26, 6; per nuntios aliquid compertum habere, I 44, 12; -os mittere, IV 10, 3; cf. V 22, 1; 57, 2; VII 41, 1; -os in omnes partes dimittere, IV 19, 2; 34, 5; cf. V 39, 1; VI 31, 2; -os legationesque in omnes partes dimittere, V 53, 4; -os dimittere ad civitates, VI 34, 8; tota civitate, VII 38, 10; — 2) *news, report:* fama ac -us (affertur), VI 30, 2; cf. VII 8, 4; hic n., VII 40, 1; -um mittere, foll. by acc. c. inf., II 6, 4; in Bellovacos, V 46, 1; -um accipere de aliqua re, V 53, 5; VII 42, 1; afferre de aliqua, V 53, 7; VII 11, 4; -um afferre, acc. c. inf., VII 43, 1; certiores nuntii de aliqua re veniunt, VI 10, 4; -ii literaeque, II 2, 1; V 11, 1; alicuius (*sent by*), V 26, 2; crebri -ii, VII 48, 1; -ii clandestini, VII 64, 7.

nūper, *recently,* I 6, 2; 37, 2; 40, 5; VII 57, 1.

nusquam, adv., *nowhere,* VII 17, 5.

nūtus, ūs, m., *nod, beck:* ad nutum aut ad voluntatem alicuius, I 31, 13; ad nutum et ad tempus, *w. absolute promptness,* IV 23, 5; — *gestures, gesticulation:* nutu vocibusque aliquem vocare, V 43, 6.

O.

ob, prep., c. acc., *on account of:* incitari ob rem aliquam, I 4, 3; ob eas causas, I 10, 3; ob eam rem, I 13, 5; 31, 9; ob eas res, II 35, 4; quam ob rem, I 13, 1; 50, 4; ob eam causam, V 17, 6; III 23, 7; V 33, 2;

VI 16, 2; 18, 2; VII 4, 1; ob hanc causam, VII 53, 1; ob has causas, IV 24, 2.

obaerātus, a, um, adj., *indebted* (as noun), *debtor*, I 4, 2.

obdūcō, ere, xī, ctum, v. 3 (lead across the path), *construct at right angles*: transversam fossam, II 8, 3.

obeō, īre, iī, itum, v. 4, *discharge, attend to*: omnia per se, V 33, 3.

obiciō, ere, iēcī, iectum, v. 3 (throw across), *place as an obstruction*: carros suos pro vallo, I 26, 3; hanc silvam pro nativo muro obiectam, VI 10, 5; — *expose*: aliquem hominibus feris, I 47, 3; — *oppose*: cui parti nulla est obiecta terra, V 13, 6; obiectum esse (*to obstruct, be in the way*) obiectis ab ea parte silvis, VI 37, 2; tantis difficultatibus obiectis, VII 39, 6.

obitus, ūs, m., *destruction*: eorum (scil. Cimbrorum Teutonorumque), II 29, 5.

oblīquus, a, um, adj., *transverse* (at right angles): -īs ordinibus in quincuncem dispositis, VII 73, 5; obliquō (adv. transversely) sublicae agebantur, IV 17, 9.

oblīviscor, i, -lītus (lino), v. dep. 3, *to forget*: veteris contumeliae, I 14, 3; controversiarum ac dissensionis, VII 34, 1.

obsecrō, v. 1 (sacer), *to entreat* (by all that is holy) (aliquem): ut consulat, VII 8, 4; ut sibi consulat, VII 38, 6; nequid gravius in fratrem statueret, I 20, 1.

obsequentia, ae. f., *yielding disposition*: nimia, VII 29, 4.

observō, v. 1, *keep, observe, reckon*: mensum et annorum initia, VI 18, 2; praeceptum diligentissime, V 35, 1; iudicium senatus, I 45, 3; — *watch*: pabulationes frumentationesque, VII 16, 3.

obses, idis, m., *hostage* (occurs in pl. only): alicuius (given by), I 33, 2; civitatum, V 47, 2; VII 55, 6; Galliae, VII 55, 2; -es accipere, I 14, 6; II 13, 1; III 3, 1; 23, 1; V 23, 1; VI 6, 3; 12, 4; VII 7, 2; dare alicui, I 14, 6, 7; 31, 7, 8; 44, 2; 37, 2; II 3, 3; 35, 1; III 8, 2; 1, 4; 10, 2; IV 16, 5; 27, 1; 31, 1; VI 9, 6, 7; 3, 2; VII 12, 3; 11, 2; dare inter sese, I 9, 4; cf. 10, 1; II 1, 1; III 23, 2; IV 21, 5; duplicare, IV 36, 2; adducere, II 5, 1; IV 18, 3; V 4, 2; imperare (alicui), IV 22, 2; 27, 5; V 1, 8; 20, 4; 22, 4; VI 4, 4; VII 4, 7; 64, 1; 90, 3; deducere ad aliquem, VII 55, 6; extorquere, VII 54, 4; mittere, III 27, 1; IV 38, 4; V 20, 4; VI 4, 5; deponere apud aliquos, VII 63, 3; cf. 55, 2; poscere, I 32, 12; 27, 3; II 15, 1; reddere, I 35, 3; 36, 5; 43, 9; VI 12, 6; repetere, I 31, 7; remittere, III 8, 5; tradere, I 28, 2; teneri obsidibus, I 31, 9; obsidum nomine liberos abstractos, III 2, 5; obsidum loco secum ducere, V 5, 4; -um numero mittere aliquem, V 27, 2; de obsidibus supplicium sumere, I 31, 15; -ibus de pecunia cavere, VI 2, 2; VII 2, 2.

obsessiō, ōnis, f., *blockade*, VI 36, 2; opp. to expugnatio, VII 36, 1.

obsideō, ēre, ēdī, sessum, v. 2, *to besiege, blockade*, VII 77, 1; repugnantes diem noctemque, VII 42, 6; qui in oppido obsidebantur, VII 81, 2; -vias, III 23, 7; 24, 2; V 40, 1.

obsidiō, ōnis, f., *blockade, siege*: longinqua, V 29, 7; -onem relinquere, V 49, 1; a prima -one, V 45, 2; ut nisi obsidione expugnari non posse videretur, VII 69, 2; -one premere hostem, VII 32, 2; aliquem obsidione liberare, *pressure*, IV 19, 4; but cf. V 49, 6.

obsignō, v. 1, *to seal*: testamenta, I 30, 5.

obsistō, ere, stitī, v. 3, *prove an obstacle, to resist*: cuius consensui ne orbis quidem terrarum possit obsistere, VII 29, 6.

obstinātē, adv., *firmly, positively*: negare, V 6, 3.

obstringō, ere, nxi, ctum, v. 3, *bind, oblige*: civitates suo beneficio habere obstrictas volebat, I 9, 3; iureiurando civitatem obstringere, I 31, 7.

obstruō, ere, xī, ctum, v. 3, *to barricade*: ceteras (scil. portas), VII 41, 4; V 50, 5; 51, 4.

obtemperō, v. 1, *obey*: imperio populi R., IV 21, 5.

obtestor, v. dep. 1 (call to witness, scil. the gods), *solemnly entreat, adjure*: ut in fide maneant, VII 4, 5; ut suae salutis rationem habeant, VII 71, 2; Romanos ut sibi parcerent, VII 47, 5; — *implore*: suos, VII 48, 4.

obtineō, ēre, ui, tentum, v. 2, *to hold*: imperium, V 20, 3; I 3, 6; potestatem, VII 33, 3; partem (Galliae), I 1, 5; secundum locum dignitatis, VI 12, 9; principatum, I 3, 5; 17, 3; V 25, 1; VI 12, 4; VII 4, 1; regiam potestatem, VII 32, 3; regnum, IV. 12, 4; I 18, 9; V 20, 1; 54, 2; legationis principem locum, I 7, 3; ☞ vada ac saltus (?) eius paludis, VII 19, 2; castra, VII 83, 3; regiones (*dwell in*), IV 19, 3; (*officially*) Galliam provinciam (as proconsul or propraetor), I 35, 4; summum magistratum, VII 33, 2; iustissimam apud eum causam, VII 37, 4; — *maintain*: rem, VII 85, 3; praesentim libertatem, VII 66, 4.

obveniō, ire, vēni, ventum, v. 4, *fall in with, be assigned to, fall to the lot of*: eis ea pars obvenerat, II 23, 1; quae cuique civitati pars castrorum ... obvenerat, VII 28, 6; quibus hae partes ad defendendum obvenerant, VII 81, 6.

obviam, adv. (across the path), *to meet*: o. Caesari proficiscitur, VII 12, 11; — *to close quarters*: si qua ex parte o. veniretur, VII 28, 3.

occāsiō, ōnis, f., 1) *opportunity*: -onem amittere, III 18, 5; brevem consulendi esse occasionem, V 29, 1; sui liberandi -onem dimittere, V 38, 2; cf. 57, 1; occasione aliquā impelli, VII 1, 3; — 2) *stroke of arms, rapid feat* (opp. to proelium): occasionis esse rem, non proelii, VII 45, 9.

occāsus, ūs, m., *setting* (solis), *west*: inter -um solis et septentriones, I 1, 7; sub -um solis, *toward evening*, II 11, 6; ad solis occasum, V 8, 2; usque ad occasum solis,

III 15, 5 ; a meridie prope ad solis occasum, VII 80, 6 ; solis -u, *at sunset*, I 50, 3.

occĭdŏ, ere, cĭdī, casum, v. 3 (cado) ; — 1) *to sink*, *set:* occidens sol (*west*) (opp. oriens sol), V 13, 2 ; — 2) *fall, be slain:* in eodem castello, VI 37, 8.

occīdō, ere, cīdī, cīsum, *kill:* magnum numerum, V 51, 5 ; cf. I 54, 1 ; II 10, 2 ; III 19, 4 ; IV 37, 4 ; consectantur et occidunt, V 58, 6 ; complures ex iis, IV 35, 3 ; 37, 3 ; magna proponit his (eis) qui occiderint, praemia, V 58, 5 ; ipse . . . occiditur (fortissime pugnans), V 37, 5 ; cf. VII 88, 4 ; I 7, 4 ; altera occisa altera capta est, I 53, 4 ; illum veruto . . . occisum, V 44, 10 ; sepultura occisorum, I 26, 5 ; centuriones, II 25, 1 ; homines, II 33, 5.

occultātĭō, ōnis, f., *concealment:* cuius rei, VI 21, 5.

occultō, v. 1, *conceal:* legionem silvis, VII 45, 5 ; post montem se, VII 83, 7 ; se, VI 43, 3 ; locis impeditis etc. sese, V 19, 1 ; capta apud se, VI 17, 5 ; se inter multitudinem militum, VII 38, 5 ; insulis sese, VI 31, 3 ; quae in terra occultaverant Romani, VII 85, 0 ; quae visa sunt, VII 20, 3 ; insidias, VII 73, 7 ; signa militaria, VII 45, 7 ; suam fugam aut occultari aut omnino ignorari posse, I 27, 4 ; noctū (?), ☞ more probably *nocte*, VI 43, 6.

occultus, a, um (properly part prf. pass. of occulo), *concealed*, *secret*, *hidden:* se in occultum abdere, VII 30, 1 ; in occulto, I 31, 1 (☞ br. by Frigell) ; intra eas silvas in occulto sese continebant, II 18, 3 ; ne in occulto quidem, I 32, 4 ; praedam in occulto relinquere, VI 35, 9 ; cum duabus legionibus in occulto restitit, VII 35, 3 ; ex occulto insidiari, VI 34, 6 ; legiones inter castra vineasque in occulto expedire, VII 27, 1 ; incertis occultisque itineribus, VI 34, 4 ; — *occultē* inter se constituunt, VII 83, 5.

occupātĭō, onis, f., *occupation*, *duty*, *business:* -es rei publicae (*public duties*), IV 16, 6 ; tantularum rerum (*with so trifling objects*), IV 22, 2.

occupō, v. 1, *cover*, *occupy:* quantum loci acies instructa occupare poterat, II 8, 3 ; portas, VII 12, 6 ; omnem Galliam (*overrun ?*), I 33, 4 ; — *seize:* culmina Alpium, III 2, 5 ; oppidum, I 38, 7 ; alienos (*fines*), IV 8, 2 ; regnum, I 3, 4, 8 ; II 1, 4 ; naves, IV 4, 7 ; aedificia, IV 4, 7 ; timor omnem exercitum, I 39, 1 ; loca circum Hercyniam silvam, VI 24, 2 ; I. superiora, IV 23, 4, 23, 3 ; tertiam partem agri Sequani, I 31, 10 ; montem, I 22, 2, 3 ; Vesontionem, I 38, 1 ; partem finitimi agri per vim, VI 12, 4 ; collem, VII 44, 4 ; 79, 1 ; colles, VII 36, 5 ; occupatus (*occupied*, *busy*) in opere, II 19, 7 ; in metendo, IV 32, 5 ; in munitione castrorum, V 15, 3 ; in opere, VII 22, 4 ; nostris omnis occupatis, IV 34, 3.

occurrō, ere, I, -rsum, v. 3, *fall in with*, *meet:* in itinere cum legione, V 47, 3 ; nec facile pluribus locis (scil. hostibus), VII 84, 3 ; — *make resistance:* eo, III 4, 2 ; singulari militum nostrorum virtuti consilia . . .

Gallorum (occurrunt), VII 22, 1 ; etiam inermes armatis, II 27, 1 ; quantum ratione providere poterat, VII 16, 3 ; quibus rebus quam maturrime, I 33, 5 ; ad animum alicui occurrit aliquid (*he realizes something*), followed by acc. c. inf., VII 85, 2 ; — *c. dat.:* fugientibus, VII 88, 3 ; pugnantibus, II 21, 4 ; adversis hostibus, II 24, 1 ; signis, IV 26, 1 ; graviori bello, IV 6, 1 ; aliis rebus, III 6, 4.

Ōceanus, ī, m., the *Atlantic*, I 1, 5, 7 ; IV 10, 2 ; tempestates -i, III 13, 6 ; (Rhenus) ubi Oceano appropinquavit, IV 10, 4 ; influere in -um, III 9, 1 ; IV 10, 4 (☞ br. by Hldr. in IV 10, 1) ; proxumi Oceano, VI 31, 3 ; (civitates) Oceanum attingunt, II 34, 1 ; cf. VII 4, 6 ; 75, 4 ; proximus mare Oceanum, III 7, 2 ; ad -um versus proficisci, VI 33, 1 ; the Mediterranean is opposed to : vastissimo atque apertissimo Oceano, III 9, 7 ; aestus maximos in Oceano efficit, IV 29, 1.

Ocelum, ī, n. : quod est citerioris provinciae extremum (in the Alps, Mt. Cenis route) ; Napoleon and Goeler disagree, I 10, 5.

octāvus, a, um, *eighth:* -a legio, II 23, 3 ; hora, V 35, 5.

octingentī, ae, a, *eight hundred:* -ae (scil. naves), V 8, 6 ; -i equites, IV 12, 1 ; -a milia passuum, V 13, 6.

octō, indecl., *eight:* milia passuum, I 21, 1 ; II 6, 1 ; 7, 4 ; IV 22, 4 ; V 53, 6 ; o. milium iter, IV 14, 1 ; decem et o., IV 19, 4.

Octōdūrus, ī, m. : vicus Veragrorum, Martigny in canton Valais, Switzerland, III 1, 4.

octōnī, ae, a, *eight each*, *eight at a time:* -i ordines, VII 73, 8 ; -a milia, VII 75, 3.

ŏcŭlus, ī, m., *eye:* -orum acies, I 39, 1 ; ante -os ponere sibi, *to imagine*, IV 37, 8 ; oculis indicare, I 12, 1 ; oculis mentibusque ad pugnam intentis, III 26, 2 ; sub -is omnium dimicatur, V 16, 1 ; -os singulos effodere, VII 4, 10.

ōdī, isse, v. def., *to hate:* Caesarem et Romanos, I 18, 8 ; condicionem servitutis, III 10, 3.

odium, ī, n., *hatred*, *unpopularity:* merere, VI 5, 2 ; Germanorum (*directed against the G.*), VI 9, 7.

offendō, ere, ndī, nsum, v. 3 (*strike against*), *wound:* animum alicuius, I 10, 2 ; — *thrust an obstacle in the way*, *make an unexpected attack*, VI 36, 2 (passage characteristically condensed ; verging on obscurity).

offensĭō, ōnis, f., *wounding:* eius animi, I 19, 5.

offerō, erre, obtulī, oblātum, v. 3, *present:* se hostibus, IV 12, 6 ; — *plunge into:* morti se, VII 77, 5 ; — *offer:* se illis, VII 89, 2 ; — *hold out:* spem praesidii aut salutis aliquam, VI 34, 2 ; — *afford:* optatissimum Ambiorigi beneficium, VI 42, 3 ; — *bear*, *carry:* quam in partem fors, II 21, 1 ; cf. VII 87, 5 ; oblata spe, *on the strength of this hope*, VI 35, 9 ; qua oblata potestate, VII 4, 7 ; — *offerri alicui* (to fall into some one's hands) quos sibi Caesar oblatos gavisus, IV 13, 6.

officium, ī, n., *duty*, I 40, 14; nullo -o assuefactum esse, IV 1, 9; praestare (*to do one's duty*) alicui: rei publicae atque imperatori, IV 25, 3; ab -o discedere, I 40, 2; de officio imperatoris desperare, *despair of the general's doing his duty*, I 40, 10; officia praestare, V 33, 2; in -o continere Belgas, III 11, 2; cf. V 3, 6; 7, 3; 54, 1; in -o esse, V 3, 3; in -o manere, V 4, 2; permanere, VI 8, 9; officia (*services*) magna, I 43, 4; recentia Gallici belli officia, V 54, 4.

Ollovicō, ōnis, m., a noble of the Nitiobriges. VII 31, 5.

omittō, ere, mīsī, missum, v. 3, *neglect*: consilium, II 17, 5; omnibus omissis rebus, VII 34, 1; — *throw aside*: omissis pilis gladiis rem gerunt, VII 88, 2.

omnīnō, adv., *altogether* (in summing up) (πανταπασιν), I 6, 1; 7, 2; 23, 1; 27, 4; 34, 4; IV 19, 4; 24, 4; 38, 4, V 18, 1; VI 20, 2; 36, 2; 41, 3; VII 28, 2; — *at all* (in negat. sentences generally), I 32, 1; 34, 4; 40, 2; IV 1, 9; 2, 6 (☞ br. by Paul); V 23, 3; 51, 5; VII 24, 2; 55, 10.

omnis, e, adj., preceding the noun, *all, every, entire*: copia, I 48, 5; usus novium, III 14, 17; civitas, I 31, 8; bellum, VII 8, 4; acies, I 51, 2; dubitatio, V 48, 10; equitatus, I 49, 3; II 9, 1; 11, 3; IV 37, 2; 11, 6; V 17, 2; 58, 4; 57, 3; VI 29, 4; VII 20, 1; 54, 1; 68, 1; 71, 2; iuventus, III 16, 2; familia, I 4, 2; frumentum, IV 32, 4; VII 77, 1; Gallia, I 33, 4; 30, 3; 40, 4; II 1, 2; 4, 2; 35, 1; III 28, 1; V 41, 2; VI 13, 1; VII 26, 1; 77, 7; locus, VII 57, 4; 69, 5; pecunia, VII 71, 2; militare instrumentum, VI 30, 2; materia, III 29, 1; numerus, III 15, 5; VII 28, 5; 83, 4; provincia, I 15, 1; iter, IV 4, 5; tempus, I 43, 7; II 14, 2; V 7, 2; VI 18, 2; planicies, VII 79, 2; spes salutis, II 33, 4; cf. III 14, 7, 5, 4; 39, 4; cf. V 6, 4; 19, 1; — *whole*: Gallia est omnis (*taken as a whole*) divisa, I 1, 1; civitas Helvetia, I 12, 4; civitas, VII 33, 3; multitudo, II 12, 4; V 44, 10; 49, 3; VII 21, 1; 24, 5; spatium, VII 46, 3; omnis Gallia, IV 22, 1; Gallia o., V 29, 6; exercitus, I 39, 1; III 14, 8; VI 35, 7; VII 43, 5; 80, 1; equitatus, I 21, 3; insula, V 13, 7; periculum, VII 14, 9; nobilitas, V 3, 6, 6, 5; VI 12, 3; opus, IV 17, 10; 18, 1; VII 23, 4; salus, VII 85, 3; ora maritima, III 8, 1, 5; senatus, II 5, 1; III 16, 4; V 54, 3; vita omnis, VI 21, 3; — *for postpositive place cf.* senatum omnem, VII 33, 2; equitatum omnem, VII 34, 1; 40, 1; Gallia o., I 31, 16; cf. I 1, 1; civitatem esse omnem in armis, VII 32, 5; frumentum omne, I 5, 3; V 47, 2; VII 71, 12; sua omnia, II 3, 2; — *w. emphatic repetition*: omnem nobilitatem, omnem senatum, omnem equitatum amissise, I 31, 6; cf. VII 38, 2; — *every*: omne genus, VII 22, 2; cf. 41, 3; III 14, 2; fortuna, III 8, 3; aditus, VII 77, 11; exitus, VII 44, 4; locus castrorum, V 43, 2; pars, V 14, 3; 43, 7; VII 22, 3; 25, 4; 36, 5; 61, 1; omni tempore, I 11, 3; — *on every occasion* (Köchly); in-

iuria, V 21, 1; — *in adverbial apposition:* quae regio est maritima omnis (*in its whole extent, entirely*), V 14, 1; — *omnes, omnia:* hi omnes, I 1, 2, 3; II 2, 4; V 1, 3; 14, 1; 30, 3; 6, 5; VII 14, 4; 65, 1; omnes hi, VII 75, 1; ea omnia, I 19, 1; haec omnia, IV 11, 4; VII 20, 2; omnia haec, VII 24, 1; his omnibus diebus, I 48, 4; ei omnes, II 3, 5; 29, 5; omnes, *everybody*, I 25, 1; IV 29, 4; V 3, 5; 7, 5; 10, 1; 44, 5; VI 23, 9; 30, 1; 13, 7; 35, 4; VII 56, 3; 80, 5; omnes Galli, VI 16, 1; cf. VII 15, 4; omnes sui, VII 10, 2; o. vos, VII 77, 4; ad unum omnes, *to a man*, IV 15, 3; V 37, 6; VI 40, 4; VII 63, 6; omnes (w. noun understood), I 6, 4; 31, 2, 11; 29, 3; 31, 1; 39, 1; 41, 1, 2; 32, 2; II 11, 5, 4, 7; III 18, 5; 24, 5; 26, 2, 2, 1; IV 38, 2; V 14, 2; 31, 2; 43, 4; 58, 6; 54, 4; 2, 3; 3, 3; 48, 9; 51, 5; VI 34, 5; 38, 2; 8, 2; 34, 8; 37, 9; VII 15, 2; 76, 2, 5; 4, 6; 15, 1; 76, 5; 79, 3; 40, 4; 9, 5; 20, 5; 44, 3, 4; 61, 4; 24, 2, 2, 1; omnes qui aderant, I 32, 1; cf. II 28, 2; III 8, 1; IV 19, 2; V 25, 5; VI 13, 10; VII 2, 3; 71, 2; omnia quae, IV 6, 3; 20, 4; VI 19, 4; VII 22, 1; 30, 4; 84, 5 [*nothing but*, VII 29, 3]; omnes acerbitates, VII 17, 7; arma, II 15, 2; 13, 1; auxilia, I 24, 3; arbores, VI 27, 4; aditus, VII 36, 1; agri, III 29, 3; IV 38, 3; artes, VI 17, 1; alarii, I 51, 1; -ia bella, IV 20, 1; V 25, 2; anni, V 44, 2; causae, III 7, 1; colles ac loca superiora, III 14, 9; Belgae, II 1, 1; 3, 4; 14, 6; colles, IV 23, 2; carri, I 24, 4; controversiae, VI 13, 5; omnes vici ac omnia aedificia, VI 43, 2; cohortes, V 35, 8; difficultates, VII 10, 2; copiae, V 47, 5; VI 10, 2; druides, VI 13, 8; cruciatus, V 66, 2; clientes, I 4, 5; commoda, III 22, 2; centuriones, II 25, 1; consilia, V 7, 3; VII 7, 3; casus, IV 31, 2; VII 79, 4; castra, VII 80, 2; copiae, I 44, 3; 2, 1; 26, 6; 38, 1; II 7, 3; 19, 1; II 5, 4; 29, 1; 33, 2; III 6, 3; 24, 1; IV 13, 6; 21, 3; V 47, 4; 58, 7; 22, 1; 49, 2; VI 10, 4; 41, 3; VII 45, 6; 88, 6; 21, 2; 54, 4; 62, 10; 79, 1; dimicationes, VII 86, 3; equi, I 42, 5; exempla, I 31, 12; Arverni, VII 8, 4; finitimi, III 1, 5; fortunae, I 11, 6; V 43, 4; VI 35, 8; gentes, V 54, 5; civitates, I 44, 3; II 34; III 17, 2; V 5, 3; 53, 4; 58, 1; VI 11, 2, 5; 43, 5; VII 3, 2; 4, 7; omnes annos, III 23, 5; equites, VII 64, 1; -ia impedimenta, V 43, 4; VII 35, 4; 42, 6; 60, 3; Galli, I 31, 14; III 10, 3; VII 20, 7; homines, III 10, 3; hiberna, V 2, 2; 27, 5; frumentationes, VII 16, 3; indignitates, II 14, 3; Germani, II 31, 11; VI 29, 1; 32, 1; legiones, IV 38, 3; V 24, 7; VI 32, 3; fruges, I 28, 3; membra, IV 24, 3; munitiones, VII 72, 2; 88, 2; -ia imperia, II 22, 1; itinera, VII 65, 4; 84, 2; nostri, III 22, 1; -ia loca, II 27, 2; VI 43, 2; VII 25, 1; 45, 1; 55, 9; 67, 6; 73, 9; naves, V 8, 5; 11, 5; 13, 1; 23, 6; preces, V 6, 3; VI 31, 5; VII 26, 3; 78, 4; pollicitationes, VII 1, 5; muri Gallici, VII 23, 1; obsides, I 31, 15; VII 55, 2; superiora

Onerārius — Oppidum

loca, III 3, 2; rationes, V 1, 7; hostes, I 53, 1; omnia iura, VI 13, 3; pagi, VI 11, 2; aedificia, II 7, 3; III 6, 4; IV 4, 7; 35, 3; VI 43, 2; iuniores Italiae, VII 1, 1; nationes, III 9, 3; portae, III 6, 1; V 51, 5; introitus, V 9, 4; Nervii, II 16, 2; 23, 4; in omnes partes, II 24, 4; cf. omnibus modis, VII 14, 2; maiores natu, II 13, 2; ordines, I 40, 1; milites, VII 43, 1; 80, 2; suspiciones, I 20, 6; omnes gravioris aetatis, III 16, 2; sui, IV 20, 5; V 52, 1; 58, 1; IV 14, 5; principes, IV 13, 4; vici, II 7, 3; IV 19, 2; tormenta, VII 19, 3; VII 4, 10; superiores dies, VI 36, 1; regiones, VII 45, 3; vada, IV 26, 1; VII 19, 2; pagi, VI 11, 2; tempora, VII 54, 4; viae, V 19, 2; 40, 1; pericula, I 5, 3; puberes, V 56, 2; vectigalia, I 18, 3; — *omnes res*, I 19, 3; 27, 1; 29, 2; 38, 3; 10, 2; 6, 1; II 24, 4; III 26, 5; 13, 9; 17, 5; IV 14, 2; 19, 4; 21, 2; 23, 5; V 4, 1; 5, 2; 7, 6; 51, 1; 52, 3; 2; VI 30, 2; 11, 3; 14, 1; 23, 8; 42, 3; 43, 3; — *omnia* (everything), II 4, 4; 5, 1; 18, 2; 20, 1; III 9, 6; IV 4, 4; V 33, 3; 34, 2; 31, 5; 33, 1, 6; 34, 2; VI 3, 4; VII 84, 2; — postpositive: *entire, entirely, all of them*: omnes, III 19, 5; IV 36, 4; 38, 3; V 7, 9; 12, 2; 23, 4; 30, 1; 57, 3; 58, 4; VI 15, 2; 40, 3; VII 12, 6; 62, 1, 7; omnia, I 32, 5; 44, 12; 28, 2; 53, 4; 5, 2; II 3, 2; 13, 2; 15, 2; 29, 2; 31, 3; III 12, 10; 16, 3; 28, 2; IV 20, 3; 18, 4; 21, 9; 34, 3; V 43, 6; 53, 2; 4, 2; VI 10, 4; 18, 1; 10, 2; 31, 4; 2, 3; VII 4, 6; 31, 4; 66, 6; 71, 8; 18, 3; 26, 1; 78, 1; Germani omnes, IV 1, 3; labores omnes, VII 85, 3; prope omnes, V 10, 2.

onerārius, a, um, adj., *suitable for burdens, cargo*: -ae naves (*transport ships*), IV 22, 3, 4; 25, 1; 29, 2; 36, 4.

onerō, v. 1 (onus), *to load*: celeritas onerandi, V 1, 2.

onus, eris, *load, burden, bulk, weight*: tanti oneris turris, II 30, 4; tanta onera navium, *such weighty things as ships are*, III 13, 6; onera ferre, III 19, 2; magno et gravi onere armorum, IV 24, 2; — *cargo*, V 1, 2.

opera, ae, f., *activity, exertion*: res erat multae operae ac laboris, V 11, 5; operam navare (v. navo), II 25, 3; -am dare (*to exert oneself, take pains*) ut, V 7, 3; -ne, VII 9, 2; — *co-operation, services*: equitum, VII 20, 4; — *services*: opera alicuius uti, V 25, 2; VII 76, 1; quorum opera cognoverat Tasgetium interfectum, V 25, 4; cf. VII 13, 2; 20, 12; opera alicuius stipendio liberatum esse, V 27, 2.

opīniō, ōnis, f., *opinion, impression, idea*: confirmatur barbaris, VI 37, 9; ut fert illorum opinio, V 13, 5; -em habere, VI 17, 2; speciem atque -em pugnantium praebere, II 25, 1; contra omnium -em, VI 30, 1; VII 56, 3; praeter opinionem, III 3, 2; Galliae (*held by*), VI 1, 3; celerius omni opinione, II 3, 1; — *reputation*: quorum inter Gallos virtutis opinio est singularis, II 24, 4; opinio virtutis eximia, II 8, 1; tanta huius belli opinio ad barbaros perlata est, II 35, 1; opinionem timoris praebere, III 17, 6; augere, V 57, 4; confirmare, III 18, 1; 24, 5 (☞ emend. by Stephanus); deperdere, V 54, 5; nomen atque o. exercitus, IV 16, 7; summam iustitiae et bellicae laudis -em habere, VI 24, 3; maximam virtutis -em habere, VII 50, 5; 83, 4; o. et amicitia populi Romani, IV 16, 7; — *expectation* (anticipation): opinione. trium legionum deiectus, V 48, 1; haec usu ventura opinione praeceperat, VII 9, 1.

opīnor, v. dep. 1, *suppose*, c. acc. c. inf., V 44, 10.

oportet, v. 2, impers., *it is necessary, one must, ought to*, foll. by acc. c. inf., I 34, 1; 36, 2; 44, 5; 16, 5; 23, 1; 45, 3; II 20, 3; VII 14, 9; — *w. passive inf.*: ad castra iri oportere, III 18, 5; expectari diutius non oportere, III 24, 5; hiemari in Gallia oportere, IV 29, 4; confirmari oportere, VII 66, 7; concedi, I 44, 8; ad arma concurri, II 20, 1; alio tempore atque oportuerit, VII 33, 3; damnatum poenam sequi *oportebat*, I 4, 1.

oppidānus, i, m., *living in, inhabitant of, the town*: oppidani, II 7, 4; 33, 1; VII 12, 5; 13, 2; 58, 4.

oppidum, I, n., *town* (Geneva), I 6, 3; Alesia, VII 68, 1; (Bibrax) II 6, 1; Avaricum, VII 13, 3; Cabillonum, VII 42, 5; Bibracte, I 23, 1; VII 55, 4; Bratuspantium, II 13, 2; (Lutetia) VII 57, 1; Metiosedum, VII 58, 2; Noviodunum, VII 55, 1 (Aeduorum); Noviodunum (Biturigum), VII 12, 2; Gergovia, VII 34, 2; (Vesontio), I 38, 1; Vellaunodunum, VII 11, 1; Cassivellauni, V 21, 2; Aduatucorum, II 20, 3; Sontiatum, III 21, 2; — *distance from*: praesidium, VI 34, 1; o. Alesia, VII 69, 1; 79, 3; cf. II 13, 2; VII 11, 6; 34, 2; 42, 5; oppugnatio oppidi, VII 19, 6; 20, 11; porta -i, VII 25, 2; spes potiundi -i, II 7, 2; -i murus, VII 46, 1, 3; 47, 3; 52, 3; sectio -i, II 33, 6; -i moenia, III 12, 3; alia pars -i, III 22, 1; V 21, 5; ea pars -i, VII 17, 1; cf. 28, 2; 44, 3; 48, 1; e regione -i, VII 36, 5; pontes -i, VII 58, 6; oppido praeesse, II 6, 4; defensores oppido idonei deliguntur, VII 15, 6; oppidum cingere, I 38, 4; 69, 3; diripere, VII 11, 9; tenere, VII 48, 1; 55, 7; retinere, VII 21, 3; recipere, VII 13, 3; apud o., II 7, 3; ad oppidum Noviodunum, II 12, 1; vineas ad o. agere, II 12, 5; cf. 13, 3; — *in oppidum*: convenire, II 12, 4; VI 4, 1; reicere aliquem, II 33, 5; repellere, III 22, 4; o. egregie natura munitum, II 29, 2; cf. III 23, 2; V 21, 2; ante o., II 32, 4; VII 11, 5; 69, 3; 79, 4; prope o., VII 36, 2; in oppidum irrumpere, VII 70, 6; recipere, VII 71, 8; 80, 9; III 12, 3; — *meaning of oppidum in Britain*, V 21, 5; in oppidum revertere, VII 82, 4; in o. mittere, VII 21, 2; o. expugnare (v. exp.) capere, III 14, 1; ex oppido, I 6, 3; II 13, 1, 2; 19, 2; 30, 1; VII 11, 2; 6, 7; 12, 3; 26, 1; 28, 5; 36, 7; 42, 5; 45, 4, 7; 47, 4; 73, 1; 76, 5; 81, 3; 84, 1; 88, 5; in oppido, I 38, 3; II 32, 4; VII 12, 6; 81, 2; cf. IV 5, 2; ab oppido, II 13, 2;

Oppōnō

33, 1, 2; VII 4, 2; 26, 2; pro oppido, VII 71, 8; oppido potiri, VII 11, 8; 58, 4; oppido excedere, VII 78, 1; oppido recipere aliquem, II 3, 3; VII 78, 3; oppida (Sequanorum), I 32, 5; incendere, I 5, 2; VII 14, 9; exurere, I 5, 4; restituere, I 28, 3; defendere, III 16, 3; habere, II 4, 7; munire, III 9, 8; situs -orum, III 12, 1; -orum oppugnatio, III 12, 2; in -a conferre, VI 10, 2; compellere, VII 54, 3; 65, 2; 77, 12; fines atque -a, II 28, 3; -a casteliaque deserere, II 29, 2; de -is demigrare, IV 19, 2; fines atque oppida, II 28, 3; oppida (*opposed to*) agri, I 11, 4.

ŏppōnō, ere, posuī, positum, v. 3, *to oppose:* cohortes ... ad omnes partes, VII 65, 1; novem oppositis legionibus, II 36, 2; **oppositus** (*blocking*) mons Cebenna, VII 56, 2.

opportūnitās, atis, f., *suitable character:* loci, III 12, 3; 19, 3; VII 20, 3; temporis, VI 29, 4; o. ad utilitatem et defensionem urbium, VII 23, 5; -ate aliqua data, III 17, 7.

opportūnus, a, um, *suitable, opportune, coming at the right time:* res ad negotium conficiendum maxime fuit opportuna, III 15, 4; locus -us, I 30, 3; VII 55, 1; 69, 7; locus -us atque idoneus, II 8, 3; o. atque occultus, V 32, 1; -um tempus, IV 34, 1; vadum, VII 56, 4; — OPPORTUNE, adv., *advantageously, conveniently:* accidere, VI 22, 2; opportunissime res accidit (☞ Holder w. some MSS., others opportunissima res, IV 13, 4).

opprimō, ere, pressī, pressum, v. 3, *overwhelm, crush, surprise*, I 44, 10; inopinantes Menapios, IV 4, 6; cf. VII 8, 3; exploratores ... inopinantes, VII 61, 1; opprimi et circumveniri, VI 11, 4; legionem, III 2, 2; V 38, 4; subito in tabernaculo oppressus, VII 46, 5; cf. V 26, 2; a multitudine oppressus, VII 50, 4; vi fluminis, IV 15, 2; oppressus, IV 24, 2 (☞ br. by Madvig).

oppūgnātiō, ōnis, f., *storming, assault, attack*, VII 81, 2; gravior atque asperior, V 45, 1; oppidorum, III 12, 1; cf. VII 19, 6; 20, 11; castrorum, V 27, 3; proximi diei, V 40, 6; Vellaunoduni, VII 11, 4; septimo -is die, V 43, 1; -em sustinere, V 37, 6; differre, VII 11, 5; impedire, VII 24, 1; dimittere, VII 17, 5; -em relinquere, VII 17, 6; — *mode of attack, assault:* Gallorum, II 6, 2; scientia -is, VII 29, 2; -e desistere, VII 12, 1; VI 39, 4; ab -e suos reducunt, V 26, 3.

oppūgnō, v. 1, *assault, attack, storm*, II 6, 4; 12, 3; castra, I 50, 2; V 20, 2; 40, 3; 53, 2; 56, 5; VI 41, 3; VII 41, 2; hiberna, V 27, 5; 41, 3; (oppidum) I 5, 4; II 6, 1; 12, 2; III 21, 2; VII 9, 6; 11, 1; 12, 1; oppugnandi sui causa, V 53, 6; cf. I 44, 3; locum, V 21, 4; legionem, V 39, 3; adoriantur atque oppugnent, V 22, 1.

ops, is, f. (not used in nom. sing.), *help, aid:* sine ope divina, II 31, 2; — *opes* (*resources, strength*) populi Romani, VI 1, 4; opes aequari, VI 22, 4; opibus ac nervis uti, I 22, 2; auxiliis ac opibus alicuius susten-

Ōrātor 121

tare, II 14, 6; opibus alicuius iuvari, VI 21, 2; sublevari, VII 14, 6; summis opibus pugnare, *w. the utmost exertion*, VII 39, 2; et animo et opibus ad id bellum incumbere, VII 76, 2.

optātus, a, um (*verbal adjective*), *desirable:* -issimum beneficium, VI 42, 3.

opus, eris, n., 1) *work, fortification, siege work* (generally plural): opere circumplecti, VII 83, 2; opera dirigere (*advance the works*), VII 27, 1; temptare, VII 73, 1; intermittere, III 29, 2; VII 71, 5; contexere, VII 23, 4; instituere, VII 70, 1; efficere, VI 9, 4; perspicere, VII 44, 1; perficere, I 40, 4; 8, 2; magnitudo operum, III 12, 5; ad opera addere, VII 73, 2; totum opus, VII 72, 4; o. deforme non est, VII 23, 4; opus dimetiri, II 19, 5; operi deesse, V 40, 2; in opere disponere aliquid, VII 81, 4; ad opus excubare, VII 24, 2; operis munitio, I 8, 4; magnitudo operis, II 20, 1; 3;—2) *fortifying:* -is laborem ferre, VII 20, 11; cf. VII 28, 4; operi destinatum esse, VII 72, 2; ab opere revocare, II 20, 1; § 3; 21, 6; in opere dispersis nostris, III 28, 3; in opere, VII 17, 4; et natura et opere, V 9, 4; 21, 4; occupatos in opere, VII 22, 4; cf. 24, 5; II 20, 1; opus hibernorum, III 3, 1; tempus ab opere intermittere, VII 24, 2; languidius in opere versari, VII 27, 1; cf. VII, 11; — *of a bridge:* -is firmindi, IV 17, 7; opus deicere, IV 17, 10; cum opere coniunctum, IV 17, 10; opus efficere, IV 18, 1; VII 35, 6; opera (*trades, manual skill*) operum initia, VI 17, 2; — OPERE, adverbial: quantopere (*how very much, how strongly*), II 5, 2; VII 52, 3; tanto opere (*so strongly*), VII 52, 3.

opus, indecl.: est, *it is necessary, there is need*, III 1, 3; si opus esse arbitraretur, III 1, 3; quaecumque ad oppugnationem opus sunt, V 40, 6; o. esse ipsos antecedere, VII 54, 1; o. est alicui aliquid ab aliquo (*he wants something from some one*) siquid ipsi a Caesare opus esset, I 34, 2; siquid opus facto esset, I 42, 5; siquo opus esset, II 8, 5; quid in quoque parte opus esset, II 22, 1.

ōra, ae, *coast:* o. maritima, III 8, 1, 5; 16, 1; IV 20, 3.

ōrātiō, ōnis (mouthing), f., *statement, communication* (legatorum), IV 7, 2; V 7, 8; 27, 11; -em percipere, V 7, 8; — *appeal, address, speech:* non ingrata, VII 30, 1; Critognati (given in or. recta), VII 77, 2; exitus -is, IV 8, 1; ad extremam orationem, VII 53, 1; -em approbant, VII 21, 2; -em habere, I 32, 1; 33, 2; 41, 1; V 27, 11; 57, 2; Caesaris, I 17, 1; milites -one cohortari, II 21, 2; -one persuadere alicui, V 38, 4; an address to *one* person, I 43, 4; to a few: *representation, appeal*, I 3, 8; VII 37, 6; an address to Roman soldiers a "contio," VII 53, 1; — *harangue, appeal:* seditiosa atque improba, I 17, 2; subdola, VII 31, 2; — *explanation*, I 18, 1; oratione liberaliter prosequi, *to dismiss with kindly words*, II 5, 1.

ōrātor, is, m., *one sent to parley* (in

war) (analogous to the "bearer of the flag of truce") : oratoris modo mandata deferre, IV 27, 3.

orbis, is, m., 1) *circle*: orbis terrarum (*the world, the whole world*), VII 29, 6; — 2) a form of military tactics, facing in all directions, comparable to the *square* of modern tactics : orbe facto se defendere, IV 37, 2 ; in orbem consistere (*to form an*) o., V 33, 3 ; ex orbe excedere, V 35, 1.

Orcynia, ae, f., thus Eratosthenes and some other Greek authorities call the Hercynian forest, VI 24, 2.

ōrdō, inis, m., *succession, order :* agminis, II 19, 1 ; rei militaris ratio atque o., II 22, 1 ; egressi nullo certo ordine neque imperio, II 11, 1 ; — *row :* quini ordines (stipitum) coniuncti, VII 73, 4 ; octoni -es, VII 73, 8 ; obliquis -inibus, VII 73, 5 ; rectis lineis suos ordines servant, VII 23, 5 ; — *layer, course :* alius insuper o. additur, VII 23, 3 ; singuli -es cespitum, V 51, 4 ; — *class, rank*, of a centurion (cf. centurio) : omnium -um centuriones, I 40, 1 ; primorum ordinum, I 41, 2 ; V 28, 3 ; 37, 1 ; primis ordinibus appropinquare, V 44, 1 ; superiores ordines huius legionis, VI 40, 7 ; cum a Cotta primisque ordinibus acriter resisteretur, V 30, 1 ; cf. VI 7, 8 ; inferiores ordines, VI 40, 7 ; — *line :* primi ordines hostium, VII 62, 4 ; -ines constituere, II 19, 6 ; servare, IV 26, 2 ; perturbare, II 11, 5 ; IV 33, 1 ; V 37, 3 ; — *files* (τάξεις) : cohortes -esque adhortans, V 35, 8 ; incertis ordinibus, IV 32, 5.

Orgetorix, igis, m., powerful chieftain amongst the Helvetii, I 2, 1 ; 3, 1, 3 ; 4, 2, 3 ; 9, 3 ; 26, 5.

orior, īrī, -rtus, v. 4 dep., *to arise :* Rhenus oritur ex Lepontiis, IV 10, 3 ; — *begin* (Hercynia silva) : oritur ab Helvetiorum ... finibus, VI 25, 2, 4 ; Belgae oriuntur ab ... I 1, 6 ; — *arise, spring up :* pecuniae cupiditas, VI 22, 3 ; incommoda, VII 33, 1 ; (timor) I 39, 2 ; clamor fremitusque, II 24, 3 ; cf. V 53, 1 ; VII 47, 4 ; motus ab his, VI 9, 5 ; initium repentini tumultus ... ab Ambiorige, V 26, 1 ; seditio, VII 28, 6 ; — *oriens sol* (*the East*), I 1, 6 ; V 13, 1 ; VII 69, 5 ; oriente sole, VII 3, 3 ; orta luce, V 8, 2 ; — *spring from, be descended from :* ab Germanis, II 4, 1 ; ex civitatibus, V 12, 2 ; — *be born :* summo loco, VII 77, 3.

ōrnāmentum, i, n., *adornment :* ornamento esse alicui, I 44, 5 ; cf. VII 15, 4.

ōrnō, v. 1, *equip with, supply with :* civitatem omnibus rebus, VII 33, 5 ; (naves) omni genere armorum ornatissimae, III 14, 2.

ōrō, v. 1, *to pray, entreat*, followed by *ut*, IV 16, 5 ; V 27, 7 ; VI 9, 7 ; VII 12, 3 ; 32, 2 ; 78, 4 ; by *ne*, IV 11, 1 ; V 31, 1 ; V 32, 1 ; VII 39, 3 ; petunt atque orant, VI 9, 7 ; finem orandi faciat, I 20, 5.

ortus, ūs, m., *rise :* solis (*sunrise*), VII 41, 5.

ōs, ris, m., *face :* in adversum os vulneratur, V 35, 8 ; ora convertere ad alqm. (*turn to*), VI 39, 2.

Osismī, ōrum, m., a tribe of Aremorica (in Bretagne), II 34 ; III 9, 10 ; VII 75, 4.

ostendo, ere, ndī, ntum, v. 3, *show*, foll. by acc. c. inf., I 20, 5 ; IV 11, 3 ; prohibiturum ostendit, I 8, 3 ; cives Romanos, VII 38, 0 ; — *display, unmask* (in military language) : post tergum hostium legionem, VII 62, 6 ; subito pedestres copias, III 20, 4 ; subito se, V 32, 2 ; duae se acies, VII 67, 1 ; rari se, V 17, 1 ; VII 83, 8 ; — *w. indirect question :* quae ... quisque dixerit, I 19, 4 ; quid sui consilii sit, I 21, 2 ; quid fieri velit, V 2, 3 ; VII 45, 7 ; III 26, 1 ; cf. VII 27, 1 ; quae fieri vellet, IV 23, 5 ; quae in Treveris gererentur, V 3, 3 ; — *point out :* difficultates quas supra ostendimus, III 10, 1.

ōstentātiō, ōnis, f., *display (effect) :* equites qui latius -onis causa vagarentur, VII 45, 1 ; — *boastfulness :* Gallica, VII 53, 3.

ostentō, v. 1, *show :* Ambiorigem, V 41, 4 ; — *display :* inani simulatione se, VII 19, 3 ; passum capillum, VII 48, 3 ; equitatum omnibus locis, VII 55, 9.

ōtium, i, n., *leisure :* pax atque otium, VII 66, 4.

ōvum, i, n., *egg :* ovis avium vivere, IV 10, 5.

P.

P., abbrev. of Publius, I 21, 4 ; II 25, 1.

pābulātiō, ōnis, f., *foraging, foraging expedition :* pabulatione prohibere alqm., VII 14, 2 ; pabulatione libera prohibere, VII 36, 5 ; in -one, VII 20, 9 ; frumentationibus -onibusque prohibere, VII 64, 2 ; -one intercludere, VII 44, 4 ; -ones observare, VII 16, 3 (☞ br. in I 15, 4 by Paul).

pābulātor, is, m., *forager*, V 17, 2.

pābulum, i, n. (pasco), *fodder, forage :* -i copia, I 16, 2 ; opp. inopia -i, VII 20, 3 ; cum primum pabuli copia esse inciperet, II 2, 2 ; secare, VII 14, 4 ; consumere, VII 18, 1 ; dierum xxx pabulum ... convectum habere, VII 74, 2.

pācō, v. 1 (pax), *subdue :* civitates (really an enormous exaggeration), VII 65, 4 ; Allobrogum qui nuper pacati erant, I 6, 2 ; Galliam, II 1, 2 ; 35, 1 ; III 28, 1 ; cum Caesar pacatam Galliam existimaret, III 7, 1 ; hac parte Galliae pacata, V 5, 1 ; Morini quos Caesar ... pacatos reliquerat, IV 37, 1 ; ☞ insigne pacatum (in VII 50, 2) is a doubtful reading ; ex pacatis regionibus, III 11, 5 ; in pacatissimam et quietissimam partem, V 24, 7.

pactum, I, n. (pango, agreement), *manner :* quid quoque (= et quo) pacto fieri placeat, VII 83, 5.

Padus, I, m., the *Po* River, V 24, 4.

Paemanī, ōrum, a German tribe of the Belgae, II 4, 10 ; near Lieges, the name preserved in Famene.

paene, adv., *almost*, I 11, 3 ; 38, 4 ; II 19, 7 ; 24, 4 ; VI 13, 1 ; 36, 2 ; 41, 3 ; 42, 2 ; 43, 5 ; VII 24, 2 ; 44, 4 ; 77, 8 ; 83, 2 ; p. etiam, VI 11, 2 ; non solum sed p., I 20, 2 ; non modo sed p., V 43, 4.

paenitet, v. 2, impers., ēre, uit (aliquem alicuius rei), *to feel regret for, to regret:* consilia quorum eos in vestigio paenitere necesse est, IV 5, 3.

pāgus, i, n., *district, clan:* Tigurinus, I 12, 4; Verbigenus, I 27, 4; omnis civitas ... in quattuor pagos divisa est, I 12, 4 (☞ br. by Paul); pagi centum Sueborum, I 37, 3; hi (Suebi) centum -os habere dicuntur, IV 1, 4; non solum in omnibus civitatibus atque in omnibus pagis partibusque sed paene etiam in singulis domibus factiones sunt, VI 11, 2.

palam, adv., *openly*, V 25, 3; VI 7, 6; 18, 3.

palūs, ūdis, f. (pool?), *morass, swamp, marsh land, fen:* p. moratur, VI 35, 7; -es intercedebant, V 52, 1; p. non magna, III 9, 1; impedita, VI 34, 2; difficilis atque impedita, VII 19, 1; -es continentes, III 28, 2; VI 31, 2; palus perpetua, VI 5, 4; VII 26, 2; vada ac saltus (?) eius paludis, VII 19, 2; -em perrumpere, VII 19, 2; explere, VII 58, 1; p. quae influeret (*drained into*) in Sequanam, VII 57, 4; cf. I 8, 1; (urbs) flumine et palude circumdata, VII 15, 5; profecti a palude, VII 58, 6; siccitates paludum, IV 38, 2; cf. II 16, 4; 28, 2; III 28, 2; in silvas -esque confugiunt, V 5, 7; se paludibus tenere, I 40, 8; silvis -ibusque munitum, V 21, 4; cf. VII 16, 1; (pars oppidi) intermissa ... *a* paludibus, VII 17, 1; ex paludibus elicere, VII 32, 2.

palūster, tris, tre, adj., *marshy:* locus, VII 20, 4.

pandō, ere, pandī, passum, v. 3, *spread out:* passis manibus, I 51, 3; II 13, 3; VII 47, 5; passus (*dishevelled*) capillis, VII 48, 3.

pār, is, adj., *equal* (the same): numerus, VI 33, 3; VII 75, 2; pari acclivitate, II 18, 2; intervallo, I 43, 3; 51, 1; VII 23, 1; fastigio, VII 69, 4; pari aetate et gratia, sed genere dispari, VII 39, 1; nequaquam pari bello, VII 77, 12; -ibus spatiis, VII 23, 3; paris munitiones, VII 74, 1; par atque idem periculum, V 16, 3 (☞ br. by Tittler); si sunt plures pares, VI 13, 9; — *par atque* (*as*), I 28, 5; V 13, 2; — *a match for:* nostro exercitui, I 40, 7; (Suebis), IV 7, 5; — *matched:* erant et virtute et numero (?) pugnandi pares, V 34, 2.

parcē, adv., *sparingly:* frumentum metiri, VII 71, 7.

parcō, ere, pepercī, parsum, v. 3, 1) *to spare:* alicui, neque homini neque ferae, VI 28, 2; sibi militibusque, V 30, 1; sibi, VI 9, 7; VII 47, 5; non aetate confectis, non mulieribus non infantibus, VII 28, 4; parcendo, *by being economical*, VII 71, 4; — 2) *to save, have regard for,* V 40, 7.

parentēs, um, m., *parents:* -es propinquique, VI 14, 2; ad -es aditum habere, VII 66, 7; — *fathers,* V 14, 4.

parentō, v. 1 (to make sacrifices for the departed parents, hence), *to avenge:* alicui, civibus Romanis qui ... interissent, VII 17, 7.

pāreō, ēre, uī, v. 2, *to obey:* si vim faciat neque pareat, V 7, 7; eorum decretis iudiciisque, VI 13, 10; Vercingetorigi, VII 63, 9; imperio, V 2, 4; poenam iis qui non paruerint, constituit, VII 71, 6; correlative of iubeo, I 27, 2.

pariō, ere, peperī, partum, v. 3 (to beget), *produce, acquire:* ante partam ... laudem amittere, VI 40, 7; sicut parta iam et explorata victoria, V 43, 3.

Parisiī, ōrum, m., a tribe on the Seine, their capital Lutetia, VI 3, 4; VII 34, 2; 4, 6; 57, 1; 75, 3.

parō, v. 1, *acquire, procure:* iumenta impenso pretio, IV 2, 2; a finitimis equos, V 55, 3; latos fines, VI 22, 3; — *get ready to:* bellum administrare, VII 71, 9; cf. 81, 2; Labienum adoriri, VI 7, 2; — *prepare:* bellum, III 9, 3; V 3, 4; 56, 1; VI 2, 3; VII 59, 2; copias, III 23, 2; falces testudinesque, V 42, 5; cf. VII 84, 1; 86, 4; fugam, VII 61, 4; naves, IV 22, 1; cf. III 14, 1; locum atque sedes, I 31, 10.

parātus, a, um, *ready:* -i in armis ut, II 9, 2; VII 19, 2, 5; decertare, I 44, 4; obsides dare, II 3, 2; V 1, 7; parato atque instructo exercitu, VII 59, 5; ad eam rem, I 5, 2; ad dimicandum, VII 19, 3; ad navigandum, V 5, 2; paratiores ad omnia pericula subeunda, I 5, 3; paratissima ad bellum gerendum, I 41, 2; ea pars (*division*), II 23, 1.

pars, tis, f., *part, portion,* IV 32, 4; pacatissima, V 24, 7; duae partes (vici), III 1, 6; tertia, I 31, 10; II 1, 1; 32, 4; III 6, 2; 20, 1; quarta, I 12, 2; III 26, 2; dimidia, VI 31, 5; maior p. agminis, V 32, 2; aliqua, VI 40, 2; magna, I 12, 3; II 20, 5; 23, 1; V 54, 1; VII 58, 4; superior, II 18, 2; VII 46, 3, 5; extrema, VI 33, 3; exigua, IV 20, 1; omnis p. corporis, V 14, 3; maxima, V 37, 4; maior, III 2, 4; VI 22, 1; eorum, I 1, 5; auxiliorum, I 49, 5; aestatis, III 12, 5; IV 20, 1; VII 35, 2; civitatis, I 12, 6; castrorum, III 4, 2; VII 28, 6; collis, VI 69, 5; 46, 3; cf. II 18, 2; corporis, IV 1, 10; VI 21, 5; VII 40, 5; clientium, VI 12, 4; copiarum, I 50, 2; II 9, 4; VII 7, 5; 5, 1; diei, V 9, 8; 35, 5; 58, 2; exercitus, V 35, 2; 38, 3; 46, 4; 55, 1; VII 68, 3; equitatus, IV 16, 2; 9, 3; III 1, 1; fluminis, IV 10, 1; VII 61, 1; hiemis, IV 1, 4; VII 10, 1; hostium, I 52, 2; V 44, 4; Helvetiorum, I 12, 2; militum, V 30, 1; impedimentorum, VII 55, 2; noctis, I 26, 5; V 31, 4; VII 25, 1; nocturni temporis, V 40, 5; munitionum, V 45, 1; omnis temporis, V 30, 1; obsidum, VII 12, 4; oppidi, VII 17, 1; 44, 4; 48, 1; III 22, 1; V 21, 5; cf. VII 28, 2; senatus, VII 55, 4; silvae, III 28, 3; vici, III 2, 1; p. inferior (pontis), VII 35, 5; fluminis, I 1, 6; ultima pontis, VI 29, 2; reliqua, VII 73, 7; (of lands and peoples) (Aquitania), III 20, 1; Arduennae, VI 33, 3; finitumi agri, VI 12, 4; maxima p. Aquitaniae, III 27, 1; Menapiorum, IV 4, 7; Morinorum, IV 22, 1; (insularum) IV 10, 4; insulae, IV 28, 2; V 8, 3; Britanniae p.

interior, V 12, 1; marituma p., V 12, 2; cf. 13, 5; Germanorum, I 43, 9; agri Sequani, I 31, 10; Eburonum, VI 35, 1; V 24, 4; Galliae, V 54, 1; III 10, 2; VI 5, 1; altera pars tertia, I 31, 10; Oceani, I 1, 7; provinciae, V 1, 5; regionum, II 4, 7 (*share:* utriusque, VI 19, 2); pars . . . pars, II 23, 5; IV 27, 6; 32, 1; VI 31, 2; 40, 8; VII 28, 3; 34, 2; 75, 2; 87, 6; ut pars cum parte configat, VII 32, 5; hae partes, VII 81, 6; partes reliquae, IV 32, 4; in partes divisum esse, I 1, 1; III 1, 6; VI 11, 5; VII 34, 1; tres partes, I 12, 2; in partes distribuere, VII 61, 4; 67, 1; VI 32, 3; Galliae, I 34, 3; partes quae Menapios attingunt, VI 33, 1; in plures diffluit partes, IV 10, 4; in omnibus pagis partibusque, VI 11, 2; — *party, faction,* VII 33, 1; — *adverb. phrases:* maximam partem, IV 1, 8; magna ex parte, I 16, 6; ex parte, *in detail individually (?)*, VI 34, 3; — *direction* (side): in utram partem fluat, I 12, 1; in eam partem ire, I 13, 3; cf. I 40, 1; II 21, 1, 6; III 15, 6; in alteram -em, II 21, 4; aliam in partem, II 24, 1, 3; in contrariam partem, IV 17, 7; cf. IV 32, 1, 2; V 34, 3; VI 37, 6; VII 60, 4; ad omnes partes, VII 65, 1; quas in -es, I 15, 1; cf. V 41, 6; in omnes partes, II 24, 4; IV 19, 2; 34, 5; V 49, 8; 53, 4; VI 34, 1; 43, 1, 4; VII 9, 5; 63, 2; — *per omnes partes,* IV 33, 1; — *point, side:* ad alteram -em, IV 3, 3; cf. II 22, 1; in eadem -e, VII 61, 3 (*end*) pontis, IV 18, 2; ad utramque partem munitionum, VII 80, 1; sententiam in utramque partem esse tutam, V 29, 6; cf. 30, 1; in ea parte, IV 32, 1; una ex parte (*on one side*), I 2, 3; cf. II 20, 3; IV 3, 2; V 26, 3; VII 5, 5; altera ex -e, I 2, 3; V 56, 1; VII 59, 5; 64, 6; ab ea parte, III 22, 4; 26, 4; VI 37, 2; ex utraque parte, I 38, 5; cf. II 8, 3; V 32, 2; in altera parte fluminis, II 5, 6; qua ex parte (*on which side*), V 13, 2; VII 81, 6; 85, 1; una in parte, VII 80, 6; alia in parte, II 23, 3; ab altera -e, VII 34, 3; ab sinistra -e, II 23, 4; ab extrema -e, IV 17, 6; in ea parte, IV 32, 1; ab dextra p., VII 45, 10; 50, 1; ab inferiore -e, IV 17, 5; siqua ex -e, VII 28, 1; siqua in parte, VII 67, 4; ex omni -e, V 43, 7; VII 22, 3; 25, 4; 36, 5; ex omnibus in circuitu partibus, II 29, 3; cf. IV 32, 3; V 50, 5; VII 19, 1; 69, 4; 80, 4; ex omnibus -ibus, III 4, 1; V 17, 2; 51, 2; VI 34, 3; VII 27, 2; 47, 4; omnibus -ibus superiores, V 15, 1; duabus ex partibus, V 21, 4; VII 69, 2; ex reliquis p., VI 37, 4; VII 80, 8; in omnibus partibus, VII 15, 2; 67, 2; — *point, regard:* qua ex parte, I 2, 4.

partim, adv., *partly:* p., — p., II 1, 3; 33, 2; V 6, 3.

partior, īrī, tītus, v. dep. 4, *divide:* exercitum, III 10, 3; VI 33, 1; pecuniam atque equos inter se, VII 55, 5; copias cum aliquo, VI 0, 1; plures partitis temporibus erant in opere, VII 24, 5.

parum, adv., *too little:* diligenter, III 18, 6; proficere, VII 66, 4.

parvulus, a, um, *slight, insignificant, very small* (uri): -i excepti, VI 28, 4; ab parvulis, *from early infancy*, VI 21, 3; -o detrimento, V 52, 1; -a equestria proelia, V 50, 1; -a proelia, II 30, 1.

passim, adv. (pando), *everywhere, at all points:* fugere, IV 14, 5.

passus, ūs, m., *double-pace, step:* milia passuum (*miles* = 6000 feet) ccxl, I 2, 5; cf. I 8, 1; 15, 5; 21, 1; 22, 5; 23, 1; 41, 5; 48, 1, 2; 53, 1; II 6, 1; 7, 3, 4; 11, 4; 13, 2; 16, 1; IV 3, 2; 10, 2; 11, 4; 22, 4; 23, 6; V 2, 3; 9, 2; 11, 8; 13, 1, 6; 24, 7; 27, 9; 32, 1; 46, 1; 47, 1; 49, 5; 53, 1, 6; VI 7, 3; 36, 2; VII 3, 3; 16, 1; 38, 1; 40, 4; 66, 2; 69, 2; mille passuum (spatio) (☞ Dinter), I 25, 5; cf. VI 7, 4; VII 3, 3; passuum xii millia, IV 11, 1; centum milia passuum, V 13, 7; cf. 47, 5; VI 35, 6; VII 60, 1; 69, 6; 70, 1; 74, 1; 79, 2; fossa circiter passuum quadringentorum, II 8, 3; passus circiter sexcentos ab his, I 49, 1; passus circiter ducentos infimus apertus, II 18, 2; cf. III 19, 1; mille cc passus aberat, VII 46, 1; longius mille et quingentis passibus, I 22, 1; passibus ducentis ab eo tumulo constituit, I 43, 2.

patefacio, ere, fēcī, factum, v. 3 (patefieri), *to open, throw open:* portas, II 32, 4; iter per Alpes, III 1, 2; vias, VII 8, 2.

pateo, ēre, uī, v. 2, *be open, spread out, extend:* silvae latitudo novem dierum iter expedito patet, VI 35, 1; Arduenna silva, quae . . . milibus amplius quingentis in longitudinem patet, VI 29, 4; locus tantum in latitudinem patebat, II 8, 3; (planicies) in longitudinem, VII 70, 1; 79, 2; cf. 69, 3; fines, I 2, 5; castra, II 7, 4; fossae solum, VII 72, 1 — *stand open:* his omnium domus patent, VI 23, 9; in foro ac locis patentioribus, VII 28, 1; locis patentibus, I 10, 2; — *be open* (available): semitae, VII 8, 3.

pater, tris, m., *father*, I 3, 4; 47, 4; V 20, 1; VII 4, 1; 31, 5; Dis pater (Pluto), VI 18, 1; patrum nostrorum memoria, I 12, 4; 40, 5; II 4, 2; VI 3, 6; a patribus maioribusque ita didicisse, I 13, 6; pater familiae, VI 19, 3.

patienter, adv., *patiently*, VII 77, 5.

patientia, ae, f., *endurance*, VI 24, 4; — *patient waiting*, VI 30, 2.

patior, i, passus, v. dep. 3, *suffer, allow:* suos opprimi, VI 11, 4; reliquos . . . consistere, III 6, 2; liberos ad se adire, VI 18, 3; se ab hostibus diripi, VII 8, 4; civitatem deficere, VII 30, 3; per fines suos Helvetios ire, I 9, 4; cf. 6, 3; tenere (agros), IV 7, 4; id iis eripi, I 43, 8; nihil vini . . . inferri, II 15, 4; quos amplius Rhenum transire, I 43, 9; calonem egredi, VI 36, 1; discedi (impers.), V 19, 3; ut . . . socios desereret, I 45, 1; ut . . . non audeant, VI 8, 1; — *permit:* quantum diei tempus est passum, VII 68, 2; — *suffer, endure:* quamvis fortunam a populo Romano, II 31, 6; vim tempestatis, V 10, 2; omnia quae imperarentur, VII 30, 4.

patrius, a, um, *ancestral:* virtus, II 15, 5.

patrōnus, ī, m. (protector), *lord* (correlat. of clientes), VII 40, 7.

patruus, ī, m. (father's brother), *uncle*, VII 4, 2.

paucī, ae, a, adj., *few, a small number,* VII 33, 3; — *as substantive:* pauci de nostris cadunt, I 15, 2; cf. pauci ex suis, III 28, 4; quamvis pauci ... audent, IV 2, 5; cf. III 19, 4; V 37, 7; -is defendentibus, II 12, 2; -is (dat.) contigisse, I 43, 4; plures paucos circumsistebant, IV 26, 3; paucis interfectis reliquos ... perturbaverunt, IV 32, 5; (as adj.) -ae stationes, II 18, 3; turmae, VI 8, 5; ultimae nationes, III 27, 2; equites, VI 30, 1; 33, 3; VII 45, 3; milites, VII 12, 4; portus, III 8, 1; paucorum dierum iter, IV 7, 2; -os dies, I 39, 1; IV 19, 1; VII 5, 4; cf. I 18, 10; pauca (*little*) respondere, I 44, 1; -a vulnera, IV 37, 3; V 9, 7; paucis mensibus, I 31, 10; annis, I 31, 11; his -is diebus, III 17, 3; cf. 23, 2; IV 27, 6; III 29, 2; V 2, 2; VI 9, 4; 10, 4; -is ante annis, III 20, 2; paucis post diebus, VI 8, 7; 10, 1; paucis ante diebus, VII 20, 9.

paucitās, ātis, f., *fewness, small number,* *slenderness:* legionem propter -atem despiciebant, III 2, 3; cf. 4, 3; nostrorum, III 24, 4; cf. IV 34, 5; militum, IV 30, 1; portuum, IV 9, 4; defensorum, V 45, 1; -eorum, VII 20, 6; ☞ paucitate *d*ispecta Paul's reading for despecta (?), VI 39, 4.

paulātim, adv., *little by little, gradually,* I 33, 3; 39, 5; 26, 1; IV 30, 2; 33, 2; V 37, 2; VI 24, 6; — *gently*, II 8, 3; III 19, 1; VII 73, 5; frumentum parce et p. metiri, VII 71, 7.

paulisper, adv., *for a short time:* morari, II 7, 3; V 21, 5; proelium intermittere, III 5, 3; resistere, IV 14, 4; vim sustinere, VI 30, 3; proelium sustinere, VI 38, 3; inopiam ferre, VII 77, 5.

paululum, adv., *very slightly:* collis p. ex planicie editus, II 8, 3.

paulo (adv. abl.) (noting measure of difference), *a little* (= by a little): p. aequiore loco, VII 51, 1; maturius, I 54, 2; longius, II 20, 1; IV 32, 3; V 40, 4; VII 71, 4; amplius, V 27, 9; fortius factum, III 14, 8; humaniores, IV 3, 3; ante, V 12, 1; VII 4, 4; 11, 7; 24, 2; 40, 3; 48, 3; 58, 3; tardius, IV 23, 3; post mediam noctem, IV 36, 3; infra, IV 36, 4; VI 28, 1; humiliores, V 1, 2; incautius, VII 27, 1; latiores, V 1, 2; minus, VII 51, 4; quietior, V 58, 7; tumultuosius, VII 45, 1; supra, VI 19, 4; VII 61, 3; antecedere (*excel*), VI 27, 1; — *post paulo,* VII 60, 4.

paulum, adv., *a little* (ὀλίγον): progressus, I 50, 1; cf. IV 24, 3; VII 45, 5; 49, 3; tardare, II 25, 3; removeri, IV 25, 1; cf. V 16, 2; praemittere, VI 8, 3; excedere, V 19, 1; intermitti, V 43, 6; promovere, VII 70, 5; propellere, IV 33, 1; summovere, VII 50, 5; p. praeacutus, IV 17, 3; p. modo, IV 25, 2; VI 27, 3; supra, VI 9, 3; p. ab eo loco abditas, VII 79, 2; — *as noun:* p.

defuisse videtur, VI 43, 5; post paulum, VII 50, 6.

pāx, cis, f. (paciscor), *peace:* p. atque otium, VII 66, 4; condicio pacis, II 15, 5; VII 78, 2; pacem petere (v. peto) -em confirmare, I 3, 1; IV 28, 1; -em facere cum aliquo, I 13, 3; 14, 6; II 29, 5; III 1, 4; pacem Ariovisti redimere, I 37, 2; pace uti (*enjoy*), I 44, 4; II 32, 4; legati de pace venerant, II 6, 4; cf. II 31, 1; III 28, 1; IV 27, 1; 30, 1; VI 5, 4; VII 55, 4; in pace, VI 23, 5.

peccō, v. 1, *commit a wrong, inflict an outrage,* I 47, 4.

pectus, oris, n., *breast, bosom:* -e nudo, VII 47, 5.

pecūnia, ae, f., *money:* quaestus -ae, VI 17, 1; -a publica, VII 55, 2; -ae rationem habere, VI 19, 2; -ae cupiditas, VI 22, 3; -am polliceri, VI 2, 1; partiri, VII 55, 5; -as polliceri, V 55, 1; VII 64, 8; -as dotis nomine accipere, VI 19, 1; obsidibus de -a cavere, VI 2, 2; sollicitatus -ā, VII 37, 1; pecuniā valere, VII 63, 2.

pecus, oris, n., *cattle:* p. tenere, III 29, 2; hominum pecorisque numerus, V 12, 2; VI 3, 2; 6, 1; magnus pecoris numerus, VI 35, 6; pecorum n., V 12, 3; quid frumenti aut pecoris, VII 20, 10; pecoris copia, VII 56, 5; p. distribuere, VII 71, 7; pecora in silvas compellere, V 19, 1; deducere, VI 10, 2.

pedālis, e, adj., *a foot in dimension:* trabs pedalis, III 13, 4.

pedes, itis, m., *foot-soldier,* I 42, 4; VII 66, 5; opp. to equites, I 48, 5; mobilitas equitum stabilitas peditum, IV 33, 3; coupled w. equitatus, V 3, 1; VII 34, 1; 64, 4; 76, 3; levis armaturae, II 24, 1; VII 65, 4.

pedester, tris, tre, adj., *of infantry:* pedestres copiae, III 20, 4; 11, 5; II 17, 4; 67, 5, 7; VII 79, 2; — *by land:* -ia itinera, III 9, 4; — *on land:* -ia proelia, IV 24, 2.

peditātus, ūs, m., *infantry,* V 38, 2; magna multitudo -us equitatusque, IV 34, 5; cf. V 3, 4; 47, 5; VI 7, 1; 10, 1; VII 5, 3; 70, 5; peditatu contentum esse, VII 64, 2; hostium (☞ pass. br. by Paul), VII 70, 2.

Pedius, i, m., A. P. legatus of Caesar's, II 2, 1; 11, 3.

pēius, oris, n., adv. (comp. of *male*), *worse:* p. accidit alicui, I 30, 10.

pellis, is, f., 1) *skin:* pelles pro velis, III 13, 6; varietas pellium, VI 27, 1; neque vestitus praeter pellis haberent quicquam, IV 1, 10; cf. V 14, 2; pellibus uti, VI 21, 5; pellibus inducere (scuta), II 33, 2; — 2) *pelles* (*tents*), sub pellibus, III 29, 2.

pellō, ere, pepuli, pulsum, v. 3, *drive:* aliquem ex finibus, I 31, 11; — *dislodge:* Romanos pulsos superatosque esse, II 24, 5; cf. I 44, 3; III 28, 2; — *rout, defeat* (τρέπω), I 10, 5; 31, 6; III 20, 1; equitatum, III 20, 4; primo hostium impetu pelli, II 24, 1; pellere hostes atque in fugam conicere, VII 62, 3; p. atque in fugam convertere, I 52, 6; cf. IV 35, 1; exercitum p. at sub iugum mittere, I 7, 4; Ariovistum, IV 16, 7; legionem, II 17, 2; p. ac proturbare, II 10, 9; Helvii pelluntur ac intra oppida compelluntur, VII 65, 2; Cimbris et Teutonis a Gaio Mario pulsis, I 40, 5; pulsis hostibus, I 46, 3; equitatu pelli, *suffer a defeat of the cavalry*, VII 68, 3.

pendō, ere, pependī, pensum, v. 3 (*hang* (transit.), hence *weigh*), *pay*: tributa, VI 14, 1; stipendium alicui, I 36, 5; 44, 4; V 27, 2; vectigal populo Romano, V 22, 4; poenas, VI 9, 7.

penes, prep. c. acc., *in the hands of*: p. eos summam victoriae constare, VII 21, 3.

penitus, adv. (*to the core*), *utterly*: penitus ad extremos fines se recepisse, VI 10, 4.

per, prep. c. acc., *through, by means of*: p. tres populos Galliae potiri, I 3, 8; adire Caesarem per aliquos, VI 4, 2; p. indicium enuntiata, I 4, 1; p. exploratores defertur, VI 7, 9; cf. VII 17, 8; p. exploratores certum fieri, I 12, 2; III 2, 1; IV 4, 6; certiorem facere p. aliquem, VII 87, 5; comperire p. exploratores, IV 19, 2; VI 29, 1; colloqui p. aliquem cum aliquo, I 19, 3; coniurate per principes, III 8, 3; comparare clientelas p. Caesarem, VII 12, 6; p. Helvetios regnum obtinere, I 18, 9; cognoscere p. exploratores, I 22, 4; V 49, 1; VII 16, 2; 18, 3; VII 44, 3; 83, 4; p. speculatores, II 11, 2; crescere p. aliquem, I 20, 2; exquisito itinere p. Divitiacum, I 41, 4; gratias agere p. tribunos militum, I 41, 1; habere dilectum p. legatos, VI 1, 1; conficere, VI 1, 4; compertum habere aliquid p. nuntios, I 44, 12; mittere legatos p. aliquem, V 22, 3; nuntiatur res p. fugitivos, I 23, 2; remittatur stipendium per populum R., I 44, 5; loqui p. concilium de republica, VI 20, 3; reciperare aliquem p. aliquem, III 8, 2; civitates p. eos, VII 89, 5; nuntiatur p. exploratores, VII 11, 8; creari p. sacerdotes, VII 33, 3; invenire vadum p. equites, VII 56, 4; perferri p. mercatores, IV 21, 5; p. Remos, V 53, 1; venire alicui in amicitiam p. aliquem, VI 5, 4; — *through* (of the traversing of space): per Sequanos iter, I 6, 1; p. provinciam nostram, I 6, 1; 7, 1; 3, 5; 8, 3; 14, 3; p. Alpes, I 10, 3; III 1, 2; p. agrum Sequanorum, I 10, 1; p. fines ire, I 6, 3; 9, 4; 28, 1; cf. II 10, 1; V 56, 5; cf. VII 66, 2; contendere, VII 9, 4; iter p. fines dare, V 27, 10; p. silvas perveniunt, V 37, 7; influere p. fines, I 12, 1; flumen fertur p. fines, IV 10, 3; perequitare p. omnes partes, IV 33, 1; cf. VII 66, 7; perrumpere p. medios, V 15, 4; VI 40, 4; pertinet (Arduenna silva) per medios fines Treverorum, V 3, 4; praemittit alqm. p. Arduennam silvam, VI 29, 4; traducere p. angustias et fines Sequanorum, I 11, 1; 19, 1; via p. Sequanos, I 9, 1; *over, by way of*: p. corpora transire, II 10, 3; se per munitiones deicere, III 26, 5; per temonem per currere, IV 33, 3; tradere p. manus, VII 25, 2; de muris p. manus demissae, VII 47, 6; per manus tractus, VI 38, 4; — *of manner*: p. dolum atque insidias bellum inferre, IV 13, 1; p. vim transire, III 11, 2; circumveniri p. insidias, I 42, 4; per fidem, I 46, 3; interfici p. cruciatum, II 31, 6; imperium se p. proditionem nullum desiderare, VII 20, 7; siquid iis p. vim accidat, III 22, 2; p. vim occupare, VI 12, 4; — *all over* (κατά): p. agros dimittere, VI 31, 2; VII 3, 2; — *of cause*: p. aetatem inutilis ad pugnam, II 16, 4; cf. V 3, 4; VII 71, 2; cum primum p. anni tempus potuit, III 9, 2; Caesar p. causam supplementi ... discedit, VII 9, 1; — *per se* (*as far as he was concerned*) I 42, 1; si per te liceat, V 30, 3; licere illis p. se ex hibernis discedere, V 41, 6; — *on their own responsibility*: p. se, quae videbantur, administrabant, III 20, 4; cum minus facile omnia per se (*alone*, on their own accord) obire possent, V 33, 3; hi cum p. se minus valerent, VI 12, 2; (plebes) nihil audet p. se, VI 13, 1; — *in itself*: castra exigua p. se, V 49, 7; locus ipse per se ... defendit, VI 37, 5; (Bellovaci) qui ante erant p. se infideles, VII 59, 2.

peragō, ere, ēgī, āctum, v. 3, *to finish, adjourn, wind up*: concilium, V 24, 1; VI 4, 6; conventus ceterioris Galliae, V 1, 5; cf. 2, 1.

perangustus, a, um, adj., *very narrow*: aditus, VII 15, 5.

percipiō, ere, cēpī, ceptum, v. 3, *gain, carry off*: fructum victoriae, VII 27, 2; — *acquire*: usum rei militaris, VI 40, 6; — *hear of*: Treverorum fugam, VI 8, 7; — *hear, listen to*: orationem, V 1, 8.

percontātiō, ōnis, f., *inquiry*: nostrorum, I 29, 1; nihil de eo percontationibus reperiebamus, V 13, 4.

percurrō, ere, currī and cucurrī, cursum, v. 3, *run along, all over*: p. temonem, IV 33, 3.

percutiō, ere, cussī cussum, *inflict a mortal blow upon*: aliquem, V 44, 6.

perdiscō, ere, didicī, v. 3, *to learn thoroughly, to master*, VI 14, 4.

perditus, a, um (morally), *lost, an outlaw*: -i homines latronesque, III 17, 4; habet dilectum egentium ac perditorum, VII 4, 3.

perdūcō, ere, xī, ctum, v. 3, *lead safely*: legionem in Allobroges, III 6, 5; — *bring to*: homines aliquos ad Caesarem, VII 13, 2; cf. VII 67, 7; rem ad extremum, III 5, 1; — *bring into harbor*: omnes incolumes naves, V 23, 6; aliquem ex humili loco ad summam dignitatem, VII 39, 1; — *construct*: murum fossamque, I 8, 1; duas fossas, VII 72, 3; fossam a maioribus castris ad minora, VII 36, 7; — *bring over*: aliquem ad suam sententiam, VII 4, 3; cf. III 8, 5; Germanos atque Ariovistum ad se, VI 12, 2; — *draw out*: rem disputatione ad mediam noctem, V 31, 3.

perendinus, a, um, adj., *after to-morrow*: dies, V 30, 3.

pereō, īre, iī, itum, v. 4, *to perish*: in fuga, I 53, 4; vi fluminis oppressi, IV 15, 2; militum pars, VI 40, 8; rerum omnium inopiā, VI 43, 3.

perequitō, v. 1, *ride through (drive)* : per omnes partes, IV 33, 1 ; bis per agmen hostium, VII 66, 7.

perexiguus, a, um, adj., *very small :* loci spatium, V 15, 4.

perfacilis, e, adj., *very easy :* perfacile esse . . . potiri, I 2, 2 ; perfacile factu, I 3, 6 ; VII 64, 2.

perferō, ferre, tulī, lātum, v. 3, *to endure :* imperia alicuius, I 17, 3 ; omnes indignitates contumeliasque, II 14, 3 ; Romanorum servitutem, III 8, 4 ; a populo Romano imperia, V 54, 5 ; omnis acerbitates, VII 17, 7 ; calamitates, III 19, 6 ; conspectum suum, VII 10, 4 ; omnes cruciatus, I 32, 5 ; *(of ships)* quamvis vim et contumeliam, III 13, 3 ; — *bear* (to its objective point) : fama perfertur, V 53, 1, 2 ; 30, 1 ; VII 3, 2 ; incommodum, V 53, 4 ; cae res in Galliam Cisalpinam perferuntur, VII 1, 2 ; haec fama ac nuntii ad Vercingetorigem, VII 8, 4 ; ea res ad Treveros, V 58, 1 ; belli opinio ad barbaros, II 35, 1 ; consilium ad Britannos, IV 21, 5.

perficio, ere, feci, fectum, v. 3 (διαπράττομαι) *(make thoroughly), accomplish, carry through :* conata, I 3, 6 ; consilium, VII 37, 6 ; — *bring to conclusion :* res, I 47, 1 ; — *build, construct :* munitionem, V 42, 5 ; cf. VII 71, 1 ; 74, 1 ; plane, III 3, 1 ; quae deesse operi videbantur, V 40, 2 ; res, VII 74, 1 ; pontem, VI 35, 6 ; VII 56, 1 ; — *bring about :* ut . . . patiantur, I 0, 4.

perfidia, ae, f., *perfidy, faithlessness :* -am Biturigum veriti, VII 5, 5 ; Gallorum, VII 17, 7 ; -am Aeduorum perspectam habebat, VII 54, 2 ; eadem perfidia usi, IV 13, 4 ; pristini diei p., IV 14, 3 ; perfidia adducti, VII 5, 6.

perfringō, ere, frēgī, frāctum, v. 3, *break, break through :* phalangem, I 25, 2 ; munitiones, VII 85, 3.

perfuga, ae, m., *runaway, deserter*, III 18, 6 ; pro perfuga *(in the role of)*, III 18, 3 ; -as tradere, I 28, 2 ; cognoscere aliquid a captivis perfugisque, V 18, 4 ; VII 72, 1 ; quaerit ex perfugis causam, VII 44, 2.

perfugiō, ere, fūgī, v. 3, *flee to, seek refuge with :* ad Ciceronem, V 45, 2 ; — *desert :* servos qui ad eos perfugissent, I 27, 3.

perfugium, ī, n., *place of refuge, asylum :* -o uti, IV 38, 2.

pergō, ere, perrēxī, perrēctum, v. 3 (keep straight ahead), *proceed directly :* ad castra, III 18, 8.

periclitor, v. dep. 1 (κινδυνεύω), 1) *encounter danger, run risk :* potius Gallorum vita quam legionarius miles periclitetur, VI 34, 8 ; in perficiendis pontibus, VII 56, 1 ; — 2) *make a test :* quid hostis virtute posset, II 8, 2.

perīculōsus, a, um, adj., *dangerous :* Germanos consuescere Rhenum transire periculosum videbat, I 33, 4 ; intrare intra praesidia periculosum putabat, VII 8, 1.

perīculum, ī, n., *danger :* commune, I 30, 4 ; Ciceronis legionisque, V 45, 5 ; opp.

salus, VII 84, 4 ; praesens, V 29, 7 ; repentinum, III 3, 2 ; magnum, V 49, 6 ; par atque idem, V 16, 3 ; summum, V 31, 1 ; mortis, VII 26, 4 ; 32, 3 ; mortis, V 30, 2 ; suo ac legionis, V 57, 1 ; sui capitis, VII 1, 5 ; p. accidit alicui ab aliquo, VI 34, 3 ; magnitudo -i, III 9, 3 ; periculum augere, V 31, 5 (☞ pass. br. by Paul) ; aequare, I 25, 1 ; neglegere, VII 77, 9 ; p. effugere, IV 35, 1 ; recusare, VII 2, 1 ; 19, 5 ; subire, VI 30, 4 ; I 5, 3 ; vereri, V 48, 7 ; vitare, VI 30, 4 ; — *periculum facere, (make a test* (experiri), *run the risk)*, IV 21, 1 ; eius hostis, I 40, 5 ; in periculum deducere alqm., VII 50, 4 ; magno cum periculo futurum ut, I 10, 2 ; cf. 47, 3 ; III 1, 2 ; V 16, 2 ; 10, 2 ; quanto cum -o id fecerit, I 17, 6 ; V 47, 5 ; 48, 1 ; 52, 3 ; VII 41, 3 ; sine periculo, I 42, 3 ; 44, 13 ; 46, 3 ; II 5, 5 ; 11, 6 ; V 31, 5 ; 51, 3 ; nullo cum -o, V 29, 6 ; munire cum -o, V 50, 3 ; magno periculo, VII 14, 7 ; cum periculo, VII 74, 2 ; abesse a -o, II 11, 5 ; in -o versari, II 26, 5 ; VI 16, 2 ; ex -o cripere, IV 26, 5 ; VI 16, 2 ; ex periculo eripere, IV 12, 5 ; quanto res sit in -o, VI 39, 1 ; tuta ab omni -o, VII 14, 9.

perītus, a, um, adj., *experienced, familiar with :* locorum, VII 83, 1 ; cuius rei, III 21, 3 ; rei militaris, I 21, 4.

perlēgō, ere, lēgī, lēctum, v. 3, *read through, peruse* (epistulam), V 48, 9.

perluō, ere, uī, ūtum (lavo) (λούω), *bathe :* in fluminibus perluuntur, VI 21, 5.

permāgnus, a, um, adj., *very large :* numerus, VII 31, 4.

permaneō, ēre, nsī, nsum, v. 2, *remain, hold out (verharren) :* annos xx in disciplina, VI 14, 3 ; in eodem inopia, VI 24, 4 ; in ea libertate, III 8, 4 ; in ea sententia, IV 21, 6 ; in officio, VI 8, 9 ; in eadem tristitia, I 32, 2 ; in eo consilio, VI 40, 6 ; impuberes diutissime, VI 21, 4 ; ibi, V 12, 2 ; perpetuo in vallo, VII 41, 2.

permisceō, ēre, miscuī, mīxtum, v. 2, *mingle with :* cum suis fugientibus permixti, VII 62, 9.

permittō, ere, mīsī, missum, v. 3, *yield (abandon, surrender) :* se suaque omnia in fidem populi R., II 3, 2 ; se suaque omnia eorum potestati, II 31, 3 ; suas civitatisque fortunas eius fidei, V 3, 7 ; multitudinis suffragiis, VII 63, 6 ; quibus summa imperii permissa, VII 79, 1 ; Cassivellauno, V 11, 8 ; — *permit, grant to :* Sequanis ut . . . liceret, I 35, 3 ; si Caesar permitteret, V 3, 7 ; huic, ut legionem . . . collocaret, III 1, 3 ; ea re permissa, I 30, 5.

permoveō, ēre, mōvī, mōtum, *rouse* (civitatem) : eodem mendacio, VII 38, 10 ; — *induce :* auctoritate alicuius, I 3, 1 ; tandem dat Cotta permotus manus, V 31, 3 ; inopiā permotus, III 6, 4 ; vocibus, VI 36, 2 ; precibus, VII 8, 5 ; auditionibus, IV 5, 3 ; — *permoveri (to become restless, be worried)* itineris labore, VII 40, 4 ; maxime hac re, quod, V 28, 1 ; his rebus, V 36, 1 ; cf. II 24, 4 ; ob hanc causam animo, VII 53, 1 ; defectione civitatum, V 22, 3 ; magnitudine operum et celeritate Romanorum, II 12, 5; et navium figura et remorum motu, IV 25, 2; nostro adventu, V 11, 9.

permulceō, ēre, lsī, sum (stroke over, fondle), *to calm, quiet:* animos eorum, IV 6, 5.

perniciēs (nex), f., *destruction*, I 20, 2; neminem secum sine sua pernicie contendisse, I 36, 6.

perpaucī, ae, a, adj., *very few* (as noun): -i (a handfull) prohibere possent, I 6, 1; 53, 4; perpaucae (scil. naves), III 15, 5; V 23, 4; perpaucos (scil. principes) relinquere in Gallia, V 5, 4; -is vulneratis (nostrorum), IV 15, 3; **ex** hostium numer), VII 11, 8.

perpendiculum, i, n., *plumb-line*: non ... directe ad p., sed prone, IV 17, 4.

perpetior, ī, pessus, v. dep. 3 (patior), *suffer, endure:* omnis difficultates, VII 10, 2.

perpetuō, adv., *forever:* sub dicione esse, I 41, 7; —*uninterruptedly:* in vallo permanere, VII 41, 2.

perpetuus, a, um, adj., *unbroken:* palus, VII 26, 2; 57, 4; VI 5, 4; -ae fossae, VII 73, 2; —*of one piece, solid:* -ae trabes, VII 23, 1, 5; —(in time) *unbroken, perpetual:* possessio, III 2, 5; gratia atque amicitia, I 35, 4; imperium libertasque, VII 64, 3; fides, V 54, 4; servitus, VII 77, 16; perpetua vita, *whole course of life*, I 40, 13; in perpetuum (*forever*) se liberare, V 38, 2; cf. 30, 4; —*incessant:* controversia, V 44, 2.

perquīrō, ere, sīvī, quīsītum, v. 3, *ascertain accurately:* aditus viasque, VI 9, 8.

perrumpō, ere, rūpī, ruptum, v. 3, *force a passage*, I 8, 4; —*break through, make a breach in:* munitionem, VII 82, 2; paludem, VII 19, 2; per medios hostes, VI 40, 4; cuneo facto celeriter, VI 40, 7; per medios audacissime, V 15, 4; —*force an entrance*, VI 37, 10.

perscrībō, ere, scrīpsī, ptum, v. 3, *write in detail:* rem gestam in Eburonibus, V 47, 5; —*report:* in literis, hostes discessisse, V 49, 3.

persequor, ī, secūtus, v. dep. 3, *pursue:* fugientes usque ad flumen, VII 67, 5; hostis equitatu, I 53, 5; eos qui fugerant, V 10, 1; —*press:* aliquem bello, I 13, 3 (*prosecute the war against some one*, Köchly); *attack:* civitatem bello, V 1, 8; —*avenge* mortem, VII 38, 8; suas iniurias, VII 38, 10.

persevērō, v. 1, *persist:* in eo, V 36, 3; bello persequi, I 13, 4.

persolvō, ere, solvī, solūtum, v. 3, *pay:* poenas, I 12, 6.

perspiciō, ere, spēxī, spectum, v. 3 (cf. cognosco, IV 20, 2), *ascertain, see:* eadem fere quae... cognoverat, coram, V 11, 2; —*see* (make out): nullam salutem, V 31, 2; iniquitatem condicionis, VII 19, 3; Litavicci fraudem, VII 40, 6; quorum fidem, V 5, 4; egregiam in se voluntatem, V 4, 3; genus hominum (*study, become acquainted w.*), IV 20, 2; cf. 21, 9; acquitatem condicionum, I 40, 3; consuetudinem itineris, II 17, 2; —*understand:* longe aliam esse navigationem, III 9, 7; —*find out:* postea,

II 32, 4; hanc rem, III 24, 5; perspectum esse (*to be proven*): innocentia, felicitas, I 40, 13; qua de causa discederent, II 11, 2; quid ... efficere possent, III 21, 1; quid in quoque esset animi, VII 36, 4; perfidiam perspectam habebat, VII 54, 2; —*look:* quo non modo intrari, sed ne perspici quidem posset, II 17, 4; 18, 2; —*inspect:* opus, VII 44, 1; urbis situm, VII 36, 1; 68, 3; regiones omnes, IV 21, 9.

perstō, are, stitī, stātūrus, v. 1, *persist:* in sententia, VII 23, 6.

persuadeō, ēre, sī, sum, v. 2, *persuade, prevail upon* (alicui): Castico, ut regnum occuparet, I 3, 4; Dumnorigi, ut idem conaretur, I 3, 5; civitati, ut ... exirent, I 2, 1; Allobrogibus, ut ... paterentur, I 6, 3; huic, ut ... transeat, III 18, 2; servo, ut literas deferat, V 45, 3; cf. V 48, 3; Rauricis ut ... proficiscantur, I 5, 4; his, ut ... experirentur, II 16, 2; Nerviis hac oratione, V 38, 4; his, I 9, 2; —*w. material direct object:* hoc, VI 14, 5 (foll. by explan. inf.); hoc sibi, V 29, 5; id eis, I 2, 3; —*with passive, the construction is impersonal:* sibi persuaderi, eum repudiaturum, I 40, 3; ut quibus persuasum erat ... consilium datum, V 31, 6; Romanos ... conari ... sibi persuasum habebant, III 12, 5; his persuaderi ut morarentur ... non poterat, II 10, 5; ulli civitati persuaderi potuit, ut ... transiret, V 55, 2; —*once in personal constr.:* quod propius Romanos accessisset, persuasum (scil. se) loci opportunitate, VII 20, 3.

perterreō, ēre, uī, itum (thoroughly frighten), *demoralize* (cf. perturbo), *frighten, render panic-stricken:* timidos milites, VI 40, 1; tali timore omnes, VI 37, 9; Considius timore perterritus, I 22, 4; quo timore perterriti Galli, VII 26, 4; cf. I 23, 3; hominum milia sex ... timore perterriti, I 27, 4; alii aliam in partem perterriti ferebantur, II 24, 3; tantae multitudinis aditu perterriti, IV 4, 3; rei novitate, VII 58, 4; omnibus rebus subito, IV 14, 2; omnes Arverni, VII 8, 4; oppidani, VII 13, 2; cf. 70, 6; hostes re nova, VII 12, 3; repentino tumultu, VII 47, 4; Romani, VI 8, 1; manūs multitudine navium perterritae, V 8, 6; (Suebi) I 54, 1; hostes, II 27, 1; VII 68, 3; perterriti ac dispersi, VI 43, 3; dissipati ac perterriti, VI 35, 3; reliquos -os in fugam coniciunt, III 6, 2; cf. VI 30, 2; -os eguerunt, IV 12, 2; *frighten, terrorize:* magnitudine poenae alios, VII 4, 10; cf. I 40, 3; perterritum (*demoralized*) esse recenti proelio, IV 13, 6; reliquum equitatum eorum fuga esse perterritum, I 28, 10; quibus rebus nostri -i (*disconcerted*), IV 24, 4; adventu nostri exercitus, V 3, 5; novo genere pugnae, V 15, 4.

pertinācia, ae, f., *obstinacy*, V 31, 1: -ā desistere, I 42, 3.

pertineō, ēre, uī, tentum, v. 2, *extend to:* quem ad finem loca pertinebant, II 10, 5; (Acduenna silva) ab ripis Rheni ... ad Nervios, VI 29, 4; Aquitania a Garumna flumine ad Pyrenaeos, I 1, 7; Bacenis longe introrsum, VI 10, 5; ex eo oppido pons ad Helvetios, I 6, 3; a flumine Rheno ad initium Remorum, V 3, 4; (Hercynia silva) ad fines Dacorum, VI 25, 2; Belgae... ad inferiorem partem... Rheni, I 1, 6; Nantuates Veragri, etc.... ad summas Alpes, III 1, 1; — *extend* (be in length): hoc (latus) pertinet circiter milia passuum quingenta, V 13, 1; — *belong to, bear upon, lead to:* ad effeminandos, I 4, 3; ad usum navium, III 9, 3; ad proficiscendum, I 3, 2; ad oppugnationem, VII 19, 6; 81, 2; ad luxuriam, II 15, 5; quod gloriarentur, eodem pertinere, I 14, 4; eodem illo (pertinere) ut, IV 11, 4; quae res ad salutem exercitus pertinebat, VI 34, 3; quod ad militum salutem pertineat, *as far as the preservation of the s. was concerned*, V 36, 2; quod ad plures pertinebat, *because several were concerned in it*, V 25, 4; ea res ad multos, VII 43, 3.

perturbātiō, ōnis, f., *excitement, confusion:* magna p. totius exercitus, IV 29, 3.

perturbō, v. 1 (turba), *throw into confusion:* ordines, IV 33, 1; 37, 3; cf. II 11, 5; nostros, IV 12, 1; vehementius hominum mentes, VII 84, 5; mentes animosque, I 39, 1; reliquos incertis ordinibus perturbaverant, IV 32, 5; passive, *loose one's self-control, become disconcerted* (in pregnant sense): perturbantur, copiasne adversus hostem ducere an castra defendere... praestaret, IV 14, 2; nostri re nova perturbantur, VI 37, 3; rei novitate, VI 39, 3; repentina re, V 28, 1; Galli, VII 70, 6; novitate pugnae, IV 34, 1; milites centurionesque, I 39, 5; primo aspectu, VII 56, 4; nostri magnopere, IV 26, 1; perturbari animo, II 21, 2; incommodo, VII 29, 1; defectione Aeduorum, VII 61, 4.

pervagor, v. dep. 1, *scour the country:* in omnes partes quam latissime, VII 9, 2.

perveniō, īre, vēnī, ventum, v. 4, *reach, arrive at* (arrive, III 19, 1): ad Genavam, I 7, 1; ad Alesiam, VII 79, 1; ad continentem, IV 46, 4; in fines Vocontiorum, I 10, 5; cf. 11, 1; 26, 5; II 15, 2; IV 6, 4; VII 11, 9; ad terram, III 15, 5; ad fines Arvenorum, VII 8, 2; ad portum Itium, V 5, 1; ad Rhenum, IV 4, 1; cf. I 53, 1; Viennam, VII 9, 3; Gergoviam, VII 36, 1; Metiosedum, VII 58, 2; domum, II 11, 1; ad confluentum Mosae et Rheni, IV 15, 2; in Nervios, V 38, 3; in Santonos, I 11, 6; ad munitionem, VII 46, 4; cf. III 26, 2; in castra, VI 40, 4; VII 35, 5; 64, 3; ad castra, IV 14, 1; VII 18, 2; in hiberna, V 25, 5; eo, I 27, 3; V 12, 2; 53, 1; III 3, 3; VI 3, 6; VII 9, 5; huc, VII 11, 5; in Aquitaniam, III 20, 1; ad initium silvarum, III 28, 3; ad Caesarem, V 45, 4; VII 62, 10; ad Ciceronem, V 52, 1; ad eum, VII 31, 5; ad Vercingetorigem, VII 28, 5; ad Titum Labienum in hiberna, V 37, 7; ad legiones, VII 1, 7; ad Nervios, II 17, 2; ad exercitum, VII 6, 2; ad proximam legionem, V 29, 6; ad eam partem, I 12, 2; fama trans Rhenum ad Germanos, VI 35, 4; [*belong to*] (legally): pars utriusque (scil. pecuniae) ad eum, VI 19, 2]; in potestatem alicuius pervenire, IV 38, 2; (urbanae res) commodiorem in statum, VII 6, 1; res ad paucitatem defensorum, V 45, 1; quoniam ad hunc locum perventum est, VI 11, 1.

pēs, dis, m., *foot:* pedem referre (*retreat, fall back*), I 25, 5; IV 25, 2; se ad pedes (alicuius) proicere, I 27, 2; cf. 31, 2; VII 20, 3; alicui ad pedes procumbere, VII 15, 4; ad pedes desilire, *to dismount, on foot*, IV 12, 2; IV 2, 3; 33, 1; V 16, 2; 18, 1; pedibus, *by land*, III 12, 1 ($\pi\epsilon\zeta\eta$); cf. 2; (*as measure*) pedem longus, VII 73, 9; distare binos pedes, VII 23, 1; singuli -es, VII 73, 7; murus in altitudinem pedum sedecim, I 8, 1; spatium... pedum m sexcentorum, I 38, 4; vallum in altitudinem pedum xii, II 5, 6; cf. II 18, 3; in latitudinem non amplius ducentorum pedum, II 29, 3; vallum -um quindecim milium, II 30, 2; cf. V 42, 1; intervallum pedum quadragenum, IV 17, 5; fossa pedum, etc., V 42, 1; VII 36, 7; cf. 69, 5; munitio milium pedum xv in circuitu, V 42, 5; intervallum -um ducum, IV 17, 3; in longitudinem -um ducentorum, VI 29, 3; palus non latior pedibus quinquaginta, VII 19, 1; (nix) sex in altitudinem -um, VII 8, 2; murus sex pedum, VII 46, 3; agger ac vallum xii -un, VII 72, 4; agger latus pedes, etc., VII 24, 2; pedes quadragenos, VII 23, 5; cf. 72, 2, 4; 73, 8; fossae quindecim pedes latae, VII 72, 3; quinos -es altae, VII 73, 2.

petō, ere, tīvī, tītum, v. 3, *seek, make a request, ask for:* petenti denegare aliquid, I 42, 5; ius reddere petentibus, VI 13, 7 [*the correlative:* impetrare, V 41, 8]; petentibus Aeduis veniam dat, VI 4, 3; datur petentibus venia, VII 15, 6; — *request*, foll. by ut c. subj., I 19, 5; 28, 5; 30, 4; 31, 1; 39, 3; II 12, 5; 14, 5; IV 11, 2; 27, 4; V 20, 3; VI 9, 7; VII 2, 2; 63, 4; foll. by ne c. subj., IV 9, 1; VII 17, 5; VII 26, 3; omnibus precibus ut, V 6, 3; cf. VII 26, 3; petit... iuberet, VII 1, 2; contra... atque ipsi petissent, IV 13, 5; — *beg:* a se auxilium, IV 8, 3; auxilium a Caesare, I 32, 1; haec a Caesare, I 20, 5; auxilium, VI 12, 5; res ab eo, I 30, 4; pacem ab Romanis, II 13, 3; pacem, I 27, 2; IV 13, 1; pacem atque amicitiam, IV 18, 3; unum, II 31, 4; pacem ab se, IV 27, 5; cf. VI 6, 2; IV 27, 4; de suis rebus ab eo, V 3, 5; diem induciis, IV 12, 1; — *seek:* id, I 44, 5; ab animi virtute auxilium, VII 59, 6; silvarum ac fluminum propinquitates, VI 30, 3; aliud domicilium, alias sedes, I 31, 4; quid aliud, VII 77, 15; (pabulum) ex aedificiis, VII 14, 4; aggerem, II 20, 1; fugam salutem, III 15, 2; 26, 5; IV 14, 2; commentum, III 2, 3; fugam, II 24, 1; primum itineris, locum, II 11, 1; quae quisque carissima haberet, ab impedimentis, V. 33, 6; gratiam atque amicitiam publice privatimque, V 55, 4; — *aim at, make for:* eum locum, VII 60, 4; ultimas oppidi partes, VII 28, 2; summum castrorum locum, II 23, 5; easdem regiones,

VII 45, 3; alias regiones, VI 43, 6; densiores silvas, III 29, 2; proxumas silvas, VI 8, 6; alias terras, VII 77, 14; continentem, IV 28, 3; Indutiomarum, V 58, 4; unum omnes, V 58, 6.

Petrocoriī, orum, Gallic tribe on right bank of Garonne (Perigord), VII 75, 3.

Petrōnius, i, m., Marcus P., a centurion, VII 50, 4.

Petrosidius, ī, m., L., chief standard-bearer of his legion (aquilifer), V 37, 5.

phalanx, ngis, f. (φάλαγξ) : -em perfringere, I 25, 2; -em facere, I 24, 4; in phalangas (Greek inflection) insilire, I 52, 5.

Pictōnēs, um, m. (Pectones), tribe near the lower Loire (Poitou, Poitiers), III 11, 5; VII 4, 6; 75, 3.

pietās, ātis, f., *sense of duty, devotion,* V 27, 7 (☞ by emendation).

pīlum, ī, a spear of Roman legionaries, admirably adapted for the first contact w. the enemies' line (see publications by Dr. Lindenschmit, director of the museum at Mayence; cf. Revue Archeologique, vol. 10, 1864, p. 337 sqq., where photographic reproductions of copious excavations of Alise are given; a pilum (p. 342) constructed on these models by Napoleon III's orders could be hurled by a strong and trained man as far as thirty meters) : pila mittere, I 25, 2; emittere, II 23, 1; in hostes immittere, V 44, 6; cf. VI 8, 6; unus ictus pilorum, I 25, 3; spatium pila in hostes coniciendi, I 52, 3; reiectis pilis comminus gladiis pugnatum est, I 52, 3; pila omittere, VII 88, 3; pila intercepta remittere, II 27, 4; pila muralia (*of heavier weight*), V 40, 6; pilis muralibus traiecti, VII 82, 1.

pīlus, ī., primus, an ordo or maniple of the *triarii* in Roman tactics; pili primi centurio : the first of the sixty centurions of the legion, III 5, 2; cf. Kraner Kriegswesen C. Caesar, § 20; primum pilum ducere, V 35, 6; VI 38, 1; primipilo Sextio Baculo, II 25, 1.

pinna, ae, *bulwark :* pinnae ex cratibus attexuntur, V 40, 6; (vallo) -as adicere, VII 72, 4.

Pirustae, ārum, m., a tribe of Illyricum, VI 1, 5, 7.

piscis, is, m.: -ibus vivere, IV 10, 5.

Pisō, ōnis, m., M. Pupius P., consul 61 B.C., I 2, 1; 35, 4; L. Calpurnius Piso, consul, 58 B.C., I 6, 4; and father-in-law of Caesar, I 12, 7; L. Piso, grandfather of the one last named, I 12, 7; Piso, an Aquitanian of noble birth, IV 12, 4.

pix, cis, f., *pitch :* fervefacta (*boiling*), VII 22, 5; picem fundere, VII 24, 4; picis glebae, VII 25, 2.

placeo, ēre, uī, itum, v. 2, impers. placet, *it pleases, is decided* (δοκεῖ) : reliqua qua ratione agi placeat, VII 37, 7; quid quoque pacto agi placeat, VII 83, 5; incendi placeret an defendi, VII 15, 3; placuit ei (*he decided*) ut ... legatos mitteret, I 34, 1; placuit ut Litaviccus praeficeretur, VII 37, 7; maiori parti placuit, rei eventum experiri, III 3, 4;

sibi numquam placuisse Avaricum defendi, VII 29, 4.

placidē, adv., *calmly,* VI 8, 2.

placō, v. 1, *to appease, assuage :* deorum immortalium numen, VI 16, 3.

Plancus, ī., L. Munatius, a *legatus* in 54 B.C., V 24, 3; 25, 4.

planiciēs, ei, f., *plain, level stretch of country :* magna, I 43, 1; non magna adiecta -e, II 3, 5; pl. circiter milia passunm in in longitudinem patebat, VII 69, 3; cf. 70, 1; 79, 2; (collis) paulatim ad -em rediebat, II 8, 3; collis paululum ex -e editus, II 8, 3; -em attingere, VII 51, 3; -em complere, VII 79, 2; ab -e abesse, VII 46, 1.

plānus, a, um, adj., *level :* -o litore, IV 23, 6; — *flat-bottomed :* carinae aliquanto planiores, III 13, 1.

planē, adv., *clearly :* videri, III 26, 3; — *altogether, entirely,* VI 43, 4.

plebes, is, f., *the common people :* paene servorum habetur loco, VI 13, 1; opp. to nobilitas, V 3, 6; opp. to potentior, VI 11, 4; plebi acceptus, I 3, 5; nonnullos ... quorum auctoritas apud plebem plurimum valeat, I 17, 1; magna apud -em gratia, I 18, 3; plebem continere, VI 22, 4; -em concitare, VII 13, 2; ad furorem impellere, VII 42, 2.

plēnē, adv., *completely :* p. perfectae (munitiones), III 3, 1.

plēnus, a, um, adj., *full :* luna -a, IV 29, 1; fiduciae plenus, VII 76, 5; legionem neque eam plenissimam, III 2, 3.

plerīque, aeque, -aque, adj., generally postpositive (the fem. does not occur in the Gallic War), *the most of* (= *generally*) : plerique (scil. mercatores), IV 5, 3; interiores plerique, V 14, 2; celeritate qua pleraque erat consecutus, VII 12, 3; — *in apposition w. preceding :* plebes, VI 13, 2; — *w. reference understood,* VI 37, 8; — *in emphasis :* plerosque Belgas esse ortos ab Germanis, II 4, 1; *referring to mankind at large :* quod fere plerisque (*most persons*) accidit, ut diligentiam, etc. remittant, VI 14, 4.

plērumque, adv., *generally, in most cases,* I 40, 7; II 30, 4; III 26, 4; IV 5, 1; 24, 1; 33, 1; V 16, 2; 33, 1; 57, 3; VI 13, 12; 17, 3; 30, 3; VII 23, 5; 26, 4; 84, 5 (here, as elsewhere, in gnomic passages).

Pleumoxiī, ōrum, m., tribe of Belgae, vassals of Nervii, V 39, 1.

plumbum, ī, n., *lead* (pl. album), *tin :* nascitur, V 12, 5.

plūs, plūris, n., compar. of multus, *more* (in amount) : pl. animo providere, VII 30, 1; proficere, VII 82, 1; pl. posse quam, I 17, 1; pl. facere quam, I 42, 6; pl. tribuere, VII 37, 4; pl. sentire de aliqua re, VII 52, 3; pl. tertia parte interfecta, III 6, 2; — *w. partitive gen. :* plus doloris, I 20, 2; plures (*several, more* than one) plures paucos circumsistebant, IV 26, 3; pluribus scutis uno ictu transfixis, I 25, 3; priusquam plures civitates conspirarent, III 10, 3; pluribus locis occurrere, VII 84, 3; pluribus portis, VII 73, 1; si sunt plures pares, VI 13, 9;

plures manus dimittere, VI 34, 5; pluribus submissis cohortibus, V 15, 5; plures erant in opere, VII 24, 5; plures traducere, I 31, 5; -ibus praesentibus, I 18, 1; verbis, I 20, 5; plures annos (*quite a number*), IV 4, 1; ad plures pertinebat, V 25, 4; (Rhenus) in plures diffluit partes, IV 10, 4; in -es civitates distribuere, V 24, 1.

plūrĭmus, a, um (superl. of multus), *most:* totius Galliae plurimum possent, I 3, 6; cf. 9, 3; 20, 2; III 9, 6; valere, I 17, 1; II 4, 5; III 20, 3; V 3, 1; 4, 3; alicui debere, V 27, 2; longe plurimum, V 3, 1; quam plurimum, I 9, 3; III 9, 10; V 1, 1; 4, 3; 11, 4; -a simulacra, VI 17, 1; -as naves habent, III 8, 1; ut quisque est genere copiisque amplissimus, ita plurimos circum se ambactos clientesque habet, VI 15, 2; qui plurimos ex his interfecerunt, VI 28, 3.

plŭteus, ī, m., *screen:* turrium, VII 25, 1; -os vallo addere, VII 41, 4; ad commissuras pluteorum atque aggeris, VII 72, 4.

pōcŭlum, ī, n., *drinking-vessel*, VI 28, 6.

poena, ae, f., *penalty, punishment:* gravissima, VI 13, 7; magnitudo poenae, VII 40, 10; timor -ae, VII 43, 3; poena, ut igni cremaretur, I 4, 1; poenas persolvere, *pay the penalty*, I 12, 6; pendere, VI 9, 7; — *damages, compensation:* -am constituere, V 1, 9; VI 13, 6; capitis poena, VII 71, 6; poenas repetere ab aliquo, *exact the penalty*, I 30, 2.

pollex, icis, m., *thumb:* digiti pollicis crassitudine, III 13, 4.

pollĭceor, ēri, icitus, v. dep. 2, I 42, 6; VII 31, 1; principibus pecunias, civitati imperium, VII 64, 8; pecuniam, VI 2, 1; pecunias, V 55, 1; frumentum publice, I 16, 1; suum auxilium, VI 23, 7; milia armata, II 4, 8, 9; cf. II 4, 5; quae, I 14, 6; quantam multitudinem, II 4, 4; illud, V 27, 10; navium magnam copiam, IV 16, 8; id, I 42, 2; sese ... dedituros, V 20, 2; se habituros, I 42, 6; se facturos, VII 90, 2; cf. IV 22, 1; 27, 1; se obsides daturas, imperata facturas, II 35, 1; sibi eam rem curae futuram, I 33, 1; bellum facturos, VII 2, 1; — *dare*, VI 9, 7; obsides (*dare*) atque ... *obtemperare*, IV 21, 5.

pollĭcĭtātĭō, ōnis, f., *promise:* praemiis pollicitationibusque, III 18, 2; 26, 1; facturis -ibusque, VI 12, 2; omnibus -ionibus ac praemiis, VII 1, 5; donis -ibusque, VII 31, 1.

Pompēius, ī, 1) Cn. Magnus, VI 1, 4; VII 6, 1; colleague of M. Crassus in 55 B.C. IV 1, 1; Gneius P., proconsul, VI 1, 2; — 2) G. Pompeius, an interpreter in the employment of Q. Titurius Sabinus in 54 B.C., V 36, 1.

pondus, eris, n. (pendo), *weight, bulk:* magni ponderis saxa, II 29, 3; VII 22, 5; certum pondus, V 12, 4; arbores pondere affligunt, VI 27, 5.

pōnō, ere, posuī, positum, v. 3 (posino = hinlassen, Vanicek), *place, establish:* custodes alicui, I 20, 6; castra, I 22, 5; II 7, 3; 8, 3; VI 7, 3; castra ibi, II 5, 4; 13, 3;

e regione castris castra, VII 35, 1; (*just opposite to*) castra opportunis locis, VII 69, 7; ante oppidum, VII 11, 5; prope oppidum, VII 36, 2; ad eam partem oppidi, VII 17, 1; silvestri loco, VII 35, 3; praesidium ibi, II 5, 6; VI 29, 3; stationes in castellis, VII 69, 7; calamitatem ante oculos, VII 37, 8; — *make dependent on, base on:* auxilium in celeritate, VII 48, 1; spem salutis in virtute, III 5, 4; cf. III 21, 1; V 34, 2; in celeritate, V 29, 6; 39, 4; in fuga sibi praesidium, II 11, 5; praesidium in se positum, VII 10, 1; rem in celeritate, VII 40, 2; Galliae salutem in illo vestigio temporis, VII 25, 1; in eius diligentia, VII 32, 5; reliquum erat certamen positum in virtute, III 14, 8; omnia in victoria, V 34, 2; — *lay down:* arma, IV 37, 1; post ponere diem (*treat as of minor importance*), VI 3, 4; omnes res, V 7, 6; positum esse (*be placed, situated*) Gallia sub septentrionibus, I 16, 2; Britannia contra eas regiones, III 9, 10; oppidum in insula, VII 57, 1; ad ripas Ligeris opportuno loco, VII 55, 1; vicus in valle, III 1, 5; urbs in altissimo monte, VII 36, 1; oppidum in insula Sequanae, VII 58, 3; in via, VII 12, 2; oppida in lingulis, III 12, 1; — *posita* (*things stored up*) tollere (*to purloin from the mass*, Köchly), V 17, 5.

pōns, ntis, m., *bridge:* pontes eius oppidi, VII 58, 6; fluminis Ligeris, VII 11, 6; ad pontem, VI 9, 5; p. pertinet ad Helvetios, I 6, 3; erat *in eo flumine*, II 5, 6; pontem instituere, IV 18, 4; tueri, VI 29, 3; perficere, VI 35, 6; VII 56, 1; efficere, VII 35, 1; VI 6, 1; facere, IV 17, 2; — *in Arare* facere, I 13, 1; cf. IV 19, 2; VI 9, 3; rescindere, I 7, 2; IV 19, 4; VII 58, 6; interscindere, II 9, 4; reficere, VII 35, 5; 58, 5; 53, 4; interrumpere, VII 19, 2; 34, 3; pars -is, VII 29, 2; in extremo ponte, VI 29, 3; ratio pontis, IV 17, 3; angustiae, VII 11, 8; ponti nocere, IV 17, 10; funditores pontem traducit, II 10, 1; supra pontem, IV 17, 10.

pŏpŭlātĭō, ōnis, f., *ravaging, devastation* (raid), I 15, 4.

pŏpŭlor, v. dep. 1 (Vanicek derives fr. spolium), *ravage, raid:* agros, I 11, 1; II 5, 3; 9, 5; V 56, 5; fines, I 37, 2.

pŏpŭlus, ī, m., *people:* p. Romanus, I 13, 3; 45, 2, 3, 4; 8, 3; 10, 2; 13, 4, 7; 14, 1; 18, 9; 30, 2, 3; 31, 7; 10; 33, 2; 35, 2, 4; 36, 6; 40, 2, 3; 42, 2; 43, 8; 44, 5, 7, 9, 12; 45, 1, 3; 12, 6; 33, 4; 34, 4; 35, 2, 4; 36, 2; 6, 3; 14, 7; 19, 2; 30, 1; 11, 3; 31, 7; 14; 36, 2; II 1, 3; 3, 2; 32, 2; 34; 19, 3; 15, 5; 31, 6; III 23, 6; IV 16, 1; 4, 7; 17, 1; 21, 5, 8; 7, 3; 22, 1; V 3, 3; 29, 4; 41, 7; 27, 4; 41, 6; 54, 4, 5; VI 1, 4; 7, 8; VII 1, 3; 17, 3; 33, 1; 39, 3; — *people, nation:* siqui aut privatus aut populus, VI 13, 6; (of Gaul) dist. from senatus (of a Gallic civitas), VII 32, 5; per tres potentissimos populos, I 3, 8.

porrectus, a, um, *stretched forward*

Porrō — Possum

(porrecta ac): loca aperta pertinebant, br. by Dinter, II 19, 5.

porrō, adv. (forth), *further* (= deinde), V 27, 4.

porta, ae, f., *gate:* oppidi, VII 25, 2; exitus -arum, VII 28, 3; p. decumana, II 24, 2; III 25, 2; VI 37, 1; a porta summovere alqm., VII 50, 5; angustiores portae, VII 70, 3; in porta consistit, VI 38, 2; -is appropinquare, VII 47, 3; -as incendere, VII 11, 8; portas succendere, II 6, 2; excidere, VII 50, 4; obstruere, V 51, 4; 50, 5; claudere, II 33, 1; III 17, 3; VII 12, 5; 70, 6; occupare, VII 12, 6; tueri, VI 37, 5; patefacere, II 32, 4; refringere, II 33, 6; ad portas castrorum, V 53, 1; intra -as, VII 47, 4; omnibus -is, III 6, 1; V 51, 5; duabus portis, III 19, 2; V 58, 4; VII 24, 4; cf. 41, 4; ab ipso vallo -isque castrorum, VI 42, 2; -is egredi, VII 28, 3; pluribus -is eruptionem facere, VII 73, 1.

portō, v. 1, *carry*, *convey* (impedimenta): agere ac portare, II 29, 4; secum p. (opp. relinquere), V 31, 4; frumentum secum, I 5, 3; commeatus, II 5, 5; — *a ship carrying soldiers*, V 23, 4.

portōrium, ī, n., *customs duty*, *transit duty:* portoria reliquaque omnia vectigalia, I 18, 3; magnis cum -iis ire mercatores consuerant, III 1, 2.

portus, ūs, m., *harbor*, *port:* in -um venire, IV 22, 4; -um tenere, IV 22, 6; in ulteriorem portum progredi, IV 23, 1; portus Itius, V 2, 3; 5, 1; transmissus (☞ traiectus MSS.) ex portu, V 2, 3; ex -u proficisci, III 14, 2; ex -u solvere (*put to sea*), IV 28, 1; -us idonei ad maiorum navium multitudinem, IV 20, 4; paucitas -uum, III 9, 4; paucis portibus interiectis, III 8, 1; cf. 12, 5; -us novisse, III 9, 6; cognoscere, IV 20, 2; tueri, V 8, 1.

poscō, ere, poposcī, v. 3, *demand:* obsides, arma, servos, I 27, 3; cf. II 15, 1; obsides (Ariovistus), I 31, 12; iusiurandum (Dumnorix), V 6, 6; quod res poscere videbatur, VII 1, 2.

possessiō, ōnis, f., *occupation:* perpetua, III 2, 5; — *possession:* libera p. Galliae, I 44, 13; — pl. *possessiones:* cur in suas -ones veniret? I 44, 8; vicos -ionesque habere, I 11, 5; -ibus expellere aliqm., VI 22, 3.

possideō, ēre, ēdī, sessum, v. 2, *to have possession of*, *possess:* fines latissimos, II 4, 6; partes Galliae, I 34, 3; partem finitumi agri per vim occupatam, VI 12, 4.

possīdō, ere, sēdī, sessum, v. 3, TAKE *possession of:* eos (agros) tenere quos armis possederint, IV 7, 4.

possum, posse, potuī, *to be able*, *I can:* quam maximis potest itineribus, I 7, 1; VII 9, 3; q. maximum possunt numerum, I 7, 2; cum primum posset, III 11, 5; cf. 9, 2; q. latissime possint, VII 8, 3; q. plurimas posset, V 11, 4; quam maxime p., V 40, 7; q. plurimas p., III 9, 9; cf. V 1, 1; quam mitissime potest, VII 43, 4; q. aequissimo loco potest, V 49, 7; q. maximas manus p., V 39, 1; q. celerrime potuit, I 37, 5; re-

giones q. potuit aequissimas, VII 74, 1; — *complement implied or understood from context* (siquid possent, IV 13, 5), *e.g.*, I 17, 6; II 9, 4, 5; IV 12, 5; 13, 5; 35, 3; VII 55, 8; — *w. inf. active*, I 8, 2; 20, 6; 3, 8; 17, 3; 8, 3; 14, 3; 31, 13, 16; 34, 3; 40, 8; 42, 1; 16, 3; 9, 1, 2; 25, 3; 39, 4; 7, 6; 13, 1; 32, 4; 35, 4; 40, 14; 43, 8, 9; 44, 12; 45, 1; 2, 4; 6, 1; 8, 4; 9, 2; 11, 2; 13, 5; 26, 1; 29, 1, 2; 20, 2; 40, 7; 37, 2; 39, 1; 26, 2; II 4, 5; 6, 4; 8, 3; 1, 4; 29, 4; 25, 1; 8, 4; 25, 2; 28, 2; 31, 2, 5; 12, 2; 3, 5; 8, 2; 7, 3; III 2, 4; 9, 5; 13, 8; 24, 8; 13, 1; 15, 3; 21, 1; IV 21, 8; 7, 5; 16, 7; 3, 1; 7, 4; 8, 1; 10, 1; 20, 4; 20, 1; 28, 2; 4, 4; 19, 2; 22, 4; 14, 4; 26, 5; 35, 2; 36, 4; 20, 5; 35, 2; 36, 4; 3, 4; V 48, 5; 24, 6; 27, 4; 33, 4; 51, 4; 57, 4; 34, 4; 19, 3; 35, 4; 7, 1, 2; 27, 6; 31, 4; 46, 4; 47, 4; 50, 3; 3, 5; 10, 2; 16, 1; 18, 5; 33, 3; 27, 4; 5, 2; 27, 6; VI 27, 2; 28, 4; 18, 3; 33, 5; 34, 3; 29, 4; 31, 5; 14, 1; 2, 2; 3, 1; 33, 5; 37, 4; 8, 6; 40, 6; VII 1, 7; 20, 6; 86, 2; 2, 2; 5, 2; 71, 2; 1, 2, 4; 14, 5; 20, 11; 66, 5; 71, 4; 77, 5; 87, 5; 6, 2; 20, 7; 31, 2; 32, 2; 39, 3; 86, 3; 89, 9; 19, 4; 20, 5, 10; 35, 5; 36, 7; 47, 3; 55, 9; 56, 4; 72, 2; 75, 1; 81, 2; 13, 2; 62, 8; 20, 6, 2; 83, 2; 41, 1; 52, 3; — *w. pass. impersonal:* potest iudicari, I 12, 1; 46, 3; noceri, III 14, 1, 4; V 33, 4; impetrari, V 36, 2, 3; his persuaderi, II 10, 5; provideri, VI 34, 7; VII 16, 3; despici, VII 36, 2; resisti, I 37, 4; veniri, VII 36, 7; explorari, VII 45, 4; nuntiari, VI 9, 5; dici, I 46, 3; intrari, perspici, II 17, 4; 18, 2; cognosci, III 26, 3; navigari, IV 31, 3; diiudicari, V 44, 14; offendi, VI 36, 2; persuaderi, V 55, 2; — *w. pass. personal constr.:* flumen transiri potest, V 18, 1; (uri) mansuefieri, VI 28, 4; id fieri, II 5, 3; murus cingi, VI 35, 9; bellum administrari, VII 21, 1; bellum geri, VII 14, 8; civitas adduci, VII 37, 6; ignis excitari, VII 24, 4; hoc mutari, VII 45, 9; agri dari, IV 8, 2; oppidum teneri, VII 55, 7; naves deduci, V 2, 2; (Liger) transiri, VII 55, 10; (latitudo) finiri, VI 25, 1; oppidum expugnari, VII 69, 1; hi coerceri, I 17, 5; aspectus sustineri, VII 76, 5; (Romani) intercludi, I 23, 3; fieri nihil, III 4, 3; fuga occultari, I 27, 4; collis cerni, VII 44, 1; exercitus capi, I 40, 9; Caesar sublevari, VII 65, 4; tanta onera regi, III 13, 6; factum celari, VII 80, 5; materia perrumpi ... distrahi, VII 23, 5; fuga reprimi, III 14, 1; Germani retineri, VII 47, 2; nihil profici, III 21, 3; (milites) doceri, II 20, 3; bellum confici, III 28, 1; imperia administrari, II 22, 1; id impetrari, IV 9, 2; naves constitui, IV 24, 2; naves refici, V 11, 2; qui coniungi, VI 12, 7; id extrahi, V 22, 4; (frumentum) emi, I 16, 6; controversiae minui, V 26, 4; (res frumentaria) supportari, I 30, 6; populus R. superari, V 27, 4; telum adigi, II 21, 3; III 14, 4; IV 23, 3; copiae sustineri, V 28, 4; subsidium summitti, II 25, 1; homines deduci, VI 10, 2;

Post   **Potestās**   133

impetus fieri, III 29, 1 ; numen placari, VI 16, 3 ; res enuntiari, perferri, V 58, 1 ; id sarciri, augeri, VI 1, 3 ; reliqui servari, VI 40, 2 ; id effici, VI 4, 1 ; pabulum secari, VII 14, 4 ; ratio iniri, VII 24, 4 ; hi deleri, VII 14, 4 ; subsidium ferri, VII 66, 2 ; commeatus portari, II 5, 5 ; legiones duci, II 8, 5 ; commeatus portari, II 5, 5 ; legiones duci, II 8, 5 ; commeatus portari, III 3, 2 ; (cohortes) conspici, III 26, 2 ; milites contineri, III 29, 10 ; reportari, IV 29, 4 ; munitiones defendi, VII 73, 2 ; (stipes) revelli, VII 73, 3 ; praesidia circumfundi, VII 74, 1 ; quantum facultatis dari potuit, IV 21, 9 ; multitudo cognosci, V 42, 4 ; (oppidum) teneri, VII 55, 7 ; (Divitiacus) adduci, I 31, 8 ; (Germani) retineri, I 47, 2 ; (milites) retineri, VII 52, 1 ; copiae deleri, VII 88, 6 ; as independent verb, *amount to, influential, to be powerful, weighty*: fortuna multum potest, VI 30, 2 ; apud Sequanos plurimum, I 9, 3 ; dignitas tantum apud me, VII 77, 6 ; quantum in bello fortuna possit, VI 35, 2 ; qui privatim plus possent, I 17, 1 ; largiter posse apud finitimas civitates, I 18, 6 ; plurimum navibus, III 9, 6 ; tantum multitudine, II 8, 4 ; ipse plurimum, ille minimum, I 20, 2 ; quid hostis virtute posset, II 8, 2 ; quid iniquitas loci posset, VII 52, 2 ; Helvetii plurimum, I 3, 6 ; quid Germani virtute possent, I 36, 7 ; quid in bello possent, II 4, 1 ; equitatu nihil, II 17, 4 ; quid populi Romano disciplina atque opes possent, VI 1, 4 ; fortunam multum potuisse, VI 42, 1 ; plurimum in Gallia, I 31, 7 ; -valles transiri posset (☞ emendation by Frigell), V 49, 8.

post, I) as prep. c. acc., 1) *after*: p. eius mortem, I 5, 1 ; discessum Belgarum, II 14, 1 ; eorum obitum, II 29, 5 ; deditionem, III 10, 2 ; diem tertium, IV 9, 1 ; fugam, IV 16, 2 ; proelium, IV 30, 2 ; id tempus, V 17, 5 ; 51, 3 ; horam nonam, V 53, 1 ; id factum, V 58, 7 ; mortem, VI 14, 5 ; diem septimum, VI 33, 3 ; discessum hostium, VI 41, 2 ; paulum, VII 50, 6 ; defectionem, VII 67, 7 ; — 2) *of rank, below, after*: hunc, VI 17, 2 ; — 3) *of place, behind*: p. cum, II 5, 5 ; nostra castra, VI 9, 3 ; se, V 17, 3 ; VII 11, 1 ; cas, VII 72, 4 ; montem, VII 83, 7 ; p. tergum (*in the rear*), IV 15, 1 ; 22, 2 ; VII 62, 6 ; 84, 4 ; 88, 3 ; — II) adverbially, *afterwards* (= postea), III 5, 4 ; VII 15, 6 ; 30, 2 ; 87, 1 ; (often correlative to primo) biduo post, I 47, 1 ; anno p., IV 1, 5 ; VI 22, 2 ; paucis p. diebus, VI 8, 7 ; 10, 1 ; post paulo, VII 60, 4 ; post ponere omnia, VI 3, 4 ; cf. V 7, 6.

posteā, adv., *afterwards*, I 21, 4 ; 22, 1 ; 28, 5 ; 40, 6 ; II 17, 2 ; 32, 4 ; IV 30, 2 ; V 8, 6 ; correlative to primo (primo adventu, II 30, 2 ; to primo, VI 39, 4 ; prioris commeatūs, V 23, 4 ; — *henceforward, hereafter*, VI 23, 8.

posteāquam, conj., *as soon as, when*: elatum est, I 40, 4 ; venerunt, V 3, 5 ; vidit, V 6, 4 ; senserunt, V 32, 1 ; successerunt, VII 82, 1 ; p. vero quam, IV 37, 4 ;

p. adamassent (in orat. obl.), I 31, 5 ; comperissent, IV 19, 2 ; venerint, VI 10, 4.

posterus, a, um, adj., *next*: dies, I 15, 1 ; III 6, 4 ; 23, 8 ; IV 11, 5 ; 38, 1 ; V 17, 1 ; 38, 2 ; 40, 3 ; 49, 5 ; 52, 4 ; 53, 2 ; VI 7, 6 ; VII 18, 1 ; 26, 1 ; 27, 1 ; 29, 1 ; 35, 3 ; 52, 1 ; 53, 3 ; 67, 1 ; 79, 2 ; 80, 1 ; — *tc. dies understood*: in posterum, VII 11, 5 ; — POSTERI, orum, *descendants, later generations*: -is exemplum prodere, VII 77, 13.

postpōnō, v. post.

postquam, *as soon as, when*: p. animadvertit, I 24, 1 ; VII 58, 2 ; venit, I 27, 3 ; VI 9, 1 ; vidit, II 5, 4 ; comperit, VI 29, 1 ; animadverterunt, III 15, 2 ; p. neque aggeres neque fossae vim hostium sustinere poterant, VII 87, 5.

postrēmō, adv., *finally* (in argumentation), V 28, 6 ; 29, 5 ; VII 1, 8 ; — *at last* (opp. primo), VII 87, 2.

postrīdiē, adv. (postero die), *next day*: p. eius diei, I 23, 1 ; 48, 2 ; 51, 1 ; II 12, 1 ; 33, 6 ; IV 13, 4 ; V 11, 1.

postulō, v. 1, *demand, require*: maturius quam tempus anni postulabat, I 54, 2 ; rei militaris ratio atque ordo, II 22, 1 ; IV 23, 5 ; temporis exiguitas, II 33, 2 ; cf. VI 34, 6 ; — *demand*: imperium sibi, II 4, 5 ; cf. I 43, 5 ; eandem quae, I 43, 9 ; quod, I 42, 1 ; quae, IV 6, 3 ; quae ab eo, I 35, 2 ; ab eo ut, I 34, 1 ; cf. I 43, 3 ; ne, I 42, 4 ; 43, 9 ; dedērent (without conjunction), IV 16, 3 ; cur sui quicquam esse imperii postularet, IV 16, 4 ; — *ask for*: auxilium, I 31, 9.

postulātum, ī, n. (as noun), *demand*: -a Caesaris, I 44, 1 ; cf. 40, 3 ; 42, 3 ; eorum, IV 11, 5.

potēns, ntis, adj., *powerful*: bello, VII 77, 15 ; — *potentior* (opp. to one of the *plebs*, VI 11, 4 ; 13, 2 ; 22, 4 ; opp. to *humilior*, VI 22, 3 ; a potentioribus vulgo regna occupabantur, II 1, 4 ; totius Galliae potentissimus, II 4, 7 ; nobilissimus ac potentissimus, I 18, 7 ; per tres potentissimos ac firmissimos populos, I 3, 8.

potentātus, ūs, m., *power, leadership*: de -u inter se contenderunt, I 31, 4.

potentia, ae, f., *power* (personal rather than legal or official): eius, I 18, 8, 9 ; gratia p. -que, VI 15, 2 ; summae -ac adulescens, VII 4, 1 ; homo summae potentiae et magnae cognationis, VII 32, 4 ; summae domi potentiae, VII 39, 1 ; (*of a state*) potentia antecedere, VI 12, 3.

potestās, ātis, f., *power*: vitae necisque, I 16, 5 ; VI 19, 3 ; 23, 4 ; imperii aut potestatis, IV 16, 4 ; regia, VII 32, 3 ; vis ac -a, VI 14, 6 ; -em obtinere, VII 33, 3 ; offerre (*bestow*), VII 4, 7 ; -se permittere potestati alicuius, II 31, 3 ; cf. II 3, 2 ; in eius fidem ac potestatem venire, II 3, 2 ; IV 38, 2 ; redigi, II 3, 4 ; VII 13, 3 ; in -e alicuius esse, I 32, 5 ; V 3, 7 ; teneri, VII 43, 1 ; — *chance, opportunity*: p. deest alicui, I 48, 3 ; -em fore, V 51, 3 ; p. in muro consistendi, II 6, 3 ; -em facere, *to give permission*, V 41, 2 ; VI 36, 3 ; -em sui facere, *offer battle*, I 40, 8 ; hostibus pugnandi -em facere, I 50,

1; III 17, 5; -em facere legatos mittendi, IV 11, 2; discedendi, IV 15, 4.

potior, īrī, ītus, v. dep. 4, *gain control of, gain*: oppido, VII 11, 8; sine contentione oppido. VII 58, 4; sine ullo vulnere victoriā, III 24, 2; magno pecoris numero, VI 35, 6; castris, I 26, 4; II 26, 4; VII 46, 4; castris impedimentisque, II 24, 5; totius Galliae imperio, I 2, 2; cf. I 30, 3; loco, VII 36, 7; totius Galliae, I 3, 8; spes potiundi oppidi, II 7, 2; spes potiundorum castrorum, III 6, 2.

potius, adv. (compar.), *rather*, foll. by quam, I 45, 1; II 10, 4; VI 34, 7, 8; VII 37, 5; 78, 2.

prae (prep. gov. abl.) ("in front of"), *in comparison with:* Gallis prae magnitudine corporum suorum brevitas nostra contemptui est, II 30, 4; — *on account of* (of hindering cause) (collis): vix prae multitudine cerni poterat, VII 44, 1.

praeacūtus, a, um (participle), *sharpened at the point:* praeusta et -a materia, VII 22, 5; stipitis -i et praeusti, VII 73, 6; falces, III 14, 5; trabes, II 29, 3; tigna paulum ab imo -a, IV 17, 3; cacumina praeacuere, VII 73, 2.

praebeō, ēre, uī, itum (παρέχω) (hold out), *furnish, afford:* instar muri munimenta, II 17, 4; speciem atque opinionem pugnantium, III 25, 1; speciem defensorum, VI 38, 5; horribilem speciem, VII 36, 2; — *cause:* opinionem timoris, III 17, 6.

praecaveō, ēre, ī., cautum, v. 2, *to be on one's guard, take measures in advance:* ne id accideret, I 38, 2.

praecēdō, ere, cessī, cessum, v. 3, *to excel:* reliquos Gallos virtute, I 1, 4.

praeceps, -ipitis, adj. (head foremost), *abrupt:* in declivi ac praecipiti loco, IV 33, 3; — *headlong:* -es fugae se mandabant, II 24, 2; hostes -es egerunt, V 17, 3.

praecipiō, ere, cēpī, ceptum, *order, prescribe:* quae fieri vellet, V 56, 5; peterent (without conjunction), V 58, 4; quid ab his praecipiatur, VI 39, 2; ut erat ei praeceptum ne, I 22, 3; cf. V 48, 7; opinione, *to anticipate*, VII 9, 1.

praeceptum, ī, n (ptcpl. as noun), *command, orders:* observare, V 35, 1; -a Caesaris, VI 36, 1.

praecipitō, v. 1, *to fling headlong:* se in flumen, IV 15, 2; muro praecipitabantur, VII 50, 3.

praecipuē, adv., *especially, particularly:* indulgere, I 40, 15; VII 40, 1.

praecipuus, a, um, adj., *distinguished:* -o honore habere alqm., V 54, 4.

praeclūdō, ere, sī, sum, v. 3, *to close, bar:* omnes introitus, V 9, 5.

praecō, ōnis, m., *herald:* -es circummittere, V 31, 3.

Praecōnīnus, i, m., L. Valerius P., a legatus of Caesar's, III 20, 1.

praecurrō, ere, cucurrī, cursum, v. 3, *hasten ahead*, VII 39, 1; ad Caesarem, VII 37, 7; — *anticipate:* celeritate, VII 9, 4.

praeda, ae, f., *booty* (cattle, etc.): -am agere, VI 43, 2; illorum esse, V 34, 1; spes praedae, IV 37, 1; VI 34, 8; VII 45, 8; praedae causa, V 12, 2; -ae cupiditas, VI 34, 4; exercitui capita singula praedae nomine distribuit, VII 89, 5; -am facere, IV 34, 5; -ae studere, VII 28, 3; -am ex manibus dimittere, VI 8, 1; ad p. -am evocare aliquem, VI 35, 4; miseram ac tenuem -am sectari, VI 35, 8; -am relinquere, ib. § 9, -am militibus donare, VII 11, 9; militibus concedere, VI 3, 2; praedā invitati, VI 35, 7.

praedīcō, v. 1 (say before all), *vaunt, boast:* se ab Dite prognatos, VI 18, 1; de suis virtutibus multa, I 44, 1; Germanos ... incredibili magnitudine esse, I 39, 1; — *claim:* (latrocinia) iuventutis exercendae causa fieri, VI 23, 6; — *tell:* paucitatem nostrorum militum suis, IV 34, 5.

praedor, v. dep. 1, *plunder, raid*, II 17, 4; 24, 2; spes praedandi, III 17, 4; praedandi frumentandique causa, IV 9, 3; 16, 2; V 19, 2; praedantes milites, VII 46, 5.

praedūcō, ere, xī, ctum, v. 3, *to construct as an impediment:* murum, VII 46, 3; fossam et materiam, VII 69, 5.

praefectus, ī, m. (as noun), *commander:* equitum, VII 67, 7; -os constituere, VII 76, 3; — *particularly of the cavalry* (which branch of the service was substantially non-Roman, the commanders being Romans): quaestori legatis praefectisque, IV 22, 3; praefectos tribunosque militum, III 7, 3; cf. I 39, 2; ad praefectos qui cum omni equitatu antecesserant, IV 11, 6; praefecti equitum, VII 66, 3.

praeferō, erre, tulī, lātum, v. 3 (to place in advance of): se alicui, *to outdo*, II 27, 2; aliquem (*to esteem more highly*) qui omnes gentibus praeferebantur, V 54, 5.

praeficiō, ere, fēcī, fectum, v. 3, *to put at the head of, over:* aliquem navibus, III 11, 5; Crassum Samarobrivae, V 47, 2; ei legioni castrisque Q. Tullium Ciceronem, IV 32, 6; Brutum his copiis, VII 9, 2; 83, 6; his fratrem Eporedorigis, VII 64, 5; cf. II 11, 3; V 24, 3; munitioni aliquem, I 10, 3; legionibus aliquos, I 52, 1; V 1, 1; VII 45, 7; praesidio *navibus* Q. Atrium, V 9, 1; ei loco praesidioque aliquem, VI 29, 3; (quaestorem) legioni, V 53, 6; negotio aliquem, VII 61, 2; hunc toti bello imperioque, V 11, 9; decem illis milibus, VII 37, 7.

praefīgō, ere, fīxī, xum, v. 3, *insert at the edge:* sudes, V 18, 3.

praemetuō, ere, uī, *entertain apprehensions for, be anxious for the welfare of:* suis (dat.), VII 40, 1.

praemittō, ere, mīsī, missum, v. 3, *to send in advance:* equitatum, I 15, 1; II 11, 3; 10, 1; IV 24, 1; V 18, 4; VII 9, 4; equites, VII 48, 1; exploratores centurionesque, II 17, 1; impedimenta, VI 8, 2; Gaium Volusenum, IV 21, 1; 27, 4; VI 29, 4; I 21, 4; ad Boios qui doceant, VII 10, 3; ad equites, VII 11, 2.

praemium, ī, n., *bounty, reward:* communicare cum aliquo, VII 37, 2; -a magna,

I 44, 2; III 18, 2; 20, 1; V 45, 3; 48, 3; 55, 3; -a consequi, I 43, 5; praeponere alicui, V 58, 5; cf. V 40, 1; VII 27, 2; magno praemio remunerare aliquem, I 44, 13; -a merere, VII 34, 1; praemio deducere alqm., VII 37, 6; -a poenasque constituere, VI 13, 5; praemiis excitari, VI 14, 2; VII 47, 7; omnibus praemiis, VII 1, 5.

praeoccupō, v. 1, *seize in advance:* vias, VII 26, 4; — *preoccupy:* timor animos, VI 41, 3.

praeoptō, v. 1, *to prefer*, c. inf., I 25, 4.

praeparō, v. 1, *get ready in advance:* locum iam ante, V 9, 4; aliquid ad eruptionem, VII 82, 3; (unam rem) III 14, 5.

praepōnō, ere, pŏsuī, positum, v., *put over, in charge of:* Labienum hibernis, I 54, 2; eis (veteribus militibus), VI 40, 4.

praerumpō, ere, rūpī, ruptum, v. 3, *snap off:* funes, III 14, 5, *cut off suddenly;* praeruptus (*abrupt*) loca -a, VII 86, 4; -ae ripae, VI 7, 5.

praesaepiō, īre, saepsī, saeptum, v. 4 (hedge in front), *bar, shut out:* aditum, VII 77, 11.

praescrībō, ere, psi, -ptum, v. 3, *prescribe, dictate*, I 40, 10; populo Romano quemadmodum iure suo uteretur, I 36, 2; ipsi (nom. pl.) sibi, quid fieri oporteret, II 20, 3; — *praescriptum* (*dictation*) alterius, I 36, 1.

praesēns, v. praesum.

praesēns, ntis, *present:* opp. absens, V 7, 7; periculum (*instant*), V 29, 7; libertas (opp. to reliqui temporis pax), VII 66, 4; ipso praesente, I 19, 4; se praesente, I 53, 7; exercitu suo praesente I 47, 6; pluribus praesentibus, I 18, 1; — *Caesarem praesentem* (directly, personally) *adesse*, VII 62, 2.

praesentia, ae, f., *the present*, in -a (*for the present*), I 15, 4; V 37, 1; VI 43, 3, VII 2, 2; — *presence:* animi, V 43, 4;

praesentiō, īre, nsī, nsum, v. 4, *to have a perception of the future*, VII 30, 2; — *perceive in advance* (προαισθάνομαι), V. 54, 2.

praesertim, adv., *especially, particularly:* tantae p. multitudini, IV 8, 2; — *retrospective:* p. cum, I 16, 6; 33, 4; VII 8, 4; — *introducing an emphatic apposition:* p. homines tantulae staturae, II 30, 4; manum p. fugientem atque impeditam, VI 8, 1; p. eo absente qui, III 17, 7; V 27, 6; p. quos sciret, V 47, 4; p. nullis cum impedimentis, V 49, 7; p. ancipiti proelio, VII 76, 5.

praesidium, i, n. (protecting force), *garrison*, VI 34, 1; 35, 9; 29, 3; 37, 9; 38, 1; VII 61, 5; munitionum, VII 74, 1; praesidium collocare, I 38, 7; comparare, VII 11, 4; cohortes ex -o omittere, VI 42, 1; -a disponere, I 8, 2; — *protecting force:* relinquere (*for a bridge*), VI 35, 6; cf. II 5, 0; IV 18, 2; VI 9, 5; 29, 3; deicere, VII 36, 7; constituere, VII 7, 4; locus -o tenebatur, VII 36, 6; intrare intra praesidia, VII 8, 1; satis praesidii castris relinquere, III 23, 7; cf. 26, 2; VII 49, 1; 60, 3; 40, 3; I 51, 1; legionem in -o relinquere, VI 33,

4; in -iis . . . disponere, VII 34, 1; legiones a -o interclusas, VII 59, 7; -a custodiasque ad ripas Ligeris disponere, VII 55, 9; -a cis Rhenum disponere, IV 4, 3; ad Rhodanum disponere, VII 65, 3; equitum p. (*consisting of horsemen*), VI 43, 6; legionum, VII 70, 3; -a firma, VII 69, 7; proxima -a, VII 87, 5; cohortium duarum et xx, VII 65, 1; — *observing force*, VII 62, 8; deducere, II 33, 2; — *protection, support, escort:* loci p., VI 5, 7; litterarum, VI 14, 4; cf. I 44, 5; V 41, 5; VI 34, 2, 6; VII 10, 1; 38, 9; novissimis -o (dat.) erant, II 19, 3; 26, 3; 29, 4; VI 7, 4; 8, 5; 32, 5; VII 57, 1; 68, 2; -o navibus esse, V 9, 1; 11, 7; -o civitati, VII 15, 4; p. quam amicissimum, I 42, 5; (*of a harbor*), IV 22, 6; imperator sine -o, VII 1, 7; in fuga p. ponere, II 11, 5.

praestō, are, stiti, v. 1, 1) *excel:* hominum multitudine, II 15, 1; una celeritate et pulsu remorum, III 13, 7; virtute omnibus, I 2, 2; (impersonal) *praestat* (*it is preferable, better*), c. inf., I 17, 3; IV 14, 2; VII 1, 8; 10, 2; 17, 7; sibi, II 31, 6; — 2) *furnish, exhibit* (cf. praebeo): mobilitatem . . . stabilitatem, IV 33, 3; eandem virtutem, VI 8, 4; tantam virtutem, II 27, 3; imperatoris et . . . militis officia, V 33, 2; summam ei fidem, V 45, 2; meum officium (*do my duty*), IV 25, 3.

praestō, adv., *at hand:* p. esse alicui, V 26, 2.

praesum, esse, fuī, *be at the head of:* his omnibus druidibus, VI 13, 8; (civitati) V 20, 3; his, I 37, 3; III 17, 2; his militibus, V 24, 5; pedestribus copiis, VII 67, 7; equitatui, I 18, 10; 52, 7; 39, 5; — *be in charge of:* rebus divinis, VI 21, 1; negotio, V 2, 3; bello, VI 23, 4; (castello) II 9, 4; oppido, II 6, 4; classi, III 14, 3; rei frumentariae, VII 3, 1; quibus regionibus, V 22, 1; summo magistratui, I 16, 5.

praeter (prae-iter, passing along), prep. c. accus., *excepting, besides*, I 11, 5; IV 1, 10; 20, 3; V 12, 5; 14, 3; 24, 7; 54, 4; VI 3, 4; — *besides, in addition to:* p. se denos, I 43, 3; — *by, along:* p. castra copias traducere, I 48, 2; — *contrary to* (παρά): opinionem, III 3, 2; consuetudinem, VII 61, 3; spem, VI 8, 6; 40, 8.

praetereā, adv., *besides, moreover* (at the head of a period), I 34, 3; V 33, 6; VII 14, 5, 9; (in the body of a clause), I 40, 15; III 17, 4; 20, 2; IV 22, 3; V 13, 3; VI 14, 6; 36, 3.

praetereō, īre, iī, itum, v. 4, *pass by, omit to mention:* orationem, VII 77, 2; cf. 25, 1; — *go by:* praetoritus (*past*) -ā die, VII 77, 1; praeterita (orum), *bygone things, matters of the past:* condonare, I 20, 6.

praetermittō, ere, misi, missum, v. 3, *allow to go by, lose:* quem diem pugnae, IV 13, 4; tantum commodum, VII 55, 4; — *leave undone:* aliquid in nocendo, VII 34, 7.

praeterquam, adv., *except* (there is a comparative force in praeter, cf. also Vaniček, 489): frumentum omne p. quod, I 5,

3; si nullam p. vitae nostrae iacturam fieri videremus, VII 77, 6.

praetor, is, old Latin for *general* (in chief): legatus pro praetore (*lieutenant-general*), I 21, 2 (his first *legatus*, Köchly).

praetōrius, a, um, *pertaining to commander-in-chief:* -a cohors (*body-guard*), I 40, 15; 42, 6.

praeūro, ere, ussī, ūstum, v. 3, *burn at the point:* sudes, V 40, 6; pracusta materia, VII 22, 5; stipites -i, VII 73, 6.

praevertō, ere, ī, sum, v. 3, *anticipate, prevent:* huic rei, VII 33, 2.

prāvus, a, um, adj., *wretched, poor:* iumenta, IV 2, 2;—*evil, pernicious:* -a consilia, VII 39, 3.

precēs (prex), um, f., *entreaties, prayers:* eius, I 20, 5; eorum -ibus adductus, I 16, 6; permotus, VII 8, 5; omnibus -ibus contendere, V 6, 3; petere, VII 26, 3; orare, VII 78, 4; detestatus, VI 31, 5; precibus (abl.) concedere aliquid, VII 15, 6.

premō, ere, pressī, pressum, v. 3, *to press, push closely, press hard:* aciem, I 52, 6; novissimos, V 32, 2; legiones, II 24, 4; haesitantes, VII 19, 2; partem castrorum, III 4, 2; obsidione premere aliquem, VII 32, 2; angusto exitu se ipsi, VII 28, 3;—*passive:* perpetua servitute premi, VII 77, 16; laborare aut gravius premi, VII 67, 4; magnitudine tributorum, VI 13, 2; quibus angustiis a Venetis, III 18, 3; multitudine, IV 33, 2; V 37, 5; VII 80, 4; suos ab hostibus premi, IV 32, 3; cf. VII 81, 6; re frumentaria, V 28, 5; inopia, VII 20, 11; a Suebis bello, IV 1, 2; 16, 5; 19, 1; Treveri a Germanis, VII 63, 7; telorum multitudine, V 43, 1; undique, VII 51, 1.

prendō (prehendo), ere, ndī, nsum, v. 3, *grasp, seize:* eius dextram, I 20, 5.

pretium, i, n., *price:* parvo -o redimere, I 18, 3; impenso -o parare, IV 2, 2.

prīdiē, adv. (priore die), *on the day before,* I 23, 3; IV 13, 5; V 17, 1; 40, 4; p. eius diei, I 47, 2.

prīmus pīlus, v. pilus.

prīmus, a, um (superl. of prior), 1) *foremost, first:* primus venerat, VII 48, 2; cf. II 19, 5; primi murum ascendissent, VII 27, 2; quae prima signa conspexit, II 21, 6; -a acies, I 25, 7; 24, 4; 40, 2; II 25, 2; -um agmen, I 15, 5; VII 67, 1; -um bellum, III 9, 9; -us impetus III 2, 4; II 24, 1; V 28, 4; VI 37, 3; cohortes -ae, V 15, 4; -a legio, II 17, 2; -us locus, II 11, 1; -ac naves, IV 23, 2; -i nuntii, VII 42, 1; -a vigilia, VII 3, 3; 60, 1; 83, 7; primi (*locally*) extra provinciam, I 10, 5; primi eorum (proximi), II 27, 3; -i ordines hostium, VII 62, 4; -i ordines, I 41, 3; V 28, 5; 37, 1; 44, 1; 30, 1; VI 7, 8; opp. ultimi, V 43, 5; opp. novissimi, V 32, 2;—*substantively:* primi (= principes) civitatis, II 3, 1; 13, 1;—*imprimis* (*especially*), I 33, 2; V 6, 1; 54, 2; VI 14, 5; VII 1, 6; —2) *absolutely:* primo aspectu, VII 56, 4; vere, VI 3, 4; adventu, II 30, 1; concursu, VI 8, 6; VII 62, 3; clamore, VII 28, 5; prima luce, I 22, 1; (cf. lux) -a nocte, I 27, 4; primi fines, VI 35, 6; -a impedimenta, II 19, 6; a prima obsidione, V 45, 2.

prīmum, adv. (*the first thing*) (correl. *deinde*), *first, in the first place,* I 25, 1; cf. 35, 3; 40, 1; II 1, 2; III 20, 3 (foll. by *ubi vero*, II 30, 3); I 39, 2; II 10, 4; V 14, 5; VII 24, 4 (foll. by *tum etiam*, III 2, 3); quam primum, *as soon as possible,* I 40, 14; IV 21, 2; VII 11, 3; tum p., VII 1, 4; cum p., II 2, 2; III 9, 2; 11, 5; ubi p., III 14, 2; IV 12, 1; VII 51, 3;—*for the first time,* VII 30, 4.

prīmo, adv., *at first,* I 31, 5; II 8, 1; III 4, 2; IV 33, 1; 37, 1; V 6, 3; VII 58, 1; followed by *postea*, VI 30, 4; by *post*, VII 15, 6; 30, 2; 87, 1; inde, VII 48, 1.

prīnceps, ipis, m., *first* (adverbially), I 12, 6; 41, 2; VII 2, 1; p. locus, I 7, 3; correl. to secundum locum obtinere, VI 12, 9; (as noun) *leader, leading man:* inferendi belli, V 54, 4; eius consilii, VI 4, 1; cf. 44, 1; II 14, 4; VII 37, 6; alterius factionis, V 56, 3; factionum -es, VI 11, 3; cf. 12, 1; (adulescentium) VII 37, 1; -es civitatis, VII 38, 2; 65, 2; -es civitatum, I 30, 1; 31, 1; cf. IV 27, 7; V 5, 3; VII 28, 6; 36, 2; dux et p. Lemovicum, VII 88, 4; Galliae provinciae, I 19, 3; duces -esque Nerviorum, V 41, 1; -es ac senatus (Ubiorum), IV 11, 3; -es Britanniae, IV 30, 1; -es Galliae, VII 1, 4; V 6, 4; IV 6, 5; nonnulli -es ex ea civitate, V 3, 5; magistratus ac -es, VI 22, 2; -es cuiusque civitatis, V 54, 1; -es regionum ac pagorum, VI 23, 5; -es Aeduorum, VII 32, 2; cf. I 16, 5; principum liberos obsides adduci, II 5, 1; cf. VI 12, 4; de caede equitum et -um, VII 38, 10; nobiles -esque populi R., I 44, 12; -es opp. to civitas, VII 64, 8; per suos -es inter se coniurant, III 8, 3; principes (*in general*), VII 89, 3; impelli a -ibus, II 14, 3; omnibus -ibus maioribusque natu adhibitis, IV 13, 4; Treverorum, V 4, 3; quis ex -ibus in consilio, VII 23, 7; Gobannitio reliquique -es, VII 4, 2.

prīncipātus, ūs, m., *leadership* (ἡγεμονία): p. atque imperium, VI 8, 9; -um in civitate obtinere, I 3, 5; -um Galliae obtinere, I 17, 2; tenere, I 31, 3; totius Galliae obtinere, I 43, 7; VI 12, 4; VII 4, 1; -um dimittere, VI 12, 6; de -u inter se contendebant, V 3, 2; cf. VII 39, 2; -u deici, VII 63, 8 (*among druids*), V I 13, 9.

prior, us, ōris, adj., *earlier, preceding, former:* commeatus, V 23, 4; -es fossae, VII 82, 3; priores, *those in front* (opp. novissimi), II 11, 5;—*adverbially:* priores bellum inferre, IV 7, 3.

pristinus, a, um, adj., *previous:* dies, IV 14, 3;—*former:* status, VII 54, 4; fortuna, IV 26, 5;—*tried, oldtime:* -a virtus, I 13, 4; II 21, 2; V 48, 6; VII 62, 2; 77, 4; -a belli laus, VII 76, 2.

prius, adv., *earlier,* VII 47, 7; se p. venisse quam populum R., I 44, 7; p. etiam quam ... appetissent, I 43, 7; p. constiterunt, quam ... posset, III 26, 3; p. ...

Priusquam — **Prōcōnsul** — 137

pervenit, quam ... possent, IV 14, 1; p. detrahenda existimabat, quam ... lacesseret, VI 5, 5; p. ... cogit, quam posset, VII 9, 5; ut p. videretur, quam ... afferretur, VI 30, 2; ut omnia p. experiantur, quam ... descendant, VII 78, 1; neque p. fugere destiterunt, quam ... pervenerunt (Hldr. pervenerint (?) ——), I 53, 1; non p. dimittunt, quam sit concessum, III 18, 7; non p. fuga desisterent quam ... venissent, IV 12, 2; neu ... p. vulneraret, quam ... viderit, V 58, 4; nec p. est relictus, quam ... finis est factus, VII 25, 4; non p. constituit, quam ... expedisset, VII 36, 1; si p., quam ... attigisset, se dedidissent, II 32, 1; p., quam ... sentiant ... deducere, V 27, 9; ut p., quam essent maiores coactae copiae dimicaret, VII 56, 1; nec p. sunt visi ... quam ... appropinquarent, VI 37, 2; p. suos discessisse cognoverunt, quam munitionibus appropinquarent, VII 82, 4; neque finem p. fecerunt, quam ... appropinquarent, VII 47, 3.

priusquam, conj. (never w. ind.) : Caesar, p. se hostes reciperent, in fines Suessionum exercitum duxit, II 12, 1; p. plures civitates conspirarent, partiendum sibi exercitum putavit, III 10, 3; p. ea pars certior fieret, flumen transierunt, IV 4, 7; p. periculum faceret, Volusenum praemittit, IV 21, 1; p. id effici posset, adesse Romanos nuntiatur, IV 4, 1; Caesar, priusquam subsidio veniri posset ... collocavit, VII 36, 7; Vercingetorix, p. munitiones perficiantur, consilium capit, VII 71, 1; cf. VI 3, 2; (or. obl.) rationem esse habendam dicunt, p. consilia efferantur, ut Caesar intercludatur, VII 1, 6; p. id faciat, castra Labienum oppugnaturum, V 56, 5.

prīvātim, adv., *privately, individually*: principes de suis p. rebus ab eo petere coeperunt, V 3, 5; publice p. -que, V 55, 4; — *in private capacity:* p. plus possint quam ipsi magistratus, I 17, 1.

prīvātus (privo), a, um, adj., *private, individual:* siqui p. aut populus, VI 13, 6; privati ac separati agri, IV 1, 7; publicae (opp. to) privatae iniuriae, I 12, 7; -a aedificia, I 5, 2; -ae naves, V 8, 6; controversiae publicae ac -ae, VI 13, 5; publicae -aeque rationes, VI 14, 3; sacrificia publica ac -a, VI 13, 4.

prō, prep. c. abl., *before, in front of* (ἔμπροσθεν) : p. castris, I 48, 3; 51, 1; II 8, 3, 5; IV 35, 1; V 15, 3; 16, 1; 37, 5; 50, 3; VII 24, 5; 66, 6; 68, 1; 70, 2; 83, 8; 89, 4; p. oppido, VII 71, 8; portis, IV 32, 1; p. vallo, VII 70, 5; pro suggestu pronuntiare alqd., VI 3, 6; properly: to make an official announcement to a military assembly, *from the platform* (i.e. Kraner: standing on the forward part of the platform) ; — *in behalf of* (ὑπέρ): loqui p. aliquo, I 31, 3; verba facere p. aliquo, II 14, 1; petere p. aliquo, II 14, 5; p. aliquo pugnare, VII 39, 2 ; — *p. se quisque (each to the best of his ability)*, II 25, 3 ; — *in proportion to:* p. multitudine hominum angustos

se fines habere, I 2, 5; p. hostium numero valere, I 51, 1; — *in accordance w., agreeably to:* p. sua clementia ac mansuetudine, II 31, 4; p. eius iustitia, V 41, 8; p. magnitudine periculi, III 9, 3; p. loci natura, III 13, 7; consilium p. tempore et p. re capere, V 8, 1; p. pietate satisfacere alicui, V 27, 7; p. cultu Gallorum, VI 10, 4; p. rei necessitate, VII 56, 4; p. loci natura, VII 74, 1; p. eius hospitio, VII 75, 5; — *in compensation for, retaliation for:* p. scelere ulcisci, I 14, 5; p. iniuriis poenas repetere, I 30, 2; p. tali facinore, VI 34, 8; p. beneficiis, I 42, 3; nullum p. laude periculum recusare, VII 19, 5; p. officiis tribuere, I 43, 4; p. eius virtute locum restituerat, V 25, 2; p. tantis laboribus fructum percipere, VII 27, 2; p. Caesaris beneficiis plurimum ei confiteri debere, V 27, 2; cf. § 7; Caesari p. eius meritis gratiam referre, V 27, 11; ulcisci aliquem p. iniuriis, V 38, 2; collaudare aliquem pro eius merito, V 52, 3; praecipuo honore habere aliquem p. fide, p. officiis, V 54, 4; p. meritis, VII 76, 1; — *instead of* (ἀντί) : ne innocentes p. nocentibus poenas pendant, VI 9, 7; p. victimis homines immolare, IV 16, 2; — *in place of, as:* legatus p. praetore, I 21, 2; levem auditionem habere pro re comperta, VII 42, 2; quod non vidisset, p. viso renuntiavisse, I 22, 4; p. vallo carros obiecerant, I 26, 3; cf. III 29, 1; silvam p. nativo muro obiectam, VI 10, 5; ancorae p. funibus ferreis catenis revinctae, III 13, 5; pelles p. velis, III 13, 6; sublicae p. arieto subiectae, IV 17, 9;—*p. sano* alqd. facere, V 7, 7; talcis ferreis ... p. nummo uti, V 12, 4; arbores p. cubilibus, VI 27, 3; (cornibus) p. poculis uti, VI 28, 6; p. subsidio consistere, VII 51, 1; p. amico, p. hoste habere alqm., I 44, 11; p. explorato habere, VI 5, 3; p. certo proponere, VII 5, 6;—*in the character of:* p. perfuga, III 18, 3.

probō, v. 1, *prove:* illis, c. acc. c. inf., I 3, 6; — *put to the test:* virtutem, V 44, 3; — *approve of:* et causam et hominem, VI 23, 7; Vercingetorigem imperatorem, VII 63, 6; hoc, VI 40, 4; rem, VII 67, 1; unum (neuter), V 31, 2; eruptionem, VII 77, 4; sententiam, VII 15, 1; hunc locum, VI 32, 5; consilium, III 24, 4; V 48, 1; VI 40, 6.

prōcēdō, ere, cěssī, cěssum, v. 3 (*go forth*): quo, VII 52, 1; — *advance:* extra munitiones, V 44, 4; VI 8, 1; in primam aciem, II 25, 2; naves procedunt, VII 61, 5; longius, II 20, 1; VI 35, 6; VII 16, 3; paulo longius a castris, IV 32, 3; cf. VII 14, 7; milia passuum xx, V 47, 1; cf. IV 11, 4; aquationis causa tridui viam, I 38, 1; ab Alesia, VII 80, 9.

Procillus, I, m., C. Valerius P., a young Gaul, sent as envoy to Ariovistus, I 47, 4; 53, 3.

prōclīnō, v. 1, *bend forward:* res proclinata, VII 42, 4 (*the tendency, inclination*): adjuvat rem proclinatam (*he pours oil upon the flame*, Köchly).

prōcōnsul, is, m., proconsul; thus the

Roman called a consul to whom, after his year of office was over, a province was allotted, III 20, 1 ; a Gneio Pompeio -e petit (although Pompey did not go to his province), VI 1, 2.

procul, adv., *at a distance*, II 30, 3 ; p. in via disponere, VII 28, 6 ; fumi p. videbantur, V 48, 10 ; cf. VII 12, 4 ; p. a castris, V 17, 1 ; nequa . . . p. significatio fiat, VI 29, 5 ; p. ex oppido videbantur, VII 45, 4 ; —*from a distance:* animadvertere, IV 12, 6 ; tela conicere, V 34, 3 ; signa conspicari, VI 39, 4.

prōcumbō, ere, cubuī, cubitum, v. 3, *lie down:* quietis causa, VI 27, 1 ; ad pedes alicui procumbere, VII 15, 4 ; —*bend forward:* secundum naturam fluminis, IV 17, 4 ; —*sink to the ground:* vulneribus confecti, II 27, 1 ; frumenta . . . anni tempore atque imbribus procubuerant, VI 43, 3.

prōcūrō, v. 1, *attend to:* sacrificia, VI 13, 4.

prōcurrō, ere, currī, cursum, v. 3, *run forward:* in proximum tumulum, VI 40, 1 ; —*dart forward,* V 44, 6 ; repente in publicum, VII 26, 3 ; —*charge:* quaeque cohors, V 34, 2.

prōdeō, ire, iī, itum, v. 4, *go forth, come out:* ex tabernaculo, VII 38, 2 ; ad colloquium, V 26, 4 ; (ex castris) I 50, 2 ; —*advance:* siquo longius, I 48, 7.

prōditiō, ōnis, f., *betrayal, treason*, VII 20, 7 ; insimulare aliquem proditionis, VII 20, 1, 12 ; 38, 2.

prōditor, ōris, m., *traitor*, VI 23, 8.

prōdō, ere, didī, ditum, v. 3, *give forth, publish:* aliquid alicui, VI 20, 3 ; id ab druidibus proditum, VI 18, 1 ; —*betray, abandon:* aquilam hostibus, IV 25, 3 ;— *hand down:* aliquid posteris, VII 77, 13 ; memoriam prodere, *go on record, pass into history*, I 13, 7 ; memoriae prodere aliquid, *put on record, to record*, VI 25, 5 ; memoriā prodere aliquid, *to hand down by tradition*, V 12, 1.

prōdūcō, ere, xī, ctum, v. 3, *lead forth, bring out:* servos, VII 20, 9 ; cf. 38, 4 ; duces, VII 80, 4 ; iumenta, VII 11, 2 ; equos, VII 12, 3 ; cf. 45, 2 ; copias, I 48, 3 ; III 17, 5 ; 24, 1 ; VII 79, 4 ; principes, VII 89, 3 ; (*for review*) legionem, V 52, 2 ;— *draw out:* rem in hiemem, IV 30, 2.

proelior, v. 1, dep., *fight:* pedibus, IV 2, 3 ; 33, 5 ; inter equites, VII 18, 1 ; cf. 65, 4 ; in ipsis fluminis ripis, II 23, 3.

proelium, ī, n., *fighting:* a proelio continere, I 15, 4 ; -o abstinere, I 22, 3 ; -o lacessere aliquem, I 15, 3 ; IV 11, 6 ; V 17, 1 ; VII 50, 4 ; -um redintegrare, II 27, 1 ; intermittere, III 5, 3 ; nuntiare, II 26, 3 ; recenti proelio, IV 13, 6 ; —*skirmish, engagement*, I 15, 3 ; 10, 5 ; III 1, 4 ; IV 12, 3 ; sustinere, VI 38, 3 ; p. equestre adversum, I 18, 10 ; leve, VII 36, 1 ; 53, 2 ; equestre, VII 70, 1 ; V 16, 3 ; II 9, 2 ; V 26, 3 ; proelia parvula, II 30, 1 ; cf. V 50, 1 ; acriter proelio confligere in itinere, I 15, 1 ; proelio dimicare, V 16, 2 ; VI 17, 3 ; 31,

1 ; VII 6, 3 ; cum equitatu p. fore, I 46, 3 ; —*battle* (pitched battle) (opp. to mere manœuvering): committere (*v.* committo) proelio interesse, VII 87, 5 ; occasionis esse rem, non proelii, VII 40, 9 ; p. redintegrare, I 25, 6 ; signum -ii, VII 19, 4 ; 62, 2 ; dispari -o, V 16, 2 ; secundiore equitum -o, II 9, 2 ; III 1, 4 ; in proelium proficisci, I 51, 3 ; ex -o elapsi, V 37, 7 ; -a secunda, VI 12, 3 ; -o vincere aliquem, I 31, 12 ; cf. I 54, 1 ; III 16, 1 ; -um adversum, I 40, 8 ; Nervicum proelium, III 5, 2 ; Helveticum, VII 9, 6 ; ancipiti -o . . . pugnatum est (*twofold*), I 26, 1 ; cf. VII 76, 5 ; nuntiare, V 22, 3 ; -o congredi cum aliquo, VII 65, 2 ; proelium restituere, I 53, 1 ; VII 87, 3 ; renovare, III 20, 4 ; redintegrare, II 23, 2 ; -o interesse, IV 16, 2 ; proelium deserere (a very doubtful reading, II 25, 1 ~~) proelio excedere (*v.* excedo) -o superari, IV 27, 1 ; concertare, IV 5, 3 ; contendere (*v.* contendo) eodem -o, I 12, 7 ; hoc toto -o, I 26, 2 ; hoc -o facto, I 13, 1 ; II 28, 1 ; cf. III 6, 4 ; uno proelio, I 44, 3 ; IV 13, 3 ; ex eo -o, I 20, 5 ; -o decertare, I 50, 4 ; VII 77, 8 ; -o vincere, I 31, 12 ; proelio supersedere, II 8, 1 ; -a secundissima, VII 62, 2 ; multis -iis victi, VI 24, 6 ; -iis frangi, I 31, 7 ; in -iis versari cum aliquo, I 48, 5 ; versari, VI 16, 2 ; -iis exercitatum (esse), II 20, 3 ; in proeliis, IV 24, 1 ; 33, 3 ; VII 88, 1 ; -a secunda, VII 47, 3 ; -a superiora, VI 38, 1 ; -a pedestria, IV 24, 4.

profectiō, ōnis, f., *setting out, departure*, I 6, 4 ; V 32, 1 ; 33, 2 ; consimilis fugae, II 11, 1 ; cf. 47, 4 ; VI 7, 8 ; VII 43, 5 ; 53, 1 ; -em intermittere, V 7, 6 ; -em lege confirmant, I 3, 2.

prōferō, erre, tulī, lātum, v. 3, *bring out:* cratis, longurios, VII 84, 1 ; 82, 3 ; liberos in conspectum, VII 48, 3.

prōficiō, ere, fēcī, fectum, v. 3 (make forward), *gain an advantage*, VI 20, 4 ; nihil, III 21, 3 ; VII 20, 11 ; plus multitudine telorum, VII 82, 1 ; parum, VII 66, 4 ; —*advance:* tridui viam, I 38, 1.

prōficiscor, ī, fectus, v. dep. 3, *set out, go:* una cum his, I 5, 4 ; secum, VI 5, 2 ; —*ad:* exercitum, IV 6, 1 ; V 2, 1 ; se, VI 1, 2 ; dextrum cornu, II 25, 1 ; Boios, VII 10, 4 ; bellum, VI 29, 4 ; eum, VI 5, 6 ; eos, II 2, 5 ; Caesarem, III 18, 4 ; hostem, VII 32, 2 ; vexandos hostes, VI 43, 1 ; Oceanum versus, VI 33, 1 ; proelium, I 51, 3 ; sollicitandos Aeduos, VII 54, 1 ;—*in:* fines, III 23, 1 ; Morinos, IV 21, 3 ; Aeduos, VII 33, 2 ; 90, 1 ; Bituriges, VII 5, 1 ; Carnutes, V 25, 4 ; in Aduatucos, V 38, 1 ; in Aquitaniam, III 11, 3 ; in Illyricum, V 1, 5 ; transalpinam Galliam, VII 6, 1 ; citeriorem Galliam, I 54, 3 ; Britanniam, IV 20, 1 ; 37, 1 ; Italiam, II 35, 3 ; III 1, 1 ; VI 44, 3 ; VII 1, 1 ; Sequanos, VII 90, 4 ; in eam partem, II 21, 4 ; IV 32, 2 ; VI 43, 6 ; Senones, VI 3, 6 ; Treveros, VI 6, 4 ; —*contra* hostem, VI 7, 4 ; —*ab* urbe, I 7, 1 ; a paluđe ad ripas Sequanae, VII 58, 6 ; eodem unde redierat, V 11, 7 ; inde, VII 9, 6 ; unde, I

28, 3; eo cum legionibus, V 21, 4; cf. VI 5, 6; VII 18, 1; quo, VII 38, 1; 20, 4, illo, VI 13, 12; — ex castris, V 31, 6; obviam Caesari, VII 12, 1; — of ships, III 14, 2; IV 28, 2; V 5, 2; — Cenabum, VII 11, 4; Narbonem, VII 7, 3; Romam ad senatum, VI 12, 5; Lutetiam, VII 57, 1; ad Alesiam, VII 76, 5; ad oppidum Avaricum, VII 13, 3; — start: de quarta vigilia, I 41. 4; de tertia vigilia, I 12, 2; — move, go (opp. stay), I 39, 3; V 31, 2; proficisci celeriterque ad se venire, V 46, 2; — begin the march: adverso flumine, VII 60, 3; sub vexillo una, VI 40, 4; ea quae ad proficiscendum pertinerent, I 3, 1.

profiteor, ēri, fessus, v. 2, dep., state openly, avow, offer: se adiutorem, V 38, 4; se nullum periculum recusare, VII 2, 1; qui sequi velint, profiteantur, VI 23, 7; se principes fore, VI 37, 6.

prōflīgō, v. 1 (strike to the ground), rout, defeat: profligatis Veromanduis, II 23, 3; cf. VII 13, 2.

prōfluō, ere, fluxī, fluxum, v. 3., flow forth, rise: Mosa ex monte Vosego, IV 10, 1.

profugiō, ere, fūgī, fugitum, v. 3 (flee forth), abandon position, flee: noctu, V 53, 2; ex oppido, VII 26, 1; Gergoviam, VII 40, 7; noctu ex oppido, VII 11, 6; (navicula) I 53, 3; aut convenire aut profugere, VI 3, 2; ex civitate, I 31, 9; in silvam, in paludes, VI 31, 2; iudicium veriti profugerunt, VI 44, 2; in Britanniam, II 14, 4; unde, III 20, 1; cum ille praesensisset ac profugisset, V 54, 2.

prōgnātus, a, um, adj., sprung from: ex Cimbris Teutonisque, II 29, 4; ab Dite patre, VI 18, 1.

prōgredior, ī, gressus, v. 3, dep. (gradus), go forth: -i ausus est nemo, V 43, 6; — advance: tantum, VII 61, 5; longius, IV 11, 1; VI 29, 1; 36, 2; VII 45, 8; 73, 1; in locum iniquiorem, II 10, 4; in locum iniquum, II 23, 2; in ulteriorem portum, IV 23, 1; secundo flumine, VII 60, 1; placide, VI 8, 2; noctu, V 9, 2; extra agmen, VII 66, 6; paulum a castris, I 50, 1; cf. VII 45, 5; ex eo loco, VII 49, 3; milia septem ab eo loco, IV 23, 6; cf. V 49, 5; paulum in aquam, IV 24, 3; tridui viam, IV 4, 5; aliquantum itineris, V 10, 2; ad flumen, V 9, 3; in Nitiobriges, VII 7, 2; cupidissimis omnibus, VII 40, 4; longius eius amentiam progredi, V 7, 2.

prohibeō, ēre, uī, itum, restrain: prohibetur a Gobannitione, VII 4, 2; repentino equitum adventu prohibitus, VI 31, 1; — restrain, keep: eos suis finibus, I 1, 4; Germanos, III 11, 2; itinere Helvetios, I 9, 4; ab iniuriā aliquem, VI 23, 9; ab oppidis vim hostium, I 11, 4; ab iniuria se suosque, II 28, 3; hostem a pugna, IV 34, 4; — prevent (forbid) ignes in castris fieri, VI 29, 5; (nostros) latius vagari, V 19, 2; in senatu esse, VII 17, 1; perpauci facile, I 6, 1; cf. 8, 2; circumvallare, VII 17, 1; recipi, VII 78, 5; Germanos transire, IV 4, 3; nostros navibus egredi, IV 24, 1; nostros ingredi,

V 9, 6; confertos adire, VI 34, 4; appropinquare, VII 22, 5; Teutonos ingredi, II 4, 2; pronuntiare, VII 38, 3; id facere, IV 16, 6; itinere exercitum, I 10, 4; aliquem agricultura, IV 1, 2; hostem rapinis, I 15, 4; nostros transitu, VII 57, 4; primos ascensu, V 32, 2; frumentationibus Romanos, VII 64, 2; eos pugna, IV 11, 2; nostros munitione, I 49, 3; — protect: aliquem ab iniuria, V 21, 1; — cut off: frumento, etc. nostros, IV 30, 2; cf. I 49, 1; II 9, 5; VII 14, 2; pabulatione aliquem, VII 36, 5; Cheruscos ab Suebis Suebosque ab Cheruscis, VI 10, 5; — check, prevent from advancing, I 8, 2; nostros, V 9, 3; conantis dicere, I 47, 6; synonymous w. iter demorari, III 6, 5.

prōiciō, ere, iēci, iectum, v. 3, hurl, throw down: cratis, VII 81, 2; arma, VII 89, 4; 40, 6; glaebas in ignem, VII 25, 2; aquilam intra vallum, V 37, 5; se ex navi, IV 25, 4; se Caesari ad pedes, I 31, 2; cf. I 27, 2; flentes proiectae ad pedes, VII 26, 3; — cut off, abandon: patriam virtutem, II 15, 5.

proinde, adv., therefore, V 34, 2; VII 38, 8; 50, 6; 66, 4.

prōmineō, ēre, uī, v. 2, protrude: prominentes (matres familiae), bent forward, VII 47, 5.

prōmiscuē, adv., promiscuously, without distinction: in fluminibus perluuntur, VI 21, 5.

prōmittō, ere, mīsī, missum, v. 3 (let out), permit to grow: capillo sunt promisso, V 14, 3.

prōmoveō, ēre, mōvī, mōtum, v. 2, move forward: machinationes, II 31, 2; turrim, VII 27, 1; castra, I 48, 1; legiones promoveri iubet, VII 70, 5.

prōmptus (promo) a, um, ready, resolute: alacer ac. p. animus, III 19, 6.

prōmunturium, ī, n., cape, headland, III 12, 1.

prōnē, adv. (πρανής), bent forward: ac fastigate, IV 17, 4.

prōnūntiō, v. 1, state publicly, declare: in concilio, V 56, 4; castra iam capta, VI 37, 7; graviorem sententiam, VI 44, 2; prima luce ituros, V 31, 4; licere, V 51, 3; sincerē, VII 20, 8; hanc rem pro suggestu, VI 3, 6; quibus ex regionibus veniant, IV 5, 2; quae gesta sunt, VII 38, 3; qua, VII 20, 10; causa quam, VII 5, 6; cadem, quae, VII 38, 4; — give out orders (παραγγέλλειν): ut impedimenta relinquerent, V 33, 3; nequis ex loco discederet, V 34, 1; ut procul tela coniciant, V 34, 3.

prope, 1) prep., near: castra, I 22, 3; oppidum, VII 36, 2; — 2) adv., near, near by: consistere, VI 32, 2; — propius se castra movere, IV 9, 1; p. Avaricum, VII 18, 1; Romanos, VII 20, 1; propius accedere, I 22, 4; 40, 1; IV 11, 6; V 34, 3; 51, 2; solis occasum, IV 28, 2; propius Ambiorigem accedere, V 37, 1; Romanos, VII 20, 3; propius succedere, VII 82, 1; — nearly, almost: ad internecionem, II 28, 1; iam desperata salute, III 3, 3; summam muri adaequare, II 32, 4 ; raris ac p. nullis portibus, III 12, 5 ; exacta iam aestas, III 28, 1 ; p. omnes naves, V 10, 2 ; p. firmissima civitas, V 20, 1 ; cottidie, V 57, 3 ; p. explorata victoria, VII 15, 2 ; pulcherrimam p. urbem, VII 15, 4 ; p. ex omnibus partibus, VII 15, 5 ; p. hieme confecta, VII 32, 2 ; p. aequo Marte, VII 19, 3 ; p. victoria desperata, VII 80, 9 ; p. iam effectum, VII 29, 6 ; p. omnis civitas, VII 33, 3 ; p. confectus aetate, VII 57, 3 ; p. aequum, VII 44, 3 ; p. ad solis occasum, VII 80, 6 ; p. confecto itinere, VII 83, 7.

prōpellō, ere, pulī, pulsum, v. 3, *drive off* : reliquos paulum, V 44, 11 ; eos, VII 80, 6 ; hostis, IV 25, 1 ; tantam multitudinem equitum, I 15, 3.

properō, v. 1, *hasten* : in Italiam, II 25, 2 ; domum pervenire, II 11, 1 ; petere atque arripere, V 33, 6.

propinquitās, atis, f., *proximity*, IV 3, 3 ; provinciarum, VI 24, 5 ; loci, VII 19, 3 ; hostium, II 20, 4 ; castrorum, VI 7, 9 ; silvarum ac fluminum, VI 30, 3 ; — *family connection, kinship* : propinquitatibus affinitatibusque coniuncti, II 4, 4.

propinquus, a, um, 1) adj., *near, close* : despectus in mare, III 14, 9 ; -a die aequinoctii, IV 36, 2 ; i hostes, I 16, 6 ; castra tam -a, VII 40, 2 ; Menapii -i Eburonum finibus, VI 5, 4 ; civitates -ae his locis, II 35, 3 ; — 2) *as noun, kinsman* : Vercingetorigis, VII 83, 6 ; eius, V 57, 2 ; VI 19, 1 ; Indutiomari, VI 8, 8 ; cf. VI 2, 2 ; filius -ique eius omnes, V 4, 2 ; propinqui opp. to civitas, VII 30, 3 ; a parentibus propinquisque mittuntur, VI 14, 2 ; -i consanguineique, VII 77, 8 ; fratres atque omnes mei -i, VII 38, 3 ; domum -osque relinquere, I 44, 2 ; — *propinquas* nuptum collocare, I 18, 7.

prōpōnō, ere, posui, positum, v. 3, *set forth, explain, tell, disclose* : quod antea tacuerat, I 17, 1 ; quae ipse intellegat, I 20, 6 ; quo differant, VII 11, 1 ; quid sui sit consilii, VI 7, 8 ; quid iniquitas loci habeat incommodi, VII 45, 9 ; timorem Romanorum, III 18, 3 ; rem gestam, V 52, 5 ; sua merita, VII 71, 3 ; pro certo aliquid, VII 5, 6 ; — *put up, promise* : magna praemia, V 58, 5 ; cf. 40, 1 ; VII 27, 2 ; — *place before* : hoc sibi solacii, VII 15, 2 ; — *propose* : quod animo proposuerat, VII 47, 1 ; — *passive* : *to be presented to* : summa difficultas, IV 17, 2 ; — *to present oneself* : oppida Romanis proposita ad copiam commeatus praedamque tollendam, VII 14, 9 ; — *display* : vexillum, II 20, 1.

proprietās, *propriety* : proprietate, V 27, 7 leading MSS. ; now the reading is pro pietate.

proprius, a, um, adj., *becoming to* : virtutis, VI 23, 2 ; — *private* : -ii fines, VI 22, 2.

propter, prep. c. acc., *on account of* : p. angustias ire non poterant, I 9, 1 ; p. frigore frumenta non erant, I 16, 2 ; p. adulescentiam minimum posse, I 20, 2 ; magna p. liberalitatem gratia, I 18, 3 ; p. bonitatem agrorum, I 28, 4 ; favero p. cam affinitatem,

I 18, 8 ; p. latitudinem fossae, II 12, 2 ; p. propinquitatem hostium, II,20, 4 ; p. iniquitatem loci, III 2, 3 ; et p. vulnera militum et p. sepulturam occisorum, I 26, 5 ; et p. fidem et p. linguae Gallicae scientiam, I 47, 4 ; cf. II 8, 1 ; p. paucitatem, III 4, 3 ; p. inscientiam locorum, III 9, 4 ; p. timorem, I 39, 7 ; p. frumenti inopiam, III 9, 5 ; p. virtutem, I 40, 15 ; p. lini inopiam, corresponding to *eo quod*, III 13, 6 ; p. altitudinem, III 13, 8 ; p. paludes, II 16, 4 ; p. ea quae referebant, III 19, 2 ; p. exiguitatem, III 23, 7 ; cf. III 24, 2, 3 ; IV 1, 10 ; 3, 3, 4 ; 4, 4 ; 17, 2 ; 22, 2 ; 24, 2 ; 25, 3 ; 27, 4 ; 38, 2 ; V 1, 2 ; 3, 6 ; 16, 1 ; 22, 4 ; 24, 1 ; 33, 3 ; VI 12, 7 ; 24, 125, 3 ; VII 20, 5 ; 41, 2 ; 43, 4 ; 52, 2 ; 57, 3 ; 77, 2 ; 83, 2 ; 86, 4.

proptereā (p. -ca), adv., *for the reason*, coupled w. quod, c. ind., I 1, 3 ; 3, 6 ; 6, 2 ; 20, 3 ; 38, 4 ; III 21, 3 ; IV 3, 3 ; VII 62, 2 ; — *in tmesis* p. uti minus poterat, quod, I 16, 3 ; — *in or. obl.* c. subj., I 7, 3 ; 18, 3 ; 20, 2 ; 30, 3 ; 31, 2, 10 ; 32, 5 ; 40, 6 ; II 4, 4 ; V 16, 2, it seems as if C. had virtually dropped the combination of *p. quod*, not long after the beginning of his composition or dictation.

prōpugnātor, oris, m., *defender*, VII 25, 4.

prōpugnō, v. 1, *to fight in defense* (of a city or other fortification) : cum spe defensionis studium propugnandi accessit, II 7, 2 ; propugnantes, *the defenders*, VII 86, 5 ; ex silvis rari propugnabant, *made defensive sallies from the forests in small bands*, V 9, 6.

prōpulsō, v. 1, *drive off, beat off, keep at bay* : hostem I 49, 4 ; — *repel* (iniurias) : illatas, VI 15, 1.

prōra, ae, *bow* (of ship) : -ae admodum erectae, III 13, 2.

prōruō, ere, uī, ūtum, v. 3, *demolish* : munitiones, III 26, 3 ; ☞ prorutis emendation for proruptis.

prōsequor, I, secūtus, v. dep. 3, *to pursue* : longius, IV 26, 5 ; eos fugientes longius, V 9, 8 ; cf. V 52, 1 ; novissimos multa milia passuum, II 11, 4 ; (*escort, see off*) liberaliter aliquem oratione, *dismiss w. kindly words*, II 5, 1.

prōspectus, ūs, m., *view forward, outlook* : impedire, II 22, 1 ; prospectu tenebris adempto, VII 81, 5 ; in prospectu, *in sight*, V 10, 2.

prōspiciō, ere, spexī, spectum, v. 3, *provide for, secure* : vitae vestrae, VII 50, 4 ; rei frumentariae, I 23, 1 ; — *take steps* : ne c. subj., V 7, 2.

prōsternō, ere, strāvī, strātum, v. 3, *cast to the ground* : omnem Galliam, VII 77, 9.

prōsum, prōdesse, profuī, prōfuturus, v., *to be advantageous*, VI 40, 6.

prōtegō, ere, texī, tēctum, v. 3, *cover* : hunc scutis, V 44, 6.

proterreo, ēre, uī, itum, v. 2, *frighten off, drive off* : hostes, V 58, 4 ; fundis, etc., Gallos, VII 81, 4.

prōtinus, adv. (cf. continuo), *at once, immediately*, II 9, 3 ; V 17, 5 ; VI 37, 1 ; VII 68, 1 ; 88, 5.

prōturbō, v. 1, *drive off, frighten off:* pellere ac proturbare, II 19, 7; fundis, etc., nostros de vallo, VII 81, 2.

prōvehor, ī, vectus *(sail forth), put to sea:* leni Africo, V 8, 2; in altum, IV 28, 3.

prōveniō, īre, -ī, -ntum, v. 4, *grow up, result:* frumentum propter siccitates angustius provenerat, V 24, 1.

prōventus, ūs, m., *outcome, result:* pugnae, VII 80, 2; omnis secundos rerum -us, VII 29, 3.

prōvideō, ēre, vīdi, vīsum, v. 2, *to make provision for, procure, secure:* rem frumentariam, VI 10, 2; ea quae pertinent, III 9, 3; frumentum provisum non erat, IV 20, 4; praesidia, VII 65, 1; re frumentaria provisa, III 20, 2; frumento proviso, VI 44, 3; — *secure:* rei frumentariae, V 8, 1; cui rei . . . erat provisum, III 18, 6; — *look out, see, attend to:* quo signa ferantur, VI 37, 6; quid . . . faciendum esset, V 33, 3; quid . . . opus esset, II 22, 1; de frumento, III 3, 1; quantum diligentia provideri poterat, providebatur, VI 34, 7; quantum ratione provideri poterat, VII 16, 3; plus animo providere, VII 30, 2; nihil ante, V 33, 1; a me provisum est, ne, VII 20, 12.

prōvincia, ae, f., *province*, of Illyricum, V 1, 5, especially the p. of *Gaul* as it was up to Caesar's proconsulate; cultus atque humanitas -ae, I 1, 3; cf. 8, 3; 14, 3; III 6, 4; VII 6, 3; 7, 2; 56, 2; 59, 1; 65, 1, 4; cf. I 8, 1; 10, 1; 15, 1; III 9, 1; VII 1, 1; 7, 5; 55, 9; in provincia, I 10, 1; cf. VII 66, 2; ulterior p. opp. to citerior p., I 10, 5; 7, 2; p. opp. to Gallia, VII 66, 3; Gallia provincia, I 19, 3; 44, 7; 53, 6; III 20, 2; I 35, 4; imperium totius provinciae, VII 64, 8; in -am exire, I 33, 4; p. nostra, I 2, 3; 6, 2; 7, 1; 3, 5; II 29, 4; I 33, 4; extra -am, I 10, 5; — *citerior -a* (the Po country), I 10, 5; — *in general:* provinciam suam hanc esse Galliam, I 44, 8; in -am redigere, make into a p., I 45, 2; VII 77, 16; provinciarum propinquitas (Provence and Lombardy), VI 24, 5.

proximus, a, um, adj. (superl. of propior.), *nearest:* iter, I 10, 3; with acc. (maintaining the constr. of prope), mare, III 7, 2; Rhenum, I 54, 1; c. dat., finibus, I 6, 3; Oceano, VI 31, 3; Germanis, I 1, 3; Galliae, II 3, 1; Remis, II 12, 1; flumini Rheno, III 11, 1; cf. VI 35, 5; legio, V 29, 6; fossa, VII 70, 4; -i pagi, VII 64, 6; -ae silvae, I 12, 3; VI 8, 6; -ae segetes, VI 36, 2; civitates, I 3, 1; naves, IV 25, 6; V 46, 4; 28, 5; a oppida, III 12, 3; hiberna, V 29, 1; 30, 3; quattuor legiones, VI 3, 1; -a castella, II 33, 3; praesidia, VII 87, 5; — *next:* dies, V 40, 6; 50, 1; -a nox, I 40, 14; II 12, 4; proximi, II 27, 3; VII 3, 2 (those standing nearest), VI 38, 2; VII 26, 3; collis, I 22, 3; 24, 1; VII 68, 2; tumulus, VI 40, 1; — *last, preceding:* annus, VII 32, 4; comitia, VII 67, 7; (adverbially) qui proximi steterant, V 35, 3.

proximē, adv., *most recently, last*, I 24, 2; II 8, 5; 19, 3; III 29, 3; V 24, 4; VI 32, 5.

prūdentia, ae, f., *wisdom, prudence*, II 4, 7.

Ptianiī, ōrum, m., a tribe of Aquitania, III 27, 1.

pūbēs, eris, adj., *full-grown, adult:* omnes puberes armati convenire consuerunt, V 56, 2.

pūblicē, v. publicus.

pūblicō, v. 1, *confiscate:* bona, V 56, 3; VII 43, 2.

pūblicus, a, um, *public*, i.e., *belonging to the state:* pecunia, VII 55, 2; publico consilio *(official course of action)*, V 1, 7; VII 43, 1; -ae iniuriae, I 12, 7; litterae, V 47, 2; -a sacrificia (opp. privata), VI 13, 4; controversiae, VI 13, 5; rationes, VI 13, 3; — *in publicum (before all, to the public)*: referre aliquid, VII 28, 3; procurrere *(upon the street)*, V 54, 2; VII 26, 3; in publico, VI 18, 3; — *respublica, state, government* (generally Rome understood), rei -ae iniuria, I 20, 5; -ae interest, II 5, 2; -ae causa, VI 1, 2; occupationes rei -ae, *public duties*, IV 10, 6; si reipublicae commodo facere possit, VI 33, 5; cf. I 35, 4; V 46, 4; turpissimum sibi et reipublicae, I 33, 2; cf. V 7, 2; -ae (dat.) officium praestare, IV 25, 3; -ae tribuere aliquid, VI 1, 4; de -a, I 34, 1; de republica, *of public affairs, politics*, VI 20, 1, 3; cf. I 34, 1; of other states (than Rome); quae civitates commodius suam rempublicam administrare existimantur (manage their government), VI 20, 1.

pūblicē, adv., *on the part of the state, officially:* polliceri, I 16, 1; legatos mittere, VII 55, 4; iurare, VI 12, 4; sacrificia instituta habere, VI 16, 3; — *as a matter of public policy*, IV 3, 1; — *publicly:* p. privatimque, V 55, 4.

Pūblius, i, m., praenomen, v., Crassus, Sextius Baculus, Sulpicius Rufus.

pudet, ēre, uit, v. 2, impers., *to be ashamed:* aliquem; -ad sanitatem reverti, VII 42, 4.

pudor, is, m., *shame, sense of shame*, I 39, 3; coupled w. officium, I 40, 14.

puer, ī, m., *boy*, pl. *children:* pueri, senes, mulieresque, I 29, 1; p. mulieresque, II 13, 3; cf. II 28, 1; IV 14, 5; a pueris, *from childhood on*, IV 1, 9.

puerīlis, e, adj., *boyish:* aetas, VI 18, 3.

pūgna, ae, f., *battle, fighting:* p. navalis, III 19, 5; genus hoc erat -ae, I 48, 4; cf. IV 24, 4; IV 33, 1; V 15, 4; 16, 1; ratio -ae, III 14, 3; nequem diem pugnae praetermitteret, IV 13, 4; diem -ae constituere, III 23, 8; eventus -ae, VII 49, 3; proventus, VII 80, 2; spatium -ae, VII 48, 4; pugnae superiores, III 19, 3; ad -am, *for fighting*, I 25, 3; II 25, 1; ad -am inutilis, III 16, 4; ad -am, cf. III 25, 1; ad -am intentus, III 26, 2; alacriores ad -am, V 33, 5; ad -am evocare, V 58, 2; -am nuntiare, II 28, 1; 29, 1; audire, III 27, 1; de -a desperare, I 40, 8; in -a, V 14, 2; 33, 2; -a superiores esse, VII 80, 4; ex -a excedere, III 4, 10;

V 36, 3; -ā prohibere aliquem, IV 11, 2; cf. 34, 4; -ū decertare, III 23, 7.

pūgnō, v. 1, *fight:* omnibus in locis, V 27, 2, satis commode, I 25, 3; nudo corpore, I 25, 4; fortius, II 26, 2; fortissime, V 35, 7; 37, 5; VI 40, 7; ab lateribus, II 8, 4; acerrime fortissimeque, V 43, 4; cf. IV 37, 3; acriter, V 15, 3; summis opibus pro aliquo, VII 39, 2; pugnans interficitur, V 37, 4; concidit, VII 50, 6; cf. VI 40, 7; speciem atque opinionem pugnantium praebere, III 25, 1; pugnantium numerum augere, VII 48, 2; pugnantibus occurrere, II 21, 4; post tergum pugnantibus existere, VII 84, 4; ex eorum corporibus pugnare, II 27, 3; iniquo loco, VII 49, 1; cum hostibus, IV 24, 2; eruptione pugnare, VII 86, 2; his pugnantibus (of a small party), VI 30, 4; studium pugnandi, I 46, 4; VII 45, 8; tempus, II 21, 6; finis, VII 25, 4; hostibus potestatem facere, I 50, 1; cf. III 17, 5; pugnandi causa, II 10, 4; V 51, 5; et virtute et numero (?) pugnandi pares, V 34, 2; iniqua pugnandi condicio, VI 10, 2; — *impersonal:* pugnatur una omnibus in partibus, VII 67, 2; cf. 25, 1; uno tempore omnibus locis, VII 84, 2; pugnari debuit, II 33, 4; ad vesperum, I 26, 2; diu, I 26, 4; ad multam noctem, I 26, 3; ad horam octavam, V 35, 5; usque ad solis occasum, III 15, 5; ab hostibus constanter ac non timide, III 25, 1; acerrime ad munitiones, V 44, 3; comminus, VII 50, 1; comminus gladiis, I 52, 3; eruptione, VII 76, 5; cf. 86, 2; dubia victoria, VII 80, 6; ancipiti proelio, I 26, 1; vehementius, VII 87, 2; acriter utrimque usque ad vesperum, I 50, 2; acriter in eo loco, II 10, 2; cf. 33, 4; diu atque acriter, III 21, 1; cf. IV 26, 1; vehementer, III 22, 4.

pulcher, chra, chrum, adj., *beautiful:* -errima urbs, VII 15, 4; -errimum iudicare aliquid, VII 77, 13.

Puliō, ōnis, m., a centurion, V 44, 1, 13.

pulsus, ūs, m., *propulsion:* remorum, III 13, 7.

pulvis, eris, m., *dust:* pulverem maiorem videri, IV 32, 1.

Pupius, ⁂ M. P. Piso consul, I 2, 1; reading of Holder.

puppis, is, im, ī, f., *stern of ship*, III 13, 2; altitudo puppium, III 14, 4.

pūrgō, v. 1 (*cleanse*), *excuse:* sui purgandi causa, IV 13, 5; VI 9, 6; VII 43, 2; si sibi purgati esse vellent, I 28, 1.

putō, v. 1, *suppose, believe, think:* partiendum sibi exercitum, III 10, 3; VI 2, 3; VII 73, 2; sibi eam rem cogitandam, I 33, 2; cf. 35, 2; 40, 1; occurrendum, I 33, 5; non putat expectandam reliquam partem, V 46, 4; concedendum non putabat, I 7, 4; committendum non p., I 46, 3; timendum, I 14, 2; — *suppose* (οἴομαι), c. acc. c. inf., III 21, 1; VII 77, 10; — *hold, believe* (of tenets), IV 3, 1; V 12, 6; VI 14, 5; 21, 4; 23, 9; 43, 5; — *consider:* intrare periculosum, VII 8, 1.

Pȳrēnaeī, montes, the Pyrenees, I 1, 7.

Q.

Q. Quintus, Titurius, IV 38, 3.

quā, adv. (properly ablative, cf. ᾗ, ὅπῃ) *at what point, where,* antecedent: unum iter, I 6, 1; vadis Rhodani, I 8, 4; reliquum spatium, I 38, 5; Atrebatium fines, V 46, 3; colles, VII 36, 2; dorsum, VII 44, 3; (? ⁂) — without expressed antecedent, I 10, 3; II 33, 2; VII 71, 5.

quadrāgēnī, ae, a, *forty each, at a time:* intervallo pedum quadragenum (= orum), IV 17, 5; pedes-os, VII 23, 5.

quadringentī, ae, a, *four hundred:* -orum passuum, II 8, 3; -os vicos, I 5, 2; equites, V 46, 4; pedes, VII 72, 2.

quaerō, ere, sīvī, sītum, v. 3, *to enquire, ask, make enquiry:* de natura moribusque eorum, II 15, 3 (*correlative:* repperire, I 40, 8; 18, 10); ex solo ea, I 18, 1; ex perfugis causam, VII 44, 2; ex captivis quibus in locis Caesar sit, VI 35, 7; ex captivis quam ob rem Ariovistus proelio non decertaret, I 50, 4; ex ipsis, I 32, 3; ab aliis eadem, I 18, 2; ab his, I 32, 4; ab his, quae civitates in armis essent, II 4, 1; quod quisque . . . audierit, IV 5, 2; quam in partem ducerentur, I 40, 1; — *look for, try to find:* in quaerendis suis, II 21, 6; ratio perficiendi quaerebatur, VII 37, 6.

quaestiō, ōnis, f., *investigation, enquiry,* VI 4, 3; -onem habere de uxoribus, VI 19, 3; -onem de bonis direptis decernunt, VII 43, 2; captivorum, VI 32, 2.

quaestor, is, the lowest of curule offices of state at Rome; treasurer or paymastergeneral to consul, proconsul, or propraetor: quaestori legatis praefectisque, IV 22, 3; singulis legionibus singulos legatos et quaestorem praeficit, I 52, 1; M. Crassus q., V 24, 3; 46, 1; VI 6, 1; consilio cum legatis et quaestore communicato, IV 13, 4.

quaestus, ūs, m., *acquisition, gain:* pecuniae, VI 17, 1.

quālis, e, *what kind of, what;* q. esset natura montis, I 21, 1.

quam (relat. of tam), adv., *as:* q. aequissimo loco, V 49, 7; q. aequissimus, VII 74, 1; celerrime, I 37, 5; frequentissimi, IV 11, 5; q. maximus (as great as possible), I 3, 1; 7, 1, 2; V 39, 1; VII 8, 3; 9, 3; amicissimus, I 42, 5; latissime, IV 3, 1; VI 23, 1; VII 8, 3; 9, 2; longissime, VII 35, 5; maxime, I 42, 5; V 49, 7; 50, 5; quam plurimi, etc., I 3, 3; III 9, 9; V 1, 1; 4, 3; 11, 4; q. maturrime, I 33, 5; q. primum, I 40, 14; IV 21, 2; VII 11, 3; q. minimus, III 19, 1; mitissime, VII 43, 4; — *than:* magis q., I 13, 6; 40, 8; II 22, 1; 32, 1; IV 2, 1; VII 20, 7; facilius q., VII 77, 5; maturius q., I 54, 2; IV 6, 1; minus q., I 30, 3; 31, 2; II 20, 3; VII 31, 1; 52, 4; lenius q., V 17, 1; longius, II 19, 5; 21, 3; plus q., I 17, 1; 20, 2; 42, 6; VII 52, 3; peius q., I 31, 10; prius q. (v. prius) potius q., I 45, 1; II 10, 4; VI 34, 7, 8; VII 37, 5; 78, 2; post . . . diem quartum q. est ventum, IV 28, 1; postea quam, VI 10, 4; VII 82, 1; — *after adj.*

compar.: brevior q., V 13, 4; expeditior, I 52, 7; humanior, IV 3, 3; humilior, V 1, 2; maior, IV 32, 1; VI 7, 8; 43, 6; latior, V 1, 2; minor, -us, I 40, 5; 53, 6; V 13, 2; 27, 3; miserior et gravior, I 32, 4; planiores (carinae), III 13, 1; temperatior, V 12, 6; turpius aut inertius, IV 2, 4; levius aut turpius, V 28, 6; quam ut, c. subj., II 21, 2; quam ut, c. ind., II 22, 1; — *after verbs of comparative meaning:* praestat, II 31, 6; VII 1, 8; 10, 2; 17, 7; malle, III 8, 4; VII 20, 2; — *how:* q. veteres quamque iustae causae, I 43, 6; q. honorifica (senatus consulta), I 43, 7; humiles, VII 54, 3.

quam diu, *as long as,* I 17, 6.

quamvis (as much as you like), *howsoever:* quamvis pauciadire audent, IV 2, 5.

quandō, adv., *at some time, once:* si quando, III 12, 3.

quantus, a, um, adj., *how great, as great as,* in indirect question: quanta esset insulae magnitudo, IV 20, 4; quanta facultas daretur, IV 34, 5; quantam quisque multitudinem pollicitus sit, II 4, 4; quantam calamitatem civitati intulissent, II 14, 4; quantum haberet in se boni constantia, I 40, 6; quantum se in facinus admisissent, III 9, 3; quantum auctoritatis essent consecuti, IV 13, 3; quantum fortuna posset, VI 35, 2; armorum quantum quaeque civitas ... efficiat, VII 4, 8; quanto cum periculo ... res sint administratae, V 52, 3; quanto c. periculo id fecerit, I 17, 6; quanto in -o versaretur, II 26, 5; quanto cum periculo ... educturus esset, V 47, 5; quanto in periculo res sit, V 48, 2; cf. VI 30, 1; quanto detrimento necesse sit constare victoriam, VII 19, 4; quanto res in periculo fuerit, VII 41, 2; quanto opere reipublicae intersit, II 5, 2; quantae (civitates) in armis essent, II 4, 1; quanta incommoda oriri consuessent, VII 33, 1; — *as relative* (with tantus antecedent): tantam multitudinem interfecerunt, quantum fuit diei spatium, II 11, 6; quos tanto spatio secuti quantum cursu et viribus efficere potuerunt, IV 35, 3; tantum hostibus noceretur quantum ... milites efficere poterant, V 19, 3; tantum progrediatur quantum naves processissent, VII 61, 5; solum tantundem pateret, quantum labra distarent, VII 72, 1; quanto opere, tanto opere, VII 52, 3; quanto erat gravior oppugnatio, tanto crebriores litterae mittebantur, V 45, 1; quantas pecunias acceperunt, tantas cum dotibus communicant, VI 19, 1; — *relative* (without correlat. tantus): perspicere quantum facultatis dari potest, IV 21, 9; attribuunt, quantum visum est agri, VI 22, 2; quantum diligentia provideri poterat, providebatur, IV 34, 7; quantum ratione provideri poterat, occurrebatur, VII 16, 3; patebat, quantum loci acies ... occupare poterat, II 8, 3; bipedalibus trabibus immissis, quantum eorum tignorum iunctura distabat, IV 17, 6; turrium altitudinem, quantum has cotidianus agger expresserat ... adaequabant, VII 22, 5; quantum va-

lent, nituntur, VII 63, 2; secutus, quantum diei tempus est passum, VII 68, 2.

quantusvīs (a -vis, um -vis), **adj.,** *of whatever size, extent:* quantasvis copias etiam Germanorum sustineri posse, V 28, 4.

quārē (qua -re), adv., *wherefore* (at the beginning of a period) *and therefore,* I 13, 7; VII 73, 2; — *with antecedent:* commissum a se, quare timeret, I 14, 2; satis causae, q., I 19, 1; multae res eum hortabantur, q., I 33, 2; in eam sententiam, q., I 45, 1; omnia excogitantur, q., V 31, 5; fuit causa q., VII 63, 7.

quārtus, a, um, *fourth* (man), VII 25, 3; a cohors, II 25, 1; vigilia, I 21, 3; 40, 14; 41, 4; legio, V 24, 2; pars (!), I 12, 2; III 26, 6; hora, III 15, 5; IV 23, 2.

quasi, conj. (quamsi), *just as if, as if:* q. uero consilii sit res, VII 38, 7.

quattuor, *four:* pagi, I 12, 4; milia, I 15, 1; II 33, 5; IV 11, 4; V 5, 3; 19, 1; 49, 5; legiones, I 24, 2; 49, 5; VI 3, 1; VII 34, 2; 40, 1; horae, IV 37, 3; reges, V 22, 1; duces, VII 83, 6; tabulata, VI 29, 3; equites, VI 43, 6; digiti, VII 73, 6.

que (enclitic), slightest of connective coordinate conjunctions, *coupling kindred elements at the beginning of period,* II 35, 4; V 54, 5; VI 11, 4 (?); VII 26, 3; 27, 2; — *coupling entire clauses,* I 1, 3; 5; 4, 3; 7, 4; 9, 4; 14, 4; 38, 4; 40, 11, 15; 41, 1, 2; 42, 1; 44, 5; 46, 4; II 1, 1; 3, 5; 6, 2; 17, 2; 21, 5; 22, 1; 25, 1; 26, 5; 33, 1, 3; III 2, 1; 5, 1; 12, 5; 19, 5; 22, 4; 25, 1; IV 3, 3; 6, 3; 13, 2; 21, 7; 27, 7; 20, 1; V 37, 4; V 3, 7; 4, 1; 18, 3; 21, 6; 24, 8; 25, 5; 27, 2, 3; 28, 2; 33, 6; 36, 2; 37, 2; 38, 3; 43, 5; 44, 8; 49, 3; 53, 1; 58, 6, 7; VI 8, 5; 11, 3; 12, 2; 13, 4; 16, 2; 17, 5; 22, 1, 3; 23, 8, 9; 30, 2; 34, 3, 5; 35, 1; 35, 6; 43, 5; VII 24, 5; 25, 1; 28, 3; 37, 7; 49, 1; 58, 6; 59, 1; 67, 4; 69, 7; 70, 3; 79, 3; — *after semicolon,* III 17, 4, 6; V 14, 3; VI 19, 4; 25, 5; VII 29, 6; 30, 2, 4; 64, 1; 83, 8; — *coupling abl. absolutes,* I 8, 4; 40, 1; II 12, 5; 13, 1; 15, 2; 17, 3, 4; 26, 1; III 1, 4; 3, 1; IV 4, 7; 6, 5; 7, 1; 12, 2; 15, 1; 19, 1; V 2, 1; 11, 7; 24, 1; 38, 2; 51, 5; VI 1, 4, 3; 2; 6, 1; 33, 5; VII 27, 1; 35, 6; 41, 1; 45, 7; 68, 3; 77, 14; 88, 1; — *coupling new predicate in same clause,* I 5, 1; 5, 4; 6, 3, 2; 10, 1, 3; 15, 1; 21, 3; 24, 1; 26, 3, 5; 27, 2; 28, 5; 30, 3, 4; 31, 1, 10, 14, 16; 32, 5; 33, 1, 2; 36, 5; 38, 1, 7; 41, 2; 42, 2; 46, 2; 49, 1; 50, 1; 51, 2, 4; 52, 3; II 1, 1; 2, 3, 6; 3, 3; 4, 1; 5, 8; 5, 1; 6, 2; 7, 5; 8, 4; 9, 4, 5; 11, 4, 6; 12, 3; 13, 1, 3; 15, 5; 16, 2; 19, 3, 6; 21, 2, 6; 23, 1; 24, 3; 4, 5; 25, 2; 28, 2, 3; 30, 1; 32, 2; 34, 1; III 5, 1, 3; 6, 3, 5, 8, 3; 11, 2; 12, 3; 14, 6; 17, 3, 5; 19, 1; 21, 3; 23, 5; 25, 2; 27, 1; 28, 2; 29, 1; IV 1, 8; 2, 2; 5, 2; 10, 5; 11, 2; 13, 6; 14, 5; 16, 2; 17, 4; 18, 3, 4; 10, 4; 21, 6, 8, 9; 22, 3; 23, 1; 27, 1, 5; 29, 2; 34, 5; 36, 2; V 1, 6; 7, 8, 9; 2, 4; 3, 1; 3, 3, 4; 4, 2; 6, 4; 7, 6, 8; 8, 1; 9, 0, 7; 14, 2; 15, 3, 4; 16, 4; 17, 1, 4; 18, 5; 19, 1;

Que

20, 1, 2, 3; 21, 5; 23, 6; 24, 1; 25, 4; 26, 2, 3; 28, 1, 32, 2; 33, 1, 2; 37, 1, 3; 38, 1, 2; 41, 8; 42, 5; 43, 4; 44, 2, 4; 45, 2; 46, 2; 47, 2; 48, 9; 49, 4; 50, 4, 5; 51, 1, 2; 53, 2, 4; 54, 4; 56, 3, 5; 57, 2, 4; VI 2, 2; 3, 5; 4, 3; 5, 6, 7; 7, 2; 10, 2, 3; 12, 4; 13, 10; 16, 2, 3; 17, 3; 18, 1, 3; 19, 1; 20, 3; 23, 5, 7; 24, 3, 6; 25, 2, 3; 27, 1; 29, 3, 4; 32, 6; 35, 7; 37, 1; 8, 10; 38, 5; 40, 4; 44, 1, 3; VII 2, 1; 3, 1; 4, 4; 5, 4; 9, 5, 6; 10, 3; 11, 1, 5; 12, 3; 13, 2; 16, 3; 19, 2, 6; 22, 5; 24, 2, 5; 25, 1, 2; 26, 3; 27, 1, 2, 3; 29, 1; 31, 4; 32, 1; 53, 1, 2, 3; 34, 1; 35, 1; 36, 1, 2, 7; 37, 2; 40, 4, 5; 41, 2, 4; 42, 4; 43, 3; 45, 2, 5, 7; 46, 4; 47, 1; 48, 2, 3; 50, 5, 6; 53, 1, 4; 55, 9; 56, 4, 5; 57, 4; 58, 4; 59, 4; 60, 1; 62, 6, 7, 8; 63, 4; 64, 3, 5; 65, 4, 5; 66, 3; 67, 5; 68, 1; 69, 5; 70, 2; 71, 2, 3; 73, 9; 75, 4; 76, 2; 77, 15; 79, 2; 80, 6, 7; 81, 2; 83, 7; — *coupling nouns* (pronouns) *or kindred phrases:* consilia quaeq. in castris gerantur, I 17, 5; cf., II 35, 3; suis copiis suoq. exercitu, 3, 6; clientes obaeratosq. suos, 4, 2; oppidis suis vicisq., 5, 4; legione militibusq., 8, 1; murum fossamq., 8, 1; se suoq., 11, 2; vicos possessionesq., 11 5; patres maioresq., 13, 6; ipsi sociiq., 14, 6; pabulationes populationesq., 15, 4; vitae necisq., 16, 5; portoria reliquaq. vectigalia, 18, 3; carros rotasq., 26, 3; impedimenta castraq., 26, 4; literas nuntiosq., 26, 6; ad Rhenum finesq. Germanorum, 27, 4; oppida vicosq., 28, 3; iuris libertatisq., 28, 5; de sua omniumq. salute, 31, 1; ab Arvernis Sequanisq., 31, 4; Aeduos eorumq. clientes, ib. § 6; proeliis calamitatibusq., 31, 7; exempla cruciatusq., 31, 12; in Caesare populoq. R., 31, 14; fratres consanguineosq., 33, 2; Cimbri Teutoniq., 33, 4; suo populiq. Romani, 35, 2; sibi populoq. R., 35, 2; Aeduos ceterosq. amicos, 35, 4; rei frumentariae commeatusq., 39, 1; ex percontationibus nostrorum vocibusq. Gallorum, 39, 1; mentes animosq., 39, 1; milites centurionesq. quiq., 39, 5; rei frumentariae simulationem angustiasq. itineris, 40, 10; suis populiq. R., 42, 3; ultro citroq., 42, 4; sua senatusq. beneficin, 43, 4; magna spe magnisq. praemiis, 44, 2; domum propinquosq., 44, 2; nobilibus principibusq., 44, 12; lapides telaq., 46, 1; frumento commeatuq., 48, 2; — II, nuntiis litterisq., 2, 1; Senonibus reliquisq. Gallis, 2, 3; se suaq., 3, 2; frumento ceterisq. rebus, 3, 3; fratres consanguineosq., 3, 5; unum imperium unumq. magistratum, 3, 5; Teutonos Cimbrosq., 4, 2; magnam auctoritatem magnosq. spiritus, 4, 3; propinquitatibus affinitatibusq., 4, 4; fines latissimos feracissimosq. agros, 4, 6; propter iustitiam prudentiamq., 4, 7; reipublicae communisq. salutis, 5, 2; ab Remis reliquisq. civitatibus, 5, 5; vallo fossaq., 5, 6; vicis aedificiisq., 7, 3; funditores sagittariosq., 10, 1; exercitum equitatumq., 11, 2; latitudinem fossae muriq. altitudinem, 12, 2; se suaq., 13, 2; pueri mulieresq., 13, 3; indignitates contumeliasq., 14, 3; se suoq., 15,

2; vini reliquarumq. rerum, 15, 4; mulieres quiq. ... inutiles viderentur, 16, 4; exploratores centurionesq., 17, 1; Belgis reliquisq. Gallis, 17, 2; rubis sentibusq., 17, 4; ratio ordoq., 19, 1; cum funditoribus sagittariisq., 19, 4; aciem ordinesq., 19, 6; ab opera singulisq. legionibus, 20, 3; loci natura deiectusq. collis, 22, 1; equites levisq. armaturae pedites, 24, 1; clamor fremitusq., 24, 3; pueris mulieribusq., 28, 1; se suosq., 28, 3; oppidis castellisq., 29, 2; rupes despectusq., 29, 3; Cimbris Teutonisq., 29, 4; vallo crebrisq. castellis, 30, 2; se suaq., 31, 3; muri aggerisq., 32, 4; vallo turribusq., 33, 4; in Italiam Illyricumq., 35, 2; — III, magno cum periculo magnisq. cum portoriis, 1, 2; vallo fossaq., 1, 6; opus hibernorum munitionesq., 3, 2; de frumento reliquoq. commeatu, 3, 1; lapides gaesaq., 4, 1; castra munitionesq., 6, 3; frumenti commeatusq., 6, 4; praefectos tribunosq. militum, 7, 3; Trebium Terrasidiumq., 8, 3; nautas gubernatoresq., 9, 1; Veneti reliquaeq. civitates, 9, 3; propter inscientiam locorum paucitatemq. portuum, 9, 4; Remos reliquosq. Belgas, 11, 2; classi Gallicisq. navibus, 11, 5; Santonis reliquisq. pacatis regionibus, 11, 5; lingulis promunturiisq., 12, 1; factae armataeq., 13, 1; fluctuum tempestatumq., 13, 2; pelles alutacq., 13, 6; tantas tempestates Oceani tantosq. impetus, 13, 6; tribunis militum centurionibusq., 14 3; velis armamentisq., 14, 7; Venetorum totiusq. orae maritumae, 10, 1; se suoq., 16, 3; exercitum magnasq. copias, 17, 2; perditorum hominum latronumq., 17, 4; spes praedandi studiumq. bellandi, 17, 4; magnis praemiis pollicitationibusq., 18, 2; Viridovicem reliquosq. duces, 18, 7; sarmentis virgultisq., 18, 8; auxiliis equitatuq., 20, 2; magnis copiis equitatuq., 20, 3; vineas turresq., 21, 2; ad aggerem vincasq., 21, 3; aerariae secturaeq., 21, 3; armis obsidibusq., 23, 1; auxilia ducesq., 23, 3; frumentum commeatumq., 23, 7; propter veterem belli gloriam paucitatemq. nostrorum, 24, 2; vallo munitionibusq., 25, 1; lapidibus telisq., 25, 1; magnis praemiis pollicitationibusq., 26, 1; oculis mentibusq., 26, 2; ex Aquitania Cantabrisq., 26, 6; Morini Menapiiq., 28, 1; se suaq., 28, 2; vicis aedificiisq., 29, 3; Aulercis Lexoviisq., 29, 3; — IV, propter amplitudinem gravitatemq. civitatis, 3 4; in suas sedes regionesq., 4, 4; praedandi frumentandiq. causa, 9, 3; principibus maioribusq. natu, 13, 4; inter carros impedimentaq., 14, 4; perorum mulierumq., 14, 5; supplicia cruciatusq., 15, 5; praedandi frumentandiq., 16, 2; sibi Galliaeq., 16, 3; auxilium spemq., 16, 6; longuriis cratibusq., 17, 8; vicis aedificiisq., 19, 1; legatis tribunisq. militum, 23, 5; se civitatesq. suas, 27, 5; ancoris reliquisq. armamentis, 29, 3; frumento commeatuq., 30, 2; peditatus equitatusq., 34, 5; — V, modum formamq., 1, 2; Caesaris legionumq., 3, 3; se suosq., 3, 3; suas civitatisq. fortunas, 3, 7; filio propinquisq., 4, 2; equitatus principesq., 5, 3;

milites equitesq., 7, 4; cum annotinis privatisq., 8, 6; milites equitesq., 10, 1; ancorae funesq., 10, 2; nautae gubernatoresq., 10, 2; legiones equitatumq., 11, 1; nuntiis literisq., 11, 2; summa imperii belliq. administrandi, 11, 8; toti bello imperioq., 11, 9; animi voluptatisq., 12, 6; deni duodeniq., 14, 4; fratres cum fratribus parentesq. cum liberis, 14, 4; equites essedariiq., 15, 1; silvas collesq., 15, 1; ab signis legionibusq., 17, 2; praedandi vastandiq., 19, 2; viis semitisq., 19, 2; imperat obsides frumentumq., 20, 4; silvis paludibusq., 21, 2; hominum pecorisq., 21, 2; Sabino Cottaeq., 26, 2; L. Aurunculeius compluresq. tribuni militum, 28, 3; a Cotta primisq. ordinibus, 30, 1; longissimo agmine maximisq. impedimentis, 31, 6; ex nocturno fremitu vigiliisq., 32, 1; cohortes ordinesq., 35, 8; sibi militibusq., 36, 1; lignationis munitionisq. causa, 39, 2; pinnae loricaeq., 40, 6; duces principesq., 41, 1; sermonis aditum causamq. amicitiae, 41, 1; Caesaris reliquorumq., 41, 3; in Ciceronem populumq. Romanum, 41, 5; manibus sagulisq., 42, 3; falces testudinesq., 42, 5; turres testudinesq., 43, 3; auxilio salutiq., 44, 14; litterae nuntiiq., 45, 1; spe libertatis magnisq. praemiis, 45, 3; Ciceronis legionisq., 45, 5; litteras publicas frumentumq., 47, 2; equitatus peditatusq., 47, 5; vallem rivumq., 50, 3; silvae paludesq., 52, 1; centuriones tribunosq., 52, 4; significatio victoriae gratulatioq., 53, 1; nuntios legationesq., 53, 4; cuius frater cuiusq. maiores, 54, 2; regno domoq., 54, 2; exules damnatosq., 55, 3; Senones Carnutesq., 56, 1; Nervios Aduatucosq., 56, 1; Carnutibus aliisq. civitatibus, 56, 4; — VI, c. Carnutibus finitumisq. civitatibus, 2, 3; legatos obsidesq., 4, 5; paludibus silvisq., 5, 4; cf. § 7; aedificia vicosq., 6, 1; peditatus equitatusq., 7, 1; cum ... cohortibus magnoq. equitatu, 7, 4; difficili transitu ripisq. praeruptis, 8, 5; suas exercitus fortunas, 7, 6; tribunis militum primisq. ordinibus, 7, 8; reliquas copias equitatumq., 9, 5; aditus viasq., 9, 8; peditatus equitatusq., 10, 1; suis sociorumq., 10, 4; Cheruscos ab Suebis Suebosq. ab Cheruscis prohibere, 10, 5; de Galliae Germaniaeq. moribus, 11, 1; in omnibus pagis partibusq., 11, 2; arbitrium iudiciumq., 11 3; rerum consiliorumq., 11, 3; magnis lacturis pollicitationibusq., 12, 2; gratia dignitateq., 12, 6; praemia poenasq., 13, 5; aditum sermonemq., 13, 7; decretis iudiciisq., 13, 10; militiae vacationem omniumq. rerum immunitatem, 14, 1; a parentibus propinquisq., 14, 2; genere copiisq., 15, 2; ambactos clientesq., 15, 2; gratiam potentiamq., 15, 2; in proeliis periculisq., 16, 2; ad quaestus pecuniae mercaturasq., 17, 1; vitae necisq., 19, 3; vires nervosq., 21, 4; gentibus cognationibusq., 22, 2; factiones dissensionesq., 22, 3; vitae necisq., 23, 4; propter hominum multitudinem agriq. inopiam, 24, 1; feminae marisq., 26, 3; palmae ramiq., 26, 2; forma magnitudoq., 26, 3; sine nodis articulisq., 27, 1; loco praesidioq., 29, 3; ripis Rheni finibusq. Treverorum, 29, 4; redis equisq., 30, 2; comites familiaresq., 30, 3; se suaq., 31, 4; in Gallia Germaniaq., 31, 5; inter Eburones Treverosq., 32, 1; Segni Condrusiq., 32, 1; legioni castrisq., 32 6; ad flumen Scaldem extremasq. Arduennae partis, 33, 3; Labienum Treboniumq., 33, 5; impedimenta legionemq., 35, 1; navibus ratibusq., 35, 6; bello latrociniisq., 35, 7; novem legionibus maximoq. equitatu, 36, 2; locus ipse munitioq., 37, 5; tribunum militum centurionesq., 39, 2; in signa manipulosq., 40, 1; calones equitesq., 40, 5; vim celeritatemq., 40, 6; vallo portisq., 42, 2; alias regiones partesq., 43, 6; — VII, de Clodii caede deq. senatus consulto, 1, 1; belli gloriam libertatemq., 1, 8; per agros regionesq., 3, 2; Gobannitione reliquisq. principibus, 4, 2; Andos reliquosq. omnes, 4, 6; equitatus peditatusq., 5, 3; in Tolosatibus circumq. Narbonem, 7, 4; partem copiarum supplementumq., 7, 5; supplementi equitatusq., 9, 1; arma iumentaq., 12, 4; copiam commeatus praedamq., 14, 9; paludibus silvisq., 16, 1; pabulationes frumentationesq., 16, 3; incertis temporibus diversisq. itineribus, 16, 3; centurionibus tribunisq. militum, 17, 8; equitatu expeditisq., 18, 1; carros impedimentaq., 18, 3; fame vinculisq., 20, 9; in speciem varietatemq., 23, 5: inter castra vincasq., 27, 2; muro turribusq., 28, 1; familiaribus principibusq., 28, 6; donis pollicitationibusq., 31, 1; paludibus silvisq., 32, 2; in Senones Parisiosq., 34, 2; frumenti commeatusq., 38, 9; legiones equitatumq., 40, 1; in posterum diem similemq. casum, 41, 4; Litavicci fratrumq. bona, 43, 2; tribunis militum legatisq., 47, 2; muro oppidi portisq., 47, 3; centurio quiq. una murum ascenderant, 50, 2; sanguis viresq., 50, 6; temeritatem cupiditatemq., 52, 1; tribunis militum legatisq., 52, 1; licentiam arrogantiamq., 52, 3; quam in fortunam quamq. in amplitudinem, 54, 4; Eporedorix Viridomarusq., 55, 4; magistratum magnamq. partem senatus, 55, 4; custodibus quiq. . . . eo convenerant, 55, 5; praesidia custodiasq., 55, 9; mons Cevenna viarumq. difficultas, 56, 2; exercitus equitatusq., 61, 2; silvae montesq., 62, 8; frumentationibus pabulationibusq., 64, 2; imperium libertatemq., 64, 3; Aeduis Segusiavisq., 64, 4; Gabalos proximosq. Arvernorum, 64, 6; Rutenos Cadurcosq., 64, 6; nuntiis legationibusq., 65, 2; Donnotauro compluribusq. aliis, 65, 2; tribunis militum reliquisq. equitibus Romanis, 65, 5; copiae equitesq., 66, 1; loricam pinnasq., 72, 4; pabulum frumentumq., 74, 2; iura legesq., 76, 1; equitatus peditatusq., 76, 5; propinquis consanguineisq., 77, 8; fide constantiaq., 77, 10; diem noctemq., 77, 11; Cimbrorum Teutonumq., 77, 12; agris civitatibusq., 77, 15; Commius reliquiq. duces, 79, 1; sagittarios expeditosq. levis armaturae, 80, 3; fundis libralibus sudibusq., 81, 4; castrorum situs munitionesq., 83, 1; falces reliquaq., 84, 1; Aeduis Arvernisq.,

146 **Quemadmodum** **Qui**

90, 3; quid quoq. pacto, 83, 5; — *coupling adjectives, etc.:* locis patentibus maximeq. frumentariis, I 10, 2; nocturnis diurnisq. itineribus, I 38, 7; quam veteres quamq. iustae causae, I 43, 6; quae senatus consulta quotiens quamq. honorifica, I 43, 7; quae civitates quantaeq., II 4, 1; homines feros magnaeq. virtutis, II 15, 5; multis gravibusq. vulneribus, II 25, 1; sanctum inviolatumq., III 9, 3; inscios inopinantesq., IV 4, 5; multis ingentibusq. insulis, IV 10, 4; victoriis gravibusq. navigiis, V 8, 4; rari magnisq. intervallis, V 10, 4; acutis sudibus praefixisq., V 18, 3; controversiis publicis privatisq., V 13, 5, publicis privatisq. rationibus, VI 14, 3; cornu excelsius magisq. directum, VI 26, 1; incertis occultisq. itineribus, VI 34, 4; maximum munitissimumq., VII 13, 3; diurnis nocturnisq. eruptionibus, VII 22, 4; diurnis nocturnisq. itineribus, VII 56, 3; — *coupling adverbs:* repente celeriterq., I 52, 3; de improviso celeriusq. omni opinione, II 3, 1; mobiliter celeriterq., III 10, 3; longe lateq., IV 35, 3; acerrime fortissimeq. pugnarent, V 43, 4; 48, 2; caute diligenterq., V 40, 2; publice privatimq., V 55, 4; celeriter contraq. omnium opinionem, VI 30, 1; diligenter industrieq., VII 60, 1; — *coupling gerundives:* ad galeas induendas scutisq. tegimenta detrudenda, II 21, 5; belli renovandi legionisq. opprimendae consilium, III 2, 2; ad se colligendos armandosq., III 19, 1; naves aedificandas veteresq. reficiendas, V 1, 1; in agris vastandis incendiisq. faciendis, V 19, 3; dimittendae plures manus diducendiq. erant milites, VI 34, 5; disparandos diducendosq., VII 28, 6; armandos vestiendosq., VII 31, 3; ad Gallicam ostentationem minuendam militumq. animos confirmandos, VII 53, 3; — *in combination of three members:* pueri senes mulieresq., I 29, 1; tribunis militum praefectis reliquisq., I 39, 2; Nantuatis Veragros Sedunosq., III 1, 1; in Unellos Curiosolites Lexoviosq., III 11, 4; Aulerci Eburovices Lexoviiq., III 17, 3; agros aedificia vicosq., IV 4, 2; propter latitudinem rapiditatem altitudinemq. fluminis, IV 10, 6; liberos uxores suaq. omnia, IV 19, 2; turres testudines munitionesq., V 52, 2; Senones Carnutes Treverosq., VI 3, 4.

quemadmodum, adv., *in what manner, how:* q. vellent, imperarent, I 36, 1; neque q. oppida defenderent, habebant, III 16, 3; consilia inibat, q. ab Gergovia discederet, VII 43, 5.

queror, I, questus, v. dep. 3, *complain:* quae (object) civitas queratur, I 20, 6; gravius, quod sit destitutus, I 16, 6; quod Harudes popularentur, I 37, 2; quod cohortes essent emissae, VI 42, 1; quod bellum sine causa intulissent, IV 17, 5; de Acconis morte, VII 1, 4; de Sueborum iniuriis, IV 8, 3; ne in occulto quidem, I 32, 4; — *lament:* fortunae commutationem, VII 63, 8; suum fatum, I 39, 4.

qui, quae, quod, relat. pronoun, *who, which;* 1) *introducing an attributive sentence,*

c. ind., I 2, 3, 5; 7, 2; 8, 1; 13, 2; 16, 5; 21, 4; 31, 10; 47, 4; 52, 7; 1, 7; 10, 1; 12, 2; 10, 5; 12, 1; 38, 5; 51, 1, 3, 4; 47, 4; 7, 3; 19, 3; 42, 5; 15, 1; 16, 5; 18, 10; 1, 5; 8, 1, 3; 10, 3; 43, 2; 3, 4; 5, 1, 3; 13, 2; 16, 3; 49, 1; 9, 1; 47, 4; 48, 4; 1, 3; 2, 5; 5, 4; 6, 2; 8, 1; 10, 1; 11, 5, 21, 2; 24, 3; 25, 6; 28, 4; 29, 3; 32, 1; 30, 1, 2, 5; 52, 7; 54, 1; 10, 3; 1, 3; 3, 1; 4, 2; 16, 5; 28, 1; 1, 1; 7, 6; 48, 5; 24, 2; 18, 2; 43, 9; 1, 3; 16, 3; II 6, 4; 23, 4; 24, 4; 26, 1; 32, 4; 5, 4; 9, 4; 18, 1; 34, 1; 9, 3; 18, 1; 3, 1; 4, 10; 6, 4; 7, 1; 9, 5; 10, 3; 12, 1; 17, 4; 19, 6, 7; 24, 1; 2, 4; 28, 2; 33, 2; 19, 3, 5; 26, 3; 34, 1; 12, 3; 5, 4; 7, 3; 11, 4; 24, 1; 28, 1; 8, 5; 12, 5; 29, 4; 33, 2; 23, 3; 29, 1; III 1, 4; 22, 1; 9, 10; 20, 1; 29, 1; 9, 1; 26, 4; 12, 3; 18, 6; 5, 2; 2, 1; 8, 4; 18, 6; 20, 3; 14, 8; 1, 2; 1, 1; 2, 3; 6, 2; 8, 1; 11, 1, 2; 14, 6; 19, 4; 23, 5; 17, 2; 20, 2; 23, 2; 26, 2; 29, 3; 9, 3; 22, 2; 14, 3; 25, 1; 8, 1; 17, 4; 18, 1; 22, 1; 10, 1; 11, 5; 17, 1; 20, 4; 20, 2; 19, 2; 26, 6; 10, 2; 23, 2; 8, 1; 17, 2; IV 10, 1; 12, 6; 1, 1; 4, 7; 28, 2; 32, 1, 2; 12, 4; 21, 7; 27, 2; 36, 2; 16, 2; 22, 3, 6; 29, 3; 18, 4; 1, 5; 4, 6, 6, 4; 10, 3; 11, 6; 12, 1; 14, 4; 30, 1; 32, 1; 38, 1, 3; 20, 3; 22, 4; 20, 2; 32, 2; 2, 2; 29, 4; 12, 1; 15, 5; 1, 10; 10, 4; 19, 4; 25, 1; 2, 4; 4, 1; 15, 4; 18, 4; 26, 4; 35, 1; 30, 4; 37, 1; 17, 1; 29, 2; 38, 1; 2, 2; 4, 3; 6, 2, 5; 8, 1; 28, 1; 1, 4; 18, 1; 22, 5; 10, 5; 28, 1; 29, 2; 2, 2; 7, 1; V 7, 3; 13, 1; 27, 1; 45, 2; 40, 2; 53, 2; 3, 4; 13, 3; 14, 1; 54, 2; 11, 8; 14, 2; 20, 1; 25, 1; 46, 1; 54, 2; 13, 1; 8, 2; 9, 4; 49, 2; 53, 6; 54, 2; 56, 3; 1, 3; 24, 4, 7; 40, 2; 57, 2; 22, 1; 47, 2; 6, 1; 43, 6; 8, 3; 20, 1; 2, 3; 3, 4; 8, 4; 12, 2; 15, 3; 24, 4; 33, 1; 35, 3; 38, 1; 39, 1; 41, 1; 54, 5; 5, 2; 8, 0; 11, 4; 43, 1; 50, 2; 53, 6; 1, 4; 5, 4; 24, 4; 25, 4; 52, 4; 25, 5; 22, 1; 1, 1; 4, 2; 12, 1; 54, 4; 58, 1; 8, 6; 11, 7; 23, 4; 42, 5; 11, 2; 41, 2; 12, 2; 10, 1; VI 4, 1; 13, 8; 31, 5; 38, 1; 40, 4; 44, 2; 7, 1; 10, 5; 13, 10; 25, 1; 29, 4; 33, 2, 4; 38, 3; 33, 3; 26, 1; 35, 10; 38, 1; 31, 5; 35, 6; 71, 7; 8, 9; 35, 1; 8, 4; 17, 2; 24, 2; 28, 3; 33, 4; 35, 9; 40, 6; 41, 1; 5, 2; 30, 2; 40, 6; 9, 3; 37, 1; 22, 3; 8, 7, 8; 9, 6; 12, 0, 7; 13, 1, 10; 14, 4; 22, 2; 23, 7; 28, 1; 30, 3; 31, 3; 32, 1; 35, 5; 36, 2, 3; 40, 6; 42, 3; 33, 1; 13, 3; 23, 6; 24, 2; 26, 2; 36, 3; 4, 2, 5; 21, 2; 40, 7; 16, 4; 13, 3, 7; 35, 8; 43, 6; 19, 4; 21, 2; 40, 4; 1, 4; 31, 3; 32, 5; 36, 2; 39, 4; 43, 2; 35, 5; VII 3, 1; 8, 2; 28, 5; 44, 1; 67, 7; 84, 4; 17, 1; 23, 5; 26, 2; 36, 1; 42, 2; 51, 1; 59, 5; 69, 6; 77, 16; 5, 4; 13, 3; 31, 4; 50, 2; 55, 4; 57, 1; 68, 1; 4, 1; 20, 12; 21, 1; 31, 5; 37, 1; 9, 4; 20, 12; 24, 2; 30, 1; 49, 1; 50, 6; 58, 6; 64, 2; 83, 2; 5, 6; 70, 1; 77, 7; 79, 2; 7, 5; 17, 2; 21, 1; 47, 1; 2, 2; 67, 7; 12, 3; 47, 1; 68, 3; 77, 1; 88, 1; 2, 3; 3, 1; 4, 2, 6; 7, 5; 28, 5; 38, 3, 8, 9; 42, 5; 48, 1; 50, 4; 58, 6; 59, 2; 62, 8; 64, 4; 65, 4;

Quī

66, 1; 75, 2; 77, 1, 3, 4; 77, 9, 12; 78, 1, 3; 80, 4, 9; 81, 2; 48, 2; 51, 2; 65, 1; 73, 1; 75, 4; 83, 4; 7, 4; 14, 9; 19, 6; 22, 1; 23, 5; 77, 10; 80, 2; 81, 2; 82, 3; 84, 5; 5, 2; 13, 2; 31, 4; 44, 2; 58, 4; 64, 7; 77, 4; 35, 5; 77, 12; 40, 7; 79, 1; 81, 6; 20, 9; 5, 3; 9, 6; 13, 1; 31, 5; 35, 3; 36, 2; 38, 4; 40, 5; 45, 7; 50, 1, 4; 61, 2; 63, 3; 73, 9; 77, 15; 11, 8; 56, 2; 60, 1, 2; 65, 4; 70, 5; 71, 8; 81, 4; 87, 5; 88, 1; 23, 2; 27, 1; 38, 4; 53, 1; 83, 8; 84, 1; 85, 6; 86, 4; 4, 4; 24, 4; 69, 7; — 2) *w. subjunctive due to oratio obliqua*, I 31, 8; 36, 5; 18, 9; 34, 4; 45, 3; 17, 1, 2; 22, 4; 31, 14; 44, 2, 4; 27, 2; 40, 15; 13, 5; 17, 1, 27, 3; 29, 1, 2; 32, 5; 36, 1; 37, 2, 3; 40, 7, 10; 39, 6; 47, 1; 17, 1; 32, 5; 44, 12; 30, 5; 31, 10; 45, 2; 14, 5; 28, 3; 35, 3; 36, 1; 40, 5, 6; 14, 1, 6; 30, 4; 32, 2; 34, 3; 44, 9; 14, 6; 31, 2; 35, 2; 40, 5, 7; II 4, 7; 25, 1; 31, 4; 32, 2; 3, 5; 4, 1, 2; 8, 8; 14, 3, 4; 28, 2; 31, 2; 2, 3; 32, 3; 10, 4; 14, 6; 31, 6; III 9, 3; 2, 1; 28, 2; 8, 2; 3, 3; IV 11, 3; 7, 5; 32, 1; 8, 2; 11, 2, 4; 13, 1; 19, 2; 23, 5; 8, 3; 7, 4, 5; 19, 3; 21, 9; 22, 1; 23, 5; 27, 1; V 38, 4; 36, 2; 27, 3; 29, 7; 44, 5; 58, 5; 3, 3; 8, 1; 54, 1; 27, 9, 9; 6, 5; 27, 2; 38, 2; 26, 4; 41, 8; 26, 4; 4, 3; VI 16, 5; 37, 8; 10, 1; 1, 2; 10, 4; 17, 3; VII 20, 3; 66, 7; 15, 4; 20, 7; 37, 3; 57, 4; 32, 4; 62, 2; 29, 2, 4, 6; 22, 2; 30, 3; 1, 8; 20, 7; 39, 3; 55, 1; 66, 5; 85, 2; 6, 4; 17, 7; 18, 1; 20, 6; 27, 2; 33, 2; 71, 2, 6; 75, 1; 11, 5; 14, 6; 5, 5; 41, 2; 26, 3; 33, 2; 41, 1; 52, 3; 14, 10; 20, 4; 34, 1; 60, 1; 90, 2; 14, 8; — *w. subj. by attraction*: alius alia causa illata, quam sibi ad proficiscendum necessariam esse *diceret*, I 39, 3; — *c. ind. attached to* (not a part of) *oratio obliqua*: silvam esse ibi infinita magnitudine, quae appellatur Bacenis, VI 10, 5; — *c. inf. by attraction*: se plurimum navibus posse, quarum (☞ Tittler for quam) Romanos neque ullam facultatem *habere* [navium] neque eorum locorum, ubi bellum gesturi essent, vada portus insulas *novisse*, III 9, 6; qui (*pseudo-relative* or *progressive relative, = et is*, after a semicolon or colon), I 13, 2; 43, 4; 2, 4; 20, 4; 26, 6; 39, 3; 28, 5; 33, 5; 54, 1; 20, 2; II 29, 3; 4, 3; 17, 2; 7, 2, 4; 15, 3; 23, 4; 27, 5; 31, 5; III 1, 5; 7, 4; 27, 1; 28, 1, 4, 3; 13, 9; 16, 3; IV 1, 9; 25, 1; 11, 1; 28, 3; 30, 4; 20, 2; 11, 3; 27, 6; 10, 1; 13, 3; 18, 3; 14, 5; 17, 7; V 11, 8; 18, 1; 33, 1; 13, 6; 6, 1; 44, 6; 13, 2; 26, 2; 30, 3; 43, 6; 45, 1; 27, 1; 3, 3; 5, 4; VI 14, 4; 24, 3; 34, 3; 21, 5; 9, 2; 12, 7; 36, 3; 10, 4; VII 20, 12; 67, 4; 69, 2; 8, 4; 77, 11; 20, 12; 36, 5; 39, 3; 55, 8; 37, 3; 11, 4; 77, 12; 14, 10; 15, 2; 10, 5; 70, 1; 80, 7; — *at the beginning of a new period*, I 14, 2; 44, 11; 53, 6; 42, 6; 28, 1; 34, 1; 40, 9; 1, 4; 12, 7; 15, 3; 40, 6; 15, 2; 27, 2; 29, 2; 47, 6; 11, 6; 19, 1; 37, 4; 31, 7; II 20, 5; 5; 6, 2; 29, 3; 25, 3; 14, 6; 26, 2; 5, 1; 13, 2; 20, 5; 28, 3; 35, 2; 24, 4; III 18, 3;

14, 2; 15, 4; 18, 4; 20, 3; 15, 2; 23, 7; 10, 4; 18, 8; 21, 3; 3, 2; 6, 4; 16, 1; 21, 2; 23, 4; 28, 3; 10, 4; 19, 4; 26, 6; 14, 7; 21, 2; 9, 1; IV 23, 3; 25, 1; 26, 4; 20, 3; 14, 4; 6, 1, 4; 37, 2; 34, 2; 14, 2; 38, 2; 28, 2; 14, 3; 13, 6; 10, 3; 35, 3; 4, 2; 21, 6; 22, 2; 23, 2; 24, 4; 30, 1; 34, 1; 37, 1; 7, 2; V 33, 4; 57, 2; 27, 11; 1, 7; 7, 1, 6; 8, 4; 34, 3; 42, 4; 20, 7; 35, 1; 27, 7; 23, 5; 37, 5; 24, 2; 40, 4; 51, 1; VI 41, 4; 1, 4; 12, 5; 31, 2; 27, 4; 42, 3; 44, 3; 8, 7, 2; 2, 3; 6, 2; VII 77, 13; 12, 5; 55, 10; 26, 4; 4, 17; 7, 3; 11, 8; 18, 4; 34, 3; 67, 2, 6; 12, 3; 5, 4; 8, 5; 48, 3; 28, 6; 43, 4; 8, 3; 13, 2, 3; 18, 2; 56, 1; 61, 4; 72, 1; — *other occurrences of the progressive relative*, I 53, 3; 51, 3; II 10, 6; 35, 4; 1, 3; 15, 2; 29, 4; 31, 2; IV 4, 1; 3, 3; 7, 2; 30, 1; 5, 3; V 48, 10; 8, 4 (?); 26, 1; VI 13, 1; 15, 1; 5, 4; VII 29, 6; 47, 7; 57, 3; 63, 7; 22, 2; — *w. antecedent pronouns ille, is, hic, idem* (see these words); — *with antecedent following*, I 12, 6; 28, 1; II 10, 4; 21, 6; III 13, 6; IV 2, 2; 26, 4; V 52, 6; 6, 5; 25, 4; 42, 2; VI 13, 7; VII 77, 15; 84, 2; — *relative w. subj. final*: misit qui cognoscerent, I 21, 1; equitatum qui sustineret, I 24, 1; — *similar pass. after mitto*, I 50, 2; 7, 3; 21, 1; 34, 1; 49, 3; II 2, 1; 3, 2; 35, 1; III 11, 4; IV 11, 6; 16, 3; V 1, 7; 10, 1; 20, 3; VI 9, 6; VII 34, 1; 41, 1; 61, 5; — *after praemitto*, I 15, 1; II 11, 3; 17, 1; VII 10, 3; venire, IV 21, 5; 22, 1; V 10, 2; ea qui conficeret, c. Trebonium legatum relinquit, VII 11, 3; intromittere, VII 12, 4; sarmentis ... collectis, quibus fossas ... complerent, III 18, 8; praesidium quod eo mitterent, comparabant, VII 11, 4; clamore sublato qua significatione cognoscere possent, VII 81, 2; relinquere qui essent, V 9, 1; neque druides habent, qui rebus divinis praesint, VI 21, 1; centurionibus ... intromissis, qui arma ... conquirerent, VII 12, 4; sagittarios interiecerant, qui succurrerent, VII 80, 3; arbitros dat qui litem aestument, V 1, 9; addit equites, qui ... vagarentur, VII 45, 3; relatis in publicum cornibus, quae testimonio sint, VI 28, 3; murum, qui ... tardaret, praeduxerant, VII 46, 3; grandibus cervis eminentibus qui tardarent, VII 72, 4; deligere aliquem, VI 23, 4; sublicae agebantur, quae ... exciperent, IV 17, 9; disposito equitatu qui ... refringeret, VII 56, 4; delecti attribuuntur, quorum consilio bellum administraretur, VII 76, 4; quae bello ceperint, quibus vendant, IV 2, 1; — *relative w. subjunctive of tendency and result* (of CHARACTERISTIC): neque repertus est quisquam qui ... mori recusaret, III 22, 1; quantum ei facultatis dari potuit, qui ... non auderet, IV 21, 9; neque is sum, qui ... terrear, V 30, 2; Cotta, qui cogitasset, V 33, 2; nihil quod ipsis esset indignum, committebant, 35, 5; neque quisquam est, qui ... dicat, VI 25, 4; nec fuit quisquam qui praedae studeret, VII 28, 3; neque erat quisquam, qui arbitraretur, VII 76, 5; ulla navis quae milites portaret, V 23, 4; nulla ferramentorum copia, quae esset idonea, V 42, 3; manus erat nulla, quae parvam modo causam timoris afferret, VI 35, 3; nulla munitio est, quae perterritos recipiat, VI 39, 2; nihil quod ipsis esset indignum, committebant, V 35, 5; (est) non praesidium, quod se armis defenderet, VI 34, 1; nihil adeo arduum, quod non virtute consequi possent, VII 47, 3; nullum eiusmodi casum expectans, quo ... offendi posset, VI 36, 2; nihil erat, quo famen tolerarent, I 28, 3; reperti sunt complures nostri milites, qui in phalangas insiliirent, I 52, 5; contra eos qui ... tela iacerent, II 33, 4; Morini Menapiique superarent, qui in armis essent, III 28, 1; centuriones qui primis ordinibus appropinquarent, V 44, 1 (cf. 30, 2; neque is sum, qui ... terrear); deposcunt qui belli initium faciant, VII 1, 5; qui se ultro morti offerant, facilius reperiuntur, VII 77, 5; ex quibus quae maxime differant ... haec sunt, VI 25, 5; principes sunt ... quorum ad arbitrium iudiciumque summa omnium rerum ... redeat, VI 11, 3; idoneos homines deligebat, quorum quisque ... capere posset, VII 31, 2; naves aliae quibus reportari possent, IV 29, 4; itinera duo quibus itineribus domo exire possent, I 6, 1; multaque in ea genera ferarum nasci constat, quae reliquis in locis visa non sint, VI 25, 5; cf. V 31, 6; — *relat. ic. subj. causal:* detestatus Ambiorigem, qui ... auctor *fuisset*, VI 31, 5; Convictolitavem, qui per sacerdotes *esset* creatus, potestatem obtinere iussit, VII 33, 3; qui iam ante *dolerent*, liberius ... de bello consilia inire coeperunt, VII 1, 3; praesertim quos recenti victoria efferri *sciret*, V 47, 4; — *ut quibus* esset persuasum, V 31, 6; maritimae res, ut quae celerem atque instabilem motum haberent, IV 23, 5; — *relative w. subj. concessive, adversative:* qui iam ante inimico in nos animo *fuisset*, multo gravius hoc dolore exarsit, V 4, 4; qui nihil ante *providisset*, V 33, 1; Cicero qui ... *continuisset* ac ... passus *esset* ... mittit, VI 36, 1; etiam qui ... procubuissent, II 27, 1; quae Cenabi oriente sole gesta essent, ante primam confectam vigiliam in finibus Arvernorum audita sunt, VII 3, 3; — *w. subj.* (attached to a final clause, cf. ut): uti frumento commeatuque, qui ... supportaretur, Caesarem intercluderet, I 48, 2; ut, qui propinquitatem loci videret, paratos prope aequo Marte ... existimaret, VII 19, 3; (ne) ea pars, quae minus confideret auxilia a Vercingetorige arcesseret, VII 33, 1; but cf. also sollicitant, ut in ea libertate, *quam a maioribus acceperant* permanere mallent, III 8, 4; ne tanta civitas quam ipse semper aluisset, etc., VII 33, 1; ut, quod esse ex usu Galliae intellexissent, communi consilio administrarent, V 6, 6; ut ... qui se summam a Caesare gratiam inituros putarent, paene naturam studio vincerent, VI 43, 5; placuit, ut Liticcus decem illis milibus, quae ... *mitterentur*, praeficeretur VII 37, 7; ut quae bello *ceperint* quibus vendant, habeant, IV 2, 1; — *with the antecedent repeated:* proelio vicerit, quod oelium, I 31, 12; dies, quem ad diem, VI 35, 1; in ea parte ... quam in partem, IV 32, 1; post diem septimum, *quam* ad diem, VI 33, 4; diem instare quo die, I 16, 5; ultra eum locum, quo in loco, I 49, 1; portum Itium, quo ex portu, V 2, 3; clamor, quo clamore, V 53, 1; diem dicunt, qua die, I 6, 4; quibus hae partes ad defendendum obvenerant, qua ex parte nostros premi intellexerant, VII 81, 6; cf. II 7, 5; omnibus rebus his (eis) confectis, quarum rerum causa, IV 19, 4; tabulae repertae sunt litteris Graecis confectae et ad Caesarem relatae, quibus in tabulis, I 29, 1; complures praeterea minores subiectae insulae existimantur, de quibus insulis, V 13, 3; itinera duo, quibus itineribus, I 6, 1; in ea loca ... quibus in locis, IV 7, 1; castella xxiii facta, quibus in castellis, VII 69, 7; — *incorporated in a consecutive clause, taking the subj. by attraction*, II 27, 4; 35, 1; III 4, 1; 22, 2; V 23, 4; 33, 6; — *w. antecedent absorbed:* qui eius consilii principes fuissent, II 14, 4; qui aquilam ferebat, IV 25, 3; qui ex eis novissimus convenit, necatur, V 56, 2; ne ad liberos, etc. ... aditum habeat, qui non bis per agmen hostium perequitasset, VII 66, 7; navium quod ubique fuerat, in unum locum coegerant, III 16, 2; huic rei quod satis esse visum est militum, reliquit, V 2, 3; accidit, quod fuit necesse, V 39, 2; quod iussi sunt, faciunt, III 6, 1; quod habuerunt, VII 17, 2; accidit, quod praeterisse non existimavimus, VII 25, 1; facere quod nostri maiores fecerunt, VII 77, 12; qui Celtae appellantur, I 1, 1; qui arma ferre possent, I 29, 2; qui se ex his minus timidos existimari volebant, I 39, 6; qui ... conferrent, facere arroganter, I 40, 10; partim qui ... partim qui, II 2, 3; qui eius consilii principes fuissent ... profugisse, II 14, 4; mulieres, quique ... inutiles viderentur, II 16, 4; qui processerant, accesserunt, II 20, 1; etiam qui ... procubuissent, II 27, 1; qui superessent, II 27, 4; neque verum esse, qui suos fines tueri non potuerint, alienos occupare, IV 8, 2; ex quibus sunt qui piscibus ... vivere existimantur, IV 10, 5; qui celeriter arma capere potuerunt, restiterunt, IV 14, 4; qui erant in agris reliqui, discesserunt, IV 34, 3; sunt humanissimi qui Cantium incolunt, V 14, 1; qui volunt, proficiscuntur, VI 13, 12; qui sunt affecti ... immolant, VI 16, 2; qui secuti non sunt ... ducuntur, VI 23, 8; qui quaque de causa ... venerunt (eos) prohibent, VI 23, 9; qui plurimos interfecerunt, ferunt laudem, V 28, 3; cf. 43, 5; deposcunt, qui ... faciant, VII 1, 5; qui refugerant, armandos curat, VII 31, 3; qui longius aberant, sese eiecerunt, VII 47, 4; L. Fabius, quique una murum ascenderant, VII 50, 3; interfectis ... custodibus quique eo negotiandi causa convenerant, VII 55, 5; per se, quae videbantur, administrabant, II 20, 4; quae imperarentur facere, II 32, 3; quae deesse videbantur, perficiuntur, V 40, 2; magistratus quae visa sunt, occultant, VI 20, 3; cf. 25, 5; quae gesta sunt, pronuntiare, VII 38, 3; nequis enuntiaret nisi quibus . . . mandatum esset, I 30, 5; cum . . . ad quos ventum erat, consisterent, II 11, 4; equites quos possunt, consectantur, V 58, 7; quos fugere credebant . . . ad se ire videbant, VI 8, 6; conservatos docerent quos iure belli interficere potuisset, VII 41, 1; quos non silvae montesque texerunt, ab equitatu sunt interfecti, VII 62, 9; ut quae diceret Ariovistus cognoscerent, I 47, 5; quae visum est Caesar respondit, IV 8, 1; et quae cognosset et quae fieri vellet ostendit, IV 23, 5; quae audierunt ad legatos deferunt, V 28, 1; sperare . . . quae petierunt impetraturos, V 41, 8; quae fieri velit praecipit, V 56, 5; quae visa sunt occultant, VI 20, 3; quae imperaret se facturos, VII 90, 2; humiliores quam quibus in nostro mari uti consuevimus, V 1, 2; cf. ibidem; quo qui intraverant . . . se induebant, VII 73, 4; qui se . . . offerant, facilius reperiuntur, VII 77, 5; qua significatione, qui . . . obsidebantur, cognoscere possent, VII 81, 2; sunt item quae appellantur alces, VI 27, 1; consilia quaeque in castris gerantur, I 17, 5; commonefacit quae . . . sint dicta, I 19, 4; — *w. antecedent incorporated:* quae pars . . . intulerat ea . . . I 12, 6; quaeque pars confertissima est visa irrumpit, V 44, 4; deducendos ad suos quae cuique civitati pars castrorum obvenerat, VII 28, 6; quae pars . . . spectabat, VII 69, 5; legatos, quod nomen, III 9, 3; quod spatium est, etc., VII 3, 3; cuius rei, VII 20, 2; longius quam quem ad finem loca aperta pertinebant, II 19, 5; quem numerum venisse constabat, III 6, 2; ab sinistro, quem locum . . . tenebat, VII 62, 4; quam in partem fors obtulit decucurrit, II 21, 1; naves et quam superiore aestate effecerat classem, iubet convenire, IV 21, 4; quam in partem impetum fecerint cedant, V 34, 3; habetis quam petistis facultatem, VI 8, 3; quam nacti erant praedam . . . relinquunt, VI 35, 9; neque eam quam prodesse aliis vim viderant, imitari potuerunt, VI 40, 6; quod dictum, V 6, 1; quodque ante tempus efficiat constituit, VII 4, 8; cf. 44, 3; quo in numero, III 7, 4; 27, 1; quo sunt in numero, VII 75, 4; qua rei familiaris iactura, VII 64, 3; quo consuerat intervallo, I 22, 5; quo superiore anno perfugio erant usi, IV 38, 1; qui sub vallo tenderent mercatores, VI 37, 2; non minus qui intra munitiones erant perturbantur Galli, VII 70, 6; quae gravissime afflictae erant naves, IV 31, 2; quae convenerant copiae, V 58, 7; quae civitates . . . existimantur, VI 20, 1; quae civitates . . . dissentirent, VII 29, 6; quae convenerant auxilia discesserant, V 17, 5; quos in praesentia tribunos militum circum se habebat, V 37, 1; quos de exercitu habebant captivos, ab iis docebantur, V 42, 2; huic imperat quas possit adeat civitates, IV 21, 8; quae prima signa conspexerat, II 21,

6; quae superaverint animalia capta immolant, VI 17, 3; — *introducing a parenthesis,* III 21, 3; V 58, 4; VI 15, 1; — *relative attracted by case of antecedent:* eius generis *cuius* supra demonstravimus, V 2, 2; — *relative attracted by its predicate:* ab Germanis premebantur, quae fuit causa, VII 63, 7; Vesontionem quod est oppidum maximum Sequanorum, I 38, 1; Alesiam quod est oppidum Mandubiorum, VII 68, 1; Belgas quam tertiam esse Galliae partem dixeramus, II 1, 1; — *quod* (in special phrase), *as far as:* q. commodo rei publicae facere posset, I 35, 4 (elsewhere *si*); — *quod* (with a plural antecedent): navibus circiter LXXX onerariis, etc., quod satis esse . . . existimabat, IV 22, 3; quod navium, IV 22, 3; quod frumenti, VII 55, 8.

qui, qua, quod, *v.* quis, quid.

quī, quae, quod, adj. interrogative pronoun (indirect question): explorat quo commodissime itinere vallis transiri possit, V 49, 8; quo ex loco oriatur, acceperit, V 26, 4; quae res in nostris castris gererentur, conspicatus, II 26, 4; ex captivis cognovit quo in loco hostium copiae consedissent, V 9, 1; ex captivis cognoscit quae apud Ciceronem gerantur, V 48, 2; quae apud eos gerantur cognoscant, VI 20, 3; videant, quas in partes hostes iter faciant, I 15, 2; commonefacit quae . . . dicta sint, etc., I 19, 4 (cf. I 20, 6, ?); cf. I 47, 5; cf. VII 38, 3; I 20, 6; III 18, 3; VI 35, 7.

quicquam, *v.* quisquam.

quīcumque, quaec., quodc,. (indefinite relative) *whosoever, whichsoever* (ὅστις ἄν): q. Galliam provinciam obtineret (*in a law*) or. obl., I 35, 4; fortunam quaec. accidat experiantur, I 31, 14; quicumque bellum inferant, resistere, IV 7, 3; scire enim quibuscumque exercitus dicto audiens non fuerit aut . . . fortunam defuisse, aut, etc. (or. obl.), I 40, 12; cf. quascumque in partes velint, sine metu proficisci, V 41, 6; quaecumque bella geri vellet, confecturum, I 44, 13; illis reservari quaecumque Romani reliquissent, V 34, 1; deterrendum quibuscumque rebus posset, Dumnorigem statuebat, V 7, 1; — *in oratio recta:* quaecumque opus sunt, noctu comparantur, V 40, 6; quibuscumque signis occurrerat, se aggregabat, IV 26, 1; quoscumque adit, ad suam sententiam perducit, VII 4, 3; timoris opinionem quibuscumque poterat rebus, augebat, V 57, 4.

quīdam, quaedam, quoddam, indef. pronoun, *a certain one, some one:* quidam ex militibus, I 42, 6; ex suis, VI 30, 4; ex equitibus Gallis, V 48, 3; Quintus Iunius ex Hispania quidam, V 27, 1; miles, V 48, 8; quidam . . . Gallus, VII 25, 2; idoneum quendam hominem, III 18, 1; quodam loco, V 43, 6; in tumulo quodam, VI 8, 3; pars quaedam, IV 10, 1; artificio quodam et scientia, VII 29, 2; quidam ex his, II 17, 2; quibusdam Graecis, VI 24, 2; quaedam res (pl.), I 30, 4; cohortes, VII 35, 4; adulescentes, VII 37, 1.

quidem, adv. *certainly, at least* (encl.),

(cf. γέ, δή): sibi q. persuaderi, I 40, 12; reliquum q. in terris esse neminem, IV 7, 5; Cottae q. atque eorum qui, V 29, 7; quae q. res, I 53, 6; III 15, 4; qua q. ex re, V 42, 4; vestrae *quidem certe* vitae prospiciam, VII 50, 4; paulum q. intermissa flamma, V 43, 6; —**ne ... quidem**, *not even* (οὐδέ): n. pabuli q., I 16, 2; n. Vorenus q., V 44, 5; n. magna q. multitudine, VII 74, 1; n. a mulieribus q., VII 47, 5; ne metu q. VII 56, 2; n. eo q. tempore, VII 62, 7; n. nocturnum q. sibi tempus, V 40, 7; reliquos n. fama q. acceperunt, VI 21, 2; n. in occulto q., I 32, 4; n. id q., IV 9, 2; n. se q. ipsi, VI 24, 6; n. obsidibus q. datis, I 37, 2; n. vultum q. atque aciem oculorum, I 39, 1; n. ipsum q., I 40, 9; n. saucio q., III 4, 3; n. parvuli q. excepti, VI 28, 4; n. Suessiones q., II 3, 5; n. di q. immortales, IV 7, 4; n. his q. qui, VII 6, 4; n. tum q., I 50, 2; VII 53, 4; n. unum q. nostrorum impetum, III 19, 3; n. primum q. posse impetum sustineri, III 2, 4; ut n. murus q. cingi possit VI 35, 9; n. in locis q. superioribus, III 6, 2; n. minimo q., VI 42, 1; n. orbis q. terrarum, VII 29, 6; n. calonum q. quemquam, VI 36, 1; n. singulari q. homini, VII 8, 3; non modo non, sed ne ... quidem, II 17, 4; V 43, 4;— *in antithesis with subsequent vero*, VII 77, 14; si quidem, *if indeed* = since, VI 36, 2; cf. εἴπερ.

quiēs, ētis, f., *rest:* facultas quietis, V 40, 5; quietis causa procumbunt, VI 27, 2; ad quietem relinquere sibi tempus, V 40, 7; tres horas ad quietem dare, VII 41, 1.

quiētus, a, um, adj., *quiet, at rest:* -a Gallia, VII 1, 1; habuit Caesar ... quietiorem Galliam, V 58, 7; in pacatissimam et quietissimam partem, V 24, 7; qui quieti viderentur, V 58, 7.

quīn, conj., c. subj., Vanicek, p. 96, "how not as not"; cf. ὥστε μή), *but that* (preceded by implied or expressed negation): perpaucis desideratis q. VII. 11, 8; neque ullum fere diem intermittebat q., VII 36, 4; nullum tempus intermiserunt q., V 55, 1; neque recusare q., IV 7, 3; non esse dubium quin ... possent, I 3, 6; neque dubitare q. ... sint erepturi, I 17, 4; cf. 31, 15; II 2, 5; VII 66, 6; expectare diutius non oportere q... III 24, 5; neque abest suspicio q., I 4, 4; nemo est tam fortis quin, VII 39, 3; neque sibi ... temperaturos q., I 33, 3; retineri non potuerint q., I 47, 2; ne Suessiones quidem deterrere potuerint q., II 3, 5; neque longius abesse q., III 18, 4; neque multum abesse ab eo q., V 2, 2; non cunctandum q., III 23, 7; nec iam aliter sentire ... q., VII 44, 4; neque ullum fere totius hiemis tempus sine sollicitudine Caesaris intercessit q. V 53, 5;— *an dubitamus quin* ... VII 37, 8;— (*adverb*) = *nay:* quin etiam, I 17, 6; IV 2, 2; VII 17, 4; 20, 7.

quīnam, quaenam, quodnam, *which one indeed:* controversias habebant, quinam anteferretur, V 44, 2; quibusnam manibus aut quibus viribus ... tanti oneris turrim moturos sese confiderent, II 30, 4.

quīncunx, ncis, f., *quincunx* = (the five spots on dice) ⁙ obliquis ordinibus in quincumcem dispositis, VII 73, 4.

quīndecim, *fifteen*, I 15, 5; II 2, 6; 35, 4; V 26, 1; milia, II 4, 9; 30, 2; VI 7, 3; pedes, VII 72, 3.

quīngentī, ae, a., *five hundred* (homines), II 28, 2; milia, V 13, 1; VI 29, 4; equites, V 15, 3; passus, I 22, 1.

quīnī, ae, a. (distrib. numeral), *five each*, VII 73, 4; (ordines) pedes, VII 73, 2; a milia, I 15, 5; VII 75, 3.

quīnquāgintā, *fifty:* milia, I 41, 4; II 4, 7; 33, 7; V 27, 9; pedes, VII 19, 1; naves, VII 58, 3.

quīnque, *five:* legiones, I 10, 3; V 8, 2; VI 5, 6; dies, I 48, 3; milia passuum (☞ I 53, 1; probably *quinquaginta* to be read), I 13, 2; cohortes, VI 7, 4; 36, 2; 60, 2, 3.

quīntus, a, um, *fifth:* dies, I 42, 3; VI 38, 1; IV 21, 9; quintis castris, *in five days' marching*, VII 36, 1.

Quīntus, i, m., praenomen, v. Titurius, Velanius, Pedius, Iunius, Laberius Durus, Atrius, Lucanius, Cicero, Fabius Maximus, Sertorius.

quis, quid? interrog. pronoun, *who, what?:* I) *in direct question:* quid ergo? VII 77, 10; quid petunt aliud aut quid volunt, VII 77, 15; quid ... animi fore existimatis? VII 77, 8; quid vos hanc miseram sectamini praedam, VI 35, 8; quid ergo mei consilii est? VII 77, 11? quid illi bello simile fuit? VII 77, 14; quid dubitas, Vorene? aut quem locum ... expectas? V 44, 3; —) *questions in oratio obliqua* (cf. Kühner Ausführl, Gramm., II § 238) a) *representing second person:* quid ad se venirent? (quid ad me venitis?), I 47, 6; quibus viribus turrim sese collocare confiderent? II 30, 4; quid tandem vererentur? I 40, 4; quid sibi vellet (?), I 44, 8; b) *representing third person:* quid *esse* (est?) levius aut turpius (?), V 28, 6; c) quis pati possit, I 43, 8; (is or. obl. for quis pati possit (?), *a potential subjunctive; the question being rhetorical:* quis hoc sibi persuaderet (?), V 29, 5 (persuadeat?); II) *in dependent questions:* circumspicere quid ... portare possit, V 31, 4; cognoscere quid fieret, III 6, 1; quid rei gereretur, III 26, 3; quid geratur, VII 85, 1; certiorem facit quid faciendum existimet, VII 87, 5; quid Britannia penderet, constituit, V 22, 4; constituere quid ... agi placeat, VII 83, 5; consulunt quid agant, VII 83, 1; constabat quid agerent, III 14, 3; docuit quid ... possent, VI 1, 4; edocet quid fieri velit, III 18, 2; quid praecipiatur expectant, VI 39, 2; quid consilii caperent, III 24, 1; explorabant quid ... consilii caperent, V 53, 4; exponere quam in fortunam ... deduxisset, VII 54, 4; imperabat quid fieri vellet, VII 16, 2; quem (numerum) et quam ante diem ... adduci velit, VII 31, 4; inscii quid ... gereretur, VII 77, 1; intellegere quid ... possent, I 36, 7; iudicare quid

Quis — agendum videretur, VII 52, 1; sibi mirum videri quid negotii esset, I 34, 4; quid sui consilii sit, ostendit, I 21, 2; ostendit quid fieri velit, III 26, 1; V 2, 3; VII 27, 1; 45, 7; periclitabatur quid hostis posset, II 8,·2; perspicere quid esset animi ac virtutis, VII 36, 4; quid possent, III 21, 1; praescribere quid fieri oporteret, II 20, 3; quid sui consilii sit, proponit, VI 7, 8; quid . . . habeat incommodi, VII 45, 9; 52, 2; providere quid faciendum esset, V 33, 3; quam in partem quisque conveniat, VI 37, 6; reperire, quem usum belli haberent, IV 20, 4; quaerere *quod* (?) quisque audierit, IV 5, 2; quam in partem ducerentur I 40, 1; quae civitates in armis essent, II 4, 1; quam ob rem non decertaret, I 50, 4; sentire quid ageretur, IV 14, 1; quod ante tempus efficiat constituit, VII 4, 8; quid quoque pacto agi placeat, VII 83, 5; qua ratione agi placeat, VII 37, 7; cognoscerent quo in loco res esset, II 26, 5; cognoscebat quae ad Avaricum agerentur, VII 16, 2; docebat, . . . quae . . . senatus consulta facta essent, I 43, 7; edocti quid pronuntiarent, VII 20, 10; elatum est, qua arrogantia usus . . . interdixisset, I 46, 4; exposuit quos et quam humiles accepisset, VII 54, 3; intellegebat qua de causa . . . dicerentur V 4, 1; nondum perspexerat, qua de causa discederent, II 11, 2; difficultate afficiebatur, qua ratione . . . posset, VII 6, 2; pronuntiare quas ibi res cognoverint, IV 5, 2; proponere quo (qua ?) differant, VI 11, 1; reperire qui essent idonei portus, IV 20, 4; r., quibus institutis uterentur, IV 20, 4; quae nationes incolerent, IV 20, 4; nuntiatum esset, quae . . . gererentur, VII 62, 6.

quis. quid, indef. pron. subst.

qui. qua (quae), indef. pron. adj. *some one, any, any one:* nequis, I 30, 5; III 20, 1; V 34, 1; VI 5, 2; 9, 5; 11, 4; seu quis Gallus seu Romanus velit, V 51, 3; neu quis quem prius vulneret, V 58, 4; siqua res, I 31, 12; siquis quid . . . acceperit, VI 20, 1; siquid. I 18, 9; 20, 4; 34, 2; 42, 5; 48, 6; ubi quis ex principibus, VI 23, 7; ubi quae maior incidit res, VII 3, 2; nisi siquid . . . auxilii, I 31, 14; nequis motus oreretur, VI 9, 5; nequa legio, V 27, 5; nequa cupiditas, VI 22, 3; nequa spes, I 51, 2; nequa significatio, VI 29, 5; nequa civitas, VII 20, 12; seditio, VII 28, 6; 70, 2; eruptio, VII 69, 7; siqui aut privatus aut populus, VI 13, 6; siqui ex reliquis excellit, VI 13, 9; siquid vellent, I 7, 6; cf. I 34, 2; siquid . . . accidat, III 22, 2; siquid in nobis animi est, VII 38, 8; siquid . . . iniretur consilii, VII 9, 4; siquid possent, IV 13, 5; si gravius quid accidderit, V 30, 2; siquid proficere posset, VI 29, 4; siquem aditum reperire possent, VI 37, 4; siquid frumenti . . . reperire possent, VII 20, 10; seu quid communicandum videretur, VII 36, 3; nequem peditem adduceret, I 42, 4; nequem hostem . . . relinqueret, VII 11, 1; nequem diem . . . praetermitteret, IV 13, 4; nequam multitudinem . . . traduceret, I 35, 2; nequam iniuriam inferrent, II 32, 2; nequam iniu-

Quisque — riam acciperent, II 33, 1; nequam occasionem dimitteret, V 57, 1; nequam calamitatem accipiant, VII 90, 5; nequid gravius, I 20, 1; nequid incommodi, VII 13, 7; nequid . . . deminuisse videretur, VII 33, 2; siquod est admissum facinus, VI 13, 5; nequid nocere posset, V 7, 2; nequoi (☞ Oudendorp for necui), VII 55, 7; nequod . . . tempus intermitteretur, VII 24, 2; nequod telum . . . reicerent, I 46, 2; siqui equo decidcrat, I 48, 6; siqui . . . expectent, VII 20, 3; siqui Eburones convenissent, VI 32, 2; siqui se occultassent, VI 43, 3; siquo afflictae casu conciderunt, VI 27, 2; siqua bella inciderint, II 14, 6; siquos proelium commoveret, I 40, 8; nequos pateretur, I 43, 9; siqua ex parte . . . veniretur, VII 28, 1; siqua in parte, VII 67, 4.

quispiam, quaepiam, quodpiam, *any, anybody,* VI 17, 5; quoepiam cohors, V 35, 1.

quisquam, quicquam (-dquam) (indef. pronoun) (in negative clauses): cur sui quicquam esse imperii . . . postularet, IV 16, 4; cur hunc tam temere quisquam discessurum iudicaret, I 40, 2; prius quam *quicquam* conaretur, Diviciacum ad se vocari iubet, I 19, 3; neque repertus est quisquam, III 22, 3; neque illo adit quisquam, IV 20, 3; ne respiceret quidem quisquam, V 43, 4; cf. VII 62, 7; VI 36, 1; nec or neque q., I 20, 2; VI 22, 2; 25, 4; 35, 9; 23, 2; VII 28, 3; 62, 4; 76, 5; 20, 11; 75, 5; 40, 4; neque commissurum ut prius quisquam, VII 47, 7; neque quicquam, I 53, 6; IV 2, 4; 20, 3; neque quicquam negotii, II 17, 2; neque vestitus quicquam, IV 1, 10; neque quicquam imperii, IV 16, 4; si quicquam ab his praesidii sperent, V 41, 5.

quisque, quaeque, quodque, *each one* (severally): ostendit, quae separatim q. dixerit, I 10, 4; ut eos testis suae quisque virtutis haberet, I 52, 1; quantum quisque multitudinem pollicitus sit, II 4, 4; sibi quisque, II 11, 1; quid in quoque parte opus esset, II 22, 1; quam quisque in partem, II 21, 6; VI 37, 6; quid quoque loco faciendum esset, V 33, 3; quod quisque . . . audierit, IV 5, 2; qui quaque de causa venerunt, VI 23, 9; sui quisque commodi, V 8, 6; sua quisque miles circumspiceret, V 31, 4; quae quisque carissima haberet, V 33, 6; pro se quisque, II 25, 3; quae ab quoque traduntur, VII 22, 1; quae quisque conspexerat, VI 43, 2; quid in quoque esset animi, VII 36, 4; homines, quorum quisque posset, VII 31, 2; eorum ut quisque primus venerat, VII 48, 2; sibi quemque, I 5, 3; VI 31, 2; suam quisque eorum civitatem, VII 71, 2; domum suam quemque reverti, II 10, 4; suum quisque locum, VII 80, 1; suas cuiusque clientelas, VII 32, 5; non decimum quemque esse . . . sine vulnere, V 52, 2; quaeque pars, III 4, 2; quod quisque audierit, IV 5, 2; quo primum virgo quaeque deducta sit, V 14, 5; quotiens quaeque cohors procurrerat, V 34, 2; quid quoque ex parte geratur, VII 85, 1; quantum quaeque civitas efficiat, VII 4, 8; consilia cuiusque modi, VII 22, 1; extra fines cuiusque civitatis, VI 23, 6; cf. V 54, 1; ut cuique erat locus attributus, VII 81, 4; cuique ex civitate, VII 75, 1; quae cuique civitati pars obvenerat, VII 28, 6; materia cuiusque generis, V 12, 5; nobilissimi cuiusque liberos, I 31, 12; si antiquissimum quodque tempus spectari oporteret, I 45, 3.

quisquis, quicquid (indef. relat. pron.), *whosoever:* quicquid circuitūs, VII 46, 2; quicquid possunt, II 27, 4.

quīvīs, quaevis, quodvis (indef. relat.), *whosoever, whichever:* ad quemvis numerum quamvis pauci adire, IV 2, 5; quamvis fortunam pati, II 31, 6; ad quamvis vim... perferendam, III 13, 3.

quō, relat. abl. (adverbial), *by which,* w. comparatives = *ut eo; q. facilius...* possit, I 8, 2; q. f. impedirent, II 17, 4; gladiis uti possent, II 25, 2; vada excipere possent, III 13, 1; civitatem in officio contineret, V 3, 6; hostibus timoris det suspicionem, VI 7, 8; hostium copias sustinere possint, VII 5, 2; hostium impetus sustinerent, VII 29, 7; subsidium ferri posset, VII 60, 2; quo expeditiore re frumentaria uteretur, VII 11, 1; q. maiore animo, VII 66, 6; quo minore numero... defendi possent, VII 73, 2; *quominus* (ὥστε μή), *so as not to, to:* neque recusaturos q. essent (refuse to be), I 31, 6; quo maior... hoc artius, IV 17, 7; mercatoribus est aditus magis *eo,* ut... habeant, quam *quo* ullam rem ad se importari desiderent, IV 2, 1 (= eo, quod).

quō, *somewheres, in some direction:* siquo erat prodeundum, I 48, 7; ut, siquo opus esset, subsidio duci possent, II 8, 5.

quō, relat., *whither:* in eum locum, quo, II 16, 4; cf. 17, 4; in eam partem q., III 15, 3; quo se reciperent, III 16, 3; IV 38, 2; cf. VI 27, 4; ad Cantium, quo fere omnes... naves appelluntur, V 13, 1; quo telum adigi posset, II 21, 3; eorum, quo primum virgo quaeque deducta est, V 14, 5; a mari quo Rhenus influit, IV 1, 1; oppidum, quo, V 21, 2, 3; (quo) convenire, V 56, 2; intrare, VII 73, 4; extremas Arduennae partes, quo, VI 33, 3; quo signa ferantur, VII 37, 6; hoc spatio... quo, VII 14, 5; q. primum curreretur, VII 24, 4; q. procededendum... videretur, VII 52, 1; illic quo, VII 20, 4; eum locum quo, VII 60, 4; munitiones, quo, VII 85, 4.

quō, interrog., *whither* (?); q. proficiscimur* (?), VII 38, 2.

quoad, adv., *as far as* (ad quo), *until:* sustinerent q. ipse... accessisset, IV 11, 6; q. legiones... cognovisset, in Gallia morari constituit, V 24, 8; — *as long as:* q. potuit, restitit, IV 12, 5; — *curious construction:* neque finem sequendi fecerunt q. equites... praecipites hostes egerunt, V 17, 3.

quod, conj. (ὅτι "in that"), 1) *because* (c. ind.): propterea quod, I 1, 3; 6, 2; 26, 3; 38, 4; III 21, 3; IV 3, 3; VII 26, 2; quod, (*because*) c. ind., I 1, 4; 7, 4; 9, 3; 12, 7; 15, 3; 16, 2, 6; 18, 1; 23, 1; 25, 3; 5; 28, 3, 5; 33, 2; 41, 4; 42, 5; 47, 2; 52, 7; 53, 6; II 1, 4; 8, 3, 4; 10, 5; 11, 2; 12, 2; 15, 1; 19, 2; 20, 3; 21, 3; 25, 2; 33, 2; 35, 2; III 2, 3, 4; 3, 1; 4, 3; 6, 4; 7, 1, 3; 8, 1, 2; 9, 1, 3; 12, 1; 17, 3; 18, 6; 23, 2; 27, 2; 28, 1, 2; IV 1, 2 (2, 6); 5, 1; 12, 1; 16, 1; 20, 1; 21, 3; 22, 1, 2; 26, 1, 5; 29, 4; 30, 2; 36, 2; 38, 3; V 4, 3; 5, 4; 6, 1; 7, 1; 2, 3; 10, 8; 23, 5; 23, 2; 24, 1; 25, 2, 4; 33, 5; 39, 4; 45, 1; 46, 4; 47, 2; 50, 2; 51, 4; 52, 1; 53, 3; 54, 6; 58, 4; VI 4, 3; 5, 3; 12, 2, 6, 7; 16, 3; 20, 2; 21, 10; 24, 4; 29, 1; 32, 5; 36, 1; 41, 1, 2, 3; VII 5, 6; 8, 1, 3; 9, 1; 11, 6, 8; 13, 3; 15, 2; 17, 2; 21, 3; 28, 5; 24, 5; 26, 1, 4; 27, 1; 30, 1, 2; 37, 6; 40, 1, 2; 43, 3; 47, 2; 35, 2; 55, 7; 56, 2; 61, 1, 4; 63, 7; 65, 4, 5; 68, 3; 75, 5; 77, 10; 80, 5; 84, 4; — *in orat. obl. w. subj.*: propterea quod, I 3, 6; 7, 3; 14, 3; 18, 3; 20, 2; 30, 3; 31, 2; 32, 5; 40, 6; II 4, 4; V 16, 2; — *quod c. subj. in orat. obl.,* I 6, 3; 14, 1; 18, 8; 23, 3; 31, 10; 32, 4; 40, 1; 41, 2; 44, 8; 50, 4; II 1, 2, 3; 14, 4; 15, 4; 30, 3; IV 7, 3; 13, 5, 6; 16, 5; 27, 5; V 6, 3; 10, 2; 16, 1; 27, 2, 4, 11; 52, 6; VI 42, 1; VII 1, 7; 14, 3, 6; 15, 5; 10, 4; 20, 1; 3, 5, 6; 32, 3; 38, 5; 52, 3, 1; — *dependent on indirect question,* VI 31, 1; — *anomalous or doubtful:* quod... faciant, IV 1, 9 Kraner *cum*... faciant; — *q. with subj. by a kind of attraction:* Helvetii seu quod timore perterritos Romanos discedere a se existimarent... sive eo quod... confiderent, I 23, 3; cf. Kraner's note; cf. quod suam fugam aut occultari aut omnino ignorari posse existimarent, I 27, 4; quod in eo peccandi Germanis causa non esset, I 47, 4; quod abesse a periculo viderentur, II 11, 5; id mihi duabus de causis... instituisse videntur, quod neque in vulgum disciplinam efferi *velint,* etc., VI 14, 4; quod... videret, VII 10, 1; q. non liceret, VII 33, 2; — *q. w. subj. due to conditional sense,* III 12, 1; — *with some antecedent:* hoc facilius q., I 2, 3; eo facilius q., IV 12, 5; unum q., I 19, 2; ea ratione q., I 28, 4; eo minus dubitationis dari, quod, I 14, 1; eo, q., I 23, 3; hoc superari quod, III 4, 3; eo minus q., V 9, 1; eo magis, q., I 47, 2; III 14, 8; V 1, 2, 4; VII 25, 1; hoc maiore spe, q., III 9, 3; hanc repe- riebat causam, q., I 50, 4; ob has causas q., IV 24, 2; haec ratio q., II 10, 5; eo scientius q., VII 22, 2; ea de causa q., III 17, 7; causa fuit q., III 1, 2; hac re, q., III 13, 6; una (causa) q., VI 9, 2; ob eam causam, q., VII 4, 1; — *after verba affectuum:* queritur q., I 16, 6; 37, 2; IV 27, 5; — (all w. subj. oratio obl.) *object and cause being identical:* graviter eos accusat quod... ab iis non sublevetur, I 16, 6; 2) *that, as for the fact that* (ὅτι), *as to,* I 14, 4; 17, 6; 30, 6; 40, 35; 44, 6, 9, 10; II 17, 4; III 1, 2; VII 55, 10; — *w. antecedent:* eo, I 14, 2; ex eo, q., IV 31, 1; hōc, q., VI 18, 3; — *that* (illustrating): recentium iniuriarum, quod... temptassent, quod... vexassent, I 14, 3; cum... certissimae res accederent, quod... traduxisset, quod... curasset, quod ... fecisset, quod ... accusaretur, I 19, 1 ; beneficia commemoravit, quod rex appellatus esset a senatu, quod amicus, quod munera amplissime missa, I 43, 4 ; opportunissima res accidit quod, IV 13, 4 ; hoc quoque factum est, quod ... sustinuerunt, VI 30, 3 ; accedit quod, III 2, 5 ; IV 16, 2 ; V 6, 2.

quod si, *if, however* (as far as that was concerned), I 14, 3 ; 40, 4 ; 44, 13 ; VII 71, 3 ; quod nisi, VII 88, 6 ; quod si eum interfecerit, I 44, 12 ; quod si (*if therefore*), I 20, 4 ; 45, 3 ; VII 32, 5 ; 77. 16.

quom. conj. = cum, ☞ Schneider's emendation for *quo*, II 23, 4.

quōminus, conj., *so as not to, from:* (ὥστε μή): tenebantur q. possent, IV 22, 4 ; terrere q. libere hostes insequerentur, VII 49, 2.

quoniam, conj., c. ind., *since, in as much as, whereas* (in allegations and debates), in or. obl. c. subj., I 35, 1, 4 ; 36, 3 ; 42, 1 ; V 3, 5 ; 27, 7 ; VI 1, 2 ; 7, 6 ; 40, 2 ; VII 2, 2 ; 64, 2 ; 72, 2, 89, 2 ; — *in simple narrative* (of mental deliberation): quoniam obsidione liberatum Ciceronem sciebat, aequo animo remittendum de celeritate existumabat, V 49, 6 ; quoniam ad hunc locum perventum est, non alienum esse videtur, VI 11, 1 ; quoniam ... non possum, vestrae quidem certe vitae prospiciam, VII 50, 4.

quoque, adv., *also, too, as well* (as the preceding): Helvetii q. praecedunt, I 1, 4 ; cum reliquis causis haec q. ratio, II 10, 5 ; in tanta rerum iniquitate fortunae q. eventus varii sequebantur, II 22, 2 ; quod eas q. nationes ... adire volebat, III 7, 1 ; suis q. rebus eos timere voluit, IV 16, 1 ; huic q. accidit, V 39, 2 ; haec q. deferuntur, VI 17, 9 ; hoc q. factum est, q., VI 30, 3 ; suas q. copias in tres partes distribuerunt, VII 61, 4 ; suum q. equitatum tripertito divisum, VII 67, 2.

quōque versum (quisque), *in every direction:* dimittere, III 23, 2 ; quoque versus, VII 4, 5 ; ab via q., VII 14, 5.

quot, *how many:* virorum, VII 19, 4.

quotannīs, *annually:* stipendium pendere, I 36, 5 ; cf. IV 1, 4 ; ut q. facere consuerat, V 1, 1 ; IV 15, 1.

quotiēs, adv., *as often as*, V 34, 2 ; — *how often*, I 43, 7.

R.

rādīx, icis, f., *root* (arbores): ab radicibus subruere, VI 27, 4 ; — *foothill, spur:* -es montis, I 38, 5 ; collis, VII 51, 4 ; 69, 2 ; sub ipsis -ibus montis, VII 36, 5.

rādō, ere, sī, sum, v. 3, *shave:* omni parte corporis rasā (sunt), V 14, 3.

rāmus, ī, m., *branch:* sicut rami diffunduntur, VI 26, 2 ; ramis enatis, II 17, 4 ; -os abscidere, VII 73, 2 ; stipites ab ramis eminebant, VII 73, 3.

rapiditās, ātis, f., *swiftness:* fluminis, IV 17, 2.

rapīna, ae, f. (rapio), *robbery, plundering raid*, I 15, 4.

rārus, a, um, adj. (rare), *in detached groups:* ipsi ex silvis rari propugnabant, V 9, 6 ; se ostendere, V 17, 1 ; opp. conferti (proeliari), V 16, 4 ; raros milites traducit, VII 45, 7 ; inter equites raros sagittarios, etc., interiecerant, VII 80, 3 ; raris ac prope nullis partibus, *harbors being few and far between*, III 12, 5.

ratiō, ōnis, f. (reor), *reckoning, calculation:* -em inire (*make calculation*), VII 71. 4 ; frumentandi rationem habere, VII 75, 1 ; — *list:* -ones litteris Graecis confectae, I 29, 1 ; — *method:* rationem perficiendi quaerere, VII 37, 6 ; rationi locus est, I 40, 9 ; -em pugnae insistere, III 14, 3 ; — *consideration*, II 10, 5 ; rationem officii habere, V 27, 7 ; salutis, VII 71, 3 ; — *account:* -em reposcere, V 30, 2 ; — *system:* ratio ordoque agminis, II 19, 1 ; equestris proelii, V 16, 3 ; rei militaris, II 22, 1 ; IV 23, 5 ; pontis, IV 17, 3 ; r. atque usus belli, IV 1, 6 ; eadem ratio est in summa totius Galliae, VI 11, 5 ; instituta ratio et consuetudo exercitus, VI 34, 6 ; — *account:* rationem pecuniae habere, VI 19, 2 ; — *calculation:* quantum -one provideri poterat, VII 16, 3 ; magis ratione et consilio, quam virtute, I 40, 8 ; — *reason:* ea ratione quod, I 28, 4 ; — *manner, way, style:* alia ratione, I 42, 4 ; simili -one, VII 4, 1 ; 38, 10 ; longe alia ratione ... bellum gerere, III 28, 1 ; VII 14, 2 ; eadem ratione qua pridie, V 40, 4 ; cf. VII 25, 3 ; nulla -one, V 58, 1 ; nota atque instituta -one, VI 9, 4 ; qua ratione, VII 6, 2 ; 37, 7 ; omnibus -ibus, V 1, 7 ; maiore ratione (*more methodically*), VII 21, 1 ; — *plan:* -es belli gerendi, VII 63, 4 ; -es hostium explorare, VI 33, 5 ; — *computation, account:* publicis privatisque -onibus, VI 14, 3 ; — *measure, method:* his rationibus, VII 71, 9.

ratis, is, f., *raft:* rates facere, I 8, 4 ; ratibus flumen transire, I 12, 1 ; VI 35, 6.

Raurīcī, ōrum, m., neighbors of the Helvetii from the mouth of the Aar to Bâle and beyond, I 5, 4 ; 29, 2 ; VI 25, 2 ; VII 75, 4.

rebelliō, ōnis, f., *resumption of war:* -onem facere, IV 30, 2 ; 38, 1 ; rebellio facta post deditionem, III 10, 2.

Rebilus, I, a legatus of Caesar's, C. Caninius R., VII 83, 3 ; 90, 6.

recēdō, ere, cessī, cessum, v. 3, *withdraw:* ex ... loco, V 43, 6.

recēns, ntis, adj., *new, recent:* victoria, I 31, 16 ; V 47, 4 ; proelium, IV 13, 6 ; -entes iniuriae (opp. vetus contumelia), I 14, 3 ; -ia officia, V 54, 4 ; — *fresh, new:* equitatus, VII 9, 4 ; integri et recentes, opp. to defatigati, V 16, 4 ; VII 48, 4 ; to defessi, VII 25, 1.

recēnseō, ēre, uī, sum, v. 2, *muster*, VII 76, 3.

receptāculum, ī, n., *point of refuge, asylum*, VII 14, 9.

receptus, ūs, m., *retreat:* receptui cani iussit, VII 47, 1 ; expeditum ad suos -um habeant, IV 33, 2 ; cf. VI 9, 2.

recessus, ūs, m., *retreat, opportunity of falling back*, V 43, 5.
recido, ere, cidī (cado), v. 3, *befall:* posse hunc casum ad ipsos recidere, VII 1, 4.
recipero, v. 1, *regain, recover:* civitates, VII 80, 5; suos obsides, III 8, 2; amissa, VII 15, 2; suos, VII 43, 3.
recipiō, ere, cēpī, ceptum, v. 3 (take back), *give shelter to, receive:* aliquem, VII 20, 12; — *se recipere, to retreat, fall back*, III 24, 3; 4, 3; VI 37, 2; domum, VI 8, 7; in castra, II 11, 6; IV 15, 3; II 24, 1; 35, 3; VI 40, 6; VII 20, 6; cf. III 6, 3; 26, 6; V 37, 10; 50, 5; cf. VII 70, 6; ex fuga turpiter, VII 12, 12; sese intra munitiones, V 44, 13; fuga se ad aliquem, I 11, 5; cf. IV 2, 3; ad agmen, VII 13, 2; ad signa, V 34, 4; ad Caesarem, IV 38, 3; ad legionem, VII 50, 6; in fines Ubiorum, IV 19, 1; in Galliam, IV 19, 4; in proxima oppida, III 12, 3; in currus, IV 33, 3; in montem, I 26, 1; 25, 6; quo, III 19, 3; IV 33, 2; V 27, 4; ex fuga, VI 41, 3; VII 20, 12; ad eos, I 48, 6; ad suos, I 40, 2; VII 82, 2; se inde incolumes, V 15, 4; in silvas ad suos, II 19, 5; cf. VI 29, 1; trans Rhenum, IV 16, 2; VI 41, 1; in oppidum, VII 80, 9; penitus ad extremos fines, VI 10, 4; — *without se: to retreat* (opp. prodire, to advance), I 48, 7; signum recipiendi, VII 52, 1; — *accept the submission of, gain:* civitatem, VI 8, 7; VII 90, 1; eos in fidem, II 15, 1; IV 22, 2; (aliquem) in deditionem, *accept the* (proffered) *surrender of*, III 21, 3; — *draw back:* copias in oppidum, VII 71, 8; — *receive* (eos), VII 78, 5; Litaviccum, VII 55, 4; Tencteros atque Usipetes ex fuga, VI 35, 5; Boios ad se, I 5, 4; fugientes perterritos, VI 39, 2; impedimenta inter legiones, VII 67, 3; Ariovistum intra fines, I 32, 5; Ambiorigem finibus suis, VI 6, 3; oppidis, *open the towns to*, II 3, 3; tecto aliquem, VII 66, 7; eos oppido, VII 78, 3; in parem iuris libertatisque condicionem, I 28, 5; aliquem in servitutem, VII 78, 4; partem (fluminis), IV 10, 1; tela ab latere aperto, V 35, 2; — *regain, get back:* suos, III 8, 5; oppidum, VII 13, 3; — *recover:* se ex terrore ac fuga, II 12, 1; se ex fuga, IV 27, 1 (cf. se colligere); se ex timore, IV 34, 1; suos omnes incolumes, VII 12, 6.
recitō, v. 1, *read out* (aloud): epistolam, V 48, 9.
reclīnō, v. 1, *lean against:* huc, VI 27, 5; (alces) reclinatae, VI 27, 3.
rectus, a, um, adj., *straight:* recta fluminis regione (*parallel to the river*), VI 25, 2; recta regione, *in a straight line* (opp. amfractus), VII 46, 1; rectis lineis, VII 23, 5.
rectē, adv., *rightly, properly*, VII 6, 4; opp. turpiter, VII 80, 5.
recuperō, v. 1, *regain:* veterem belli gloriam, VII 1, 8; pristinam belli gloriam, VII 76, 2; communem libertatem, V 27, 6 (v. recipero).
recūsō, v. 1, *refuse*, V 6, 2; nihil nisi hiberna, V 41, 5; nullum periculum, VII 19, 5; 2, 1; more, III 22, 3; neque recusare quin armis contendant, IV 7, 3; neque recusaturos quominus... essent, I 31, 7; — *spurn, repudiate:* populi R. amicitiam, I 44, 5.
reda, ae, f., *wagon:* redis et carris circumdare, I 51, 2; cf. VI 30, 2.
reddō, ere, reddidī, redditum, v. 3, *give back, return:* captivorum circiter xx milia Aeduis Arvernisque, VII 90, 3; obsides alicui, I 35, 3; 36, 5; 43, 9; VI 12, 6; iura legesque, VII 76, 1; — *grant* (something deserved): ius potentibus, VI 13, 7; — *render:* post eum quae essent tuta, II 5, 5; — *pay:* vitam pro vita, VI 16, 3; — *render:* supplicationem (scil. deis), VII 90, 8.
redeō, īre, iī, itum, v., *come back, return*, IV 12, 1; V 58, 6; VI 39, 4; ad suos, VII 20, 1; domum, I 29, 3; unde, V 11, 7; imperfecta re, VI 12, 5; in pristinum statum, VII 54, 4; — *decline:* collis paulatim ad planiciem, II 8, 2; — *be dependent on:* summa omnium rerum... ad arbitrium alicuius, VI 11, 3; — *come down, be reduced to:* ad duas (legiones), V 48, 1.
redigō, ere, redēgī, actum, v. 3 (bring back), *reduce, bring down:* gentem prope ad internecionem, II 28, 1; Aeduos in servitutem, II 14, 3; — *render:* hos... multo humiliores infirmioresque, IV 3, 4; quae facilia ex difficillimis, II 27, 5; ex sescentis ad tres senatores, II 28, 2; Arvernos et Rutenos in provinciam, I 45, 2; cf. VII 77, 16; civitatem in potestatem, VII 13, 3; civitates in deditionem potestatemque populi Romani, II 34, 1; Galliam sub populi Romani imperium, V 29, 4.
redimō, ere, ēmī, emptum, v. 3, *purchase, acquire:* pacem Ariovisti, I 37, 2; gratiam atque amicitiam alicuius, I 44, 12; — *lease:* portoria reliquaque vectigalia parvo pretio, I 18, 3.
redintegrō, v. 1, *renew, restore:* proelium, I 25, 6; II 27, 1; 23, 1; redintegratis viribus, III 26, 4; animum, II 25, 3; spem victoriae, VII 25, 1; ut deminutae copiae redintegrarentur, VII 31, 4.
reditiō, ōnis, f., *returning:* domum, I 5, 3.
reditus, ūs, m., *return:* metus -us, VI 29, 2; reditu intercludi, IV 30, 2; fama de reditu, VI 36, 1.
Rēdonēs, um, m., one of the tribes of Aremorica in N.W. Gaul (Rennes in Bretagne), II 34; VII 75, 4.
redūcō, ere, xī, ctum, v. 3, *lead back:* ad se, VI 32, 7; ad eum, I 53, 8; copias, VII 68, 1; copias in Treveros, V 53, 2; a munitionibus, VII 88, 5; in castra, I 50, 3; — *exercitum*, VI 29, 2; ad mare, V 23, 1; in castra, I 50, 2; VII 53, 2; exercitum Durocortorum, VI 44, 1; Agedincum, VII 59, 4; rursus in Bituriges, VII 9, 6; — *legiones* in castra, I 40, 5; IV 34, 2; in hiberna, VI 3, 3; ex Britannia, IV 38, 1; milites in castra, VII 19, 6; reductos in hostium numero habuit, I 28, 2; suos in castra, II 9, 2; intra munitiones, VII 51, 4; suos incolumes, V 22, 2; ab oppugnatione,

V 26, 3; — *move back:* munitiones ab ea fossa pedes quadringentos, VII 72, 2 ; turres, VII 24, 5 ; — *bring back* (fugitivos), I 28, 1.

referō, erre, rettulī, lātum, v., *bring back:* caput eius in castra, V 58, 6 ; — *draw back:* pedem (*fall back*), I 25, 5 ; IV 25, 2 ; — *bring away:* cornua in publicum, VI 28, 3 ; — *turn over:* signa militaria ad Caesarem, VII 88, 4 ; tabulas ad Caesarem, I 29, 1 ; frumentum ad se, VII 71, 6 ; gratiam, *express gratitude*, I 35, 2 ; V 27, 11 ; — *report, announce*, w. acc. c. inf., VI 10, 4 ; ad se, I 47, 5 ; haec ad suos, IV 9, 1 ; haec mandata Caesari, I 37, 1 ; responsa ad Caesarem, I 35, 1 ; capitum numerum ad eum, II 33, 7 ; ut naves referrentur, *drift back, be carried back*, IV 28, 2.

reficiō, ere, fēcī, fectum, v. 3, *make over, repair:* pontes, VII 53, 4 ; pontem, VII 35, 5 ; naves, IV 29, 4 ; V 1, 1 ; 11, 2 ; 23, 1 ; — *sese* (*to refresh oneself, recover strength*) ex nocturno labore, VII 83, 7 ; ex labore, III 5, 3 ; exercitum ex labore atque inopia, VII 32, 1.

refringō, ere, frēgī, fractum, v. 3, *break open:* portas, II 33, 6 ; — *break:* vim fluminis, VII 56, 4.

refugiō, refūgī, v. 3, *flee back, retreat in flight:* velocissime, V 35, 1 ; — *save oneself by flight, make good one's escape*, VII 31, 3.

Rēgīnus, ī, a legatus of Caesar's, C. Antistius R., VI, 1 ; VII 83, 3 ; 90, 0.

regiō, ōnis, f. ("stretch"), *tract:* fertilissima agri, VII 13, 3 ; — *region, district* (Cantium): maritima, V 14, 1 ; -ones mediterraneae, V 12, 5 ; ex Pictonibus et Santonis reliquisque pacatis regionibus, III 11, 5 ; fines Carnutum, V 13, 10 ; ex finitumis (cf. III 21, 4) regionibus copias cogere, VII 55, 9 ; principes -onum et pagorum, VI 23, 5 ; quibus ex regionibus venerant, IV 5, 2 ; ad Aduatucos adiacet, VI 33, 2 ; Cantium, quibus regionibus quattuor reges praeerant, V 22, 1 ; harum regionum imperium, II 4, 7 ; finitimae his regionibus, III 20, 2 ; (Illyricum) eas regiones, III 7, 1 ; (tribes of Aremorica) III 9, 10 ; regiones vastare, VI 44, 1 ; ora maritima regionum earum, III 8, 1 ; regiones omnes perspicere, IV 21, 9 ; quas regiones Menapii incolebant, IV 4, 2 ; regiones quae sunt contra Gallias, IV 20, 3 ; regionum latitudo, III 20, 1 ; exercitum deducere ex his regionibus, I 44, 11 ; firmissima carum regionum civitas, V 20, 1 ; cuius auctoritas in his regionibus magna habebatur, IV 21, 7 ; alias regiones partesque petere, VI 43, 6 ; per agros regionesque, VII 3, 2 ; regionibus iter facere, V 19, 1 ; -ones obtinere, IV 19, 3 ; regiones, *points* (of topography), easdem regiones petere, VII 45, 3 ; -es aequissimas sequi, VII 74, 1 ; -es cognoscere per exploratores, VII 83, 4 ; — *direction, extent, line:* recta regione (*in a straight line*), VII 46, 1 ; VI 25, 2 ; cf. rectus ; ex regione turris, *opposite*, VII 25, 2 ; oppidi, VII 36, 5 ; Lutetiae, VII 58, 6 ; castrorum, VII 61, 5 ; e regione castris cas-tra ponere, *to pitch one camp opposite the other* (on the two banks of the Allier), VII 35, 1 ; e regione unius pontium, VII 35, 3 ; diversis ab flumine regionibus (*trend*) (of mountain ranges), IV 25, 3.

rēgius, a, um, adj., *royal:* -a potestas, VII 32, 3.

regnō, v. 1, *rule:* tertium iam annum, V 25, 1.

rēgnum, ī, n., *autocratic power, control:* -i cupiditas, I 2, 1 ; 9, 1 ; different from principatus, VII 4, 1 ; r. per Helvetios obtinere, I 18, 9 ; cf. I 3, 4 ; r. appetere, VII 4, 1 ; occupare, I 3, 8 ; de regno desperare, I 18, 9 ; r. in civitate sua occupare, I 3, 4 ; regna conciliare, I 3, 7 ; r. Galliae habere, VII 20, 2 ; a potentioribus regna occupabantur, II 1, 4 ; r. in civitate sua obtinuerat, IV 12, 4 ; cf. V 20, 1 ; 25, 1 ; 54, 2 ; sibi a Caesare regnum civitatis deferri, V 6, 2 ; regno domoque expellere, V 54, 2 ; — *domain:* ad fines regni sui, V 26, 2 ; cf. 38, 1.

rego, ere, rēxī, -ctum, v. 3, *control, direct:* bella, VI 17, 2 ; tanta onera navium, III 13, 6.

regredior, ī, gressus, v. dep. 3, *retreat, retire:* -iendi facultas, V 44, 6.

rēiciō, ere, iēcī, iectum, v. 3, *hurl back:* telum in hostes, I 46, 2 ; — *throw aside:* pila (scil. without using them), I 52, 3 ; — *drive back:* reliquos in oppidum, II 33, 5 ; nostrum equitatum, I 24, 4 ; reiecti et relegati, V 30, 3 ; naves tempestate reiectas, V 5, 2.

relanguēscō, ere, v. 3, *to lose energy, be weakened:* animi, II 15, 4.

relēgō, v. 1, *remove, banish*, V 30, 3.

religiō, ōnis, f., *religion:* -em negligere, VI 17, 5 ; — *religious rite, observance:* -onibus dedita, VI 16, 1 ; -ones interpretari, VI 13, 4 ; -onibus impediri, V 6, 3 ; — *superstitious belief:* -ones sibi fingere, VI 37, 8.

relinquō, ere, līquī, lictum, v. 3, *leave behind* (opp. secum ducere, V 5, 4) : legatum ... in altera parte fluminis, II 5, 6 ; (opp. secum portare, V 31, 4) Commium cum equitatu in Menapiis, VI 6, 4 ; (legatum) castris praesidio, VII 49, 1 ; legatum qui ea conficeret, VII 11, 3 ; praesidio impedimentis legionem, VI 32, 5 ; legatum cum duabus legionibus castris praesidio, VII 60, 2 ; praesidium sex milia hominum una, II 29, 4 ; easdem copias praesidio navibus, V 11, 7 ; ubi praesidium, VI 35, 6 ; paucos in Gallia, V 5, 4 ; (legionem) in praesidio, VII 33, 4 ; duas legiones in castris, II 8, 5 ; castris satis praesidii, III 23, 7 ; praesidium utrisque castris, I 51, 1 ; praesidium impedimentis, VI 7, 4 ; huic rei quod satis esse visum est militum, V 2, 3 ; quinque cohortes castris praesidio, VII 60, 2 ; cf. 68, 2 ; cf. III 6, 2 ; cohortes ad mare, V 9, 1 ; ubi impedimenta totius exercitus, VII 62, 10 ; praedam in occulto, VI 35, 9 ; ibi impedimenta, obsides, literas publicas, frumentum, V 47, 2 ; duas ibi legiones, I 49, 5 ; Britanniam, V 8, 2 ; quid ex instrumento hibernorum, V 31, 4 ; Labienum in continenti, V 8, 1 ; navesin litore molli, V 9, 1 ; (milites) contra Labieni castra, VII 62, 8 ; ad utramque partem pontis firmum praesidium, IV 18, 2 ; cf. VI 9, 5 ; post tergum hostem, IV 22, 2 ; ne quem post se hostem, VII 11, 2 ; supplementum Agedinci, VII 57, 1 ; praesidium e regione castrorum, VII 61, 5 ; Morini, quos ... pacatos r., IV 37, 1 ; in Gallia, V 6, 3 ; Agedinci legiones atque impedimenta totius exercitus, VII 10, 4 ; (equites) in continenti, V 8, 2 ; erat aeger cum praesidio relictus, VI 38, 1 ; cf. 36, 3 ; — *leave:* facultatem hostibus, III 6, 1 ; hostibus diutinam laetationem, V 52, 6 ; nullum ad cognoscendum spatium, VII 42, 1 ; munitioni tempus, V 9, 8 ; sibi tempus ad . . . quietem, V 40, 7 ; detrimento locum, V 52, 1 ; partem illi attribuit partem sibi reliquit, VII 34, 2 ; (partem) vacuam relinquere, III 1, 6 ; ut summa species relinquatur, VI 27, 4 ; inferiore omni spatio vacuo relicto, VII 46, 3 ; — *fail:* animus relinquit Sextium (he swoons), VI 38, 4 ; — *keep* (opp. dimitto), V 19, 1 ; — *abandon, give up:* obsidionem, V 49, 1 ; impedimenta, III 3, 3 ; V 33, 3 ; VII 66, 5 ; inceptam oppugnationem, VII 17, 6 ; domum propinquosque, I 44, 2 ; quaecumque, V 34, 1 ; sine imperio tantas copias, VII 20, 1 ; domos suas, I 30, 3 ; locum, VI 42, 1 ; III 4, 3 ; equos, VII 70, 5 ; signa militaria, IV 15, 1 ; — *leave over:* paucos, III 19, 4 ; duobus relictis portis obstruere ceteras, VII 41, 4 ; angustioribus portis relictis (reiecti? Paul 🔟) coacervantur, VII 70, 4 ; relinquitur (*there remains*) una via, I 9, 1 ; spes in fuga, I 51, 2 ; una ex parte aditus, II 29, 3 ; virtuti locus, V 35, 4 ; vix quarta parte relicta, III 26, 6 ; mediocri spatio relicto, V 44, 6 ; relinquebatur (impers.) ut, V 19, 3 ; (naves) ab aestu relictae, III 13, 9.

reliquus, a, um, *remaining, other, the rest of* (n.b. partitive construction with the neuter of this adj. is not practised by C.) : -a aedificia, I 5, 2 ; -a armamenta, IV 29, 3 ; -i aditus, VI 37, 5 ; Belgae, II 15, 5 ; 3, 2 ; III 11, 2 ; reliquum certamen (*the rest of the struggle*), III 14, 8 ; -i captivi, VII 89, 5 ; causae, II 15, 5 ; civitates, I 30, 3 ; III 8, 3 ; 9, 3 ; 29, 3 ; V 11, 9 ; VII 30, 4 ; 31, 1 ; 37, 3 ; copiae, I 13, 1 ; IV 24, 1 ; VI 9, 5 ; VII 35, 4 ; 83, 8 ; -i commeatus, III 3, 1 ; VII 32, 1 ; -a consilia, VI 5, 3 ; duces, III 18, 7 ; VII 79, 1 ; -i dies, III 29, 1 ; V 40, 4 ; 42, 5 ; -ae cohortes, II 25, 1 ; III 1, 4 ; IV 32, 2 ; VII 60, 3 ; 61, 5 ; exercitus, IV 22, 5 ; VI 31, 1 ; Gallia, I 17, 4 ; 20, 2 ; -i Galli, II 2, 3 ; 17, 2 ; III 28, 1 ; VII 29, 6 ; -ae gentes, VI 17, 2 ; -a instituta, VI 18, 3 ; -a multitudo, IV 14, 5 ; -i imperatores, VII 30, 3 ; miles, V 52, 2 ; -i milites, II 25, 3 ; -a loca, VI 25, 5 ; -ae legiones, I 14, 3 ; 49, 5 ; II 8, 5 ; 17, 2 ; III 21, 1 ; VI 33, 3 ; 40, 7 ; 44, 3 ; munitiones, VII 72, 2 ; -a maria, V 1, 2 ; -ae nationes, III 10, 2 ; IV 38, 4 ; IV 23, 4 ; 29, 3 ; 31, 2, 3 ; V 5, 2 ; 11, 2 ; 23, 4 ; -i principes, VII 4, 2 ; -a pars, IV 4, 7 ; V 31, 4 ; 40, 4 ; VII 10, 1 ; 25, 1 ; -ae partes, VI 37, 4 ; 60, 4 ; 80, 8 ; -ae res,

II 15, 9 ; VI 12, 6 ; 14, 3 ; 17, 3 ; 32, 5 ; VII 12, 3 ; 24, 4 ; -ae regiones, III 11, 5 ; -um spatium, I 38, 4 ; tempus (= *future*), I 20, 6 ; III 16, 4 ; IV 16, 6 ; VI 1, 3 ; VII 66, 4 ; (opp. praesens) -a vectigalia, I 18, 3 ; reliquum frumenti or frumentum ; it is not certain which of the cases is to be supplied ; the context suggests *frumenti*, the burden of analogy *frumentum*, VII 55, 8 ; nihil reliqui, I 11, 5 ; II 26, 5 ; — *predicative:* reliquum . . . esse neminem (there was no one *else*), IV 7, 5 ; exigua parte aestatis reliquā, IV 20, 1 ; qui erant in agris reliqui, IV 34, 3 ; pars, una erat reliqua, IV 32, 4 ; — *verbal force unmistakeable:* quartam fere partem citra flumen Ararim reliquam esse, I 12, 2 ; — *further:* fuga, IV 15, 2 ; quid reliqui consilii caperent, V 53, 4 ; — *used substantively:* reliqui, I 2, 3 ; 32, 4, 5 ; 39, 2 ; II 10, 3 ; 25, 1 ; III 16, 3 ; 6, 2 ; 8, 1 ; 16, 4 ; IV 1, 5 ; 15, 2 ; 36, 4 ; 12, 2 ; 32, 5 ; V 37, 5 ; 41, 3 ; 58, 4 ; 5, 4 ; 44, 11 ; 30, 3 ; VI 3, 4 ; 38, 5 ; 21, 2 ; 40, 2 ; 13, 9 ; 14, 1 ; 18, 3 ; VII 62, 4 ; 67, 6 ; 88, 7 ; 29, 4 ; 4, 6 ; 50, 5 ; 86, 3 ; 2, 2 ; 63, 8 ; 65, 5 ; reliqua (n. pl.), *the rest*, III 13, 7 ; VII 12, 4 ; 19, 6 ; 37, 7 ; 81, 2 ; 84, 1.

remaneō, ēre, nsī, nsum, v. 2, *remain behind* (opp. discedere), I 39, 3 ; domi (opp. e finibus educere), IV 1, 5 ; in continenti, V 6, 4 ; in agris (opp. in castra ventitare, IV 32, 1 ; — *remain, abide:* longius anno uno in loco, IV 1, 7 ; ad urbem, VI 1, 2 ; apud eum, IV 15, 5 ; pars inferior integra, VII 35, 5 ; eodem vestigio, IV 2, 3 ; in Gallia, IV 8, 1.

rēmex (ago, remus), igis, *oarsman, rower:* -es instituere, III 9, 1.

Rēmī, ōrum, Remians, people of Belgium, on the Axona (Rheims): Iccius Remus, II 6, 4 ; Remi, II 3, 1 ; 4, 4 ; 5, 1, 5 ; 6, 1 ; 7, 2, 3 ; 9, 5 ; 12, 1, 5 ; III 11, 2 ; V 3, 4 ; 24, 2 ; 53, 1 ; 54, 4 ; 56, 5 ; VI 4, 5 ; 12, 7, 9 ; 44, 1 ; VII 63, 7 ; 90, 5.

rēmigō, v. 1, *pull the oars*, V 8, 4.

remigrō, v. 1, *wander back, journey back, return:* in suos vicos, IV 4, 6 ; in agros, IV 27, 7.

reminīscor, i, v. dep. 3, *to recall, call to mind:* veteris incommodi, I 13, 4.

remissus, a, um (relaxed), *mild:* remissioribus frigoribus, V 12, 6.

remittō, ere, mīsī, missum, v. 3, *send back:* eos domum, IV 21, 6 ; cf. VII 4, 10 ; nullam partem Germanorum domum, I 43, 9 ; hunc, IV 27, 3 ; cf. V 27, 2 ; litteras Caesari, V 47, 5 ; obsides sibi, III 8, 5 ; Fabium cum sua legione in hiberna, V 53, 3 ; naves, V 23, 4 ; — *give back:* imperium alicui, VII 20, 7 ; — *relax, weaken:* memoriam, VI 14, 4 ; de celeritate, V 49, 6 ; virtus remittitur, II 15, 4 ; — *hurl back:* pila intercepta, II 27, 4 ; — *diminish, cancel, impair:* stipendium, I 44, 5.

remollēscō, ere, v. 3, *become soft, weak:* ad laborem ferendum, IV 2, 6.

removeō, ēre, mōvī, mōtum, v. 2, *send away:* cotidianos interpretes, I 19, 3 ; —

shift, move: suos omnes, V 43, 6; sedes remotas (*far distant*) a Germanis, I 31, 14; silvestribus ac remotis locis, VII 1, 4; equos ex conspectu, I 25, 1; — *withdraw, draw away:* nostros paulum a legionibus, V 16, 2; navis longas paulum ab onerariis navibus, IV 25, 1; Lucterio remoto, VII 8, 1.

remūneror (munus), v. dep. 1, *reward:* magno illum praemio, I 44, 13.

rēmus, ī, m., *oar:* pulsus -orum, III 13, 7; sonitus -orum, VII 60, 4; motus -orum, IV 25, 2; navigium remis incitare, III 14, 6; cf. IV 25, 1; remis contendere ut (opp. using sails), V 8, 3.

rēnō, ōnis, m. (☞ rheno some MSS.), *pelt:* tegimenta renonum (*made of pelts*), VI 21, 5.

renovō, v. 1, *to renew:* proelium, III 20, 4; bellum, III 2, 2.

renūntiō, v. 1, *report:* quae ibi perspexisset, IV 21, 9; rem ad suos, II 32, 3; quod non vidisset, pro viso sibi, I 22, 4; — *w. acc. c. inf.* (legatis nostris), VII 5, 5; cf. I 21, 2; (civitati) II 24, 5; (Crasso), III 25, 2; Caesari... Helvetios esse in animo, I 10, 1; — *declare elected, return:* fratrem a fratre renuntiatum, VII 33, 3.

repellō, ere, reppulī, repulsum, v. 3, *drive back:* hostes, VII 87, 3; reliquos... multitudine telorum, II 10, 3; eos in silvas, III 28, 4; (eos) impetu facto, V 17, 3; (illos), V 15, 5; (aliquem) in oppidum, III 22, 4; operis munitione et militum concursu repulsi, I 8, 4; ab equitatu, V 9, 4; ab (*removal*) hac spe repulsi, V 42, 1; his magno cum detrimento, V 42, 1.

repente, adv., *suddenly:* ita r. celeriterque, I 52, 3; procurrere, VII 26, 3; advolare, V 17, 2; et novam et r. collectam auctoritatem tenebant, VI 12, 8; r. equitatus cernitur, VII 88, 3.

repentīnus, adj., *sudden:* tumultus, V 26, 1; VII 47, 4; adventus, I 13, 2; V 39, 2; VI 31, 1; 42, 1; incursus, VII 30, 7; -a incursio, VI 23, 3; coniuratio, V 27, 4; res, V 28, 1; -um periculum, III 3, 2; — *subita et repentina* consilia Gallorum, III 8, 3; -i Galliae motus, V 22, 4; -i hostium impetus, VII 29, 7.

repentīnō, adv., *suddenly:* emptionem facere, II 33, 2.

reperiō, īre, repperī, repertum, v. 4, *find* (*upon inquiry, after effort*) (re-pario, Vanicek), *after quaerere:* esse vera, I 18, 2; profectum longius, VI 35, 7; si quaererent, reperire posse, etc., I 40, 8; hanc causam, II 5, 4; in quaerendo, I 18, 10; sic reperiebat, *acc. c. inf.*, II 4, 1; cf. II 15, 3; (after causam cognoscere), VI 9, 8; locum ... munitum (esse?), V 21, 4; (fratres) fugisse, VII 40, 3 (*gain, get:* Gallum ab eodem Verticone, qui... defecerat, V 49, 2); tabulas, I 20, 1; nihil percontationibus, V 13, 4; circumfunduntur, si quem aditum reperire possent, VII 37, 4; exisse, siquid frumenti... reperire possent, VII 20, 10; lintribus *inventis* sibi salutem *reppererunt* (pepercrunt? ☞), I 53, 2; cum ei rei nullum reperiretur auxilium, III 15, 2; vada, II 9, 4; qui se ultro morti offerant, facilius reperiuntur, VI 77, 5; censu habito repertus est numerus, I 29, 3; Marcus Mettius repertus est, I 53, 8; neque repertus est quisquam qui... mori recusaret, III 22, 3; reperti sunt complures nostri milites qui in phalangas insilirent, I 52, 5; magnum numerum pecoris, V 21, 6; — *discover:* esse aliquos repertos principes inferendi belli, V 54, 4; — *originate:* disciplinam in Britannia, VI 13, 11.

repetō, ere, īvī, ītum, v. 3, *demand, exact:* poenas ab aliquo, I 30, 2; — *demand back:* obsides, I 31, 7.

repleō, ēre, ēvī, ētum, v. 2, *amply supply:* exercitum his rebus, VII 56, 5.

reportō, v. 1: duobus commeatibus exercitum, V 23, 2.

reposcō, ere, v. 3, *demand:* rationem abs te, V 30, 2.

repraesentō, v. 1, *do at once*, I 40, 14 (opp. in longiorem diem conferre).

reprehendō, ere, ndī, nsum, v. 3, *to blame:* aliquid in aliquo, I 20, 6; licentiam arrogantiamque, VII 52, 3; temeritatem cupiditatemque militum, VII 52, 1; consilium, V 33, 4.

reprimō, ere, essi, essum, v. 3, *to check:* hostium fugam, III 14, 1; Lucterium, VII 8, 1.

repudiō, v. 1 ("kick back"), *reject, thrust aside:* gratiam, I 40, 3.

repūgnō; v. 1, *fight back:* fortiter, III 4, 2; — *defend oneself:* repugnantes (acc.) obsident, VII 42, 6; — *be an obstacle to:* his rebus unum repugnabat quod, I 10, 2.

rēquīrō, ere, quīsīvī, quīsītum, v. 3, *miss, yearn for:* Caesaris in se indulgentiam, VII 63, 8; — *require:* res magnam diligentiam, VI 34, 3.

rēs, reī, f., *thing, circumstance*, IV 25, 3; V 4, 1; 25, 3; VI 34, 3; VII 1, 2; 3, 2; 10, 1; 38, 7; 40, 2; 43, 3; 63, 6; 67, 4; res colloquium diremit, I 46, 4; voluptatem attulit, I 53, 6; in periculo est, V 48, 2; VI 39, 1; VII 32, 3; 41, 2; latus unum... muniebat, II 5, 5; ad paucitatem defensorum pervenerat, V 45, 1; quo in loco res esset, II 26, 5; res ad extremum casum perducta est, III 5, 1; fuit opportuna, III 15, 4; cf. III 14, 3; multae operae, V 11, 5; magni periculi, V 49, 6; (*situation*) est in summo discrimine, VI 38, 2; eo statu erat, VI 12, 9; in suspicionem venit, VI 19, 3; erat in difficultatibus, VII 35, 2; est in angusto, II 25, 1; cum his mihi res sit, *let me deal with those*, VII 77, 4; — *fact*, IV 1, 9; 25, 1; V 48, 10; alia res, I 26, 6; nulla, V 33, 2; VII 26, 1; 65, 4; repentina, V 28, 1; communis, I 35, 2; certa, V 29, 5; proclinata, VII 42, 4; nova, VI 37, 3; VII 28, 1; rem enuntiare, I 4, 1; 17, 6; V 58, 1; facere, I 31, 12; gerere (*fight a battle*) (v. gero) imperfecta re, VI 12, 5; infecta re, VII 17, 5; 82, 4; quid rei, III 26, 3; *thing, object* (naves), III 12, 3; (equitatus) II 17, 4; (cuniculos agere) III 21, 3; ulla res, IV 2, 1; cf. I 30, 3; 43, 4; 20, 4; 40, 12; II 1, 4; III 15, 2; 18, 6; IV 2, 6; 3, 1; V 1, 3; 28, 1; 58, 7; VI 17, 5; 3, 6; VII 9, 6; 20, 5; 34, 2; 45, 1; 88, 6;— *plural*, I 3, 2, 3; 10, 2; 3, 1; 11, 5; 18, 4; 19, 1; 33, 1; 37, 4; 47, 1; II 20, 3; 15, 4; 35, 4; 2, 3; 3, 3; 15, 4; 17, 1, 5; 24, 4; 35, 1; III 18, 6; 7, 1; 9, 1, 2; 18, 7; 21, 3; IV 17, 10; 19, 4; 5, 2; 11, 3; 31, 2; 5, 1, 3; 13, 4; 19, 4; 23, 1; 24, 4; 28, 1; 30, 1; 34, 1, 5; 38, 6; V 1, 7; 2, 1; 5, 1; 7, 1; 8, 1; 11, 1; VI 42, 3; 17, 3; VII 14, 6; 12, 3; 24, 4;—*matter*, I 4, 3; 9, 4; 13, 5; 33, 1, 2; 12, 7; 30, 5; 31, 2; II 17, 4; 11, 1; 2, 3; 32, 3; III 3, 4; 18, 8; 21, 3; 22, 1; 23, 8; 24, 5; IV 9, 3; 27, 4; 5, 2; 0, 1; 37, 2; V 2, 3; 28, 2; 31, 2; 36, 2; 1, 7; 7, 1, 6; 34, 3; 38, 2; 40, 1; VI 11, 4; 21, 5; 22, 3; 39, 3; 13, 2; 32, 2; VII 2, 3; 20, 2, 4; 56, 2; 58, 4; 77, 11, 13; 14, 2; 33, 2; 64, 2; 11, 5; 39, 3; 85, 3; 7, 3; 11, 8; 18, 4; 35, 7; 58, 6; 63, 5; 67, 1; 2, 6;—*plural*, I 33, 5; 14, 1; 18, 1; V 52, 3; 11, 6; 18, 4; 26, 4; 36, 1; 50, 5; 51, 1; 52, 3; 55, 3; 56, 4; 57, 4; VI 2, 3; 5, 3; 6, 2, 4; 9, 3; 10, 2; 12, 6; 14, 3; 32, 5; VII 2, 1; 6, 1; 8, 1; 9, 3; 13, 3; 18, 2; 24, 1; 31, 4; 41, 5; 45, 10; 54, 2; 56, 1; 61, 4; 64, 4; 72, 1; 74, 1; 82, 4; 86, 1; 89, 3; 90, 1;—*circumstance, fact*, I 32, 3; 44, 6;—*undertaking, affair*, I 5, 2; V 38, 4; VI 11, 3; VII 11, 4; cf. I 33, 2; rei auxilium ferre, VII 24, 4; huic rei, *for this purpose*, VII 31, 1; rem nuntiare, I 23, 2; desperata re, V 26, 3; ob eam rem, *for that reason*, I 31, 9; cf. I 34, 1; 50, 4;—*actual fact:* rem esse testimonio, V 28, 4; cf. V 29, 3; qua ex re, I 20, 4; II 4, 3; V 42, 4; VI 22, 3; his rebus, *thereby*, I 2, 4; VII 56, 5;—*matters, the situation:* rem in summum periculum deducere, V 31, 1; re integra, VII 30, 2; rem in hiemem producere, IV 30, 2; rem perducere, V 31, 3; praeparare, III 14, 5; res familiaris, *private property*, I 18, 4; VII 14, 5; 64, 3; res frumentaria, *grain supply, commissariat* (v. frumentarius) res divinae (*religious worship, service*), VI 13, 4; urbanae res, *the situation at the capital*, VII 6, 1; florentissimis rebus, I 30, 3; in extremis suis rebus, II 25, 3; res comperta, *established fact*, VII 42, 2; nostrae res, II 24, 4; certissimae res, I 19, 2; summae res, IV 5, 3; V 28, 6; VI 20, 2; res novae, *change of government, political change*, I 18, 3; 9, 3; III 10, 3; IV 5, 1; V 6, 1; res gestae, *events*, V 37, 7; necessariae res, II 21, 1; res necessariae, VII 66, 5; turpissimae, VII 21, 5; secundiores res, I 14, 5; res adversae, *disaster*, VII 30, 3; omnes res, *everything* (cf. omnia), I 19, 3; 27, 1; 38, 3; 9, 4; III 17, 5; 26, 5; IV 14, 2; 21, 2; 23, 5; V 2, 2; 4, 1; 5, 2; 7, 6; VI 14, 1; 23, 8; 43, 3; 30, 2; VII 33, 1; 34, 1; eae res, *this*, I 4, 3; II 20, 2; III 4, 3; 13, 9; VII 1, 2; nihil earum rerum, I 32, 2;—**rēs**, *affairs (the world)*: commutatio rerum, I 14, 5; II 27, 1; VI 12, 6; iniquitas rerum, II 22, 2; imperitus rerum, I 44, 9; V 27, 4; exitus rerum, VII 52, 3; transmarinae, VI 24, 5; suis rebus timere, IV 16, 1; suis rebus diffidere, V 41, 5; rerum natura (cf. the title of the poem of Lucretius), VI 14, 6; proventus rerum, VII 29, 3; rerum natura, IV 17, 7; (specific) diff. from, VI 14, 6;—*results, actual facts* (opp. to consilium), III 6, 4; *objects*, VI 17, 4; maritumae res, *fleet service*, IV 23, 5; nauticae (*navigation, seamanship*), III 8, 1; (party) *interests:* Gallicae res, VI 7, 7; summae utriusque res, I 34, 1; de suis rebus, V 3, 5;—*odd:* quarum omnium rerum (*classes of persons*) summa, I 20, 2; cuis rei testis, I 14, 7;—*premises, situation:* res cogit, VII 78, 2; rei necessitas, VII 56, 4; consilium pro re capere, V 8, 1; occasionis esse rem, non proelii, VII 45, 9; res militaris (cf. militaris) res publica (cf. publicus).

rēscindō, ere, rescidī, rescissum, v. 3, *break up, cut off, destroy:* pontem, I 7, 2; IV 19, 4; VII 58, 5; pontes, VII 35, 3; 58, 6; partem pontis, VI 20, 3;—*tear down:* falcibus vallum ac loricam, VII 86, 5.

rēscīscō, ere, scīvī, scītum, *to ascertain, learn*, I 28, 1.

rēscrībō, ere, psī, ptum, v. 3, *enroll, promote* (aliquem ad equum), I 42, 6.

reservō, v. 1, *keep back, reserve:* praedam alicui, V 34, 1; in aliud tempus, I 53, 7; hoc consiliuin ad extremum, III 3, 4; Aeduos atque Arvernos, VII 89, 5.

resideo, ēre, sēdī, *to remain:* quorum in consilio pristinae virtutis memoria residere videtur, VII 77, 4.

resīdō, ere, sēdī, v. 3, *to settle down, be calmed:* quorum mentes nondum ab superiore bello resedisse sperabat, VII 64, 7.

resistō, ere, stitī, v. 3, *to maintain one's position, hold one's ground, resist*, V 35, 5; cadem ratione, V 40, 3; minus facile, I 37, 4; cf. II 23, 2; audacius, II 26, 2; fortiter III 21, 2; acerrime, VII 62, 4; fortissime, IV 12, 5; (animus) minimo resistens ad calamitates, III 19, 6; rursus, II 23, 2; IV 12, 2; resistere ac se manu defendere, V 7, 8; repentinae coniurationi, V 27, 4; nostris, IV 14, 4; victis ac summotis, I 25, 7; hostibus, II 22, 1; eruptionibus, VII 24, 5; resistere neque deprecari, IV 7, 3;—*remain behind, stand still:* in itinere, V 11, 1; cum duabus legionibus in occulto, VII 35, 3.

respiciō, ere, spēxī, spectum, v. 3, *look back*, II 24, 7; V 43, 4;—*have regard for:* in consilio capiendo omnem Galliam, VII 77, 7;—*consider:* finitimam Galliam, VII 77, 16.

respondeō, ēre, ndī, nsum, v. 2, *reply, answer*, I 32, 4; IV 16, 3; nihil, I 32, 3; legatis, so . . . sumpturum, I 7, 6; his (*to these remarks*) ita, I 14, 1; quibus . . . liberaliter, IV 18, 1; ei legationi, I 34, 2;—*reply:* illo appellatus respondit, V 36, 2; ad haec, I 32, 1; 36, 1; VI 20, 2; cf. I 14, 7; ad haec unum modo, V 41, 7; ad haec, quae visum est, IV 8, 1; ad postulata pauca, I 44, 1;—*correspond to:* ficta ad voluntatem, IV 5, 3.

respōnsum, i, n., *answer:* dare, I 14, 7; V 58, 3; ferre, VI 4, 5; -a referre, I 35, 1.
respuō, ere, uī, v. 3 (spit back), *reject:* condicionem, I 42, 2.
rēstinguō, ere, nxī, nctum, v. 3, *extinguish, put out* (fire), VII 23, 5; aggerem (*the fire of the siege-mound*), VII 25, 4.
rēstituō, ere, uī, ūtum, v. 3, *re-establish, restore:* maiorum locum alicui, V 25, 2; aliquem in antiquum locum, I 18, 8; aliquem alicui, I 53, 6; proelium, I 53, 1; VII 87, 3; veteres clientelas, VI 12, 6; — *rebuild:* oppida vicosque, I 28, 3.
retineō, ēre, uī, tentum, v. 2, *detain:* Liscum (opp. dimittere), I 18, 1; eos, VII 54, 2; aliquos in castris, IV 15, 4; cf. 13, 6; Trebium Terrasidiumque, III 8, 3; Silium atque Velanium, III 8, 2; equites Romanos, III 10, 1; legatos, III 9, 3; Caesarem urbano motu retineri, VII 1, 2; — *keep, maintain:* pristinam virtutem, V 48, 6; pristinae virtutis memoriam, II 21, 2; cf. VII 62, 2; id oppidum, VII 21, 3; — *keep, reserve:* arma, II 33, 2; partem armorum in oppido, II 32, 2; — *keep, prevent:* aliquem, ne coniceret, I 47, 2; — *restrain:* ab tribunis militum... retineri, VII 52, 1; 42, 2.
retrahō, ere, xī, ctum, v. 3, *bring back by force:* aliquem, V 7, 6.
revellō, ere, vellī, vulsum, v. 3, *tear away, wrest away:* scuta manibus, I 52, 5; stipites, VII 73, 3.
revertō, ere, ī, sum, v. 3, *turn back*, IV 4, 5; cf. VII 5, 5; — *return:* ad eum, I 8, 3; II 14, 1; ad Caesarem, I 31, 1; re infecta in oppidum, VII 82, 4; domum, II 29, 1; (of ships) eodem unde erant profectae, V 5, 2.
revertor, ī (reversus rare, VII 42, 1), v. 3, dep., *return*, IV 11, 4; 13, 2; ad Caesarem, IV 21, 9; V 7, 9; ad eum, IV 11, 2; ad se, II 35, 2; IV 21, 2; in eum locum, V 35, 3; in citeriorem Galliam, V 2, 1; ad impedimenta, VII 35, 1; domum, I 54, 2; II 10, 4; VII 5, 4; ad naves, V 11, 1; in fines suos, I 28, 3; in suas sedes, IV 4, 4; Agedincum, VII 62, 10; maioribus coactis copiis, VII 66, 4; in provinciam, III 6, 4; ad eum diem, VI 33, 5; ad idus Apriles, I 7, 6; cf. VI 33, 4; post diem tertium, IV 9, 1; ad sanitatem, I 42, 2.
revinciō, īre, -nxī, -nctum, v. 4, *bind fast, brace, anchor, connect firmly:* trabes introrsus, VII 23, 2; ancorae catenis revinctae, III 13, 5; materia trabibus revincta, VII 23, 5; stipites ab infimo revincti, VII 73, 3; (trabes) in contrariam partem, IV 17, 7.
revŏcō, v. 1, *call back*, V 7, 8; milites ab opere, II 20, 1; reliquas copias, VII 35, 6; legiones equitatumque, V 11, 1; — *entice from:* quos spes praedandi, etc., ab agricultura, etc., revocabat, III 17, 4.
rēx, rēgis, *king* (but chieftain is often the real sense): Ariovistus r. Germanorum, I 31, 10; Teutomatus r. Nitiobrigum, VII 31, 5; 46, 5; rex atque amicus a senatu appel-

latus, I 35, 2; cf. 43, 4; (Vercingetorix) rex ab suis appellatus, VII 4, 5; Catuvolcus rex dimidiae partis Eburonum, VI 31, 5; Galba (of Suessiones), II 13, 1; nunc esse regem Galbam, II 4, 7; apud eos fuisse regem nostra etiam memoria Devitiacum, totius Galliae potentissimum, II 4, 7; Commium quem ipse (Caesar scil.) regem ibi (inter Atrebates scil.) constituerat, IV 21, 7; Cavarinum quem Caesar apud eos (Senones) regem constituerat, V 54, 2; Cantium, quibus regionibus quattuor reges praeerant, V 22, 1.
Rhēnus, ī, m., *the Rhine*, I 54, 1; IV 3, 3; 4, 1, 7; 10, 2; 16, 4; 19, 4; 6, 3; 10, 1; V 3, 1; 24, 4; 29, 3; VI 24, 1; 32, 1; 35, 5; V 55, 1; Rhenus influit, IV 1, 1; oritur ex Lepontiis, IV 10, 3; Rhenum transire (*v.* transeo) Rhenum traducere multitudinem, I 31, 16; cf. II 4, 1; IV 16, 6; trans Rhenum traducere, I 35, 3; flumen Rhenus I 1, 6; 2, 3; 53, 1; II 29, 4; III 11, 1; V 3, 4; trans Rhenum remigrare, IV 4, 6; cf. IV 16, 2; VI 41, 1; ripae Rheni, I 37, 3; 54, 1; VI 29, 4; confluens Mosae et Rheni, IV 15, 2; ad Rhenum finesque Germanorum, I 27, 4; trans Rhenum incolere, I 1, 3; 5, 4; 28, 4; II 35, 1; cis Rhenum incolere, II 3, 5; proxumi Rhenum, I 54, 1; populi Romani imperium Rhenum finire, IV 16, 4; trans Rhenum ad Germanos, VI 35, 4; tr. Rh. in Germaniam mittit, VII 65, 4.
Rhodanus, ī, m., *the Rhone* river, I 10, 5; fluit, I 6, 2; dividit Sequanos a provincia nostra, I 33, 4; ad ripam Rhodani, I 6, 4; (Arar) in Rhodanum influit, I 12, 1; vada -ī, I 8, 4; ripae Rhodani fluminis, I 38, 5; trans -um, I 10, 5; 11, 5; ad -um cum dispositis praesidiis, VII 65, 2.
rīpa, ae, *bank* (of river) munita, V 18, 3; ad ripam, I 53, 3; ad utramque ripam fluminis, IV 4, 2; altera fluminis ripa, V 18, 2; Rhodani, I 6, 4; ad ripas (*one* bank) Rheni, I 37, 3; 54, 1; VI 29, 4; Ligeris, VII 55, 1, 9; Sequanae, VII 58, 6; -as dimittere, V 18, 5; Ubiorum, VI 20, 2; fluminis, II 5, 5; 23, 3; flumen ripis praeruptis, VI 7, 5.
rīvus, ī, m., *brook*, V 49, 5; 50, 3.
rōbur, oris, n., *oak, oak timber:* naves totae factae ex robore, III 13, 3.
rogō, v. 1, *beg, request, ask for:* auxilium, I 11, 2; subsidium, VII 5, 2; finem faciat, I 20, 5; ut liceat, I 7, 3; ut parcat, V 36, 1; (milites) sacramento rogare, *enlist, call into service*, VI 1, 2; nisi rogatus non venerit, I 44, 6; non sua sponte sed rogatum, I 44, 2; rogati ab Commio, VII 75, 5.
Rōma, ae, *Rome:* -am proficisci, VI 12, 5; -am ad senatum venire, I 31, 9; Romae supplicatio redditur, VII 90, 8.
Rōmānus, a, um, adj., populus Romanus (never R. p.), I 44, 7; 19, 2; p. R. facit pacem, I 13, 3; Galliam potius esse Ariovisti quam -i Romani, I 45, 2; p. Romanus ignovisset alicui, I 45, 2; senatus populi -i, I 3, 4; disciplina atque opes, VI 1, 4; more

et exemplo -i -i, I 8, 3; amicitia, I 40, 2; 43, 8; 44, 5; IV 16, 7; V 3, 3; VII 39, 3; boneficium, I 35, 2; 42, 3; dediticii p. R-i, II 32, 2; inimici, I 10, 2; incommodum, I 13, 4; imperium, I 18, 9; 33, 2; cf. 45, 3; IV 10, 4; 21, 5; V 20, 4; VII 1, 3; calamitas, I 13, 7; Helvetiorum iniuriae p-i R-i (inflicted by the II. upon the R. p.), I 30, 2; p. Romani merito, I 14, 1; ex usu p. R-i, I 30, 3; hospitium atque amicitia, I 31, 7; nomen, I 31, 10; amici, I 35, 4; fraternum nomen, I 36, 5; exercitus, I 44, 7; II 1, 3; IV 16, 1; consuetudo, I 43, 8; 45, 1; III 23, 0; V 41, 7; VI 7, 8; auxilium, I 44. 9; nobiles principesque, I 44, 12; dignitas, IV 17, 1; potestas, II 3, 2; 34, 1; fides, IV 21, 8; maiestas, VII 17, 3; populo Romano calamitatem inferre, I 12, 6; gratiam referre, I 35, 2; bellum facere, IV 22, 1; periculosum, I 33, 3; bellum inferre, II 14, 3; IV 7, 3; quid Caesari aut omnino populo R-o negotii esset, I 34, 4; sibi populoque R-o, I 35, 2, 4; Ariovistus opp. to p. R., I 36, 1, 2; 44, 5, 7; populo R-o vectigal pendere, V 22, 4; se populo -o dedere, II 15, 5; coniuncta -o -o civitas, VI 33, 1; eques Romanus, III 10, 2; V 27, 1; VI 40, 4; VII 3, 1; equites -i, VII 60, 1; 65, 5; exercitus, VI 34, 6; seu quis Gallus seu Romanus, I 51, 3; — hoc esse in populum R.-um animo, V 41, 5; bono animo in p. Romanum, I 6, 3; contra p. Romanum coniurare, II 1, 1; 3, 2; armis contendere, II 13, 2; fides erga populum -um, V 54, 4; populum Romanum superare, V 27, 4; quamvis fortunam a populo R-o pati, II 31, 6; a populo R-o imperia perferre, V 54, 5; auxilium a populo Romano implorare, I 31, 7; a Caesare populoque R-o, I 31, 14; de populo Romano meritum esse, I 11, 3; — ROMANI, orum, m., *the Romans:* superant Helvetios, I 17, 3; exercitum introduxissent, II 10, 4; (of Caesar's soldiers) signa intulerunt, I 25, 7; cf. V 34, 1; se recipere coepissent, III 24, 3; impetum faciunt, V 34, 3; commeatu prohibentur, VII 14, 2; Romanorum adventus, II 16, 2; IV 19, 3; V 32, 1; VI 10, 5; opp. to Galli, barbari or hostes, I 18, 9; 23, 3; II 13, 3; 24, 5; 31, 2; III 18, 3; 24, 4; 19, 1; 9, 6; IV 24, 1; 30, 1; 34, 5; VI 8, 1; 4, 1; VII 38, 2; 44, 4; 64, 2; 66, 3; 77, 10; 10, 2; 20, 1, 6; 35, 1; 38, 8; 85, 3; 14, 9; 26, 4; 48, 3, 4; 55, 1; 14, 7; 20, 1, 3; 26, 2; 29, 2; 47, 5; 55, 9; 48, 1; 61, 1; 66, 2; 69, 6; 71, 1; 75, 5; Romani = populus Romanus, I 40, 4; 51, 3; III 2, 5; IV 7, 4; V 38, 2; 50, 1; VII 37, 5; 77, 15; 37, 3; 80, 2; Romanorum imperia perferre, I 17, 3; servitutem perferre, III 8, 4; celeritas -orum, II 12, 5; munitiones, VII 78, 4; exercitus, VI 10, 4; 35, 8; VII 61, 3; castra, VI 42, 3; equitatus, VII 26, 4; manus, VII 84, 3; amicitia, VII 63, 7; odisse Caesarem et Romanos, I 18, 8; -i milites, VII 20, 8; cives Romani, VII 3, 1; 17, 7; 38, 9; 42, 3.

Rōscius, ī, L., a legatus of Caesar's, V 24, 2, 7; 53, 6.

rōstrum, ī, n., *beak* (of ship): rostro nocere (navibus), III 13, 8; 14, 4.

rota, ae, *wheel:* inter carros rotasque (some MSS. ☞ redasque), I 26, 3; strepitus rotarum, IV 33, 1.

rubus, ī, m., *bramble:* rubis sentibusque interiectis, II 17, 4.

Rūfus, ī, m., P. Sulpicius, a legatus of Caesar's, IV 22, 6.

rūmor, is, m., *report, rumor:* rumore aut fama accipere aliquid, VI 20, 1; crebri rumores adferebantur, II 1, 1; de Aeduorum defectione, VII 59, 1; incertis rumoribus servire, IV 5, 3; rumoribus addere et adfingere aliquid, VII 1, 2; falsis rumoribus terreri, VI 20, 2.

rūpēs, is, f. (rumpo), *cliff, steep rock:* -es altissimae, II 29, 3.

rūrsus, adv. (turned back) *again, back again,* I 25, 6; cum se reciperent ac r. impetum facerent, II 19, 5; rursus resistentes, II 23, 2; cf. 24, 1; III 12, 1, 3; IV 4, 5; 12, 2; 30, 2; V 8, 3; 34, 4; 35, 3; VI 3, 3; 33, 5; 43, 1; VII 9, 6; 13, 2; 43, 5; 73, 2; VII 88, 2; rursus in vicem, IV 1, 5; — *in turn,* V 44, 13; VII 47, 7; 51, 2.

Rutēnī, ōrum, a tribe on the western side of the Cevennes (dep. Aveyron) between the rivers Lot and Tarn (Rodez), I 45, 2; VII 5, 1; 7, 1; 64, 6; raised 12,000 troops in the general levy of 52 B.C., VII 75, 3; 90, 6; a part of them was within the limits of the provincia.

Rutilus, ī, a legatus, C. Caninius R., VII 90, 6.

S.

Sabīnus, ī, m., Q. Titurius S., a legatus of Caesar's, III 11, 4; 17, 1, 5; 18, 4, 6; 10, 1, 5; IV 22, 5; V 24, 5; 26, 2; 30, 1; 31, 3; 37, 1; 41, 4; 47, 4; 52, 4; II 5, 6.

Sabis, is, im, m., the *Sambre* river, a tributary of the Meuse, in the country of the Nervii, II 16, 1; 18, 1.

sacerdōs, dōtis, m., *priest,* VII 33, 3.

sacrāmentum, ī, n., *the military oath,* (milites) sacramento rogare (*to have them take the military oath*), VI 1, 2.

sacrificium, ī, n., *sacrifice, offering:* s-a publica ac privata procurant, VI 13, 4; s-is interdicere (alicui scil.), VI 13, 6; administris ad -a druidibus uti, VI 16, 2; -a publice instituta habere, VI 16, 3; -iis studere, VI 21, 1.

saepe, adv., *often,* I 42, 4; IV 2, 3; 3, 4; 5, 3; V 7, 8; VI 17, 5; 20, 2; 43, 4; minime saepe, I 1, 3; saepius, I 8, 4; 32, 4; III 6, 4.

saepenumerō, adv., *often, frequently,* I 33, 2; 39, 2; 40, 7; VI 8, 4; 62, 2.

saepēs, is, f., *hedge,* II 17, 4; -es densissimae, II 22, 1.

saeviō, v. 4, *to rage:* cum ventus saevire coepisset, III 13, 9.

sagitta, ae, f., *arrow,* IV 25, 1; VII 41, 3; 81, 2.

sagittārius, ī, m., *archer*, II 10, 1; 19, 4; VII 31, 4; 36, 4; 80, 3, 7; Cretas (Greek acc. pl.) sagittarios, II 7, 1.

sagulum, ī, n. (sagum), *military cloak*, V 42, 3.

saltus, ūs, *wooded glen, forest-covered mountain range*, VI 43, 6; omnia vada ac saltus (very doubtful reading **salti**) eius paludis, VII 19, 2.

salūs, ūtis, f., *preservation, salvation, safety*, I 48, 5; V 31, 2; spes salutis, I 27, 4; II 27, 3; 33, 4; III 5, 2, 3; V 34, 3; VI 34, 2; vestrae salutis causa suum periculum neglexerunt, VII 77, 9; salutis causa rei familiaris causa neglegenda, VII 14, 5; ut suae -is rationem habeant, VII 71, 3; diffisus suae atque omnium saluti, VI 38, 2; suae ac militum saluti consulat, V 27, 7; cf. VII 66, 5; auxilio salutique esse alicui, V 44, 14; cf. VII 50, 6; salus militum, V 36, 2; exercitus, VI 34, 3; — *welfare:* communis, II 5, 2; V 33, 2; 48, 1; VII 2, 1; 21, 3; 20, 7; (*existence, life:* salutem suam Gallorum equitatui committere, I 42, 5; VII 6, 4) salutem sibi reppererunt (or pepererunt? **salti**), I 53, 2; ad salutem contendere, III 3, 3; fuga -em petere, III 15, 2; 20, 5; IV 14, 2; salus in virtute posita est, III 21, 1; in celeritate, V 29, 6; in illo vestigio temporis, VII 25, 1; -em accipere, VII 20, 7; neglegere, VII 39, 3; de sua salute, VII 9, 4; de sua -e, VII 9, 4; de sua omniumque salute, I 31, 1; sua ac militum, V 36, 3; desperata salute, III 3, 3; V 37, 6; VI 5, 5; VII 88, 5; de omni -e desperant, VII 85, 3; nisi eorum vitam sua salute habeat cariorem, VII 19, 5; suum periculum in aliena salute constare, VII 84, 4.

Samarobrīva, ae (Somme bridge), chief town of the Ambiani, now Amiens, V 24, 1; 47, 2; 53, 3.

sanciō, īre, nxī, nctum, v. 4, *to agree solemnly, guarantee:* inter se sanxerunt ne, I 30, 5; iureiurando ac fide s. ne, VII 2, 2; habent legibus sanctum ut, VII 20, 1.

sānctus, a, um, adj., *sacred, inviolable:* -um habere aliquem, VI 23, 9; nomen sanctum inviolatumque, III 9, 3; sanctissimo iureiurando, VII 66, 4.

sanguis, uinis, m., *blood:* sine vestro sanguine, VII 20, 12; s. viresque deficiunt, VII 50, 6.

sānitās, ātis, f., *health, sober sense:* ad -em reverti, I 42, 2; VII 42, 4.

sānō, v. 1, *to remedy, compensate for:* id maioribus commodis, VII 29, 5.

Santonēs, um, m., tribe in West-Central Gaul (Saintonge), dep. Charente and Charente Inferieure, region of Rochefort and Rochelle, I 10, 1 (exaggeration of Caesar's); Santonis, cf. I 11, 6 (heteroclitic form); they furnished 12,000 troops in the general levy of 52 B.C., VII 75, 3; cf. III 11, 5.

sānus, a, um, adj., *sound, healthy, sensible:* nihil pro sano facere, *not to act sensibly in any particular*, V 7, 7.

sapiō, ere, īvī, v. 3 (have taste), *be wise*, V 30, 2.

sarcinae, ārum, f., *personal baggage* (of legionaries): -as in unum locum conferre, I 24, 3; cf. VII 18, 4; legionem sub sarcinis adoriri, II 17, 2; III 24, 3.

sarciō, īre, sī, tum, v. 4, *to mend, repair* (metaphorically), VI 1, 3.

sarmentum, ī, n., *twig, branch*, III 18, 8.

satis, adv. 1) *enough, sufficiently:* satis esse, I 3, 2; 51, 1; IV 16, 6; 22, 3, 6; V 2, 3; s. habere, *to be satisfied*, I 15, 4; s. constat, III 14, 3; s. provisum est, III 3, 1; s. proficere, IV 19, 2; facere, VII 53, 3; s. commode, I 25, 3; 39, 6; III 13, 6; 14, 4; opportune, IV 22, 2; s. magnus, I 16, 2; s. tutum, IV 17, 2; — *used substantively:* satis praesidii, III 23, 7; — 2) *pretty* (considerably): s. grandis, I 43, 1; s. magnus, V 21, 2; VII 47, 2.

satisfaciō, ere, fēcī, factum, v. 3, *make reparation:* alicui, I 14, 6; de iniuriis, V 1, 7; morte sua Romanis, VII 80, 2; — *apologize:* legatos satisfaciendi causa mittere, V 54, 3; Caesari, I 41, 3; — *do one's duty to:* alicui, V 27, 7.

satisfactiō, ōnis, f., *apology:* -em accipere, I 41, 4; VI 9, 8.

saucius, a, um, *wounded, bleeding*, III 4, 3; V 36, 3.

saxum, ī, n., *rock, stone:* magni ponderis, II 29, 3; cf. VII 22, 5; saxa et cautes timēre (of ships), III 13, 9; s. grande, VII 46, 3; intervalla -is effarcire, VII 23, 2; cf. § 3; alternis trabibus ac saxis, VII 23, 5.

scālae, ārum, f. (scando), *ladder*, VII 81, 1; -is vallum ascendere, V 43, 3.

Scaldis, is (im), m., the *Scheldt* river: flumen S. quod influit in Mosam (incorrect), VI 33, 3.

scapha, ae, f., *yawl:* -as longarum navium compleri, IV 26, 4.

scelerātus, a, um, adj., *crime-stained, scoundrelly*, VI 13, 7; 34, 4.

scelus, eris, n., *crime:* pro scelere ulcisci aliquem, I 14, 5.

sciēns, ntis, ptcpl., as adj., *knowing:* scientius, *in a more skilful manner*, VII 22, 2.

scientia, ae, f., *knowledge* (system): -a atque usus militum, II 20, 3; -a linguae Gallicae, I 47, 4; rerum nauticarum, III 8, 1; rei militaris, III 23, 5; VII 57, 3; oppugnationis, VII 29, 2.

scindō, ere, scidī, scissum, v. 3 (split), *break down, demolish:* vallum, III 5, 1; VII 51, 4.

sciō, īre, īvī, ītum, *know:* haud scio mirandumne sit, V 54, 5; — *followed by acc. c. inf.*, I 20, 2; 40, 12; 44, 9; III 9, 4; V 46, 3; 47, 4; 49, 6; VI 5, 4; 33, 4; quae agat, I 20. 6; quae fierent, V 54, 1.

scorpiō, ōnis, m., "*scorpion*," an instrument for hurling a pointed projectile: -one traiectus, VII 25, 2; ictus -onis, VII 25, 3.

scrībō, ere, psī, ptum, v. 3, *write:* alicui scribere ut aliquid faciat, V 11, 4; cf. 46, 4; in litteris scribit se adfore, V 48, 6; cf. 13, 10; de quibus supra scripsimus, II 29, 1; cf. V 13, 10.

scrobis, is, m., *ditch, trench:* -es fodere, VII 73, 5; cf. § 7; in scrobes deferri, VII 82, 1.

scutum, ī, n., *shield:* sc. transfigere, V 44, 7; I 25, 3; s. manu mittere, I 25, 4; s. detrahere alicui, II 25, 1; cf. § 2; -a manibus revellere, I 52, 5; -a ex cortice facere, II 33, 2; -is innitor, II 27, 1; -is tegimenta detrudere, II 21, 5; -is protegere aliquem, V 44, 6.

Sebusianī, ōrum, m., I 10, 5 (☞ changed to Segusiavi by Nipperdey.

secō, āre, secuī, sectum, v. 1, *cut:* pabulum, VII 14, 4.

sēcrētō, adv. (seccrno), *privately, apart*, I 18, 2; 31, 1.

sectiō, ōnis, f., *booty* (properly share, shares) (including prisoners of war): -ōnem eius oppidi universam vendidit, II 33, 7.

sector, v. dep. 1, *follow, run after:* hanc miseram praedam, VI 35, 8.

sectūra, ae (cutting), *digging, mines*, III 21, 3.

secundum, prep. c. acc. (sequor), *next to*, I 32, 2; — *along:* flumen, II 18, 3; VII 34, 2; — *following* (in accord w.): s. naturam fluminis (*the current*), IV 17, 4.

secundus, a, um, *the second* (sequor): -a acies, I 25, 7; 49, 2; vigilia, II 11, 1; V 23, 6; VII 71, 5; -us locus dignitatis, VI 12, 9; — *favorable:* aestus, IV 23, 6; -i rerum proventus, VII 29, 3; secundiore equitum proelio nostris, II 9, 2; secundiores res, *greater prosperity*, I 14, 5; — *successful:* motus Gallorum, VII 59, 1; equestre proelium, VII 53, 2; proelium, III 1, 4; VI 12, 3; VII 47, 3; secundissima proclia, VII 62, 2; secundo flumine, *down stream*, VII 58, 5; 60, 1.

secūris, is, f., *axe:* securibus subiectum esse, VII 77, 16.

sed, conj. co-ordinate, adversative, *but:* non solum ... sed etiam, I 12, 7; 18, 6, 9; 40, 7; II 14, 5; III 2, 5; 5, 1; 17, 5; VII 33, 3; 54, 4; — non modo ... sed etiam, I 10, 2; 19, 1; 43, 8; II 17, 4; 21, 5; III 4, 3; V 43, 4; VI 1, 3; — *after a semicolon*, I 14, 2; 24, 2; II 19, 1; 32, 2; IV 4, 3; 8, 1, 3; 17, 1; 36, 4; V 8, 6; 11, 9; 14, 5; 15, 2; 16, 4; — *after a comma*, I 18, 1; 32, 2, 3; 36, 1; 39, 6; 41, 3; 44, 2, 3; 6, 11; II 17, 4; 20, 4; III 4, 2; IV 1, 8; 2, 2; 17, 4; 28, 2; V 12, 5; 13, 2, 6; 14, 2; 27, 3; 29, 3; 31, 6; 44, 5; 53, 7; VI 3, 5; 14, 5; 18, 2; 22, 2; 23, 5; 27, 1; 34, 1, 3; 40, 6; 43, 3; VII 23, 3; 28, 2; 29, 2; 39, 1; 44, 3; 50, 4; 62, 7; 64, 2; 71, 4; 75, 1; 89, 1; — *after a period*, I 31, 10; IV 1, 7; V 3, 5; 9, 8; 17, 1; 18, 5; 27, 5; VI 13, 3; 28, 4; 30, 3; 31, 2; 36, 6; VII 47, 3; 51, 1; non solum ... sed paene, I 20, 2; VI 11, 2; sed tamen, III 10, 1.

sēdecim, *sixteen*, I 8, 1; 49, 3.

sēdēs, is, f., *seat, abode, residence:* locus ac sedes, I 31, 10; reverti in suas sedes regionesque, IV 4, 4; -es habere in Gallia, I 44, 2; aliud domicilium, alias sedes petere, I 31, 14; his sedibus se continet, VI 24, 3.

sēditiō, ōnis, f., *insurrection:* vulgi, VII 28, 6.

sēditiōsus, a, um, adj. insubordinate: seditious, -a oratio, I 17, 2.

Sedulius, i, m.: dux et princeps Lemovicum, VII 88, 4.

Sedunī, ōrum, m., Alpine people (in Valais *Sitten*), III 1, 1; 2, 1; 7, 1.

Sedusiī, ōrum, m., German tribe, accompanying Ariovistus, I 51, 2.

seges, etis, f., *grain field*, VI 36, 2.

Segnī, ōrum, m., German tribe on left bank of the Rhine, VI 32, 1.

Segontiacī, ōrum, m., tribe of Britain, V 21, 1.

Segovax, acis, m., a British chieftain of Kent, V 22, 1.

Segusiavī ōrum, Celtic tribe (Lyon), dep. of Loire et du Rhone, I 10, 5; finitimi provinciae, VII 64, 4; vassals of Aedui, VII 75, 2.

semel, adv., *once:* s. atque iterum, I 31, 6, 12.

sēmentis, is, f., *sowing of crop:* facere, I 3, 1.

sēmita, ae, f., *path:* patere, VII 8, 3; omnibus viis semitisque, V 19, 2.

semper, adv., *always*, I 18, 5; III 9, 3; 12, 1; V 54, 4; VI 43, 5; VII 24, 5; 25, 1; 33, 1; 44, 1.

Semprōnius, ī, m., S. Rutilus, VII 90, 4.

senātor, is, m., *elder*, "*senator*" (of Nervii), II 28, 2.

senātus, ūs, m., the senate of Rome, I 31, 9; 3, 4; 33, 2; 35, 2; 43, 4; IV 12, 4; 38, 5; VI 12, 5; VII 31, 5; senatus censet ut, I 35, 4; -ūs beneficia, I 43, 4; cf. § 5; -ūs consultum, I 43, 7; VII 1, 1; -ūs indicium, I 43, 3; principes ac senatus (of Ubii), IV 11, 3; of Aedui, I 31, 6; 32, 5; 33, 2; VII 33, 3; of Remi, II 5, 1; of Senones, V 54, 3; of Veneti, III 16, 4; of Aulerci Eburovices and Lexovii, III 17, 3.

senex, senis, m., *old man*, I 29, 1.

sēnī, ae, a, *six each:* sena milia passuum, I 15, 5; -a milia militum, VII 75, 3.

Senōnēs, um, m., tribe on the upper Seine; they inhabited the departments of Yonne, Loiret, Seine et Marne, and Aube, V 54, 2; 56, 1, 4; II 2, 3; VI 3, 4, 6; 2, 3; 44, 1, 3; 3, 5; 5, 2; VII 11, 1; 34, 2; 56, 4; 58, 3; they furnished 12,000 troops in the general levy for the relief of Alesia in 52 B.C., VII 75, 3 (city of *Sens*).

sententia, ae, f. (sentio), *opinion* (deliberate view), *view* (motion, idea, proposition), VII 77, 3; superat s. Sabini, V 31, 3; s. est tuta, V 29, 6; ad eam sententiam haec ratio eos deduxit, II 10, 5; perducere aliquem ad sententiam, III 8, 5; VII 4, 3; descendere (*resort*) ad -am aliculus, VII 78, 1; -am dicere (*pronounce*), III 3, 3; VII 77, 2; 78, 1; -am probare, VII 77, 6; 15, 1; -as (*in a council of war*) exquirere, III 3, 1; in eam sententiam, *to this effect*, I 45, 1; in sententia ea permanere, IV 21, 6; -ā desistere, VI 4, 2; — *sentence, judgment:* graviorem -am pronuntiare, VI 44, 2.

sentiō, ēre, nsī, nsum, v. 4, *be aware, perceive*, V 27, 9; Dumnorigem designari, I 18, 1; quos perterritos, I 54, 1; de profectione eorum, V 32, 2; quid ageretur, IV 14, 1; quid ipse sensisset, VII 52, 2; quantum essent consecuti, IV 13, 3; — *entertain an idea:* unum (omnes), V 31, 2; idem, II 23, 8; eadem quae antea senserat, VII 53, 1; cf. VII 50, 3; aliter, VII 44, 4; — *know:* plus se quam imperatorem de victoria... sentire, VII 52, 3.

sentis, is, m., *bramble, briar:* rubis sentibusque, II 17, 4.

sēparātim, adv., *separately, by themselves:* quae s. quisque dixerit (opp. in concilio Gallorum), I 19, 4; s. pueri senes muliercsque, I 29, 1; s. singularum civitatium copias conlocaverat, VII 36, 2.

sēparō, v. 1, *to separate:* suum consilium ab reliquis, VII 63, 8; privati ac separati agri apud eos nihil est, IV 1, 7.

septem, *seven*, IV 23, 6; V 49, 7.

septentriō, ōnis, m. (seven plough oxen), *the north:* spectant in -onem, I 1, 6; — *elsewhere plural:* vergit ad -ones, I 1, 5; IV 20, 1; spectat inter occasum solis et -ones, I 1, 7; contra -ones, V 13, 6; Gallia sub -onibus posita est, I 16, 2; erat a -ibus collis, VII 83, 2.

septimus, a, um, *seventh:* dies, VI 35, 1; 33, 4; I 10, 5; 41, 5; V 43, 1; septimus, VI 36, 1; -a legio, II 23, 4; 20, 1; III 7, 2; IV 32, 1; V 9, 7; VII 62, 3, 6; -a hora, I 26, 2.

septingentī, ae, a, *seven hundred:* -a milia, V 13, 5; milites, VII 51, 4.

sepultūra, ae, f., *burial, burying:* occisorum, I 26, 5.

Sēquana, ae, f., the *Seine* River, I 1, 2; VII 57, 4; 58, 3, 6.

Sēquanī, ōrum, m., one of the three leading tribes of Celtic Gaul, substantially in Burgundy and in Southern Alsace (departments of Doubs and of Jura), I 31, 4; 7, 10; 32, 2, 3; 4, 5; 35, 3; I 3, 4; 8, 1; 10, 1; 11, 1; 12, 1; 19, 1; 1, 5; 3, 4; 9, 1; 3, 4; 31, 4; I 2, 3; 6, 1; 9, 1, 3; 33, 2, 4; 40, 11; 54, 2; 44, 9; 48, 2; IV 10, 3; VI 12, 1; 6, 4; VII 66, 4; 67, 7; 90, 4; Vesontio (Besançon), their chief town, I 38, 1; their contingent in 52 B.C. for the national cause was 12,000 men, VII 75, 3; Sequanus, a Sequanian, I 3, 4; ager Sequanus, I 31, 10.

sequor, i, secūtus, v. dep. 3, *follow*, IV 1, 1; (hiems) cf. VI 36, 3; tempestates (as subject), IV 34, 4; (se) IV 23, 1; V 37, 1; VII 50, 4; 87, 4; 88, 1; — *follow, move after:* hostes (acc.) quo consuerat intervallo, I 22, 5; cf. I 24, 4; VII 68, 2; damnatum poenam sequi oportebat, I 4, 1; — *pursue:* usque ad munitiones, VII 70, 4; eos, I 26, 5; III 28, 4; quos tanto spatio, IV 35, 3; finem sequendi facere, V 17, 3; VII 47, 3; — *go along, accompany*, I 40, 15; II 17, 1; VI 23, 7, 8; amicitiae causa Caesarem, I 39, 2; — *follow* (attach oneself to): populi Romani fidem, IV 21, 8; Caesaris fidem, V 20, 1; cf. V 56, 3; aestus commutationem (*wait for*), V 8, 3; — *to result:* fortunae eventus varii sequebantur, II 22, 2; — *follow:* regiones quam potuit aequissimas, VII 74, 1.

sermō, ōnis, m., *conversation, discussion:* longiorem -em instituere, V 37, 2; sermonis aditum habere, V 41, 1; aditum sermonemque defugere, VI 13, 7.

serō, ere, sēvī, satum, v. 3, *to sow:* frumenta, V 14, 2.

sērō, adv., *too late:* facere, V 29, 1.

Sertōrius, i, most eminent partisan of the faction of Marius, long in control of Spain, III 23, 5.

servīlis, e, adj., *of slaves:* tumultus (= servorum), I 40, 5; — *slavish, servile:* in servilem modum, VI 19, 3.

serviō, v. 4, *be a slave to, follow blindly:* incertis rumoribus, IV 5, 3; — *devote oneself to:* huic bello, VII 44, 1.

servitūs, ūtis, f., *slavery:* perpetua, VII 77, 9, 16; turpissima, VII 77, 3; aeterna, VII 77, 15; in -em redigere, II 14, 3; Romanorum -em perferre, III 8, 4; in -em abducere, I 11, 3; in -em abstrahere, VII 14, 10; 42, 3; in -em Romanis tradere, I 51, 3; in -em recipere, VII 78, 4; — *dependence, subjection:* condicionem servitutis odisse, III 10, 3; sese in servitutem dicare nobilioribus, VI 13, 2; in servitute alicuius teneri, I 33, 2; cf. V 27, 2.

Servius Galba (legatus), III 1, 1.

servō, v. 1, *keep, maintain:* suos ordines, VII 23, 5; idem illud intervallum, VII 23, 3; fructum coniunctim, VI 19, 2; IV 26, 1; praesidia indiligentius, II 33, 2; fidem, VI 36, 1; — *watch, observe:* itinera nostra, V 19, 1; — *save:* ne una vobiscum, VII 50, 4; reliquos, VI 40, 2; aegre aliquem, VI 38, 4; cf. VI 40, 5.

servus, ī, m., *slave*, V 45, 3; VII 20, 9; servi et clientes, VII 10, 4; iura (dominorum) in servos, VI 13, 3; servos qui ad eos perfugissent, I 27, 3; plebes paene servorum habetur loco, VI 13, 1.

sēscentī, ae, a, *six hundred:* obsides, II 15, 1; VII 11, 2; senatores, II 28, 2; naves, V 2, 2.

sēsquipedālis, e, adj., *of one-and-a-half foot:* tigna, IV 17, 3.

sētius, adv. (secius), *otherwise:* nihilo s., *all the same*, I 49, 4; IV 17, 9; nihilo tamen s., V 4, 3; 7, 3.

seu (= sive) (si velis), s.-s., *whether, be it that ... be it that:* seu maneant seu proficiscantur (orat. obl.), V 31, 2; cf. VII 89, 2; 36, 3; V 51, 3; seu... sive, I 23, 3; cf. *sive*.

sevēritās, ātis, f., *severity, strictness:* summa s. imperii, VII 4, 9.

sēvocō, v. 1, *call aside:* singulas, V 6, 4.

sēvum, ī, n., *tallow:* -i glaeba, VII 52, 2.

sex, *six*, I 27, 4; 48, 1, 5; I 5, 6; 8, 5; 19, 2, 5; 29, 4; III 5, 1; IV 37, 2; VI 44, 3; VII 8, 2; VII 34, 2; 46, 3; 69, 5; 86, 1.

sexāginta, *sixty*, II 4, 5.

sexcentī, ae, a, *six hundred*, I 38, 4; 49, 1, 3; IV 3, 2.

Sextius, ī, P. S. Baculus, III 5, 2; VI 38, 1, 4; T. Sextius (a legatus), VI 1, 1; VII 49, 1; 51, 2; 90, 6.

sī, conj., *if:* 1) *in or. obl. representing an indicative pres.* (chiefly): si vellent... reverterentur, I 7, 6; ut conquirerent... si vellent, I 28, 1; si posset... pateretur, I 43, 9; si velit... remittat, III 8, 5; si prohiberetur... transportaret, IV 16, 6; si velint utantur, V 41, 8; si posset... veniat, V 46, 4; si adire non posset, monet ut abiciat, V 48, 5; si possint... revertantur, VI 33, 5; si posset... pateretur, I 43, 9; cf. V 36, 2; I 44, 4; — 2) *future conditions* (= ἐὰν c. subj.), *or. obl.—: the subjunctive with sī generally represents a future perf., more rarely a present, or a first future:* quin si superaverint... crepturi sint, I 17, 4; si conentur... prohibiturum, I 8, 3; si obsides dentur... sese esse facturum, I 14, 6; si fieret... futurum, I 10, 2; si populus R.... faceret, ituros Helvetios, I 13, 3; si quid accidat... in spem venire (a virtual future), I 18, 9; si iuvissent... se habiturum, I 26, 6; si enuntiatum esset... se venturos, I 31, 2; si enuntiata sint... non dubitare, I 31, 15; nisi siquid sit... esse faciendum, I 31, 14; siquid opus esset... sese venturum fuisse, I 34, 2; siquid velit... oportere, I 34, 2; si fecisset... gratiam futuram, I 35, 4; illaturum... si manerent, I 36, 5; si non fecissent... afuturum, I 36, 5; quodsi sequatur... se iturum, I 40, 15; si subtrahantur... recusaturum, I 44, 5; quodsi interfecerit... esse facturum, I 44, 12; quodsi discessisset... remuneraturum, I 44, 13; id fieri posse... si introduxerint, II 5, 3; si fecerit, amplificaturum, II 14, 6; se conservaturum... si dedidissent, II 32, 1; si fecissent... se usuros, IV 11, 3; se, si C. permitteret, venturum, V 3, 7; si nihil esset durius... perventuros, V 29, 6; veritus ne si... fecisset... sustinere non posset, V 47, 4; copias defore... si coepisset, V 56, 1; se habiturum... si recepissent, VI 6, 3; si amplius vellet... dare pollicentur, VI 9, 7; si ita fecissent... se violaturum, VI 32, 2; si arcesseret... dimicaturas, VI 33, 3; si ferrent... se dimissurum, VII 17, 4; laturos si reliquissent, VII 17, 6; si intervenerint... habendam, VII 20, 6; statuisse si nihil profecissent... deducere, VII 20, 11; si retinuissent constare, VII 21, 3; si tenerent nostri... prohibituri hostes videbantur, VII 36, 5; futurum... si coniunxerint, VII 39, 3; ut si... vidissent terreret, VII 49, 2; si... consulant, spoliatum iri, VII 66, 5; si obtinuerint... expectant, VII 85, 3; si coepissent... adoriri cogitabant, III 24, 3; cf. I 20, 4; VII 32, 5; 71, 3; V 7, 7; 50, 3; — 3) *unreal condition:* si conscius fuisset, non fuisse difficile, I 14, 2; si adesset... venturos esse, V 29, 2; si... non haberemus tamen... iudicarem, VII 77, 13; — 4) *ideal, potential:* (sī c. opt.) si ita accidat (*supposing that*), VII 74, 1; si res cogat atque auxilia morentur, VII 78, 2; si usus veniat, VII 80, 1 (*here sī is not really correlative*); imperat (correlative): si sustinere non posset, deductis cohortibus eruptione pugnaret, VII 86, 2; cf. si se invito transire conarentur, I 8, 2; — akin to this is the use of si *where it is not correlative but epexegetical, (in case):* omnia exempla cruciatusque edere, si qua, cf. I 37, 4; si quid opus facto esset, I 42, 5; si in nostros fines inpetum faceret, I 44, 8; si id minus vellet, I 47, 1; si vellet Ariovistus proelio contendere, I 48, 3; si quo opus esset, II 8, 5; si possent, II 9, 4; si qua bella inciderint, II 14, 6; si praedandi causa ad eos venissent, II 17, 4; si opus esse arbitraretur, III 1, 3; unam esse spem salutis docent, si eruptione facta extremum auxilium experirentur, III 5, 2; si per vim navibus flumen transire conentur, III 11, 2; si quid his per vim accidat, III 22, 2; si lacessantur, IV 7, 3; si velint, IV 8, 3; si quid possent, IV 13, 5; si trunci sive naves essent missae, IV 17, 10; si ab Suebis premerentur, IV 19, 1; si illi a multitudine hostium premantur, IV 33, 2; si essent hostes pulsi, IV 35, 1; si videatur, V 36, 3; ut, si flumen transissent, VII 5, 5; cf. VII 10, 1; ut, si eam paludem Romani perrumpere conarentur, VII 19, 2; cf. VII 44, 4; si esset... periclitandum, VII 56, 1; — *logical condition* (in argument; here all cases are in oratio obliqua): si... non praescriberet (*failed to* dictate)... non oportere sese impediri, I 36, 2; si... non possint, I 17, 3; siquos commoveret... posse, I 40, 8; si quaererent... posse, I 40, 8; quodsi oporteret... iustissimum esse, I 45, 3; non esse... si contendissent, I 50, 5; si velint... posse utiles esse amicos, IV 7, 4; sibi... esse posse, si... remanerent, IV 8, 1; si... existimaret... cur postularet, IV 16, 4; quanta facultas daretur... si expulissent, IV 34, 5; si... interfici nollent, arma ponere iusserunt, IV 37, 1; si consentiret... esse positam, V 29, 6; si velit... licere, V 30, 2; errare eos... si sperent, V 41, 5; si negotium confici... vellet, dimittendae plures manus... erant, VI 34, 5; si contenderet... committi, VII 6, 4; si... videantur, aestimare, VII 14, 10; remittere, si... videantur, VII 20, 7; si... ferant... non posse, VII 66, 5; — cf. *of recurrent action in the past:* siquid erat durius, concurrebant, I 48, 6; — *conditions in oratio recta:* vincite, si ita vultis, V 30, 1; hi si sapient (anticipatory) si gravius quid acciderit (fut. perf.) abs te rationem reposcent, V 30, 2; — *repeated action:* si sunt plures... contendunt, VI 13, 9; si caedes facta... idem decernunt, VI 13, 5; cf. si res in suspicionem venit quaestionem habent, VI 19, 3; — *miscellaneous:* siquid in nobis animi est persequamur, VII 38, 8; neque aliter si faciat (*ideal* condition) ullam... habet auctoritatem, VI 11, 4; cf. si per te liceat... sustineant... intereant, V 30, 3; si ita accidat, VII 74, 1; si vellet,

Siquis locus ipse erat praesidio barbaris, VI 34, 6; —*repeated action:* si videbantur... iubebat, VII 67, 4; si... intercederet, aberat, VII 46, 1 (*ideal*); quid existumatis, si... cogentur, VII 77, 8; si... non potestis utimini, VII 77, 11; — SI, *supposing that, even if* (☞ *unless et* be supplied before si), followed by *tamen,* IV 20, 1; et si... ceciderit, *at,* VI 40, 2; siqui etiam occultassent, *tamen,* VI 43, 3; siquid etiam... miretur praecurreret, VII 90, 4; in quo, si non praesens periculum, at certe longinqua obsidione fames esset timenda, V 29, 7; — SI MODO, *if only,* IV 20, 2; facilem esse rem ... si modo ... probent, V 31, 2; — *apodosis given by abl. absolute:* magnis praepositis praemiis si pertulissent, V 40, 1; — SI (*as the complement of certain verbs*), *whether* ("an" in older English): conari... si ... possent, I 8, 4; after expectare, II 9, 1; hostes, si introire vellent, vocare coeperunt (si after vocare), V 43, 6; si forte ... posset, V 50, 3; cf. VI 37, 4; VII 20, 10; 55, 9; 89, 5.

siquis, siquid, "if any one" = *whosoever,* cf. quis. siqui excellit ... succedit, VI 13, 9; siquidem (εἴπερ), cf. quidem.

Sibuzatēs, um, m., a tribe of the Aquitani, dep. *Gironde* ("ou l'on trouve un endroit nommé Sobusse"), III 27, 2.

sic, adv., *so, in such a manner:* sic ... ut (c. subj. consecutive) s. municabatur, ut ... daret, I 38, 3; cf. V 23, 3; 51, 4; VI 18, 2; 41, 3; VII 17, 5; 19, 2, 5; 30, 4; 37, 4; V 17, 2; 51, 5; sic ut, II 32, 4; V 11, 2; 17, 2; *ut ... sic* (*as ... so*), I 44, 8; III 19, 6; VII 30, 3; sicut (☞ Stephanus) sic, VI 30, 2; — *in the following manner, as follows:* repericbat, II 4, 1; 15, 3; — *thus* (summing up at the beginning of sentence), III 6, 3; 10, 5; IV 1, 6; V 44, 14; VI 30, 4; VII 19, 6; 23, 4; 28, 4; 62, 9; sic ... proficiscuntur, ut quibus esset persuasum, V 31, 6.

siccitās, ātis, f., *dryness, drying up:* paludum, IV 38, 2; — *drought:* frumentum propter siccitates angustius provenerat, V 24, 1.

sīcut, conj., *just as* (ὥσπερ): provinciam suam hanc esse Galliam, s. illam nostram, I 44, 8; quod fore, s. accidit, videbat, V 58, 4; cf. VII 47, 5; sicut ... sic (ὥσπερ ... οὕτως), VI 30, 2; — *just like:* ab eius summo sicut palmae ramique late diffunduntur, VI 26, 2.

sīcuti, conj., *just as, just as if* (ὡσπερεί): s. parta iam ... victoria, V 43, 3; viri in uxores, s. in liberos, vitae necisque habent potestatem, VI 19, 3.

sīdus, eris, n., *star:* sidera, VI 14, 6; de sideribus atque eorum motu, VI 14, 6.

signifer, ī, m., *standard-bearer* (of a division smaller than the legion), II 25, 1.

significātiō, ōnis, f., *announcement, signal:* victoriae, V 53, 1; nequa eius adventus procul s. fiat, VI 29, 5; ignibus -onem facere, II 33, 3; s. Gallorum, VII 12, 6; clamore ... qua significatione, VII 81, 2.

Silva

significō, v. 1, *to announce, communicate, indicate:* clamore per agros regionesque, VII 3, 2; voce, II 13, 2; de fuga Romanis, VII 26, 4; hac re, IV 3, 1; fumo atque ignibus, II 7, 4; fremitu et concursu, IV 14, 3.

signum, i, n. (figure), 1) *signal:* signum tuba dare, II 20, 1; VII 81, 3; s. proelii committendi, II 21, 3; cupientibus signum dat, III 19, 1; militibus s. dare, VII 27, 2; cf. 46, 10; s. proelii exposcere, VII 19, 4; s. proelii dare, VII 62, 2; — *signo dato* impetum fecerunt, I 52, 3; decurrere, III 4, 1; ex castris erumperent, III 5, 4; ad munitionem perveniunt, VII 46, 4; Cenabum concurrunt, VII 3, 1; s. recipiendi, VII 52, 1; — *on the fleet,* IV 23, 6; — 2) *battle-cry, watchword* (σύνθημα): dare, II 20, 1, 3; — standard (was really a *figure*) (of cohort, probably): amittere, II 25, 1; signa militaria, VII 88, 4; s. m. relinquere, IV 15, 1; signa subsequi, IV 26, 1; in unum locum conferre, II 25, 1; cf. VII 2, 2; s. ferre (*advance*) quo, VII 37, 6; cf. I 39, 3; 7; 40, 12; II 25, 2; VII 62, 6; 67, 4; conspicari, VI 39, 4; signis occurrere, IV 26, 1; signa ad hostem convertere, VI 8, 5; conversa signa bipertito intulerunt, *faced about and advanced in two divisions,* I 25, 7; cf. II 26, 1; quae signa prima conspexit, ad haec constitit, II 21, 6; se ad signa recipere, V 34, 4; s. occultare, VII 45, 7; ad signa convenire, VI 1, 2; continere ad s. manipulos, VI 34, 6; se in signa (for cohorts?) manipulosque coniciunt, VI 40, 1; legionis signa constituere, VII 47, 1; ab signis discedere, V 16, 1; 33, 6; ab signis legionibusque non absistere, V 17, 2; infestis signis (*ready to charge*), VI 8, 6; VII 51, 3.

Silānus, i, m., a *legatus* of Caesar, VI 1, 1.

silentium, i, n., *silence:* silentio (*in silence, quietly*), VII 28, 6; silentio ex oppido egressi, VII 11, 7; cf. 58, 2; 60, 4; 81, 1; -o profectus, VII 18, 2; -o progredi, VII 60, 1; -ō noctis conati, VII 16, 1; cf. 36, 7; -ō equitatum mittit, VII 71, 5.

Silius, i, T., a Roman officer, III 7, 4; 8, 2.

silva, ae, f., *forest, wooded mountain-range,* III 28, 3; Bacenis s., VI 10, 5; Hercynia s., VI 25, 1; 24, 2; s. Arduenna, V 3, 4; VI 29, 4; 31, 2; initium silvae, VI 10, 5; cf. III 28, 3; ad silvas, II 19, 7; ex silva impetum facere, II 10, 5; silvae paludesque, V 52, 1; cf. VI 5, 4; 35, 7; V 21, 2; VII 16, 7; 32, 2; silvae artiores, VII 18, 3; continentes, III 28, 2; densiores, III 29, 2; IV 38, 3; impeditae, V 21, 3; perpetuae, VI 5, 4; -ae fugientem texerunt, VI 30, 4; cf. VII 62, 9; -ae confertos adire prohibebant, VI 34, 4; magnitudo -arum, I 39, 6; in -as repellere, III 28, 4; cf. V 15, 1; silvarum ac fluminum petunt propinquitates, VI 30, 3; se in proximas -as abdiderunt, II 12, 3; se in -as recipere, II 19, 5; VI 20, 1; intra eas -as se in occulto continebant, II 18, 3; cf. II 19, 6; -as caedere, III 29, 1;

silvis occultare, VII 45, 5; in silvis abditi, II 19, 6; cf. IV 28, 4; 38, 3; V 9, 4; VII 18, 3; -as petere, VI 8, 6; ex agris in silvas compellere, V 19, 1; per silvas, V 37, 7; in -is deponere, IV 19, 2; 41, 1; in -as discedere, V 39, 2; in -is delitescere, IV 32, 4; ex -is propugnare, V 9, 6; se ex -is eicere, V 15, 3; ex -is expellere, V 9, 7; ex -is emittere, V 19, 2; in -is insidias collocare, V 32, 1; in -is, VI 34, 8; silvis obiectis, VI 37, 2.

silvestris, e, adj., *wooded:* collis, II 18, 2; locus, V 19, 1; VI 34, 2; VII 1, 4; 35, 3; dorsus (☞ dorsum ?), VII 44, 3.

similis, e, adj., *similar, like:* fugae (dat.) similis discessus, V 53, 7; fugae similis profectio, V 47, 4; VII 43, 5; cf. VI 7, 8; similis casus, VII 41, 4; illi bello, VII 77, 14; — *veri simile* (*probable*), III 13, 6; simili ratione, VII 4, 1; 38, 10; s. inopia, VII 20, 11; 77, 12.

similitūdō, inis, f., *resemblance, similarity:* armorum, VII 50, 2; floris, VII 73, 8.

simul, adv., *at the same time,* I 19, 4; II 24, 3; III 9, 3; IV 32, 5; V 50, 5; VI 1, 2; 8, 5; 23, 3; VI 34, 8; 30, 2; VII 30, 4; 31, 4; 48, 4; 73, 7; — *at one and the same time,* IV 24, 2; simul... simul (*both ... and*), IV 13, 5; — conj., *as soon as:* s. in arido constiterunt, IV 26, 5; simul atque ("at the same time as"), *as soon as* receperunt, IV 27, 1; cf. V 3, 3; VII 12, 5.

simulācrum, ī, n., *image, figure:* -a immani magnitudine, VI 16, 4; huius (Mercurii), VI 17, 1.

simulātiō, ōnis, f., *feigning, pretense* (*insincerity*): -one eadem uti, IV 13, 4); s. rei frumentariae (*as to grain supply*), I 40, 10; timoris, V 50, 3, 5; itineris (*as if he were marching*), VI 8, 2; equitum (*as if they were horsemen*), VII 45, 2; inani -one sese ostentare, VII 19, 3.

simulō, v. 1, *to pretend:* reverti se, IV 4, 4; simulata amicitia, *under the guise of friendship,* I 44, 10.

simultās, ātis, f. (struggle), *feud, quarrel:* summis -ibus contendere, V 44, 2.

sīn, conj., *but if,* I 13, 3; sin autem, V 35, 4.

sincērē, adv., *honestly, in good faith:* pronuntiare, VII 20, 8.

sine, prep. c. abl., *without:* s. causa, I 14, 2; 40, 6; IV 27, 5; V 6, 5; s. contentione, VII 58, 4; s. consilio, VII 20, 2; s. certa re, V 29, 4; s. duce et sine equitatu, VII 52, 2; s. impedimentis, IV 30, 2; s. imperio, VII 20, 1; s. iniuria, IV 8, 2; s. exercitu, I 31, 3; s. mora, II 15, 2; s. nodis articlisque, VI 27, 1; s. offensione eius animi, I 19, 5; s. imperatore et s. reliquis legionibus, III 21, 1; s. pernicie, I 36, 6; sine scuto, II 25, 2; s. praesidio, VII 1, 7; s. sollicitudine, V 53, 5; s. ope divina, II 31, 2; s. iniuria, VI 8, 2; s. ullo eius labore et periculo, I 44, 13; s. ullo maleficio, I 7, 3; cf. 9, 4; s. ullo vulnere, III 24, 2; cf. V 52, 2; s. ulla suspicione, V 45, 4; non sine summo timore, V 33, 5; non sine magna spe, I 44, 2; s. metu, IV 4, 6; V 41, 6; s. periculo, I 42, 1; 46, 3; II 5, 5; 11, 6; V 31, 5; 51, 3; s. vestro sanguine, VII 20, 12.

singillātim, adv., *individually, one person at a time,* III 2, 3; V 4, 3; 52, 4.

singulāris, e, adj., *distinguished, extraordinary,* II 24, 4 (opinio); virtus, VII 22, 1; scientia rei militaris, VII 57, 3; opera, V 25, 2; crudelitas, VII 77, 2; studium, V 2, 2; — *single:* homo, VII 8, 3; aliqui -es, IV 26, 2.

singulī, ae, a., distrib. numeral, *one at a time, one each:* vix qua singuli carri ducerentur, I 6, 1; ut -i commeare possent, VII 36, 7; magistratus, VII 32, 3; naves, III 14, 3; pedes, VII 73, 7; singuli -os delegerunt (*they had severally chosen one another*), I 48, 5; singulae (trabes) -is saxis intericctis, VII 23, 5; separatim singularum civitatium copias, VII 36, 2; -is deerat audacia, VI 34, 6; singulis legionibus singulos legatos... praefecit, I 52, 1; cf. VII 45, 7; -is legionibus singulos legatos discedere, II 20, 3; sevocare -os, V 6, 4; -os exceptare, VII 47, 7; -os consectari, III 15, 5; -os attribuere, VII 60, 1; quid in annos singulos vectigalis penderet, V 22, 4; in annos -os attribuere, VI 22, 2; inter -as legiones impedimentorum magnum numerum intercedere, II 17, 2; singulas (scil. naves) binae ac ternae naves circumsteterant, III 15, 1; -as legiones appellare, VII 17, 4; quotannis -a milia educunt, IV 1, 4; in -a diei tempora, VII 16, 2; toto (☞ thus the MSS.) exercitui capita singula distribuit, VII 89, 5; singulis ordinibus cespitum (*by one thickness of sod in each case*), V 51, 4; in singulis militibus (opp. to universi), VII 34, 3; -is effossis oculis, VII 4, 10; in -is domibus, VI 11, 2; cum singulis legionibus, VII 90, 6.

sinister, tra, trum, adj., *left:* -a (scil. manu) impedita, I 25, 3; -a parte acie (= aciei), II 23, 1; sub -a, *on the left,* V 8, 2; ab -o (*on the left*), VII 62, 4; a -o cornu, I 52, 6; VII 62, 6.

sinistrōrsus (-o versus), adv., *toward the left,* VI 25, 3.

sinō, ere, sīvī, situm, v. 3, *let, permit:* vinum ad se importari, IV 2, 6 (☞ br. by Paul?).

sistō, v. circumsisto.

situs, ūs, m., *location, situation, site:* castrorum, V 57, 3; VII 83, 1; urbis, VII 36, 1; 68, 3; oppidorum, III 12, 1.

sīve, conj. (si ... velis), *be it that ... be it that:* seu ... sive, I 23, 3; (*or if*) sive ... sive, I 12, 6; 27, 4; III 13, 6; VII 32, 2; si ... sive, IV 17, 10.

socer, soceri, m., *father-in-law,* I 12, 7.

societās, ātis, f., *alliance:* societate et foedere adiungere aliquem, VI 2, 2.

socius, ī, m., *ally:* socii, I 14, 6; 15, 1; 35, 3; 36, 5; 43, 9; V 39, 3; VI 10, 4; the Aedui are called *socii* by Caesar, II 11, 6; cf. I 43, 8; 45, 1; aliquos sibi socios adsciscere, I 5, 4; III 9, 10.

sōl, is, m., *sun:* occasus -is, I 1, 7; 50, 3; II 11, 6; III 15, 5; IV 28, 2; V 8, 2; VII 80, 6; ortus solis, VII 41, 5; oriens sol (*east*), I 1, 6; V 13, 1; VII 69, 5; 3, 3; occidens sol, V 13, 2.

Sōl, the Sun-god, VI 21, 2.

sōlācium, ī, n., *consolation:* n. hoc -ii, VII 15, 2.

soldūrius, ī, a word of the Aquitani, hence of the Celtiberian language, etymology uncertain: Diefenbach abandons the attempt at fixing the same; used of sworn men who loyally lived and died for their master, III 22, 1; cf. Amedée Thierry (vol. II., p. 352), who quotes Basque *zaldi* or *saldi* (horse), hence sold. = *horseman, knight, squire*.

sōleō, ēre, solitus, v. 2, semi-dep., *to be accustomed, be wont* (= *consuevisse*): Elaver vado transiri solet, VII 35, 2; quod accidere solebat, VI 15, 1.

sōlitūdō, inis, f. (solus), *loneliness, wilderness:* se in -em abdere, IV 18, 4; circum se -es habere, VI 23, 1.

sollertia, ae, f., *skill, adroitness*, VII 22, 1.

sollicitō, v. 1, *to stir up:* Allobrogas nuntiis legationibusque, VII 43, 3; 63, 2; 64, 7; cf. II 1, 3; civitates, ut . . . mallent, III 8, 4; Aeduos, VII 54, 1; Germanos, V 2, 4; 55, 1; VI 2, 1, 3; (*tamper with*) principes Galliae, V 6, 4; sollicitatus ab Arvernis pecunia, VII 37, 1.

sollicitūdō, inis, f., *anxiety:* Caesaris, V 53, 5; magna affectus -e, VII 40, 1.

solum, ī, n., *bottom:* fossae, VII 72, 1; ab infimo solo, VII 73, 7; — *ground, soil:* agri, I 11, 5; trabes in solo collocantur, VI 23, 1.

solvō, ere, ī, solūtum, v. 3, *to loosen:* naves, IV 36, 3; V 8, 2; — *w. object understood* (scil. naves), *put to sea* (ἀνάγεσθαι), IV 23, 1; cf. IV 28, 1; V 23, 6.

sōlum, v. solus.

sōlus, a, um, *alone*, I 31, 9; quaerit ex solo, I 18, 2; se cum sola decima legione iturum, I 40, 15; cum capite solo ex aqua exstarent, V 18, 5; soli (Sequani), I 32, 4; quibus solis vitam suam committere audebat, VI 43, 6; cf. VII 21, 3; (Belgas) solos esse qui, II 4, 2; deorum numero eos solos ducunt quos, VI 21, 2; — sōlum, adv., *alone, only:* non solum sed etiam, I 12, 7; 18, 6; 40, 7; II 14, 5; III 2, 5; 5, 1; 17, 5; VI 43, 3; VII 33, 3; non s. sed paene, I 20, 2; VI 11, 2; non s. sed, VII 54, 4.

sŏnĭtus, ūs, m., *sound:* remorum, VII 60, 4.

Sontiatēs, um, m., important tribe of Aquitania (dep't Lot et Garonne), III 20, 2, 3; 21, 1, 2.

sonus, ī, m., *sound:* tubae, VII 47, 2.

soror, is, f., *sister,* I 53, 4; -em ex matre . . . nuptam collocasse, I 18, 6.

sors, tis, f., *lot:* -ibus et vaticinationibus declarare, I 50, 4; -ibus consulere, I 53, 7; sortium beneficium, I 53, 7.

spatium, ī, n., *space, pause, time, duration of time:* spatio omnis temporis, VI 18,

2; hoc spatio dierum, VI 36, 3; intermisso spatio (*after a pause*), V 15, 2; hoc spatio interposito, VI 38, 5; intercedit, I 7, 6; nancisci, V 58, 4; s. pila coniciendi, I 52, 3; s. consilii habendi, IV 14, 2; (*extent*) diei, II 11, 6; brevi -o interiecto, III 4, 1; s. pugnae, VII 48, 4; s. ad cognoscendum, VII 42, 1; horarum xii (?), III 12, 1; hoc spatio, VII 81, 1; s. ad contrahenda castra, VII 40, 2; ad has res conficiendas, IV 11, 3; ad se colligendos, III 19, 1; ad consilia capienda, IV 13, 3; — *of space proper:* s. milium passuum circiter centum LX, VII 3, 3; s. non amplius pedum M sexcentorum, I 38, 5; s. inferius, VII 46, 3; magnum s. abesse, II 17, 2; s. itineris, VII 46, 2; tantum s. complecti, VII 72, 2; mons suberat circiter mille passuum (spatio) (☞ addition by Dinter), I 25, 5; aequo spatio, I 43, 1; duum milium -o, III 17, 5; cf. VI 7, 4; ab tanto spatio, *such a distance off*, II 30, 3; hoc -o intermisso, VII 72, 3; magnum sp. conficere, III 29, 2; longo -o, IV 10, 3; mediocri -o, IV 17, 10; V 44, 6; VII 69, 4; tanto -o sequi, IV 35, 3; pari -o, V 13, 2; perexiguo loci -o, V 15, 4; tantulo -o interiecto, VII 19, 4; hoc spatio ab via, VII 14, 5; tanto -o, *at such a distance*, VII 45, 4; paribus -iis, VII 23, 3; mediocribus intermissis -is, VII 73, 9.

speciēs, ei, f., *form, appearance:* inusitatior, IV 25, 1; cf. II 31, 1; summa sp. earum (sc. arborum) stantium, VI 27, 4; cornuum . . . figura et species, VI 28, 5; specie et figura et figura tauri, VI 28, 1; — *in speciem, to look at, in appearance*, VII 23, 5; equitum specie ac simulatione, VII 45, 2; ad speciem, *for show,* I 51, 1; in speciem, V 51, 4; -em pugnantium praebere, III 25, 1; -em defensorum praebere, VI 38, 5; horribilem -em praebere, VII 36, 2.

spectō, v. 1, *look, face, slope toward:* Aquitania spectat inter occasum solis, etc., I 1, 7; ad meridiem, V 13, 1; ad Germaniam, V 13, 6; in septentrionem, I 1, 6; ad orientem solem, VII 69, 5; — *look at, consider:* non hostem auctorem sed rem, V 29, 3; antiquissimum quodque tempus, I 45, 3.

speculātor, ōris, m., *spy:* rem per es cognoscere, II 11, 2; -es in omnes partes dimittere, V 49, 8.

speculātōrius, a, um, *used for spying, reconnoitring:* -a navigia (aviso ships), IV 26, 4.

speculor, dep. v. 1, *to spy,* I 47, 6.

spērō, v. 1, *to hope:* sese potiri posse, I 3, 8; impetrari posse, V 36, 2, 3; nostros exercitus capi posse, I 40, 9; controversias minui posse, V 26, 4; posse deduci, VI 10, 2; quidquam ab his praesidii, V 41, 5; impetraturos, V 41, 8; fore . . . facultatem, VI 7, 4; sese effecturos, VII 26, 1; mentes nondum resedisse, VII 64, 7; sperata praeda, VI 8, 1.

spēs, ei, f., *hope:* s. praedae, IV 37, 1; VI 34, 8; VII 45, 8; praedandi, III 17, 4; libertatis, V 45, 3; auxilii, VII 67, 4; Venetici belli, III 18, 6 ; victoriae, III 26, 4 ; quam ad spem, VII 55, 10 ; s. magna, I 44, 2 ; defensionis, II 7, 2 ; spes potiundi oppidi discessit, II 7, 2 ; reliqui temporis, IV 16, 6 ; omnis spes salutis, II 33, 4 ; spes in velis consisteret, III 14, 7 ; sp. victoriae redintegraretur, VII 25, 1 ; sp. augetur, VI 7, 6 ; sp. fallit, II 10, 4 ; sp. salutis, I 27, 4 ; -em in fuga relinquere, I 51, 2 ; summae spei adulescentes, VII 63, 9 ; unam esse spem salutis, III 5, 2 ; cf. il., 4 ; -em fugae tollere, VII 28, 2 ; cf. I 25, 1 ; spem inferre alicui, II 25, 3 ; cf. VI 43, 5 ; summam in spem venire, I 18, 9 ; 42, 2 ; in spem potiundorum castrorum venire, III 6, 2 ; praeter spem, VI 8, 6 ; 40, 8 ; magnam habere spem, I 33, 1 ; in spem auxilii venire, VII 12, 5 ; in spem venire de adiungendis civitatibus, VII 30, 4 ; spem minuere, V 33, 5 ; adimere, V 6, 4 ; deponere, V 19, 1 ; spem salutis in virtute ponere, III 5, 4 ; V 34, 2 ; omnem spem in celeritate ponere, V 39, 4 ; spem offerre, VI 34, 2 ; 35, 9 ; domum reditionis spe sublata, I 5, 3 ; ea spe deiecti, I 8, 4 ; ab hac spe repulsi, V 42, 1 ; hac spe lapsus, V 55, 3 ; ca spe, I 44, 5 ; in extrema spe salutis, II 27, 3 ; 33, 4 ; hoc maiore spe, III 9, 3 ; elati spe, VII 47, 3 ; qua spe adducti, IV 6, 4.

spīritus, ūs, m., *feeling* (pride) : tantos spiritus sibi sumpserat (sense of importance, conceit), I 33, 5 ; magnos spiritus in re militari sumere, II 4, 3.

spoliō, v. 1, *to deprive:* Galliam nobilitate, V 6, 5 ; usu rerum necessariarum et dignitate, VII 66, 5.

sponte, adverbial abl. [no nom.], sua sponte persuadere, *unaided*, I 9, 2 ; — *on one's own accord:* non sua sponte, sed rogatum, I 44, 2 ; s. s. bellum facere, V 28, 1 ; et sua sp. conveniunt et a parentibus ... mittuntur, VI 14, 2 ; s. s. proelio congressi, VII 65, 2.

stabiliō, v. 4, *to render immovable,* VII 73, 7.

stabilitās, atis, f., *stability:* opp. to mobilitas, IV 33, 3.

statim, adv. (as one stands, without further preparation), *at once,* I 53, 7 ; II 11, 2 ; III 19, 3, 5 ; IV 27, 1, 6 ; V 38, 1 ; 46, 1 ; VII 5, 7.

statiō, ōnis, f. (standing), *guard, service:* in -em succedere, IV 32, 2 ; pro portis castrorum in statione esse, IV 32, 1 ; cf. V 15, 3 ; cohortes in stationibus, IV 32, 2 ; cf. VI 37, 3 ; 38, 3 ; cohortes ex statione emissae, VI 42, 1 ; — *picket:* paucae stationes equitum, II 18, 3 ; in castellis -ones ponere, VII 69, 7 ; -ones dispositas habere, V 16, 4.

statuō, ere, uī, ūtum, *fix:* tigna, IV 17, 5 ; — *determine, decide* (make up one's mind) : non expectandum sibi, I 11, 6 ; expectandam classem, III 14, 1 ; vindicandum, III 10, 4 ; sibi Rhenum esse transeundum, IV 16, 1 ; non omnes hos ... convocandos, VII 75, 1 ; coercendum ... Dumnorigem, V 7, 1 ; Aduatucos esse conservandos, II 31, 4 ; commodissimum esse, I 42, 5 ; V 11, 5 ; dignitatis esse, IV 17, 1 ; proficisci, VII 33, 2 ; exercitum deducere, VII 20, 11 ; proelio supersedere, II 8, 1 ; *ut* x milia hominum ... *mittantur,* VII 21, 2 ; — *take measures:* de eo, I 19, 5 ; quid gravius in fratrem, I 20, 1.

statūra, ae, f., *stature, size:* homines tantulae staturae, II 30, 4 ; hoc ali -am, VI 21, 4.

status, ūs, m., *status, condition:* pristinus, VII 54, 4 ; civitatis, VII 54, 4 ; eo statu tum res erat, VI 12, 9.

stimulus, ī, *prick*, VII 73, 9 ; 82, 1.

stīpendiārius, a, um, adj., *tributary:* civitates -as habere, I 30, 3 ; Aeduos ... sibi -os esse factos, I 36, 3 ; — as noun, *vassal:* Aeduorum, VII 10, 1.

stīpendium, ī (stips, *small coin*, pendo), *tribute:* remittere, I 44, 5 ; quotannis pendere, I 36, 5 ; cf. I 44, 4 ; V 27, 2 ; s. capere iure belli, I 44, 2 ; imponere ib. cf. I 45, 2 ; VII 54, 4 ; de -o recusare, I 44, 4.

stīpes, itis, m., *post, stake:* -es feminis crassitudine ab summo praeacuti, VII 73, 6 ; demissi, VII 73, 3.

stirps, pis, f., *stock* (root) : s. ac nomen civitatis tollatur, VI 34, 8 ; -em hominum sceleratorum interfici, VI 34, 5.

stō, āre, stetī, statum, v. 1, *to stand* (arborum): stantium, VI 27, 4 ; ex eo quo stabant loco, V 43, 6 ; proximi steterant, V 35, 3 ; — *abide by:* decreto (abl.), VI 13, 6.

strāmentum, ī, n., *straw:* -is erant tecta (thatched), V 43, 1 ; — *pack-saddle:* -a detrahere de mulis, VII 45, 2.

strepitus, ūs (strepo), *din, clatter:* rotarum, IV 33, 1 ; magno cum -u ac tumultu, II 11, 1 ; cf. VI 7, 8.

studeō, ēre, uī, *to strive:* novis rebus (dat.), *for an overthrow of the government,* II 11, 1 ; cf. I 9, 3 ; II 1, 3 ; III 10, 3 ; IV 5, 1 ; latos fines parare, VI 22, 3 ; — *devote oneself to:* labori ac duritiae, VI 21, 3 ; — *pay attention to:* equitatui, VII 4, 8 ; ei rei, II 17, 4 ; sacrificiis, VI 21, 1 ; agriculturae, VI 22, 1 ; 29, 1 ; memoriae, VI 14, 4 ; — *be bent upon:* cui rei, VII 20, 5 ; 14, 2 ; praedae, VII 28, 3.

studiōsē, adv., *eagerly, zealously,* VI 28, 3, 6.

studium, ī, *zeal, eagerness:* alacritas ac s., IV 24, 4 ; cf. VII 20, 5 ; s. pugnandi, I 46, 4 ; VII 45, 8 ; propugnandi, II 7, 2 ; naturam -o vincere, VI 43, 5 ; bellandi, III 17, 4 ; belli gerendi, V 22, 3 ; cum summo -o, IV 31, 3 ; singulari -o, V 2, 2 ; nullo -o agere, VII 17, 2 ; magno -o, VI 9, 4 ; summo -o, VII 41, 5 ; — *devotion:* in populum Romanum, I 19, 2 ; studia, *pursuits*, rei, VI 21, 3.

stultitia, ae, f., *folly*, VII 77, 9.

sub, prep. c. abl., *under:* septentrionibus (under the constellation of the s., hence, *in the north*), I 16, 2 ; cf. sub bruma, *in midwinter*, V 13, 3 ; s. aqua, V 18, 3 ; s. sarcinis, II 17, 2 ; III 24, 3 ; s. monte, *at the foot of the m.*, I 21, 2 ; 48, 1 ; s. infimo colle, VII 49, 1 ; s. pellibus, III 29, 2 ; s. oculis omnium, V 16, 1 ; s. corona vendere, III 16, 4 ; s. illorum dicione atque imperio, I 31, 7 ; cf. V 24, 4 ; 39, 1 ; VI 10, 1 ; VII 75, 2 ; s. vexillo una mitterentur, VI 36, 3 ; cf. 40, 4 ; — *sub sinistra, on the left* (close by), V 8, 2 ; — *close by, hard by:* s. ipso vallo, V 43, 5 ; s. castris cius vagari, V 57, 3 ; cf. VI 37, 2 ; collis s. ipsis radicibus montis, VII 36, 5 ; s. muro consistere, VII 48, 2 ; cf. VII 69, 5 ; sub c. acc. (*involving motion*), s. iugum mittere, I 7, 4 ; 12, 5 ; redigere s. imperium, V 29, 4 ; — *towards:* s. occasum solis, II 11, 6 ; s. lucem, VII 61, 3 ; 73, 7 ; s. vesperum, II 33, 1 ; V 58, 3 ; VII 60, 1 ; — *close to:* s. primam aciem succedere, I 24, 4.

subdolus, a, um, adj. (tainted w. trickery), *deceitful:* -a oratio, VII 31, 2.

subdūcō, ere, xī, ctum, v. 3, *lead, lead away:* copias in proximum collem, I 22, 3 ; 24, 1 ; — *draw up, beach:* naves in aridum, IV 29, 2 ; cf. V 11, 5, 7 ; 24, 1.

subductiō, ōnis. f., *beaching*, V 1, 2.

subeo, īre, iī, itum, v. 4, *to approach closely*, II 25, 1 ; VII 85, 5 ; — iniquissimum locum, V 27, 5 ; — *enter:* tectum, I 36, 7 ; *submit to, accept, endure:* condicionem, VII 78, 2 ; periculum, I 5, 3 ; VI 30, 4.

subfodiō, ere, fossī, fossum, v. 3, *stab from below:* equos, IV 12, 2.

subiciō, ere, iēcī, iectum, v. 3, *drive in, ram down, fix:* sublicas pro ariete, IV 17, 9 ; — *expose to:* hiemi navigationem, IV 26, 2 ; — *compel to submit to:* Galliam servituti, VII 77, 9 ; securibus (dat.), VII 77, 16 ; — *thrust from below, or at close range:* mataras ac tragulas, I 36, 3 ; — *to subject to:* populi Romani imperio, VII 1, 3 ; súbiectum esse, *to be situated close by:* insulae (subj.), V 13, 3.

subigō, ere, ēgī, āctum, v. 3, *reduce, force:* inopia subacti, VII 77, 12.

subitus, a, um (come closely), adj., *sudden:* bellum, III 7, 1 ; subita et repentina consilia, III 8, 3.

subitō, adv. (really abl. of preceding), *suddenly*, I 39, 1 ; III 2, 1, 2 ; 26, 4 ; V 32, 2 ; VII 50, 1 ; s. adoriri, I 40, 8 ; IV 32, 5 ; s. eruptionem facere, III 6, 1 ; 19, 2 ; VII 69, 7 ; provolare, II 19, 6 ; existere, III 15, 3 ; evolare, III 28, 3 ; VII 27, 3 ; perterreri, IV 14, 2 ; cooriri, IV 28, 2 ; VII 61, 1 ; irruptionem facere, VII 70, 2 ; oriri, VI 9, 5 ; clamorem tollere, VII 71, 2 ; emittere, V 58, 4 ; obicere difficultates, VII 59, 6 ; se eicere, V 15, 3 ; opprimere, V 26, 2 ; 38, 4 ; VII 46, 5 ; — *off-hand*, II 33, 2 ; VII 55, 8.

sublevō, v. 1, *to ease, prop up:* sese, VI 27, 2 ; laborem, VI 32, 5 ; — *help:* quos, I 40, 5 ; sublevari ab aliquo, I 16, 6 ; anni tempore, VII 14, 3 ; opibus ib. § 6 ; nulla re, VII 65, 4 ; — *raise up, hold up:* iubis equorum I 48, 7 ; — *draw up*, VII 47, 7.

sublica, ae, f. (Vanicek, p. 825), *post, pile:* -ae modo directe ad perpendiculum, IV 17, 4 ; sublicas agere, IV 17, 9 ; -is pontem reficere, VII 25, 5.

subluō, ere, lūtum, v. 3 (wash below), *lave:* radices collis, VII 69, 2.

subministrō, v. 1, *furnish, provide:* lapides telaque, III 25, 1 ; auxilia, IV 20, 1.

subruō, ere, ruī, rūtum, v. 3, *undermine:* murum, II 6, 2 ; — *loosen:* arbores ab radicibus, VI 27, 4.

subsequor, ī, secūtus, v. 3, dep., *follow closely, on the heels*, II 11, 3 ; 19, 1 ; IV 24, 1 ; 25, 6 ; V 18, 4 ; 44, 5 ; VI 29, 5 ; 31, 1 ; 40, 5 ; Caesarem, VII 16, 1 ; noctem dies, VI 18, 2 ; se, IV 32, 2 ; V 38, 1 ; VII 68, 1 ; agmen, IV 13, 6 ; signa, IV 26, 1.

subsidium, ī, n., *assistance* (reserve force): rogare, VII 5, 2 ; -um submittere alicui, II 6, 4 ; ferre, V 44, 13 ; subsidio (dat.) submittere alicui, V 58, 5 ; provinciae ferre, VII 66, 2 ; alius alii, II 26, 2 ; tertiam aciem nostris laborantibus mittere, II 7, 1 ; 26, 4 ; V 15, 4 ; VII 5, 3 ; subsidio duci, II 8, 5 ; -o esse alicui (rei), II 20, 3 ; -o venire, III 3, 2 ; V 27, 5 ; VII 36, 5 ; -o ire alicui, VII 62, 8 ; -o adducere, *reserves, reserve forces*, submittere, II 26, 1 ; conveniunt, V 28, 5 ; -o (abl.) confidere, V 17, 3 ; pro -o consistere, VII 51, 1 ; certa -a conlocare, II 22, 1 ; -a submittere alicui, IV 26, 4 ; — *aid:* comparare, IV 31, 2 ; — *succor, movement to aid:* -a crebra, VII 88, 6.

subsīdō, ere, sēdī, sessum (sit at bottom), *remain behind*, IV 36, 3.

subsistō, ere, stitī, v. 3, *to halt*, I 15, 3 ; — *hold out, remain in position:* ancorae funesque subsisterent, V 10, 2.

subsum, esse, v., *to be close at hand:* Rhenus, V 29, 3 ; mons, I 25, 5 ; hiems, III 27, 2 ; aequinoctium, V 23, 5.

subtrahō, ere, xī, ctum, v. 3, *to remove secretly, undermine:* aggerem, VII 22, 2 ; — *manœuvre away:* dediticios, I 44, 5 (sub here = by unfair means).

subvēctiō, ōnis, f., *transportation* (of supplies), dura, VII 10, 1.

subvehō, ere, xī, ctum, v. 3, *bring up, convey:* frumentum, I 16, 3.

subveniō, īre, vēnī, ventum, v. 4, *come to the aid of:* filio circumvento, V 35, 7 ; laboranti, V 44, 9 ; civitati, VII 33, 3 ; meae vitae, VII 50, 6.

succēdō, ere, cessī, cessum, v. 3, *to be the successor*, VI 13, 9 ; in eorum locum, VI 12, 7 ; — *be contiguous, be next*, IV 3, 3 ; — *take the place of, relieve* (c. dat.) : integri defatigatis succedunt, VII 25, 1 ; 85, 5 ; cf. 41, 2 ; III 4, 3 ; V 16, 4 ; cohortes in stationem succedere iussit, IV 32, 2 ; alteri succedit tertius et tertio quartus, VII 25, 3 ; — *push after, follow upon the heels*, I 25, 6 ; propius, VII 82, 1 ; — *approach closely:* sub primam nostram aciem, I 24, 4 ; — *be successful*, VII 26, 1.

succendō, ere, ndī, nsum, v. 3, *to set on fire:* portas, II 6, 2 ; urbem, VII 15, 4 ; turrim, V 43, 7 ; aggerem cuniculo, VII 24, 2 ; simulacra, VI 16, 4.

successus, ūs, m., *close approach:* hostium, II 20, 2.

succīdō, ere, cīdī, cīsum, v. 3, *cut down:* arbores, V 9, 5 ; frumenta, IV 19, 1 ; 38, 3.

succumbō, ere, cubuī, cubitum, *yield to, succumb to:* labori, VII 86, 3.

succurrō, ere, currī, cursum, v. 3, *run to aid, hasten to aid:* illi, V 44, 9; suis auxilio, VII 80, 3.

sudēs, is, f., *post, picket, stake:* -es defixae sub aqua, V 18, 3; praefixae ib., praeacutae, V 40, 6; -es in opere disponere, VII 81, 4.

Suebī, ōrum, m. (Kiepert, A. G., p. 528, writes *Suevi*), German tribe, or rather comprehensive name given by Romans to the bulk of western Germans in Caesar's time, I 37, 3, 4; 54, 1; IV 1, 2, 3; 3, 4; 7, 5; 19, 1, 2; 51, 2; 8, 3; 3, 2; 16, 5; VI 9, 8; 10, 1, 3; 4, 5; 29, 5 (Mommsen = Schweifer, generic, not a proper noun).

Suessionēs, um, Belgian tribe, name preserved in Soissons, dep't Aisne, II 3, 5; 4, 6; 12, 1, 4; 13, 1.

sufficiō, ere, fēcī, fectum, v. 3, *to hold out:* vires sufficere posse, VII 20, 11.

suffrāgium, ī, n., *vote, suffrage* (properly a potsherd or other fragment used as ballot): s. druidum, VI 13, 9; -ia multitudinis, VII 63, 6.

Sugambrī, ōrum, m., German tribe (branch of the Franks), on the right bank of the Rhine, north of Cologne, IV 16, 2; 18, 2, 4; 19, 4; VI 35, 9.

suggestus, ūs, m., *platform, tribunal:* pro -u, VI 3, 6.

suī, sibī, sē (sēsē), pron. reflexive, *of himself, etc.*, referring to *subject or speaker* (or. obl.): sui muniendi causa, I 44, 6; sui purgandi causa, IV 13, 5; cf. VII 43, 2; sui opprimendi causa, I 44, 10; oppugnandi sui c., V 53, 6; sui recipiendi c., III 4, 3; VI 37, 2; sui fallendi c., VII 50, 2; sui colligendi facultas, III 6, 1; VII 80, 8; sui liberandi facultas, IV 34, 5; potestatem sui facere, I 14, 6; 33, 1, 5; 34, 4; 35, 4; 36, 3, 4; sibi legationem suscepit, I 3, 3; sibi mortem consciscere, I 4, 4; sibi quemque efferre, I 5, 3 (cf. *quisque*); sibi necessarius, I 39, 3; sibi liceat, I 7, 3; sibi esse curae, I 40, 11; sibi persuaderi, I 40, 3; non expectandum sibi, I 11, 6; — *for other combination w. gerundive verb*, cf. I 37, 4; 38, 2; III 10, 3; 20, 1; IV 6, 5; 13, 1; 16, 1; 17, 2; V 46, 3; VI 2, 3; VII 56, 1; 59, 3; sibi conscium esse, I 14, 1; sibi eam praetoriam cohortem futuram, I 40, 15; sibi bellum inferre, I 44, 3; — *other occurrences of dat. sing.*, I 44, 5; 13; 53, 6; II 6, 4; III 23, 7; IV 8, 1; 13, 6; 16, 3; 20, 1; 21, 7; 22, 2; V 6, 2, 4; 7, 2; 29, 5; 36, 1; 40, 7; 55, 4; 56, 1; VI 1, 2; VII 4, 6; 20, 7; 29, 4; 34, 1, 2; 36, 2; 39, 1; 50, 4; quid *sibi* vellet, what, pray, *did* he want anyhow? I 44, 8; — *se* (acc.), as subject of oratio obl. or of an infinitive otherwise, I 3, 7; 7, 6; 8, 3; 16, 5; 20, 2, 6; 22, 2; 26, 6; 31, 8; 9; 33, 1; 34, 3; 35, 4; 36, 4, 6; 40, 12, 14; 41, 3; 42, 1; 4, 6; 44, 4; 5, 6, 7; 9, 10, 12, 13; 45, 1; 47, 1; 53, 7; II 32, 1, 2; III 6, 4; IV 8, 3; 21, 8; V 3, 7; 7, 8; 27, 2; 4, 7, 10; 36, 2, 3; 48, 6; 54, 1; 56, 4; VI 6, 3; 23, 7; 25, 4; 32, 2; 41, 3; VII 9, 2; 13, 3; 17, 4; 19, 5; 20, 5, 7; 29, 6; 32, 3; 37, 4; 43, 4; 47, 7; 52, 4; 60, 1; 64, 2; 66, 6; 71, 4; 89, 1, 2; — *as an object of a verb*, I 4, 2; 25, 3; 34, 2; 40, 8; 46, 2; 40, 1; II 2, 3; 5, 1; 19, 1; 25, 1; III 12, 1; 22, 3; 26, 6; IV 12, 6; 16, 2; 17, 7; 18, 3; 19, 1, 4; 20, 4; 21, 2, 9; 23, 1; 25, 4; 26, 1; 34, 2; V 4, 1, 3; 5, 4; 7, 8; 19, 2; 25, 2; 32, 2; 38, 4; 44, 9; VI 31, 5; 34, 1; 43, 6; VII 20, 12; 30, 1; 41, 4; 46, 5; 68, 1; 71, 3; 83, 7; 87, 4; 88, 1; — *after prepositions*, I 18, 5; 19, 2; 3, 4; 20, 2, 5, 6; 21, 3; 41, 2; 42, 1; 44, 4; 47, 1; II 1, 5, 6; 5, 1, 4; 35, 2; IV 8, 3; V 25, 4; 27, 2, 3; 37, 1; 46, 1; 54, 1, 3; 55, 3; 56, 1; VI 7, 1, 2; 13, 1; 15, 2; 17, 5; 30, 2; 32, 2; VI 37, 5; VII 4, 7; 11, 1; 31, 4; 33, 2; 36, 2, 3; 71, 6; reflexive in dependent clause referring to subject of main clause, not to subject of dependent clause, I 22, 4; 35, 2; 36, 6; — *sese*, as subject of infinitive, I 14, 6; 17, 6; 20, 3; 34, 1, 2; 35, 4; 36, 2; 42, 4; 44, 2, 3, 5, 11, 12; 47, 3; II 6, 4; 15, 1; IV 11, 4; V 1, 8; 6, 3; 24, 6; 27, 2, 11; 38, 1; V 7, 6; 29, 5; 33, 4; 1; — *sui* (gen. plur.) magno sui cum periculo, IV 28, 2; sui liberandi, V 38, 2; — *sibi* (dat. plur.) adsciscere, I 5, 4; III 9, 10; s. esse in animo, I 7, 3; s. esse nihil reliqui, I 11, 5; — *in sub-clauses referring to the speakers*, I 28, 1; 30, 4; 31, 1; — *with verbs:* temperare, I 33, 4; praescribere, II 20, 3; mortem consciscere, III 22, 2; parcere, VI 9, 7; VII 47, 5; ignoscere, VII 12, 3; praestat, II 31, 6; persuasum habere, III 2, 5; licere, III 10, 2; consulere, VII 38, 6; — *with gerundive*, I 40, 1; VII 30, 4; — *dat. of interest, advantage, etc.*, I 53, 2; II 4, 3, 5; 11, 5; 20, 5; 29, 5; III 8, 5; IV 3, 4; 7, 4; 11, 2; 16, 5, 6; VI 2, 2; 12, 2; 37, 8; VII 15, 2; 42, 1; 52, 1; 66, 4; sibi ipsos esse impedimento, II 25, 1; — *after adjective*, II 31, 5; VII 47, 3; — *se* (acc. plur.), *as subject of inf.*, I 2, 5; 5, 2; 11, 3; 13, 6; 14, 4; 31, 2; 39, 6; II 3, 2; 4, 4; 35, 1; III 8, 2; 9, 6; 24, 2; IV 4, 4; 9, 1; 11, 3; 15, 5; 22, 1; 31, 2; 39, 4; 54, 5; 55, 2; VI 23, 3; 43, 5; 12, 4, 6; 16, 2; 18, 1; 32, 1; VII 1, 3; 8, 3; 15, 2, 5; 17, 5, 6; 20, 10; 37, 2, 6; 38, 5; 52, 3; 63, 8; 64, 3; VII 75, 2; 90, 2; — *as object of a verb*, I 11, 2, 5; 25, 5; 26, 1; 27, 2; 48, 4, 6; 51, 3; II 3, 2; 10, 4; 11, 6; 12, 1; 13, 2; 15, 2, 5; 19, 5; II 24, 1; 27, 2; 28, 2, 3; 31, 3, 4, 5; 32, 1; III 5, 3; 6, 3; 12, 3; 13, 9; 15, 3; 16, 3; 17, 3; 19, 1, 5; 21,

Sulla — Sum

3; 22, 2; 26, 5; 28, 2; IV 1, 5, 10; 2, 3; 4, 7; 15, 1, 2, 3; 18, 4; 22, 1; 27, 1, 7; 33, 1, 3; 34, 2; 35, 3; 38, 2, 3; V 8, 6; 9, 4; 14, 2; 15, 3, 4; V 17, 1; 18, 5; 32, 2; 34, 4; 37, 4, 6; 43, 5; 50, 5; VI 12, 7; 24, 6; 28, 3; 31, 4; 38, 5; 40, 1, 6; 43, 3; VII 5, 5; 13, 2; 19, 2; 26, 3; 28, 3, 5; 20, 1; 39, 3; 67, 1, 6; 70, 3; 77, 5, 12; 78, 4; 79, 4; 80, 9; 82, 1, 2; 88, 4; — *inter se (to one another)* (ἀλλήλοις), I 1, 2; 3, 8; 30, 5; 31, 4; II 1, 1; III 8, 3; 22, 2; IV 7, 3; 25, 5; 30, 1; V 3, 2; 14, 4; 37, 2; V 44, 2; VI 2, 2; 8, 1; 11, 1; 40, 4; VII 1, 4; 2, 1; 2, 2; 5, 5; 8, 4; 23, 1, 3; 39, 2; 55, 5; 72, 4; 73, 4, 8; — *ad se*, I 5, 4; IV 2, 1; V 51, 3; VI 8, 6; VII 8, 4; 63, 4; 70, 6; VI 12, 2, 4; 18, 3; — *praeter se*, I 43, 3; — *per se (by themselves, as far as they were concerned)*, II 20, 4; V 33, 3; 41, 6; 49, 7; VII 59, 2; — *in se*, III 9, 3; VII 63, 8; — *apud se*, III 9, 5; IV 18, 4; V 27, 2; — *propius se*, IV 9, 1; — *post se*, V 17, 4; — *circum se*, VI 23, 1; — *sese* (acc. pl.), subject of infinitive, I 3, 8; 6, 3; 11, 4; 30, 2, 4; 31, 7; 37, 2; 39, 1; II 13, 2; 15, 5; 20, 2; 30, 4; IV 7, 4; 27, 6; 37, 1; V 1, 7; 3, 6; 20, 2; 26, 4; 41, 1, 5; VII 26, 1; — *as object of a verb*, I 12, 3; 25, 6; 31, 2; II 3, 5; 18, 3; 19, 6; 24, 2; 26, 1; 30, 2; III 24, 3, 4; IV 37, 2; V 21, 1, 5; 44, 13; 50, 1; VI 8, 7; 10, 4; 13, 2; 20, 1; 31, 3; 32, 1; 41, 1; VII 13, 2; 19, 3; 47, 4, 6; 70, 6; 83, 8; — *inter sese*, I 9, 4; — *se* (abl. plur.) *a se*, I 23, 3; III 2, 5; 9, 3; IV 6, 3; VI 9, 6; 43, 4; VII 55, 7; — *secum*, I 5, 3; II 20, 4.

Sulla, ae, the dictator (d. 78 B.C.), I 21, 4.
Sulpicius, I, P., VII 90, 7 (a legate probably).

sum, esse, fuī, futūrus, *to be*.

1) *as copula, w. pronouns:* is sum, V 30, 2; — *with passives, or deponents, gerundives or periphrastic future* (VII 77, 3), I 1, 1, 5; 4, 3; 12, 2, 4, 7; 10, 2; 21, 2; 26, 1, 3, 5; 29, 3; 31, 3; 33, 1; 38, 1; 39, 2; 41, 1, 4, 5; 42, 3; 43, 4; 46, 1, 4; 47, 2, 4; 48, 3; 50, 2; 51, 1; 52, 3; 53, 1, 4, 8; 54, 3; II 6, 1, 2; 9, 3; 10, 2; 17, 2; 25, 3; 32, 4; 33, 2, 3; 33, 7; 34, 1; 35, 1, 3, 4; III 2, 1; 7, 1; 9, 10; 14, 2; 16, 1; 18, 5; 19, 3; 20, 1; 21, 1; 22, 3; 23, 1; IV 1, 1; 8, 1; 12, 6; 18, 4; 26, 1; 28, 1, 2; 29, 3; 35, 1; 38, 5; V 2, 3; 3, 3; 4, 2; 6, 1; 8, 5; 14, 5; 16, 1; 24, 1; 25, 5; 26, 1; 27, 1; 43, 6, 7; 53, 6; 58, 3; VI 11, 1; 17, 5; 19, 3; 20, 3; 22, 2; 25, 1; 30, 1, 3; 43, 4; 44, 3; VII 3, 3; 6, 1; 10, 2; 12, 4; 13, 3; 20, 12; 24, 5; 27, 1; 29, 1; 44, 1; 84, 2; I 5, 2; 7, 3; 20, 4; 29, 1; II 5, 1; 6, 2; 9, 4; 19, 6; 33, 5; III 6, 1; IV 27, 1; 34, 4; 36, 4; VI 11, 5; 20, 3; 23, 8; VII 3, 3; 38, 2, 3; 51, 1; 55, 5; 62, 7; I 18, 8; 31, 12; 41, 1; 45, 1; II 4, 4; 5, 2; 54, 5; VII 14, 2; I 31, 15; VI 25, 5; I 6, 2; 11, 3; 14, 7; 28, 1; 31, 4, 7; 31, 11; 36, 5; 44, 3, 4, 9; 45, 2; II 3, 3; 27, 5; 28, 2; III 18, 5; 28, 2; IV 13, 6; V 1, 7; 10, 2; 25, 5; 29, 2; 38, 3; VI 9, 8; 13, 11; 10, 4; 24, 2; VII 10, 1; I 3,

4; 20, 1; 47, 4; II 11, 4; III 23, 2; 28, 1; IV 6, 2; 18, 1; 20, 4; V 20, 1; 47, 3; VII 79, 1; I 5, 3; 6, 2; II 8, 3; 9, 1; 19, 3, 7; III 2, 3; 13, 1; 14, 6; V 5, 2; VI 34, 5; 35, 9; VII 50, 4; 62, 10; 65, 1; 82, 3; I 3, 6; 7, 1; 13, 5; 22, 1; 30, 5; 31, 2; 35, 2; 43, 4; 52, 6; III 7, 1; 22, 4; 28, 3; V 27, 2; 47, 5; VI 30, 1; VII 50, 4; I 22, 3; 30, 3; 37, 2; 43, 7; 47, 1; III 9, 6; V 27, 2; VII 3, 3; I 3, 4, 2; VI 41, 3; — *as copula with prepositional phrase and predication of locality:* inter Sequanos et Helvetios, I 2, 4; cf. 10, 1; II 5, 4; IV 20, 3; 28, 2; V 13, 1, 6; 24, 4; VI 32, 4; IV 20, 3; V 11, 4; 30, 1; VI 32, 1; 35, 7; I 31, 15; IV 8, 3; VI 10, 1; I 13, 3; 33, 3; II 9, 3; V 22, 1; VI 30, 1; 32, 1; VII 33, 3; 47, 4; 75, 2; II 32, 4; IV 4, 7; V 6, 1; VI 38, 2; VII 47, 1; 60, 1; IV 32, 1, 2; V 24, 4; VI 4, 5; VII 5, 2; 24, 5; 38, 9; 70, 6; II 1, 1; 26, 5; 20, 1; VII 35, 1; I 27, 2; 31, 7; 32, 5; II 4, 1; 5, 5; III 28, 1; V 10, 2; VI 32, 1; I 53, 3; III 27, 1; IV 4, 1; VII 41, 2; II 14, 2; I 21, 4; III 23, 5; V 3, 3; cf. I 31, 1; II 24, 1; I 13, 3; — *as copula with genitive possessire*, III 8, 1; — *as copula with a pronominal predicate*, I 6, 3; 38, 1; IV 3, 3; VI 32, 4; VII 40, 7; 58, 3; 68, 1; II 34, 1; IV 6, 4; VI 25, 2; VII 14, 9; I 14, 7; 36, 1; 44, 6, 8; 50, 5; II 1, 1; 2, 2; 4, 7; II 17, 2; III 17, 3; V 13, 3; 27, 9; 41, 7; VI 3, 4; 14, 3; VII 20, 10; 22, 4; 50, 2; II 20, 1; VII 37, 1; 55, 1; V 40, 2; I 32, 3; 47, 4; 50, 4, 5; III 1, 2; IV 1, 1, 2; 8, 1; VII 63, 7; II 4, 7; I 13, 2; VI 28, 8; V 30, 4; 41, 2; VII 37, 16; II 6, 2; III 22, 2; IV 33, 1; VI 26, 1; I 35, 2; 40, 7; 43, 8; II 1, 2; V 6, 5; I 48, 4; II 18, 1; IV 23, 3; 7, 2; V 27, 4; III 7, 2; — *with numerals*, I 29, 3; — *with perf. passive, gerundive, periphrastic future, etc., preceding the participle*, I 4, 1; II 27, 1; III 7, 4; 20, 1; IV 28, 1; 37, 4; V 8, 1; 5; 9, 2; 44, 4; VI 8, 9; 13, 5, 7; 27, 4; VII 17, 3; 24, 2; 25, 4; 28, 3; 31, 1; 57, 3; 68, 2; II 32, 4; III 20, 2; IV 2, 2; V 14, 2, 5; 21, 6; VI 37, 2; VII 30, 4; 50, 1; 51, 4; 62, 9; I 10, 6; 26, 2; III 18, 7; IV 7, 3; V 52, 6; VII 89, 2; I 17, 4; 19, 4; V 52, 3; VI 16, 5; VII 20, 4; I 14, 6; 18, 10; 31, 14; 36, 3; 40, 12; 13; 42, 4; 44, 12; II 4, 1; 31, 4; 34, 1; III 8, 3; 9, 4; 9, 7; III 25, 2; IV 16, 1; 32, 5; V 10, 3; 54, 4; 55, 2; VI 5, 3; VII 1, 6; 5, 6; 14, 6; II 6; III 13, 9; 14, 8; 18, 6; 26, 2; 29, 1; IV 11, 1; 12, 1; 24, 2; V 7, 9; 18, 3; 28, 1; 48, 7; VI 35, 6; 38, 1; 30, 4; VII 4, 1, 4; 12, 3; 31, 5; 58, 4; 61, 1; 71, 5; 7; 76, 1; 81, 4; I 28, 3, 5; II 20, 1; 23, 3; 29, 4; III 14, 3; IV 28, 2; 20, 2; 31, 2; 38, 2; V 5, 2; 8, 9; 9, 5; 15, 3; 35, 3, 4; 43, 1; VI 30, 3; 40, 7; VII 61, 1; 62, 1; 62, 8; 66, 1; 68, 3; 69, 7; I 18, 10; 26, 4; III 3, 1; 5, 1; IV 23, 2; V 29, 1, 7; 31, 6; 33, 3; VI 1, 7; 3; VII 20, 7; 33, 3; 41, 2; 56, 1; 61, 1; 62, 6; 72, 2; I 10, 2; 32, 5; III 3, 1; IV 13, 3; 17, 10; 35, 1; 37,

Sum — Summa

1; VI 42, 1; VII 56, 1; 88, 6; V 8, 4; 29, 2; —*fuerat*, in pluperf. passive, V 25, 2; — *fore parata*, IV 6, 3; —*ut* sunt, VI 30, 3; cum ea *ita* sint, I 14, 6; satis esse, I 3, 2; 10, 1; 51, 1; IV 22, 3; V 2, 3; VII 66, 4; —*with the final dative:* Gallis brevitas nostra contemptui est, II 30, 4; sunt usui ad armandas naves, V 1, 4; praesidio et ornamento sit civitati, VII 15, 4; quae sint testimonio, VI 28, 3; ut sint reliquis documento, VII 4, 10; quaeque ad eam rem usui sint, VII 11, 5; legatum . . . castris praesidio relinquit, VII 40, 3; milites sibi ipsos ad pugnam esse impedimento, II 25, 1; rem esse testimonio, V 28, 4; magno esse Germanis dolori Ariovisti mortem, V 29, 3; Gallis magno ad pugnam erat impedimento, I 25, 3; quae ad bellum usui erant, I 38, 3; una erat magno usui res, III 14, 5; locus ipse erat praesidio barbaris, VI 34, 6; novissimis praesidio erant, I 25, 6; magno nobis usui ad bellum gerendum erant, II 9, 5; ad oppugnandum usui erant, II 12, 3; praesidio impedimentis erant, II 10, 3; his difficultatibus duae res erant subsidio, II 20, 3; quae ad reficiendas naves erant usui, IV 29, 5; cf. 31, 2; ut alter alteri inimicus auxilio salutique esset, V 44, 14; nequoi esset usui Romanis, VII 55, 7; ut esset impedimento praesidio, VII 57, 1; qui praesidio navibus essent, V 9, 1; quae res magno usui nostris fuit, IV 25, 1; magnae fuit fortunae, VI 30, 2; suis saluti fuit, VII 50, 6; quae vivis cordi fuisse arbitrantur, VI 19, 4; magno usui fuisse tormenta, VII 41, 3; praesidio impedimentis fuerant, II 26, 3; magno sibi usui fore, IV 20, 1; terrori hostibus futurum, VII 66, 6; sibi eam rem curae futuram, I 33, 1; —*as copula in postpositive place with predicate adjective, ablative of quality, genitive of quality, etc.*, I 10, 5; III 13, 6; 19, 6; IV 1, 3; 5, 2; V 12, 5; 13, 5, 7; 56, 2; VI 13, 3, 7; 15, 1; 23, 1; 28, 1; 31, 1; I 38, 4; VII 3, 3; 22, 2; 23, 5; 77, 5, 11; I 1, 3; II 3, 1; III 11, 1; IV 1, 5; 20, 1; V 12, 6; 14, 2; VI 13, 1; 24, 2; VI 27, 1; 28, 1; VII 23, 1; 75, 4; 78, 1; 80, 7; I 21, 3; V 48, 2; VI 7, 8; 39, 1; 40, 2; I 2, 3; 6, 12, 2; 20, 5; 21, 1; 31, 8; 33, 2; 39, 1, 3; 40, 7, 11; 41, 3; 42, 5; 43, 8; 44, 4, 9; 45, 3; 49, 2; 52, 2; II 3, 4, 5; 4, 2, 6; 10, 4; 12, 2; 25, 1; III 5, 2; 24, 2; IV 3, 1; 7, 4, 5; 8, 2; 13, 2; 16, 4, 7; 17, 1; 21, 1, 7; 30, 2; 34, 2; V 2, 3; 3, 4, 7; 6, 6, 7, 8; 8, 3; 11, 5; 13, 4, 6; 16, 1; 18, 2; 29, 1, 6; 31, 2; 34, 1; 38, 4; 41, 2, 5; VI 2, 3; 4, 3; 8, 1; 11, 1; 16, 5; 20, 3; 37, 9; 38, 2; VII 11, 8; 29, 7; 32, 3, 5; 37, 3; 45, 9; 47, 3; 56, 4; 57, 4; 60, 3; 64, 2; 65, 4; 76, 1; 80, 4; 85, 2; I 3, 5; 6, 4; 8, 4; 29, 2; 48, 7; 52, 7; III 13, 8; IV 17, 7; VI 4, 2; 12, 9; VII 35, 2; I 16, 2; 28, 5; II 2, 3; 12, 1; 35, 3; III 26, 2; VI 3, 5; 12, 1; I 21, 1; IV 20, 4; V 40, 7; I 5, 3; 28, 4; I 2, 1; 13, 2; II 11, 6; 21, 5; V 43, 4, 5; VI 41, 2; VII 46, 5; 76, 2; 77, 13; V 54, 3; 15, 1; VII 71, 3; I 14, 2; V 52, 4; VI 4, 1; 44, 2; I

14, 2; —*as copula with predicate adjective, emphatic position*, II 24, 4; IV 1, 10; V 14, 1; 54, 4; VI 15, 2; 16, 1; 27, 1; 29, 4; 39, 3; VII 22, 1; 42, 2; 55, 4; I 10, 5; III 8, 3; 20, 2; 21, 3; 23, 3; IV 3, 3; 5, 1; V 14, 2, 3; VI 13, 9; 16, 2; 19, 3; 35, 5, 6; VII 64, 4; V 27, 4; IV 2, 2; VII 14, 9; I 18, 2, 3; 20, 2; 31, 13; 32, 14; 41, 2; 44, 8; 45, 1; 53, 7; II 8, 3; 15, 5; 31, 5; IV 19, 3; V 27, 3; 29, 6; 52, 2; VI 35, 8; VII 1, 7; 44, 3; I 9, 3; II 15, 1; 18, 3; III 12, 5; 19, 1; IV 12, 1; 21, 3; 25, 1; 29, 1; 32, 4; V 11, 5; 45, 1; 49, 6; VII 13, 3; 17, 2; 48, 4; III 12, 1; IV 20, 2; 30, 1; 34, 3; V 34, 2; 38, 1; 40, 7; VI 5, 4; 12, 2; 34, 3; VII 7, 4; 59, 2; I 31, 10; 45, 1; V 35, 5; 42, 3; III 13, 7; IV 20, 4; 29, 3; III 15, 4; IV 3, 3; 16, 1; VII 28, 5; 30, 1; 29, 2; I 14, 2; VII 20, 4; VI 23, 3; VII 64, 2; cum meridies esse videatur, VII 83, 5; —*with dative of possessor*, VI 13, 3; cf. VI 27, 3; I 7, 3; 10, 1; 11, 5; IV 8, 1; VI 5, 4; II 6, 3; III 13, 7; VII 39, 2; I 34, 4; VII 5, 5; 37, 3; 77, 8; I 35, 4; I 40, 15; IV 16, 6.

II) sum *as verb substantive, to be . . . there is, there are, etc., to exist*, I 1, 7; 12, 1; IV 1, 7; 2, 1, 3; 10, 1; V 12, 3, 5; 13, 2, 3; VI 11 5; 13, 5; VI 21, 5; 23, 5; 25, 4; 26, 1; 31, 5; 35, 9; 39, 2; VII 38, 8; 50, 6; III 21, 3; VI 11, 2, 3; 13, 1; 17, 1; VII 22, 2; I 31, 13; VII 77, 4; I 17, 1; 31, 3, 5; II 15, 4; 25, 1; 32, 2; IV 7, 1, 5; V 27, 5; VI 10, 5; I 7, 2; 10, 3; 28, 3; 43, 1; 48, 6; II 5, 5; 9, 1; III 7, 3; 14, 9; IV 24, 2; 32, 2; V 25, 1; 45, 1; VI 7, 5; 9, 2; 12, 2; 34, 1; 35, 3; VII 19, 1; 31, 4; 35, 4; 45, 4; 76, 5; 70, 3; 80, 2; 83, 2; I 6, 1; 48, 5; III 10, 1; IV 29, 4; V 44, 1; VII 73, 4; II 16, 4; IV 20, 1; V 29, 6; VII 33, 2; 36, 4; 44, 3; 45, 4; III 16, 2; VI 24, 1; VII 28, 3; 40, 2; I 53, 4; III 16, 2; I 40, 9; 46, 3; IV 6, 2; 31, 1; 51, 3; 58, 4; VI 7, 4; 8, 2; VII 39, 3; 66, 5; — *special phrases:* multum sunt (= versantur) in venationibus, IV 1, 8; opus est, o. sunt, V 40, 6; III 1, 3; VII 54, 1; I 34, 2; 42, 5; II 6, 8; 22, 1; necesse est, VII 14, 10; 19, 4; 38, 7; IV 20, 3; V 33, 6; 35, 2; VII 73, 1; V 39, 2; IV 5, 3; sunt qui, IV 10, 5; cf. VI 27, 1; ex usu est, I 50, 4; in itinere esse, II 16, 3; rem esse in angusto, II 25, 1; —*fore* in periphrasis: f. uti . . . desisteret, I 42, 2; f. ut effugerent, IV 35, 1; f. uti . . . confligat, VII 32, 5; —*futurum esse* uti . . . pellerentur, I 31, 11; f. e. ut . . . haberet, I 10, 2; f. e. uti . . . averterentur, I 20, 4; f. e. ut . . . auderent, II 17, 3; super esse, III 28, 1.

summa, ae, f., *sum, total:* quarum omnium rerum summa erat capitum . . . milia, I 29, 2; summa omnium . . . fuerunt, I 29, 3; s. totius Galliae, VI 11, 5; s. exercitus (opp. singuli milites), VI 34, 3; — *chief control:* s. omnium rerum consiliorumque, VI 11, 3; s. imperii, *chief command*, VII 57, 3; 63, 5; 76, 3; 79, 1; cf. II 23, 4; III 17, 2, 7; 22, 1; summam totius belli deferre alicui, II 4, 7 ; summa victoriae, the *decision* of the victory, VII 21, 3 ; summa belli, *conduct* of the war, I 41, 3 ; s. imperii bellique administrandi, V 11, 8.

sumministrō, v. 1, *furnish, supply :* frumentum, I 40, 11.

summittō, ere, īsī, missum, v. 3, *send (to aid)* : cohortes equitibus subsidio, V 58, 5 ; laborantibus nostris Germanos, VII 70, 2 ; laborantibus suis Germanos equites, VII 13, 1 ; his subsidia, IV 26, 4 ; his auxilio deductos, VII 81, 6 ; subsidium, II 25, 1 ; s. sibi, II 6, 4 ; plures cohortes, V 15, 5 ; — *w. object implied :* laborantibus, VII 85, 1.

summoveō, ēre, vī, tum, v. 2, *remove, cause to withdraw :* reliquos a porta paulum, VII 50, 5 ; hostis propellere ac summovere, IV 25, 1 ; hostes, VI 40, 8 ; VII 25, 4 ; victis ac summotis *(dislodged)* resistere, I 25, 7.

summus, a, um, adj. (superl. of supra). *highest, greatest :* s. magistratus, I 16, 5 ; VII 33, 2 ; -a diligentia, VII 4, 9 ; -us locus, II 23, 5 ; -a auctoritas, VII 12, 2 ; iniquitas, VII 19, 5 ; dementia, IV 13, 2 ; sollertia, VII 22, 1 ; alacritas et cupiditas, I 41, 1 ; summi laboris, IV 2, 2 ; -a potentia, VII 4, 1 ; 32, 4 ; 30, 1 ; -a difficultas navigandi, III 12, 5 ; audacia, VII 5, 1 ; species *(outward appearance)*, VI 27, 4 ; spes, I 18, 9 ; VII 63, 9 ; fides, I 19, 3 ; V 45, 2 ; cruciatus, I 31, 2 *(supreme, excellent :* facultas, I 38, 3 ; III 12, 3) ; s. difficultas faciendi pontis, IV 17, 2 ; cf. IV 24, 2 ; dux, VII 21, 1 ; copia frumenti, VII 32, 1 ; voluntas *(good-will)*, I 19, 2 ; studium, I 19, 2 ; summa vi, II 15, 1 ; summa fossa *(top* of ditch), VII 72, 1 ; summus mons, I 22, 1 ; collis, II 26, 3 ; in summo iugo, I 24, 2 ; ad summas Alpis, III 1, 1 ; collis *ab summo* vergebat, II 18, 1 ; -a altitudo muri, II 32, 4 ; s. scientia rei militaris, III 23, 5 ; contumelia, VII 54, 4 ; contemptio, V 49, 7 ; dignitas, VII 30, 1 ; audacia, I 18, 3 ; auctoritas, VI 11, 3 ; 13, 8 ; diligentia, VI 36, 1 ; gratia, VI 43, 5 ; opinio, VI 24, 3 ; difficultas, VII 17, 3 ; felicitas, VI 43, 5 ; opportunitas, VII 23, 5 ; timor et desperatio, V 33, 5 ; severitas, VII 4, 9 ; periculum, V 31, 1 ; iugum montis, I 21, 2 ; VII 67, 5, 80, 2 ; s. iugum collis, II 24, 2 ; sudor, VII 8, 2 ; summo loco natus, V 25, 1 ; VII 39, 1 ; cf. 77, 3 ; collis summus *(very high)*, VII 69, 1 ; -a virtus et humanitas, I 47, 4 ; -a tranquillitas, V 23, 6 ; nobilitas et gratia, II 6, 4 ; studium, IV 31, 3 ; VII 41, 5 ; inopia, V 2, 2 ; periculum, VII 26, 4 ; 33, 3 ; summa cum laude, V 44, 13 ; summa vi, VII 70, 1 ; 73, 1 ; summis simultatibus contendere, V 44, 2 ; -ab eius summo *(highest point)*, VI 26, 2 ; stipites *ab summo* praeacuti, VII 73, 6 ; s. discrimen, VI 38, 2 ; — *most important :* -ae res, I 34, 1 ; IV 5, 3 ; V 28, 6 ; summis copiis, with *full* forces, V 17, 5 ; VI 20, 2 ; VII 41, 2 ; summis opibus pugnare, VII 30, 2.

sūmō, ere, sūmpsī, sūmptum, v. 3 (Vanicek, p. 30), *take :* equitibus (dative) equos, VII 65, 5 ; diem ad deliberandum, I 7, 6 ; (frumentum) ex agris, I 16, 6 ; frustra tantum laborem, III 14, 1 ; supplicium de aliquo, I 31, 15 ; VI 44, 2 ; magnam sibi auctoritatem, II 4, 3 ; tantas sibi spiritus, I 33, 5.

sūmptuōsus, a, um, adj. (fraught with expense), *costly :* funera, VI 19, 4.

sūmptus, ūs, m., *expense :* suo sumptu alere, I 18, 5.

superbē (imperiously), *in a high-handed manner, arbitrarily :* imperare, I 31, 12.

superior, us, ōris, *higher, commanding :* locus, VII 51, 2 ; I 25, 2 ; 26, 3 ; III 25, 2 ; V 9, 3 ; VI 40, 6 ; VII 19, 2 ; 20, 6 ; III 4, 2 ; superiora loca, I 10, 4 ; 23, 3 ; III 3, 2 ; 6, 2 ; 14, 9 ; IV 23, 3 ; V 8, 6 ; VII 79, 2 ; 88, 1 ; acies, I 24, 3 ; pars, II 18, 2 ; VII 40, 3 ; ordines, VI 40, 7 ; — *former, preceding :* -orum annorum, V 42, 2 ; -oris anni, IV 38, 2 ; V 23, 3 ; 35, 6 ; VI 32, 5 ; anni -es, V 24, 1 ; VII 65, 4 ; 76, 1 ; tempus, IV 22, 1 ; V 11, 9 ; tempora, VI 19, 2 ; VII 47, 3 ; nox, V 10, 2 ; aestas, IV 21, 4 ; V 8, 3 ; victoriae, V 29, 3 ; III 21, 1 ; VII 17, 3 ; bellum, VII 64, 7 ; -es diēs, VI 36, 1 ; III 18, 6 ; IV 35, 1 ; VII 44, 1 ; 58, 5 ; 81, 4 ; -a proelia, II 20, 5 ; VI 38, 1 ; gloria, V 29, 4 ; pugnae, III 19, 3 ; -es dimicationes, VII 80, 3 ; — *upper :* labrum -ius, V 14, 3 ; castra, VII 82, 2 ; 83, 1 ; — *more successful*, V 15, 1 ; 26, 3 ; equitatus, VII 65, 4 ; pugna, VII 80, 4.

superō, v. 1, *to defeat, vanquish,* I 40, 7, 6 ; 36, 3 ; IV 7, 5 ; 30, 2 ; V 27, 4 ; VII 62, 2 ; Atrebates, IV 21, 7 ; (Belgas) III 7, 1 ; Helvetios, I 17, 4 ; bello, I 45, 2 ; proelio, IV 27, 1 ; adsuefacti superare, VI 24, 6 ; pellere ac superare, I 44, 3 ; cf. II 24, 5 ; III 28, 2 ; — *prevail, carry the day :* superat sententia Sabini, V 31, 3 ; — *to win, be victorious,* I 50, 5 ; — *surpass, overtop :* has (turres) altitudo puppium, III 14, 4 ; Germanos virtute, VI 24, 1 ; — *be superior* (virtute), III 14, 8 ; — *overcome :* labore omnia haec, VII 24, 1 ; cf. III 12, 3 ; — *survive :* vitā, VI 19, 2 ; 🕮 sense not clear in VI 17, 3 ; quae superaverint (survive) animalia capta, the specific meaning of the noun being in doubt ; superari, *to be at a disadvantage,* hoc (abl.) quod, III 4, 3.

supersedeō, v. 2, ēre, sēdī, sessum (sit over), *omit, postpone :* proelio, II 8, 1.

supersum, esse, fuī (be over), *remain, survive,* V 55, 1 ; cf. II 28, 2 ; 27, 4 ; ex eo proelio, I 26, 5 ; biduum supererat cum, I 23, 1 ; multum aestatis, V 22, 4 ; omni Gallia pacata Morini Menapiique supererant qui in armis essent, III 28, 1.

suppetō, ere, petīvī, petītum, v. 3, *to hold out :* nec arma nostris nec vires, VII 85, 6 ; vires, VII 77, 2 ; — *to be at hand, at one's service* (ὑπάρχειν) : harum ipsis rerum copiam -ere, VII 14, 6 ; pabuli satis magna copia, I 16, 2 ; cf. I 3, 1.

supplēmentum, ī, n., *reinforcements :* cogere, VII 9, 1 ; quod ex Italia adduxerat, VII 7, 5 ; nuper ex Italia venerat, VII 57, 1.

supplex, icis, adj., *suppliant* (embracing knees) : miseri ac -es, II 28, 3.

supplĭcātĭō, ōnis, f., *thanksgiving:* dies quindecim supplicatio decreta, est, the accusative dies (dierum expected) suggests that the *verbal* character of the noun was still well marked, II 35, 4; s. dierum viginti a senatu decreta est, IV 28, 5; dierum xx supplicatio redditur, VII 90, 8.

supplĭcĭter, adv., *as suppliants, humbly:* loqui, I 27, 2.

supplĭcĭum, ī, n., *penalty, capital punishment* ("from the expiatory prayer attending the execution, which prayer freed the fellow-citizens from the consequences of the guilt, the execution itself was called supplicium," Vanicek, p. 518): gravissimum s. cum cruciatu constituere, VI 17, 5; s. eius, I 19, 2; horum, VII 63, 3; eorum, VI 16, 5; magnitudo -ii, VII 4, 10; s. sumere de aliquo, I 31, 15; cf. VI 44, 2; se hostibus ad s. dedere, VII 20, 3; supplicia cruciatusque Gallorum, IV 15, 5; -iis exercitum cogere, VII 5, 1.

supportō, v. 1, *bring up:* rem frumentariam, I 39, 6; commeatum, III 3, 2; VII 10, 3; I 48, 2; frumentum commeatumque, III 23, 7.

suprā, 1) adv., *above*, I 24, 2 (☞ reading uncertain); — *above, before* (in quotation), II 1, 1; 18, 1; 29, 1; III 10, 1; IV 4, 1; 10, 2; 27, 2; 28, 1; V 2, 2; 3, 1; 19, 1; 22, 1; 40, 2; 56, 3; VI 25, 1; 29, 1; 34, 1; 35, 5; VII 17, 1; 48, 1; 70, 1; 83, 8; — 2) preposition, *above:* s. pontem, IV 17, 10; s. eum locum, VI 9, 3; — (of time) *before:* paulo s. hanc memoriam, VI 19, 4.

suscĭpĭō, ere, ēpī, ceptum, v. 3, *undertake:* rem, I 9, 4; 33, 2; bellum, I 10, 6; VII 63, 8; 37, 6; 89, 1; cf. III 10, 6; legationem sibi, I 3, 3; laborem, VI 43, 5.

suspĭcĭō, ere, ēxī, ectum, v. 3 ("look from under," ὑποπτεύω), *suspect,* V 54, 4.

suspĭcĭō, ōnis, f., *suspicion:* neque abest s. quin, I 4, 4; s. timoris, I 39, 3; VI 7, 8; VII 54, 2; fugae, VII 62, 4; belli, IV 32, 1; -em augere, VII 45, 6; sine ulla -one, V 45, 4; res in suspicionem venit, VI 19, 3; hae -es, I 19, 1; -es vitare, I 20, 6.

suspĭcor, v. dep. 1, *to suspect* (with acc. c. inf.), I 44, 10; IV 31, 1; 6, 2; 32, 4; VI 8, 2; id, IV 32, 2.

sustentō, v. 1 (iterative of sustineo), *hold out, maintain oneself:* auxiliis atque opibus alicuius, II 14, 6; (a curious construction) aegre is dies (= per eum diem) sustentatur, V 39, 4; aegre eo die sustentatum est, II 6, 1; — *endure:* extremam famem, VII 17, 3.

sustĭneō, ēre, uī, tentum, v. 2 (hold out under a burden), *sustain:* primum impetum, IV 37, 3; cf. I 26, 1; V 18, 5; 47, 4; VII 13, 2; II 21, 1; VII 20, 7; 80, 3; IV 37, 3; VII 62, 8; I 24, 1; II 11, 4; V 28, 4; III 2, 4; 13, 6; hostium impetum magno animo, VII 10, 3; vim, IV 3, 1; aspectum modo, VII 76, 5; haec, VII 41, 3; — *hold out:* diutius, II 6, 3; aegre, IV 32, 2; cf. VII 86, 2; IV 11, 6; — *withstand:* hostium copias, VII 5, 2; recentes atque integros,

VII 48, 4; venientes, II 25, 7; belli casum, V 30, 3; Sueborum vim, IV 4, 1; quantasvis copias, V 28, 4: paulisper equitum vim, VI 30, 3; — *bear:* eius imperia, I 31, 13; munus militiae, VI 18, 3; — *check:* incitatos equos, IV 33, 3; — *hold up, carry:* arma, VII 56, 4; — *keep upright:* se, II 25, 1.

suus, a, um, reflex adj. possessive, *his own, in a sub-clause, referring to subject of main clause,* VI 29, 2; I 3, 6; VII 71, 3; I 21, 2; IV 7, 8; I 20, 5; IV 19, 1; V 50, 3; III 8, 5; IV 3, 1; V 4, 4; I 3, 7; 19, 1; 25, 1; III 17, 3; 20, 4; VII 10, 3; 81, 5; I 31, 1; VI 9, 6; VII 9, 4; 19, 5; 89, 2; I 33, 1; VII 41, 1; III 23, 7; IV 4, 4; II 3, 2; I 40, 3; 42, 3; IV 3, 2; V 47, 5; 52, 1; VII 4, 1; 28, 6; I 3, 7; II 16, 1; — *in independent clause, referring to subject of the same*, I 48, 5; 43, 8; 27, 2; 40, 10; 53, 6; 4, 3; 3, 4; 44, 4; 30, 2; 5, 4; 6, 3; 9, 4; 28, 3; 32, 5; 30, 3, 2, 1; 28, 4, 5; 38, 1; 40, 7; 38, 2; 45, 3; 5, 4; II 21, 2; 5, 3; 13, 2; 15, 2; 14, 3; 16, 2; 28, 3; 25, 3; III 2, 4; 21, 1; 24, 4; 2, 15; 8, 2; IV 12, 4; 16, 1; 4, 6; 19, 2; V 8, 6; 27, 7; 25, 1; 31, 1; 41, 6; 31, 4; 43, 4; 3, 5; VI 43, 6; 22, 4; 31, 1; 6, 3; 10, 4; VII 62, 2; 1, 5; 80, 2; 77, 9; 84, 4; 8, 4; 38, 10; 64, 3; 20, 12; 23, 5; — *in main clause, referring to subject of the same,* I 13, 5; 19, 3; 3, 5; 4, 2; 18, 4; 51, 9; 36, 1; 39, 4; 41, 3; 18, 5; 14, 4; 31, 10; 36, 6; 52, 4; 18, 8; 36, 2; 50, 1; 57, 1; 50, 2; 4, 2; 26, 1; 11, 1; 18, 7; 22, 3; 24, 1; 48, 2; 50, 1; 51, 2; 5, 2; 43, 4; 4, 1; 13, 6; 39, 4; 44, 1; II 13, 3; 19, 2; 32, 1; 9, 4; 8, 5; 29, 2; 31, 3; 29, 4; III 8, 3; 6, 3; 12, 3; 16, 3; 28, 2, 4; IV 17, 1; 16, 4; 19, 2; 34, 2; 12, 2; 31, 2; 27, 7; 18, 4; 14, 5; V 30, 1, 2; 26, 4; 37, 3; 50, 1; 27, 3; 4, 3; 7; 6, 3; 15, 2; VI 38, 2; 23, 7; 35, 8; 5, 7; 31, 4; 19, 7; VII 67, 2; 75, 5; 4, 3; 6, 4; 63, 8; 4, 1; 29, 1; 20, 6; 43, 4; 37, 5; 31, 5; 22, 5; 77, 1; 80, 1; 55, 2; 50, 4; 4, 4; 61, 4; 18, 3; 54, 3; 71, 3; 4, 5; 65, 3; — *in a sub-clause, the subject of which is identical with that of the main clause,* I 27, 4; 42, 5; 45, 1; 36, 4; 9, 3; 26, 8; 11, 2; 1, 12; 5, 1; II 4, 2; III 12, 3; V 20, 2; 27, 2, 4; VI 18, 3; 7, 6; 20, 1; VII 12, 3; 66, 5; 35, 7; 19, 6; 75, 5; 47, 7; — *in oratio obl. referring not to the subject of the clause, but to the speaker,* I 20, 2; 40, 3, 13; 44, 8; 20, 4; 31, 7; 34, 4; 43, 5; 33, 1; 35, 2; 44, 8; II 31, 5; 3, 5; 4, 6; IV 7, 4; V 29, 6; VI 8, 1; VII 15, 4; cf. VII 19, 4; — *in oratio obl., referring to person addressed,* II 14, 5; 31, 4; V 3, 7; 36, 3; — *in combination with quisque,* II 10, 4; VII 71, 2; suus, *opposed to alienus,* II 10, 4; IV 8, 2; VII 84, 4; — *sua sponte,* I 9, 2; 44, 2; V 28, 1; VI 14, 2; VII 65, 2; suus, *in oratio obl. referring to second person,* I 14, 4; — *anomalous:* Caesar Fabium cum sua legione (that of Fabius) remittit, V 53, 3; se suosque, II 28, 3; illum quidam ex suis (referring to *illum*) in equum intulit, VI 30, 4; cf. V 53, 6; — *in antithesis:* prae magnitudine corporum suorum brevitas nostra contemptui est, II 30, 4; — suī, ōrum, *his own, their own (side)*, generally *troops*, I 52, 6; III 8, 5; 19, 1; 24, 5; 26, 1; IV 37, 1; V 37, 1; 26, 3; 36, 1; 43, 6; 57, 4; 58, 1; VII 26, 2; 36, 4; 48, 2; 77, 1; 50, 6; 62, 5; 81, 3; 12, 6; 20, 1; 47, 7; 51, 4; 84, 1; (*agents, officials*) dilectum per suos conficere, VI 1, 4; Caesar's troops, I 40, 2; 15, 4; 25, 1; 40, 2; II 8, 4; 9, 2; 25, 1; IV 37, 2; 32, 2; V 49, 4; VII 45, 7; 13, 1; 40, 1; 9, 3; 27, 1; — *fellow-soldiers, comrades*, II 21, 6; 19, 5; IV 15, 1; 26, 5; 33, 2; V 22, 2; VII 62, 8; 66, 5; 80, 3; 62, 9; 82, 2, 4; — *their own people, his own people, men*, I 13, 5; 16, 5; II 10, 5; 6, 4; IV 14, 2; 16, 2; 34, 5; II 32, 4; IV 9, 1; 27, 7; 30, 2; V 7, 8; 3, 3; 4, 3; 26, 2; 3, 6; VI 23, 5; VII 10, 2; 43, 3; 80, 4; 88, 5; 14, 9; 14, 1; 75, 1; — *kinsmen, tribesmen, relatives*, VI 21, 4; VII 26, 3; 28, 6; 40, 5; 48, 3; — *vassals, feudal dependents*, VII 11, 4.

T.

T., praenomen *Titus*, Labienus, I 10, 3; 21, 5.

tabernāculum, ī (diminutive of taberna), *tent:* ex -o prodire, VI 38, 2; in -o oppressus, VII 46, 5; abditi in -is, I 39, 4.

tabula, ae, f., *list:* -ae litteris Graecis confectae, I 29, 1.

tabulātum, ī, n. (system of planks), *story* (in building): turris quattuor -orum, VI 29, 3.

taceō, ēre, uī, itum, *to be silent about:* aliquid, I 17, 1; (without object) *to hold one's peace*, I 17, 6.

tacitus, a, um, adj., *speechless, silent*, I 32, 3.

tālia, ae, f. (talea), *bar:* -ac fureae, V 12, 4; — *used as obstacles in fortifications:* in terram infodere, VII 73, 9.

tālis, e, adj., *such:* timor, VI 37, 9; -e facinus, VI 34, 8; tali modo, VI 44, 1; VII 20, 2; tali tempore, VII 40, 2.

tam, adv., *so* (in such a degree), with adjectives and adverbs: t. insolenter, t. diu, I 14, 4; t. necessario tempore, t. propinquis hostibus, I 16, 6; t. temere, I 40, 2; t. barbarum, t. imperitum, I 44, 9; t. paratus, II 21, 9; t. facile, IV 6, 1; t. egregiam, V 4, 3; t. exiguam, VI 8, 1; t. fortis, VI 39, 3; t. propinqua, VI 40, 2; t. coniuncta, VII 33, 1.

tamen, adv., *still, however, nevertheless* (after a period), I 7, 6; 20, 3; III 3, 4; IV 7, 4; 26, 1; V 35, 5; 54, 2; 55, 2; VII 10, 1; 24, 5; 76, 2; — *in a sub-clause*, I 40, 7; sed tamen, III 10, 1; V 43, 5; — *in co-ordinate clauses, without preceding conjunction*, II 8, 2; 32, 4; IV 7, 3; 11, 4; V 15, 1; 21, 4; VII 4, 3; 17, 3; 63, 8; — *after an adversative or concessive conjunction:* cum ... tamen, I 14, 6; IV 3, 4; VII 62, 4; — *etsi* ... *tamen*, I 40, 3; III 24, 2; 28, 1; IV 17, 2; 20, 1; 31, 1; 35, 1; V 4, 1;

11, 5; 28, 1; 33, 4; 48, 1; 49, 7; VII 8, 2; 15, 2; 33, 1; 54, 2; — *tametsi* ... *tamen*, I 30, 2; V 34, 2; VII 43, 4; 50, 2; — *ut* (*supposing that*) *tamen*, III 9, 6; — *si* (*supposing that*) tamen, IV 20, 1; cf. VII 77, 13; — *at least*, followed in next clause by *vero*, I 32, 5; cf. I 40, 5; — *following an ablative absolute:* turribus autem excitatis, tamen, III 14, 4; cf. V 11, 2; VII 24, 1; 47, 2; — *following an appositive participle:* prope confectus aetate tamen, VII 57, 3; — *however* (limiting, postpositive), III 22, 4; IV 28, 3; V 4, 3; 12, 6; 24, 7; 33, 1; V 41, 5; VI 34, 3; VII 4, 3; 10, 1; 36, 6; 37, 4; 75, 5; 78, 2; — *nihilo tamen secius*, V 4, 3; 7, 3.

Tamesis, is, m., the *Thames* River, V 11, 8; accus. Tamesim, V 18, 1.

tametsī, conj., *although*, with indicative in oratio recta, followed by tamen, I 30, 2; V 34, 2; VII 43, 4; 50, 2.

tandem, adv., *at last, finally* (at the head of a sentence), I 25, 5; III 21, 1; V 7, 4; 31, 3; VII 67, 5; — *in questions* (impatient): quid tandem vererentur (what, pray?), I 40, 4.

tangō, ere, tetigī, tactum, v. 3, *touch, border upon:* civitas Rhenum, V 3, 1.

tantopere, adv., *so strongly, earnestly:* inter se contendere, I 31, 4.

tantulus, a, um, adj., *so trifling, small:* spatium, VII 19, 4; statura, II 30, 5; -ae res, *such trifles*, IV 22, 2; copiae, V 49, 6.

tantum, adv. ("so much" and no more, hence =), *only* (prepositive), VI 27, 4 (Holder erroneously places V 19, 3 and V 54, 4 with his adverb); also VI 12, 3; 38, 5, which are to be placed under *tantus*.

tantus, a, um, adj., *so great, so much:* tantus timor ... ut, I 39, 1; t. furor ut, II 3, 5; t. terror ut, VI 41, 2; tanta diligentia ut, V 58, 1; t. celeritas ut, I 48, 7; t. virtus ut, II 27, 3; -a exiguitas ut, II 21, 5; -ae facultates ut, VI 1, 3; -a commutatio ut, II 27, 1; cf. 35, 1; III 15, 3; IV 17, 7; 28, 2; V 33, 4; VII 46, 5; 70, 2; -a opinio ut, III 17, 6; — *tanti* (*worth so much*), I 20, 5 (*referring to something preceding*), II 6, 3; 30, 3; III 13, 6; VII 33, 1); tantum periculi, III 3, 2; tantum praesidii, VI 35, 9; tantus numerus, V 23, 3; VII 88, 4; -um dedecus, IV 25, 5; -a virtus, II 27, 5; -a altitudo, II 31, 2; -um commodum, VII 55, 4; -a multitudo, IV 4, 3; VII 76, 5; IV 8, 2; I 15, 3; 27, 4; II 5, 2; III 17, 7; V 35, 4; VI 43, 3; VII 75, 1; -um onus, II 30, 4; -us equitatus, VI 43, 4; -a voluptas, I 53, 6; -a iniquitas rerum, II 22, 2; celeritas, II 31, 2; contemptio, V 29, 2; -a praemia, VI 14, 2; contumelia, VII 10, 2; -a beneficia, I 42, 3; oportunitas, VII 20, 1; -ae dissensiones, VII 1, 2; -um bellum, IV 15, 3; labor, III 14, 1; exercitus, VII 20, 12; -um spatium, VII 72, 2; tantos spiritus, tantam arrogantiam sumpserat, I 33, 5; -a commutatio, VII 59, 3; -ae tempestates, III 13, 6; -um imperium, I 33, 2; -um incommodum, VII 30, 1; -ae munitiones, VII 73,

1; 84, 3; -um spatium, II 30, 3; VII 45, 4; -a onera, III 13, 6; -i motus, V 53, 3; -ae nationes, III 11, 3; -ae copiae, VI 8, 1; VII 20, 1; 76, 5; -i impetus, III 13, 6; -i labores, VII 27, 2; — *tantum posse*, VII 77, 6; tantum valuit ... ut, V 54, 4; tantum antecesserant ... ut, VI 12, 3; sese confirmant tantum ... ut, VI 38, 5; — *with correlative:* tantam multitudinem interfecerunt, quantum fuit diei spatium, II 11, 6; tantum progrediatur, quantum naves processissent, VII 61, 5; tanto spatio, quantum potuerunt, IV 35, 3; quantas pecunias tantas, VI 19, 1; tantum ... hostibus noceretur, quantum ... milites efficere poterant, V 19, 3; tantus, *explained by cum*, I 35, 2; tanto crebriores, V 45, 1; tanto opere, VII 52, 3.

Tarbellī, ōrum, m., an Aquitanian tribe, III 27, 1; dep't Landes, Basses Pyrenées.

tardō, v. 1, *retard, check:* aliquem, VII 52, 3; Romanos ad insequendum, VII 26, 2; hostes ad insequendum, VII 67, 4; auxilia, VI 29, 2; nostrum impetum, VII 40, 3; ascensum hostium, VII 72, 4; Gallos insequentes, VII 51, 1; hostium impetum, II 25, 3; frigore et imbribus tardari, VII 24, 1.

tardus, a, um, adj., *slow* (exhausted), II 25, 1; paulo tardius administrare, IV 23, 2.

Tarusatēs, ium, m., tribe in Aquitania, dep't Landes, III 23, 1; 27, 1.

Tasgetius, ī, m., nobleman of the Carnutes, V 25, 1; 29, 2.

taurus, ī, m., *bull*, VI 28, 1.

Taximagulus, ī, a British chieftain in Kent, V 22, 1.

taxus, ī, f., *yew-tree* (*yewberries*), VI 31, 5.

Tectosagēs, um, m., Volcae T., a Gallic tribe which penetrated into Germany, VI 24, 2.

tectum, ī, n., *roof, shelter:* subire, I 36, 7; tecto recipi, VII 66, 7.

tegimentum, ī, n., *covering:* detrudere, II 21, 10.

tegō, ere, xī, ctum, v., *cover, conceal:* fugientem silvae, VI 30, 4; quos non silvae montes, etc., VII 62, 9; insignia, VII 45, 7; sudes flumine tegebantur, V 18, 3; casae stramentis tectae, V 43, 1.

tegumentum, ī, n., *covering:* renonum, VI 21, 5.

telum, ī, n., *missile:* mittere, III 4, 2; 25, 1; recipere, V 35, 2; adigere, II 21, 3; III 14, 4; IV 23, 3; excipere, III 5, 3; reicere, I 46, 2; vitare, II 25, 1; V 35, 2; iacere, II 33, 4; tela deficiunt, III 5, 1; subministrare, III 25, 1; tela tormentis conicere, VII 81, 6; cf. I 26, 3; 46, 1; 47, 2; II 6, 2; 27, 4; III 2, 4; IV 24, 3; 26, 3; 32, 3; 33, 1; V 34, 9; 44, 6; 51, 2; 57, 3; 58, 3; VII 72, 2; 85, 5; III 25, 1; II 10, 3; V 43, 4; VII 41, 3; 82, 1; 86, 5; I 8, 4; VII 62, 4.

temerārius, a, um, adj., *reckless:* Ariovistus, I 31, 13; -i homines, VI 20, 2.

temerē, adv., *recklessly:* ab officio dis-

cedere, I 40, 2; cf. IV 20, 3; V 28, 3; VII 37, 6.

temeritās, ātis, f., *recklessness* (characteristic of Gauls), VII 42, 2; cf. VI 7, 4; t. militum, VII 52, 1; cf. 77, 9; culpa et temeritas (*criminal recklessness*) legati, V 52, 6.

tēmō, ōnis, m., *wagon-pole*, IV 33, 3.

temperantia, ae, m., *moderation*, I 19, 2.

temperātus, a, um, adj., *temperate* (of temperature): loca, V 12, 6.

temperō, v. 1, *refrain from:* ab iniuria et maleficio, I 7, 5; non sibi temperare quin, I 33, 5.

tempestās, ātis, f., *storm*, III 29, 2; cf. IV 34, 4; III 13, 2; t. coorta est, IV 28, 2; VII 61, 1; cf. V 10, 2; t. adflictabat naves, IV 29, 2; vis -is, V 10, 2; -em ferre, III 13, 9; -e reiectas, V 5, 2; -c deperire, V 23, 3; — *imber*, called a tempestas, VII 27, 1; -es Oceani, III 13, 6; -ibus detineri, III 12, 5; — *weather:* t. idonea ad navigandum, IV 23, 1; cf. 36, 3; V 7, 4.

temptō, v. 1, *try:* aliquos, VI 2, 2; omnia, VII 84, 2; eruptionem, I 21, 3; — *attempt, make an attempt upon:* loca praerupta, VII 86, 4; opera nostra, VII 73, 1; iter, I 14, 3; — *tempt:* fortunam, III 6, 4; V 55, 2; VII 4, 2; 64, 2; belli fortunam, I 36, 4.

tempus, oris, n., *time:* alienum, IV 34, 2; aestivum, VI 40, 3; meridianum, V 48, 5; antiquissimum, I 45, 3; reliquum (*future*), I 20, 6; III 16, 4; IV 16, 6; VI 1, 3; VII 66, 4; omne, V 7, 3; VI 18, 2; nocturnum, V 40, 5, 7; aliud, I 53, 7; oportunissimum, IV 34, 1; superius, IV 22, 1; V 11, 9; tempus anni (*season*), I 54, 2; III 9, 2; 27, 2; IV 22, 2; V 23, 5; VI 43, 3; VII 8, 3; 14, 3; 32, 2; t. diei, VII 35, 5; durissimo tempore anni, VII 8, 2; t. deficit, IV 20, 2; deest, II 21, 5; datur, III 4, 1; intermittitur, VII 24, 2; V 40, 5; cf. IV 34, 2; t. relinquitur, V 9, 8; tempus (*moment*) committendi proelii, II 19, 6; pugnandi, II 21, 6; adeundi, VII 83, 5; tempus constituere, VII 2, 3; ullum totius hiemis tempus, V 53, 5; ad id t., I 44, 4; IV 32, 1; ante hoc t., I 44, 7; ad hoc t., II 17, 4; VI 24, 3; ante id t., II 35, 4; cf. VII 4, 8; ad tempus, *promptly*, IV 23, 5; ex eo tempore quo, IV 18, 4; fuit t. cum, VI 24, 1; temporis brevitas, II 20, 2; opportunitas, VI 20, 4; -is vestigium (*moment*), VII 25, 1; -is exiguitas, II 21, 5; 33, 2; hoc ipso tempore, VI 37, 1; eo tempore, I 3, 5; VII 6, 4; 30, 4; 62, 7; eodem -e, I 11, 4; 37, 1; II 24, 1; 34, 1; III 20, 1; 28, 1; VII 24, 3; 45, 10; 50, 3; 62, 7; 73, 1; 83, 8; omni -e, I 11, 3; cf. VII 14, 2; toto tempore, VII 24, 1; uno -e, I 22, 3; II 5, 2; 19, 7; 20, 1; III 14, 2; 19, 5; IV 23, 6; 29, 2; V 8, 6; VII 61, 3; 81, 3; 84, 2; brevi -e, I 40, 11; VI 1, 3; certo anni -e, VI 13, 10; alio -e, VII 33, 3; post id tempus, V 17, 5; tempore excludi, VI 31, 1; cf. VII 11, 5; tempora superiora, VI 19, 2; VII 47, 3; omnia -a, VII 54, 4; singula

Tencteri   **Timeō**   177

diei -a, VII 16, 2 ; partitis -ibus, VII 24, 5 ; — *emergency, crisis* (καιρός) : necessitas -is, II 22, 1 ; tempus necessarium, I 10, 6 ; VII 32, 2 ; t. victoriae, VII 66, 3 ; unum, VII 85, 2 ; tali tempore, VII 40, 2 ; pro tempore et pro re, V 8, 1.

Tencterī, ōrum, m., a German tribe, IV 1, 1 ; 4, 1 ; 16, 2 ; V 55, 2 ; VI 35, 5.

tendō, ere, tetendī, tensum and tentum, *stretch :* manus ad aliquem, II 13, 2 ; alicui, VII 48, 3 ; manus, VII 40, 16 ; — (to stretch tents) *to encamp, tent :* mercatores sub vallo, VI 37, 2.

tenebrae, ārum, f., *darkness,* VII 81, 5.

teneō, ēre, uī, tentum, v. 2, *hold, have :* hostem impedito loco, VI 8, 3 ; eum locum amicitiae, I 20, 4 ; (tigna?) illigata, IV 17, 7 ; cursum, IV 26, 5 ; 28, 6 ; V 5, 2 ; 8, 2 ; montem, I 22, 2, 4 ; cf. III 2, 1 ; portus, III 8, 1 ; collem, VII 36, 5 ; 44, 1 ; cf. III 14, 9 ; I 22, 1 ; oppidum, VII 48, 1 ; 55, 7 ; alteram partem, VII 59, 5 ; castella, VII 69, 7 ; suum quisque locum, VII 80, 1 ; cf. VII 62, 4 ; 36, 6 ; principatum, I 43, 7 ; 31, 3 ; auctoritatem, VI 12, 8 ; se castris, I 49, 1 ; III 17, 5 ; 24, 4 ; V 57, 1 ; cf. I 40, 8 ; — *keep :* agros, IV 7, 4 ; portum, IV 22, 6 ; in officio aliquem, V 54, 1 ; aliquem in servitute et catenis, V 27, 2 ; cf. I 33, 2 ; milites in potestate, VII 43, 1 ; — *restrain :* lacrimas, I 39, 4 ; iureiurando teneri, I 31, 9 ; — *maintain :* locum, V 35, 4 ; — *have :* imperium caelestium, VI 17, 2 ; summam imperii, II 23, 4 ; III 17, 2, 7 :— *detain :* naves, IV 22, 4 ; memoria tenere, *recollect,* I 7, 4 ; 14, 1 ; — *occupy* (be situated upon) : castra summum iugum, VII 80, 2 ; — *contain :* circuitus munitionis xı milia passuum tenebat, VII 69, 6 ; circumventas teneri, II 24, 4 ; — *gain, obtain possession of :* pecus atque impedimenta, III 29, 2.

tener, era, erum, adj., *tender, young :* arbores, II 17, 4.

tenuis, e, adj. (thin, slender), *insignificant, precarious :* valetudo, V 40, 7.

tenuitās, ātis, f., *poverty,* VII 17, 3.

tenuiter, adv., *thin :* alutae tenuiter confectae, III 13, 6.

ter, adv., *three times,* I 53, 7.

teres, etis, adj., *round, rounded :* stipites, VII 73, 6.

tergum, ī, n., *back, rear :* post t. (*in the r.*), IV 15, 1 ; 22, 2 ; VII 62, 6 ; 84, 4 ; 88, 3 ; ab tergo, VII 87, 4 ; terga vertere, I 53, 1 ; III 19, 3 ; 21, 1 ; IV 35, 2 ; 37, 4 ; VII 88, 3.

ternī, ae, a, *three each :* -ae naves, III 15, 1 ; -i pedes, VII 73, 8 ; -a militia, VII 75, 3.

terra, ae, f., *land :* t. est obiecta, V 13, 6 ; ex usu terrae Galliae, I 30, 3 ; ad -am pervenire, III 15, 5 ; -am attingere, V 23, 6 ; — *earth, ground, soil :* -am intueri, I 32, 2 ; in -am infodere aliquid, VII 73, 9 ; in -a occultare, VII 85, 6 ; -am exhaurire, V 42, 3 ; ex -a eminere, VII 73, 6 ; exculcare aliquid -ā, VII 73, 7 ; — TERRAE, *lands :* de mundi ac terrarum magnitudine, VI 14, 6 ; orbis terrarum, VII 29, 6 ; alias -as petere

VII 77, 14 ; in terris (*in the world, on the face of the earth*) esse neminem quem non superare possint, IV 7, 5.

Terrasidius, ī, m., a Roman officer, III 7, 4 ; 8, 3.

terrēnus, a, um, adj., *of earth :* tumulus, I 43, 1.

terreō, ēre, uī, itum, v. 2, *frighten :* nostros, VII 84, 4 ; terrere quominus hostes libere hostes insequerentur, VII 49, 2 ; mortis periculo terreri, V 30, 2 ; falsis rumoribus terreri, VI 20, 2.

territō, v. 1 (iterative of terreo), *frighten :* dubitantes, VII 63, 3 ; metu aliquem, V 6, 5 ; territandi causa, V 57, 3 ; cf. 54, 1.

terror, ōris, m., *fright, panic :* tantus, VI 41, 2 ; terrori esse alicui, *inspire one with fear,* VII 66, 6 ; hostibus -em inferre, VII 8, 3 ; se ex terrore recipere, II 12, 1 ; terror equorum (*caused by the horses*), IV 33, 1.

tertius, a, um, adj., *third, third man,* VII 25, 3 ; annus, 1 3, 2 ; V 25, 3 ; -a acies, I 25, 7 ; I 49, 2, 4 ; 52, 7 ; -um latus, V 13, 6 ; genus, VI 28, 1 ; -a cohors, V 43, 6 ; -us dies, IV 9, 1 ; V 48, 8 ; VII 11, 2 ; -a pars, I 1, 1 ; 31, 10 ; II 1, 1 ; I 2, 3 ; II 32, 4 ; III 6, 2 ; 20, 10 ; tertia decima legio, V 53, 6 ; legio, V 24, 1 ; hora, V 51, 3 ; vigilia, I 12, 2 ; 21, 2 ; II 33, 2 ; IV 23, 1 ; V 9, 1 ; 47, 1 ; VII 24, 2 ; 53, 4 ; 58, 2.

testāmentum, ī, n., *testament, will :* obsignare, I 39, 5 ; ☞ this passage is bracketed by Paul and Holder, but it is sufficiently authenticated by a citation in Quintilian, III 8, 19 ; Deliberat C. Caesar, An perseveret in Germaniam ire, cum *milites passim testamenta facerent ?*

testimōnium, ī, n., *proof :* eius rei, I 44, 6 ; -o (dat.) esse, *to serve as proof,* V 29, 4 ; VI 28, 3 ; — *statement, testimony :* Ciceronis, V 52, 4.

testis, is, m., *witness :* eius rei, I 14, 7 ; VII 20, 4 ; virtutis, I 52, 1 ; followed by accus. c. inf., VII 77, 11.

testūdō, inis, m. (tortoise), *bulwark of shields :* facere, II 6, 2 ; V 9, 7 ; VII 85, 5 ; — *covered gallery for siege purposes :* parare, V 42, 4 ; cf. 52, 2 ; agere, V 43, 3.

Teutomatus, ī, m., a Gallic chief, VII 31, 5 ; 36, 5 ; ☞ where Holder Toutomatus.

Teutonī (ēs), ōrum (um), a German tribe, Cimbrī Teutonique, I 33, 4 ; defeated by Marius, I 40, 5 ; cum iter in provinciam nostram facerent, II 29, 4 ; their ravages in Gaul, II 4, 2 ; VII 77, 12.

tīgnum, ī, n., *beam :* -a sesquipedalia, IV 17, 3 ; -orum iunctura, IV 17, 6.

Tigurīnus, ī, name of a *pagus* of the Helvetii, I 12, 4 ; Tigurini, I 12, 7.

timeō, ēre, uī, v. 2, *to fear, entertain apprehensions,* I 41, 3 ; suis rebus (dat.), IV 16, 1 ; huic loco, VII 44, 4 ; Labieno atque legionibus, VII 56, 2 ; nihil, IV 12, 1 ; V 57, 1 ; nihil de bello, III 3, 1 ; nihil saxa et cautes, III 13, 9 ; sine causa, I 14, 2 ; mare, V 6, 3 ; famem, V 29, 7 ; (aliquos) I 40, 6 ; timere ne, II 26, 2 ; timere ut (= ne

178 Timidus   Trādūcō

non), I 39, 6; timentes confirmat, VII 7, 4.

timidus, a, um, adj., *full of fear:* milites, VI 40, 1; — *cowardly*, I 39, 6; opinione *timidiores* hostes (☞ Stephanus *timoris*), III 24, 5; constanter ac non *timide*, III 25, 1; cf. V 33, 1.

timor, ōris, m., *fright, panic:* t. animos praeoccupaverat, VI 41, 3; cf. I 39, 7; 40, 10; exercitum occupavit, I 39, 1; cf. 40, 1; 39, 5; IV 15, 2; timor fremitu significatur, IV 14, 3; causa timoris, VI 35, 3; timor misericordiam non recipit, VII 26, 4; se ex timore recipere, IV 34, 1; timor ac desperatio, V 33, 5; — *cowardice, fear,* I 39, 3; III 17, 6; 18, 1, 3; V 50, 3, 5; 57, 4; VI 7, 8; cf. VII 54, 4; — *fear, apprehension, dread:* ignominiae, VII 80, 5; -em tollere, VI 41, 4; -em inicere, VII 55, 9; timor tanti belli, IV 15, 3; poenae, VII 43, 3; defectionis, VII 43, 5; repentinae incursionis, VI 23, 3; timore perterritus, I 22, 4; 23, 3; 27, 4; VI 37, 9; VII 26, 4; timore exterritus, VII 77, 11.

Q. Titurius Sabīnus, legatus of Caesar in 57 B.C., II 5, 6; 9, 4; 10, 1; in 56 B.C., III 11, 4; 17, 1; 19, 5; in 55 B.C., IV 22, 5; 38, 3; in 55 B.C., V 24, 5; 27, 7; 29, 1; 33, 1; 36, 1; 39, 1; 41, 2; alluded to, VI 1, 4; 32, 4; 37, 8.

Titus, ī, praenomen of: Labienus, II 26, 4; 11, 3; III 11, 1; IV 38, 1; V 37, 7; VI 33, 1; VII 90, 4; V 24, 3; Terrasidius, III 7, 4; Pullo, V 44, 2; Balventius, V 35, 6; Sextius, VI 1, 1; VII 49, 1; 90, 6; 51, 2; Silius, III 7, 4.

tolerō, v. 1, *endure* (sustain, bridge over): famem, I 28, 3; hiemem, V 47, 2; — *hold out:* paulo longius, VII 71, 4; — *sustain:* vitam, VII 77, 12.

tollō, ere, sustulī, sublātum, v. 3, *to abolish, raise:* ululatum, V 37, 3; clamorem, III 22, 4; VI 8, 6; VII 12, 5; 24, 2; 81, 2; 88, 2; ancoras, IV 23, 6; — *take away:* posita, VI 17, 5; copiam commeatus, VII 14, 9; — *carry away:* equites, IV 28, 3; — *remove:* spem fugae, I 25, 1; metum, VI 29, 2; timorem, VI 41, 4; 23, 3; spem, I 5, 3; — *destroy, wipe out:* stirpem ac nomen, VI 34, 8; — *do away with:* colloquium, I 42, 5; — *sublatus (elated)* hac victoria, V 38, 1; proelio, I 15, 3.

Tolōsa, ae, f., *Toulouse*, III 20, 2.

Tolōsātēs, ium, tribe in the region of Toulouse, I 10, 1; VII 7, 4.

tormentum, ī, n., *machine of war* (for hurling; probably designated from windlass with which it was wound up), IV 25, 1, 2; VII 22, 2; 41, 3; -a collocare, II 8, 4; -is tela conicere, VII 81, 5; — *torture:* -is excruciare, VI 19, 3; -is necare, VII 4, 10.

torreō, ūre, uī, tostum, v. 2, *to roast, parch, singe:* flammā, V 43, 4.

tot, *so many* (indecl.): civitates, III 10, 2; detrimenta, V 22, 3; navigationes, V 23, 3; contumeliae, V 29, 4; incommoda, V 35, 5; VII 14, 1; rēs, VII 24, 1; milia, VII 36, 3.

totidem (indecl.), *just as many:* pedites, V 48, 5; milia, V 4, 8; II 4, 8, 9; VII 75, 3.

tōtus, a, um, tōtius, adj., *whole, entire* (in every part): Caesar totus in bellum insistit, VI 5, 1; -um corpus, VII 72, 2; -a civitas, VII 38, 10; -um opus, VII 72, 4; oppidum, I 38, 4; t. hoc genus pugnae, V 16, 1; agmen, II 19, 3; -us exercitus, II 19, 2; IV 29, 3; VI 5, 6; VII 10, 4; 62, 10; -um bellum, III 4, 5; 7 V 11, 9; VII 63, 7; -a castra, I 39, 5; II 23, 4; VI 37, 6; -us dies, VII 88, 6; murus, VII 22, 3; 24, 3; 28, 2; mons, I 24, 3; -a moenia, II 6, 2; -a Gallia, I 2, 2; 3, 6, 8; 20, 4; 30, 1, 4; 31, 3, 10; 43, 7; II 4, 7; V 3, 1; 5, 3; VI 11, 5; 12, 4; 13, 10; 29, 4; VII 4, 1; 15, 4; 29, 6; 63, 5; I 30, 3; VII 66, 1; V 55, 3; -a ora maritima, III 16, 1; -um proelium, I 26, 2; -a Aquitania, III 21, 1; hiems, V 53, 5; 55, 1; 53, 3; nox, I 26, 5; acies, V 34, 1; provincia, I 7, 2; VII 1, 1; 64, 8; toto tempore, VII 24, 1; — *dat. irregular:* toto exercitui, VII 89, 5 (☞ Holder); — *wholly:* naves totae (*in every part*) factae ex robore, III 13, 3; taliae ... totae in terram infodiebantur, VII 73, 9.

trabs, is, f., *beam:* -es praeacutae, II 29, 3; pedales, III 13, 4; bipedales, IV 17, 6; alternis trabibus et saxis, VII 23, 5; -es directae perpetuae, VII 23, 1; cf. § 5; inter se contingant, VII 23, 3.

trādō, ere, didī, ditum, v. 3, *hand over* (obsides): custodiendos alicui, VI 4, 4; — *pass on* (clamorem) proximis, VII 3, 2; glebas per manus, VII 25, 2; — *hand down:* consuetudinem, IV 7, 3; — *surrender:* arma, III 21, 3; VII 89, 3; I 28, 2; 27, 4; II 13, 1; 31, 5; 32, 2; perfugas, I 28, 2; se hostibus, VII 77, 12; (aliquem) vivum, VII 89, 5; sese militibus, VII 47, 6; se in servitutem Romanis, I 51, 3; obsides, I 28, 2; II 15, 2; VII 12, 4; — *impart* (teach): multa ... iuventuti, VI 14, 6; cf. VII 22, 1; initia operum atque artificiorum, VI 17, 2; — *commit, entrust:* summam imperii alicui, VII 20, 5; cf. 57, 3; 76, 3; 63, 5; VI 8, 9; legiones alicui, V 25, 5; — *yield:* liberam possessionem Galliae sibi, I 44, 13; — *introduce, recommend:* aliquem alicui, VII 39, 1.

trādūcō, ere, xī, ctum, v. 3, *lead across, bring over*, I 31, 5; exercitum, I 13, 1; IV 17, 2; 18, 1; 10, 4; VI 9, 3; VII 53, 4; 56, 4; 58, 5; reliquas copias, VI 9, 5; cf. V 51, 1; VII 35, 1; trans Rhenum in Galliam, I 35, 3; legiones, VII 35, 6; illo ad munitionem, VII 45, 6; (milites) *pontem*, II 10, 1; exercitum *Ligerem*, VII 11, 9; — *Rhenum*, I 31, 16; II 4, 1; exercitum *flumen Axonam*, II 5, 4; copias *id flumen*, I 12, 2; (vadis) II 9, 4; in Britanniam, V 6, 5; raros milites ex maioribus castris in minora, VII 45, 7; (legiones) ex Italia, VI 32, 5; multitudinem Germanorum in Galliam, I 44, 16; copias per angustias, I 11, 1; per fines, I 10, 1; copias praeter castra, I 48, 2; — *advance, promote:* centuriones in superiores ordines, VI 40, 7; — *bring over* (in political allegiance): magnam partem

Trāgula   **Tribūnus**   179

clientium ab Aeduis ad se, VI 12, 4; civitatem, VII 37, 3.
trăgula, ae, f., *javelin* (supplied with strap for propulsion) : -as subicere, I 26, 3 ; femur alicui tragula traicitur, V 35, 6 ; tragulam cum epistola ad ammentum deligata, V 48, 5 ; -am mittere, V 48, 7.
trahō, ere, xī, ctum, v. 3, *drag, draw:* per manus tractus, VI 38, 4 ; — *hurry along:* aliquem, I 53, 5.
trāiciō, ere, iēcī, iectum, v. 3, *pierce:* aliquem (pilo), V 44, 6 ; femur tragula, V 35, 6 ; scorpione traiectus, VII 25, 2 ; pilis muralibus, VII 82, 1.
trāiectus, ūs, m., *crossing, passage:* brevissimus tr. in Britanniam, IV 21, 3 ; ☞ in V 2, 10 Hldr. adopts Geyer's transmissum.
trānō, v. 1, *swim across,* I 53, 1.
tranquillitās, ātis, f., *calm:* extitit, III 5, 3 ; consequitur, V 23, 6.
trāns, prep. c. acc., *across, beyond:* t. Rhenum incolere, I 1, 3 ; 5, 4 ; 28, 4 ; II 35, 1 ; t. Rhenum quicquam esse imperii, IV 16, 4 ; t. Rhodanum sunt primi, I 10, 5 ; vicos habere tr. Rhodanum, I 11, 5 ; tr. flumen considere, II 10, 2 ; tr. flumen aedificia habere, IV 4, 3 ; tr. fl. dies consumere, IV 19, 4 ; tr. Padum legionem conscribere, V 24, 4 ; tr. vallem et rivum multitudinem conspicatur, V 40, 5 ; tr. Rhenum nuntiare aliquid, I 54, 3 ; tr. Rh. seso recipere, VI 41, 1 ; in Germaniam mittere, VII 65, 4 ; tr. Rhenum traducere, I 35, 3 ; tr. Rhenum legatos mittere, V 55, 2 ; tr. Rhenum remigrare, IV 4, 6 ; tr. Rh. colonias mittere, VI 24, 1 ; tr. Rh. pervenit fama, VI 35, 4 ; tr. Mosam mittere, IV 9, 3 ; tr. M. ire, IV 12, 1.
trānsalpīnus, a, um, adj., *transalpine:* Gallia -a, VII 1, 2 ; 6, 1.
trānscendō, ere, endī, v. 3, *cross, board:* in hostium naves, III 15, 1 ; — *climb over:* maceriam, VII 70, 5.
trānseō, īre, iī, itum, *cross:* Rhenum navibus ratibusque, VI 35, 6 ; cf. I 33, 3 ; 37, 3 ; 43, 9 ; 31, 11 ; 31, 5 ; 44, 1 ; cf. IV 4, 3, 4 ; 10, 1 ; 17, 1 ; IV 1, 2 ; 14, 5 ; 10, 1 ; 17, 1 ; V 4, 3, 4 ; VI 35, 6 ; 42, 3 ; 9, 1 ; V 27, 8 ; 41, 3 ; VII 55, 2 ; fossam, VII 70, 5 ; flumen pedibus, V 18, 1 ; (paludem) IV 9, 1 ; Mosam, IV 16, 2 ; (Ararim) I 12, 2 ; Rhodanum, I 6, 2 ; (paludem) II 9, 1 ; (flumen) per corpora, II 10, 3 ; cf. I 13, 2, 5 ; 12, 2 ; II 23, 1, 2 ; 27, 5 ; 24, 2 ; 10, 4 ; III 11, 2 ; IV 4, 7 ; VI 7, 5 ; 8, 1 ; VII 5, 4 ; 11, 7 ; 61, 4 ; 5, 5 ; vallem, V 49, 8 ; 50, 3 ; in Galliam, IV 16, 4 ; e suis finibus in Helvetiorum fines, I 28, 4 ; in Britanniam, IV 30, 2 ; Elaverem, VII 35, 2 ; Ligerim, VII 55, 10 ; — *pass through:* sine maleficio, I 19, 4 ; se invito, I 8, 2 ; — *come over* (the sea) : ex Belgis, V 12, 2 ; — *go over:* ad hostes, III 18, 2 ; ad se, V 51, 3 ; — *go by:* dies complures (nom.), III 2, 1 ; — *pass away:* alio, VI 22, 2 ; — *pass over:* post mortem ad alios, VI 14, 5 ; in agrum Noricum, I 5, 4.
trānsferō, ferre, tulī, lātum, v. 3, *transfer, shift:* consilium Lutetiam, VI 3, 4 ;

disciplinam in Galliam, VI 13, 11 ; bellum ad se, VII 8, 4.
trānsfīgō, ere, fīxī, fīxum, v. 3, *pierce:* scutum Pulloni, V 44, 7 ; (scuta) uno ictu pilorum, I 25, 3.
trānsfŏdiō, ere, fōdī, fossum, *pierce,* VII 82, 1.
transgredior, ī, gressus, v. 3, *step across:* hunc iacentem, VII 25, 3 ; — *cross:* flumen, II 19, 4 ; munitionem, V 55, 2.
trānsitus, ūs, m., *crossing, passage:* Tencterorum, V 55, 2 ; difficilis, VI 7, 5 ; -u prohibere, VII 57, 4.
trānsmarīnus, a, um, adj., *from beyond the sea,* VI 24, 5.
trānsmissus, ūs, m., *passage, crossing:* pari spatio, V 13, 2 ; in Britanniam, V 3, 3 (☞ Geyer's reading).
trānsmittō, ere, mīsī, missum, v. 3, *to transport:* exercitum, VI 61, 2.
trānsportō, v. 1, *carry over, lead over:* exercitum Rhenum, IV 16, 6, 8 ; 29, 2 ; nostros, VII 62, 1 ; legiones, IV 30, 2 ; 22, 3 ; equites secum, IV 35, 1 ; multitudinem iumentorum, V 1, 2 ; milites navibus, VII 61, 3 ; in Galliam Harudes, I 37, 2.
Trānsrhēnānus, a, um, adj., *living across the Rhine:* -i Germani, V 2, 4 ; — *as substantive,* IV 10, 6 ; VI 5, 5.
transtrum, ī, n., *cross-beam,* III 13, 4.
trānsversus, a, um, adj., *at right angles, oblique:* fossa, II 8, 3.
Trebius, ī, M. Tr. Gallus, a Roman officer, III 7, 4 ; 8, 3.
Trebōnius, ī, C. Tr., legatus, V 17, 2 ; 24, 3 ; VI 33, 2 ; VII 11, 3 ; 81, 6 ; C. Tr., eques Romanus, VI 40, 4.
trecentī, ae, a, *three hundred:* milites, IV 37, 1 ; VII 36, 3 ; equites, V 9, 1.
trepidō, v. 1, *to be in a flutter:* trepidare et concursare, V 33, 1 ; totis trepidatur castris, VI 37, 6.
trēs, ia (tris), *three:* Aedui, VII 67, 7 ; manipulares, VII 47, 7 ; partes, I 1, 1 ; VII 61, 4 ; 67, 1 ; menses, I 5, 3 ; senatores, II 28, 2 ; loci, VII 61, 4 ; legiones, I 10, 3 ; 12, 2 ; II 11, 3 ; III 11, 4 ; V 17, 2 ; 24, 3 ; 48, 1 ; 8, 1 ; 53, 3 ; VI 1, 4 ; 32, 5 ; 33, 1, 3 ; VII 60, 4 ; horae, V 42, 4 ; VI 35, 8 ; VII 41, 1 ; tria milia, I 22, 5 ; V 47, 5 ; VII 70, 1 ; 79, 2 ; VI 36, 2 ; VII 68, 2 ; tres populi, I 3, 8 ; pedes, II 18, 3 ; VII 73, 5.
Trēverī, ōrum, m., Celtic tribe on the Moselle, I 37, 1, 3 ; II 24, 4 ; III 11, 1 ; IV 10, 4 ; V 26, 2 ; 55, 1, 2, 4 ; 3, 4 ; 4, 3 ; 24, 3 ; 47, 1, 4, 5 ; 53, 2 ; 58, 1 ; 3, 3 ; 4, 1 ; VI 7, 1 ; 5, 1 ; 8, 7 ; 29, 4 ; 44, 3 ; 9, 2 ; 3, 4 ; 5, 4, 6 ; 6, 4 ; 0, 1 ; 6, 3 ; 12, 1 ; 2, 1, 3 ; 9, 5 ; VII 63, 7 ; Eburones and Condrusi their vassals, IV 6, 4.
Tribocēs, um, one of the German tribes following the leadership of Ariovistus, I 51, 2.
Tribucī, -ōrum, m., probably the same as the foregoing, in Alsace, along the Vosges, IV 10, 3.
tribūnus, ī, m., militum, *tr. of the soldiers,* an officer elected (in the older repub-

lic at least) by the people, six to a legion in the time of Polybius; we do not know how many in Caesar's time: Gaius Volusenus, III 5, 2; Laberius Durus, V 15, 5; M. Aristius, VII 42, 5; tribuni militum centurionesque, VII 62, 6; cf. III 14, 3; V 37, 1; 52, 4; I 41, 3; VI 7, 8; centuriones tribunique militum, VII 17, 8; complures tribuni militum, V 28, 3; tribuni septimae legionis, VII 62, 6; legio per tribunos m. ei gratias egit, I 41, 2; tribunos militum monuit ut paulatim sese legiones coniungerent, II 26, 1; praefecti tribunique m., IV 23, 5; cf. VII 47, 2; 52, 1; a tribunis militum reliquisque equitibus Romanis, VII 65, 5.

tribuō, ere, uī, ūtum, *bestow upon:* sibi honorem, VII 20, 7; pro magnis officiis, I 43, 4; tantum dignitatis civitati Aeduae, V 7, 1; — *pay attention to:* plus communi libertati, VII 37, 4; — *give the credit to:* suae virtuti, I 13, 5; id virtuti hostium, VII 53, 1; — *do for the sake of:* aliquid et reipublicae et amicitiae, VI 1, 4.

tribūtum, ī, n., *impost, tax,* VI 13, 2; -a pendere, VI 14, 1.

trīduum, ī, n., *three days' time:* tridui via, I 38, 1; IV 4, 5; tridui spatium, IV 11, 3; triduum iter facere, II 16, 1; morari, I 26, 5; longius triduo abesse, VII 9, 2; triduo, *within three days,* VII 20, 11.

triennium, ī, n., *three years' time:* vagari, IV 4, 1.

trīginta, *thirty:* milia passuum, VI 35, 6.

Trinobantēs, um (-vantes), tribe of Britain, V 20, 1; 21, 1; 22, 5.

trīnus, a, um, adj., *triple:* -ae catenae, I 53, 5; castra, VII 46, 4; 66, 2; trinis hibernis hiemare, V 53, 3.

tripertītō, adv., *in three parts, divisions,* V 10, 1; VI 6, 1; 67, 2.

triplex, icis, adj., *threefold:* acies, I 24, 2; 49, 1; 51, 1; IV 14, 1.

triquetrus, a, um, *triangular:* insula, V 13, 1.

trīstis, e, *sad:* capite demisso, I 32, 2.

trīstitia, ae, f., *sadness,* I 32, 2.

Troucillus, ī, ☞ a reading of Holder for *Procillus,* I 19, 3.

truncus, ī, m., *trunk, log:* arborum, IV 17, 10; VII 73, 2.

tū, *thou:* abs te, V 30, 2; per te, V 30, 3.

tuba, ae, f., *trumpet:* -ae sonus, VII 47, 2; -ā signum dare, VII 81, 3; II 20, 1.

tueor, ērī, tūtus, v. dep. 2, *keep safe, protect, maintain:* portas aegre, VI 37, 5; hos diligenter, VI 12, 8; summam exercitus, VI 34, 3; fines, IV 8, 2; VII 65, 3; portus, V 8, 1; pontem, VI 29, 3; Genabum, VII 11, 5.

Tulingī, ōrum, m., German (?) tribe, allied with the Helvetii in their attempted migration, I 25, 6; 29, 2; 5, 4; 28, 3.

Tullius, ī, Q. T. Cicero, VI 32, 6; VII 90, 7; v. *Cicero.*

Tullus, ī, C. Volcatius T., a young Roman officer, VI 29, 3.

tum, adv., *then* (thereupon) (ἔπειτα), IV 25, 5; V 8, 3; 26, 4; 35, 6; 43, 7; 44, 6; 48, 3; VI 32, 2; VII 2, 3; 59, 3; tum demum, *then at length,* I 17, 1; 50, 2; 51, 2; V 33, 1; VI 8, 3; tum vero, II 2, 5; III 23, 2; 26, 4; V 37, 3; VII 47, 4; ac tum, V 43, 4; — *afterwards,* IV 27, 3; — *at that moment,* IV 32, 5; V 51, 5; — *at that time, then* (τότε), II 6, 2, 4; VI 12, 9; VII 3, 2; 53, 4; tum primum, VII 11, 4; — *in addition, further,* II 27, 1; 28, 3; V 48, 10; 49, 6; VII 22, 4; 59, 5; cum ... tum (*both* ... *and*), II 4, 7; III 16, 2; V 4, 3; 54, 5; VI 30, 2; 32, 5; VII 23, 5; 56, 2; ☞ *tum for cum* (Heller), VI 22, 2.

tumultuor, v. dep. 1, *to make an uproar, noise,* VII 61, 3.

tumultuōsus, a, um, adj., *noisy:* paulo tumultuosius vagari, VII 45, 1.

tumultus, ūs, m., *noise, uproar,* VI 37, 6; VII 47, 4; 60, 3; magno cum strepitu ac tumultu, II 11, 1; cf. VI 7, 8; — *rising* (as opposed to iustum bellum): repentinus, V 26, 1; servilis (= servorum), I 40, 5.

tumulus, ī, m., *mound:* terrenus, I 43, 1, 2; 46, 1; proximus, VI 40, 1; ex -o tela conicere, II 27, 4.

tunc (tum-ce), *then,* V 41, 1.

turma, ae, f., *squadron:* equitum, IV 33, 1; VII 45, 1; 88, 1; VI 8, 5; confectis turmis, VII 80, 6.

Turonēs, um, tribe on lower Loire, II 35, 3; (Tours) dat. Turonis, VII 75, 3; acc. Turonos, VII 4, 6.

turpis, e, adj., *disgraceful:* -e ducere aliquid, VI 18, 3; -e arbitrari, I 33, 2; habere, IV 2, 4; in turpissimis rebus habere aliquid, VI 21, 5; levius aut turpius, V 28, 6; -issima servitus, VII 77, 3.

turpiter, adv., *disgracefully,* VII 20, 6, 12; recte ac t. factum, VII 80, 5.

turpitūdō, inis, f., *disgrace:* fugae, II 27, 2.

turris, is, f., *tower,* II 33, 4; V 48, 4; VII 25, 2; 28, 1; 82, 1; 86, 5; -is muro appropinquat, VII 18, 1; — *siege-tower* of Romans: -em succendere, V 43, 7; reducere, VII 24, 5; procul constituere, II 30, 3; cf. II 12, 5; VII 17, 1; -em in muro collocare, II 30, 4; agere, III 21, 3; V 43, 3; t. tabulatorum quattuor, VI 29, 3; -em circundare, VII 72, 4; turrim adigere, V 43, 6; -im promovere, VII 27, 1; parare, V 42, 5; excitare, V 40, 2; III 24, 4; instituere, V 52, 2; contabulare, V 40, 6; -ium altitudo, VII 22, 4; mala turrium, VII 22, 5; latus, VII 24, 3; plutei, VII 25, 1; murum turribus contabulare, VII 22, 3.

tūtō, adv., *safely:* dimicare, III 24, 2; commeare, VII 36, 7; -ius in vadis consistere, III 13, 9.

tūtus, a, um, adj., *safe:* sententia, V 29, 6; victis nihil tutum, II 28, 1; -um iter, V 27, 1; satis tutum, IV 17, 1; oppida a periculo tuta, VII 14, 9; tuti, IV 16, 7; tutiores, VI 23, 3; tutius, III 24, 2; tuta (n. pl.) ab hostibus, II 5, 5.

tuus, a, um, adj., *thy, thine:* virtus, V 44, 3.

U.

ŭbī, 1) (relative adv.) *where* (with the following antecedents): ibi, I 13, 3; is locus, I 13, 7; cf. II 35, 3; III 4, 3; 9, 6; 20, 1; VI 35, 6; VII 40, 3; is collis, II 8, 3; ab dextro cornu, VII 62, 3; Venetia, III 9, 9; in Lingones, VII 9, 4; flumen, VII 67, 5; fines, VI 32, 4; Agedincum, VII 62, 10; — *without antecedent,* VII 34, 2; — 2) conj., *as soon as* (cf. postquam) (with ind. perfect), I 5, 2; 7, 3; 8, 3; 12, 2; 16, 5; 28, 1; 43, 4; 49, 1; 50, 2; II 8, 3; 10, 4; 19, 6; 25, 1; 30, 3; 31, 1; III 14, 1, 2; 18. 3, 5; 21, 3; 23, 7, 8; IV 12, 1; 19, 4; 25, 1; V 9, 1; 50, 1; 58, 3; VI 8, 6; VII 3, 1; 12, 1; 20, 3; 28, 2; — *ubi primum, the moment that,* VII 51, 3; — *w. historical present indicative,* II 9, 2; — *of repeated action* (ind. perf.), II 6, 2; VI 23, 7; VII 3, 2; — *w. pluperf. ind.,* IV 26, 2; — *w. perf. absolute,* IV 10, 4; — *necubi* = alicubi, VII 35, 1.

Ubiī, ōrum, German tribe near site of Cologne, on right bank of Rhine, I 54, 1; IV 3, 3; 16, 5; VI 9, 6, 8; IV 8, 3; 19, 1; VI 29, 2; IV 8, 3; 11, 2; 19, 4; VI 10, 2; 29, 1; 10, 1.

ubīque, adv., *anywhere,* III 16, 2.

ulcīscor, ī, ultus, v. 3, dep., *punish, revenge oneself upon* (homines): pro scelere, I 14, 5; Romanos pro iniuriis, V 38, 2; ad ulciscendum ardere, VI 34, 7; Sugambros, IV 19, 4; — *avenge:* iniurias, I 12, 7.

ūllus, a, um, *any* (at all): neque ... honos ullus communicatur, VI 13, 7; neque ... ulla facultas dabatur, IV 20, 2; neque ulla navis desideraretur, V 23, 3; neque ulla fama adferebatur, VI 36, 1; neque ullum tempus intercessit, V 53, 5; neque ulli civitati persuaderi potuit, V 55, 2; neque ullum diem intermittebat, VII 36, 4; negat se posse iter ulli dare, I 8, 3; neque ullam vocem exprimere posset, I 32, 4; neque ullam condicionem accepturos, II 15, 5; neque ullam facultatem habere, III 9, 6; magis quam quo ullam rem ... importari desiderent, IV 2, 1; neque ... ullam habet auctoritatem, VI 11, 4; neque ... ullum esse subsidium, II 25, 1; neque ullum telum mittere, III 4, 2; sine ullo vulnere, III 24, 2; sine ullo eius labore, I 44, 13; sine ulla suspicione, V 45, 4; sine ullo periculo, I 46, 3; II 11, 6; neque ulla necessitate ... continerentur, II 11, 5; neque ulla ... suspicione interposita, IV 32, 1; neque ulla alia condicione, VII 77, 15; sine ullo maleficio, I 7, 3; neque ullos ... vacare agros, IV 8, 2.

ulterior, us, ōris (ultra), *further:* provincia, I 10, 5; Gallia, I 7, 1; 10, 3; 7, 2; portus, IV 23, 1; -ores munitiones, VII 77, 10; -a castella, VII 81, 6 (more remote).

ultĭmus, a, um, *furthermost, most remote:* -a pars pontis, VI 29, 2; -ae nationes, III 27, 2; IV 16, 7; -ae oppidi partes, VII 28, 2; — *in the rear:* opp. primus, V 43, 5.

ultrā, prep. c. acc., *beyond:* eum, I 48, 2; eum locum, I 49, 1.

ultrō, adv., 1) *on one's own accord* (without being requested), *spontaneously:* polliceri, I 42, 2; obsides mittere, III 27, 1; se morti offerre, VII 77, 5 (*voluntarily*); — 2) ultro citroque, *to and fro,* I 42, 4; — 3) *to boot, even:* impetum multis ultro vulneribus illatis fortissime sustinuerint, V 28, 4; cf. 40, 7; 56, 1; VI 24, 1; VI 35, 4.

ululātus, ūs, m., *howling, shouting:* -um tollere, V 37, 3; clamōre et ululatū, VII 80, 4.

umerī, ōrum, pl. m. (humeri), *shoulders:* exserti, III 50, 2; brachia atque umeri, VII 56, 4.

umquam, *ever:* nec u., I 41, 3; cf. III 28, 1; V 17, 5; ne ... quidem u., VII 8, 3.

ūnā, adv., *at the same time, together* (in one), VII 39, 1; cum his, I 5, 4; III 22, 2; cum iis una fuerunt, II 24, 1; cf. III 23, 5; V 6, 1; VII 38, 9; u. cum reliqua Gallia, I 17, 4; vobiscum, VII 50, 4; cum Atrebatis, II 16, 2; cum iis, IV 21, 2; cf. 27, 4; cum pueris, II 28, 1; iter facere, II 17, 2; coire, VI 22, 2; c. reliquis, VI 14, 1; murum ascendere, VII 50, 3; secum, VII 71, 3; custodiam relinquere, II 29, 4; cremari, VI 19, 4; pugnatur una omnibus partibus, VII 67, 2; concidere, VI 27, 5; eundem casum u. ferre, III 22, 2; cogere legiones, VII 87, 5; — *jointly:* u. colloqui cum aliquo, V 36, 3; consilium inire, VI 31, 5; proelium sustinere, VI 38, 3; — *along:* sub vexillo u. mittere, VI 36, 3; cf. 40, 4; VII 56, 2; 75, 2.

unde, adv., *whence:* in fines u., I 28, 3; is locus u., I 28, 4; III 20, 1; V 35, 3; colles, etc., u., III 14, 9; eodem u., IV 28, 2; V 5, 2; 11, 7; castra u., V 37, 4; — *in indirect question:* explorabant u. initium belli fieret, V 53, 4.

ūndecimus, a, um, *eleventh:* -a legio, II 23, 3; hora, V 46, 1.

undique, adv., *from all sides:* u. contineri, I 2, 3; III 1, 5; convenire, II 10, 4; III 17, 4; IV 21, 4; 27, 7; V 11, 8; 17, 5; VI 13, 10; 34, 9; VII 63, 6; cogere, I 4, 2; legatos mittere, III 1, 4; impetus fieret, I 22, 3; concurrere, V 55, 4; in murum lapides iacere, II 6, 2; evocare, V 57, 2; circumventi, III 6, 2; 26, 5; flamma torreri, V 43, 3; ad se vocare, IV 20, 4; bellum parari, VI 2, 3; toto muro circumfundi, VII 28, 2; premi, VII 51, 1; summum u. iugum tenebant, VII 80, 2; vulneribus u. acceptis, VII 82, 2.

Unellī, ōrum, m., tribe in Aremorica, II 34, 1; III 11, 4; 17, 1.

ūniversus, a, um, adj. (turned into one): *whole, all:* -ae Galliae consensio, VII 76, 2; sectionem -am (*in a body, lump*), II 33, 7; — *in a body:* nostri ... universi desilierunt, IV 25, 5; coniciunt tela in hostem, V 44, 6; ab eo petebant, VII 17, 5; cf. 75, 4; — *the whole body:* opp. pauci, IV 26, 3; cf. VII 85, 6; opp. singuli, VI 34, 3.

ūnus, a, um, gen. īus, *one* (*a single one*):

ex multitudine procurrerent, V 44, 6; hic pagus unus, I 12, 5; unus e filiis, I 26, 5; u. ex his, II 6, 4; u. pontium, VII 35, 3; ex captivis, VI 35, 8; ab novissimis, II 25, 2; ex proximis, VII 25, 3; ex quattuor ducibus, VII 83, 6; una in parte, VII 80, 6; ex his tribus, VI 32, 5; eorum una pars, I 1, 5; unum, *one thing*, I 19, 2; cf. IV 26, 5; II 31, 4; VI 4, 1; unum cornu, VI 26, 1; una opp. duae, VII 67, 1; (partium) I 1, 1; latus unum (of four), II 5, 5; cf. V 26, 3; legio una, VII 45, 5; II 34, 1; IV 32, 1; cf. VI 7, 1; una ... altera, I 53, 4; VI 9, 2; cf. I 2, 3; 6, 1; IV 13, 2; V 13, 1; 24, 2; VII 5, 5; 44, 4; unam legionem et cohortes, V 25, 4; — *emphatic: a single:* Nervius, V 45, 2; uno nomine, II 4, 10; opp. omnes, VI 13, 8; cf. I 19, 2; V 58, 4, 6; II 29, 3; opp. reliquae, IV 32, 4; cf. V 44, 11; uno die opp. diebus xx, I 13, 2; VII 81, 1; unus omnino collis, VII 36, 2; una omnino legio, I 7, 2; unum modo respondit, V 41, 7; una via relinquebatur, I 9, 1; unum consilium totius Galliae, VII 29, 6; una (emph.) res, III 14, 5; uno ictu, I 25, 3; die, VII 15, 1; pagus, I 13, 5; uno in loco, IV 1, 7; uno omnino loco, V 18, 1; locus, I 24, 3, 4; 34, 3; II 2, 4; 5, 4; 25, 1; III 16, 2; IV 19, 2; VI 10, 1; 17, 3; VII 9, 5; uno loco, VII 10, 1; 77, 8; una aestate, I 54, 2; ne unum quidem impetum, III 19, 3; ab uno omnia imperia administrari, II 22, 1; -um aditum habere, VII 15, 5; duo ex una familia, VII 33, 3; uno proelio, I 44, 4; IV 13, 3; unum omnes peterent Indutiomarum, V 58, 4; uno tempore, I 22, 3; II 5, 2; — *alone, the only one* (emph. position): unum se esse ex omni civitate, I 31, 8; -a spes salutis, III 5, 2; unum salutis auxilium, V 48, 1; unam ... salutem, V 29, 6; virtus, II 33, 4; hanc unam gratiam ... noverunt, VI 15, 2; civitas, VII 37, 3; tempus, VII 85, 2; celeritas, III 13, 7; VII 45, 9; *uni* ex Transrhenanis, IV 16, 5; uni ex Gallia, VI 5, 4; unis Suebis concedere, IV 7, 5; unos ex omnibus Sequanos, I 32, 2; — *one and the same:* unum imperium, etc., cum ipsis habeant, II 3, 5; omnium Germanorum una causa, VI 32, 1; unum omnes sentirent, V 31, 2; una munitione omnes naves cum castris coniungi, V 11, 5; uno tempore, II 19, 7; 20, 1; III 14, 7; 19, 5; IV 23, 6; 29, 2; V 8, 6; VII 84, 4; uno fere tempore, VII 61, 3; — *ad unum omnes, to a man,* IV 15, 3; V 37, 6; VI 40, 4; VII 63, 6;— *indefinite pronoun:* una nocte, V 58, 1.

urbānus, a, um, adj., *pertaining to a* (the) *city:* -i motus (*disorders at the capital*), VII 1, 2; -ae res, *the situation in Rome*, VII 6, 1.

urbs, is, f., *city:* -is (Gergoviae) situs, VII 36, 6; cf. VII 47, 4; (Alesia) VII 68, 3; (Avaricum) VII 15, 4; xx urbes Biturigum, VII 15, 1; defensio urbium (scil. Gallōrum), VII 23, 5; (Rome) VI 1, 2; I 7, 1; 39, 2.

urgeō, ēre, sī, 2, *to press hard:* suos, II 25, 1; septimam legionem, II 26, 1.

ūrus, ī, m., *wild ox, ure ox*, VI 28, 1.

Usipetēs, um, m., tribe of Germans, unsettled in 55 B.C., IV 1, 1; 4, 1; 16, 2; 18, 4; VI 35, 5.

ūsitātus, a, um, adj., *customary,* VII 22, 2.

usque, adv., *up to:* u. ad vesperum, I 50, 2; u. ad solis occasum, III 15, 5; fines, V 54, 2; castra, I 51, 1; murum, VII 46, 3; flumen, VII 67, 5; munitiones, VII 70, 4; usque *in* castra, VII 80, 8; u. eo ut, VI 37, 2; VII 17, 3.

ūsus, ūs, m., *experience*, I 40, 5; cotidianus, IV 33, 3; militum, II 20, 3; nauticarum rerum, III 8, 1; militaris, VI 39, 2; magnus in re militari, I 39, 2; cf. VI 40, 6; in castris, I 39, 5; belli, IV 1, 6; 20, 4; — *use, employment:* lini, III 13, 6; idonea ad hunc usum, V 42, 3; — *handling, management:* navium, III 14, 7; 9, 3; cf. IV 25, 1; — *necessity:* cum usus est, IV 2, 3; VI 15, 1; venit, VII 80, 1; — *advantage, interest:* ex usu terrae Galliae, I 30, 3; cf. V 6, 6; ex usu (*advantageous*) est, I 50, 4; VI 20, 3; usu venire, *prove advantageous,* VII 9, 1; — *usui* (for use = *useful*) ad bellum, I 38, 3; magno nobis usui ad bellum gerendum, II 9, 5; ad oppugnandum, II 12, 3; magno usui erat, III 14, 5; IV 20, 1; 25, 1; ad reficiendas naves, IV 29, 4; ad armandas naves, V 1, 4; ad eas res, IV 31, 2; Romanis, VII 55, 7; — *enjoyment,* VI 24, 5.

ut, conj., **as**, c. ind., I 16, 2; 22, 1; 26, 1; 29, 3; 41, 4; 43, 1; 49, 4; II 7, 4; 11, 6; I 7, 2; 22, 1; 32, 4; 33, 2, 3; III 4, 2; 8, 3; 15, 1; 20, 1; 26, 2; IV 3, 3; 11, 1; 13, 4; V 1, 1, 9; 3, 1; 7, 9; 8, 5; 9, 4; 13, 2, 5; 19, 1; 47, 3; 48, 7; VI 2, 1; 3, 4; 20, 1; 30, 1; 34, 1, 6; 35, 5; 37, 9; 44, 3; VII 1, 1; 3, 2; 17, 1; 35, 4; 46, 3; 47, 2; 48, 1, 2; 58, 3; 75, 1; 76, 1; ut circino, I 38, 4; ut ex tumulo, II 27, 4; ut muro, VII 8, 3; superioribus diebus, VII 81, 4; ut in Gallia (*for* Gaul) V 12, 5; cf. VI 30, 3; 34, 7; — *ut, as, in oratio obliqua*, I 32, 12; 33, 4; 43, 7; 44, 8; 46, 4; — *ut, as, causal* (*ώs*), V 43, 5; VI 7, 7; VII 22, 1; 45, 4; 46, 5; 61, 1; 68, 1(?); 88, 1(?); — *ut, how*, or. obl.: IV 23, 5; — *accordingly as,* VII 81, 4; — *ut, as, with correlatives:* ut ... ita, II 1, 3; IV 1, 10; VI 15, 2; ut ..., sic, III 10, 6; VII 30, 3; — *ita ut, just as,* II 19, 6; 33, 4; — *ut qui* (*since* he), IV 23, 5; sic ut quibus, c. subj., V 31, 6; VII 56, 2 (*very difficult passage*); — **ut final**, *in order that, that, to,* c. imperf. subj. after historical tense, I 3, 1; 7, 6; 22, 3; 25, 1, 4, 7; 39, 3; 42, 5; 48, 3; 51, 1; II 8, 5; 9, 1; 10, 4; III 19, 1; IV 11, 5; 13, 5; 17, 10; 19, 4; V 6, 5, 6; 8, 1; 10, 1; 50, 3; 57, 3; VI 29, 2; 32, 5; 34, 7, 8; VII 9, 4; 12, 3; 17, 8; 31, 4; 36, 7; 49, 2; 50, 1; 57, 1; 74, 1; — *ut w. imperf. subj. after present historical,* II 9, 2; 13, 1; II 27, 2; VI 33, 5; VII 11, 3; — *present subj. after present indicative,* VI 22, 4; 23, 4; 40, 2, 3; VII 1, 6; 4, 10; 20, 8; 23, 3; 42, 4;

Ut — Ūtor — 183

80, 10; 87, 5; *eo ut*, IV 2, 1; (illo?) IV 11, 4; eo consilio ut, V 49, 7; VI 42, 3; — I 20, 6; — *c. imperf. subj. after future* (in orat. obl.), I 40, 14; — *complementary ut after verba studii et voluntatis*: contendere ut, V 8, 3; VII 63, 5; cogitare (*plan*), VII 59, 4; concedere, I 28, 5; adducere, I 31, 8; antevertere omnibus consiliis ut, VII 7, 3; impellere, IV 16, 1; contestari, IV 25, 3; mandare, I 47, 5; VII 45, 1; IV 21, 2; VI 10, 3; VII 71, 2; — cogere ut, I 6, 3; laborare, VII 31, 1; cohortor, III 26, 1; VII 27, 2; 34, 1; cf. VII 62, 2; hortor, I 19, 5; IV 21, 8; V 48, 6; VII 4, 4; 10, 3; IV 21, 6; VII 37, 2; mittere ad aliquem ut, VII 49, 1 (a communication implying an order); cf. denuntiare ut, VI 10, 1; senatus consultum, VII 1, 1; pronuntiare, V 33, 3; 34, 3; communicare, V 36, 3; nuntium mittere, V 46, 3; operam dare, V 7, 3; imperare ut, I 9, 4; V 37, 1; VI 10, 2; VII 8, 3; I 28, 3; II 28, 3; VI 32, 2; VII 8, 3; monere, V 27, 7; 48, 5; VI 29, 5; VII 9, 2; 45, 8; II 26, 1; impetrare, VII 29, 7; persuasit ut exirent, I 2, 1; cf. II 10, 5; V 55, 2; I 3, 4, 5; V 45, 3; petere ut, I 19, 5; II 14, 5; III 21, 3; V 20, 3; VI 9, 7; VII 2, 2; 63, 4; I 39, 3; IV 11, 2; 27, 4; V 6, 3; rogare ut, I 7, 3; V 36, 1; placuit, I 34, 1; (ἔδοξε) VII 37, 7; scribere alicui ut, V 11, 4; postulare, I 43, 3; providere, VII 16, 3; orare, IV 16, 4; VII 12, 3; 78, 4; V 27, 7; VI 9, 7; VII 32, 2; obsecrare, VII 8, 4; 38, 6; obtestari, VII 4, 5; 71, 3; studere, VII 14, 2; statuere, VII 21, 2; sollicitare, VII 8, 4; id quod constituerant facere conantur, ut e finibus suis exeant, I 5, 1; — **ut consecutive**: *preceded by demonstrative words*: *ita* . . . ut debuerint, I 11, 3; cf. 12, 1; 13, 6; 38 5; v. ita . *preceded by is*, IV 17, 7; V 18, 5; VI 12, 9; 43, 4; — *adeo*, V 27, 4; 53, 7; — *usque eo*, VI 37, 2; VII 17, 3; — *tantus*, I 33, 5; 48, 7; cf. tantus; *hoc animo ut*, V 41, 5; — *tam*, I 44, 9; — *hic eventus ut*, V 43, 5; — *sic* (*v. sic*); *eiusmodi*, V 27, 3; — *historical tense followed by imperfect*, I 6, 1; 41, 4; II 10, 7; III 14, 4, 7, 8; IV 17, 4; V 30, 1; 40, 7; VI 43, 3, 5; VII 19, 3; 24, 4; 29, 6; 55, 10; 56, 4; 69, 1; 72, 1; — *infinitive historical followed by ut c. imperf. subj.* (oratio obl.), III 4, 1; — *present indicative w. imperf. subj.*, V 53, 1; — *present or absolute perfect w. present subj.*, VI 18, 3; 27, 4; VII 42, 2; — *w. perf. subj.*, III 15, 5; V 15, 1; VII 17, 3; 37, 4; — *ut non*, I 30, 1; 44, 9; II 18, 2; 25, 1; VII 54, 4; — *w. pluperf. subj.* (oratio obl.), VII 54, 4; — *consecutive ut explanatory after idem*, I 31, 14; — *after hic*, I 35, 2; 43, 8; III 22, 2; VI 3, 4; VII 14, 2; — *huiusmodi*, III 3, 3; — *ius belli ut*, VI 34, 1; ciusmodi, III 12, 1; 13, 7; — *hoc animo*, VII 28, 1; — *is*, I 50, 4; — *consilium*, VI 40, 6; VII 5, 5; — *ut complementary after verbs*: fiebat ut . . . vagarentur, I 2, 4; V 6, 5; factum est ut, III 19, 3; VII 24, 5; conficere ut, I 13, 2; accedit ut, V 16, 4; relinquebatur

ut, V 10, 3; efficere ut, II 5, 5; 17, 4; IV 31, 3; 2, 2; impetrare ut, I 9, 4; facere, II 11, 1; committere ut, I 13, 7; 46, 3; VII 47, 7; accidit ut, III 2, 2; 13, 9; 29, 1; V 39, 2; VI 14, 4; 30, 2; accidit ut auderet, VI 17, 5; patior ut, VI 8, 1; ut = *ne non* (*after verbs of fearing*), I 39, 6; — *futurum ut* (as periphrasis of future infinitive), I 10, 2; II 17, 4; IV 35, 1; — *supposing that* (even if), III 9, 6.

uter, tra, trum (ius), *which of the two*: diiudicari uter utri anteferendus videretur, V 44, 14; iudicari in utram partem fluat, I 12, 1; uter eorum superavit, VI 19, 2.

uterque, utraque, utrumque, *each of the two, both*: uterque . . . veniret, I 42, 4; duo ex uno familia, vivo utroque, VII 33, 3; duo . . . uterque, VII 32, 3; cum uterque utrique esset exercitus in conspectu, VII 35, 1; utraque . . . periit, I 53, 4; utrumque femur, V 35, 6; locus medius utriusque, I 34, 1; pars utriusque, VI 19, 2; comprehendunt utrumque et orant, ne . . . deducant, V 31, 1; utraque res, III 12, 2; utraque ripa, IV 4, 2; cf. I 38, 5; utraque pars pontis, IV 18, 2; in utramque partem, V 29, 6; 30, 1; cf. VII 80, 1; II 8, 3; V 32, 2; ad utramque rem, seu . . . seu, VII 80, 2; utrumque latus, II 8, 3; 25, 1; III 29, 1; VII 24, 3; — *utrique* (*both sides, armies*), IV 26, 1; V 50, 1; VII 70, 1; 80, 5; 85, 2; (gentes) II 16, 2; VII 7, 2; haec utraque (neuter pl.), IV 17, 5; (both pairs of piles, beams) IV 17, 5; utraque castra, I 50, 1; 51, 1.

utī, conj. (= ut), c. subj. *final, that, in order that*, I 14, 6; 52, 1; eo consilio uti, I 30, 3; 48, 2; persuadeant uti, I 5, 4; III 18, 2; V 48, 3; II 16, 2; contendere et laborare, I 31, 2; cohortari, I 2, 2; 6, 4; agere cum aliquo, I 41, 3; nuntios mittere, IV 19, 2; invitare, IV 6, 3; censēre (*vote*), I 35, 4; impetrare, III 22, 4; imperare, I 28, 1; V 1, 1; 22, 1; perficere, I 9, 4; postulare, I 34, 1; petere, I 30, 4; 31, 2; IV 11, 2; — *consecutive*: ita . . . uti, I 15, 5; IV 23, 3; VII 35, 4; tantus uti, II 35, 1; IV 16, 7; 33, 3; eiusmodi uti, III 29, 3; sic uti, V 17, 2; 23, 3; 51, 5; — *complementary*: pati uti, I 45, 1; fore uti, I 42, 3; VII 32, 5; I 20, 4; futurum uti, I 20, 4; accidit uti VI 15, 1; factum est u., I 31, 4, 11; fieri u., II 4, 3; concedere, III 18, 7; permittere, III 1, 3; representing *imperative* in orat. obl., I 47, 1; V 26, 4; — *explanatory*: negotium dare uti, I 2, 3; hoc . . . consuetudinis uti, IV 5, 2; legibus sanctum habere uti, VI 20, 1; — *as*, c. ind., I 49, 3.

ūtilis, e, adj., *useful*: amicus, IV 7, 4; equitum opera (*activity*), VII 20, 4; cf. 76, 1.

ūtilitās, ātis, f., *advantage*, IV 19, 4; VII 23, 5.

ūtor, ī, ūsus, v. dep. 3, *use, employ* (*have*): c. abl. colore, VII 88, 1; consilio, VII 78, 2; ephippiis, IV 2, 4; Graecis litteris, VI 14, 3; (essedariis) IV 24, 1; ducibus, II 17, 1; cf. VI 35, 10; iure legibus, II 3, 5;

equis, VII 65, 5; gladiis, II 25, 2; suo iure, I 36, 2; se adiutore, V 41, 8; materia, IV 31, 2; iumentis importatis, IV 2, 2; finibus atque oppidis, II 28, 3; pellibus, VI 21, 5; (lingua) I 47, 4; victu et cultu corporis, VI 24, 4; (navibus) V 1, 3; his testibus, VII 77, 11; eo mari, III 8, 1; opibus, I 20, 2; perfugio, IV 38, 2; nummo aureo aut talis ... pro nummo, V 12, 4; deprecatoribus Remis, VI 4, 5; (cornibus) pro poculis, VI 28, 6; — *maintain:* pace, II 32, 4; — *avail oneself of:* frumento, I 10, 3; expeditiore re frumentaria, VII 11, 1; opera alicuius, VII 76, 1; V 25, 2; eodem consilio, I 5, 4; condicione, IV 11, 3; — *employ:* druidibus ad sacrificia, VI 10, 2; ad speciem alariis, I 51, 1; — *enjoy:* auxilio, I 44, 9; pace, I 44, 4; suis legibus, I 45, 3; meliore condicione atque aequiore imperio, VI 12, 6; hospitio, I 47, 4; condicione deditionis, I 22, 4; domesticis copiis, II 10, 4; — *practice* (apply): sua clementia, II 14, 5; misericordia, II 28, 3; alacritate ac studio, IV 24, 4; arrogantia, I 46, 4: simulatione, VI 8, 2; IV 13, 4; eadem perfidia, IV 13, 4.

utrimque, adv., *on both sides*, I 50, 2; IV 17, 6; VII 42, 6; 81, 5; 88, 2.

utrum, conj. ("which of the two things," πότερον), *whether:* intellegere utrum (c. subj.) an, I 40, 14; consulere utrum ... an, I 53, 7; declarare, utrum ... necne, I 50, 4.

uxor, is, f., *wife:* -em habere, I 18, 7; ad -em aditum habere, VII 66, 7; duae Ariovisti -es, I 53, 4; cum liberis atque uxoribus exire, VII 78, 3; liberos, uxores ... in silvis deponere, IV 19, 2; -es communes, V 14, 4; — *correlative, viri*, VI 19, 1, 3.

V.

Vacalus, i, m., the *Waal*, branch of Rhine, IV 10, 1.

vacātiō, ōnis, f., *dispensation from:* militiae, VI 14, 1 (☞ bracketed by Paul).

vacō, 1, *to be untenanted, without inhabitants:* locus, 1 28, 4; agri vacant, IV 3, 1, 2; IV 8, 2.

vacuus, a, um, adj., *empty:* a propugnatoribus vacuus relictus locus, VII 26, 4; cf. III 1, 6; v. ab defensoribus, II 12, 2; -uum relinquere, VII 46, 3; -a castra, VII 45, 7.

vadum, i, *ford:* -ō transire, I 6, 2; VII 25, 2; 55, 10; fluminis, V 58, 6; Rhodani, I 8, 4; reperire, II 9, 3; invenire, VII 56, 4; eius paludis, VII 19, 2; vada, *shoals*, III 9, 6; 12, 1; 13, 7, 9; IV 20, 2.

vāgīna, ae, f., *sheath, scabbard*, V 44, 8.

vagor, v. dep. 1, *roam, raid, move freely about*, III 23, 7; quam latissime, VII 8, 3; latius, IV 6, 4; V 10, 2; VII 45, 3; minus late, I 2, 4; sub castris, VII 57, 3; omnibus locis, VII 45, 1; multis locis Germaniae triennium, IV 4, 1.

valeō, ēre, uī, v. 2, *to be strong, weighty:* utrum apud eos pudor ... valeat, I 40, 14; multitudine militum legionariorum, I 51, 1; equitatu, V 3, 1; cf. III 20, 3; gratia auctoritate pecunia, VII 63, 2; pedestribus copiis, II 17, 4; tantum apud homines barbaros, V 54, 4; apud plebem plurimum, I 17, 1; cf. II 4, 5; V 4, 3; per se minus, VI 12, 2; — *to be effective:* multum ad terrendos nostros, VII 84, 4; ad subeundum periculum, VI 30, 4.

Valerius, i, C. V. Procillus, I 53, 5; 19, 3; 47, 4; Praeconinus, III 20, 1; C. Valerius Caburus, I 47, 4; a Gaul, romanized, Gaius V. Donnotaurus, son of Caburus, VII 65, 2; Gaius V. Flaccus, I 47, 4.

Valetiacus, i, an Aeduan, VII 32, 4.

valetūdō, inis, f., *health:* tenuissima valetudine esse, V 40, 7; — *state of health:* -ine inutiles bello, VII 78, 1.

vallis, is, and **vallēs**, is, f., *valley*, III 1, 5; V 32, 2; 49, 5; intercedebat, VII 47, 2; -em transire, V 49, 8; 50, 3; v. abdita, VI 34, 2; ex montibus in vallem decurrere, III 2, 4; citra vallem, V 50, 3.

vāllum, i, n., *earthworks, rampart* (of Roman fortifications): altitudo valli, V 42, 5; v. castrorum, III 17, 6; pluteos vallo addere, VII 41, 4; aquilam intra v. proiecit, V 37, 5; gaesa in v. conicere, III 4, 1; tela intra v., V 57, 3; v. scindere, III 5, 1; v. manu scindere, V 51, 4; falcibus v. rescindere, VII 86, 5; conscendere, V 39, 3; de vallo decedere, V 43, 4; contingere vallum, V 43, 6; vallum XII pedum extruxit, VII 72, 4; cf. II 5, 6; pro vallo carros obiecerant, I 26, 3; materiam pro vallo extruere, III 29, 1; -o circummunire (oppidanos), II 30, 2; ex -o tela iacere, II 33, 4; locum vallo fossaque munire, III 1, 6; cf. V 21, 3; defensores vallo depellere, III 25, 1; sub ipso -o, V 42, 5; sese -o continere, V 44, 5; castra altiore vallo muniri, V 50, 5; nostris de vallo deductis, V 51, 2; pro vallo legiones constituere, VII 70, 5; mercatores sub vallo tenderent, VI 37, 2; ab ipso vallo portisque avertere, VI 42, 2; custodes in vallo disponere, VII 78, 5; de vallo deturbare, VII 81, 2; ex vallo ac turribus traiecti, VII 82, 1; cf. VII 88, 2.

vāllus, i, m., *stake, palisade:* -i acutissimi, VII 73, 4.

Vangionēs, um, m., a German tribe, following Ariovistus, I 51, 2.

varietās, ātis, f., *variety:* pellium, VI 27, 1; — *variation, symmetrical change* (opp. monotony), VII 23, 5.

varius, a, um, adj., *various* (changing): -ii eventus, II 22, 2; -ae sententiae, VII 77, 2.

vāstō, 1, *ravage, lay waste:* liberius, V 19, 2; agros, I 11, 3; III 20, 3; IV 38, 3; V 19, 3; VI 3, 2; 23, 1; regiones, VI 44, 1; fines, V 22, 3; partem provinciae, V 1, 5.

vāstus, a, um, adj., *vast, boundless:* mare, III 12, 5; Oceanus, III 9, 7.

vāticinātiō, ōnis, f., *prophecy:* -ibus declarare, I 50, 4.

vēctīgal, is, n. (veho), *revenue:* -ia Aeduorum, I 18, 3; -ia deteriora facere, I

36, 4 ; — *tax :* quid vectigalis populo Romano Britannia penderet, V 22, 4.

vēctīgālis, e, adj., *tributary :* -es habere aliquos, III 8, 1 ; facere, IV 3, 4.

vēctōrius, a, um, adj., *transports :* -a navigia, V 8, 4.

vehemēns, ntis, adj., *severe, radical.*

vehementer, adv., *strongly, desperately, severely :* -ius pugnare, III 22, 4 ; VII 87, 2 ; perturbare, VII 84, 5 ; premere, I 52, 6 ; commotus, I 37, 4 ; perterrere, VII 50, 2 ; incusare, I 40, 1 ; timere, VII 44, 4 ; 56, 2.

vehō, ere, vēxī, vēctum, v. 3, *convey, transport :* legionem equis, I 43, 2.

vel, adv., *or* (velis, volo), *either, or :* v. persuasuros . . . vel vi coacturos, I 6, 3 ; v. auctoritate sua . . . v. recenti victoria v. nomine populi Romani, I 31, 10 ; v. ipse statuat v. civitatem statuere iubeat, I 19, 5 ; v. sibi agros attribuant v. patiantur, etc., IV 7, 4 ; Bruto v. tribunis militum centurionibusque. III 14, 3 ; — *after a semicolon :* or, IV 16, 6 ; — *even :* se vel principes . . . fore, VII 37, 6.

Velanius, I, Q. V., a Roman officer, one of the praefecti tribunique, under young Crassus (56 B.C.), III 7, 4 ; 8, 2.

Veliocassēs, ium, one of the minor Belgian tribes, II 4, 9 ; their quota in the rising of Vercingetorix, VII 75, 3.

Vellavii, ōrum, m., minor Celtic tribe, vassals of Arverni, VII 75, 2.

Vellaunodūnum, I, a Celtic town of the Senones, VII 11, 1, 4 ; 14, 1.

vēlocītās, ātis, f., *speed* (urorum) : magna, VI 28, 2.

vēlōx, cis, adj., *speedy, swift :* pedites, I 48, 5 ; velocissime refugere, V 35, 1.

vēlum, I, n., *sail :* pelles pro velis, III 13, 6 ; velis armamentisque, III 14, 7.

velut, *as,* velut si, *just as if,* I 32, 5.

vēnātiō, ōnis, f., *hunting, hunting expedition,* VI 28, 3 ; multum sunt in venationibus. IV 1, 8 ; vita omnis in -ibus consistit, VI 21, 3.

vēnātor, ōris, m., *huntsman,* VI 27, 4.

vēndō, ere, -ndidī, nditum, v. 3, *to sell :* sectionem eius oppidi, VI 33, 6 ; reliquos sub corona, III 16, 4 ; cf. IV 2, 1.

Venellī, v. Unelli.

Venetī, orum (Vannes, dep't of Morbihan), tribe of Bretagne, pre-eminent in naval affairs, III 7, 4 ; 8, 1 ; 9, 3 ; 10, 1 ; II 34, 1 ; III 11, 5 ; 17, 1 ; 18, 4.

Venetia, ae, f., country of the Veneti, III 9, 8.

Veneticus, a, um, adj., *of the Veneti :* -um bellum, III 18, 6 ; IV 21, 4.

venia, ae, f., *pardon :* -am dare alicui, VI 4, 3 ; VII 15, 6.

versum, prep. (= versus), *towards, toward :* quoque versum, *in every direction,* III 23, 2.

versus, prep., *towards, toward :* ad Oceanum v., VI 33, 1 ; Narbonem v., VII 7, 2 ; in Arvernos v., VII 8, 5 ; Melodunum v., VII 61, 5 ; quoqueversus, *in every direction,* VII 14, 5.

Verticō, ōnis, m., a Nervian, V 45, 2 ; 40, 2.

vertō, ere, I, sum, v. 3, *turn :* terga, I 53, 1 ; IV 35, 2 ; 37, 4 ; 88, 3 ; ☞ terga *vertēre* or *vertere,* III 21, 1 (probably the Infinitive).

Verucloetius, I, m., ☞ other MSS. *Verudoetius,* a Helvetian of rank, I 7, 3.

vērus, a, um, adj., *true :* reperit esse vera, I 18, 2 ; scire se illa esse vera, I 20, 2 ; veri similis (probable), III 13, 6 ; in IV 8, 1, verum means *proper, fair :* neque verum esse qui suos fines tueri non potuissent alienos occupare, IV 8, 2 ; this shade of meaning is not noted by *Merguet.*

verūtum, I, n., *javelin :* defigitur in balteo, V 44, 7 ; -o occisum, V 44, 10.

Vesontiō, ōnis (m. or f. ?), largest town of the Sequani (Besançon), I 38, 1 ; 30, 1.

vesper, erī, m., *evening :* ad -um, I 26, 2 ; usque ad v., I 50, 2 ; sub vesperum, *towards nightfall,* II 33, 1 ; V 58, 3 ; VII 60, 1.

vester, tra, trum, adj., *your* (in oratio recta), VII 20, 12 ; 50, 4 ; 77, 9.

vestīgium, I, n. (spot), *track, footprint :* eodem -o remanere, IV 2, 3 ; in -o, *on the spot,* IV 5, 3 ; -a (alicium), VI 27, 4 ; — *point, moment :* temporis, VII 25, 1.

vestiō, v. 4, *to clothe :* pellibus vestitum esse, V 14, 2 ; cf. VII 31, 3 ; — *cover :* trabes aggere, VII 23, 2.

vestis, is, f. (collectively), *clothing, garments,* VII 47, 5.

vestītus, ūs, m., *dress, covering,* IV 1, 5 ; — *attire :* color -ūs, VII 88, 1.

veterānus, a, um, adj., *veteran :* -ae legiones, I 24, 2.

vetō, āre, uī, itum, v. 1, *forbid :* legatos discedere, II 20, 10 ; magistratus creari, VII 33, 3 ; prosequi (w. subject understood), V 9, 8.

vetus, eris, adj., *old :* contumelia, I 14, 3 ; (opp. recens) incommodum, I 13, 3 ; belli gloria, III 24, 2 ; VII 1, 8 ; fides erga populum Romanum, V 54, 4 ; (of long standing) causae necessitudinis, I 43, 6 ; inimicitiae, VI 12, 7 ; -es milites, VI 40, 4 ; -es copiae (opp. nova manus), I 37, 4 ; iniuriae, I 30, 2 ; -es naves reficere, V 1, 1 ; -es clientelas restituere, VI 12, 6.

vēxillum, I, n., *flag :* proponere, II 20, 1 ; sub -o mitti, VI 36, 2 ; proficisci, VI 40, 4.

vēxō, v. 1, *to harass :* Aeduos,Ambarros, I 14, 3 ; hostes, VI 43, 1 ; — *overrun :* omnem Galliam, II 4, 2 ; — *ravage :* agros, IV 15, 5.

via, ae, f., *way, route :* per Sequanos, I 9, 1 ; — *distance :* tridui -am procedere, I 38, 1 ; progredi, IV 4, 5 ; bidui, VI 7, 2 ; (viā) ire, I 9, 1 ; vias in Suebos perquirit, VI 9, 8 ; omnibus viis semitisque, V 19, 2 ; ex via excedere, V 19, 1 ; positum in via, VII 12, 2 ; cf. VII 28, 6 ; ab via (☞ Madvig's emendation for *Boia*) quoqueversus, VII 14, 5 ; vias praeoccupare, VII 26, 4 ; obsidēre, III 23, 7 ; 24, 2 ; V 40, 1 ; patefacere (clear them from obstruction), VII 8, 2 ; — *street,*

row (of camp) angustiae viarum, V 49, 7; viarum atque itinerum dux, VI 17, 1; -arum difficultas, VII 50, 2.

viātor, ōris, m., *wayfarer, traveller:* -es consistere cogere, IV 5, 2.

vicem, adv. (acc. of vices), in vicem, *in turn,* IV 1, 5; VII 85, 5.

vicēnsimus, a, um, adj., *twentieth,* VI 21, 5.

vĭciēs, adv., *twenty times:* centum milia passuum, V 13, 7.

vīcīnĭtās, atis, f., *neighborhood* (collectively) = people of the neighborhood, VI 34, 3.

victima, ae, f., *victim, animal for sacrifice:* pro -is homines immolant, VI 16, 2.

victor, ōris, *victor, victorious:* exercitus v., VII 20, 12; milites -es, VII 62, 8; nostri -es, II 24, 2; hos armatos ac -es, I 40, 6; -es opp. to victi, I 44, 2; II 28, 1; -es Sequani opp. Aedui victi, I 31, 10; barbari, VI 37, 7; in perpetuum se fore victores, V 39, 4.

victōria, ae, f., *victory:* voluptatem attulit, I 53, 6; tempus -ae, VII 66, 3; spes -ae, III 26, 4; VII 25, 1; 47, 3; significatio -ae, V 53, 1; v. atque exitus rerum, VII 52, 3; fructus -ae, VII 27, 2; exitus -ae, VII 62, 6; imperium -ā habere, VII 20, 7; summa -ae, VII 21, 3; -a certissima, VII 37, 3; recens, I 31, 6; V 47, 4; -am conclamare, V 37, 3; dimittere, VII 52, 2; adipisci, V 39, 4; -ā gloriari, I 14, 4; explorata -ā, III 18, 8; V 43, 3; VII 15, 2; omnia in -ā posita, V 34, 2; dubiā -ā, VII 80, 6; -ā potiri, III 24, 2; -ā sublatus, V 38, 1; victoria desperata (opp. explorata), VII 80, 9; pl. -ae nostrae, V 29, 3; -ae superiores, III 21, 1; VII 17, 4.

victus, ūs, m., *food, fare:* consistit in lacte, VI 22, 1; -um communicare, VI 23, 9; -u uti, VI 24, 4; — *mode of life, living* (civilization); consuetudo -us, I 31, 11.

vīcus, i, m., *village,* III 1, 4; positus in valle, III 1, 5; cf. § 6; pars vici, III 2, 1; aedificia vici, III 6, 4; -os incendere, VI 43, 2; I 5, 2; 28, 3; VI 6, 1; VII 14, 5; II 7, 3; III 29, 3; -os habere, I 11, 5; IV 4, 2; restituere, I 28, 3; exurere, I 5, 4; -i longinquiores, VII 17, 3.

vĭdĕō, ēre, i, vīsum, v. 2, *to see* (followed by object clause, acc. c. inf.), I 33, 2; 40, 3; 53, 6; 31, 2; II 25, 1; 10, 4; 30, 3; 31, 1; 26, 1; 24, 2, 4; III 6, 4; IV 15, 1; 16, 1; 35, 1; V 7, 2; 13, 4; 52, 1; 58, 4; VI 2, 3; 8, 6; 12, 6; 22, 4; 24, 2; 28, 2; 38, 2; 40, 6; VII 6, 4; 8, 4; 10, 1; 20, 5; 26, 3; 27, 1; 49, 1; 59, 6; 64, 3; 77, 6; 80, 4; 84, 4; exercitum fame consumptum, VII 20, 12; quos sic animo paratos, VII 19, 5; quod non vidisset, I 22, 4; neque viderant neque andierant, II 12, 5; quas in partes ... iter faciant, I 15, 1; aversum hostem, I 26, 2; post se legiones, V 17, 3; Germanos transire periculosum videbat, I 33, 3; propinquitatem loci, VII 19, 3; deustos pluteos turrium, VII 25, 1; illum interfectum, V 58, 4; nostros loco depulsos, VII 49, 2.

vĭdĕor, ēri, vīsus, v. 2, *to be seen:* plane ab his, III 26, 3; pulverem videri, IV 32, 1; ex castris, IV 28, 2; ab hostibus, III 14, 2; hostis visus est, V 8, 5; III 28, 3; ipsius copiae, I 22, 3; nec prius sunt visi, VI 37, 2; subito, VII 50, 1; ab se, VI 43, 4; prima impedimenta, II 19, 6; reliquis in locis, VI 25, 5; uno tempore, V 8, 6; pro viso, I 22, 4; turmis ... visis, VII 88, 1; auxiliis ... visis, VII 79, 3; — *to seem:* non alienum videtur, VI 11, 1; non praetereunda oratio, VII 77, 2; admirandum, VI 42, 3; procedendum, VII 52, 1; non videtur proponendum, VII 5, 6; memoriae prodenda, VI 25, 5; institutum, VI 11, 4; memoria residere, VII 77, 4; meridies esse v., VII 83, 5; instituisse videntur, VI 10, 4; adire posse, VII 14, 5; honorem tribuere, VII 20, 7; exercitus ... meritus videbatur, VI 40, 5; confertissima, V 44, 4; commodissimum, I 47, 4; dignum memoria, VII 25, 1; haec gravia aut acerba, VII 14, 10; similis fugae, VII 43, 5; interclusi, VII 44, 4; bono animo, I 6, 3; inutilis, II 16, 4; quieti, VII 6, 4; firma, VII 84, 2; premi, III 4, 2; poscere, VII 1, 2; deesse, V 40, 2; inferre iniuriam, VII 54, 2; non posse introrumpere, V 51, 4; non posse transiri, VII 55, 10; expugnari non posse, VII 60, 1; refici posse, V 11, 2; appropinquare, VII 83, 8; abesse, II 11, 5; deficere, V 33, 1; accidere, VII 44, 1; antecessisse, VII 54, 4; satis esse, I 51, 1; V 2, 3; praestare, VII 10, 2; sibi mirum videri, I 34, 4; factum, V 33, 5; prohibitum, VII 36, 5; — *in pregnant sense* (= δοκεῖ), *seem good:* quae visa sunt occultant, VI 20, 3; si videatur, V 36, 3; ubi visum est, V 58, 3; per se quae videbantur administrabant, II 20, 4; quae visum est (scil. repondere) respondit, IV 8, 1; quo loco visum est, VII 22, 2; — *appear:* tantas videri ... Italiae facultates, VI 1, 3; minime arduus ... ascensus, II 33, 2; paucae stationes equitum, II 18, 3; fumi procul, V 48, 10; colloquendi causa Caesari visa non est, I 47, 2; ut videbatur (parenthesis), V 9, 4.

Vienna, ae, f., town of Allobroges (Vienne), VII 9, 3.

vigilia, ae, f., *nightwatch:* ante primam confectam vigiliam, VII 3, 3; paulo ante tertiam vigiliam, VII 24, 2; secundā initā -ā, V 23, 6; tertia -a, II 33, 2; VII 58, 2; DE tertia -ā, I 12, 2 (Köchly, *um die dritte Nachtwache*); cf. I 21, 2; V 9, 1; de quarta -a, I 21, 3; 40, 14; 41, 4; — *sleeplessness:* consumitur -iis reliqua pars noctis, V 31, 4; cf. V 32, 1.

vīgintī, *twenty:* centum et v., I 31, 5; dierum, IV 38, 5.

vinciō, īre, nxī, nctum, v. 4, *bind, fetter:* trinis catenis, I 53, 5.

vīmen, inis, n., *willow, wickerwork:* viminibus intextis, II 33, 2; contexta -inibus membra, VI 16, 4; -inibus ac virgultis integebatur, VII 73, 7.

vinclum, i, n., *bond,* pl. *fetters, chains* (v. vincula), ex vinclis causam dicere, I

4, 1; in vincla conicere, *put in prison*, III 9, 3.

vincō, ere, vīcī, victum, v. 3, *gain victory:* magis ratione quam virtute, I 40, 8; non virtute sed artificio quodam, VII 29, 2; — *prevail, carry one's point*, V 30, 1; — *overcome:* naturam studio, VI 43, 5; — *defeat:* copias proelio, I 31, 12; (Galliam) bello, I 34, 4; 45, 3; cf. VII 9, 6; quos, I 30, 1; Sedunos, III 7, 1; multis proeliis, VI 24, 6; victis imperare, I 36, 1; cf. VII 14, 10; victis ac summotis resistere, I 25, 7; victi opp. victores, I 31, 10; 44, 2; II 28, 1.

vincula, ōrum, n.: in vincula conicere, IV 27, 3; fame -isque excruciare, VII 20, 9.

vindicō, 1, *claim, threaten:* (vim dicere) in libertatem vindicare (*assert the liberty of*) Galliam, VII 1, 5 (*encompass the freedom of Gaul*); cf. VII 76, 2; — *take steps against, punish:* vindicare in aliquem, III 10, 4.

vīnea, ae, f. (bower), *covered shed, movable gallery*, used in sieges, to advance crew and battering rams, etc., under cover, VII 27, 2; -as agere, II 12, 3, 5; 30, 3; III 21, 2, 3; VII 17, 1; 58, 1.

vīnum, ī, n., *wine:* nihil vini, II 15, 4; importare, IV 2, 6.

violō, v. 1, *harm:* hospitem, VI 23, 9; — *injure:* fines, VI 32, 2.

vir, ī, m., *man:* a tribunus militum, III 5, 2; v. fortissimus Piso Aquitanus, IV 12, 4; (a centurio) v. fortis et magnae auctoritatis, V 35, 6; cf. II 25, 1; V 44, 1; — (*soldiers in general*): viri fortes, VII 19, 4; III 20, 2; — (*the enemy*): viri fortes, II 33, 4; — *husband:* opp. uxor, VI 19, 1, 3.

virgō, inis, f., *maiden*, V 14, 5.

virgulta, ōrum, n., *brushwood*, III 18, 8.

Viridomarus, ī, m., an Aeduan of rank, VII 38, 2; of obscure birth, raised through Caesar's favor, VII 39, 1; cf. 40, 5; 54, 1; 55, 4; 63, 9; 76, 3.

Viridovix, icis, m., a leader among Unelli, III 17, 2; 3, 5; 18, 7.

virītim, adv., *man for man:* v. distribuere aliquid, VII 71, 7.

virtūs, ūtis, f., *manhood, valor, bravery*, I 31, 7; 40, 4; II 4, 5; 27, 2; 33, 4; III 5, 4; 21, 1; V 25, 2; 52, 3, 6; opp. ratio, I 40, 8; opp. locus et numerus, VII 50, 1; v. militum, V 8, 4; 43, 4; III 19, 3; VI 40, 5; (centurionum) VI 40, 7; quid animi ac virtutis, VII 36, 4; (legionis) I 40, 15; opp. to animi mollitia, VII 77, 5; v. atque animi magnitudo, VII 52, 4; opp. to dolus, I 13, 6; pristina v. Helvetiorum, I 13, 4; opinio -utis, II 8, 1; 24, 4; VII 59, 5; 83, 4; pristina v., II 21, 2; V 48, 6; VII 62, 2; 77, 4; patria, II 15,5; testes virtutis habere, I 52, 1; egregia, I 28, 5; V 52, 4; incredibilis, I 39, 1; homines magnae -is, II 15, 5; homines tantae -is, II 27, 5; vir ct consilii magni et virtutis, III 5, 2; cf. IV 21, 7; adulescens summa virtute, I 47, 4; proprium virtutis, VI 23, 2; virtuti tribuere, I 13, 5; VII 53, 1; invidere, II 31, 5;

locum relinquere, V 35, 4; -em probare, V 44, 3; remitti, II 15, 5; praestare, II 27, 3; VI 8, 4; despicere, VII 20, 6; ad -em excitare, VI 14, 5; VII 80, 5; — VIRTUTE, praecedere alqm., I 1, 4; cf. 2, 2; superare, III 14, 8; VI 24, 1; posse, I 36, 7; II 8, 2; pares esse, V 34, 2; anteferre aliquem, V 44, 14; praeferri, V 54, 5; comparare, VI 24, 6; -e vincere, opp. artificio, VII 29, 2; -e summovere hostes, VI 40, 8; -e consequi alqd., VII 47, 3; — *energy:* Cn. Pompei, VII 6, 1; — animi, VII 59, 6; — VIRTUTES, *great qualities, excellences*, I 44, 1.

vīs, vim, vī, f., pl. vires, ium, *force:* aquae, IV 17, 7; fluminis, IV 15, 2; 17, 5, 9; VII 56, 4; ad vim descendere, VII 33, 1; earum rerum, IV 17, 10; vim tempestatis pati, V 10, 2; vim facere, I 8, 3; V 7, 7; vi contendere, opp. clam transire, IV 4, 4; per vim, I 14, 3; III 11, 2; 22, 2; VI 12, 4; vi cogere, I 6, 3; — *strength, power* (urorum), VI 28, 2; vim maximam habere ad quaestus pecuniae, VI 17, 1; deorum, VI 14, 6; — *amount, number:* iuuentorum, VI 36, 3; — *fury:* tempestatum, III 13, 7; — *onslaught:* hostium, II 11, 4; -im sustinere, IV 3, 1; 4, 1; cf. VI 30, 3; 87, 5; — *impact, concussion:* -im perferre, III 13, 3; — *energy:* v. celeritasque, VII 40, 6; summa vi, III 15, 1; cf. VII 70, 1; 73, 1; — VIRES, ium, (physical) *strength:* deficiunt aliquem, III 5, 1; cf. VII 50, 6; sufficiunt, VII 20, 11; suppetunt, VII 77, 2; 85,6; -ibus confidere, I 53, 2; cf. II 30, 4; virium infirmitas, VII 26, 3; -es alit, IV 1, 9; integris viribus, III 4, 2, 3; opp. defessus; cf. III 19, 4; redintegratis viribus, III 26, 4; cursu et viribus efficere, IV 35, 3.

vīta, ae, f., *life:* homines, VI 16, 3; v. omnis in venationibus consistit, VI 21, 3; periclitatur, VI 34, 8; -ae necisque potestatem habere, I 16, 5; VI 19, 3; 23, 4; libertas vitae, IV 1, 9; -ae instituta, VI 18, 3; vita hominis, *a human life*, VI 16, 3; -ae iactura, VII 77, 6; perpetua v., *whole course of life, all one's life*, I 40, 13; omnia in vita commoda, III 22, 2; vitā superare, *to survive*, VII 19, 2.

vitō, v. 1, *to avoid:* suspiciones, I 21, 6; cf. I 39, 3; periculum, VI 30, 4; tela, II 25, 1; V 35, 4; mortem, V 20, 1; aestum, VI 30, 3; incursionem hostium, V 21, 3; frigora atque aestus, VI 22, 3.

vitrum, ī, n., *woad* (a blue dye): quod caeruleum efficit colorem, V 14, 2.

vīvō, ere, vixī, victum, v. 3, *to live, subsist:* lacte atque pecore, IV 1, 8; lacte et carne, V 14, 2; ovis avium, IV 10, 5.

vīvus, a, um, adj., *alive:* vivus comprehenditur, VII 88, 4; vivum tradere aliquem, VII 89, 2; vivo utroque, VII 33, 3; vivis hominibus complere aliquid, VI 16, 4; opp. mortuus, VI 19, 4.

vix, adv., *barely, hardly, scarcely* (in emphatic position): vix qua, I 6, 1; vix ut, III 4, 1; II 28, 2; III 26, 6; V 28, 1; 49, 7; VI 37, 3; VII 24, 4; 28, 5; 44, 1; 46, 5; vix ... cum, VI 8, 1.

Vocatēs, ium, m., tribe of Aquitania, III 27, 1 ; (dep't Dordogne) III 23, 1.
Voccĭŏ, ōnis, m., king of Norici, I 53, 4.
vŏcō, v. 1, *call* (summon) : aliquem ad se, I 10, 3 ; 20, 6 ; IV 20, 4 ; hostes, V 43, 6 ; ad gerendum bellum vocari, VII 32, 2 ; alicuius indicio vocati, VII 20, 6 ; — *to name, dub :* oppidum, V 21, 3.
Vocontĭī, ōrum, m., Celtic tribe in the provincia, department of Drôme (their main oppidum Vasio (Vaison)), I 10, 5.
Volcae, ārum, m., *Tectosages* in provincia, between Toulouse and Narbonne, dep't Haute Garonne, Tarn et Garonne, Aude, Ariége : a branch of this people had settled in Bohemia, VI 24, 2 ; Volcae *Arecomici*, east of the foregoing, between Narbonne and Nismes, dep'ts of Gard and l'Herault, VII 7, 4 ; 64, 6.
Volcatius, ī, m., C. V. Tullus adulescens, probably a tribunus militum, VI 29, 3.
volgus, i, n. (*v.* vulgus), *the common people :* v. militum (*the rank and file*), I 46, 4 ; misericordia volgi, VII 15, 6.
volŏ, velle, voluī, v. irreg., *will, wish :* (v. quivis) (*be willing*) aquilam prodere, IV 25, 3 ; — *desire :* si ita vultis (*will have it so*), V 30, 1 ; quod volunt credunt, III 18, 6 ; suam gratiam, IV 7, 4 ; quae, I 31, 2 ; quid (?), VII 77, 15 ; id, I 47, 1 ; amplius obsidum, IV 10, 7 ; siquid, I 7, 6 ; — *with complementary infinitive*, I 14, 5 ; 44, 4 ; 14, 3 ; 34, 1 ; 47, 1 ; 28, 1 ; 30, 4 ; 48, 3 ; III 7, 1 ; 8, 5 ; IV 22, 2 ; V 27, 9 ; 36, 2 ; 51, 3 ; 41, 6, 8 ; 26, 4 ; 35, 4 ; 43, 6 ; VI 13, 12 ; 14, 5 ; 23, 7 ; 34, 6 ; VII 89, 2 ; — *with infin. understood*, I 36, 1, 7 ; — *idiomatic :* si quid ille se velit (double acc.), *if he wanted anything of him*, I 34, 2 ; quid sibi veliet ? *what did he want indeed ?* (*followed by acc. c. inf.*), I 43, 8 ; 13, 3 ; 45, 3 ; 9, 3 ; 42, 5 ; 39, 6 ; 44, 13 ; 22, 2 ; III 18, 2 ; 26, 1 ; 1, 2 ; IV 15, 5 ; 16, 1 ; 23, 5 ; V 2, 3 ; 50, 5 ; 41, 1 ; 9, 8 ; VI 14, 4 ; 34, 5 ; VII 31, 4 ; 45, 7 ; 10, 2 ; 27, 1 ; 38, 4 ; si velint (parenthesis), IV 8, 3.
voluntārĭus, a, um, adj., *volunteer :* copiae -orum, V 56, 1.
voluntās, ātis, f., *wish, desire*, I 20, 5 ; omnium, II 4, 7 (pregnant, *goodwill :* in se, I 19, 2 ; cf. V 4, 3 ; suorum voluntates alienare, VII 10, 2) ; ad voluntatem facere, I 31, 12 ; respondere, IV 5, 3 ; nihil contra voluntatem facere, IV 1, 9 ; cf. VII 35, 7 ; (pleonastic to our feeling), *active approval :* rogare ut eius voluntate id sibi facere liceat,

I 7, 3 ; cf. 30, 4 ; 35, 3 ; 39, 3 ; — *free will*, I 44, 2, 4 ; opp. coactu, V 27, 3 ; — *instance, wish :* sua voluntate factum, I 20, 4 ; — *purpose, aspiration :* commutatio voluntatum, V 54, 4.
voluptās, ātis, f., *pleasure* (entertainment) : -is causa, V 12, 6 ; -em afferre, I 53, 6 ; de -e deminuere, I 53, 6.
Volusenus, ī, L., a centurion, V 44, 1 ; 3, 5, 9, 20.
vōs, vestrī, trum, pron., *you*, VI 35, 8 ; omnium vestrum consensu, VII 77, 4 ; vobis consulite, VII 50, 4 ; vos ad legionem recipite, VII 50, 6 ; opp. to *ego*, VII 50, 4 ; qui ex vobis terrear, V 30, 2.
Vosegus, ī, m., mons, the *Vosges* range in Alsace, IV 10, 1.
voveō, ēre, vōvī, vōtum, v. 2, *to vow :* se immolaturos, VI 16, 2.
vōx, cis, f., *utterance* (voice) : audita est, VII 17, 3 ; -em exprimere, I 32, 4 ; omnium voces, III 24, 5 ; voces Gallorum ac mercatorum, I 39, 1 ; cf. § 5 ; nutu vocibusque, V 43, 6 ; voce significare (*of a foreign language*), II 13, 2 ; vocibus permotus, VI 36, 1 ; increpitare vocibus, II 30, 3 ; militum vocibus carpi, III 17, 5 ; cogi, V 40, 7 ; voce magna, *w. a loud voice*, IV 25, 4 ; clariore voce, V 30, 1.
Vulcanus, ī, Vulcan, the god of fire and working in metal, VI 21, 2.
vulgō (volgo), adv., *generally*, I 39, 5 ; II 1, 4 ; V 33, 6.
vulgus, ī, n., *the common people* (v. volgus), IV 5, 1 ; I 20, 3 ; VII 28, 6 ; 43, 4 ; in vulgum efferre aliquid, VI 14, 4.
vulnerō, v. 1, *to wound*, IV 15, 3 ; V 43, 5 ; 58, 4 ; nostros, I 26, 3 ; de improviso, VII 80, 3 (☞ desuper, I 52, 5, very doubtful passage) ; in adversum os vulneratur, V 35, 8 ; equo vulnerato, IV 12, 5 ; VII 46, 5 ; aegri . . . vulnerati, V 40, 5 ; centurionibus aut vulneratis aut occisis, II 25, 1.
vulnus, eris, n., *wound :* gravius accipere, I 48, 6 ; -era gravia accipere, VI 38, 4 ; sine ullo -ere victoria potiri, III 24, 2 ; sine -e, V 52, 2 ; -a militum, I 26, 5 ; accipere, IV 12, 6 ; 37, 3 ; V 9, 7 ; 35, 5 ; VII 50, 4 ; 81, 5 ; 82, 2 ; vulnus inferre, V 28, 4 ; inferre et accipere, I 50, 3 ; vulneribus defessi, I 25, 5 ; -ibus confecti, II 23, 1 ; cf. II 25, 1 ; 27, 1 ; III 5, 2 ; 21, 1 ; V 45, 1.
vultus, ūs, m., *face, features, expression of countenance :* vultum ferre (*dare to look in the face*), I 39, 1 ; -um fingere, *assume a calm expression*, I 39, 4.

www.ingramcontent.com/pod-product-compliance
Lightning Source LLC
Chambersburg PA
CBHW032135160426
43197CB00008B/657